殷周青銅器綜覽

袁錫壴署耑

春秋戰國時代青銅器之研究

【日】林巳奈夫 著

【日】廣瀬薫雄
近藤晴香 譯
郭永秉 潤文

第三卷 圖片

上海古籍出版社

目　　録

器影圖版

紋飾圖版

器 影 圖 版

譯者説明

我們在核對圖版出處時，發現了原書配列的圖版中存在的一些問題，但爲了盡量保留原書面貌，我們没有直接加以替換。在此集中列出我們注意到的相關問題，以供使用本書時參考。

器　物	本册所用圖版	正　確　圖　版	説　　明
鼎 12			請參看第一卷卷頭所附林先生致松丸道雄先生的書簡。本册所用的鼎 12 圖版其實是鼎 10 的器影。
鼎 223			下面的拓本不是鼎 223 的紋飾拓本，當刪。根據發掘簡報，鼎 223 的編號是 M2：61，而下面的拓本是 M2：64 鼎的。
鼎 278			鼎 278 和鼎 279 的器影錯置。
鼎 279			

（續表）

器物	本册所用圖版	正確圖版	説明
壺21			壺21和壺23的器影錯置。
壺23			
壺30	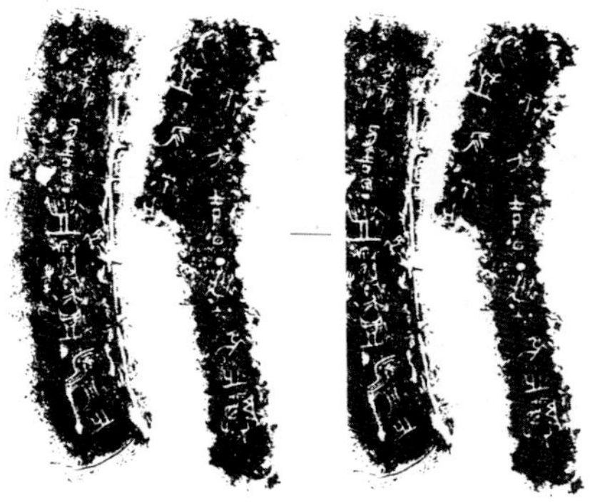		銘文拓本重出。
壺87			壺87和壺114重出。林先生把前者的時代定爲戰國ⅠA，後者的時代定爲戰國ⅠB。

（續表）

（續表）

器　物	本册所用圖版	正　確　圖　版	説　　明
壺 114	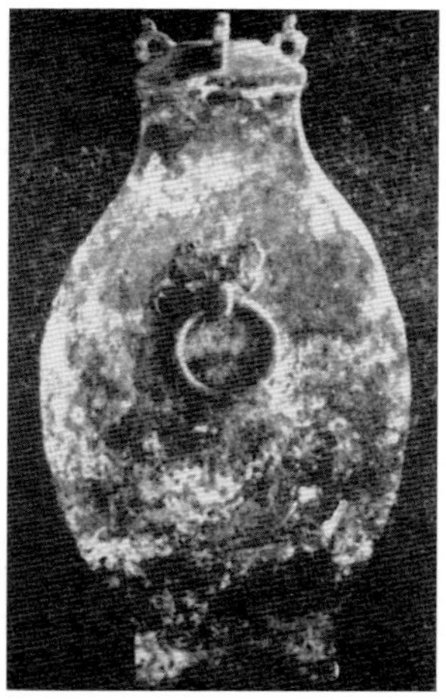		壺87和壺114重出。林先生把前者的時代定爲戰國ⅠA，後者的時代定爲戰國ⅠB。
壺 166			壺166和壺217重出。林先生把前者的時代定爲戰國ⅡA，後者的時代定爲戰國ⅡB。
壺 217			
豐 2			左邊的拓本不是豐2的銘文拓本，而是同墓出土壺銘，當删。

（續表）

器　物	本册所用圖版	正　確　圖　版	説　　明
缶15	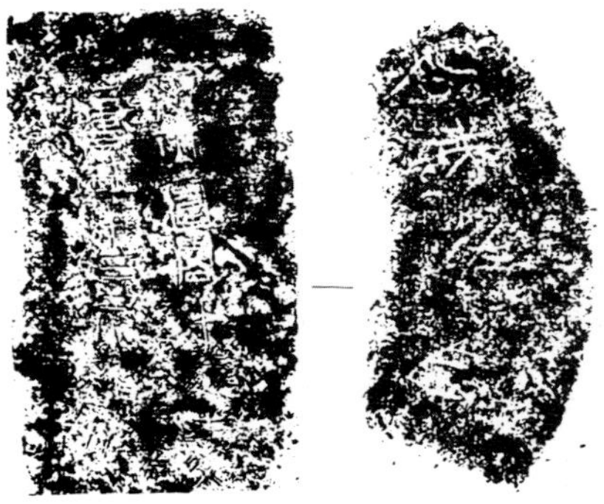		右邊的拓本不是缶15的銘文拓本，當删。缶15圖版的出處，本書"器影圖版出處目録"寫作"文1965-7：54頁，圖一、四、五"，其中圖五是右邊拓本的出處，此信息亦當删。

鼎1，春秋ⅡA，一型，高24.2 cm，光山寶相寺G2

鼎2，春秋ⅡA，一型，通高19.1 cm，信陽明港

鼎3，春秋ⅡA，一型，通高21.6 cm，信陽平橋1號墓

鼎4，春秋ⅡA，一型，高17.8 cm，肥西小八里村

鼎5，春秋ⅡA，一型，通高19.8 cm，沂水劉家店子1號墓

鼎6，春秋ⅡA，一型，通高33 cm，沂水劉家店子1號墓

鼎7，春秋ⅡA，一型，通高27.7 cm，懷寧金鄉公社

鼎8，春秋ⅡA，一型，通高35 cm，臺北故宮博物院

鼎9，春秋ⅡA，一A型，通高17.4 cm，寶鷄福臨堡1號墓

鼎10（宗婦），春秋ⅡA，一A型

鼎11，春秋ⅡA，一A型，通高
18.4 cm，寶雞福臨堡1號墓

鼎12，春秋ⅡA，一A型，高13.2 cm

鼎13，春秋ⅡA，一A型

鼎14，春秋ⅡA，一B型，通高31 cm，羅山高店公社

鼎15，春秋ⅡA，一C
型，通高22.4 cm，
臺北故宮博物院

鼎16，春秋ⅡA，一C
型，通高27.9 cm，
臺北故宮博物院

鼎17，春秋ⅡA，一C型，通高31.7 cm

鼎18，春秋ⅡA，一C型

鼎19，春秋ⅡA，二型，
通高29 cm，新野城關
鎮小西關

鼎20，春秋ⅡA，七型，
Dr, Arthur M. Sackler
Collection, New York

鼎21，春秋ⅡA，八型，通高
37.2 cm，洛陽中州路2415號墓

鼎22，春秋ⅡA，八型，高19 cm，
洛陽中州路1號墓

鼎23（簠大史申），春秋ⅡA，八型

鼎24，春秋ⅡA，八型，
通高33.5 cm，穀城下
辛店

鼎25，春秋ⅡA，八型，
通高27.2 cm，江寧西
暘街胭脂村

鼎26，春秋ⅡA，八型，通
高25 cm，隨州安居公
社桃花坡1號墓

鼎27，春秋ⅡA，八型，通高21.9 cm，
洛陽中州路6號墓

鼎28，春秋ⅡA，九型，高27 cm

鼎29，春秋ⅡA，九型，通耳高31.4 cm

鼎30，春秋ⅡA，一三型，通高24.5 cm，
南陽西關

鼎31，春秋ⅡA，一四型，通高6.5 cm，
侯馬上馬村14號墓

鼎32，春秋ⅡA，一四型，通高23.3～23.7 cm，舒城鳳凰嘴

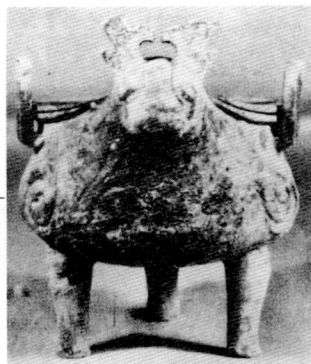

鼎33，春秋ⅡA，一五型，高22.3 cm，
臨沂土城村

鼎34，春秋ⅡA，一五型，通高30.4 cm，
臺北故宮博物院

鼎35，春秋ⅡA，一五A型，通高28.5 cm，穀城下辛店

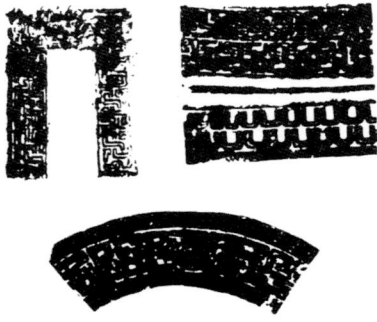

鼎36，春秋ⅡA，一五A型，通高24.5 cm，白鶴美術館

鼎37，春秋ⅡA，一五A型，高26.8 cm，The Art Museum, Princeton University, Chester Dale and Dolly Carter Collection

鼎38，春秋ⅡA，一五A型，高35.2 cm

鼎39，春秋ⅡA，一八型，高48 cm，沂水劉家店子1號墓

鼎40，春秋ⅡA，一八型，Courtesy of the Arthur M. Sackler Galley, Smithsonian Institution, Washington D.C., Acc. no. S87.0326, Gift of Arthur M. Sackler

鼎41，春秋ⅡA，一九型，紹興306號墓

鼎42，春秋ⅡA，一九型，通高36.4 cm，繁昌湯家山

鼎43，春秋ⅡA，二〇型，長興和平三礦

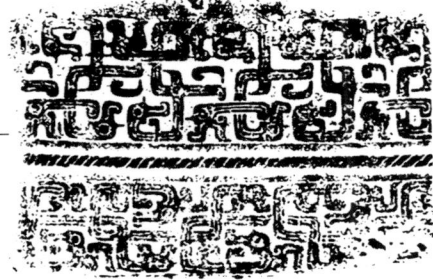

鼎44，春秋ⅡB，一型，高43.3 cm，新鄭城關鎮李家樓

鼎45，春秋ⅡB，一型，高23.8 cm

鼎46，春秋ⅡB，一型，通高20.5 cm，衡陽保和圩

鼎47，春秋ⅡB，一A型，通高約 11 cm，寶鷄陽平鎮秦家溝2號墓

鼎48，春秋ⅡB，一A型，通高 14 cm，寶鷄陽平鎮1號墓

鼎49，春秋ⅡB，一A型，高11.8 cm

鼎50，春秋ⅡB，八型，通高38 cm， 長治分水嶺270號墓

鼎51，春秋ⅡB，八型，通高33.3 cm，溧水白馬公社

鼎52，春秋ⅡB，一〇型，高約26 cm，洛陽中州路4號墓

鼎53，春秋ⅡB，一〇型，高35.7 cm，長治分水嶺270號墓

鼎54，春秋ⅡB，一〇型，高31.8 cm

鼎55，春秋ⅡB，一〇型，通高21.7 cm，Courtesy of the Royal Ontario Museum, Toronto, Canada (Far Eastern Department)

鼎56，春秋ⅡB，一〇A型，通高27.5 cm，穀城良種場三里橋大隊

鼎57，春秋ⅡB，一三型，通高70.7 cm，新鄭城關鎮李家樓

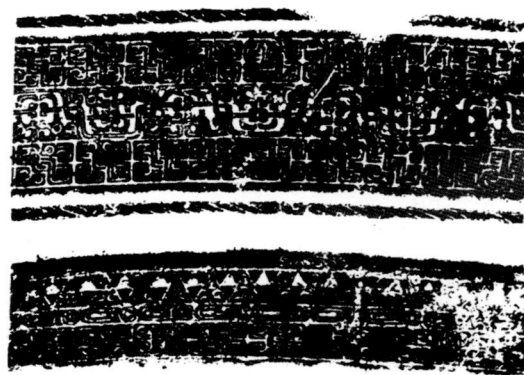

鼎58，春秋ⅡB，一三型，通高47.3 cm，新鄭城關鎮李家樓

鼎59，春秋ⅡB，一三型，通高66 cm，侯馬上馬村13號墓

鼎60（庚兒），春秋ⅡB，一三型，通高約43 cm，侯馬上馬村13號墓

鼎61，春秋ⅡB，一三型

鼎62，春秋ⅡB，一三型，通高
23.8 cm，臺北故宮博物院

鼎63，春秋ⅡB，一三A型，通高
31.8 cm，當陽金家山9號墓

鼎64，春秋ⅡB，一三A型，通高
27.3 cm，襄陽山灣6號墓

鼎65，春秋ⅡB，一五型，高49 cm

鼎66（寬兒），春秋ⅡB，一五型，高27.1 cm，臺北故宮博物院

鼎67，春秋ⅡB，一五型，臺北故宮博物院

鼎68，春秋ⅡB，一五型，高35.2 cm，臺北故宮博物院

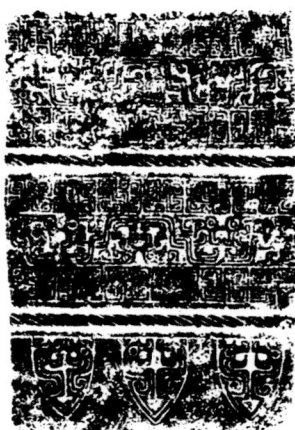

鼎69，春秋ⅡB，一五型，通蓋高52.6 cm，新鄭城關鎮李家樓

鼎70，春秋ⅡB，一五A型，通高40 cm，侯馬上馬村13號墓

鼎71，春秋ⅡB，一五A型，通高37 cm，侯馬上馬村5號墓

鼎72，春秋ⅡB，一五A型，高25.5 cm

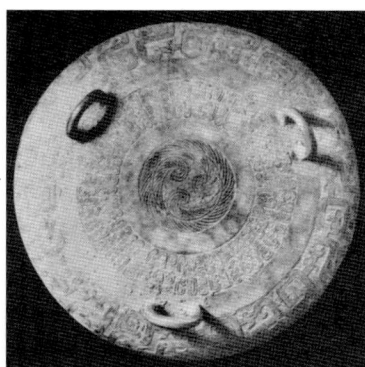

鼎73，春秋ⅡB，一五A型，通高27.5 cm，淇縣趙溝1號墓

鼎74，春秋ⅡB，一五A型，通高32.9 cm，長治分水嶺269號墓

鼎75，春秋ⅡB，一五A型，通高22.5 cm

鼎76，春秋ⅡB，一五A型，通高32 cm，輝縣琉璃閣130號墓

鼎77，春秋ⅡB，一五A型，通高25.4 cm，舒城鳳凰嘴

鼎78，春秋ⅡB，一五A型，通高25.5 cm，舒城鳳凰嘴

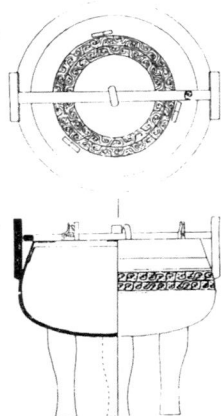

鼎79，春秋ⅡB，一五Ⅰ型，通高26.1 cm，江陵嶽山

鼎80，春秋ⅡB，一八型，通高22 cm，隨州均川公社劉家崖

鼎81，春秋ⅡB，其他型，湘潭青山橋小托

鼎82，春秋ⅢA，一A型，高13.4 cm，鳳翔八旗屯27號墓

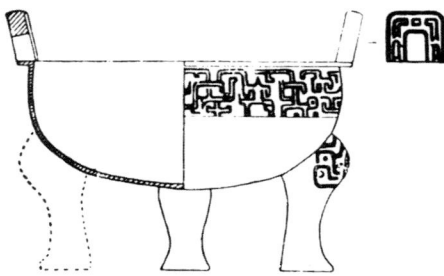

鼎83，春秋ⅢA，一B型，通高21.5 cm，費縣上冶公社

鼎84，春秋ⅢA，一C型，高24.6 cm，臨朐楊善公社

鼎85，春秋ⅢA，一C型，通高18.9 cm，斯文會

鼎86，春秋ⅢA，七型，通高33 cm，臨淄姚王村

鼎87，春秋ⅢA，八型，通高22.3 cm，洛陽西工區4號墓

鼎88，春秋ⅢA，一〇型，通高25.3 cm，潞城潞河8號墓

鼎89，春秋ⅢA，一〇型，通高36 cm，六合程橋2號墓

鼎90，春秋ⅢA，一〇型，通高20.9 cm，臺北故宮博物院

鼎91（蔡侯），春秋ⅢA，一〇A型，通高48.5 cm，壽縣蔡侯墓

鼎92，春秋ⅢA，一〇A型

鼎93（蔡侯），春秋ⅢA，一三A型，壽縣蔡侯墓

鼎94，春秋ⅢA，一三A型，通高27 cm

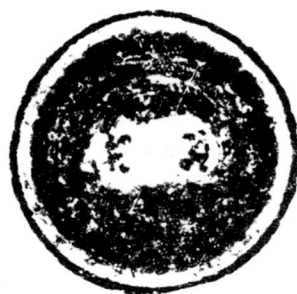

鼎95，春秋ⅢA，一三A型，通高52 cm，淅川下寺2號墓

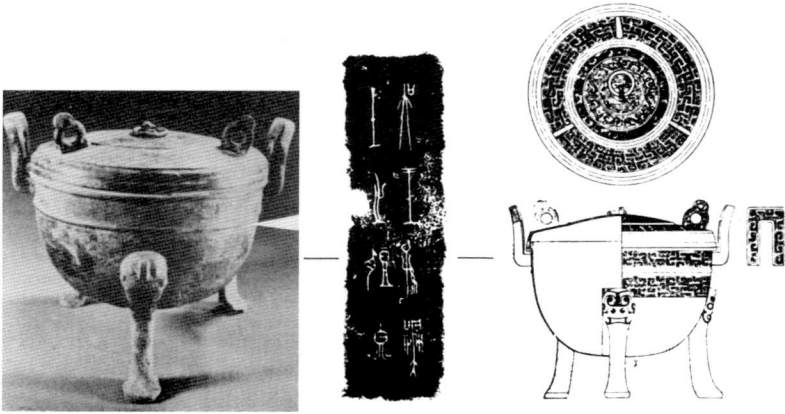

鼎96，春秋ⅢA，一三A型，高21.6 cm，鳳翔高王寺

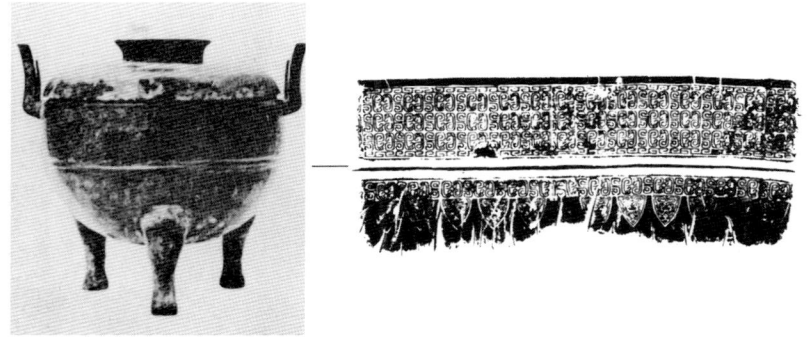

鼎97，春秋ⅢA，一三A型，高22.5 cm

鼎98，春秋ⅢA，一三A型，高72.5 cm，當陽趙家湖

鼎99，春秋ⅢA，一三A型，通高38 cm，莒南大店1號墓

鼎100，春秋ⅢA，一三B型，通高15 cm，東京國立博物館

鼎101，春秋ⅢA，一三B型，高24.5 cm，當陽趙家湖

鼎102，春秋ⅢA，一三型，高17.2 cm，上海博物館

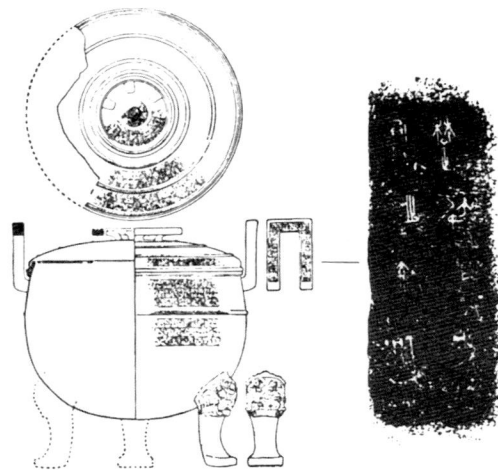

鼎103（楚叔之孫佣），春秋ⅢA，一五型，通高31.5 cm，淅川下寺1號墓

鼎104，春秋ⅢA，一五型，通高25 cm，長子1號墓

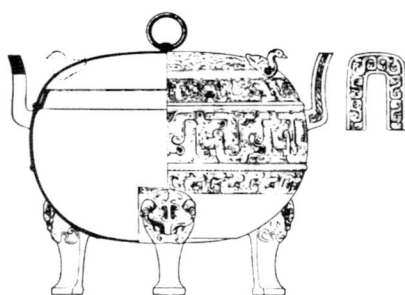

鼎105，春秋ⅢA，一五型，高22～22.5 cm

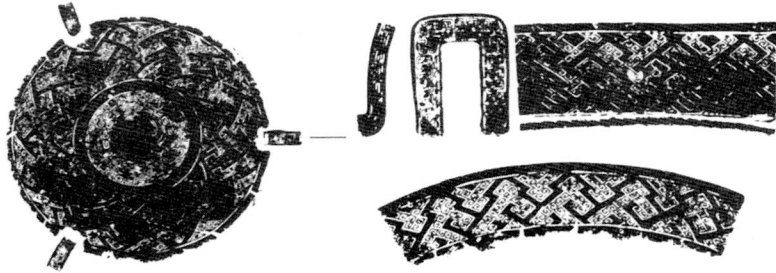

鼎106，春秋ⅢA，一五型，通高28 cm，新樂中同村2號墓

鼎107，春秋ⅢA，一五型，高33 cm

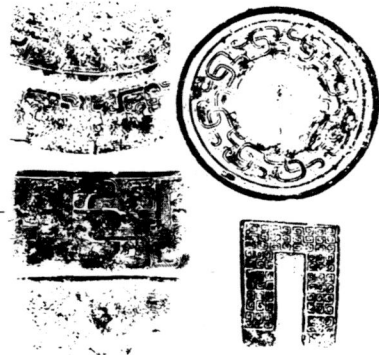

鼎108，春秋ⅢA，一五A型，通高22.7 cm，洛陽西工區4號墓

鼎109，春秋ⅢA，一五A型，通高32 cm，洛陽60號墓

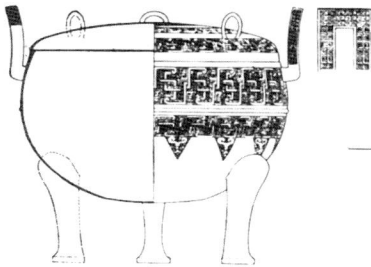

鼎110，春秋ⅢA，一五A型，高約45 cm，長治分水嶺269號墓

鼎111，春秋ⅢA，一五A
型，通高25.5 cm，曲
阜116號墓

鼎112，春秋ⅢA，一五A型，通高
30.5 cm

鼎113，春秋ⅢA，一五A型，Courtesy of the Arthur M. Sackler Gallery, Smithsonian Institution,
Washington D. C., Acc. no. S87.0317, Gift of Arthur M. Sackler

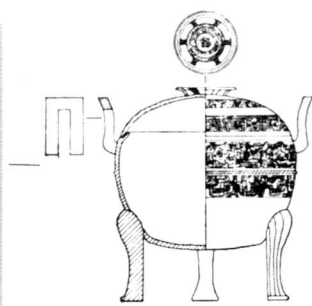

鼎114，春秋ⅢA，一五A型，通耳高26 cm，臨淄河崖頭村

鼎115，春秋ⅢA，一五A型，高33 cm，洛陽中州路2729號墓

鼎116，春秋ⅢA，一五A型

鼎117，春秋ⅢA，一五A型，通高26.2 cm，臺北故宮博物院

鼎118，春秋ⅢA，一五A型，通高25.3 cm，寧樂美術館

鼎119，春秋ⅢA，一五A型，高28 cm，MOA美術館

鼎120，春秋ⅢA，一五A型，通高27.6 cm，行唐廟上村

鼎121，春秋ⅢA，一五D型，通高26.5 cm，唐山賈各莊18號墓

鼎122，春秋ⅢA，一五D型，通高21.3 cm，樋口隆康先生攝

鼎123，春秋ⅢA，一五D型，通高27.5 cm，安邱李家西部郜城

鼎124，春秋ⅢA，一五E型，香川縣文化館

鼎125，春秋ⅢA，一五E型，通高33.3 cm，唐山賈各莊28號墓

鼎126，春秋ⅢA，一五E型，通高27.4 cm，燕下都31號墓

鼎127，春秋ⅢA，一五E
型，通耳高25 cm，臺
北故宮博物院

鼎128，春秋ⅢA，一五F
型，通高28 cm，新鄭
李家村1號墓

鼎129（王子午），春秋ⅢA，一八型，高69 cm，淅川下寺2號墓

鼎130（蔡侯），春秋ⅢA，一八型，高44.7 cm，壽縣蔡侯墓

鼎131，春秋ⅢA，一九型，通
高47 cm，壽縣蔡侯墓

鼎132，春秋ⅢA，二〇型，通
高31.6 cm，六合程橋

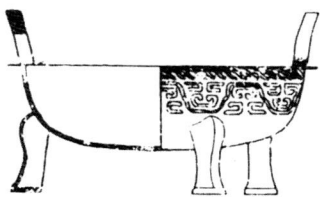

鼎133，春秋ⅢB，一A型，通
高9.7 cm，鳳翔高莊10號墓

鼎134，春秋ⅢB，一A型，通高
6.5 cm，長安客省莊202號墓

鼎135，春秋ⅢB，八型，通高約30 cm

鼎136，春秋ⅢB，八A型，通高55.5 cm，恭城加會公社秧家大隊

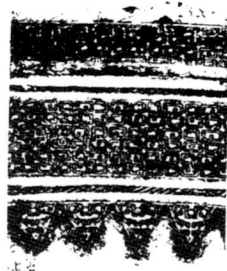

鼎137，春秋ⅢB，八A型，通高
55.5 cm

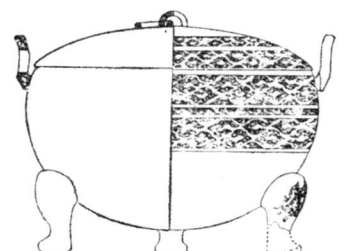

鼎138，春秋ⅢB，八A型，通高
20.6 cm，羅定太平公社1號墓

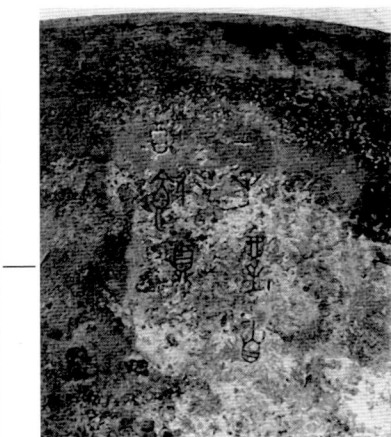

鼎139，春秋ⅢB，一〇A型，高28.5 cm

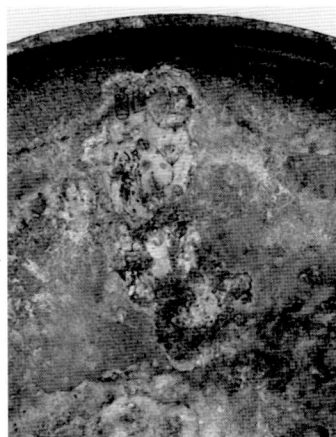

鼎140，春秋ⅢB，一〇A型，
上蔡蔡國故城

鼎141，春秋ⅢB，一三A型，通高35 cm，潢川隆古公社

鼎142，春秋ⅢB，一三A型，
高38.1 cm

鼎143，春秋ⅢB，一三A型，
襄陽山灣33號墓

鼎144，春秋ⅢB，一三B型，
高22.5 cm

鼎145，春秋ⅢB，一三B型，
通高27.5 cm，襄陽山灣33
號墓

鼎146，春秋ⅢB，一三B型，通高33.5 cm，蘇州虎丘

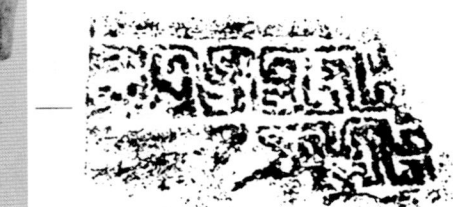

鼎147，春秋ⅢB，一三B型，通高20.9 cm，成都百家潭中學

鼎148，春秋ⅢB，一五A
型，通高36.5 cm，臺
北故宮博物院

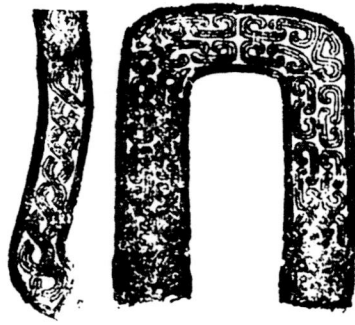

鼎149，春秋ⅢB，一五A型，通高25 cm，屯留武家溝

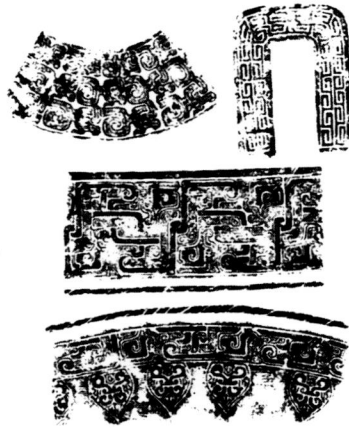

鼎150，春秋ⅢB，一五A型，高23.5 cm，From: Eleanor von Konsten: *Chinese Bronzes from the Collection of Chester Dale and Dolly Carter (Artibus Asiae Supplementum ⅩⅩⅩⅤ), No. 32 with kind permission of Artibus Asiae*

鼎151，春秋ⅢB，一五A型，高22 cm

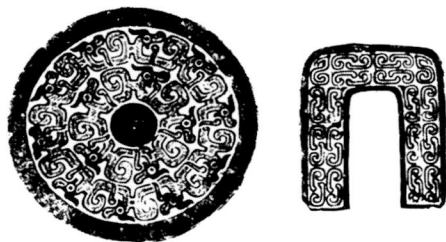

鼎152，春秋ⅢB，一五A型，高23 cm，From: Eleanor von Konsten: *Chinese Bronzes from the Collection of Chester Dale and Dolly Carter (Artibus Asiae Supplementum ⅩⅩⅩⅤ), No. 33 with kind permission of Artibus Asiae*

鼎153，春秋ⅢB，一五A型，通高約13 cm，Courtesy of the Royal Ontario Museum, Toronto, Canada (Far Eastern Department)

鼎154，春秋ⅢB，一五A型，通高19 cm，臺北故宮博物院

鼎155，春秋ⅢB，一五A型，高19.3 cm

鼎156，春秋ⅢB，一五A型，高55 cm，上海博物館

鼎157，春秋ⅢB，一五A型，高18.4 cm，北京通縣中趙甫公社

鼎158，春秋ⅢB，一五Ａ型，通高23 cm，北京通縣中趙甫公社

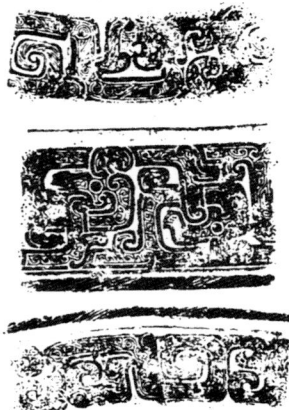

鼎159，春秋ⅢB，一五Ａ型，高28.5 cm

鼎160，大約春秋Ⅲ，八型，通高 26 cm，湘潭古塘

鼎161，大約春秋Ⅲ，二〇型，通高 21 cm，湘潭古塘

鼎162，大約春秋Ⅲ，二〇型，通 高12.5 cm，恭城加會公社秧 家大隊

鼎163，大約春秋Ⅲ，二〇型，通耳高14.5 cm，恭城 加會公社秧家大隊

曾侯乙酢時用終

鼎164（曾侯乙），戰國ⅠA，七型，通高63.8 cm， 隨州擂鼓墩1號墓

鼎165，戰國ⅠA，八型，通高24 cm，曲 阜201號墓

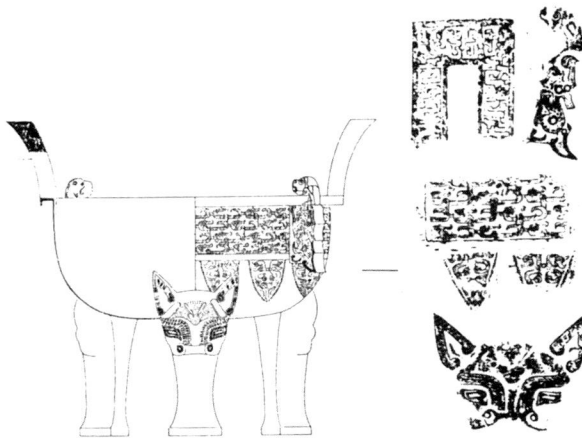

鼎166，戰國ⅠA，八型，高51 cm，長治分水嶺26號墓

鼎167，戰國 I A，一三 B 型，通高18 cm，根津美術館

鼎168，戰國 I A，一四型，高
11.4 cm，洛陽小屯

鼎169，戰國 I A，一五型，通高
24.4 cm，臺北故宮博物院

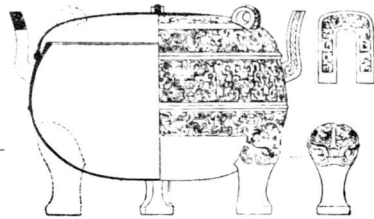

鼎170，戰國 I A，一五型，最大通高30 cm，長子7號墓

鼎171，戰國 I A，一五型，
高38.7 cm，Courtesy of
the Freer Gallery of Art,
Smithsonian Institution,
Washington D.C.

鼎172，戰國 I A，一五型，高
30 cm，大阪市立美術館，
山口藏品

鼎173，戰國 I A，一五型，通高
16 cm，Musée Guimet-PARIS

鼎174，戰國 I A，一五型，高20.6 cm

鼎175，戰國 I A，一五 B 型，通
高11.6 cm，汲縣山彪鎮1號墓

鼎176，戰國 I A，一五 B 型，高
18.5 cm

鼎177，戰國 I A，一五 B 型，高
36 cm，上海博物館

鼎178，戰國 I A，一五 C 型，洛
陽中州路2717號墓

鼎179，戰國 I A，一五 D 型，高
28 cm，洛陽中州路2717號墓

鼎180，戰國 I A，一五 H 型，通
高6.9 cm，輝縣固圍村6號墓

鼎181，戰國ⅠA，一五H型，高20cm，藤井有鄰館

鼎182（曾侯乙），戰國ⅠA，一五I型，通高39.5cm，
隨州擂鼓墩1號墓

曾侯乙斮時用終

鼎183，戰國ⅠA，一八型，隨州擂鼓墩1號墓

鼎184，戰國ⅠA，其他型，通高17.7cm，
輝縣固圍村1號墓

鼎185，戰國ⅠB，二型，通高
22cm，潞城潞河7號墓

鼎186，戰國ⅠB，七型，通高
51.5cm，隨州擂鼓墩2號墓

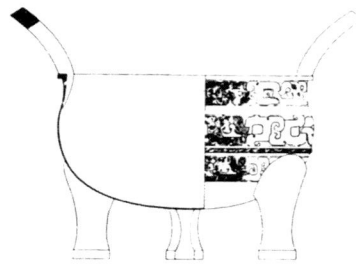

鼎187，戰國ⅠB，八型，高40cm，
長治分水嶺25號墓

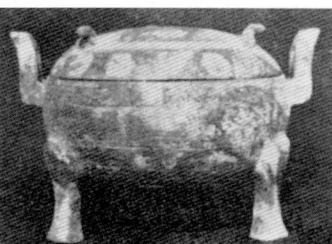

鼎188，戰國ⅠB，一五型，通高14cm，旬邑

鼎189，戰國ⅠB，一五型，通高19cm，臨潼斜口地窯村

鼎190，戰國ⅠB，一五型，通蓋鈕
高19.7 cm，Courtesy of the Royal
Ontario Museum, Tronto, Canada
(Far Eastern Department)

鼎191，戰國ⅠB，一五型

鼎192，戰國ⅠB，一五型，高
12 cm，The Museum of Far
Eastern Antiquities, Hellström
Collection, Stockholm, Sweden

鼎193，戰國ⅠB，一五B型，輝縣
三位營

鼎194（公朱），戰國ⅠB，一五B型，通高16 cm，臨潼

鼎195，戰國ⅠB，一五B型，通高
17 cm，長治分水嶺10號墓

鼎196，戰國ⅠB，一五B型，全高
17 cm

鼎197，戰國ⅠB，一五B型，高26 cm，長治分水嶺20號墓

鼎198，戰國ⅠB，一五B型，通耳高16.7 cm

鼎199，戰國ⅠB，一五C型，通
高12.8 ～ 13 cm，Courtesy
of the Royal Ontario Museum,
Toronto, Canada (Far Eastern
Department)

鼎 200，戰國 I B，一五 C 型，通高約 20 cm

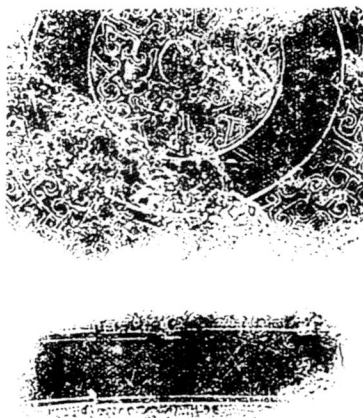

鼎 201，戰國 I B，一五 C 型，通耳高 12 cm，The Museum of Far Eastern Antiquities, Stockholm, Sweden

鼎 202，戰國 I B，一五 C 型，通高 34 cm，Courtesy of the Royal Ontario Museum, Toronto, Canada (Far Eastern Department)

鼎 203，戰國 I B，一五 C 型，高 16.2 cm

鼎 204，戰國 I B，一五 C 型，通高 28.5 cm，咸陽塔兒坡

鼎 205，戰國 I B，一五 D 型，長治分水嶺 14 號墓

鼎 206，戰國 I B，一五 D 型，高 30.6 cm，上海博物館

鼎207，戰國 I B，一五D型，高38 cm，Asian Art Museum of San Francisco, The Avery Brundage Collection,樋口隆康先生攝

鼎208，戰國 I B，一五D型，高28 cm，Nelson-Atkins Museum of Art, Kansas City

鼎209，戰國 I B，一五E型，高22 cm，長治分水嶺36號墓

鼎210，戰國 I B，一五E型，高16.9 cm，藤井有鄰館

鼎211，戰國 I B，一五E型，通高27.5 cm，潞城潞河7號墓

鼎212（袁成叔），戰國 I B，一五F型，通高34 cm，洛陽玻璃廠439號墓

鼎213，戰國 I B，一五F型，通高16.7 cm，平涼廟莊7號墓

鼎214，戰國 I B，一五G型，通高33.5 cm，長清崗辛

鼎215，戰國 I B，一五G型，高27.5 cm，容城北陽村

鼎216，戰國 I B，一五H型，高13.7 cm，臺北故宮博物院

鼎 217，戰國 I B，一五 H 型，通蓋
鈕高約 16.5 cm，Courtesy of the
Royal Ontario Museum, Toronto,
Canada (Far Eastern Department)

鼎 218，戰國 I B，一五 I 型，通高 23.5 cm，隨州擂鼓墩 2 號墓

鼎 219，戰國 I B，一五 J 型，通高 26 cm，新都馬家公社

鼎 220，戰國 I B，一五 J 型，通高
28.5 cm，新都馬家公社

鼎 221，戰國 I B，一五 J 型，全高 22.1 cm

鼎 222，戰國 I B，一五 K
型，高 47 cm，長沙瀏
城橋 1 號墓

鼎 223，戰國 I B，一八型，通高 29.6 cm，隨州擂鼓墩 2 號墓

鼎 224，戰國 I B，一九型，通高
46 cm，江陵天星觀 1 號墓

鼎 225，戰國 I B，一九
型，通高 48.3 cm，隨
州擂鼓墩 2 號墓

鼎 226，戰國 I B，二○
型，通高 26.7 cm，江
陵荊州城西門外

鼎 227，戰國 I B，二○
型，通高 14.5 cm，曲
阜 58 號墓

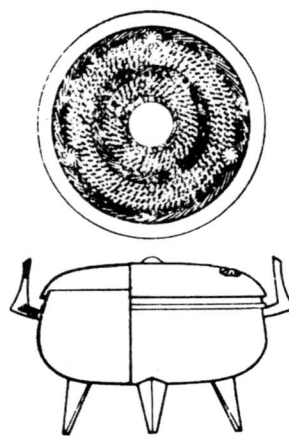

鼎 228，戰國 I B，二○
型，通高 16 cm，句容
下蜀公社

鼎229，戰國ⅡA，一四型，通高
21.6 cm，平山三汲公社1號墓

鼎230，戰國ⅡA，一五C型，高27.7 cm

鼎231，戰國ⅡA，一五E型，通高
36 cm，平山三汲公社1號墓

鼎232，戰國ⅡA，一五F
型，通高20.8 cm，北
京豐臺

鼎233，戰國ⅡA，一五F型，通高16.5 cm，清澗解家公社

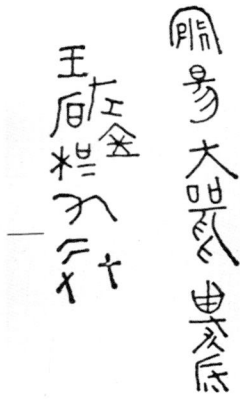

鼎234，戰國ⅡA，一五G型，通高
11.7 cm，平山三汲公社6號墓

鼎235，戰國ⅡA，一五H
型，通高35 cm，平山
三汲公社1號墓

鼎236，戰國ⅡA，一五H型，通高
21.6 cm，平山三汲公社1號墓

鼎237（中山王䚇），戰國ⅡA，一五H型，通高51 cm，平山三汲公社1號墓

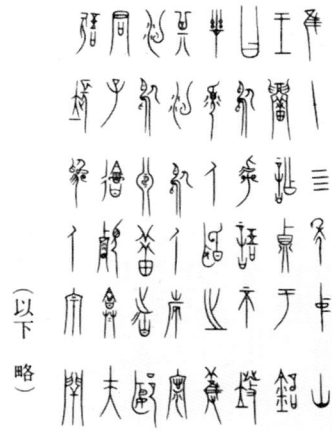

鼎238，戰國ⅡB，一五H
型，高14 cm，咸陽市

鼎239，戰國ⅡA，一五H型，高
15.2 cm，Minneapolis Institute
of Art, Alfred F. Pillsbury
Collection

鼎240，戰國ⅡA，一五H型，通高19 cm，咸陽塔兒坡

鼎241，戰國ⅡA，一五I型，高
32 cm，江陵望山1號墓

鼎242，戰國ⅡA，一五Ⅰ型，高26 cm，鄂城鄂鋼53號墓

鼎243，戰國ⅡA，一五Ⅰ型，江陵雨臺山314號墓

鼎244，戰國ⅡA，一五Ⅰ型，通高25 cm，江陵雨臺山323號墓

鼎245，戰國ⅡA，一五Ⅰ型，通高39.3 cm，信陽長臺關1號墓

鼎246，戰國ⅡA，一五J型，通高29.5 cm，江陵藤店1號墓

鼎247，戰國ⅡA，一五J型，通高21 cm，江陵拍馬山18號墓

鼎248，戰國ⅡA，一五J型，通高約30 cm，襄陽蔡坡12號墓

鼎249，戰國ⅡA，一五K型，通高29 cm，襄陽蔡坡9號墓

鼎250，戰國ⅡA，一九型，江陵望山1號墓

鼎251，戰國ⅡA，一九型，通高23.5 cm，北京豐臺

鼎252，戰國ⅡA，二〇型，高23.2 cm，鄂城，百3號墓

鼎253，戰國ⅡA，二〇型，通高30.3 cm

鼎254，戰國ⅡA，二〇型，通高24 cm，長沙識字嶺1號墓

鼎255，戰國ⅡB，七型，高53.6 cm，東京國立博物館，壽縣朱家集

鼎256，戰國ⅡB，七型，通高
50 cm，成都羊子山

鼎257（楚王酓肯），戰國ⅡB，一四型，高35 cm，壽縣朱家集

鼎258（信安君），戰國ⅡB，一五C型，通高19 cm，武功游鳳公社

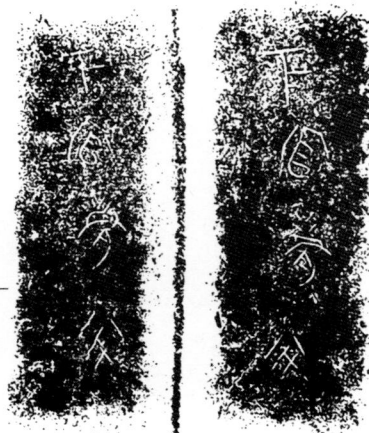

鼎259（平安君），戰國ⅡB，一五C型，通高15 cm，泌陽官莊3號墓北槨

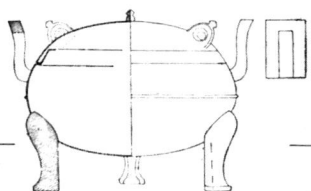

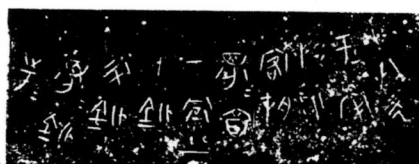

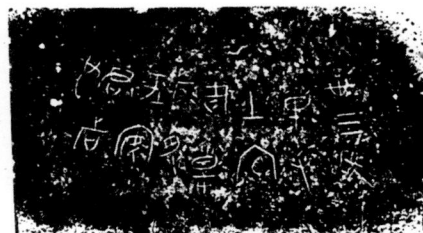

鼎260（平安君），戰國ⅡB，一五C型，高14 cm，上海博物館

鼎261，戰國ⅡB，一五C型，通高16 cm，泌陽官莊3號墓南槨

鼎262（27年大梁），戰國ⅡB，一五C型，高18.6 cm，上海博物館

鼎263，戰國ⅡB，一五C型，高18 cm

鼎264，戰國ⅡB，一五C型，高14.5 cm，旬邑

鼎265，戰國ⅡB～Ⅲ，一五I型，高33 cm，壽縣

鼎266，戰國ⅡB，一五I型，長沙絲茅冲一工區33號墓

鼎267，戰國ⅡB，一五J型，通高18.3 cm，江陵馬山磚廠1號墓

鼎268，戰國ⅡB，一五K型，通高32.5 cm，常德德山26號墓

鼎269，戰國ⅡB，一五K型，通高32 cm，江陵雨臺山354號墓

鼎270，戰國ⅡB，一五K型，江陵望山2號墓

鼎271（楚王酓忈），戰國Ⅲ，七型，通高55.6 cm，壽縣朱家集

鼎272，戰國Ⅲ，七型，故宮博物院

鼎273，戰國Ⅲ，七型，壽縣朱家集，上海博物館

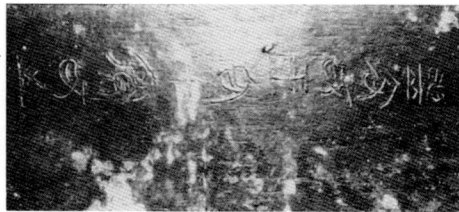

鼎274，統一秦，一五B型，通高16.5 cm，雲夢睡虎地11號墓

鼎275，統一秦，一五F型，通高19.2 cm，襄陽山灣18號墓

鼎276，戰國Ⅲ，一八型，高51 cm，壽縣朱家集

鼎277，戰國ⅡB～Ⅲ，二〇型，通高23.5 cm，江陵雨臺山480號墓

鼎278，戰國ⅡB～Ⅲ，二〇型，高18 cm，瀏陽北嶺

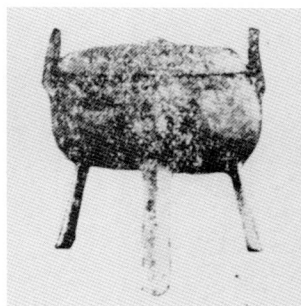

鼎279，戰國ⅡB～Ⅲ，二〇型，通高29.5 cm，蘇州城東北

鼎280，戰國ⅡB～Ⅲ，二〇型，通高26.5 cm，上高塔下村

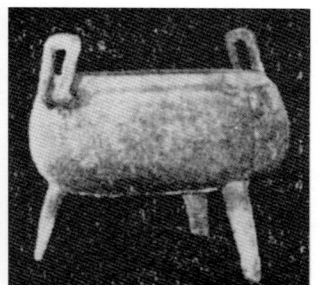

鼎281，戰國ⅡB～Ⅲ，二〇型，通高15.5 cm，上高塔下村

鼎282，戰國ⅡB～Ⅲ，二〇型，高19.5 cm，廣寧銅鼓崗

鼎283，戰國ⅡB～Ⅲ，二〇型，四會鳥旦山

鼎284，戰國ⅡB～Ⅲ，二〇型，通高16cm，德慶

鼎285，戰國ⅡB～Ⅲ，二〇型，高13 cm，平樂銀山22號墓

鼎286，戰國ⅡB～Ⅲ，二〇型，高19.3 cm，平樂銀山71號墓

鼎287，戰國ⅡB～Ⅲ，二〇型，平樂銀山55號墓

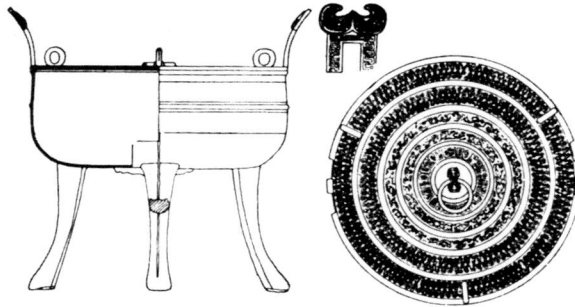

鼎288，戰國ⅡB～Ⅲ，二〇型，高約22 cm，湘鄉何家灣1號墓

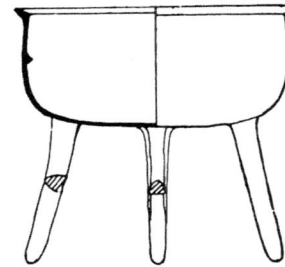

鼎289，戰國ⅡB～Ⅲ，二〇型，高約16 cm，湘鄉五里橋1號墓

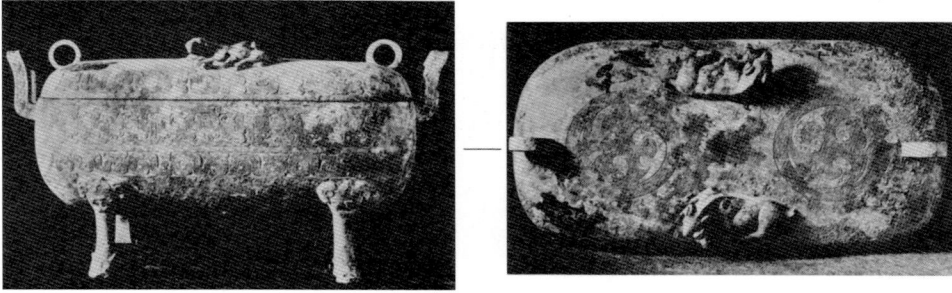

方鼎1，戰國ⅠA，五型，高16 cm

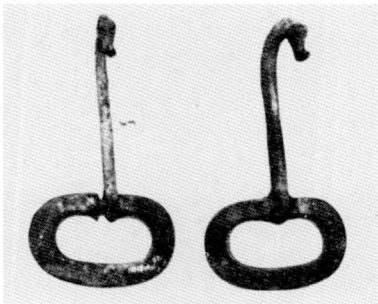

鼎鉤1，戰國ⅠB，通長17 cm，隨
州擂鼓墩2號墓

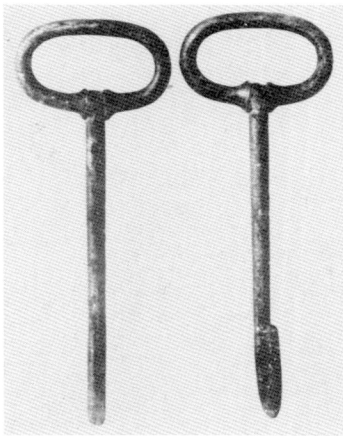

鼎鉤2，戰國ⅡA，長23.5 cm，
信陽長臺關1號墓

鬲1，春秋ⅡA，三型，高10.7 cm，光山寶相寺

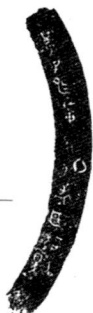

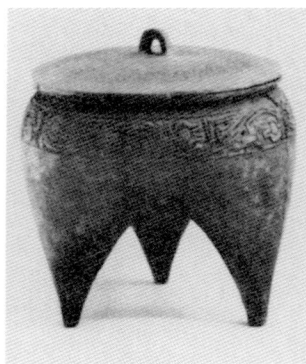

鬲2，春秋ⅡA，四型，通高21 cm，沂水瀏家店子1號墓

鬲3，春秋ⅡA，四型，通高26.5 cm，
平邑蔡莊村

鬲4，春秋ⅡA，四型，高12 cm，信陽平橋1號墓

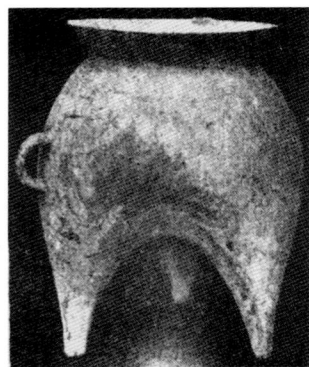

鬲5，春秋ⅡA，四型，高
28.4 cm，儀徵破山口

鬲6，春秋ⅡA，四型，儀徵破山口

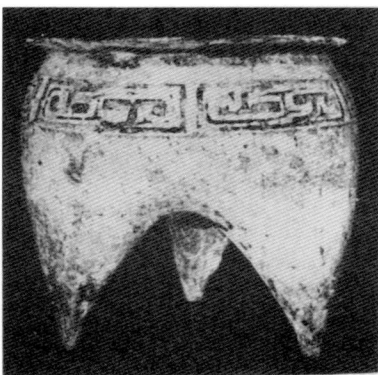

鬲7，春秋ⅡA，四型，高17.9 cm，
臨沐黃莊

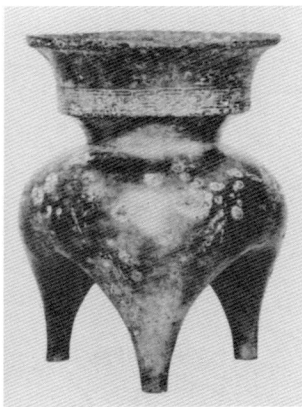

鬲8，春秋ⅡA，其他型，高
19.7 cm，泉屋博古館

鬲9，春秋ⅡB，三型，高10.5 cm，
長治分水嶺126號墓

鬲10，春秋ⅡB，三型，高13.3 cm，新鄭城關鎮李家樓

鬲11，春秋ⅡB，三型，高
9.6 cm，長治分水嶺
269號墓

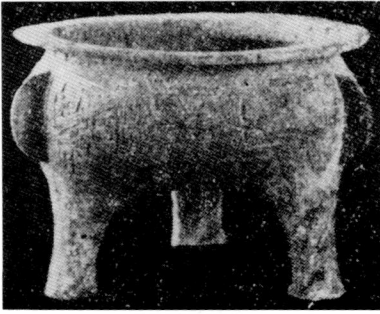

鬲12，春秋ⅡB，三型，高10.8 cm，侯馬上馬村13號墓

鬲13，春秋ⅢA，三型，高12 cm，
淅川下寺2號墓

鬲14，春秋ⅢA，三A型，通高
10 cm，壽縣蔡侯墓

鬲15，春秋ⅢA，三A型，高
10.5 cm

鬲16，春秋ⅢA，三C型，通高
17.7 cm，新鄭城東4 km

鬲17，春秋ⅢA，三C型，高21.5 cm，Asian Art Museum of San Francisco,
Avery Brundage Collection，樋口隆康先生攝

鬲18，春秋ⅢA，四型，通高27.8 cm，淅川下寺1號墓

鬲19，春秋ⅢA，五A型，
高20.6 cm

鬲 20，春秋 Ⅲ B，三 B 型，通高 20.2 cm，臺北故宮博物院

鬲 21，春秋 Ⅲ B，五型，通高 18.2 cm，臺北故宮博物院

鬲 22，春秋 Ⅲ B，五 A 型，通高 18.9 cm，上海博物館

鬲 23，春秋 Ⅲ B，五 A 型，高約 15.2 cm

鬲 24，春秋 Ⅲ B，五 A 型，高 8 cm

曾侯乙酢時用終

鬲 25（曾侯乙），戰國 Ⅰ A，三型，通高 13 cm，隨州擂鼓墩 1 號墓

鬲 26，戰國 Ⅰ A，三 A 型，高 8.4 cm，汲縣山彪鎮 1 號墓

鬲 27，戰國 Ⅰ A，三 B 型，高 23.5 cm，松岡美術館

鬲 28，戰國 Ⅰ A，三 B 型，通高 18.5 cm，輝縣趙固村 1 號墓

鬲 29，戰國 Ⅰ A，三 B 型，Dr. Arthur M. Sackler Collection, New York

鬲 30，戰國 Ⅰ A，三 C 型，高約 25 cm，洛陽中州路 2717 號墓

鬲 31，戰國 Ⅰ A，三 C 型，高 15.2 cm

鬲 32，戰國ⅠA，五型，高 19.5 cm，
輝縣固圍村 1 號墓

鬲 33，戰國ⅠB，三型，通高 8 cm，
潞城潞河 7 號墓

鬲 34，戰國ⅠB，三型，
高 11.5 cm，長治分水
嶺 25 號墓

鬲 35，戰國ⅠB，三B型，高 17 cm，The Art Museum, Princeton University, Chester Dale
and Dolly Carter Collection

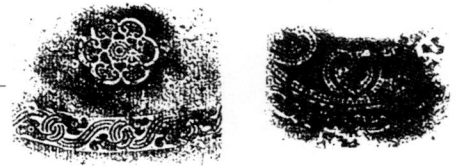

鬲 36，戰國ⅠB，三B型，通高
17.5 cm，平涼廟莊 6 號墓

鬲 37，戰國ⅠB，三B型，高
12.6 cm，臺北故宮博物院

鬲 38，戰國ⅠB，三C型，通高
16.6 cm，咸陽任家嘴

鬲 39，戰國ⅠB，四型，高 10 cm，
隨州擂鼓墩 2 號墓

鬲 40，戰國ⅠB，四型，高 24 cm，
隨州擂鼓墩 2 號墓

鬲 41，戰國 II A，三型，通
高 16.7 cm，平山三汲
公社 1 號墓

甗1，春秋ⅡA，一型，通
高42 cm，蓬萊縣村里
集6號墓

甗2，春秋ⅡA，四型，通
高24 cm，寶鷄福臨堡
1號墓

甗3，春秋ⅡA，四型，臺
北故宮博物院

甗4，春秋ⅡB，二型，通
高45 cm，侯馬上馬村
13號墓

甗5，春秋ⅡB，四型，通
高32.2 cm，鳳翔八旗
屯B27號墓

甗6，春秋ⅡB，四型，高
27.3 cm

甗7，春秋ⅡB，四型，高
22 cm

甗8，春秋ⅡB，四型，通
蓋高56.6 cm，新鄭城
關鎮李家樓

甗9，春秋ⅢA，一型，通高30.6 cm，鳳翔高王寺

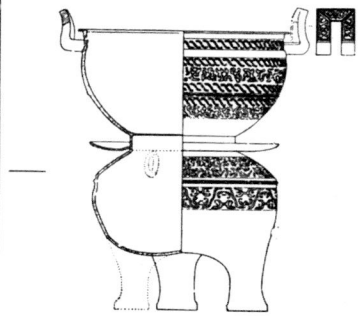

甗10，春秋ⅢA，二型，通高38 cm，新樂中同村2號墓

甗11，春秋ⅢA，二型，
通高35.4 cm，行唐廟
上村

甗12，春秋ⅢA，二型，
Courtesy of the Royal
Ontario Museum,
Toronto, Canada (Far
Eastern Department)

甗13，春秋ⅢA，二A型，高39 cm，邯鄲百家村57號墓

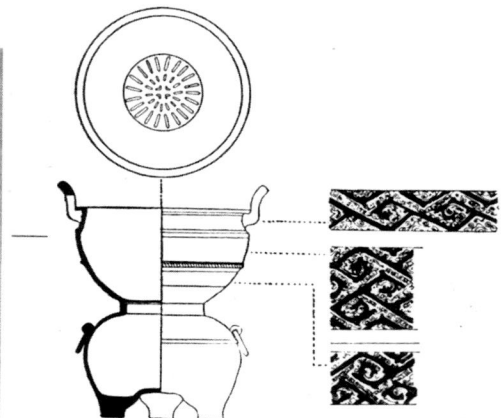

鬲14，春秋ⅢB，二型，
高39.5 cm，Asian
Art Museum of San
Francisco，Avery
Brundage Collection

鬲15，春秋ⅢB，二型，高
33 cm，紹興306號墓

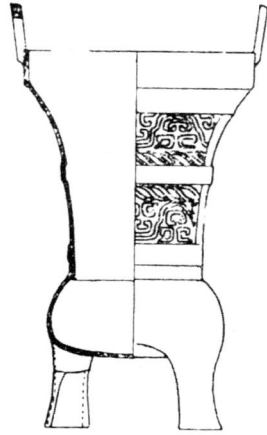

鬲16，春秋ⅢB，四型，高
17.2 cm，鳳翔高莊10
號墓

鬲17，春秋ⅢB，四型，高
24.5 cm，長武上孟村

鬲18，戰國ⅠA，二A型，
高37.2 cm，洛陽中州
路2717號墓

鬲19，戰國ⅠA，二A型，
通高38.4 cm，長子7
號墓

鬲20，戰國ⅠA，二A型，
通高45.5 cm，汲縣山
彪鎮1號墓

鬲21，戰國ⅠA，四型，通
高17.7 cm，長安客省
莊202號墓

鬲22，戰國ⅠB，一型，通高54.8 cm，隨州擂鼓墩2號墓

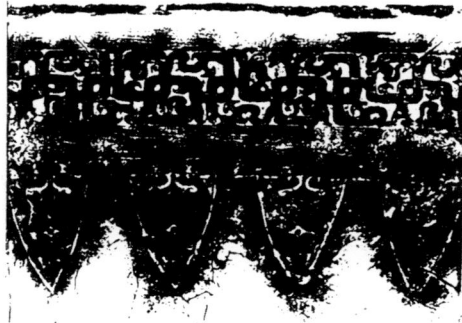

鬲23，戰國ⅠB，一型，高
49.7 cm，新都馬家鄉

鬲24，戰國ⅠB，二A型，高40.5 cm，From: Eleanor von Konsten: *Chinese Bronzes
from the Collection of Chester Dale and Dolly Carter (Artibus Asiae Supplementum
XXXV)*, No. 16 with kind Permission of *Artibus Asiae*

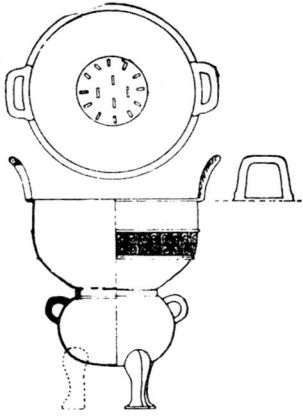

錡1，春秋ⅡA，通高38 cm，
隨州城郊公社

錡2，春秋ⅡB，通高53 cm，
長治分水嶺269號墓

錡3，春秋ⅢB，甑徑34.5 cm，輝縣琉璃閣墓甲

錡4，春秋ⅢB，通高45.7cm，
滿城采石廠

錡5，戰國ⅡA，通高20.7cm，
平山三汲公社6號墓

錡6，戰國ⅡA，通高35.5 cm

錡7，戰國ⅡA，通高15.2 cm，Courtesy of the Royal Ontario Museum, Toronto, Canada (Far Eastern Department)

錡8，　戰　國　ⅡA，　高14.1 cm，
Courtesy of the Royal Ontario
Museum, Toronto, Canada (Far
Eastern Department)

錡9，戰國ⅡB，上
海博物館

錡10，戰國ⅡB，通高
33 cm，成都羊子山
172號墓

甗1，春秋ⅢA，高22.1 cm，泉屋博古館

甗2，春秋ⅢB，高20.2 cm

甗3，春秋ⅢB，高22.2 cm

甗4，戰國ⅠA，高18.5 cm

圈足釜1，春秋ⅡA，通高約13 cm

圈足釜2，春秋ⅡA，通高6.1 cm

圈足釜3，春秋ⅡB，高7.5 cm，
侯馬上馬村13號墓

圈足釜4，春秋ⅢA，高50.5 cm，
懷來北辛堡

圈足釜5，春秋ⅢA，高5.5 cm，新
樂中同村2號墓

圈足釜6，春秋ⅢB，高41.5 cm，
輝縣琉璃閣墓甲或乙

圈足釜7，春秋ⅢB，通高21.5 cm，
行唐李家莊

圈足釜8，春秋ⅢB，渾源文化館

釜甑1，戰國ⅠA，成都百
家潭中學10號墓

釜甑2，戰國ⅠA，通高
48.4 cm，輝縣趙固村1
號墓

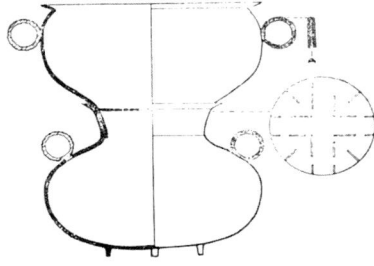

釜甑3，戰國ⅠA，通高30 cm，涪
陵小田溪4號墓

釜4，戰國ⅠA，高12 cm，
涪陵小田溪4號墓

釜甑5，戰國ⅠB，通高
28 cm，新繁馬家公社

釜甑6，戰國ⅠB，通高
28 cm，新都馬家鄉

釜甑7，戰國ⅡA，通高
61.6 cm，平山三汲公
社1號墓

釜8，戰國ⅡA，通高10.5 cm，旬邑

鍪1，戰國ⅠA，一型，高16 cm，
成都青羊宮側

鍪2，戰國ⅠA，一型，高10 cm，
成都百家潭中學10號墓

鍪3，戰國ⅠA，一型，高約12 cm，
涪陵小田溪4號墓

鍪4，戰國ⅠA，一型，
高9 cm，涪陵小田
溪4號墓

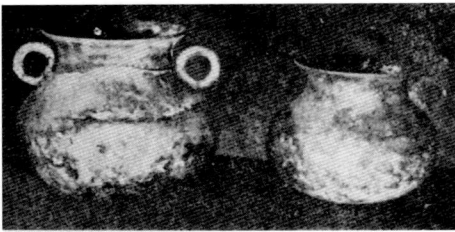

鍪5，戰國ⅠB，二型，新繁馬家公社

鍪6，戰國ⅠB，二型，西安白家口
23號墓

鍪甑7，戰國ⅠB，二型，
通高36.8 cm，涪陵小
田溪1號墓

鍪8，戰國ⅡA，二型，通高約40 cm，
成都羊子山172號墓

鍪9，戰國ⅡB，一型，通高16.5 cm，
鳳翔高莊1號墓

鍪10，戰國ⅡB，一型，高15.5 cm，
隨州城東北角

鍪11，戰國ⅡB，二型，高16 cm，
泌陽官莊北崗3號墓北槨

鍪12，戰國ⅡB，二型，高15.3 cm，
泌陽官莊北崗3號墓南槨

鍪13，戰國ⅡB～Ⅲ，一型，雲夢
睡虎地10號墓

鍪14，戰國Ⅲ～秦，二型，高16.5 cm，
雲夢睡虎地11號墓

鍪15，戰國Ⅲ～秦，二型，高14.5 cm，
京都大學文學部博物館

簋1，春秋 II A，五型，高20 cm, Courtesy of The Harvard University Art Museums (Arthur M. Sackler Museum) Anonymous Gift

簋2，春秋 II A，八型，通高13 cm，寶鷄福臨堡1號墓

簋3，春秋 II A，九A型，通高12.9 cm

簋4（宗婦），春秋 II A，九A型，通耳左高15 cm

簋5，春秋 II B，七型，高34 cm

簋6，春秋 II B，七型，高35.6 cm，Courtesy of the Trustees of the British Museum

簋7，春秋 II B，七型，殘高21.4 cm，臨淄河崖頭村

簋8，春秋 II B，八型，高27.6 cm，新鄭城關鎮李家樓

簋9（秦公），春秋ⅡB，八型，高19.8 cm

簋10，春秋ⅡB，八型，寶鷄陽平
鎮秦家溝2號墓

簋11，春秋ⅡB，九A型，高
19.5 cm，當陽金家山九號墓

簋12，春秋ⅡB，九A型

簋13（蔡侯），春秋ⅢA，七型，通高36 cm，壽縣蔡侯墓

簋14，春秋ⅢA，八型，高
27 cm，淅川下寺1號墓

簋15，春秋ⅢA，其他型，通高15.6 cm，洛陽60號墓

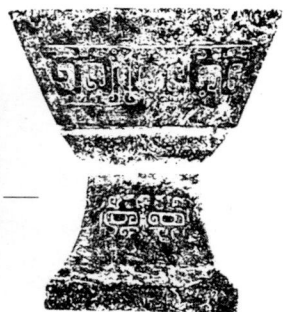

簋16，春秋ⅢA，其他型，通高21 cm，洛陽60號墓

簋17（陳肪），春秋ⅢB，七型，徑25.3 cm

簋18，戰國ⅠA，五型，通高 32 cm，隨州擂鼓墩1號墓

簋19，戰國ⅠA，八型，通高 19.2 cm，長子7號墓

簋20，戰國ⅠA，八型，長治分水 嶺12號墓

簋21，戰國ⅠA，八型，長治分水 嶺12號墓

簋22，戰國ⅠA，八型，高5.7 cm， 長安客省莊202號墓

簋23，戰國ⅠB，五型，通高25.6 cm，隨州擂鼓墩2號墓

簋24（陳侯午），戰國ⅠB，七型，通高33.5 cm，臺北故宮博物院

簋25（邵王之諻），戰國ⅠB，八型，通高27.6 cm

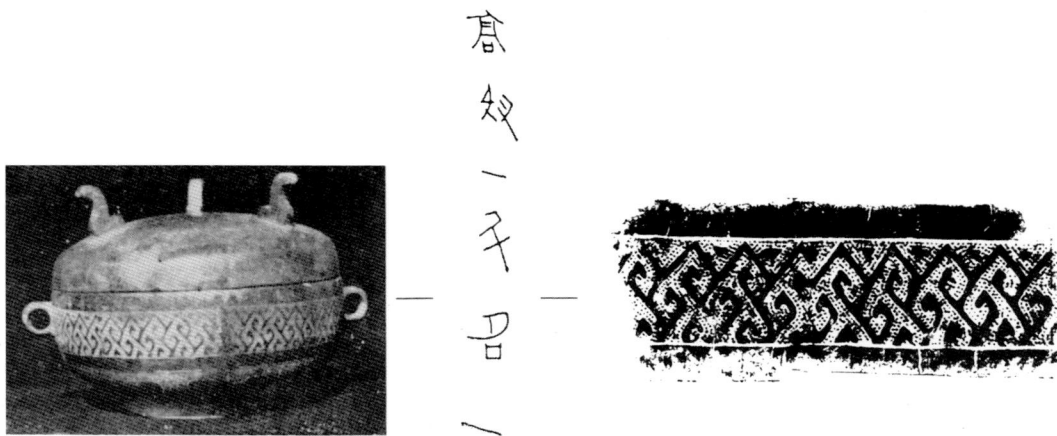

簋26，戰國ⅡA，八型，通高15.5 cm，旬邑

簋27，戰國ⅡB，八型，高14.8 cm，Courtesy of the Freer Gallery of Art,
Smithsonian Institution, Washington, D.C.

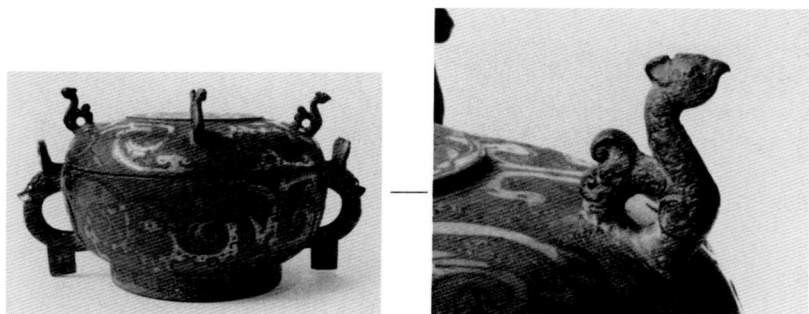

簋28，戰國 II，八型，通高 16 cm，Musée Guimet-Paris

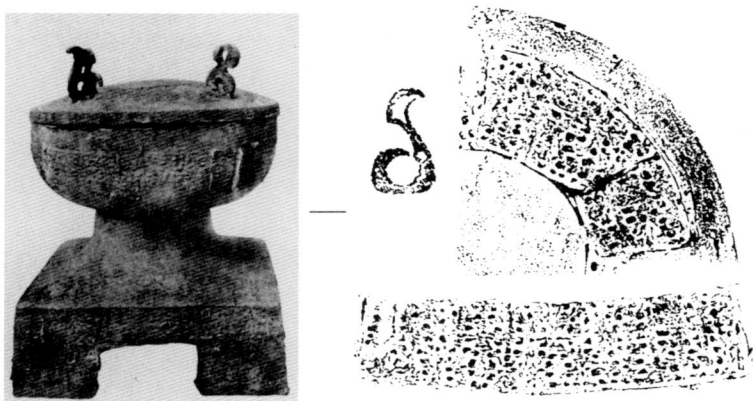

簋29，戰國 III，八型，通高 29.9 cm

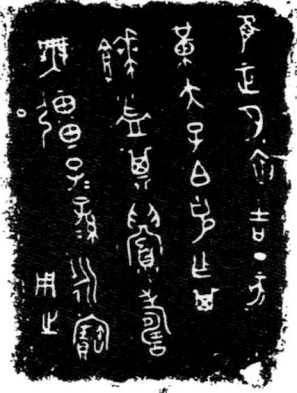

盆1，春秋ⅡA，一型，通高27 cm，沂水劉家店子1號墓

盆2，春秋ⅡA，一型，通高29 cm，羅山高店公社

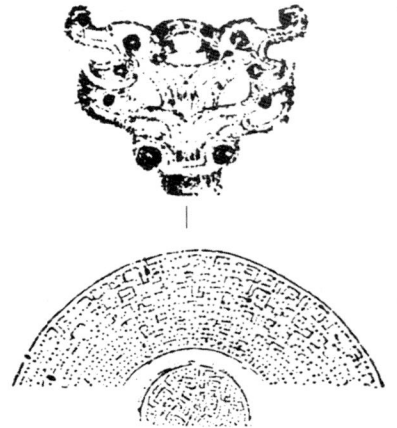

盆3，春秋ⅡA，一型，口徑38 cm，潢川上油崗公社

盆4，春秋ⅡA，一型，高22.2 cm，
上海博物館

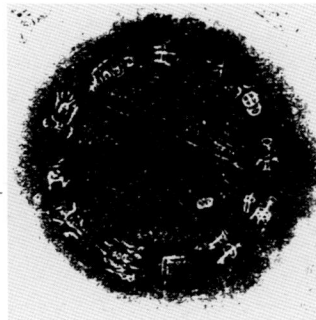

盆5，春秋ⅡA，一型，通高12.4 cm

盆6，春秋ⅡA，一型，高19.7 cm

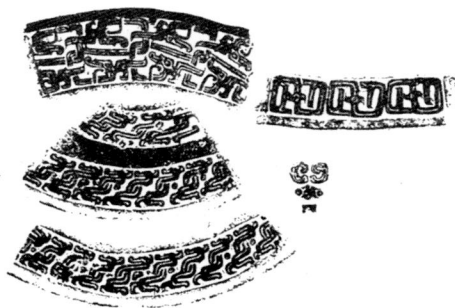

盆7，春秋ⅡA，一型，通高22 cm，新野城關鎮小西關

盆8，春秋ⅡA，一型，高12 cm，陝西省博物館

盆9，春秋ⅡA，一型，通高15.3 cm，寶雞福臨堡1號墓

盆10，春秋ⅡA，二型，高13.3 cm，信陽平橋1號墓

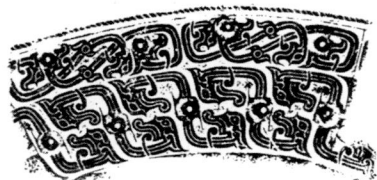

盆11，春秋ⅡA，二型，高11 cm，曲阜201號墓

盆12，春秋ⅡA，二型，高11.6 cm，易縣

盆13，春秋ⅡA，二型，高10.6 cm，臺北故宮博物院

盆14（晋公午），春秋ⅡB，一型

盆15，春秋ⅡB，二型，通高18.6 cm，
新鄭城關鎮李家樓

盆16，春秋ⅢB，二型，高20.7 cm，
Asian Art Museum of San Francisco,
Avery Brundage Collection

盆17，春秋ⅢB，二型，高8.8 cm，
臺北故宮博物院

敦1，春秋ⅡA，一型，洛陽中州路
2415號墓

敦2，春秋ⅡA，四型，高11.5 cm

敦3，春秋ⅡB，一型，高21 cm，衡陽保和圩

敦4，春秋ⅡB，一型，高16.5 cm，唐縣東峒龍村

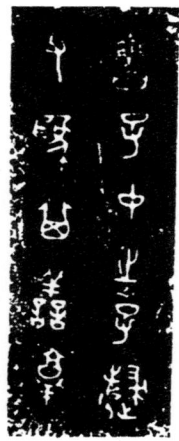

敦5，春秋ⅡB，一型，通高15 cm，
侯馬上馬村5號墓

敦6，春秋ⅡB，一型，高17.5 cm，The
Museum of Far Eastern Antiquities,
Stockholm, Sweden

敦7，春秋ⅡB，一型，高10.9 cm，
臺北故宮博物院

敦8，春秋ⅡB，二型，高14 cm

敦9，春秋ⅡB，三型，通高12.5 cm，
輝縣琉璃閣130號墓

敦10，春秋ⅡB，三型，高15.2 cm，
洛陽中州路1號墓

敦11，春秋ⅡB，三型，高14 cm，滕縣洪緒公社

敦12，春秋ⅡB，四型，通高19.1 cm，
洛陽中州路4號墓

敦13，春秋ⅡB，四型，通高17 cm，
侯馬上馬村13號墓

敦14，春秋ⅡB，四型，通高19 cm，Museum für Ostasiatische Kunst

敦15，春秋Ⅱ，其他型，
通高約25 cm

敦16，春秋ⅢA，一型，通高17.5 cm，
海陽嘴子前村

敦17（齊侯），春秋ⅢA，一型，高17.5 cm

敦18，春秋ⅢA，一型，Victoria
and Albert Museum

敦19，春秋ⅢA，二型，高22.2 cm，
泰安徂徠黃家嶺

敦20，春秋ⅢA，三型，通高17.4 cm，莒南大店1號墓

敦21，春秋ⅢA，四型，通高14.8 cm，洛陽西工區4號墓

敦22，春秋ⅢA，四型，高16.3 cm，
東京國立博物館

敦23，春秋ⅢA，四型，Courtesy
of the Trustees of the British
Museum

敦24，春秋ⅢA，四型，高13 cm，
臨淄古城內

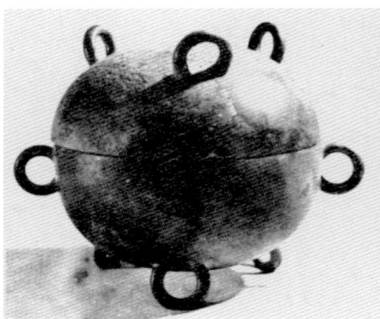

敦25，春秋ⅢA，五型，通高
17.4 cm，臨淄東申橋村

敦26，春秋ⅢA，六型，通高24 cm，
新鄭李家村1號墓

敦27，春秋ⅢA，六型，
Dr. Arthur M. Sackler
Collection, New York

敦28，春秋ⅢA，七型，
通高33 cm，壽縣蔡侯
墓

敦29，春秋ⅢA，七型，通高21.5 cm，北京通縣中趙甫公社

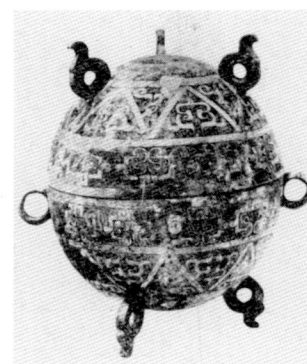

敦30，春秋ⅢA，七型，通
高22 cm，唐山賈各莊
16號墓

敦31，春秋ⅢA，七型，通高20 cm，赤城龍關

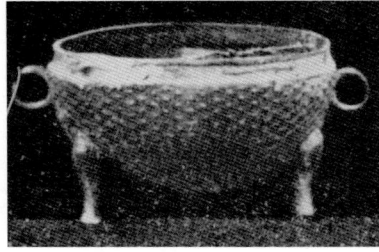

敦32，春秋ⅢA，八型，高18.2 cm，
長子1號墓

敦33，春秋ⅢB，二型，高9 cm，
The Museum of Far Eastern
Antiquities, Stockholm, Sweden

敦34，春秋ⅢB，四型，高17.5 cm，
Courtesy of the Royal Ontario
Museum, Toronto, Canada (Far
Eastern Department)

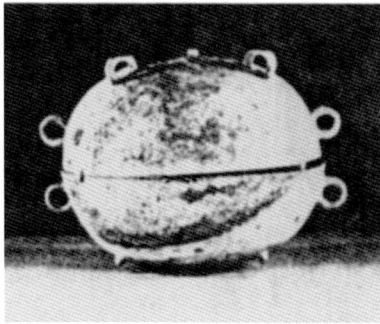

敦35，春秋ⅢB，四型，通高19 cm，襄陽山灣33號墓

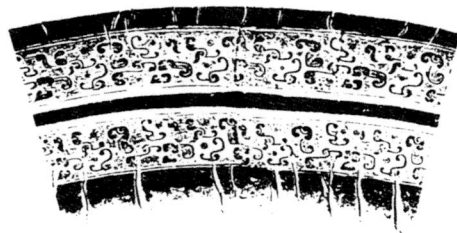

敦36，春秋ⅢB，六型，高9 cm

敦37，戰國ⅠA，五型，襄陽山灣

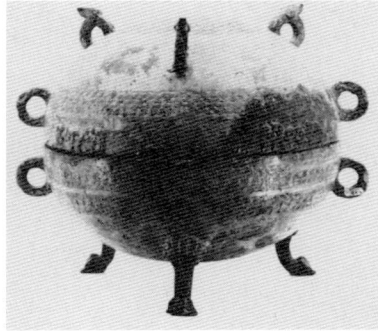

敦38，戰國ⅠA，五型，高18 cm，From: Eleanor von Konsten: *Chinese Bronzes from the Collection of Chester Dale and Dolly Carter (Artibus Asiae Supplementum* XXXV), No. 38 with kind permission of *Artibus Asiae*

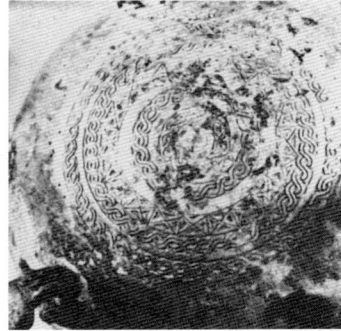

敦39，戰國ⅠA，五型，高10.2 cm

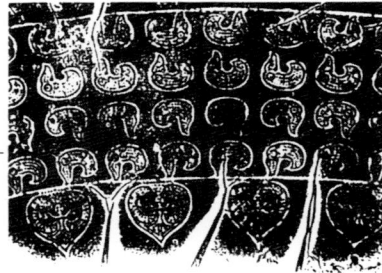

敦40，戰國ⅠA，七型，長治分水嶺12號墓

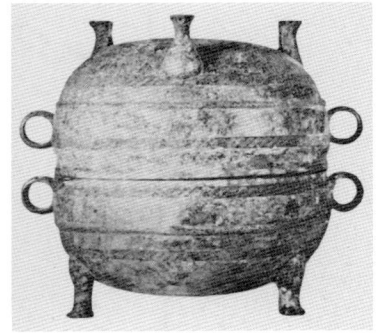

敦41，戰國ⅠA，八型，通高17.7 cm，輝縣趙固村1號墓

敦42，戰國ⅠA，其他型，通高20.5 cm，長治分水嶺26號墓

敦43，戰國ⅠA，其他型，通高15.5–15.9 cm，Courtesy of the Royal Ontario Museum, Toronto, Canada (Far Eastern Department)

敦44，戰國ⅠA，其他型，高17.7 cm，Asian Art Museum of San Francisco, Avery Brundage Collection

敦45（陳侯午），戰國ⅠB，四型，高12.3 cm，臺北故宮博物院

敦46，戰國ⅠB，五型，通高24 cm，新都馬家公社

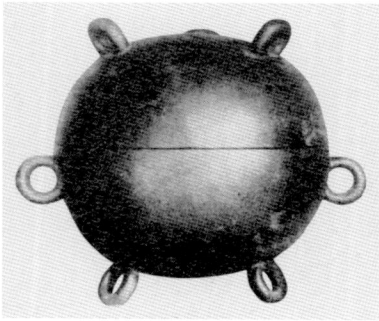

敦47（陳侯午），戰國 I B，五型，通高26.7 cm

敦48，戰國 I B，五型，高21.8 cm，
臺北故宮博物院

敦49（陳侯因育），戰國 I B，五型，高13.6 cm

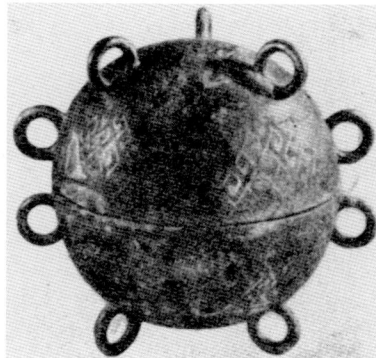

敦50，戰國 I B，五型，平度東嶽
石村16號墓

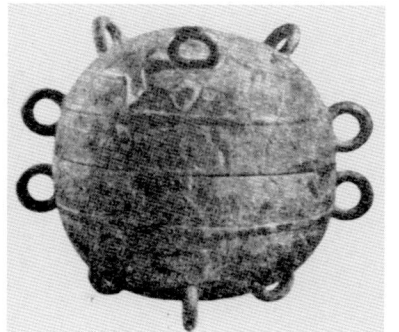

敦51，戰國 I B，五型，平度東嶽
石村16號墓

敦52，戰國 I B，五型，高25.8 cm，藤井有鄰館

敦53，戰國 I B，七型，高25.1 cm，
Courtesy of the Freer Gallery
of Art, Smithsonian Institution,
Washington D.C.

敦54，戰國 I B，八型，通高20 cm，長治分水嶺25號墓

敦55，戰國 I B，其他型，
高13.4 cm

敦56，戰國 I B，其他型，
高18 cm

敦57，戰國 I，一型，高 10 cm，
臺北故宮博物院

敦58，戰國 I，一型，高 9.3 cm

敦59，戰國 I，一型，高 8.5 cm，
泉屋博古館

敦60，戰國 I，四型

敦61，戰國 I，四型，高 15.5 cm

敦62，戰國 I，四型，高 19.7 cm

敦63，戰國 II A，三型，通高 20.1 cm，
信陽長臺關 1 號墓

敦64，戰國 II A，六型，高 27.5 cm，
Courtesy of The Harvard University
Art Museums (Arthur M. Sackler
Museum) Bequest-Grenville L.
Winthrop

敦65，戰國 II A，六型，高 17.1 cm，
Dr, Paul Singer Collection, Summit

敦66，戰國 II A，六型，高 13 cm

敦67，戰國 II A，六型，高 18.8 cm

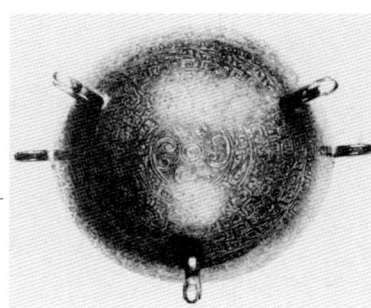

敦68，戰國ⅡA，六型，高25.5 cm，江陵望山1號墓

敦69，戰國ⅡA，六型，通高26.6 cm，信陽長臺關1號墓

敦70，戰國ⅡA，六型，高24.5 cm，泉屋博古館

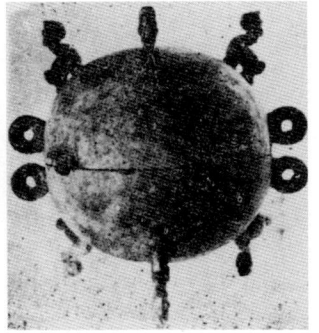

敦71，戰國ⅡA，六型，通高27 cm，襄陽蔡坡4號墓

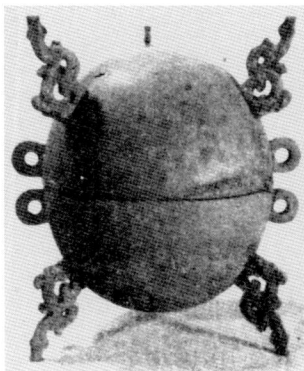

敦72，戰國ⅡA，七型，通高26.4 cm，鄂城，鄂鋼53號墓

敦73，戰國ⅡA，七型，通高28 cm，隨州擂鼓墩13號墓

敦74，戰國ⅡA，七型，通鈕高19.3–20.3 cm，Courtesy of the Royal Ontario Museum, Toronto, Canada (Far Eastern Department)

敦75，戰國ⅡA，七型，通高24.6 cm，天理大學附屬參考館

敦76，戰國ⅡA，七型，通高25.4 cm，上海博物館

敦77，戰國ⅡA，七型，通高17.3 cm，臺北故宮博物院

敦78，戰國ⅡA，其他型，高16.4 cm

敦79，戰國ⅡA，其他型，通高17.2 cm，襄陽蔡坡4號墓

敦80，戰國ⅡB，七型，江陵望山2號墓

敦81，戰國Ⅲ，四型，高17.2 cm，
Ashmolean Museum, Oxford

敦82，戰國Ⅲ，七型，高14.4 cm，
壽縣朱家集

敦83，戰國Ⅲ，其他型，
高17.2 cm

盏1，春秋ⅡB，通高18 cm，新鄭
城關鎮李家樓

盏2，春秋ⅡB，通高19.4 cm，當陽
金家山9號墓

盏3，春秋ⅡB，Arthur M. Sackler
Collection, New York

盏4，春秋ⅢA，淅川下寺1號墓

盏5，春秋ⅢA，通高17 cm，新鄭城東4千米

盏6，春秋ⅢA，鄭韓故城

盏7，春秋ⅢB，高20.3 cm，潢川
隆古公社高稻塲村2號墓

盏8，春秋ⅢB，口高10.5–11 cm，
Courtesy of the Royal Ontario
Museum, Toronto, Canada (Far
Eastern Department)

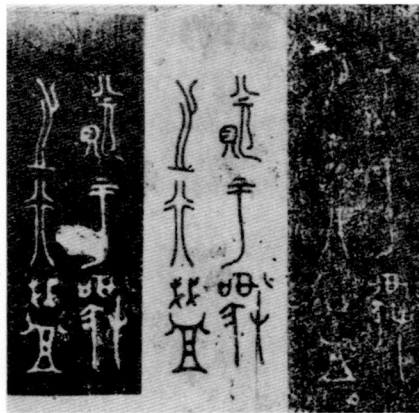

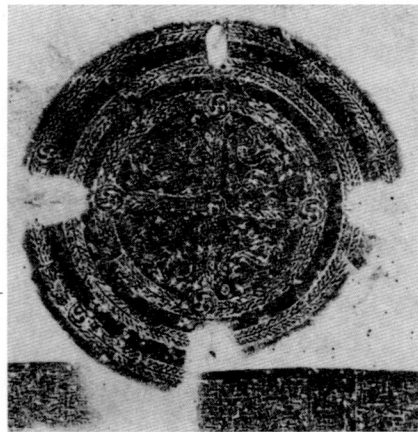

盏9，春秋ⅢB，通高11.5 cm，随州鲢鱼嘴

盨1，春秋Ⅱ，肥西小八里村

盨2，春秋Ⅱ，高16.5 cm，屯溪

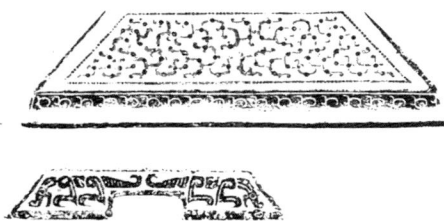

簠1，春秋ⅡA，一型，長30 cm，寬23.5 cm，隨州城郊公社

簠2，春秋ⅡA，一型

簠3，春秋ⅡA，一型，高19 cm，新野城關鎮小西關

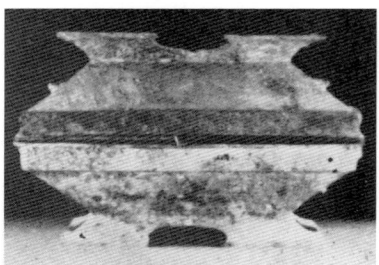

簠4，春秋ⅡA，二型，通高18.6 cm，穀城下辛店

簠5，春秋ⅡA，二型，通高17 cm

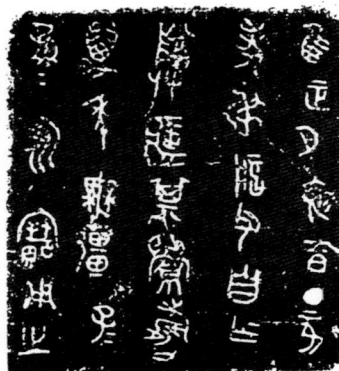

簠6，春秋ⅡA，二型，通高21.2 cm，枝江百里洲

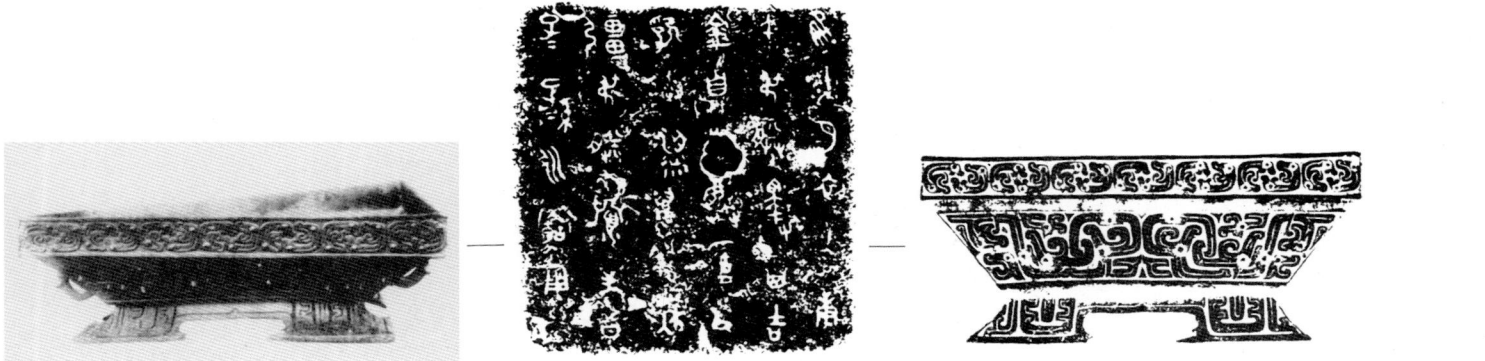

簠7，春秋ⅡA，二型，口左右30cm

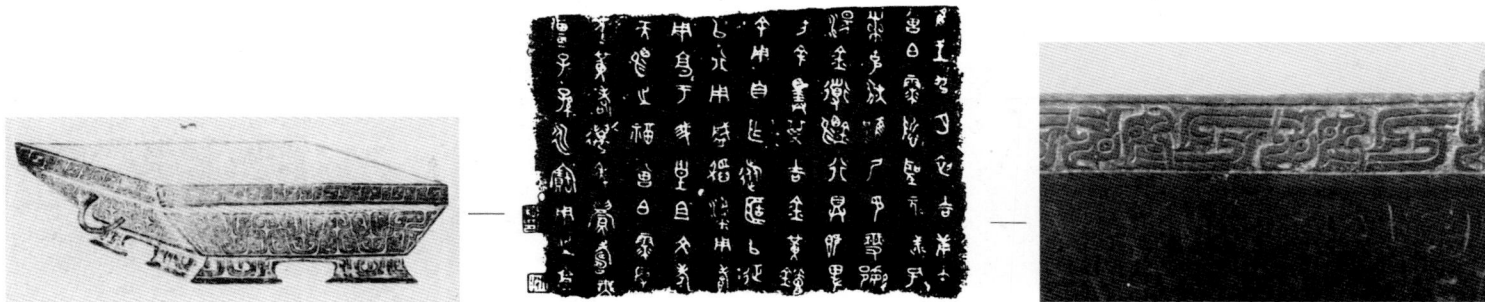

簠8（曾伯黍），春秋ⅡA，二型，中國歷史博物館，細部，岡村秀典先生攝

簠9，春秋ⅡA，二型，高21.5cm，信陽平橋2號墓

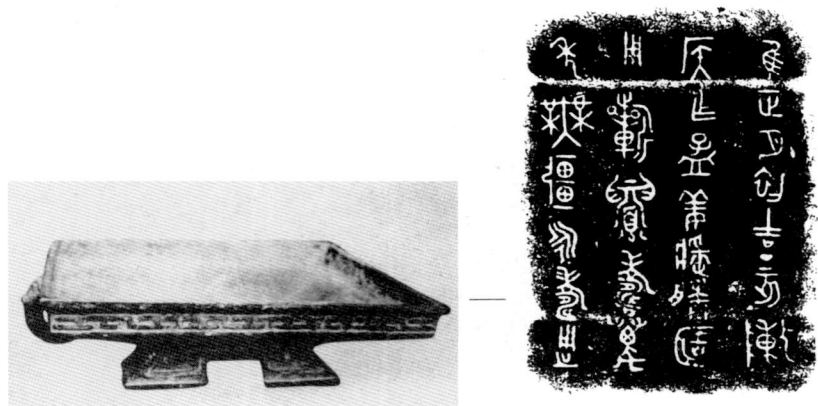

簠10，春秋ⅡA，二型

簠11，春秋ⅡB，一型，長26.3 cm，
寬19.3 cm，洛陽中州路4號墓

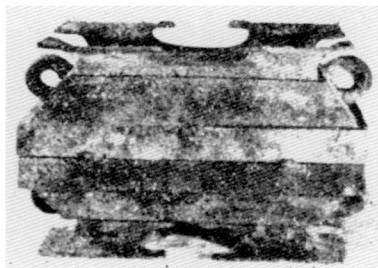

簠12，春秋ⅡB，二型，高20 cm，
侯馬上馬村13號墓

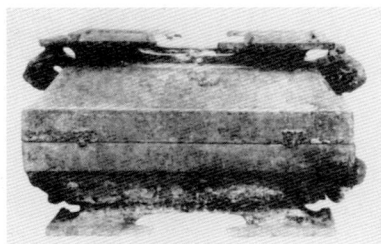

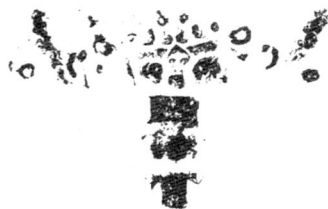

簠13，春秋ⅡB，二型，通高21 cm，新鄭城關鎮李家樓

簠14，春秋ⅡB，二型，高11 cm，
Nelson-Atkins Museum of Art,
Kansas City

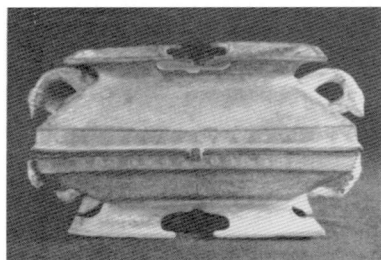

簠15，春秋ⅡB，二型，通高18 cm，江陵嶽山

簠16，春秋ⅡB，二型，高10.5 cm，長沙，
陽鐵3號墓

簠17，春秋ⅡB，二型

簠18，春秋ⅡB，二型，通高19cm，
長治分水嶺270號墓

簠19，春秋ⅢA，二型，通高19cm，當陽趙家湖

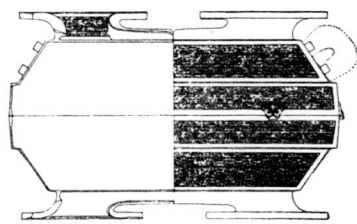

簠20，春秋ⅢA，二型，高10.9cm，邳縣劉林

簠21（蔡侯），春秋ⅢA，二A型，高24.2cm，壽縣蔡侯墓

簠22（宋公䜌），春秋ⅢA，二A型，高25cm，固始侯
古堆1號墓

簠23，春秋ⅢB，二型，通高21.3cm，潢川隆古公社

簠24，春秋ⅢB，二型，通高21.5cm，襄陽山灣33號墓

簠 25，春秋ⅢB，二型，高 18.6 cm，The Lucy Maud Buckingham Collection, 1924. 242©1988 The Art Institute of Chicago. All Rights Reserved

簠 26，春秋ⅢB，二型，高 22 cm

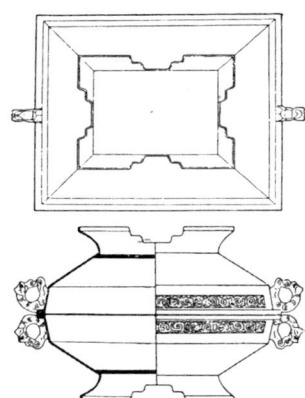

簠 27，戰國ⅠA，一型，通高 19 cm，長治分水嶺 26 號墓

簠 28，戰國ⅠA，二型，通高 13.6 cm，長子 7 號墓

簠 29，戰國ⅠA，二型，高 10 cm，汲縣山彪鎮 1 號墓

簠 30（曾侯乙），戰國ⅠA，二A型，高 25.9 cm，隨州擂鼓墩 1 號墓

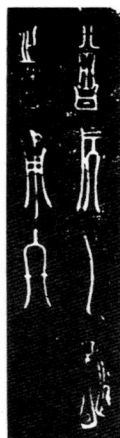

簠 31（曾侯乙），戰國ⅠA，二A型，高 26.2 cm，隨州擂鼓墩 1 號墓

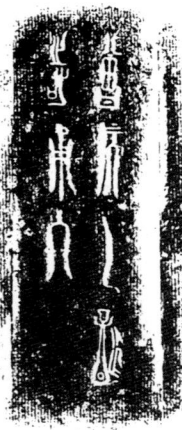

簠 32，戰國ⅠA，二A型，高 23.6 cm，舒城九里墩

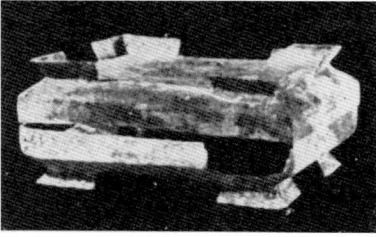

簠 33，戰國ⅠB，二型，通高 11.9 cm，
潞城潞河 7 號墓

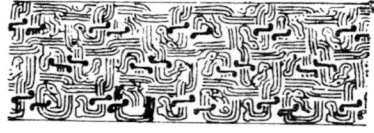

簠 34，戰國ⅠB，二A型，通高 24 cm，隨州擂鼓墩 2 號墓

簠 35，戰國ⅠB，二A型，高 25.5 cm，
益陽市郊外

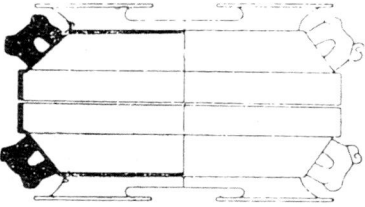

簠 36，戰國ⅡA，二型，高約 19 cm，
襄陽蔡坡 9 號墓

簠 37，戰國ⅡA，二型，通高 18.9 cm，
平山三汲公社 1 號墓

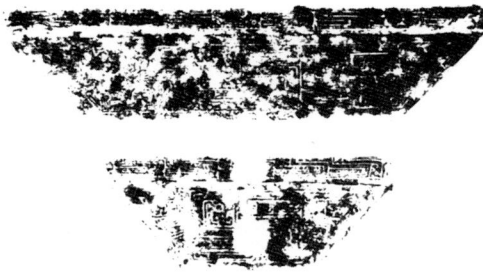

簠 38（陳㝬），戰國Ⅱ，二型，高 10.6 cm，臺北故宮博物院

簠 39，戰國Ⅱ，二型，高 10.9 cm

簠40（楚王酓肯），戰國Ⅲ，二型，器口寬度32 cm

簠41，戰國Ⅲ，二型，長35 cm，壽縣朱家集

簠42，戰國Ⅲ，二型，高11.1 cm，The Art Museum, Princeton University, Chester Dale and Dolly Carter Collection

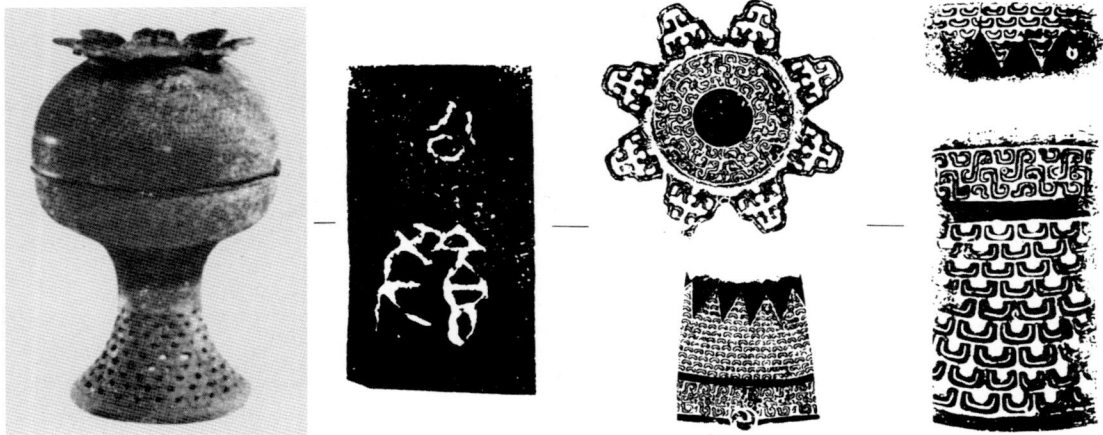

豆1，春秋ⅡA，一型，通高35.4 cm，沂水劉家店子1號墓

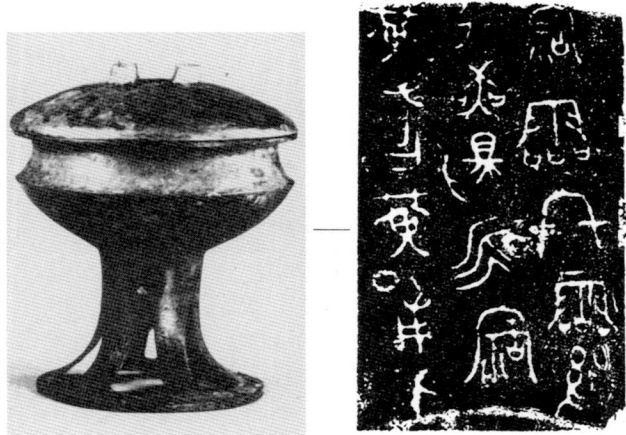

豆2，春秋ⅡA，二型，通高29 cm，光山寶相寺

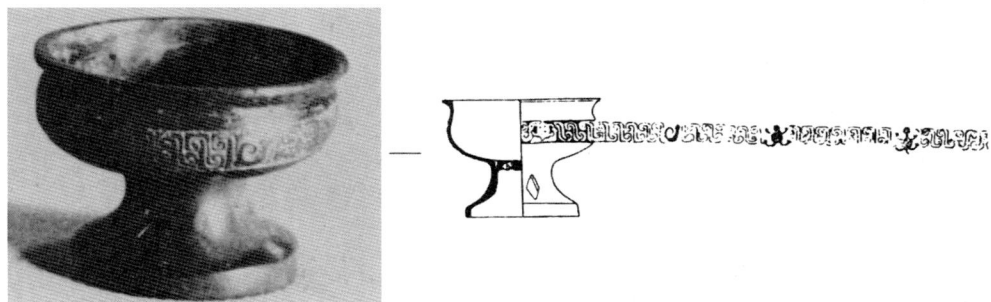

豆3，春秋Ⅱ～Ⅲ，二型，高4 cm，紹興306號墓

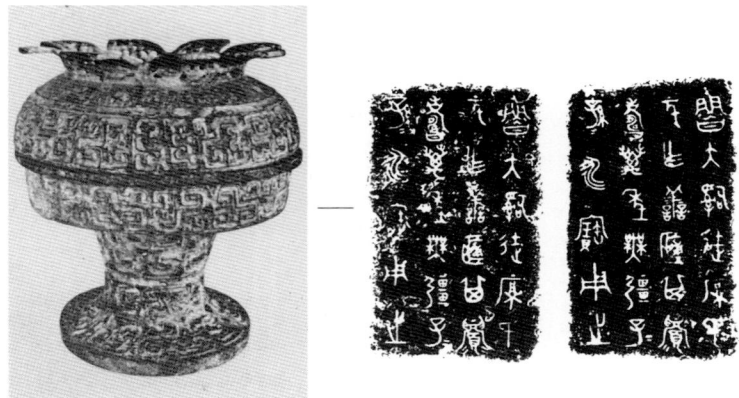

豆4，春秋ⅡB，三型，曲阜林前村

豆5，春秋ⅡB，三型，臺北故宮博物院

豆6，春秋ⅢA，三型，高17 cm，
壽縣蔡侯墓

豆7，春秋ⅢA，三型，高13 cm，
輝縣琉璃閣墓甲或乙

豆8，春秋ⅢA，三型，高13 cm，
海陽嘴子前村

豆9，春秋ⅢA，四型，
高35.3 cm，唐山賈
各莊18號墓

豆10，春秋ⅢA，四型，高36.0 cm，藤井有鄰館，樋口隆康先生攝

豆11，春秋ⅢA，四型，
高38.5 cm，北京順義
龍灣屯村

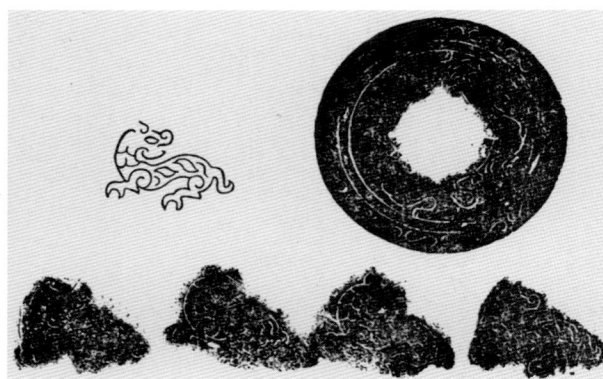

豆12，春秋ⅢA，四型，高38.5 cm

豆13，春秋ⅢA，四型，通高50.2 cm，北京通縣中趙甫公社

豆14，春秋ⅢA，五型，通高28 cm，根津美術館，樋
口隆康先生攝

豆15，春秋ⅢA，五型，
Dr. Arthur M. Sackler
Collection, New York

豆16，春秋ⅢA，六型，高
23 cm，刑臺南大汪村

豆17，春秋ⅢA，六型，高20.7 cm

豆18，春秋ⅢA，六型，高
21.6 cm，鳳翔高王寺

豆19，春秋ⅢA，七型，高20.7 cm，
上海博物館

豆20，春秋ⅢA，七型，
高21 cm，洛陽中州路
2729號墓

豆21，春秋ⅢA，七型，高
35.5 cm

豆22，春秋ⅢA，七型，高18.5 cm

豆23，春秋ⅢA，八型，通
高32 cm，淶水永樂村

豆24，春秋ⅢA，八型，
口徑20 cm，青島崂山
縣夏莊

豆25，春秋ⅢA，九型，高
34.0 cm，壽縣蔡侯墓

豆26，春秋ⅢA，九型，
通高24.4 cm，新樂中
同村

豆27，春秋ⅢA，九型，
高26 cm，Victoria and
Albert Museum

豆28，春秋ⅢA，一〇型，
通高30.5 cm，固始侯
古堆

豆29，春秋ⅢA，一一型，
高35.0 cm

豆30，春秋ⅢB，五型，通
高28.9 cm，蘇州虎丘

豆31，春秋ⅢB，五型，
Dr. Arthur M. Sackler
Collection, New York

豆32，春秋ⅢB，五型，高
26.6 cm，The Metropolitan
Museum of Art, Rogers
Fund, 1925. (25.20.2AB)

豆33，春秋ⅢB，五型，通
高25.3 cm，臺北故宮
博物院

豆34，春秋ⅢB，五A型，
通高24.3 cm，Courtesy
of the Royal Ontario
Museum, Toronto,
Canada (Far Eastern
Department)

豆35，春秋ⅢB，六型，高
21 cm

豆36，春秋ⅢB，七型，高19 cm，
長治分水嶺126號墓

豆37，春秋ⅢB，七型，高
18.9 cm，上海博物館

豆38，春秋ⅢB，七型，高
20.9 cm，上海博物館

豆39，春秋ⅢB，七型，高19.6 cm

豆40，春秋ⅢB，七型，高
14.5 ～ 14.8 cm，Courtesy of
the Royal Ontario Museum,
Toronto, Canada (Far Eastern
Department)

豆41，春秋ⅢB，七型，
Dr. Arthur M. Sackter
Collection, New York

豆42，春秋ⅢB，七型，
高21.2 cm，臺北故宮
博物院

豆43，春秋ⅢB，七型，通高19 cm，
屯留武家溝

豆44，春秋ⅢB，七型，高18.0 cm

豆45，春秋ⅢB，七型，通高18.2 cm

豆46，春秋ⅢB，八型，
高43.4 cm

豆47，春秋ⅢB，一〇型，
高22.9 cm

豆48，春秋ⅢB，一一型，
高24.5 cm，汲縣山彪鎮

豆49，戰國ⅠA，三型，高
23.9 cm，汲縣山彪鎮1
號墓

豆50，戰國ⅠA，五型，高
26 cm

豆51，戰國ⅠA，五型，高16.9 cm，
臺北故宮博物院

豆52（曾侯乙），戰國ⅠA，五型，通高
26.6 cm，隨州擂鼓墩1號墓

曾侯乙酢時用終

豆53，戰國ⅠA，六型，通
高20.1 cm，臺北故宮
博物院

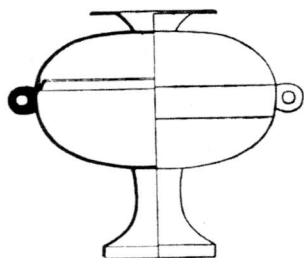

豆54，戰國ⅠA，六型，通
高17 cm，長子2號墓

豆55，戰國ⅠA，六型，
高20.3 cm，Asian
Art Museum of San
Francisco, Avery
Brundage Collection

豆56，戰國ⅠA，六型，高24.7 cm，東京國立博物館

豆57，戰國ⅠA，六型，高
15 cm

豆58，戰國ⅠA，七型，高18.5 cm，
洛陽中州路2717號墓

豆59，戰國ⅠA，七型，通高18.5 cm，
長子7號墓

豆60，戰國ⅠA，七型，通高20 cm，汲縣山
彪鎮1號墓

豆61，戰國ⅠA，七型，
高19.7 cm

豆62，戰國ⅠA，七型，高19.1 cm，京都大學文學部博物館

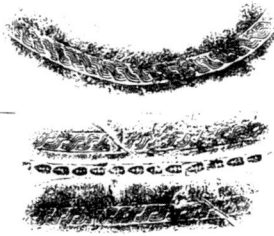

豆63，戰國ⅠA，九型，
通高30 cm，綿竹

豆64，戰國ⅠA，九型，
高24.5 cm

豆65，戰國ⅠA，九型，高19.2 cm

豆66，戰國ⅠA，九型，高16.5 cm

豆67，戰國ⅠB，三型，高
20.2 cm，潞城潞河7號墓

豆68，戰國ⅠB，五型，高
24 cm，湘鄉31號墓

豆69，戰國ⅠB，五型，高
27.5 cm，長清崗辛

豆70（哀成叔），戰國ⅠB，六型，通高24.5 cm，
洛陽玻璃廠439號墓

鍑1，春秋ⅡA，一型，高10.3 cm　　　　鍑2，春秋ⅡA，一型，高9.7 cm　　　　鍑3，春秋ⅡA，一型

鍑4，春秋ⅡA，一型，高9 cm

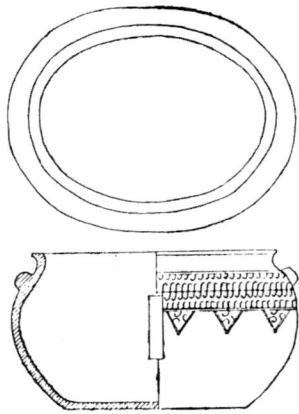

鍑5，春秋ⅡA，一型，通高8 cm，信陽平橋西3號墓　　　　鍑6，春秋ⅡA，一型，通高12 cm，羅山高店公社

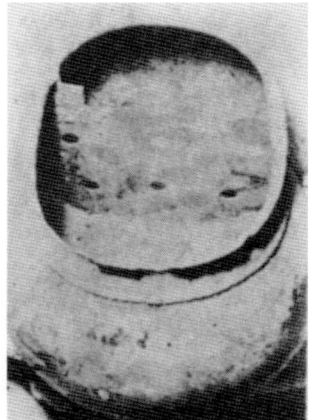

鍑7，春秋ⅡA，二型，高7.3 cm，
洛陽中州路2415號墓

鍑8，春秋ⅡA，二型，高5 cm，
洛陽中州路6號墓

鍑9，春秋ⅡA，二型，高7 cm

鍑10，春秋ⅡA，二型，通高7.9 cm，
臺北故宮博物院

鍹 11，春秋 II B，一型，高 7.5 cm，
Courtesy of the Royal Ontario
Museum, Toronto, Canada (Far
Eastern Department)

鍹 12，春秋 II B，一型，高 6.7 cm，
淇縣趙溝 1 號墓

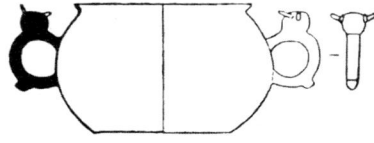

鍹 13，春秋 II B，一型，高 7.5 cm，
長治分水嶺 269 號墓

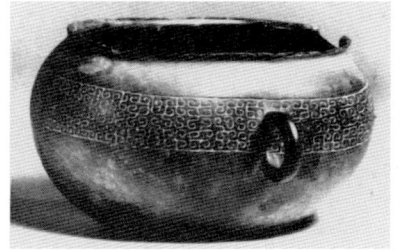

鍹 14，春秋 II B，一型，Dr. Arthur
M. Sackler Collection, New York

鍹 15，春秋 II B，一型，高 7 cm，曲阜 203 號墓

鍹 16，春秋 II B，一型，通高 10 cm，
漢川城關鎮

鍹 17，春秋 II B，二型，高 6.5 cm，
侯馬上馬村 13 號墓

鍹 18，春秋 II B，二型，口徑 15 ×
11.6 cm，新鄭城關鎮李家樓

鍹 19，春秋 II B，二型，高 7 cm

鍹 20，春秋 II B，二型，高 7 cm，當陽金家山 9 號墓

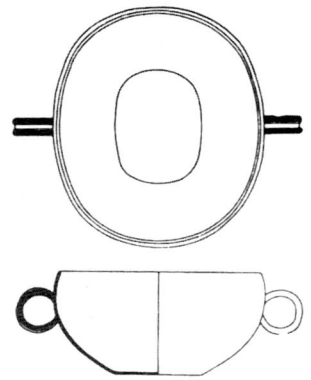

鍹 21，春秋 II B，二型，高 6.8 cm，
Courtesy of the Royal Ontario
Museum, Toronto, Canada (Far
Eastern Department)

鍹 22，春 秋 II B，二 型，口 徑
17.3 × 13.3 cm，新鄭城關鎮李
家樓

鍹 23，春秋 II B，二型，高 6.3 cm，
輝縣琉璃閣 130 號墓

鍹 24，春秋 II B，二型，高 7.2 cm，
曲阜 202 號墓

銚25，春秋ⅡB，二型，通高8 cm，潢川隆
古公社

銚26，春秋ⅡB，二A型，口徑22.6×16.6 cm，
新鄭城關鎮李家樓

銚27，春秋ⅢA，一型，高6.2 cm，
邯鄲百家村57號墓

銚28，春秋ⅢA，一型，高7 cm，
新樂中同村2號墓

銚29，春秋ⅢA，一型，高6.4 cm，
洛陽中州路2729號墓

銚30，春秋ⅢA，一A型，通高15.8 cm，莒南大店1號墓

銚31，春秋ⅢA，一A型，通高約
14.3 cm，Dr. Arthur M. Sackler
Collection, New York

銚32，春秋ⅢA，一A型，高14 cm，
臨淄東申橋村

銚33，春秋ⅢA，一A型，口徑
19.5×6 cm，青島嶗山夏莊

銚34，春秋ⅢA，二型，高12.4 cm，
淅川下寺2號墓

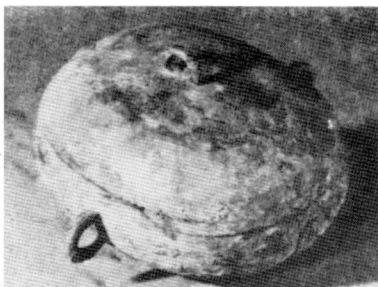

銚35，春秋ⅢA，二型，通高13.2 cm，
莒南大店2號墓

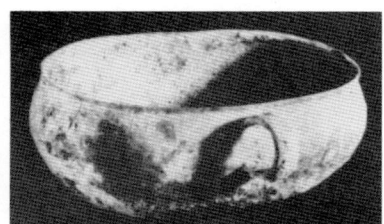

銚36，春秋ⅢA，二型，高5.6 cm，
洛陽60號墓

鋓37，春秋ⅢA，二型，長徑15.2 cm

鋓38，春秋ⅢA，二型，高5.8 cm

鋓39，春秋ⅢA，二型，高6.2 cm，上海博物館

鋓40，春秋ⅢA，二A型，通高13.2 cm，Courtesy of the Royal Ontario Museum, Toronto, Canada (Far Eastern Department)

鋓41，春秋ⅢA，二A型，高12.5 cm，Museum für Ostasiatische Kunst

鋓42，春秋ⅢA，二A型，尉氏河東周村

鋓43，春秋ⅢA，二A型，高12.7 cm，Minneapolis Institute of Art, Alfred F. Pillsbury Collection

鋓44，春秋ⅢA，二A型，通體高10 cm，新鄭李家村1號墓

鋓45，春秋ⅢA，三型，通高15.5 cm，唐山賈各莊28號墓

鋓46，春秋ⅢA，三型，高17.4 cm，上海博物館

鋓47，春秋ⅢA，三型，通高15 cm，北京通縣中趙甫公社

鋓48，春秋ⅢA，三A型，通高14.3 cm，唐山賈各莊18號墓

鋓49，春秋ⅢA，三A型，高16 cm，上海博物館

鋓50，春秋ⅢA，三A型，通高13.5 cm，北京順義龍灣屯村

鍘51，春秋ⅢB，一型，高7 cm，
長治分水嶺126號墓

鍘52，春秋ⅢB，一型，高7 cm，Asian Art Museum of San Francisco, Avery
Brundage Collection

鍘53，春秋ⅢB，一型，寬16.5 cm，
Courtesy of the Trustees of the
British Museum

鍘54，春秋ⅢB，一型，高8.0 cm

鍘55，春秋ⅢB，一型，高6.0 cm

鍘56，春秋ⅢB，一型，高8.9 cm

鍘57，春秋ⅢB，一型，通高6.7 cm，鳳翔高莊10號墓

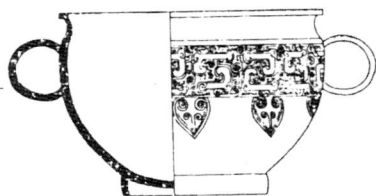

鍘58，春秋ⅢB，一型，通高6.7 cm，屯留武家溝

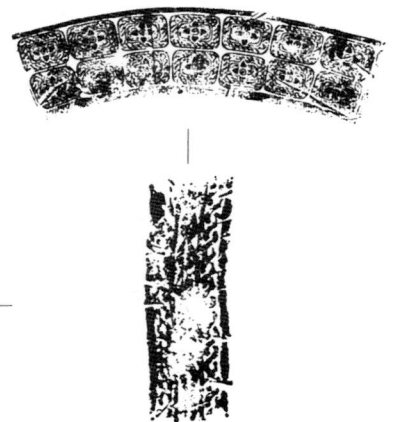

鍘59，春秋ⅢB，一A型，通高
11.6 cm，海陽嘴子前村

鍘60，春秋ⅢB，二型，通高10.5 cm，
臺北故宮博物院

鍘61，春秋ⅢB，二A型

鍘62，春秋ⅢB，三型，高
14.1 cm

鍘63，春秋ⅢB，三型，通
高16 cm，滿城采石廠

鍘64，春秋ⅢB，三A型，通高
14.1 cm

鍘65，春秋ⅢB，三A型，通高
15.3 cm，Courtesy of Freer
Gallery of Art, Smithsonian
Institution, Washington D.C.

鍘66，戰國ⅠA，一型，高6.8 cm，
Museum of Fine Arts, Boston,
樋口隆康先生攝

鍘67，戰國ⅠA，一型，高7 cm，長子2號墓

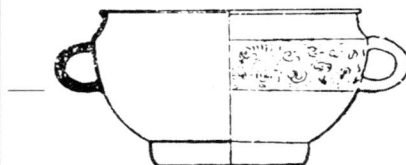

鍘68，戰國ⅠA，一型，高7.6 cm，
長子1號墓

鍘69，戰國ⅠA，一A型，通高
16.3 cm，曲阜116號墓

鍘70，戰國ⅠA，二A型，通高
13.5 cm，沂水諸葛公社

鍘71，戰國ⅠA，三型，通
高20.7 cm，隨州擂鼓敦
1號墓

鍘72，戰國ⅠB，一型，高6 cm，長治分
水嶺25號墓

鍘73，戰國ⅠB，一型，通高7 cm，潞城
潞河7號墓

鍘74，戰國ⅠB，一A型，通高16.5 cm，
長清崗辛

鍘75（哀成叔），戰國ⅠB，二A型，通高11.8 cm，洛陽玻璃廠439號墓

鍘76，戰國Ⅰ，一型，通高9.8 cm

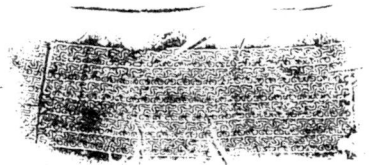

鍘77，戰國Ⅰ，二A型，高9.5 cm，京都大學文學部博物館

鍘78，統一秦，二型，高6.7 cm，
雲夢睡虎地9號墓

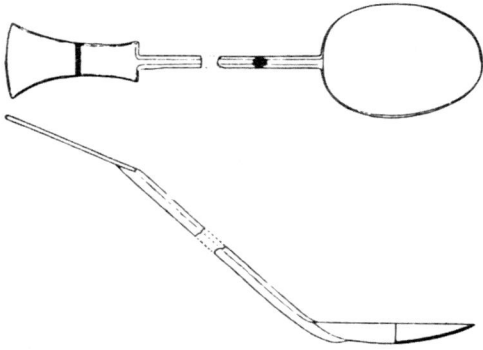

匕1，春秋ⅡA，長16.5 cm，寶鷄福臨堡1
號墓

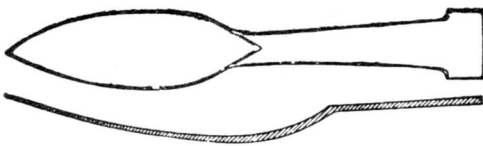

匕2，春秋ⅡB，長6.5 cm，淅川下寺1號墓

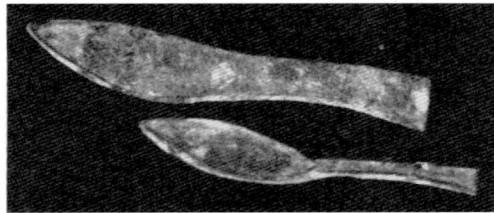

匕3，春秋ⅡB，長12.5 cm，隨縣均川公社劉
家崖

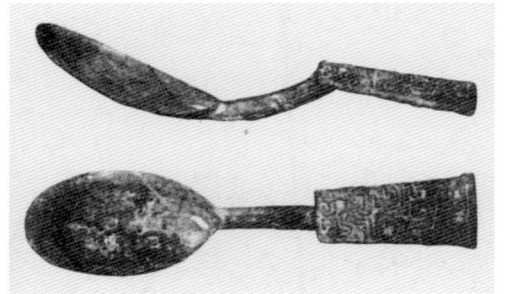

匕4，春秋ⅡB，13.4 cm

匕5，春秋ⅢA，長25.7 cm，壽縣蔡侯墓

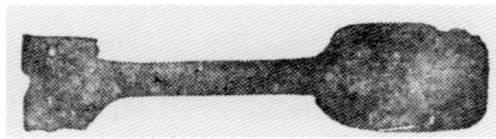

匕6，春秋ⅢA，長9.6 cm，壽縣蔡侯墓

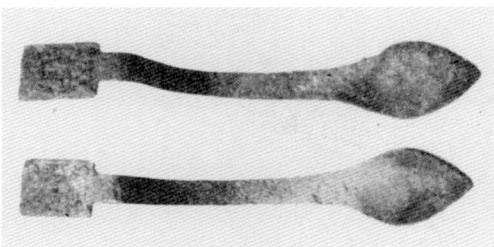

匕7，春秋ⅢB，長21.5 cm，成都百家潭中學10
號墓

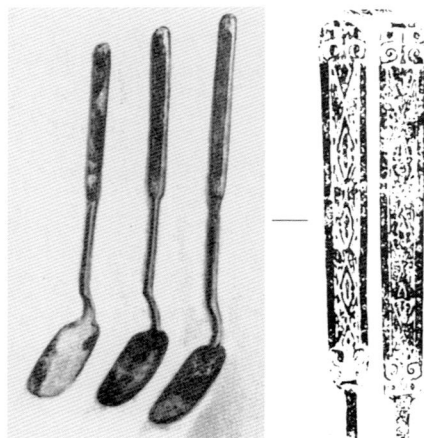

匕8，春秋ⅢB，長23.7 cm，北京通縣中趙甫公社

匕9，戰國ⅠA，長約24 cm，邯鄲百家村3號墓

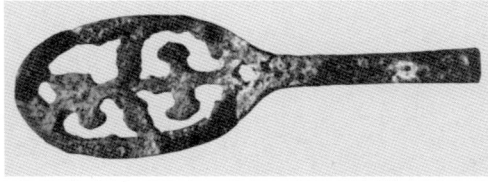

匕10，戰國ⅠA，長19.3 cm，洛陽中州路2717號墓

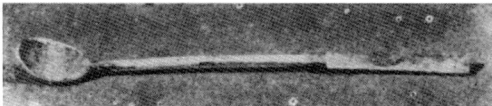

匕11，戰國ⅠB，通長25.2 cm，隨州擂鼓墩2號墓

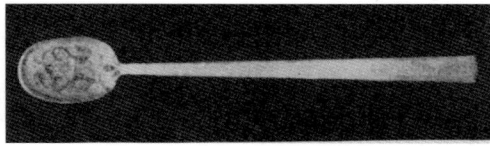

匕12，戰國ⅠB，通長12 cm，長治分水嶺25號墓

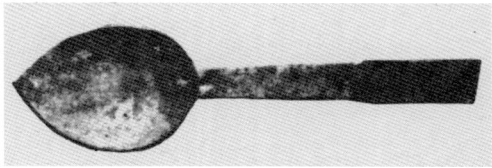

匕13，戰國ⅠB，長23.5 cm，隨州擂鼓墩2號墓

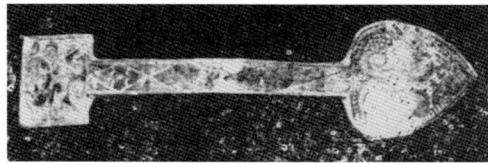

匕14，戰國ⅠB，長25 cm，新都馬家公社

匕15，戰國ⅠB，長44.5 cm，江陵天星觀1號墓

匕16，　戰國
Ⅰ～Ⅱ，長約
13 cm

匕17，戰國Ⅱ B，
通長21.8 cm，
馬山磚廠1
號墓

匕18，戰國Ⅲ，長24.8 cm，江陵雨臺山204號墓

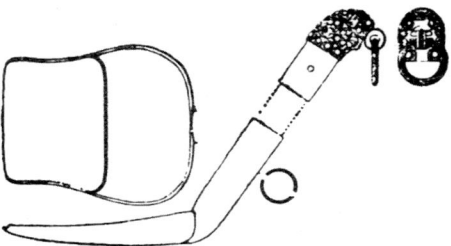

大型匕1，春秋Ⅲ A，身長12.8 cm，淅川下
寺1號墓

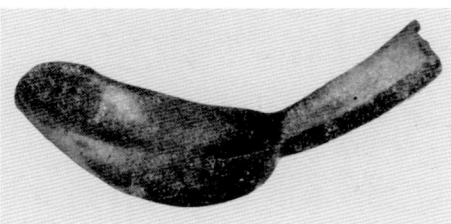

大型匕2，戰國Ⅰ A，通長17 cm，成都百家
潭中學10號墓

大型匕3，戰國ⅠB，徑12～13 cm，長沙
瀏城橋1號墓

大型匕4，戰國ⅡA，長22.2 cm，通柄長143.9 cm，信陽長臺關1號墓

大型匕5，戰國ⅡA，柄長
5.6 cm，江陵拍馬山18
號墓

大型匕6，戰國ⅡA，勺長
9，把長8 cm，襄陽蔡
坡9號墓

大型匕7，戰國ⅡB，柄長12 cm，
江陵雨臺山354號墓

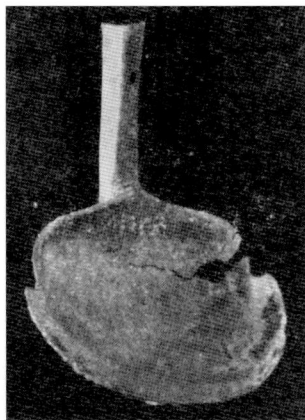

大型匕8，戰國ⅡB，長12 cm，
涪陵小田溪3號墓

大型匕9，戰國Ⅲ，壽縣朱家集

大型匕10，戰國Ⅲ，江陵雨臺山423號墓

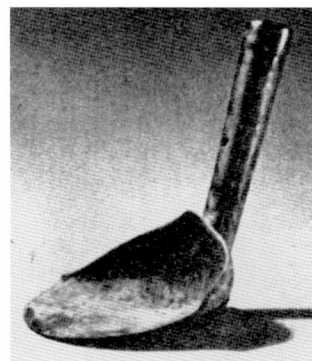

大型匕11，戰國Ⅲ，柄長
13.8 cm，江陵雨臺山
204號墓

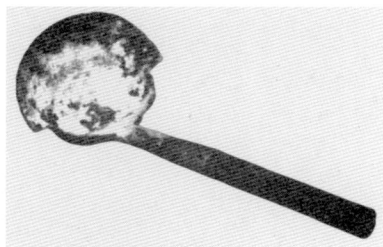

大型匕12，統一秦，通長23.3 cm，
雲夢睡虎地11號墓

俎1，春秋ⅢA，高22.0 cm，淅川下寺2
號墓

盉1，春秋ⅡA，高17 cm，光山寶
相寺

盉2，春秋ⅡA，高18.2 cm，光山寶相寺

盉3，春秋ⅡA，高19 cm，懷寧金
拱公社

盉4，春秋ⅡA，通高16.5 cm，潢川上油崗公社

盉5，春秋ⅡA，高11.5 cm

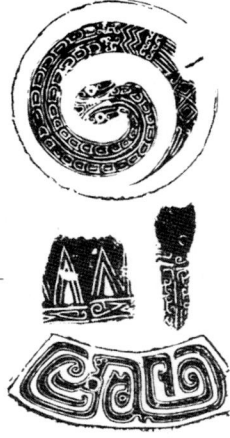

盉6，春秋ⅡA，通高29 cm，繁昌湯家山

盉7，春秋Ⅱ，高20 cm，漢川城關鎮

盉8，春秋Ⅱ，高19.2 cm，
肥西小八里村

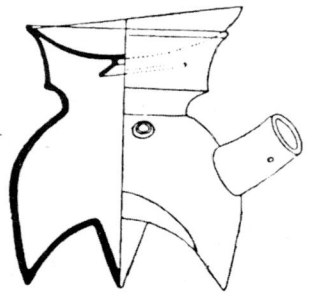

盉9，春秋Ⅱ，高18.7 cm，舒城鳳凰嘴

盉10，春秋ⅡB，通高17.5 cm，衡陽保和圩

盉11，春秋Ⅱ～Ⅲ，通高26 cm，
紹興306號墓

盉12，春秋ⅢA，高24 cm，壽縣
蔡侯墓

盉13，春秋ⅢA，高24.8 cm

盉14，春秋ⅢA，高21 cm，武進淹城

盉15，戰國，高14.3 cm

盉16，戰國，通高12 cm，旬邑

鐎1，春秋ⅡB，一型，通高
23.4 cm，長治分水嶺270
號墓

鐎2，春秋ⅡB，一型，通高24 cm，
寧樂美術館

鐎3，春秋ⅢA，一型，固始侯
古堆1號墓

鐎4，春秋ⅢA，一型，高26 cm，
淅川下寺1號墓

鐎5，春秋ⅢA，一型，高25.2 cm，吳縣何山

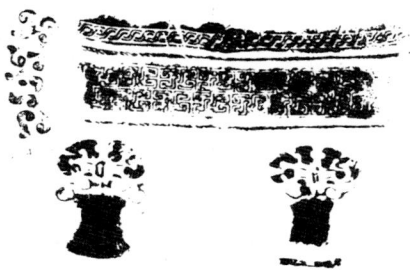

鐎6，春秋ⅢA，一型，高23.5 cm，
Asian Art Museum of San
Francisco, Avery Brundage
Collection

鐎7，春秋ⅢB，一型，通高28.7 cm，蘇州虎丘

鐎8，春秋ⅢB，一型，通高29 cm，
羅定太平公社1號墓

鐎9，春秋ⅢB，一型，通高
24.3 cm，京都御所

鐎10，戰國ⅠA，一型，通
高17.2 cm，臺北故宮
博物院

鐎11，戰國ⅠA，一型，通
高20.4 cm，長子7號墓

鐎12，戰國ⅠA，一型，高
23.1 cm，故宮博物院

鐎13，戰國ⅠA，一型，高
26 cm

鐎14，戰國ⅠA，一型，高
26.3 cm，故宮博物院

鐎15，戰國ⅠA，一型，高22 cm

鐎16，戰國ⅠB，一型，Museum of Fine Arts, Boston

鐎17，戰國ⅠB，一型，高25.4 cm，
The Art Institute of Chicago, Lucy
Maud Buckingham Collection,
1930.366

鐎18，戰國ⅠB，一型，通高
20.6 cm

鐎19，戰國ⅠB，一型，
通高16 cm，曲阜58
號墓

鐎20，戰國ⅠB，一型，高約21.5 cm，長治分水嶺36號墓

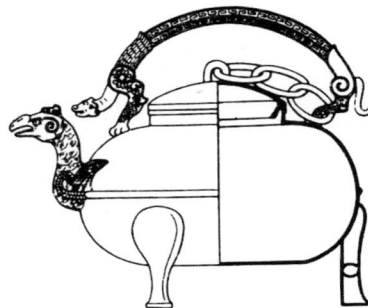

鐎21，戰國ⅠB，二型，
通高36 cm，江陵天星
觀1號墓

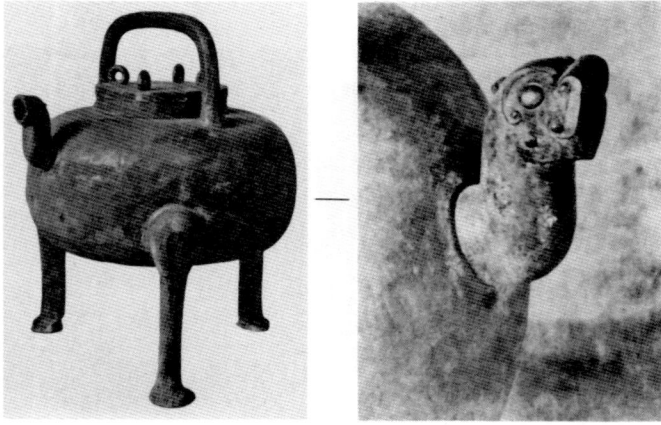

鐎22，戰國Ⅰ B，二型，通高24.5 cm，信陽長臺關1號墓

鐎23，戰國Ⅱ A，一型，通高23.1 cm，平山三汲公社1號墓

鐎24，戰國Ⅱ A，一型，高23.8 cm

鐎25，戰國Ⅱ A，一型，通高21.2 cm

鐎26，戰國Ⅱ A，一型，高22.1 cm

鐎27，戰國Ⅱ A，二型，江陵望山1號墓

鐎28，戰國Ⅱ B，一型，通高20 cm，成都羊子山172號墓

鐎29，戰國Ⅲ，一型，壽縣朱家集，
故宮博物院

瓠形尊1（蔡侯），春秋ⅢA，高29.7 cm，壽縣蔡侯墓

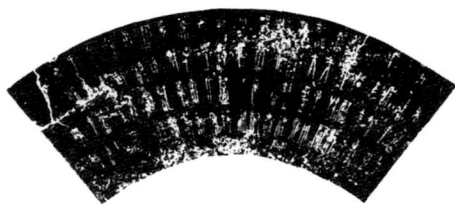

瓠形 尊2，春 秋 ⅢA，高
18.5 cm，壽縣蔡侯墓

瓠形尊3，春秋ⅢA，高淳顧隴公社

瓠形 尊4，春秋 ⅢA，高
17.9 cm，屯溪

瓠形 尊5，大約春秋ⅢA，高
20 cm，紹興306號墓

瓠形尊6，春秋ⅢA，高
26 cm，武進淹城

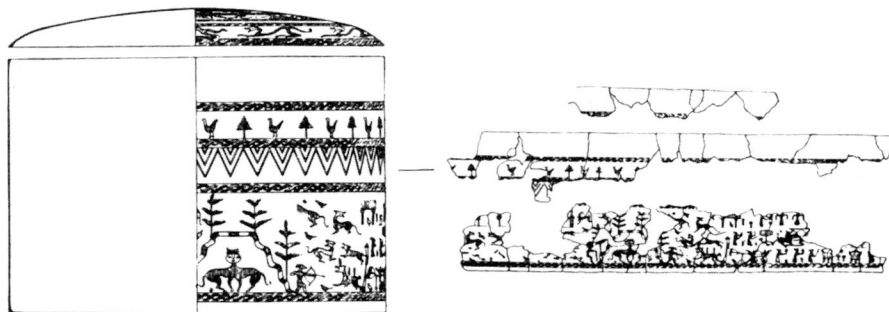

尊1，戰國 I B，高11 cm，輝縣琉璃閣1號墓

尊2，戰國 II A，高16 cm，長沙硯瓦池790
號墓

尊3，大約戰國 II A，高24.1 cm，Courtesy of the Arthur M. Sackler Gallery, Smithsonian
Institution, Washington D.C., Acc. no. S87.0311, Gift of Arthur M. Sackler

尊4，戰國 II B，高17 cm，江陵望山2號墓

壺1，春秋ⅡA，四B
型，高39.4 cm

壺2，春秋ⅡA，四
C型，高28.5 cm，
寶雞福臨堡1號墓

壺3，春秋ⅡA，四C型，
戶縣宋村

壺4，春秋ⅡA，四C型，高19.7 cm，
Courtesy of the Freer Gallery
of Art, Smithsonian Institution,
Washington D.C.

壺5，春秋ⅡA，四C
型，南京博物院，
樋口隆康先生攝

壺6，春秋ⅡA，四C型，
高13.8 cm

壺7，春秋ⅡA，四C型，
高35.3 cm，臺北故宮
博物院

壺8，春秋ⅡA，四C型，
高35.5 cm，臺北故宮
博物院

壺9，春秋ⅡA，四C型，
高34.4 cm，寧樂美術館

壺10，春秋ⅡA，五型，高45.6 cm

壺11，春秋ⅡA，五A
型，故宮博物院

壺12，春秋ⅡA，五B型，
湖北省博物館，樋口
隆康先生攝

壺13，春秋ⅡA，五B型，
通高23.3 cm，信陽明港

壺14，春秋ⅡA，五B型，通高30.7 cm，光山寶相寺

壺15，春秋ⅡA，五B型，高26 cm，信陽平橋2號墓

壺16，春秋ⅡA，五B型，高26.8 cm，信陽平橋1號墓

壺17，春秋ⅡA，五B型，通高47 cm，沂水劉家店子1號墓

壺18，春秋ⅡA，五B型，
Ethnograpy Department
of the National Museum
of Copenhagen

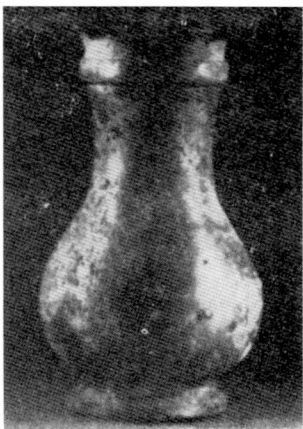

壺19，春秋ⅡA，五C型，通高46 cm，穀城下辛店

壺20，春秋ⅡA，五C型，通高37 cm，隨州萬店公社

壺21，春秋 II B，四 A 型，通高90 cm，侯馬上馬村13號墓

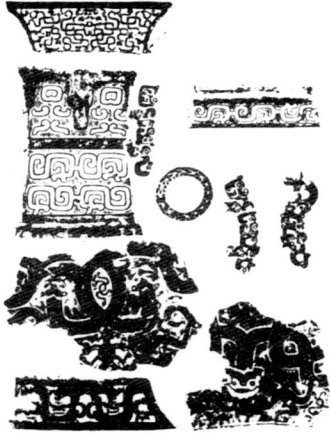

壺22，春秋 II B，四 A 型，通高118 cm，新鄭城關鎮李家樓

壺23，春秋 II B，四 A 型，高70 cm，新鄭韓故城

壺24，春秋 II B，四 A 型，高48.8 cm，隨州均川公社

壺25，春秋 II B，四 A 型，高93.3 cm，新鄭城關鎮李家樓

壺26，春秋 II B，四 A 型，高63 cm，輝縣琉璃閣墓甲或乙

壺27，春秋 II B，四 C 型，寶雞陽平鎮秦家溝2號墓

壺28，春秋 II B，四 C 型，通高55 cm，長治分水嶺269號墓

壺29，春秋 II B，四 C 型，高約39.6 cm，Courtesy of the Royal Ontario Museum, Toronto, Canada (Far Eastern Department)

壺30，春秋 II B，五 A 型，隨州均川公社劉家崖

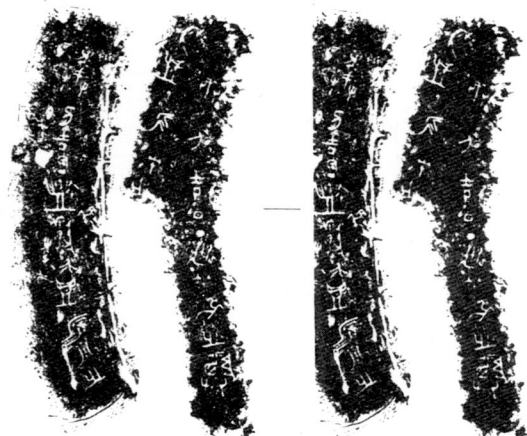

壺31，春秋 II B，五 A 型，高40 cm，臨朐楊善公社

壺32，春秋 II B，五 B 型，通高35.5 cm，羅山高店公社

壺33，春秋 II B，五 B 型，通蓋高52.6 cm，新鄭城關鎮李家樓

壺34，春秋ⅡB，八型，通高40 cm，隨州安居公社桃花坡1號墓

壺35（蔡侯），春秋ⅢA，四A型，壽縣蔡侯墓

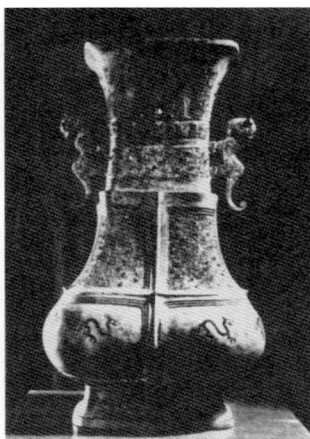

壺36，春秋ⅢA，四A型，高59 cm

壺37，春秋ⅢA，四A型，高74 cm，淅川下寺1號墓

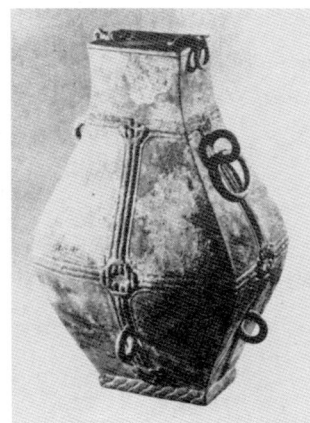

壺38，春秋ⅢA，四B型，通高40.8 cm，唐縣北城子

壺39，春秋ⅢA，四C型，高49 cm，邢臺南大汪

壺40（洹子孟姜），春秋ⅢA，五型，高22.1 cm，上海博物館

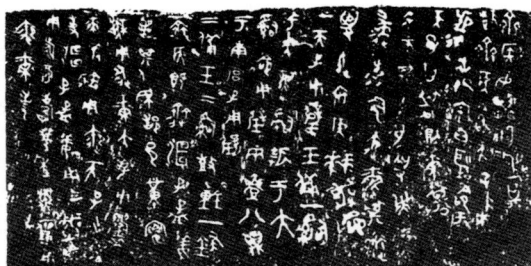

壺41（公孫竉），春秋ⅢA，五B型，高29.5 cm，臨朐

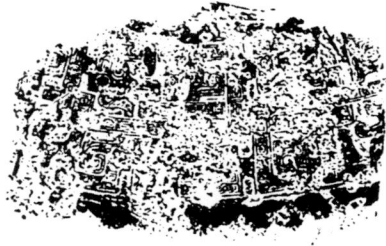

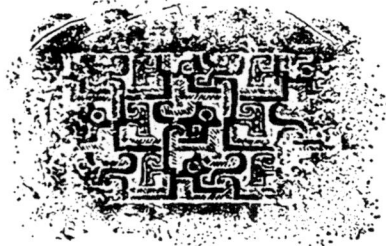

壺42，春秋ⅢA，五B型，高43.5 cm，莒南大店1號墓

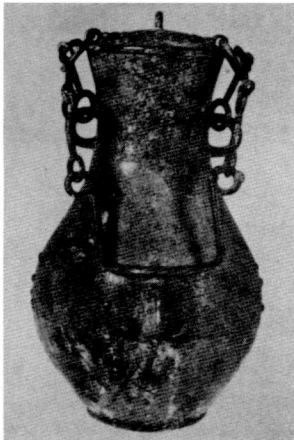

| 壺43，春秋ⅢA，五B型，高26 cm，安邱李家西部郜城 | 壺44，春秋ⅢA，五B型，高27.7 cm | 壺45，春秋ⅢA，五B型，通高35.5 cm，平山訪駕莊 | 壺46，春秋ⅢA，五B型，通高32.9 cm，臺北故宮博物院 | 壺47，春秋ⅢA，五B型，通高32.5 cm，唐縣北城子 |

壺48，春秋ⅢA，五B型，通高30 cm，洛陽60號墓　　　　壺49，春秋ⅢA，七型，Courtesy of the Arthur M. Sackler Gallery, Smithsonian Institution, Washington D.C., Acc. no. S87.0325a, b, Gift of Arthur M. Sackler　　　　壺50，春秋ⅢA，八型，原平峙峪

| 壺51，春秋ⅢA，八型，通高20.5 cm，長興李家巷 | 壺52，春秋ⅢA，九型，通高34.9 cm，唐山賈各莊18號墓 | 壺53，春秋ⅢA，九型，高29 cm，Musée Guimet-PARIS | 壺54，春秋ⅢA，一〇型，通高36 cm，潞城潞河8號墓 |

壺55，春秋ⅢA，一〇型，
高35 cm，邯鄲百家村
57號墓

壺56，春秋ⅢA，一一型，
高29.4 cm

壺57，春秋ⅢA，一一型，高29.4 cm

壺58，春秋ⅢA，一三型，通高51 cm，懷來北辛莊

壺59，春秋ⅢA，一三型，高45.9 cm，臺北故宮博物院

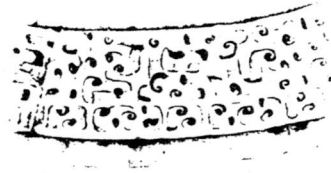

壺60，春秋ⅢA，一三型，
高47 cm，臨淄姚王村

壺61，春秋ⅢB，四A型，
高29.2 cm

壺62，春秋ⅢB，四C
型，高18 cm，長
安客省莊202號墓

壺63，春秋ⅢB，七型，
高37.5 cm，綏德

壺64，春秋ⅢB，七
型，高32.2 cm，
The Museum of Far
Eastern Antiquities,
Stockholm, Sweden

壺65，春秋ⅢB，七型，高30.6 cm，Collection du Musée
Cernusci, Ville de Paris

壺66，春秋ⅢB，七型，
高30.5 cm，Asian Art
Museum of San Francisco,
Avery Brundage Collection

壺67，春秋ⅢB，七A型，
高21.8 cm，行唐李家莊

壺68，春秋ⅢB，七A
型，輝縣琉璃閣
墓甲

壺69（禺邗王），春秋ⅢB，八型，高48.3 cm，
Courtesy of the Trustees of the British Museum

壺70，春秋ⅢB，八
型，高46.2 cm，
Asian Art Museum
of San Francisco,
Avery Brundage
Collection

壺71，春秋ⅢB，八型，
高44.2 cm，上海博
物館

壺72，春秋ⅢB，八型，高
44.8 cm，Courtesy of
the Freer Gallery of Art,
Smithsonian Institution,
Washington D.C.

壺73，春秋ⅢB，八型，高44.8 cm，藤井有鄰館，樋口隆康先生攝

壺74，春秋ⅢB，八型，高
37.3 cm

壺75，春秋ⅢB，九型，高
31.7 cm，故宮博物院

壺76，春秋ⅢB，九型，通
高47.0 cm

壺77，春秋ⅢB，九型，
高29 cm，Asian Art
Museum of San Francisco,
Avery Brundage Collection

壺78（杕氏），春秋ⅢB，九型，高38 cm

壺79，春秋ⅢB，九型，高
32.4 cm

壺80，春秋ⅢB，九型

壺81，春秋ⅢB，一一型，
高40.6 cm，成都百家潭

壺82，春秋ⅢB，一三型，
高32.3 cm，臺北故宮
博物院

壺83，春秋ⅢB，一三型，
高24.3 cm，臺北故宮
博物院

壺84，春秋ⅢB，一三型，
高31.1 cm，臺北故宮
博物院

壺85，春秋ⅢB，一三型，
高34.3 cm

壺86，戰國ⅠA，四A型，
高99 cm，隨州擂鼓
墩1號墓

壺87，戰國ⅠA，四B型，
長治分水嶺12號墓

壺88，戰國ⅠA，四D型，
通高39.1 cm

壺89，戰國ⅠA，四D型，
邳縣劉林

曾侯乙酢時用終

壺90（曾侯乙），戰國ⅠA，六
型，通高42.5 cm，隨州擂鼓
墩1號墓

壺91，戰國ⅠA，六型，通高38 cm，綿竹

壺92，戰國ⅠA，七型，
高25.3 cm，汲縣山
彪鎮1號墓

壺93，戰國ⅠA，七型，
通高27.2 cm，泉屋
博古館

壺94，戰國 I A，八型，
高29.5 cm

壺95，戰國 I A，八型，
高40 cm，鳳翔高王寺

壺96，戰國 I A，八型，
高28.8 cm，成都青羊
宮側

壺97，戰國 I A，八型，高33.8 cm，Museum für Kunst und Gewerbe, Hamburg

壺98（令狐君），戰國 I A，九型，口高39.5 cm，Courtesy of the Royal Ontario Museum, Toronto Canada (Far Eastern Department)

壺99，戰國 I A，九型，
通高60.5 cm，汲縣山彪鎮 1 號墓

壺100，戰國 I A，九型，
通高50.8 cm，汲縣
山彪鎮 1 號墓

壺101，戰國 I A，一〇型，
高約46 cm，洛陽中州
路2717號墓

壺102，戰國ⅠA，一〇型，通高43 cm，長治分水嶺25號墓

壺103，戰國ⅠA，一〇型

壺104，戰國ⅠA，一一型，高43.5 cm，臺北故宮博物院

壺105，戰國ⅠA，一一型，通高30 cm

壺106，戰國ⅠA，一一型，高40 cm

壺107，戰國ⅠA，一三型，通蓋高37.8 cm，輝縣趙固村1號墓

壺108，戰國ⅠA，一三型，通蓋高28.7 cm，輝縣趙固村1號墓

壺109，戰國ⅠA，一三型，通蓋高36.6 cm，汲縣山彪鎮1號墓

壺110，戰國ⅠA，一三型，高27.2 cm，洛陽中州路2717號墓

壺111，戰國ⅠA，一三型，高41 cm，Courtesy of the Royal Ontario Museum, Toronto, Canada (Far Eastern Department)

壺112，戰國ⅠA，一三型，高29.2 cm，The Art Museum, Princeton University, Chester Dale and Dolly Carter Collection

壺113，戰國ⅠB，四A型，通高38 cm，隨州擂鼓墩2號墓

壺114，戰國ⅠB，四B型，長治分水嶺12號墓

壺115，戰國ⅠB，四B型，高38.5 cm，京都大學人文科學研究所

壺116，戰國ⅠB，四B型，高37.2 cm，Courtesy of the Freer Gallery of Art, Smithsonian Institution, Washington D.C.

壺117，戰國ⅠB，四B型，高34.5 cm，成都羊子山88號墓

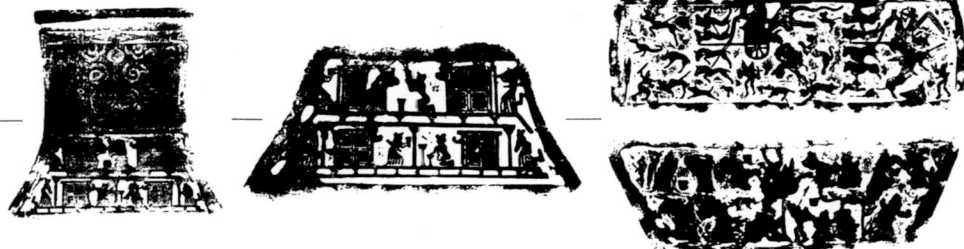

壺 118，戰國 I B，四 B 型，高 45.3 cm，臺北故宮博物院

壺 119，戰國 I B，四 B 型，
高 46.6 cm，臺北故宮博
物院

壺 120，戰國 I B，四 B 型，
高 44.8 cm，臺北故宮
博物院

壺 121，戰國 I B，四 B 型，高 37.5 cm

壺 122，戰國 I B，八型，通高 46.3 cm，陝縣后川

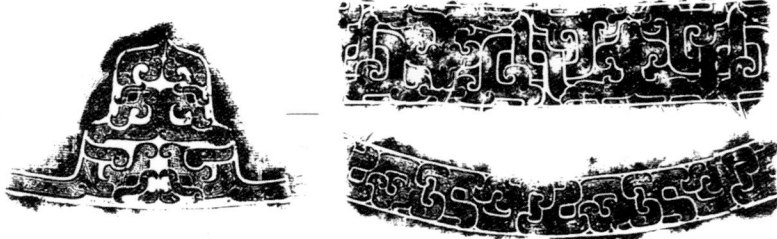

壺 123，戰國 I B，九型，高 34.8 cm，臺北故宮博物院

壺 124，戰國 I B，九型，長治分水嶺 36 號墓

壺 125，戰國 I B，九型，高 30.4 cm，出光美術館

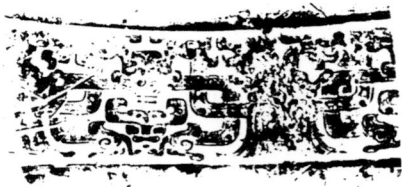

壺126，戰國 I B，一〇型，36.0 cm

壺127，戰國 I B，一〇型，高56 cm，咸陽塔兒坡

壺128，戰國 I B，一〇型，高31.2 cm，St.Louis Art Museum

壺129，戰國 I B，一一型，通高39 cm

壺130，戰國 I B，一一型，高45.7 cm，藤井有鄰館，樋口隆康先生攝

壺131，戰國 I B，一一型，高55.3 cm

壺132，戰國 I B，一一型，高44.3 cm

壺133，戰國 I B，一一型，高35.1 cm，臺北故宮博物院

壺134，戰國 I B，一一型，高39.4 cm，Asian Art Museum of San Francisco, Avery Brundage Collection

壺135，戰國 I B，一一型，高37.1 cm，臺北故宮博物院

壺136，戰國 I B，一一型，高35.6 cm，Courtesy of The Harvard University Art Museums (Arthur M. Sackler Museum) Anonymous Gift

壺137，戰國 I B，一一型，高 55.6 cm，Victoria and Albert Museum

壺138，戰國 I B，一一型，通高 38 cm，Courtesy of the Royal Ontario Museum, Toronto, Canada (Far Eastern Department)

壺139，戰國 I B，一一型，通高 50 cm，陽城北陽村

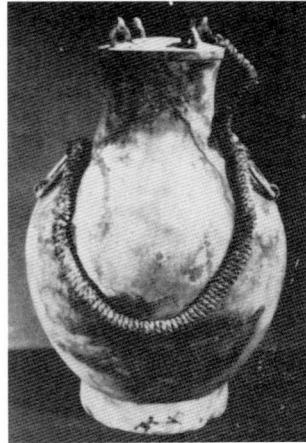

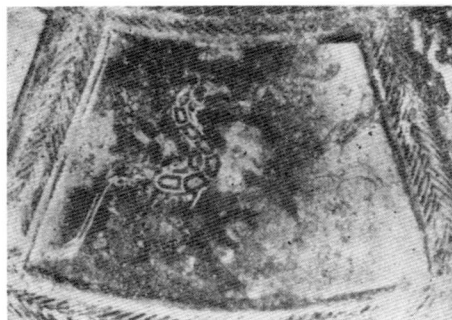

壺140，戰國 I B，一一型，高48 cm，上海博物館

壺141，戰國 I B，一一型，通高 35 cm，新都馬家公社

壺142，戰國 I B，一一型，萬榮廟前村1號墓

壺143，戰國 I B，一一型，高 27.5 cm，Courtesy of The Harvard University Art Museums (Arthur M. Sackler Museum) Bequest Grenville L. Winthrop

壺144，戰國 I B，一二型，通高 36 cm，隨州擂鼓墩2號墓

壺145，戰國 I B，一三型，高46.0 cm

壺146，戰國 I B，一三型，高41.2 cm

壺147，戰國 I B，一三型，高46 cm

壺 148，戰國ⅠB，一三
A型，通 高 57 cm，
潞城潞河 7 號墓

壺 149（曾姬無卹），戰國ⅡA，四A型，通蓋高 78.6 cm，臺北故宮博物院

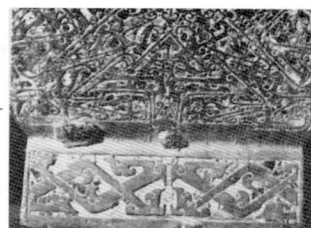

壺 150，戰國ⅡA，
四A型，江陵望
山 1 號墓

壺 151（陳璋），戰國ⅡA，四B型，高 37.2 cm，The University Museum, University of Pennsylvania

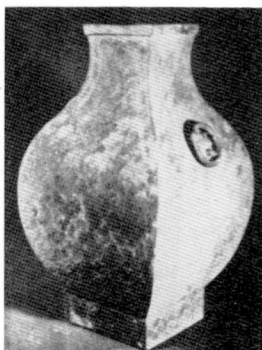

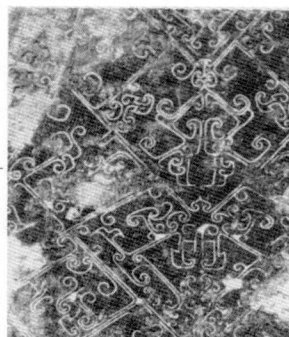

壺 152，戰國ⅡA，四B
型，通 高 45.4 cm，
平山三汲公社一號墓

壺 153，戰國ⅡA，四B
型，高 53 cm，陝
縣后川

壺 154，戰國ⅡA，四B型，通高 61.5 cm，西安西關南

壺155，戰國 II A，四 B 型，高 52.6 cm，Courtesy of the Freer Gallery of Art, Smithsonian Instiution, Washington D.C.

壺156，戰國 II A，四 B 型，高 35.9 cm，Minneapolis Institute of Arts, Alfred F. Pillsbury Collection

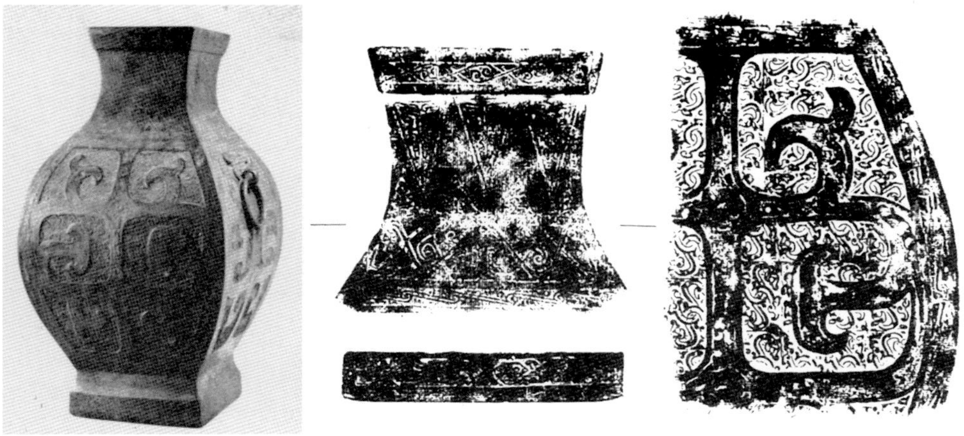

壺157，戰國 II A，四 B 型，高 36.1 cm，臺北故宮博物院

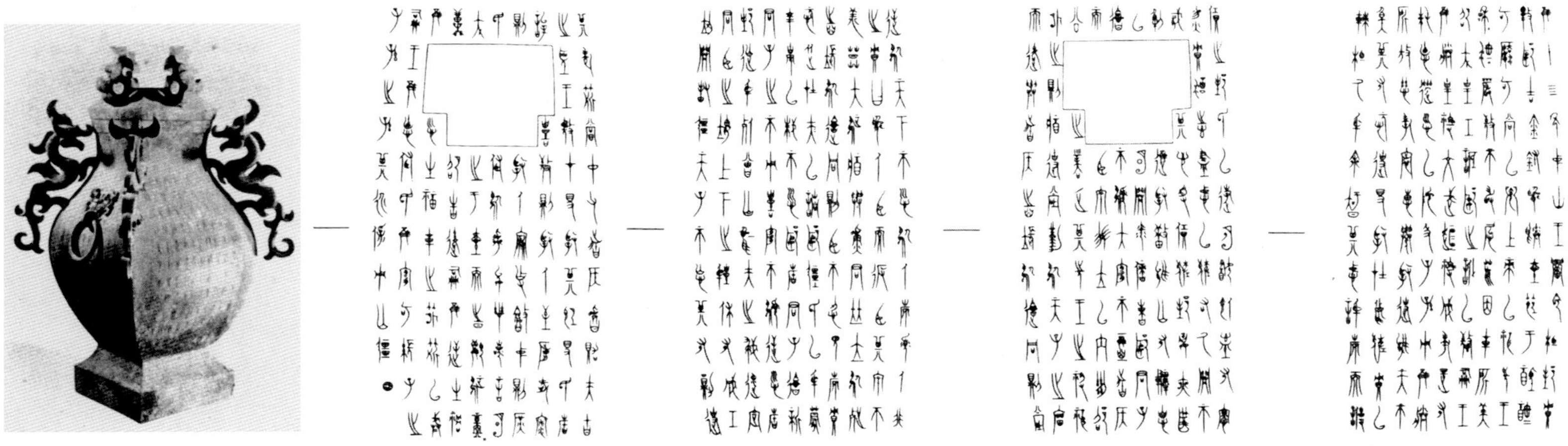

壺158（中山王嚳），戰國 II A，四 B 型，通高 62 cm，平山三汲公社 1 號墓

壺159，戰國 II A，四 B 型，通高 41 cm，北京豐臺

壺160，戰國 II A，四 B 型，高 34.5 cm

壺161，戰國 II A，六型，高 38.5 cm

壺162，戰國 II A，六型，高 37 cm，長沙烈士公園 3 號墓

壺163，戰國 II A，六型，高 37.5 cm，曲阜 3 號墓

壺164，戰國ⅡA，八型，高36.8 cm，故宮博物院

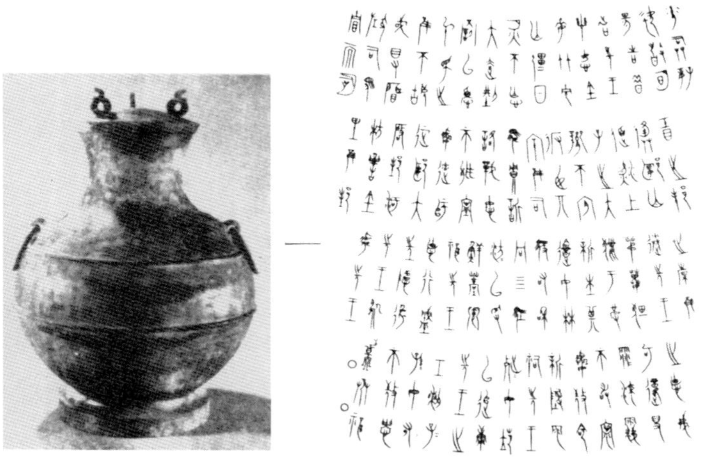

壺165（夆盉），戰國ⅡA，九型，通高44 cm，平山三汲公社1號墓

壺166，戰國ⅡA，九型，通高30.4 cm，鳳翔高莊1號墓

壺167，戰國ⅡA，九型，Ethnography Department of the National Museum of Copenhagen

壺168，戰國ⅡA，九型，高30.5 cm，Courtesy of the Royal Ontario Museum, Toronto, Canada (Far Eastern Department)

壺169，戰國ⅡA，九型，高30.9 cm，臺北故宮博物院

壺170，戰國ⅡA，九型，通高44.6 cm，平山三汲公社1號墓

壺171，戰國ⅡA，九型，高30.9 cm

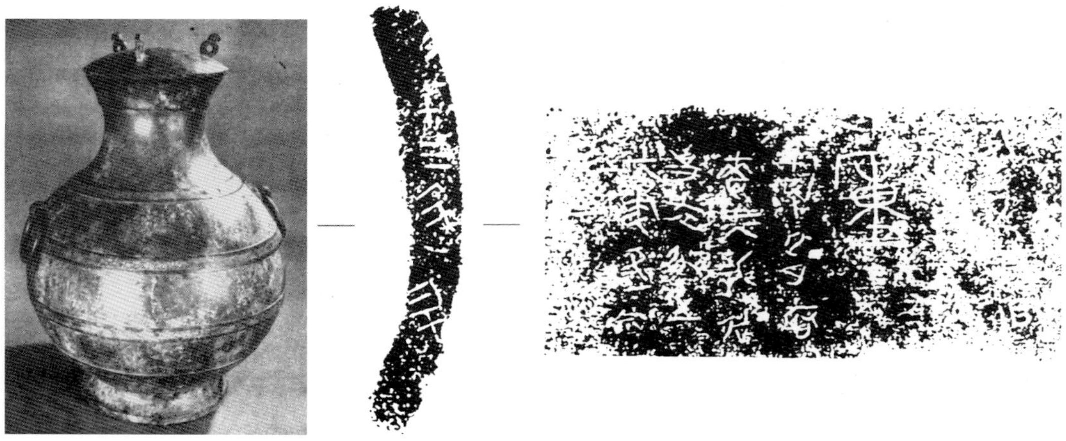

壺172，戰國ⅡA，九型，高56 cm，咸陽塔兒坡

壺173，戰國ⅡA，九型，高29.7 cm，臺北故宮博物院

壺174，戰國ⅡA，九型，高36.3 cm，Courtesy of the Royal Ontario Museum, Toronto, Canada (Far Eastern Department)

壺175，戰國ⅡA，九型，高34.2 cm，臺北故宮博物院

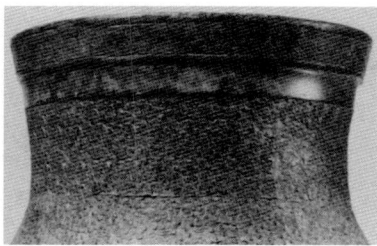

壺176，戰國ⅡA，一〇型，高36 cm

壺177，戰國ⅡA，一〇型，高33.3 cm，臺北故宮博物院

壺178，戰國ⅡA，一〇型，高29.2 cm

壺179，戰國ⅡA，一〇A型，通高29.6 cm，咸陽黃家溝43號墓

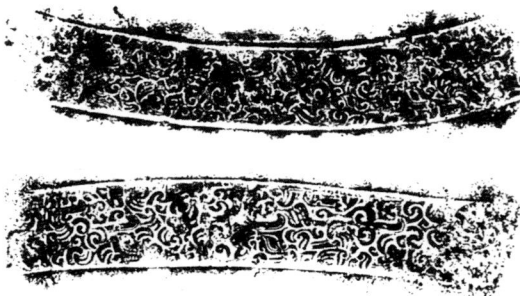

壺180（東周左官），戰國ⅡA，一一型，高38.3 cm，臺北故宮博物院

壺181（東周皆有），戰國ⅡA，一一型，高38.5 cm

壺182，戰國ⅡA，一一型，高43 cm

壺183，戰國ⅡA，一一型，高38.5 cm

壺184，戰國ⅡA，一一型，高39.3 cm

壺185，戰國ⅡA，——型，高32.1 cm

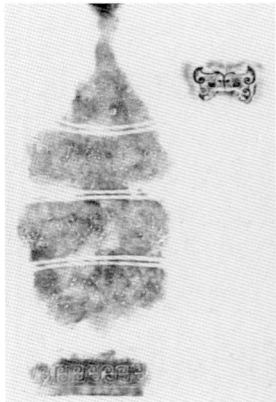

壺186，戰國ⅡA，——型，高31.0 cm，The Museum of Far Eastern Antiquities, Late King Gustaf Ⅵ Adolf Collection, Stockholm, Sweden，樋口隆康先生攝

壺187，戰國ⅡA，——型，高31.8 cm

壺188，戰國ⅡA，——型，高29.7 cm

壺189，戰國ⅡA，——型，高25.5 cm

壺190，戰國ⅡA，——型，高31.8 cm，Courtesy of the Trustees of the British Museum

壺191，戰國ⅡA，——型，Museo Nazionale d'Arte Orientale

壺192，戰國ⅡA，——型，高31.5 cm, The Museum of Far Eastern Antiquities, Stockholm, Sweden

壺193，戰國ⅡA，——型，高32.5 cm，江陵雨臺山217號墓

壺194，戰國ⅡA，——型，高34 cm，長沙絲茅冲A區32號墓

壺195，戰國ⅡA，——型，高50.3 cm，永青文庫

壺196，戰國ⅡA，——型，通高50.8 cm

壺197，戰國ⅡA，一二型，高35.5 cm，江陵望山1號墓

壺198，戰國ⅡA，一二型，高38.1 cm，信陽長臺關1號墓

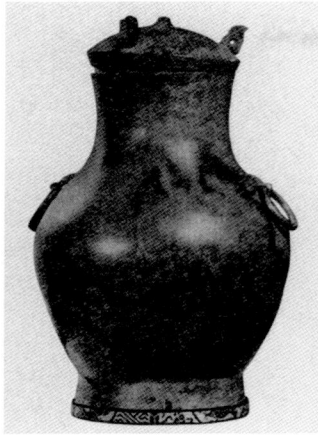

壺199，戰國ⅡA，一二型，高25.0 cm

壺200，戰國ⅡA，其他型，高36 cm

壺201，戰國ⅡA，其他型，高18.7 cm

壺202，戰國ⅡA，其他型，通高32.6 cm，平山三汲公社1號墓

壺203，戰國ⅡA，其他型，高14.6 cm，The Lucy Maud Buckingham Collection, 1930.481©1988 The Art Institute of Chicago. All Rights Reserved

壺204，戰國ⅡB，四B型，高47 cm，Albright-Knox Art Gallery

壺205，戰國ⅡB，四B型，高50.2 cm，Victoria and Albert Museum

壺206，戰國ⅡB，四B型，高37.2 cm

壺207，戰國ⅡB，四B型，高39 cm，Museum of Fine Art, Boston

壺208，戰國ⅡB，四B型，高39.6 cm，成都羊子山172號墓

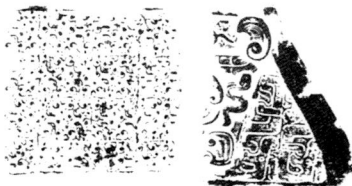

壺209，戰國ⅡB，四B′型，高38.5 cm，出光美術館

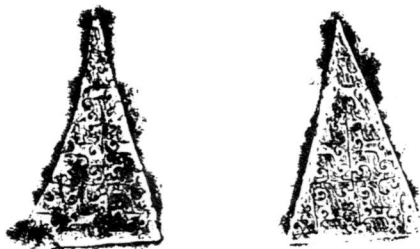

壺210，戰國ⅡB，四B'型，藤井有鄰館

壺211，戰國ⅡB，四B'型，高40.3 cm

壺212，戰國ⅡB，四B'型，高49.5 cm，Asian Art Museum of San Francisco, Avery Brundage Collection

壺213，戰國ⅡB，六型，高38.5 cm，江陵馬山磚廠1號墓

壺214，戰國ⅡB，六型，通高38.6 cm，江陵雨臺山480號墓

壺215，戰國ⅡB，六型，通高30 cm，肇慶北嶺松山

壺216，戰國ⅡB，其他型，咸陽塔兒坡

壺217，戰國ⅡB，九型，通高30.4 cm，鳳翔高莊1號墓

壺218，戰國ⅡB，一一型，高34 cm

壺219，戰國ⅡB，一一型，高24.2 cm，Courtesy of the Royal Ontario Museum, Toronto, Canada (Far Eastern Department)

壺220，戰國ⅡB，一一型，高30.4 cm，臺北故宮博物院

壺221，戰國ⅡB，一一型，高31.5 cm，鄂城，鄂鋼53號墓

壺222，戰國ⅡB，一一型，江陵雨臺山323號墓

壺223，戰國ⅡB，一一型，通高31 cm，江陵拍馬山18號墓

壺224，戰國ⅡB，一一型，高29.5 cm，The Museum of Far Eastern Antiquities, Stockholm, Sweden

壺225，戰國ⅡB，一一型，高30 cm

壺226，戰國ⅡB，一一型，高32 cm，泌陽官莊北崗3號墓北槨

壺227，戰國ⅡB，一一型，高29.8 cm，臺北故宮博物院

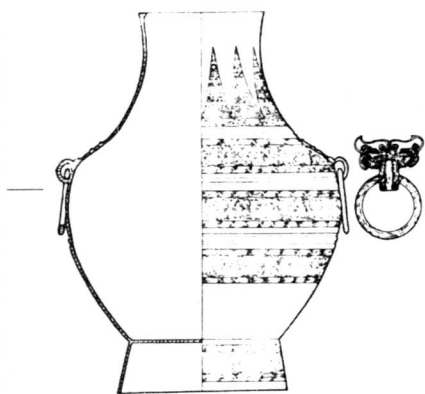

壺228，戰國ⅡB，一一型，高34.2 cm，涪陵小田溪4號墓

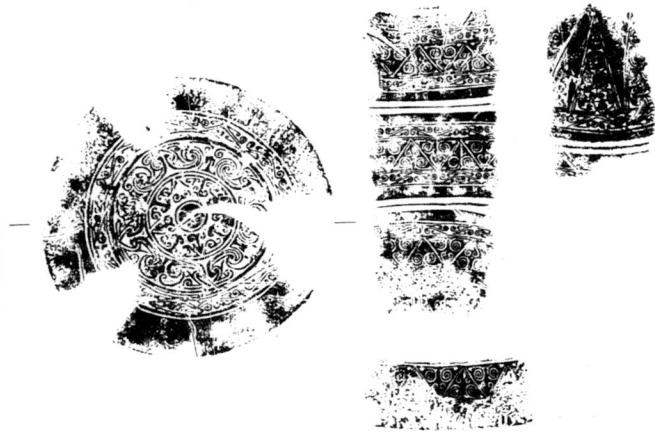

壺229，戰國ⅡB，一一型，高33.5 cm

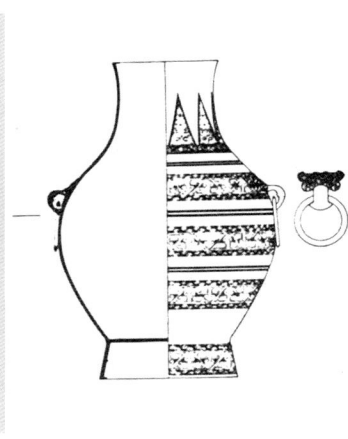

壺230，戰國ⅡB，一二型，高29.4 cm，雲夢睡虎地3號墓

壺231，戰國ⅡB，一二型，高33 cm，曲阜58號墓

壺232，戰國ⅡB，一二型，高23.2 cm，泉屋博古館

壺233，戰國ⅡB，一二型，高22.2 cm，Museum of Far Eastern Antiquities, Stockholm, Sweden

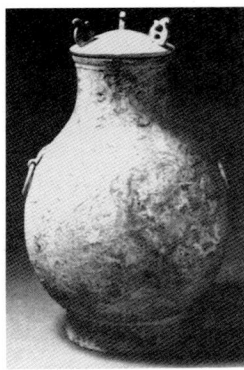

壺234，戰國ⅡB，其他型，通高50.6 cm，涪陵小田溪3號墓

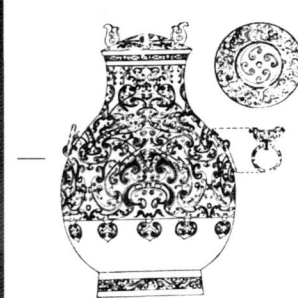

壺235，戰國ⅡB，其他型，高19.3 cm，寶雞

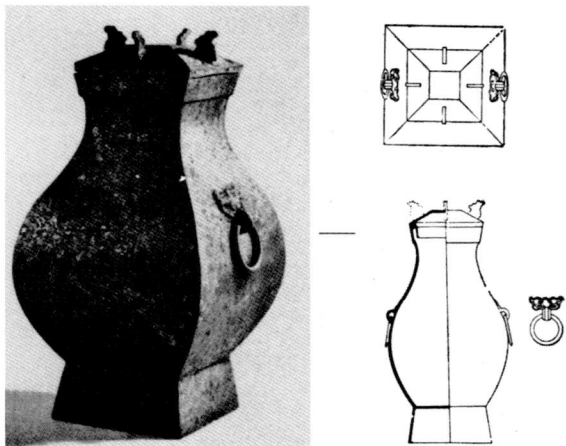

壺236，統一秦，四B型，通高34 cm，雲夢睡虎地11
號墓

壺237，戰國Ⅲ，一二型，
高24.5 cm，壽縣朱家集

壺238，戰國Ⅲ，一二型，高
31.9 cm，臺北故宮博物院

壺239，戰國Ⅲ，一二型，高27.7 cm

罍1，春秋ⅡA，一型，高約26.8 cm，
洛陽中州路4號墓

罍2，春秋ⅡA，一型，高23 cm，光山寶相寺

罍3，春秋ⅡA，一型，通高27 cm，光山寶相寺

罍4，春秋ⅡA，一型，通高10 cm，光山寶相寺

罍5，春秋ⅡA，一型，通高25.5 cm，潢川上油崗公社

罍6，春秋ⅡA，一型，高28.5 cm

罍7，春秋ⅡA，一型，高31.0 cm

罍8，春秋ⅡA，一型，高43.1 cm，泉屋博古館，細部，樋口隆康先生攝

罍9，春秋ⅡA，一型，高40.7 cm，
莒縣天井汪（蓋不是這件器的）

罍10，春秋ⅡA，一型，高19.2 cm

罍11，春秋ⅡA，一型，高21 cm

罍12，春秋ⅡB，一型

罍13，春秋ⅡB，一型，高14.2 cm，
洛陽中州路115號墓

罍14，春秋ⅡB，二型，高30.5 cm，長治分水嶺270號墓

罍15，春秋ⅡB，二型，高40 cm，
新鄭城關鎮李家樓

罍16，春秋ⅢA，一型，高29 cm

罍17，春秋ⅢA，一型，高14.9 cm，
洛陽西工區4號墓

罍18，春秋ⅢA，一型，高30.9 cm，
唐縣北城子

罍19，春秋ⅢB，一型，高35.5 cm，清遠馬頭崗1號墓

罍20，春秋ⅢB，一型，高36.9 cm，
臺北故宮博物院

罍21，春秋ⅢB，二型，寧樂美術館

罍22，春秋ⅢB，二型，高30.5 cm，
輝縣琉璃閣

罍23，春秋Ⅱ～Ⅲ，特定地域
型，高65 cm

罍24，春秋Ⅱ～Ⅲ，特定地域型，通高54 cm，荔浦栗木公社

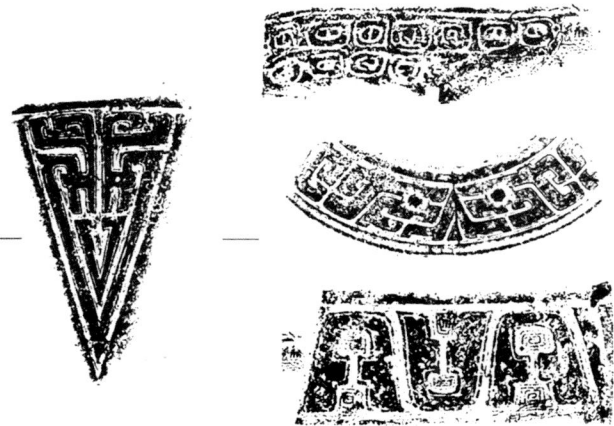

有座壺1，戰國ⅠA，
高18.5 cm，洛陽
中州路2717號墓

有座壺2，戰國ⅠB，高19 cm，Asian
Art Museum of San Francisco, Avery
Brundage Collection

有座壺3，戰國ⅠB，高
29.2 cm，Courtesy
of the Trustees of the
British Museum

有座壺4，戰國ⅡA，高
22.5 cm，信陽長臺關1
號墓

有座壺5，戰國ⅡA，
高26.7 cm

鐎尊 1，春秋 Ⅲ A，高 19.0 cm，
固始侯古堆 1 號墓

鐎尊 2，春秋 Ⅲ B，高 12.9 cm

鐎尊 3，春秋 Ⅲ B

鐎尊 4，戰國 Ⅰ B，通高 23 cm，曲
阜 58 號墓

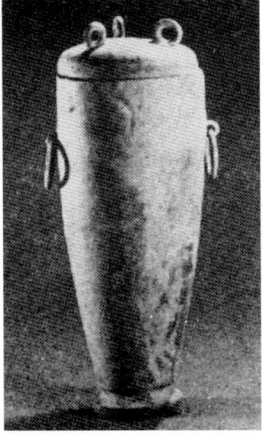

長壺1，戰國ⅠA，高
32.9 cm，諸城臧
家莊

長壺2，戰國ⅠA，高
32.4 cm

長壺3，戰國ⅠA，高43.4 cm

瓶1，春秋ⅡA，一型，通
高27.2 cm，蓬萊縣村
里集6號墓

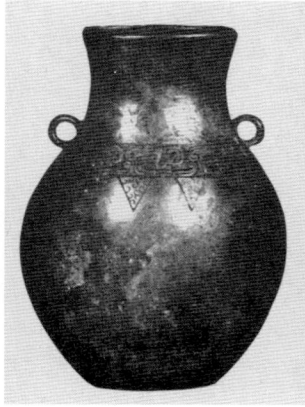

瓶2，春秋ⅡA，一型，高
30.7 cm，臺北故宮博
物院

瓶3，春秋ⅡA，一型，高34.2 cm，汲縣

瓶4，春秋ⅡB，二型，高
26.1 cm，Courtesy of
the Freer Gallery of Art,
Smithsonian Institution,
Washington D.C.

瓶5，春秋ⅡB，二型，陝
西省博物館

瓶6，春秋ⅢA，一型，
高20 cm，新樂中
同村2號墓

瓶7，春秋ⅢA，一型，高38 cm，莒縣天井汪

瓶8，春秋ⅢA，一型，高52.8 cm，輝縣琉璃閣墓甲或乙

瓶9，春秋ⅢB，一型，通高約30 cm，Courtesy of the Royal
Ontario Museum, Toronto, Canada (Far Eastern Department)

瓶10，春秋ⅢB，二型，高
30 cm，行唐李家莊

缶1（蔡侯），春秋ⅢA，一型，
通高55 cm，壽縣蔡侯墓

缶2，春秋ⅢA，一型，高
46.1 cm，泉屋博古館

缶3（蔡侯），春秋ⅢA，二型，通高
35 cm，壽縣蔡侯墓

缶4，春秋ⅢA，三型，高32.9 cm，黑川古文化
研究所，樋口隆康先生攝

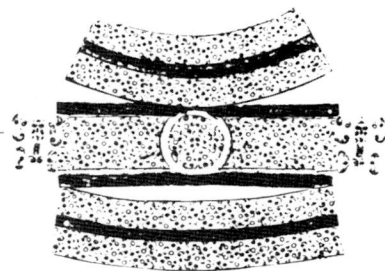

缶5，春秋ⅢA，三型，高36.3 cm，六合程橋

缶6，戰國ⅠA，一型，高
48.4 cm，成都青羊宮側

缶7，戰國ⅠB，一型，
通高30 cm，新都馬
家公社

缶8，戰國ⅠB，一型，通高42.8 cm，隨州擂鼓墩2號墓

缶9，戰國ⅠB，二型，高44 cm，隨州擂鼓墩2號墓

缶10，戰國ⅠB，三型，高
49.5 cm，涪陵小田溪

缶11，戰國ⅡA，三型，高
36.0 cm，江陵望山1號墓

缶12，戰國ⅡB，一型，江
陵望山2號墓

缶13，戰國ⅡB，一型，高
40.5 cm，中國歷史博
物館

缶14，戰國Ⅲ，一型，高45.5 cm

缶15，戰國Ⅲ，一型，高44 cm，臨潼附近

盨缶1，春秋ⅡA，一型，通高
24 cm，懷寧金拱公社

盨缶2，春秋ⅡA，一型，高21.8 cm，舒城鳳凰嘴

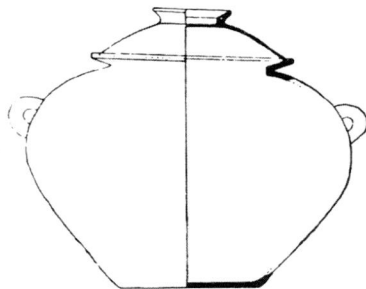

盨缶3，春秋ⅡA，一型，通高24 cm，
穀城下辛店

盨缶4，春秋ⅡA，一型，Courtesy
of the Arthur M. Sackler
Gallery, Smithsonian Institution,
Washington D.C., Acc. No.
S87.0277, Gift of Arthur M.
Sackler

盨缶5，春秋ⅡB，一型，通高33.5 cm，
江陵嶽山

盨缶6，春秋ⅡB，一型，高36.5 cm，MOA美術館

盨缶7，春秋ⅡB，一型，通高39 cm，新鄭城關鎮李家樓

盥缶 8（蔡侯朱），春秋ⅢA，一型，高 40 cm，
宜城安樂坨

盥缶 9（佣），春秋ⅢA，一型，高 49 cm，淅川下寺 1 號墓

盥缶 10，春秋ⅢA，一型，高 6.5 cm，
莒南大店 2 號墓

盥缶 11（蔡侯），春秋ⅢA，二型，通高 36 cm，壽縣蔡侯墓

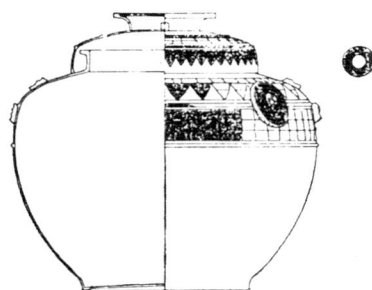

盥缶 12（蔡侯），春秋ⅢA，二型，高 46 cm，壽縣
蔡侯墓

盥缶 13，春秋ⅢA，二型，通高 31 cm，當陽趙家湖

盥缶 14，春秋ⅢA，二型，通高 31 cm，Museum für Ostasiatische Kunst

盥缶15（佣），春秋ⅢA，二A型，通高38 cm，淅川下寺1號墓

盥缶16，春秋ⅢA，二A型，通高 49 cm，淅川下寺2號墓

盥缶17，春秋ⅢB，一型，通高29.9 cm，襄陽山灣6號墓

盥缶18，春秋ⅢB，一型，通高37 cm，潢川隆古公社

盥缶19，春秋ⅢB，一型，高36 cm

盥缶20，春秋ⅢB，二型，通高39.5 cm，恭城加會秧家大隊

曾侯乙酢時用終

盥缶21（曾侯乙），戰國ⅠA，一型，通高36 cm，
　隨州擂鼓墩1號墓

盥缶22，戰國ⅠA，一型，高24.5 cm，出光美術館

盥缶23，戰國ⅠA，一型，高37.3 cm，泰安東更
　道村

盥缶24，戰國ⅠB，一型，通高
　38.5 cm，江陵天星觀1號墓

盥缶25，戰國ⅠB，一型，高26.5 cm，Courtesy of the Arthur M. Sackler Gallery,
Smithsonian Institution, Washington D.C. Acc. no. S87.0295, Gift of Arthur M.
Sackler

盥缶26，戰國ⅠB，一型，器高29 cm，湘鄉1號墓

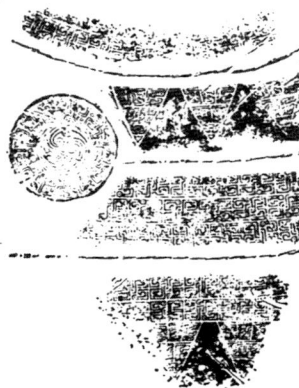

盥缶27，戰國ⅠB，一型，通高35 cm，
　隨州擂鼓墩2號墓

盥缶28，戰國ⅠB，一型

盥缶29，戰國ⅡA，一型，江陵望
山1號墓

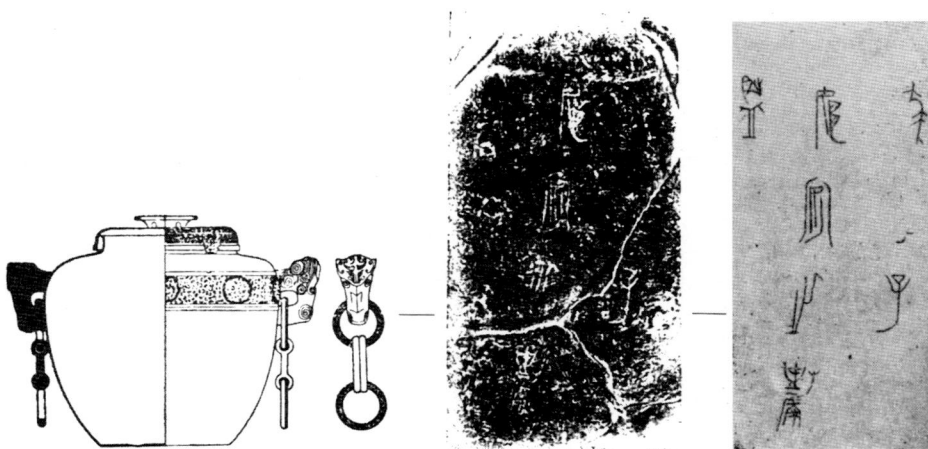

盥缶30，戰國ⅡA，二型，通高41.2 cm，襄陽蔡坡4號墓

盥缶31，戰國ⅡB～Ⅲ，一型，高
29.8 cm，壽縣朱家集

罐1，春秋ⅡB，高34.6 cm，臺北故宮博物院

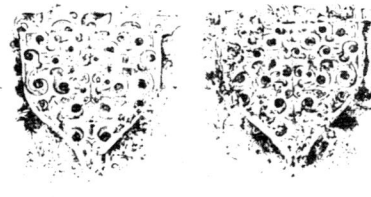

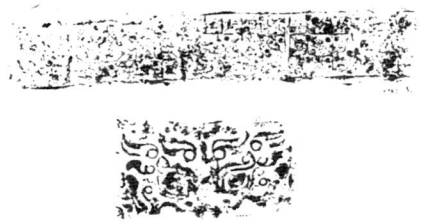

罐2，戰國ⅠA，高45 cm，東京國立博物館

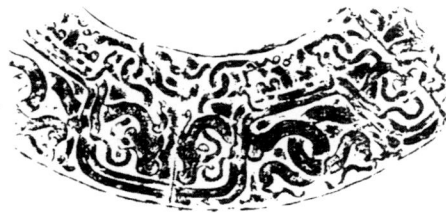

罐3，戰國ⅠA，高55.5 cm，臺北故宮博物院

榼1，戰國 I B，高32 cm，上海博
物館

榼2，戰國 II A，高45.9 cm，
平山三汲公社1號墓

榼3，戰國 II A，高34.3 cm，三門
峽市上村嶺5號墓

榼4，戰國 II A，高33.9 cm

榼5，戰國 II A，高約29.3 cm，Museum of Asiatic
Art, State Museum, Amsterdam

榼6，戰國 II A，高30.8 cm，上海博物館

榼7，戰國 II A，高31.2 cm，Museum für Ostasiatische Kunst

榼 8，戰國ⅡA

榼 9，戰國ⅡA，高 31.2 cm，Courtesy of the Freer Gallery of Art, Smithsonian Institution, Washington D.C.

榼 10，戰國ⅡA，高 25 cm

榼 11，戰國ⅡB，高 34.8 cm

榼 12，戰國ⅡB，通高 30.5 cm，咸陽塔兒坡

榼 13，戰國Ⅲ，通高 20.5 cm，榆次王湖嶺

榼 14，戰國Ⅲ，高 30.5 cm

榼 15，戰國Ⅲ，高 28.8 cm，臺北故宮博物院

蒜頭壺1，戰國ⅡB，通高
28.2 cm，鳳翔高莊1
號墓

蒜頭壺2，戰國ⅡB，通
高33 cm，泌陽官
莊北崗3號墓北部

蒜頭壺3，戰國Ⅱ～Ⅲ，
通高40 cm，泌陽官
莊北崗3號墓南槨

蒜頭壺4，戰國Ⅱ～Ⅲ，高
28.8 cm，Courtesy of the
Royal Ontario Museum,
Toronto, Canada (Far
Eastern Dapartment)

蒜頭壺5，戰國Ⅱ～Ⅲ，高
36.5 cm，Courtesy of the
Royal Ontario Museum,
Toronto, Canada (Far Eastern
Department)

蒜頭壺6，戰國Ⅱ～Ⅲ，高
29.5 cm

蒜頭壺7，戰國Ⅱ～Ⅲ，高27.1 cm

蒜頭壺8，戰國Ⅱ～Ⅲ，
高30 cm

蒜頭壺9，統一秦，高36.7 cm，
雲夢睡虎地9號墓

蒜頭壺10，統一秦，
高39.6 cm，襄
陽山灣18號墓

錍1，春秋ⅡA，高約29.3 cm，Courtesy of the Royal Ontario
Museum, Toronto, Canada (Far Eastern Department)

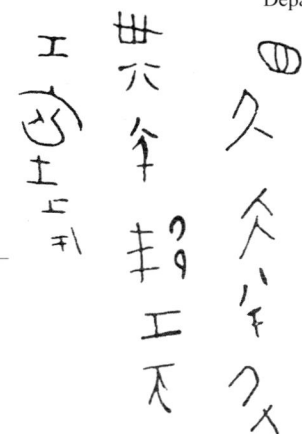

錍2（蔡侯），春秋ⅢA，高32 cm，壽縣蔡侯墓

錍3，戰國ⅡA，平山三汲
公社1號墓

錍4，戰國ⅡA，通高31.5 cm

錍5，戰國ⅡA，Courtesy
of the Royal Ontario
Museum, Toronto,
Canada (Far Eastern
Department)

錍6（卅六年），戰國ⅡB，高38.9 cm，隨州城東北角

鳥頭蓋壺1，戰國ⅡA，高　　鳥頭蓋壺2，戰國ⅡA，高43.2 cm，Nelson-Atkins Museum of Art,　　鳥頭蓋壺3，戰國ⅡA，通
42 cm，寧樂美術館　　　　Kansas City　　　　　　　　　　　　　　　　　　　　　　高55 cm，諸城臧家莊

扁平壺1，春秋ⅢA，固始侯古堆1　　扁平壺2，春秋ⅢA，高4.2 cm，　　扁平壺3，春秋ⅢA，通高10 cm，
號墓　　　　　　　　　　　　紹興306號墓　　　　　　　　　　蓬萊村里集7號墓

扁平壺4，大約戰國，高15 cm

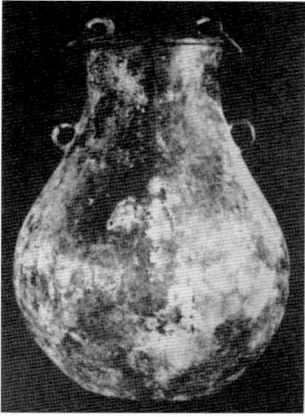

壺其他類1，春秋Ⅲ B，通
高18 cm

壺其他類2，戰國Ⅰ，通高40 cm

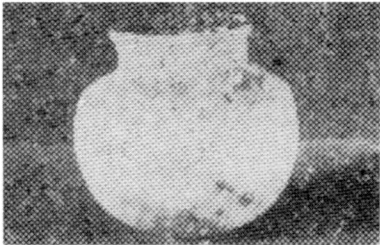

壺其他類3，戰國Ⅰ B，高7.5 cm，
長清崗辛

壺其他類4，戰國Ⅰ B，通高
20.8 cm，曲阜58號墓

壺其他類5，戰國Ⅰ B，通高30 cm，
潞城潞河7號墓

壺其他類6，戰國Ⅱ A，高24 cm，
盱眙南窯莊

壺其他類7，戰國ⅡB～Ⅲ，高
29.8 cm

壺其他類8，戰國ⅡB～Ⅲ，高
33.5 cm，臺北故宮博物院

壺其他類9，戰國ⅡB～Ⅲ，高19.2 cm，白鶴美術館

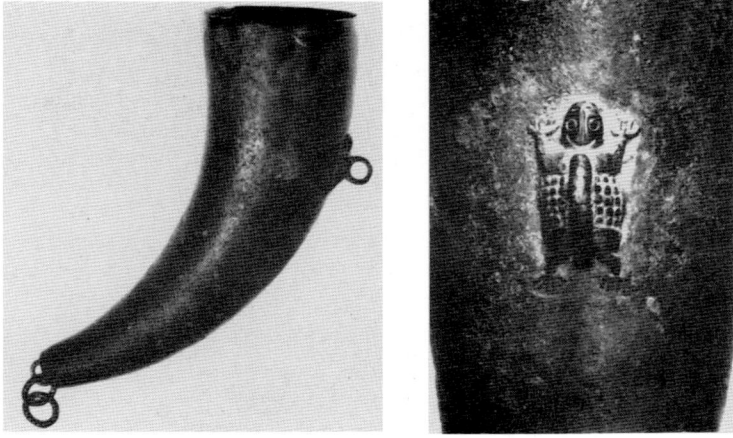

兕觥1，戰國，通高21.5 cm，天理大學附屬參考館

筒狀梧，戰國，高20 cm，
長沙

桮 1，戰國ⅠA～ⅠB，長 11.3 cm

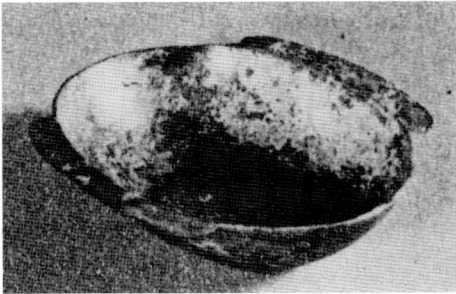

桮 2，戰國ⅡB，口徑 11.7×8.2 cm，江陵馬
山磚廠 1 號墓

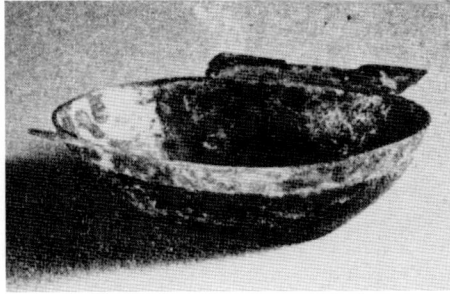

桮 3，戰國ⅡB，口徑 12.6×9.2 cm，江陵馬
山磚廠 1 號墓

具桮盒 1，戰國，高 17.3 cm，Musée Guimet-PARIS

具桮盒 2，戰國，高 18.7 cm

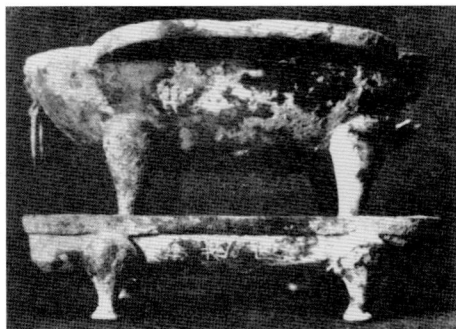

染桮 1，戰國，桮口 15×12.9 cm，咸陽塔
兒坡

染桮 2，戰國，高 18.5 cm

厄1，戰國ⅡA，高16.2 cm，
泉屋博古館

厄2，　戰國ⅡA，Museum of
Fine Arts, Boston

透雕栝形器1，戰國ⅡA，高
14 cm，信陽長臺關1
號墓

透雕栝形器2，戰國ⅡB，
高12.7 cm，江陵雨臺
山264號墓

枓1，春秋ⅡA，口徑9.5 cm，穀城下辛店

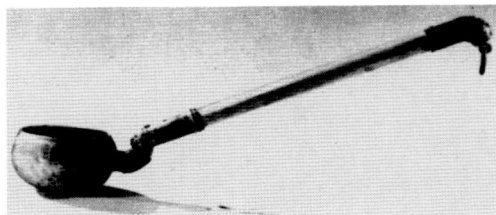

枓2，春秋ⅢA，口徑13.8×12.1 cm，淅川下寺
1號墓

枓3，春秋ⅢB，口徑11.8 cm，襄
陽山灣6號墓

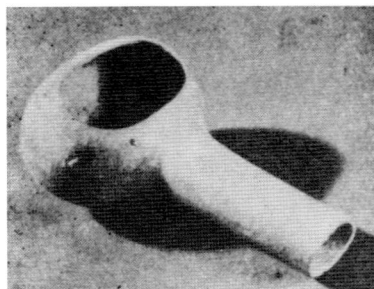

枓4，戰國ⅠB，通長11.8 cm，江
陵天星觀1號墓

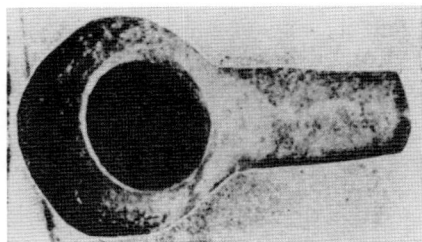

枓5，戰國ⅠB，口徑3.3×2.8 cm，隨
州擂鼓墩2號墓

科6，戰國ⅡA，口徑12.2 cm，襄陽蔡坡4
號墓

科7，戰國ⅡA，器高5.3 cm，
柄長10.4 cm，襄陽蔡坡4
號墓

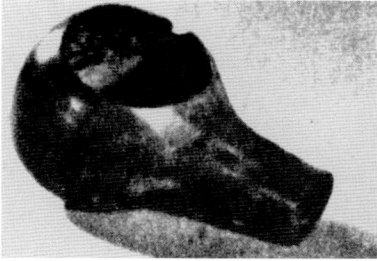

科8，戰國ⅡB，長8.8 cm，江陵雨
臺山423號墓

科9，戰國ⅡB，口寬7.1 cm，木柄長39.5 cm，江陵
馬山磚廠1號墓

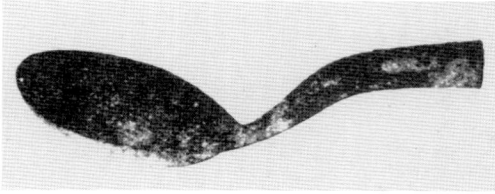

勺1，春秋ⅡA，口長9.2 cm，柄長9.8 cm，洛
陽中州路2415號墓

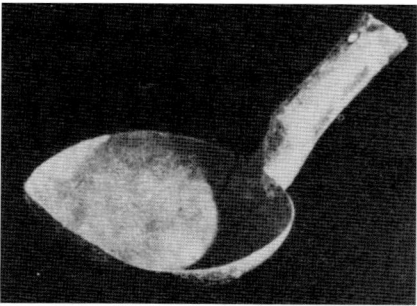

勺2，春秋ⅡB，口長9 cm，寬12 cm，
長治分水嶺269號墓

勺3，春秋ⅢA，口長8.3 cm，
柄長7.6 cm，唐山賈各莊18
號墓

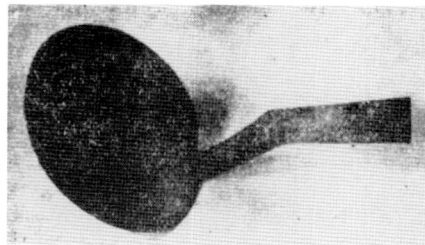

勺4，春秋ⅢA，邳縣劉林

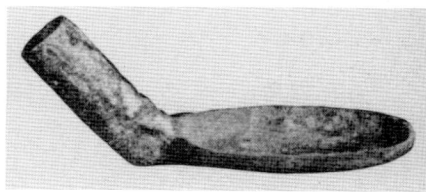

勺5，春秋ⅢA，口寬12.5 cm，柄長8 cm，
壽縣蔡侯墓

勺6，春秋ⅢA，口長10.8 cm，
柄長8.6 cm，新樂中同村2
號墓

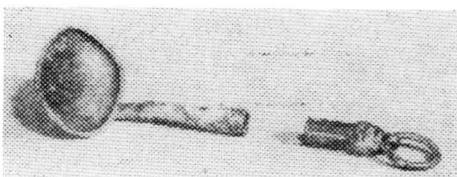

勺7，春秋ⅢB，通長14.8 cm，柄長9.8 cm，北京通縣中趙甫公社

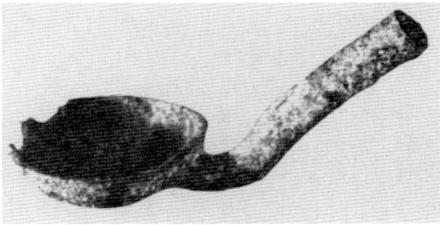

勺8，戰國ⅠA，口長10 cm，柄長10.9 cm，
洛陽中州路2717號墓

勺9，戰國ⅠA，口
徑7.7×10.5 cm，
柄長15.7 cm，汲
縣山彪鎮1號墓

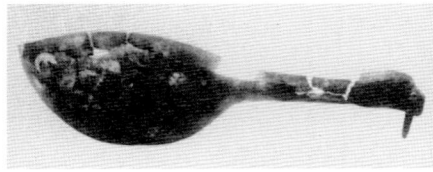

勺10，戰國ⅠA，通長26.5 cm，汲縣山
彪鎮1號墓

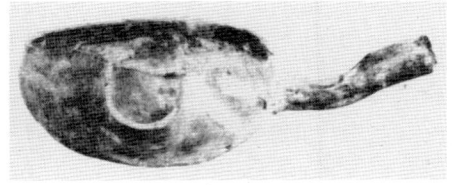

勺11，戰國ⅠA，高7.5 cm，長18.5 cm，
汲縣山彪鎮1號墓

勺12，戰國ⅠB，口徑11.5×8.6 cm，柄長
7 cm，洛陽玻璃廠439號墓

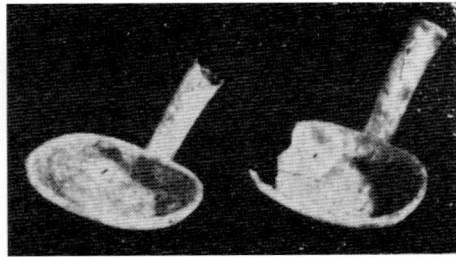

勺13，戰國ⅠB，通長14 cm，潞城潞河7
號墓

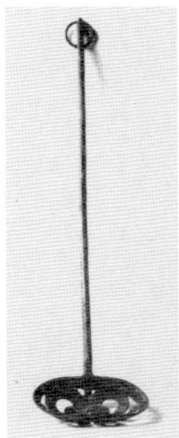

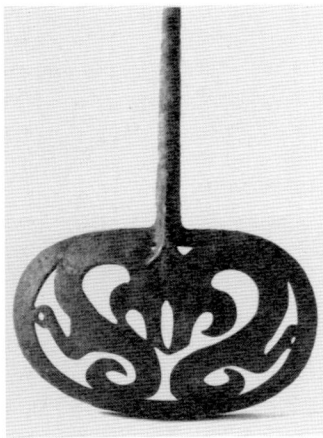

勺14，戰國Ⅰ，通長47.8 cm

勺15，戰國
ⅡA，通
長45 cm，
信陽長臺
關1號墓

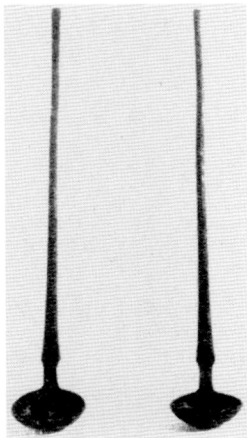

勺16，戰國ⅡA，江
陵藤店1號墓

勺17，戰國ⅡB，口長6.5 cm，柄
長7.5 cm，泌陽官莊北崗3號墓
南槨

勺18，戰國ⅡB，通長21 cm，泌陽官莊北崗3
號墓北槨

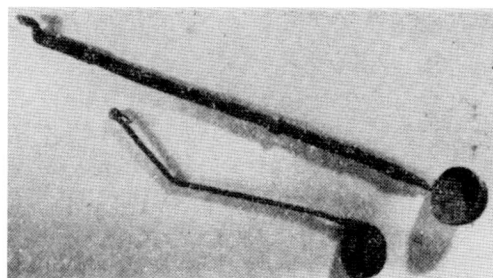

勺19，戰國ⅡB，江陵望山2號墓

勺20，戰國Ⅲ，通長12.1 cm，
廣州黃花崗3號墓

勺21，戰國ⅡB～Ⅲ，通柄高16.1 cm，壽縣朱家集

瓚1，戰國ⅠB～ⅡA，高8.5 cm，故宮博物院

禁1，春秋Ⅲ A，通長124 cm，通高29.5 cm，淅川下寺2號墓

禁2，戰國 I A，41.5×13.7 cm，汲縣山彪鎮1號墓

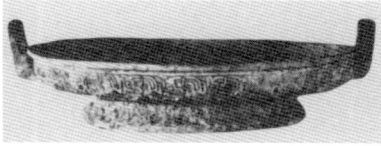

盤1，春秋ⅡA，一型，高11 cm，
腹徑36.6 cm，洛陽中州路2415
號墓

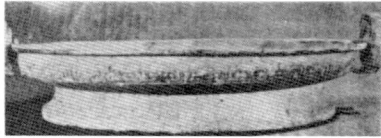

盤2，春秋ⅡA，一型，高10 cm，
口徑35.4 cm，信陽明港

盤3，春秋ⅡA，一型，口徑37.5 cm，光山寶相寺

盤4，春秋ⅡA，一型，通高12.2 cm，口徑34.5 cm，光山寶相寺

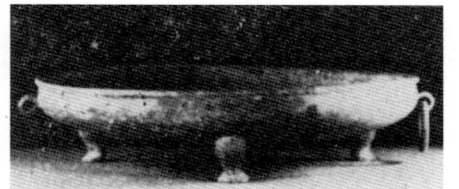

盤5，春秋ⅡA，四型，通高8.5 cm，口
徑35.7 cm，穀城下辛店

盤6，春秋ⅡB，一型，高16 cm，口徑38 cm

盤7，春秋ⅡB，一A型，通高6.5 cm，寶
鷄陽平鎮秦家溝1號墓

盤8，春秋ⅡB，三型，口徑31 cm，新鄭城關鎮李家樓

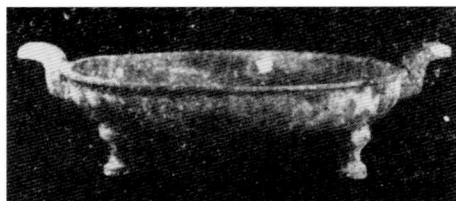

盤9，春秋ⅡB，三型，高17 cm，口徑45 cm，侯馬上馬村13號墓

盤10，春秋ⅡB，三型，高11.8 cm，口徑36 cm，泰安徂徠黃家嶺

盤11，春秋ⅡB，三型，通高約5 cm，寶鷄陽平鎮秦家溝2號墓

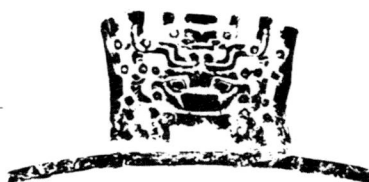

盤12，春秋ⅡB，三型，口徑64.3 cm，新鄭城關鎮李家樓

盤13，春秋ⅡB，三型，高9.2 cm，腹徑35.2 cm，洛陽中州路6號墓

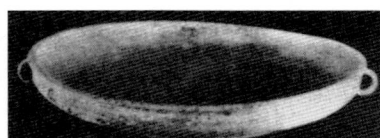

盤14，春秋ⅡB，五型，高6.7 cm，口徑37 cm，侯馬上馬村5號墓

盤15，春秋ⅡB，五型，通高6.7 cm，口徑38.5 cm，江陵嶽山

盤16（齊侯），春秋ⅡB，五型，高8.2 cm，口徑43.7 cm

盤17，春秋ⅢA，一型，通高14.2 cm，口徑35.6 cm，臺北故宮博物院

盤18，春秋ⅢA，一型，通高11.6 cm，口徑35.1 cm，唐山賈各莊18號墓

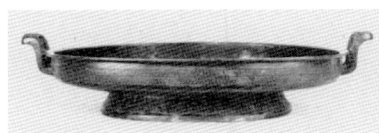

盤19，春秋ⅢA，一型，通高10.5 cm，口徑37.8 cm，臺北故宮博物院

盤20，春秋ⅢA，一A型，高8 cm，口徑21 cm，新樂中同村2號墓

盤21，春秋ⅢA，三型，通高8.6 cm，口徑27 cm，洛陽西工區4號墓

盤22，春秋ⅢA，三型，通高9.9 cm，口徑29 cm，淇縣趙溝2號墓

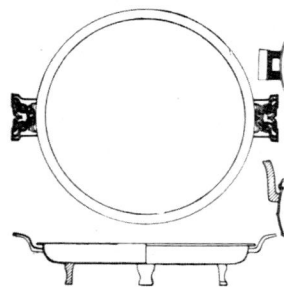

盤23，春秋ⅢA，三型，口徑39 cm，新鄭李家村1號墓

盤24，春秋ⅢA，四型，高8.5 cm，口徑39 cm，淅川下寺1號墓

盤25，春秋ⅢA，四型，高11.2 cm，口徑46.4 cm，臺北故宮博物院

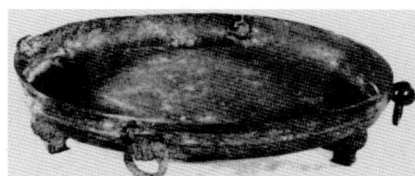

盤26，春秋ⅢA，四型，固始侯古堆1號墓

盤27（蔡侯），春秋ⅢA，六型，口徑38 cm，壽縣蔡侯墓

盤28，春秋ⅢA，七型，高12 cm，口徑43.5 cm，莒南大店1號墓

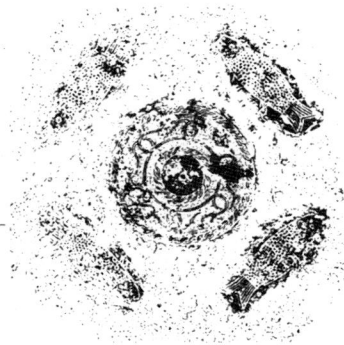

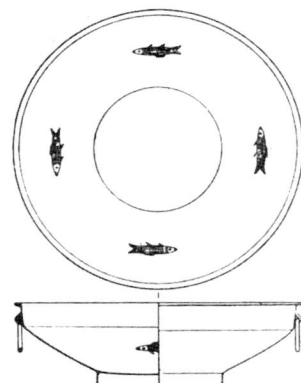

盤29，春秋ⅢA，七型，口徑約42.5 cm，平度東嶽石村16號墓

盤 30，春秋 III A，七型，通高 20 cm，
口徑 62.5 cm，曲阜 52 號墓

盤 31，春秋 III A，八型，口徑 43 cm，
襄陽山灣 23 號墓

盤 32，春秋 III A，八型，口徑 40 cm，
青島嶗山夏莊

盤 33，春秋 III A，八型，通高 6.3 cm，
口徑 39.5 cm，當陽趙家湖

盤 34（蔡侯），春秋 III A，其他型，高 16.2 cm，口徑 49.2 cm，壽縣蔡侯墓

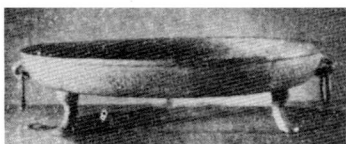

盤 35，春秋 III B，四型，通高 9 cm，口徑 31.6 cm，潢川隆古公社

盤 36，春秋 III B，四型，通高 8 cm，
口徑 29 cm，襄陽山灣 6 號墓

盤 37，春秋 III B，四型，高 15.2 cm

盤 38，春秋 III，其他型，高 15.8 cm，盤徑
26.0 cm，武進淹城護城河

盤39，戰國ⅠA，三型，通高24.7 cm，汲縣山彪鎮1號墓

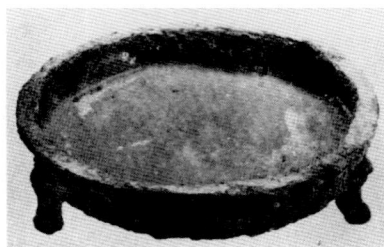

盤40，戰國ⅠA，四型，高13 cm，口徑47 cm，泰安東更道村

盤41，戰國ⅠA，八型，口徑44 cm，長子7號墓

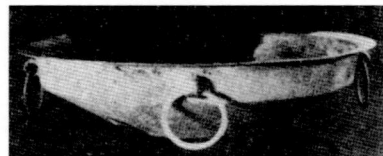

盤42，戰國ⅠA，八型，高7.7 cm，口徑29.7 cm，簡陽

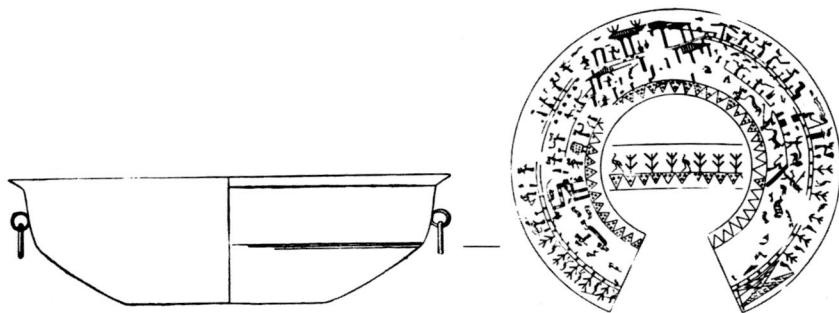

盤43，戰國ⅠA，八型，高約13 cm，口徑45.2 cm，輝縣固圍村1號墓

盤44，戰國ⅠB，四型，通高10 cm，口徑37 cm，肇慶北嶺松山

盤45，戰國ⅠB，五型，通高8.5 cm，口徑33 cm，隨州擂鼓墩2號墓

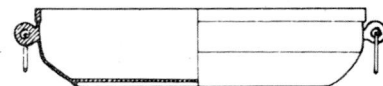

盤46，戰國ⅠB，八型，高12.5 cm，口徑54 cm，江陵天星觀1號墓

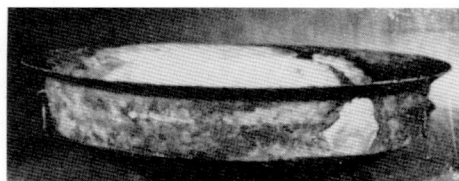

盤47，戰國ⅠB，八型，口徑38 cm，新都馬家公社

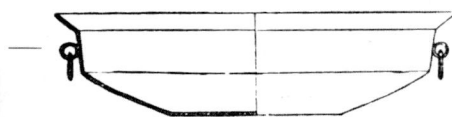

盤48，戰國ⅡA，八型，高12.5 cm，
口徑45.5 cm，江陵藤店1號墓

盤49，戰國ⅡA，八型，高10.9 cm，口徑48.6 cm，信陽長臺關1號墓

盤50，戰國ⅡA，八型，江陵望山1號墓

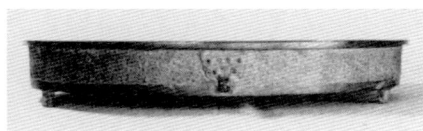

盤51，戰國ⅡB，四型，高8.7 cm，口
徑50.4 cm，臺北故宮博物院

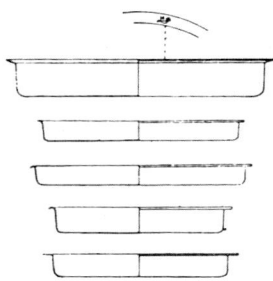

盤52，戰國ⅡB，五型，
成都羊子山172號墓

盤53，戰國ⅡB，八型，高10 cm，口內
徑40 cm，江陵雨臺山354號墓

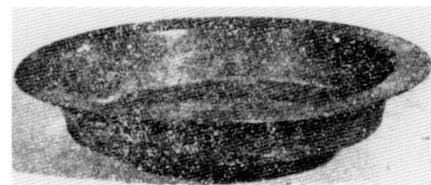

盤54，戰國ⅡB，八型，高7 cm，口徑
28 cm，泌陽官莊北崗3號墓南槨

盤55，戰國ⅡB，八型，高5.8 cm，口徑
21.5 cm，江陵雨臺山203號墓

盤56（楚王酓忎），戰國Ⅲ，八型，口徑32.8 cm，壽縣朱家集

盤57，戰國Ⅲ，八型，高6.3 cm，口徑26.7 cm，
雲夢睡虎地3號墓

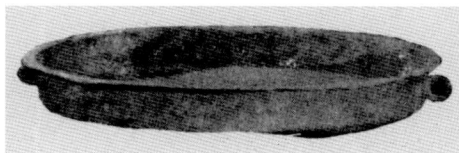

盤58，統一秦，八型，高9.6 cm，口徑42.8 cm，
　　始皇陵東側馬厩坑

匜盤1，春秋Ⅲ，全長43.5 cm，武進淹
　　城護城河

匜1，春秋ⅡA，四型，長31.3 cm，光山寶相寺　　　　　　匜2，春秋ⅡA，四型，通高18 cm，隨州萬店公社

匜3，春秋ⅡA，四型，高16.7 cm，
信陽平橋2號墓

匜4，春秋ⅡA，四型，高12 cm，長
23.7 cm，洛陽中州路2415號墓

匜5，春秋ⅡA，四型，通高11.7 cm，
通長21.6 cm，寶雞福臨堡1號墓

匜6，春秋ⅡA，四型，高19.1 cm

匜7，春秋ⅡA，四型，高19.1 cm，臺北故宮博物院

匜8，春秋ⅡA，四A型，信陽平橋1號墓

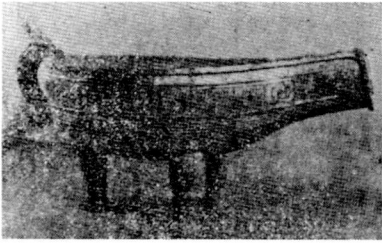

匜 9，春秋 Ⅱ A，四A型，通高24 cm，懷寧金拱公社

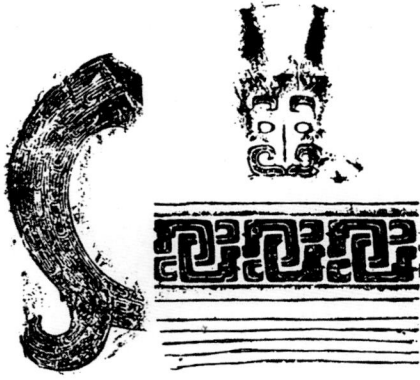

匜 10，春秋 Ⅱ A，六型，流高20.3 cm，枝江百里州

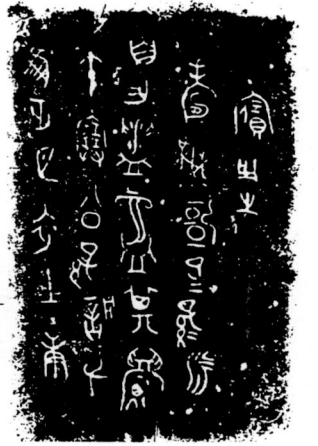

匜 11，春秋 Ⅱ A，六型，高18.1 cm，
臺北故宮博物院

匜 12，春秋 Ⅱ A，六型，高20.3 cm，
故宮博物院

匜 13，春秋 Ⅱ A，六型，高約24 cm

匜 14，春秋 Ⅱ A，六型，高17.5 cm

匜 15，春秋 Ⅱ B，四型，高24.7 cm，全長48.1 cm，上海博物館

匜 16，春秋 Ⅱ B，四型，高18.5 cm，臺北
故宮博物院

匜 17，春秋ⅡB，四A型，高15 cm，通長22.3 cm，懷來甘子堡

匜18，春秋ⅡB，四A型

匜 19，春秋ⅡB，四A型，高11.4 cm

匜 20（齊侯），春秋ⅡB，四A型，高14.2 cm，The Metropolitan Museum of Art Kennedy Fund, 1913. (13.100.2)

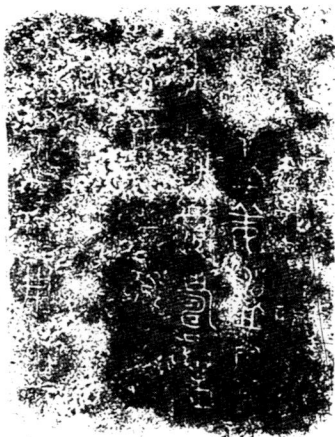

匜 21，春秋ⅡB，四A型，高14.1 cm，上海博物館

匜 22，春秋ⅡB，四A型，高 10.8 cm，侯馬上馬村5號墓

匜 23，春秋ⅡB，四A型，高 12.7 cm，長27.2 cm，泉屋 博古館

匜 24，春秋ⅡB，四A型，寶鷄陽平鎮秦家溝2號墓

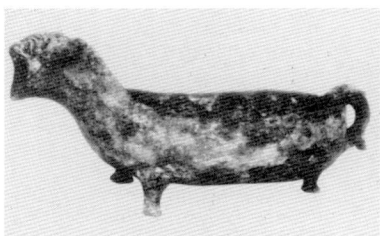

匜 25，春秋ⅡB，六型，首高10.6 cm，新鄭城關鎮李家樓

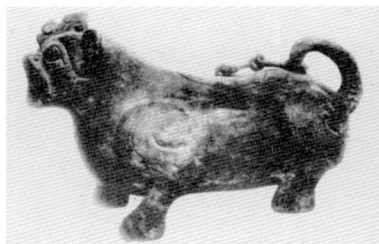

匜 26，春秋ⅡB，六型，身長53.3 cm，新鄭城關鎮李家樓

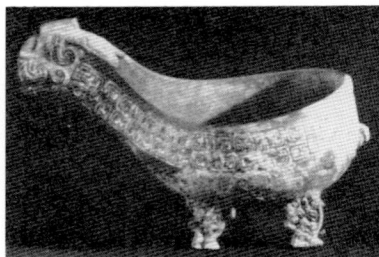

匜 27，春秋ⅡB，六型，通高10.3 cm，長23 cm，江陵嶽山

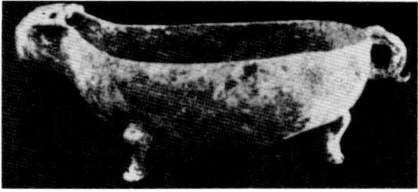

匜28，春秋ⅡB，六型，頭高12.5 cm，長26 cm，侯馬上馬村13號墓

匜29，春秋ⅡB，六型，高8.5 cm，長25.2 cm，洛陽中州路4號墓

匜30，春秋ⅡB，六型，高20.5 cm，長37.0 cm，Courtesy of the Freer Gallery of Art, Smithsonian Institution, Washington D.C.

匜31，春秋ⅡB，六型，臨淄

匜32，春秋ⅡB，六型，高10 cm，長20 cm，From: Eleanor von Konsten: *Chinese Bronzes from the Collection of Chester Dale and Dolly Carter (Artibus Asiae Supplementum* XXXV), No.45 with kind permission of *Artibus Asiae*

匜33，春秋ⅡB，七型，殘高9.7 cm，長26.7 cm，洛陽中州路6號墓

匜34，春秋ⅡB，八型，高17.3 cm，新鄭城關鎮李家樓

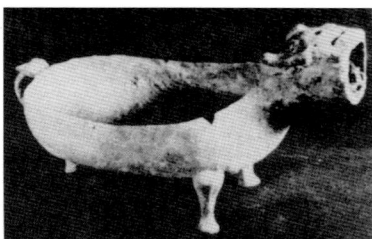

匜35，春秋ⅢA，六型，高13.2 cm，通長24 cm，洛陽60號墓

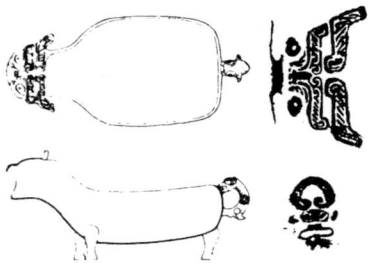

匜36，春秋ⅢA，六型，尉氏河東周村

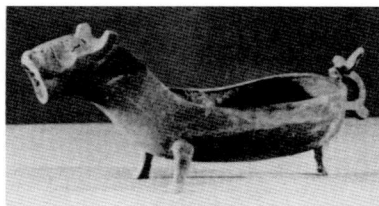

匜37，春秋ⅢA，六型，通高11.5 cm，新鄭李家村1號墓

匜38，春秋ⅢA，六型，長19.5 cm，洛陽西工區4號墓

匜39，春秋ⅢA，六型，高7.2 cm，
長19.6 cm，洛陽中州路2729號墓

匜40，春秋ⅢA，六型，通長19.4 cm，長子2號墓

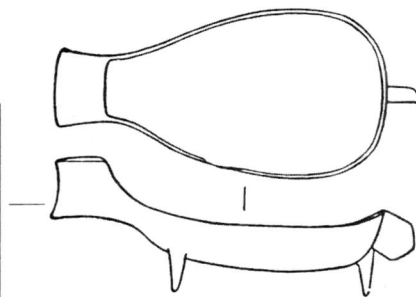

匜41，春秋ⅢA，六型，高15.7 cm，唐山賈各莊18號墓

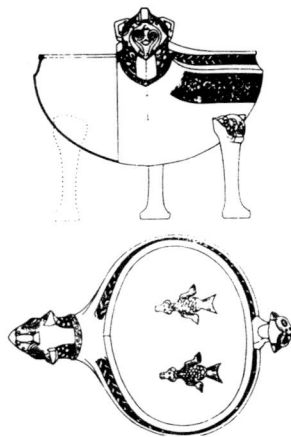

匜42，春秋ⅢA，七型，高14.3 cm，長27.5 cm，淅川下寺1號墓

匜43，春秋ⅢA，七型，高12.8 cm，
臺北故宮博物院

匜44，春秋ⅢA，七型，固始侯古
堆1號墓

匜45（蔡侯），春秋ⅢA，七型，高13.5 cm，壽縣蔡侯墓

匜46，春秋ⅢA，八型，高10 cm，長20.1 cm，Dr. Arthur M. Sackler Collection, New York

匜47，春秋ⅢA，八型，通高7.4 cm

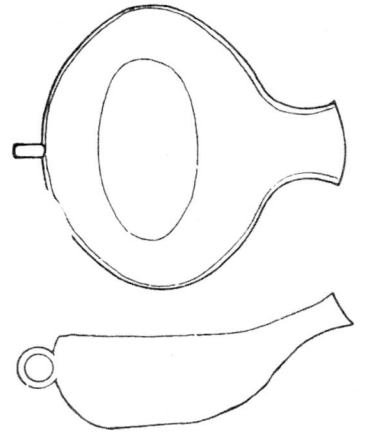

匜48，春秋ⅢA，八型，通長
22.8 cm，蘇州虎丘

匜49，春秋ⅢA，八型，長24.1 cm，
Seattle Art Museum

匜50，春秋ⅢA，八型，長19 cm，咸
陽邱家莊13號墓

匜51，春秋ⅢA，九型，高4 cm，
壽縣蔡侯墓

匜52，春秋ⅢB，六型，高29.4 cm

匜53，春秋ⅢB，七型，高12.8 cm，臺北故宮博物院

匜54，春秋ⅢB，七型，高15.5 cm

匜55，春秋ⅢB，七型，高13.7 cm，長24.8 cm，Asian Art Museum of San Francisco, Avery Brundage Collection，細部，樋口
隆康先生攝

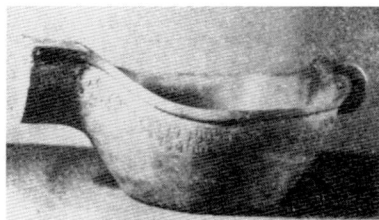

匜 56，春秋ⅢB，七型，通高 14.8 cm，
潢川隆古公社

匜 57，春秋ⅢB，七型，高 16.5 cm，
唐縣北城子

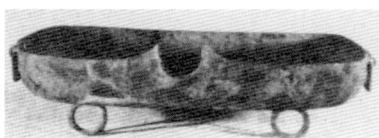

匜 58，春秋Ⅲ，其他型，高 14.5 cm，口徑 70×50 cm，輝縣琉璃閣墓甲或乙

匜 59，戰國ⅠA，四A型，高 7 cm，
口徑 10.5×11 cm，長治分水嶺
26 號墓

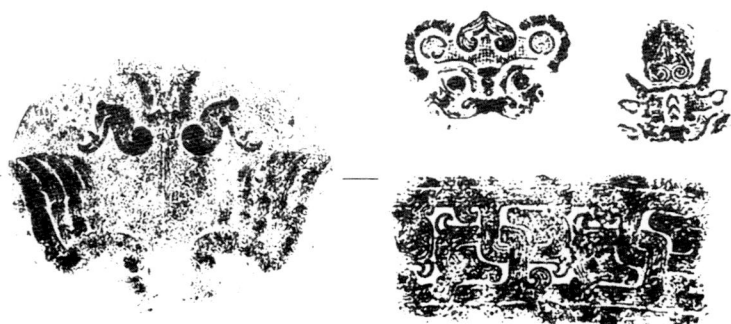

匜 60，戰國ⅠA，六型，高 17.3 cm，藤井有鄰館

匜61，戰國ⅠA，七型，高7.3 cm，
洛陽中州路2717號墓

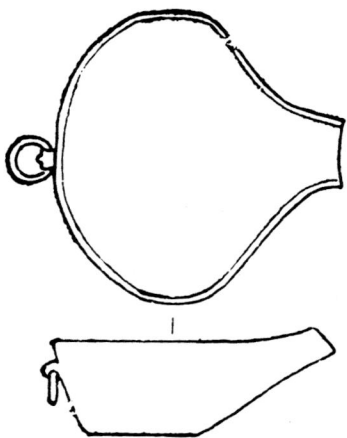

匜62，戰國ⅠA，八型，高7.2 cm，
成都青羊宮側

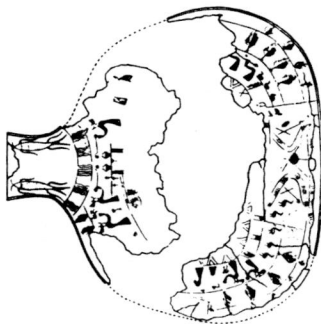

匜63，戰國ⅠA，八型，口寬
約26.6 cm，長沙，長黃5
號墓

匜64，戰國ⅠA，八A型，高8.3 cm，長
21.6 cm，汲縣山彪鎮1號墓

匜65，戰國ⅠB，七型，高6 cm，口
長20.4 cm，隨州擂鼓墩2號墓

匜66，戰國ⅠB，八型，通長17 cm，
江陵天星觀1號墓

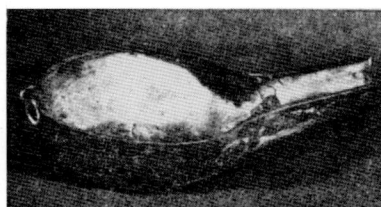

匜67，戰國ⅠB，八A型，縱長20 cm，新都馬家公社

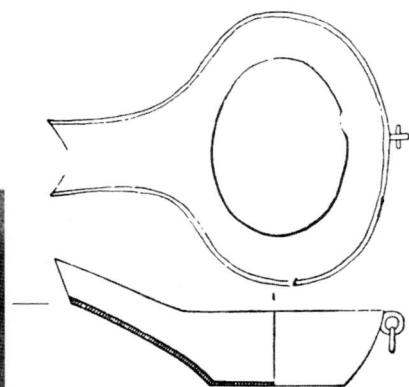

匜68，戰國ⅡA，八型，高8 cm，
信陽長臺關1號墓

匜69，戰國ⅡA，八型，江陵望山1
號墓

匜70，戰國ⅡA，八型，通高5.8 cm，
長20.5 cm，江陵藤店1號墓

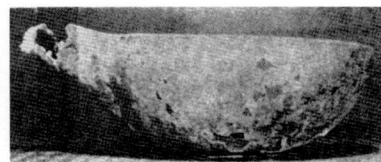

匜71，戰國ⅡA，八型，通高7 cm，
固始白獅子地

匜72，戰國ⅡB，八型，腹深7 cm，
江陵雨臺山354號墓

匜73，戰國ⅡB，八型，腹深9.2 cm，
江陵雨臺山204號墓

匜74，戰國ⅡB，九型，長徑13.2 cm，
幅12.2 cm，馬山磚廠1號墓

匜75，戰國ⅡB，九型，高4.1 cm，長
12.5 cm，雲夢睡虎地5號墓

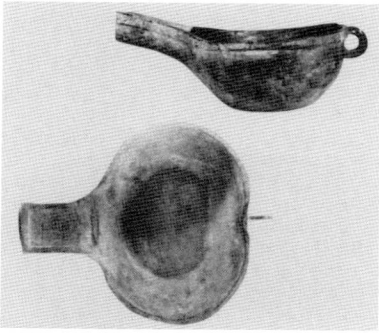

匜76，戰國 II B ～ III，七型，高10.9 cm，壽縣朱家集

匜77，戰國 II B ～ III，八型，高9.5 cm，長33.5 cm，無錫高瀆灣蘆塘里

匜78，戰國 II B ～ III，八型，高12 cm

匜79，統一秦，八型，高12 cm，帶流長31.2 cm，雲夢睡虎地11號墓

匜80，統一秦，九型，高3.3 cm，長12.7 cm，雲夢睡虎地9號墓

鑑17（知君子），春秋ⅢB，二型，高22.7 cm，寬
51.8 cm，Courtesy of the Freer Gallery of Art,
Smithsonian Institution, Washington D.C.

鑑18，春秋ⅢB，五型，口徑36 cm，蘇州虎丘

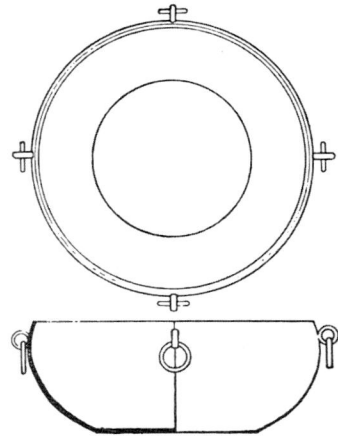

鑑19，戰國ⅠA，二型，高29～30 cm，口徑59～60 cm，根津美術館

鑑20，戰國ⅠA，二型，高29.6 cm，
口徑54.6 cm，汲縣山彪鎮

鑑21，戰國ⅠA，二型，高28 cm，口
徑61 cm，Courtesy of the Freer
Gallery of Art, Smithsonian
Institution, Washington D.C.

鑑22，戰國ⅠA，二型，高36.1 cm

鑑23，戰國ⅠA，二型，通高24 cm，口徑41.6 cm，長子7號墓

鑑24（曾侯乙），戰國ⅠA，四型，通高29 cm，
口徑44.6 cm，隨州擂鼓墩1號墓

曾侯乙斻時用終

曾侯乙斻時用終
（壺蓋、鑑蓋、器）

鑑25（曾侯乙），戰國ⅠA，六型，通高61.2 cm，隨州擂鼓墩1號墓

鑑26，戰國ⅠA，其他型，通高22 cm，
口73.2×45.2 cm，故宮博物院

鑑 27，戰國ⅠB，一型，高 26.7 cm，口徑 48.5 ～ 49 cm，根津美術館

鑑 28，戰國ⅠB，二型，口徑 38 cm，
新鄭馬家公社

鑑 29，戰國ⅠB，二型，高 25.1 cm，口
徑 47.3 cm，上海博物館

鑑 30，戰國ⅠB，二型，西安白家口 23
號墓

鑑 31，戰 國 ⅠB，二 型，高 29.5 cm，口 徑 59.6 cm，The Lucy Maud
Buckingham Collection, 1930.704©1988 The Art Institute of Chicago.
All Rights Reserved

鑑 32，戰國ⅠB，二型，通高 22.6 cm，
口徑 52 cm，潞城潞河 7 號墓

鑑 33，戰國ⅠB，三型，器高約 19.5 cm，口一邊約 30.3 cm，Courtesy of the Royal Ontario
Museum, Toronto, Canada (Far Eastern Department)

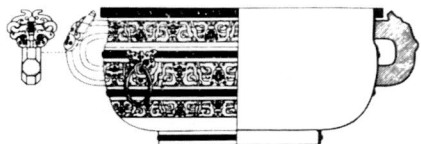

鑑 34，戰國ⅠB，四型，通高 27 cm，口徑 55 cm，長治分水嶺 25 號墓

鑑 35，戰國ⅠB，六型，高 17.7 cm，
Asian Art Museum of San Francisco,
Avery Brundage Collection

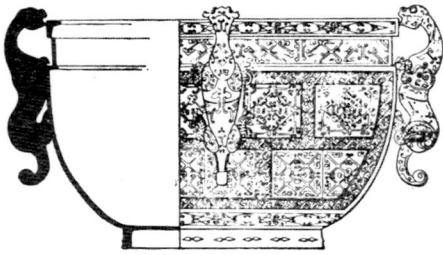

鑑 36，戰國 II A，三型，高 21.6 cm，三門峽市上村嶺 5 號墓，Courtesy of the Cultural Relics Bureau, Beijing and the Metropolitan Museum of Art, New York

鑑 37，戰國 III，一型，高 36.3 cm，壽縣朱家集

鑑 38，戰國 III，一型，高 25 cm，口徑 54.2 cm，無錫高潢灣蘆塘里

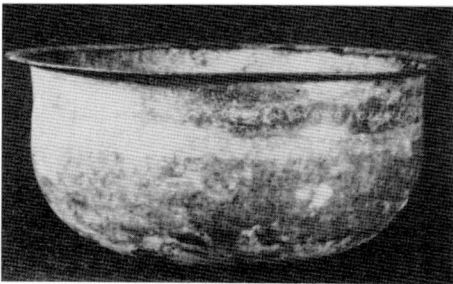

鑑 39，戰國 III，二型，高 25 cm，口徑 54 cm，無錫高潢灣蘆塘里

盥盤1（徐王義楚），春秋Ⅲ A，高14 cm，口徑37.6 cm，靖安水口公社

盥盤2，春秋Ⅲ A，高16 cm，口徑40 cm，
紹興306號墓

盥盤3，春秋Ⅲ B，高14 cm，口徑32.9 cm，
湘鄉牛形山

盥盤4，春秋Ⅲ B，口徑36.6 cm，羅定太平公社1號墓

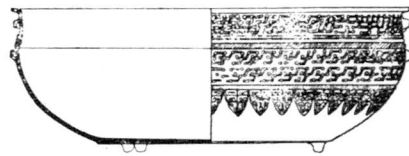

盥盤5，春秋Ⅲ B，高14.2 cm，口徑36.5 cm，羅定南門垌1號墓

盥盤6，戰國 I A，高12.6 ～ 14.6 cm，汲
縣山彪鎮1號墓

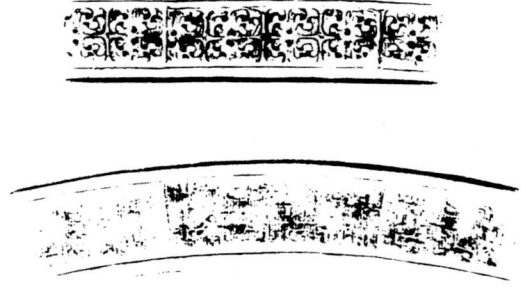

盥盤7，戰國Ⅱ，高10.9 cm，臺北故宮博物院

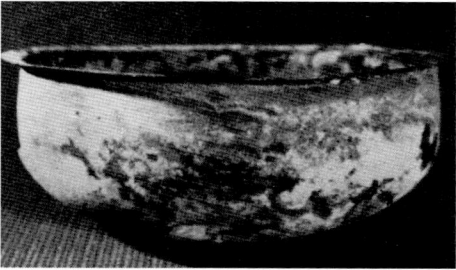

盥盤8，戰國Ⅲ，高7.5 cm，口徑20.5 cm，
無錫高濱灣蘆塘里

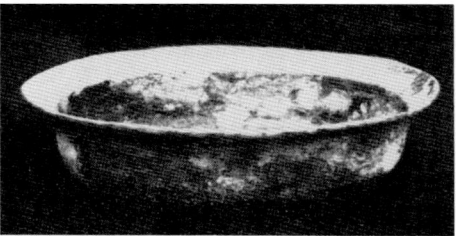

銷1，春秋ⅢA，口徑37 cm，壽縣蔡侯墓

銷2，春秋ⅢA，口徑19 cm，壽縣蔡侯墓

銷3，戰國Ⅱ，通高9.9 cm，鳳翔高莊46
號墓

鐘1，春秋ⅡA，一型，沂水劉家店子1號墓

鐘2，春秋ⅡA，二型，沂水劉家店子1號墓

鐘3，春秋ⅡA，二型，最大通高14.4 cm，隨州城郊公社

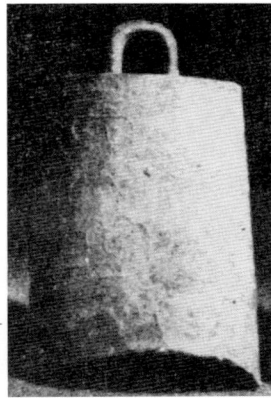

鐘4，春秋ⅡA，二型，高17.4 cm，樋口隆康先生攝

鐘5，春秋ⅡA，二型，高14.5 cm

鐘6，春秋ⅡA，二型，通鈕高19.1 cm

鐘7，春秋ⅡA，二型，高14 cm，臺北故宮博物院

鐘8，春秋ⅡA，二型，高26.3 cm

鐘9，春秋ⅡA，二型，通鈕高30.9 cm

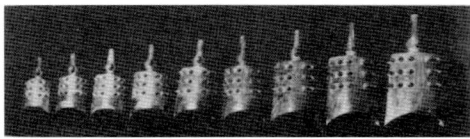

鐘10，春秋ⅡB，一型，甬高9～15.7 cm，銑長14～28.3 cm，長治分水嶺269號墓

鐘11，春秋ⅡB，一型，通高46.8 cm，藤井有鄰館

鐘12（邵鐢），春秋ⅡB，一型，右圖所示器高25.6 cm，上海博物館

鐘13，春秋ⅡB，一型，高47.6 cm

鐘14，春秋ⅡB，一型，高40 cm

鐘15，春秋ⅡB，一型，高43 cm

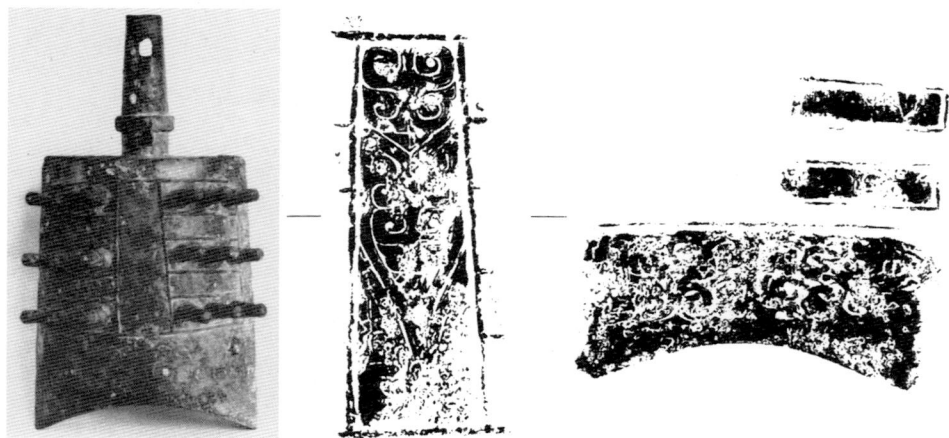

鐘16，春秋 II B，一型，高58.3 cm

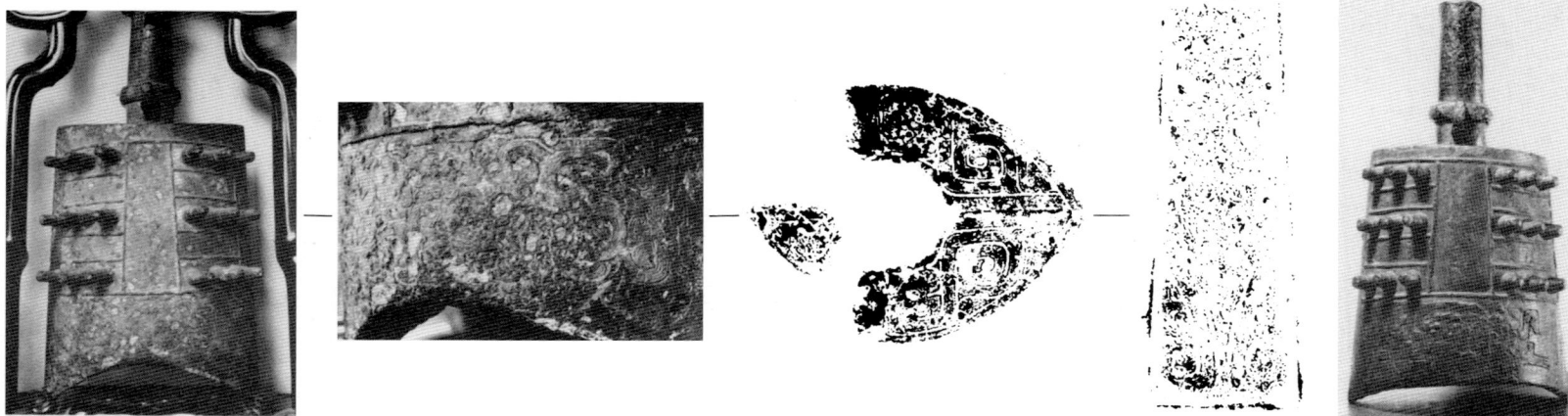

鐘17，春秋 II B，一型，通高68 cm，藤井有鄰館

鐘18，春秋 II B，一型，高33.4 cm, Courtesy of the Freer Gallery of Art, Smithsonian Institution, Washington D.C.

鐘19，春秋 II B，一型，身高32.6 cm，甬高17.3 cm，新鄭城關鎮李家樓

鐘20（者減），春秋 II B，一型，通高41.5 cm，臺北故宮博物院

鐘21（者減），春秋ⅡB，一型，高28.8 cm，上海博物館

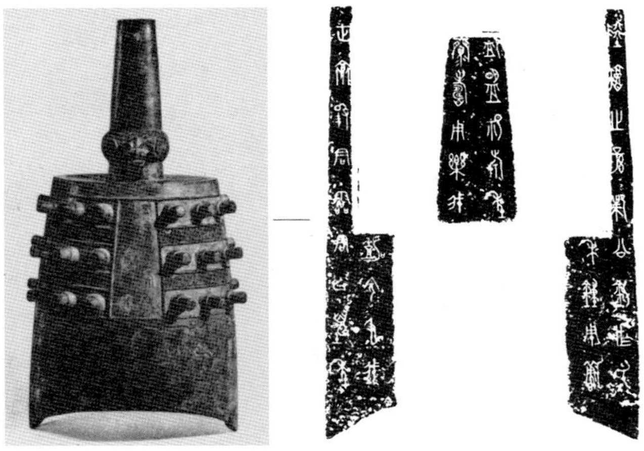

鐘22（邾公釛），春秋ⅡB，一型，高50.5 cm，上海博物館

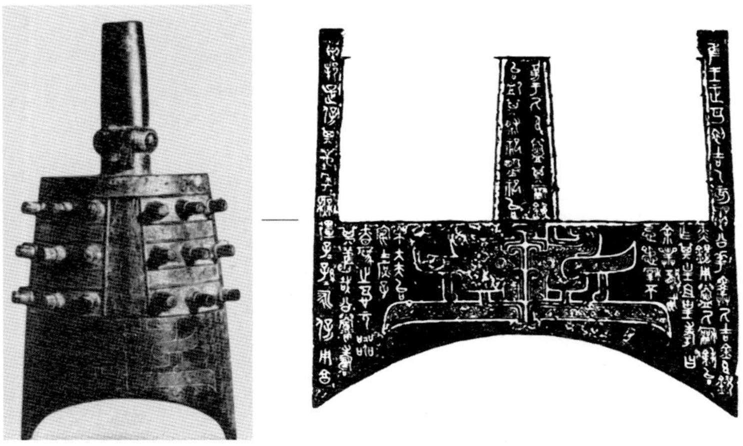

鐘23（邾公華），春秋ⅡB，一型，高36 cm，上海博物館

鐘24，春秋ⅡB，二型，六合程橋2號墓

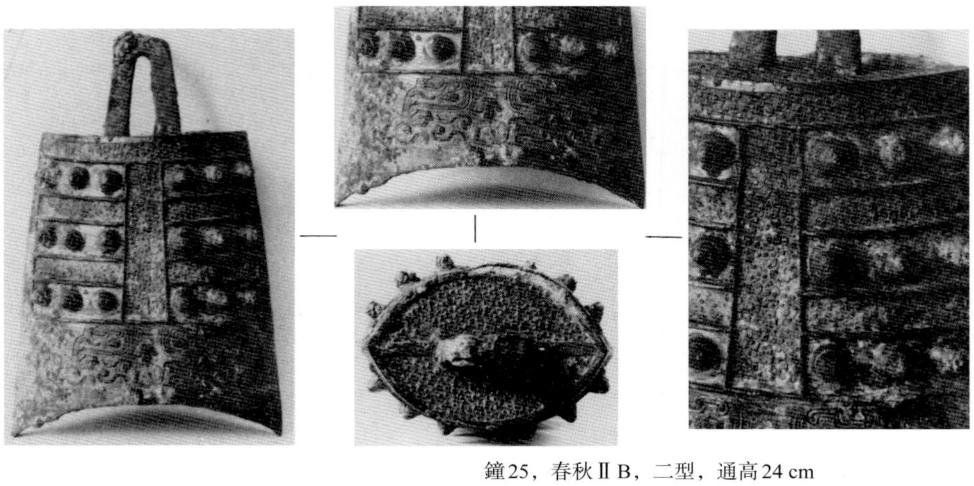

鐘25，春秋ⅡB，二型，通高24 cm

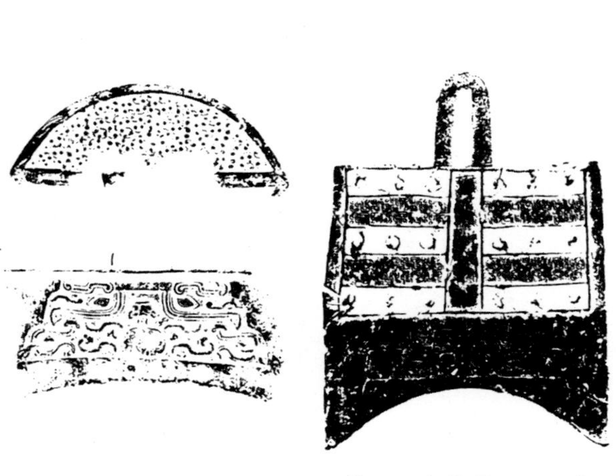

鐘26，春秋ⅡB，二型，鈕高5.8～7.8 cm，銑長14～24 cm，長治分水嶺269號墓

鐘27（楚王領），春秋ⅡB，二型，通高17.2 cm

鐘28（子璋），春秋ⅡB，二型，高21.3 cm，上海博物館

鐘29，春秋ⅡB，二型，通高20～37 cm，侯馬上馬村13號墓

鐘30，春秋ⅡB，二型，紐高4.7～6.5 cm，銑長11.5～24 cm，長治分水嶺
270號墓

鐘31，春秋ⅡB，二型，通高19～32.5 cm，
長治分水嶺14號墓

鐘32，春秋ⅡB，二型，隨州均川公社劉家崖

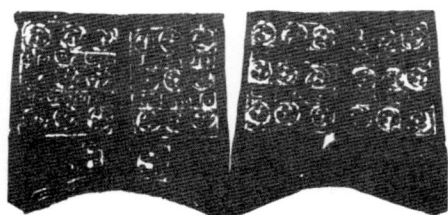

鐘33，大約春秋Ⅱ，一型，通高29.6 cm，海陽嘴子前村

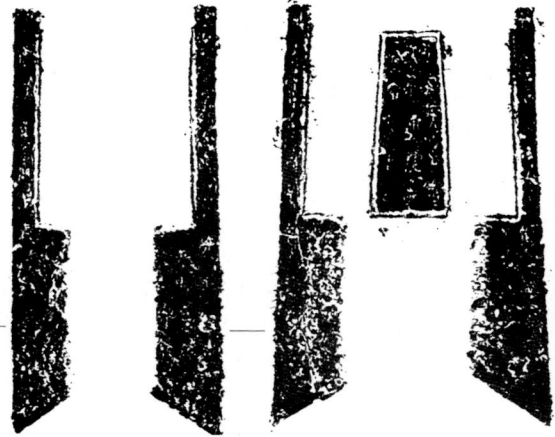

鐘34（蔡侯），春秋ⅢA，一型，通高48～79 cm，壽縣蔡侯墓

鐘35，春秋ⅢA，一型，通高最大122 cm、最小24 cm，淅川下寺2號墓

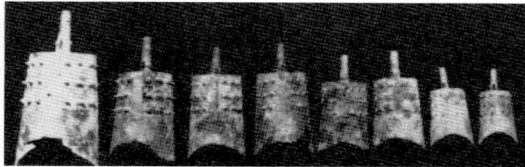

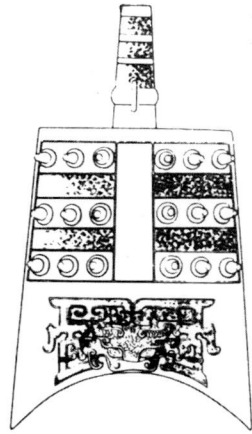

鐘36，春秋ⅢA，一型，通高39 cm，臺北故宮博物院

鐘37，春秋ⅢA，一型

鐘38，春秋ⅢA，一型，通高6.7～13.6 cm，潞城潞河7號墓

鐘39（蔡侯），春秋ⅢA，二型，通高16.5～28 cm，壽縣蔡侯墓

鐘40，春秋ⅢA，二型，通鈕高23.6 cm，臺北故宮博物院

鐘41，春秋ⅢA，二型，高15.2～23.4 cm，六合程橋

鐘42，春秋ⅢA，二型，高12.0～20.5 cm，固始侯古堆1號墓

鐘43，春秋ⅢA，二型，通長11.5～21.1 cm，淅川下寺1號墓

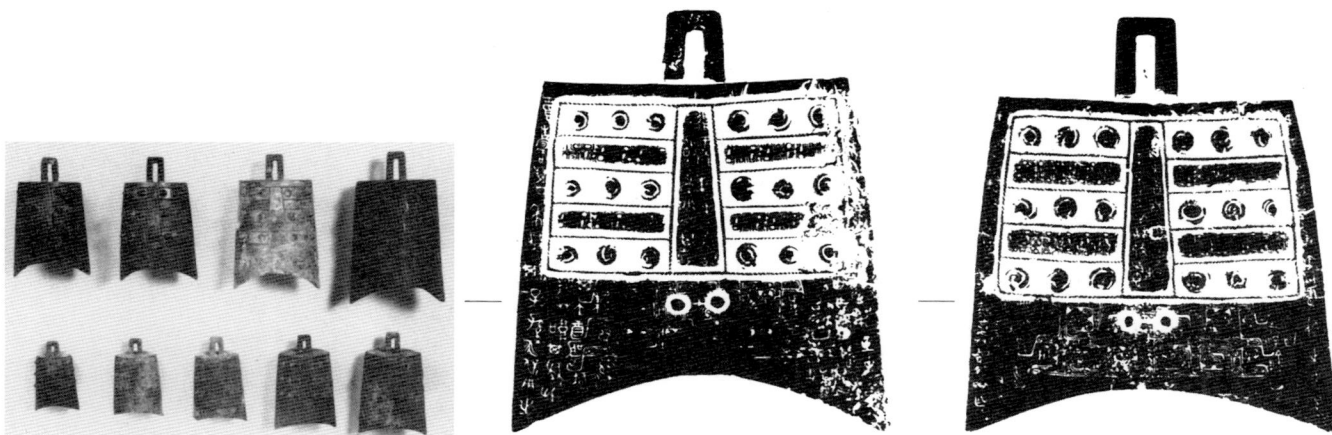

鐘44，春秋ⅢA，二型，通高13.6～26.9 cm，莒南大店2號墓

鐘45，春秋ⅢB，一型，高　　　鐘46，春秋ⅢB，一型，高23 cm，Minneapolis Institute of Arts, Alfred F. Pillsbury Collection　　　鐘47，春秋ⅢB，一型，
31 cm，Musée Royaux　　　洛陽中州路東段
d'Art et d'Histoire,
Bruxelles

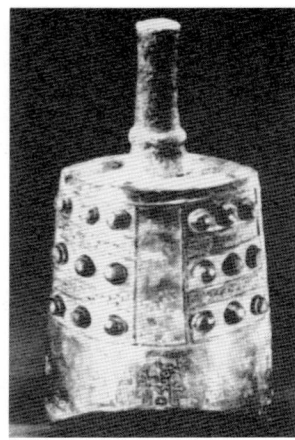

鐘48（王孫遺者），春秋ⅢB，一型，Asian Art Museum of San Francisco, Avery Brundage Collection，細部，樋口隆康先生攝

鐘49，春秋ⅢB，二型，
高16.8 cm，長治分
水嶺126號墓

鐘50，春秋ⅢB，二型，通
高21.3 cm，臺北故宮
博物院

鐘51，春秋ⅢB，二型，通高15 cm

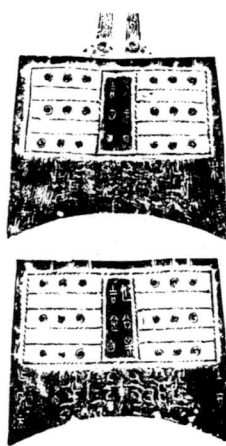

鐘52，春秋ⅢB，二型，
高35.0 cm，天理大
學附屬參考館

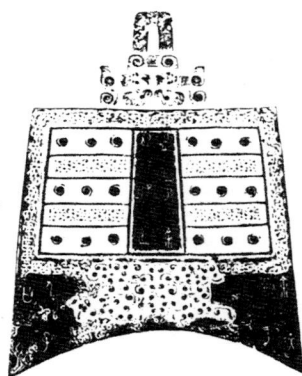

鐘53（郘兒），春秋ⅢB，二型，高22.5 cm，上海博物館

鐘54，春秋ⅢB，二型，高22.5 cm

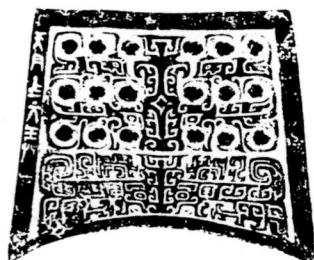

鐘55，春秋ⅢB，二型

鐘56（曾侯乙），戰國 I A，一型，最大通高53.4 cm，隨州擂鼓墩1號墓

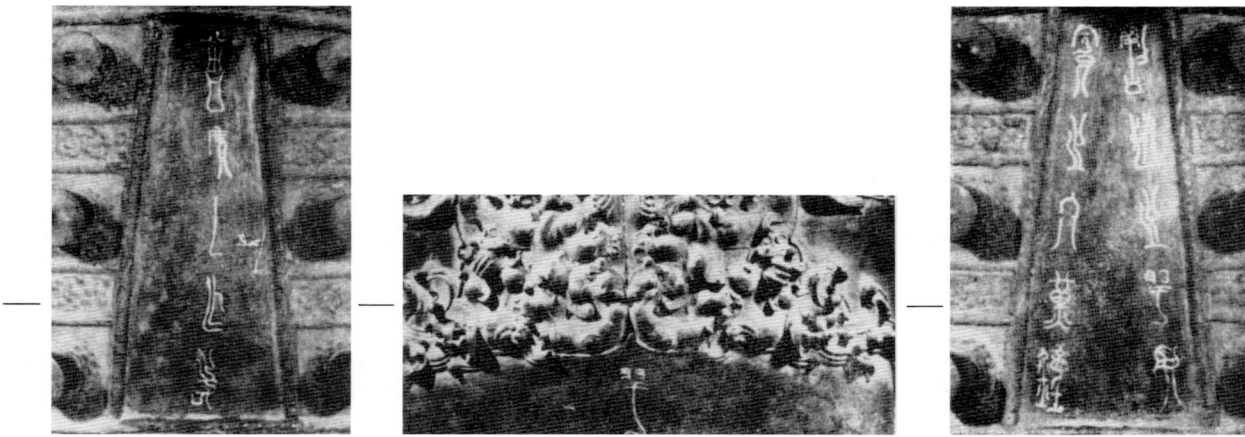

鐘57，戰國 I A，一型，最大高98 cm，隨州擂鼓墩2號墓

鐘58，戰國ⅠA，二型，高12.8～32 cm，泉屋博古館

鐘59，戰國ⅠA，二型（參照鐘56），最大通高39.9 cm，
隨州擂鼓墩1號墓

鐘60，戰國ⅠA，二型，高14～26.4 cm，連雲港市金屏山

鐘61，戰國ⅠB，一型，通高38 cm，當陽季家湖

鐘62，戰國ⅠB，一型，高54.7 cm，上海博物館

鐘 63，戰國ⅠB，一型，高 89.5 cm

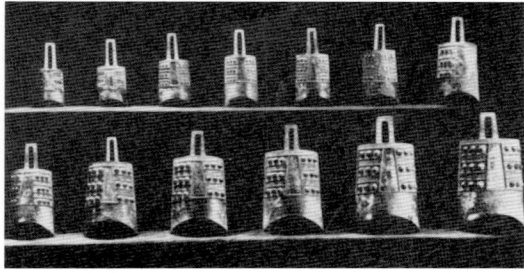

鐘 64，戰國ⅠB，二型，高 14.6 ～ 27.5 cm，涪陵小田溪 1 號墓

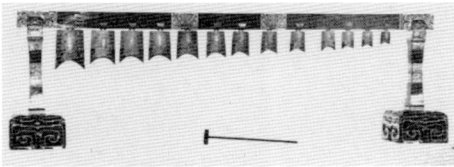

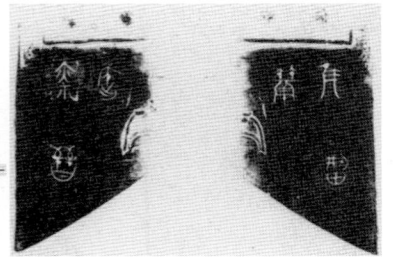

鐘 65（𦥑篕），戰國ⅠB，二型，高 12.9 ～ 30.2 cm，信陽長臺關 1 號墓

鐘 66，戰國ⅠB，二型，通高 9.3 ～ 20.3 cm，江陵天星觀 1 號墓

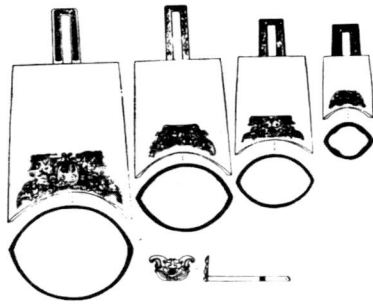

鐘 67（者汈），戰國ⅠB，二型，通高 25.7 cm，泉屋博古館

鐘 68（者汈），戰國ⅠB，二型，高 25.2 cm，上海博物館

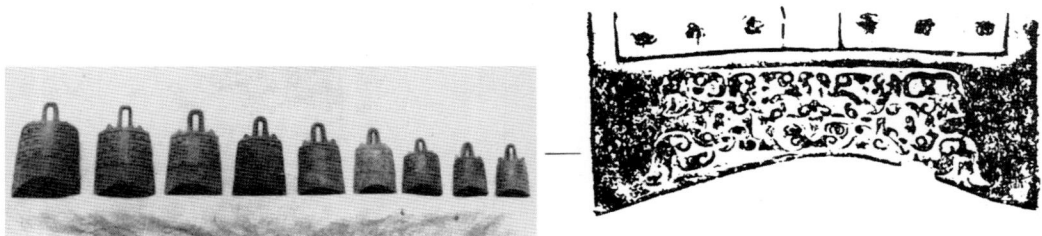

鐘 69，戰國ⅠB，二型，鈕高 6 ～ 8.5 cm，銑長 10 ～ 20 cm，長治分水嶺 25 號墓

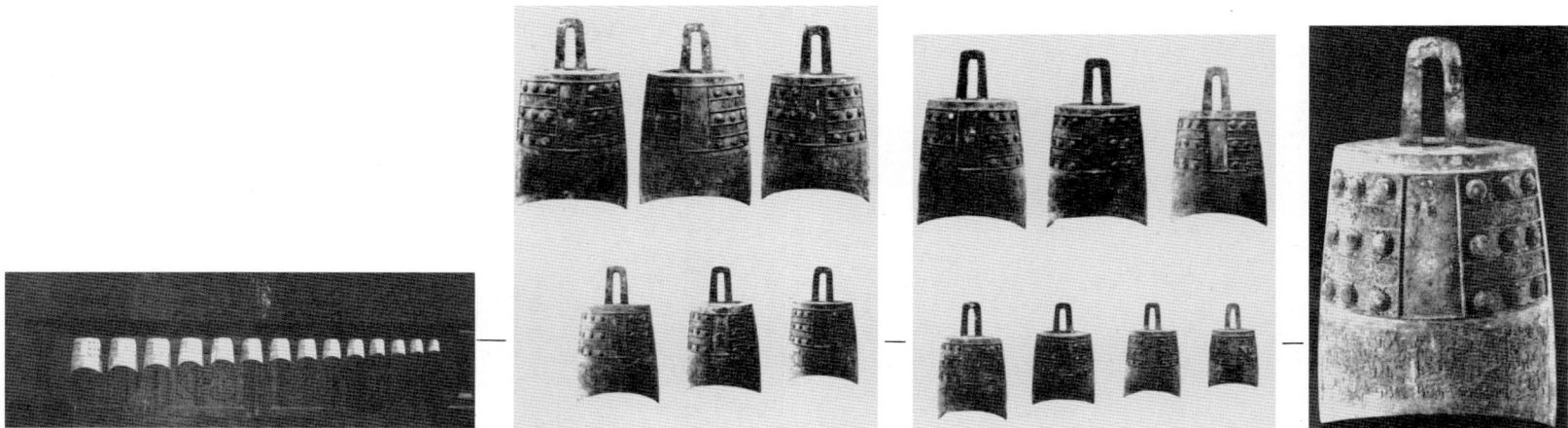

鐘 70，戰國ⅡA，二型，通高 12.2 ～ 31 cm，平山三汲公社 1 號墓

鐘 71，戰國ⅡA，二型，高 27 cm，Ethnography Department of the National Museum of Copenhagen

鐘72，統一秦，二型，
高12.8 cm，臨潼秦
始皇陵園

鐘73，統一秦，二型，高
23.3 cm

鐘74，統一秦，二型，高
19.2 cm

鐘75，春秋Ⅱ～Ⅲ，
特定地域型，通
高35.2 cm，廣濟

鐘76，春秋Ⅱ～Ⅲ，特定地域型，廣濟

鐘77，春秋Ⅱ～Ⅲ，特定地域型，高47.7 cm

鐘78，春秋Ⅱ～Ⅲ，特定地域型，通高31.2 cm，高淳青
山茶場

鐘79，春秋Ⅱ～Ⅲ，特定地域型，浙江省

鐘80，春秋Ⅱ～Ⅲ，特定地域型，通高32.0 cm，廣濟

鐘81，春秋Ⅱ～Ⅲ，
特定地域型，高
45.5 cm

鎛5，春秋ⅡB，高21.6 cm，Museum of Decorative Arts, Copenhagen

鎛6，春秋ⅡB，六合程橋2號墓

鎛7，春秋ⅡB，故宮博物院

鎛8，大約春秋Ⅱ，通高43.5 cm，海陽嘴子前村

鎛9，春秋ⅢA，通高28.5～40.5 cm，壽縣蔡侯墓

鎛10，春秋ⅢA，高22.3 ～ 33.3 cm，固始侯古堆1號墓

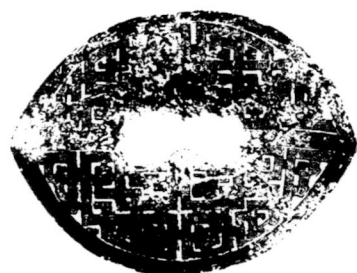

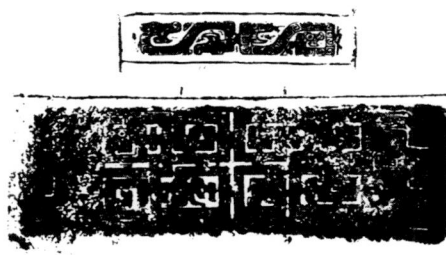

鎛11，春秋ⅢA，高38.5 cm，莒南大店1號墓

鎛12，春秋ⅢA，高23.5 cm，
Seattle Art Museum

鎛13，春秋ⅢA，高14.8 cm，
Courtesy of the Trustees
of the British Museum

鎛14，春秋ⅢA，高19.8 cm，
Courtesy of the Arthur M.
Sackler Gallery, Smithsonian
Institution, Washington D.C.,
Acc. no.S87.0282, Gift of
Arthur M. Sackler

鎛15，春秋ⅢA，高61.2 cm，東京國立博物館

鎛16，春秋ⅢA，高33.6 cm，出光美術館

鎛17，春秋ⅢA

鎛18，春秋ⅢB，高58.5 cm，Museum of Asiatic Art, State Museum, Amsterdam

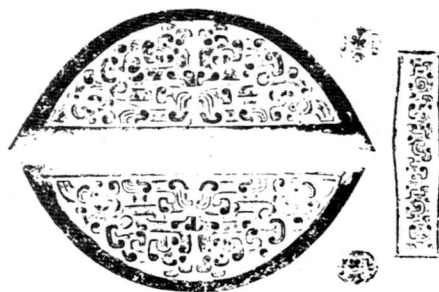

鎛19，春秋ⅢB，鈕高9.4 ～ 11.9 cm，銑長23.0 ～ 36.0 cm，汲縣山彪鎮1號墓

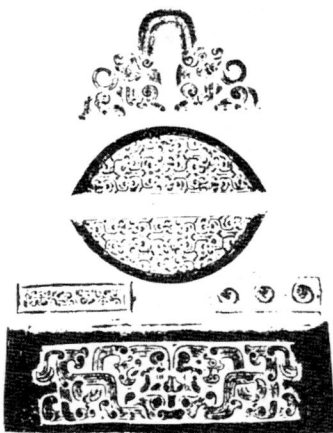

鎛20，春秋ⅢB，鈕高4.9 ～ 8.3 cm，銑長11.8 ～ 21.7 cm，汲縣山彪鎮1號墓

鎛21，春秋 ⅢB，高64.8 cm，Courtesy of The Harvard University Art Museums (Arthur M. Sackler Museum) Bequest Grenville L. Winthrop

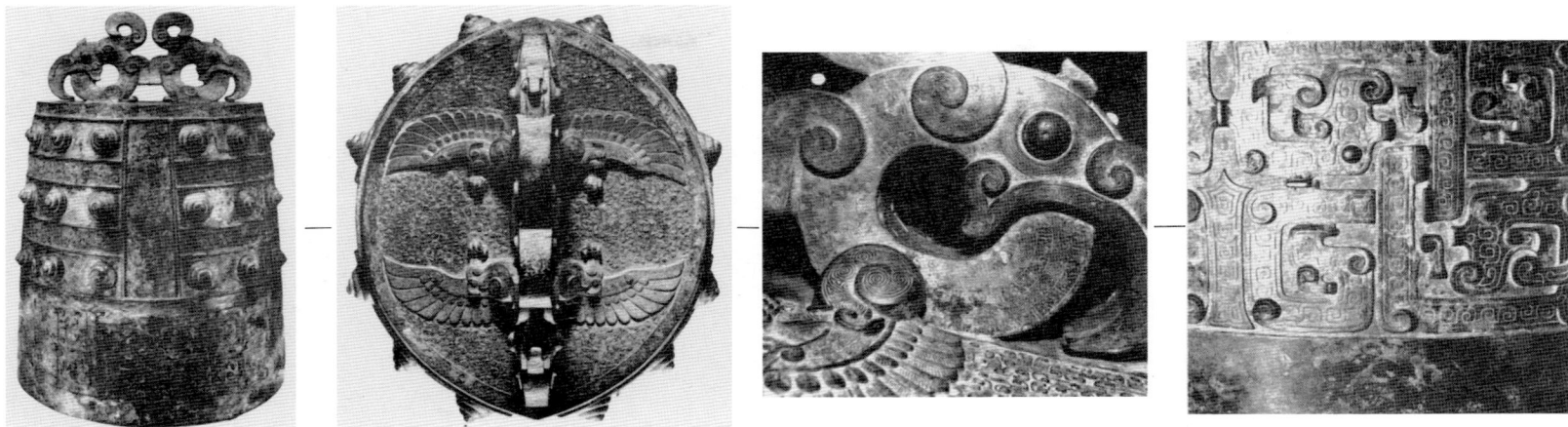

鎛22，春秋ⅢB，高66.4 cm，Courtesy of the Freer Gallery of Art, Smithsonian Institution, Washington D.C.,細部，樋口隆康先生攝

鎛23，春秋ⅢB，通高41.3 cm，Cleaveland Museum of Art, John Severance Fund CMA 62.44

鎛24，春秋ⅢB，高16.7～36.5 cm，諸城臧家莊

鎛25，春秋ⅢB，通高57.1 cm

鎛26，春秋ⅢB，高67 cm，The Museum of Far Eastern Antiquities, Stockholm, Sweden

鎛27，春秋ⅢB，通高24.7 cm，臺北故宮博物院

鎛28，春秋ⅢB

鎛29（楚王酓章），戰國ⅠA，高92.5 cm，隨州擂鼓墩1號墓

鎛30，戰國ⅠA，鈕高10 cm，銑長25 cm，長治分水嶺25號墓

鎛31，戰國ⅠA，高9.8～14.3 cm，The Museum of Far Eastern Antiquities, Stockholm, Sweden

鎛32（尸），戰國ⅠA，
高56 cm

鎛33（綸），戰國ⅠA，高67 cm，上海博物館

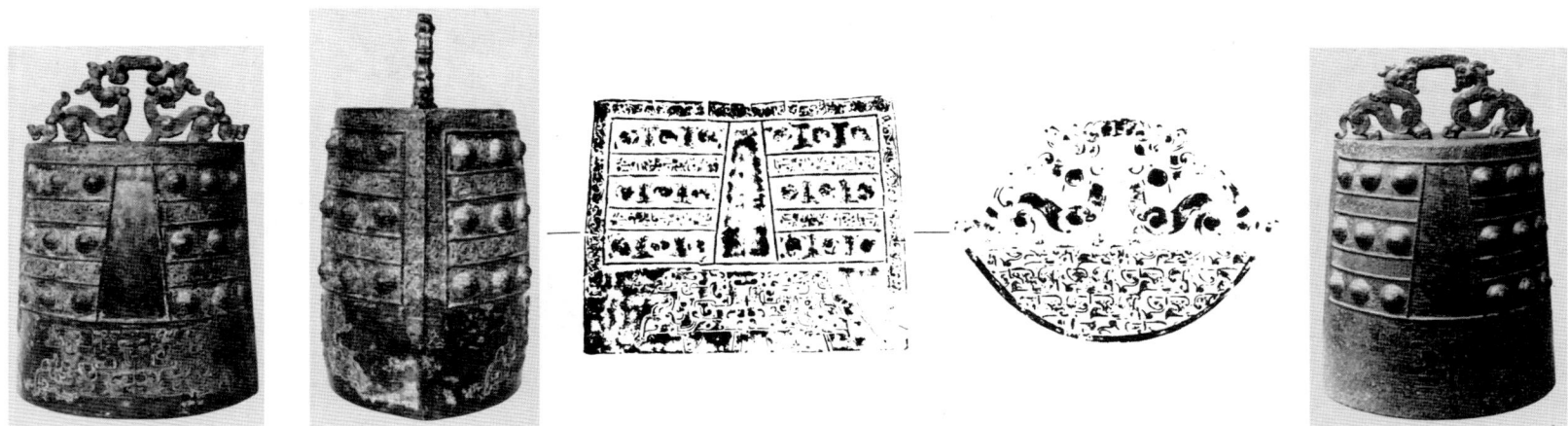

鎛34，戰國ⅠB，高25 cm，Art Museum, Princeton University, Chester Dale and Dolly Carter Collection

鎛35，戰國ⅠB，高
52.7 cm，Victoria
and Albert Museum

鉦1，春秋ⅡA，一型，甬長9cm，身長9cm，衡陽保和圩

鉦2，春秋ⅡA，三型，通高28cm，沂水劉家店子

鉦3，春秋ⅡA，三型，高25.0cm，宿縣蘆古城子

鉦4，春秋ⅢA，三型，殘高15cm，壽縣蔡侯墓

鉦5，春秋Ⅱ～Ⅲ，二型，高55.2cm，The Art Museum, Princeton University, Chester Dale and Dolly Carter Collection

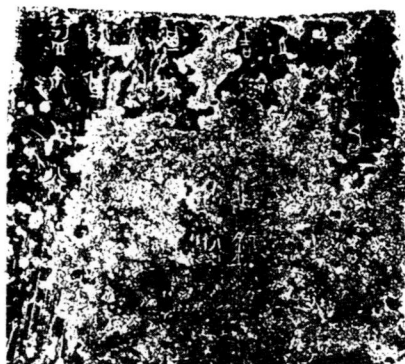

鉦6，大約春秋Ⅲ，一型

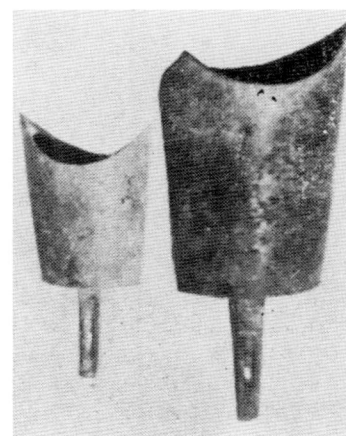

鉦7，大約春秋Ⅲ，一型，通高39cm（右）、30cm（左），高淳青山茶場

鉦8，大約春秋Ⅲ，一型，高17.1～34.8cm，武進淹城

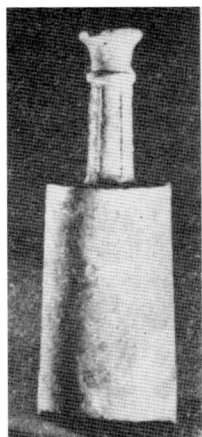

鉦9，戰國ⅠB，
一型，通高
40.5 cm，涪陵
小田溪1號墓

鉦10，戰國ⅠB，一型，通高29.2 cm，涪陵小田溪2號墓

鉦11，戰國Ⅰ，一
型，高38.5 cm，
泉屋博古館

鉦12，戰國Ⅰ，
一型，高
30.3 cm

鉦13，戰國Ⅰ，一型，高21.9 cm，
Minneapolis Institute of Art,
Alfred F. Pillsbury Collection

鉦14，戰國Ⅰ，一
型，高33 cm，
平江甕江

鉦15，春秋Ⅲ～戰國
Ⅰ，二型，通高
29.5 cm，臺北故
宮博物院

鉦16，春秋Ⅲ～戰國
Ⅰ，二型，通高
34.8 cm，平江

鉦17，戰國ⅠB，二
型，高34.5 cm，涪
陵小田溪2號墓

鉦18，戰國ⅠB，二
型，高32.9 cm，臺
北故宮博物院

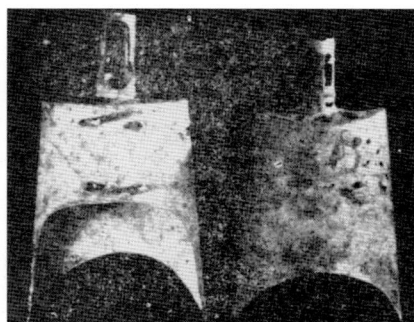

鉦19，戰國ⅠB，三型，通高46 cm
（左）、43 cm（右），新都

鉦20，戰國ⅡA，一型，通高40 cm，漵浦大江口

鉦21，戰國ⅡA，一型，高31.2 cm

鉦22，戰國ⅡA，一型，總高35.5 cm，東京藝術大學

鉦23，戰國ⅡA，一型，通高26.5 cm，長沙322號墓

鉦24，戰國ⅡA，一型，新津

鉦25，戰國ⅡA，一型，通高45.4 cm，紹興亭山公社

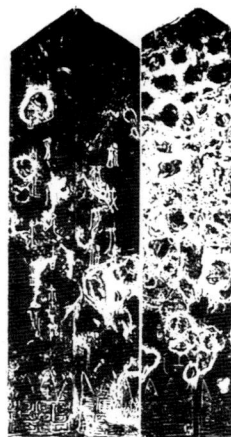

鉦26，戰國ⅡA，一型，通高40 cm，紹興亭山公社

鉦27，戰國ⅡA，特定地域型，通長30 cm

鉦28，戰國ⅡA，特定地域型，柄長10.4 cm，體長25.3 cm，清遠三坑圩馬頭崗村

鉦29，戰國ⅡA，二型，高29.7 cm，上海博物館

鉦30，戰國ⅡA，三型，Courtesy of the Trustees of the British Museum

鉦31，戰國ⅡA，三型，通長21.5 cm，長沙315號墓

鉦32，戰國ⅡA，三型，高11.9 cm

鉦33，戰國ⅡB～Ⅲ，一型，
通長約28 cm，長沙，黃6
號墓

鉦34，戰國ⅡB～Ⅲ，
一型，高41.6 cm，
臺北故宮博物院

鉦35，戰國ⅡB～Ⅲ，三型，通高33.2 cm

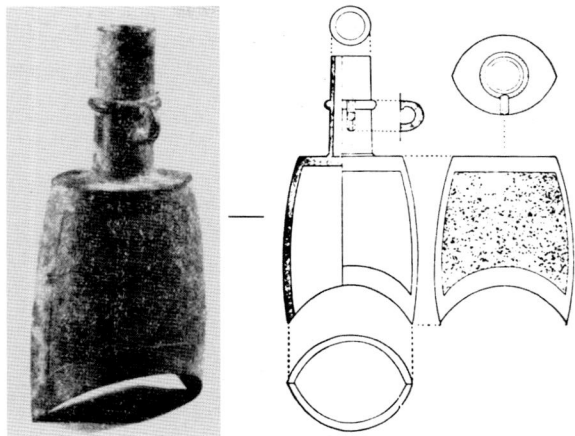

鉦36，統一秦，三型，通高約27.5 cm，臨潼秦始皇陵俑坑

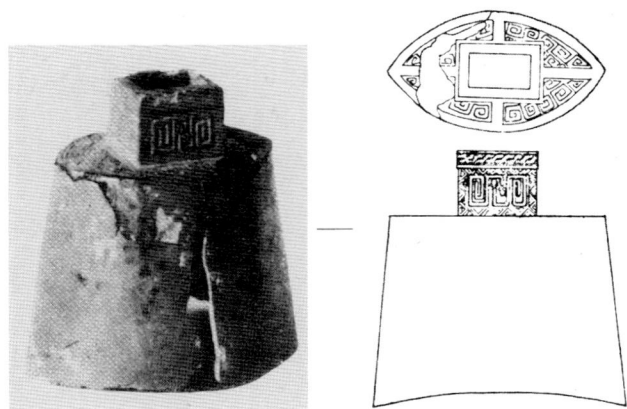

鐸1，春秋ⅢB，高7.5 cm，四會鳥旦山

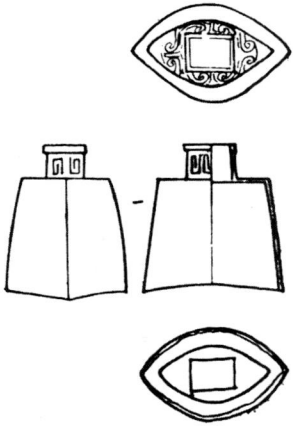

鐸2，戰國ⅠA，高7 cm
（木柄長約20 cm），
宜城楚皇城1號墓

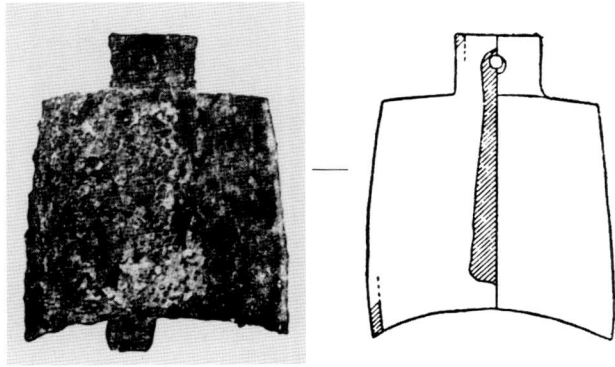

鐸3，戰國ⅠA，高8.5 cm，洛陽中州路2717號墓

鐸4，戰國ⅠB，高6.2 cm，
瀏陽紙背村

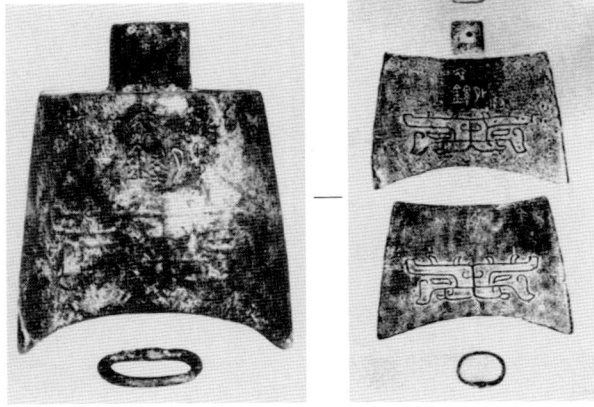

鐸5，戰國ⅠB，高10.6 cm

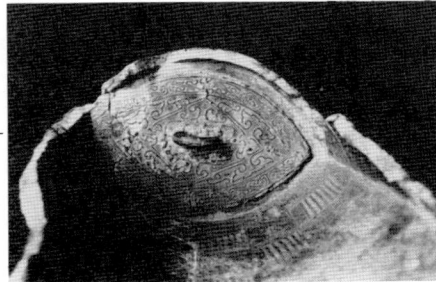

鐸6，戰國ⅠB，高18.6 cm，東京國立博物館

鐸7，戰國Ⅰ，高8 cm，江
陵雨臺山448號墓

錞于16，戰國Ⅱ～Ⅲ，高
54.5 cm

錞于17，戰國Ⅱ～Ⅲ

錞于18，戰國Ⅱ～Ⅲ，高51.7 cm

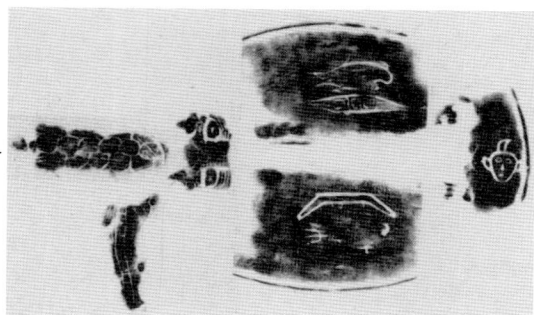

鑑1（王子嬰次），春秋ⅡB，一型，口47×33.9 cm，新鄭城關鎮李家樓

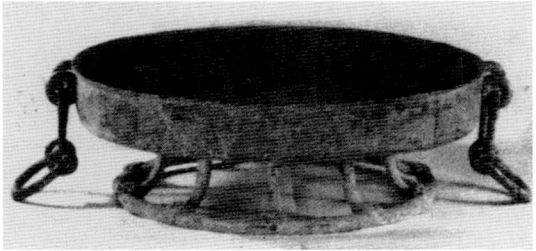

鑑2，春秋ⅢA，三型，口徑55 cm，靖安水口公社

鑑3（曾侯乙），戰國ⅠA，三型，口徑43.8 cm，隨州
擂鼓墩1號墓

曾侯乙酢時用終

鑑4，戰國ⅠA，三型，口徑37.5 cm，長治分水嶺26
號墓

鑑5，戰國ⅠA，四型，通高21 cm，口徑
39.4 cm，隨州擂鼓墩1號墓

鑑6，戰國ⅠA，四型，高27.8 cm，汲縣山
彪鎮1號墓

鑪7，戰國ⅠB，一型，口77×45 cm，
潞城潞河7號墓

鑪8，戰國ⅠB，三型，口徑51.5 cm，
隨州擂鼓墩2號墓

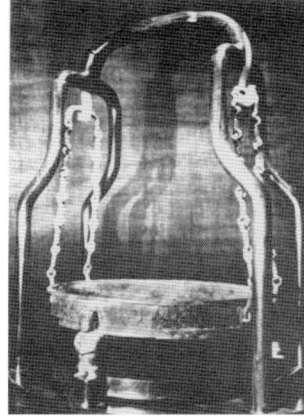

鑪9，戰國ⅠB，三型，口徑35.7 cm，The Lucy Maud Buckingham Collection,
1929.648©1988 The Art Institute of Chicago. All Rights Reserved

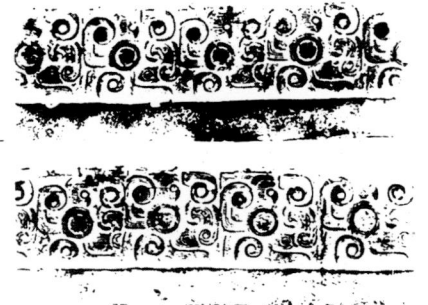

鑪10，戰國ⅡA，一型，口89×45.2 cm，
平山三汲公社1號墓

鑪11，戰國ⅡA，一型，高8.3 cm，咸陽戰
鬥公社

鑪12，戰國ⅡA，三型，口徑30.3 cm，江
陵望山1號墓

鑪13，戰國ⅡA，三型，口徑33.8 cm，
信陽長臺關1號墓

鑪14，戰國ⅡA，三型，口徑63 cm，成
都羊子山172號墓

鑪15，戰國ⅡA，三型，口
徑53.5 cm，Courtesy
of the Royal Ontario
Museum, Toronto,
Canada (Far Eastern
Department)

鑪16，戰國ⅡA，三型，口徑36.4 cm，
平山三汲公社6號墓

鑪17，戰國Ⅲ，一型，口長60.3 cm，壽縣朱家集

鑪18，戰國Ⅲ，二型，口73.0×27.4 cm，壽縣朱家集，天理大學附屬參考館

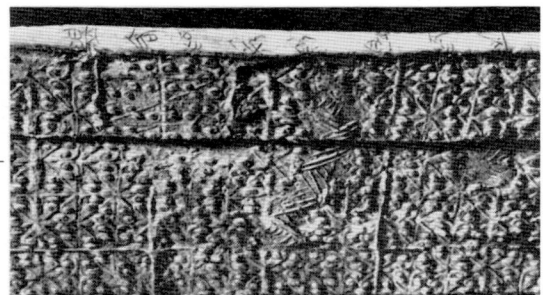

鑪19，戰國Ⅲ，三型，通鏈高36.8 cm，壽縣朱家集

鑪20，戰國Ⅲ，四型，口徑17.3 cm，大阪市立美術館，山口藏品

箕1，春秋ⅢA，長12.7 cm，靖安水口公社

箕2，戰國ⅠA，長31.2 cm，汲縣山彪鎮1號墓

箕3（曾侯乙），戰國ⅠA，通長38.6 cm，隨州擂鼓墩1號墓

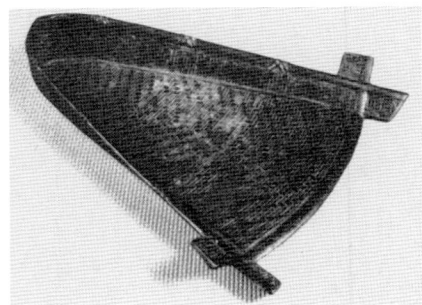

箕4（曾侯乙），戰國ⅠA，通長29 cm，隨州擂鼓墩1號墓

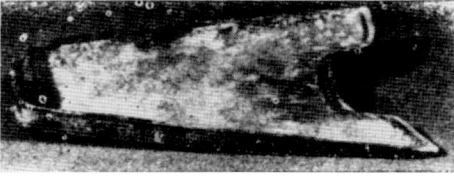

箕5，戰國ⅠB，長23.5 cm，隨州擂鼓墩2號墓

箕6，戰國ⅠB，輝縣琉璃閣76號墓

箕7，戰國ⅠB，長23.6 cm

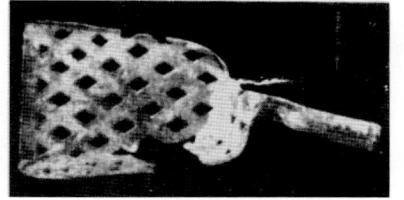

箕8，戰國ⅠB，通長33 cm，潞城潞河7號墓

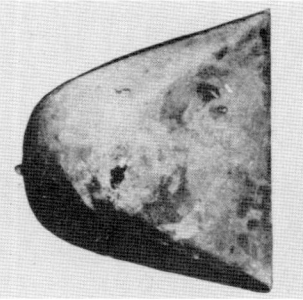

箕9，戰國ⅡA，長25 cm，信陽長臺關1號墓

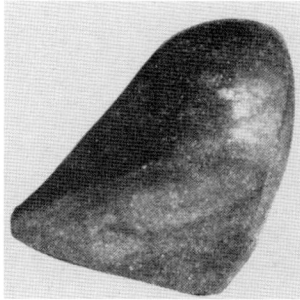

箕10，戰國ⅡA，江陵望山1號墓

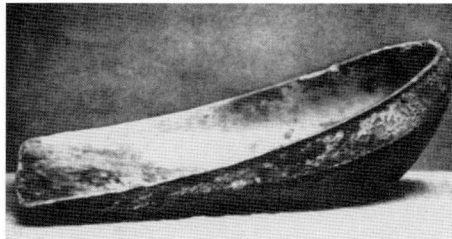

箕11，戰國ⅡA，長30.5 cm

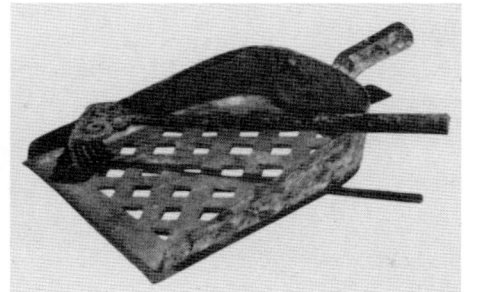

箕12，戰國ⅡA，箕，長36.6 cm，炭鈎，長33.2 cm，平山三汲公社6號墓

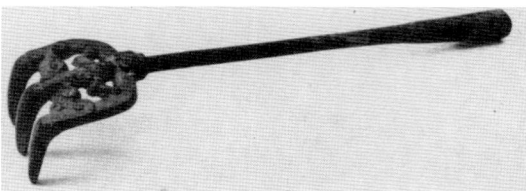

炭鈎1，大約戰國ⅠB，長23.6 cm，輝縣琉璃閣1號墓，Asian Art Museum of San Francisco, Avery Brundage Collection

鐙1，春秋ⅢA，一型，高
47 cm，臨淄姚王村

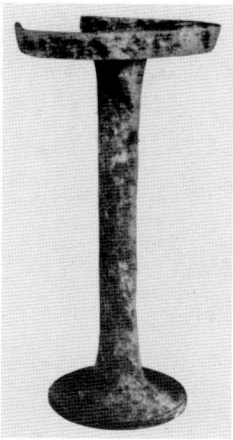

鐙2，戰國ⅠA，一
型，高30.4 cm，汲
縣山彪鎮1號墓

鐙3，戰國ⅡA，二型，通高66.4 cm，平山三汲公社6號墓

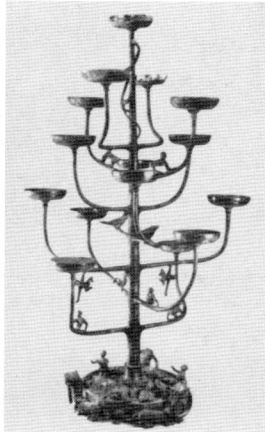

鐙4，戰國ⅡA，二型，高82.9 cm，平山三汲公社1號墓

鐙5，戰國ⅡA，二型，
高48.9 cm，三門峽
市上村嶺5號墓

鐙6，戰國ⅡA，其他型，高15.2 cm，平山三汲公社6號墓

有環蓋2，戰國ⅡB，直徑10.3 cm，江陵雨臺山264號墓

有環蓋3，戰國ⅡB，Courtesy of the Trustees of the British Museum

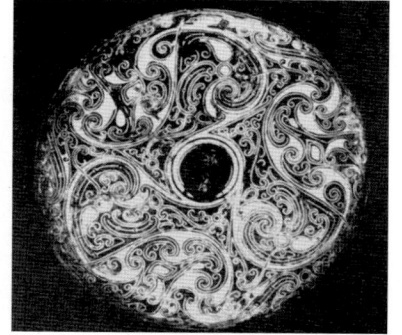

有環蓋4，戰國ⅡB，直徑11 cm，Seattle Art Museum

有環蓋5，戰國Ⅲ，江陵雨臺山 480號墓

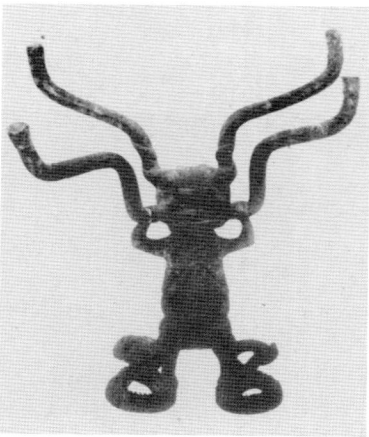

承盤鬼神座1，春秋ⅡB，身高31.3 cm，新鄭城關鎮李家樓

鬼神座承盤2，春秋ⅢB，通高 15 cm，長治分水嶺126號墓

鬼神座承盤3，春秋Ⅲ～戰國Ⅰ，高8 cm，三門峽市后川

鬼神座承盤4，戰國ⅠA，獸高12.5 cm，盤高11.0 cm，座高5.7 cm，汲縣山彪鎮1號墓

鬼神座承盤5，戰國ⅡA，高36 cm，平山三
汲公社1號墓

雜1，大約春秋Ⅲ，高15 cm，
Musée Guimet-PARIS

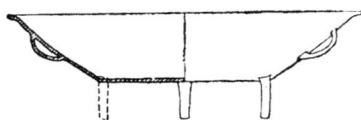

雜2，戰國ⅠB，通高6.2 cm，口徑16.4 cm，新都馬家公社

雜3，戰國ⅡA，高58.8 cm，
平山三汲公社1號墓

雜4，戰國ⅡA，通高46.8 cm，平山三
汲公社1號墓

雜5，戰國ⅡB，深5.8 cm，口徑13.2 cm，
馬山磚廠1號墓

雜6，戰國Ⅱ，通高20 cm，蚌埠市

紋飾圖版

1-1

1-2

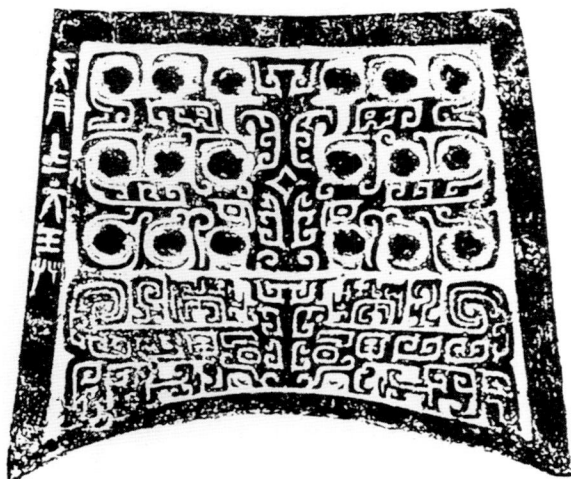

1-3

1-4

1-1，饕餮，（¹/₃），鼎，春秋ⅡA，沂水劉家店子1號墓　　1-2，饕餮，鼎，春秋ⅡA，Courtesy of the Arthur M. Sackler Gallery, Smithsonian Institution, Washington D.C., Acc.no.S87. 0326, Gift of Arthur M. Sackler，樋口隆康先生攝　　1-3，饕餮，（¹/₂），鐘，春秋ⅢB　　1-4，饕餮，（³/₅），鐘，春秋ⅢB

2—13

2—17

2—14

2—18

2—15

2—19

2—16

2—20

2—13，附帶錢苔狀部分的獸鐶，（原大），鬲，春秋Ⅲ B，淳化城關公社　　2—14，附帶錢苔狀部分的獸鐶，鬲，戰國Ⅰ A，松岡美術館　　2—15，附帶錢苔狀部分的獸鐶，壺，戰國Ⅰ B，Courtesy of the Trustees of the British Museum　　2—16，附帶錢苔狀部分的獸鐶，壺，戰國Ⅱ A　　2—17，附帶錢苔狀部分的犧首，鑄，春秋Ⅲ B，Asian Art Museum of San Francisco, Avery Brundage Collection，樋口隆康先生攝　　2—18，附帶錢苔狀部分的犧首，鐘，戰國Ⅰ A，泉屋博古館　　2—19，附帶錢苔狀部分的犧首，壺，戰國Ⅰ B，Art Institude of Chicago, Lucy Maud Buckingham Collection　　2—20，附帶錢苔狀部分的犧首，鑑，戰國Ⅲ，大阪市立美術館，山口藏品

2-21

2-25

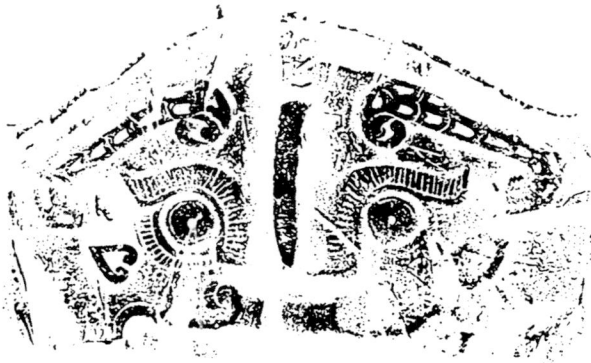

2-22

2-26

2-23

2-24

2-27

2-21，大耳犧首，甋，春秋ⅡA，汲縣　　2-22，大耳犧首，(約²/₃)，鼎，春秋ⅡB，輝縣琉璃閣80號墓　　2-23，大耳犧首，(¹/₂)，鼎，春秋ⅡB，新鄭城關鎮
李家樓　　2-24，大耳獸鐶，鑑，春秋ⅡB，侯馬上馬村13號墓　　2-25，大耳獸鐶，鑑，春秋ⅡB　　2-26，大耳犧首，(³/₅)，勺，春秋ⅢB，北京通縣中趙甫
2-27，大耳獸鐶，壺，戰國ⅡB

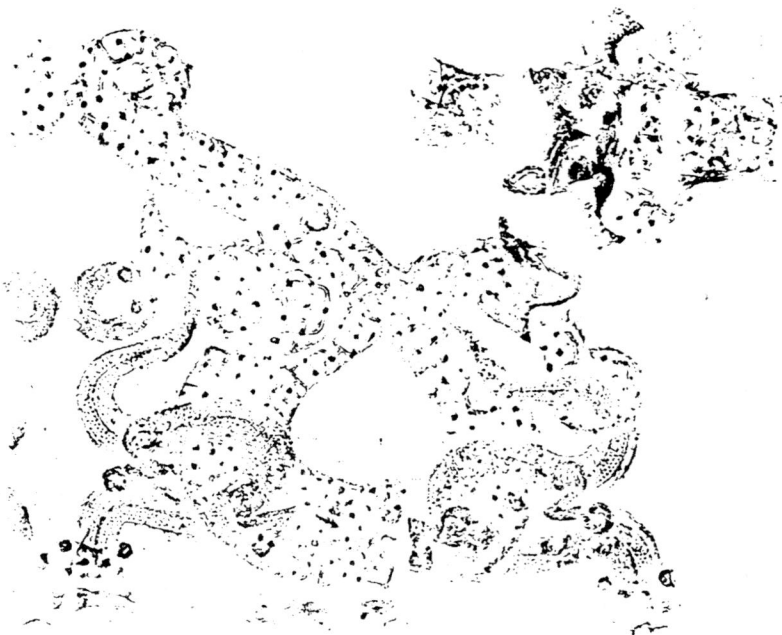

2—28

2—31

2—32

2—29

2—33

2—30

2—34

2—28，虎首犧首，（¹/₂），鑄，春秋ⅡA　　2—29，虎首犧首，罍，春秋ⅡB　　2—30，虎首獸鐶，鑑，春秋ⅡB，中國歷史博物館　　2—31，虎首犧首，（¹/₂），壺，春秋ⅡB，新鄭城關鎮李家樓　　2—32，虎首犧首，（²/₃），匜，春秋ⅡB，新鄭城關鎮李家樓　　2—33，虎首犧首，（³/₅），鑑，春秋ⅢA，白鶴美術館　　2—34，虎首犧首，（約³/₈），鑄，春秋ⅡB，輝縣琉璃閣75號墓

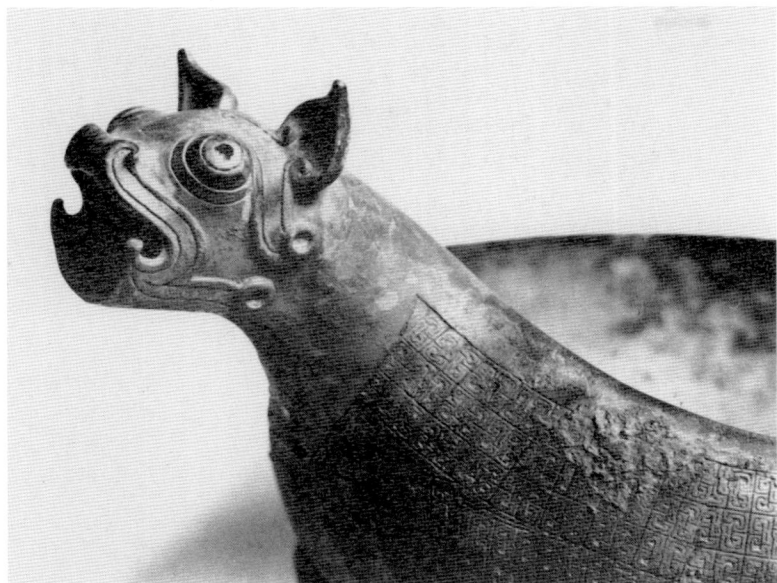

2-35

2-38

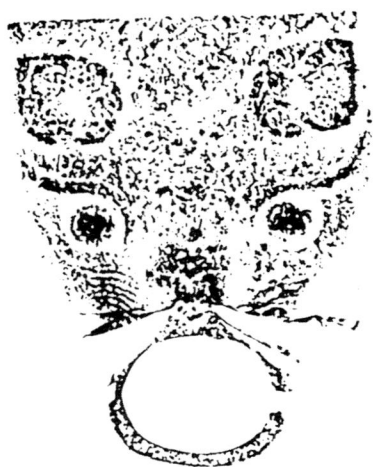

2-36

2-37

2-35，虎首犧首，匜，春秋ⅢB　　2-36，虎首犧首，（原大），匜，戰國ⅠA，藤井有鄰館　　2-37，虎首犧首，鑑，戰國ⅠA，故宮博物院　　2-38，虎首犧首，鐘虡，戰國ⅠB，涪陵小田溪1號墓

2-39

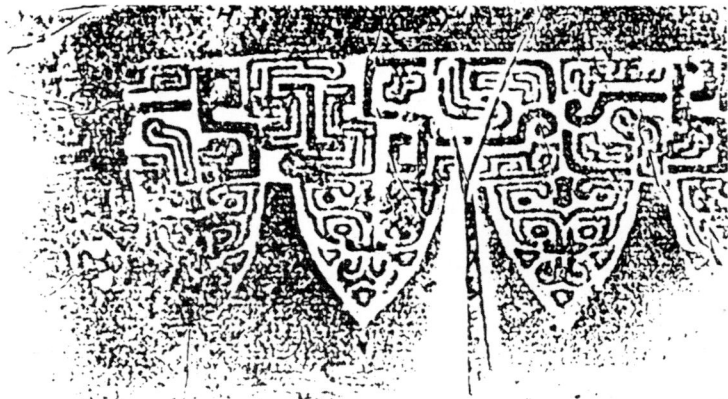

2-43

2-40

2-44

2-41

2-45

2-42

2-46

2-39，牛角犧首，（1）類，鼎，春秋ⅡB，侯馬上馬村13號墓　　2-40，牛角犧首，（1）類，鼎，春秋ⅡB，侯馬上馬村13號墓　　2-41，牛角犧首，（1）類，鼎，春秋ⅡB，侯馬上馬村5號墓　　2-42，牛角犧首，（1）類，（²/₃），鼎，春秋ⅢA，輝縣琉璃閣60號墓　　2-43，牛角犧首，（1）類，（原大），鼎，春秋ⅢA，Courtesy of the Royal Ontario Museum, Toronto, Canada (Far Eastern Department)　　2-44，牛角犧首，（1）類，（¹/₂），甗，春秋ⅢA，新樂中同村2號墓　　2-45，牛角犧首，（1）類，（原大），甑，春秋ⅢB　　2-46，牛角犧首，（1）類，鬲，春秋ⅢB，The Cultural Relics Bureau, Beijing and the Metropolitan Museum of Art

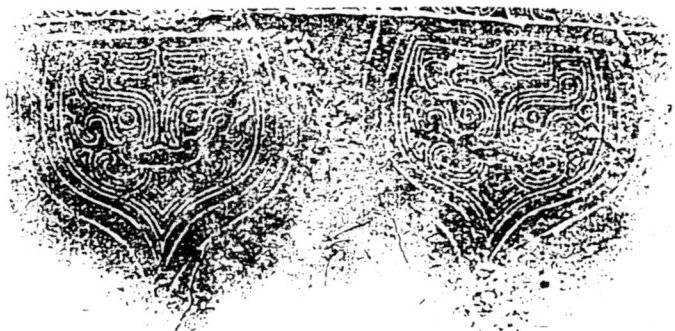

2-47

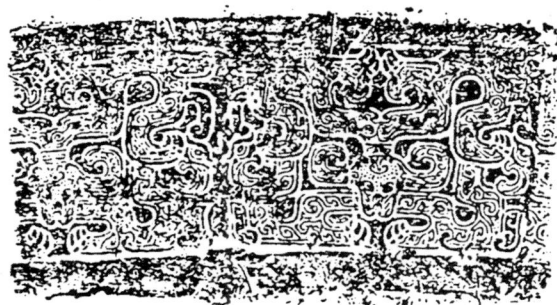

2-50

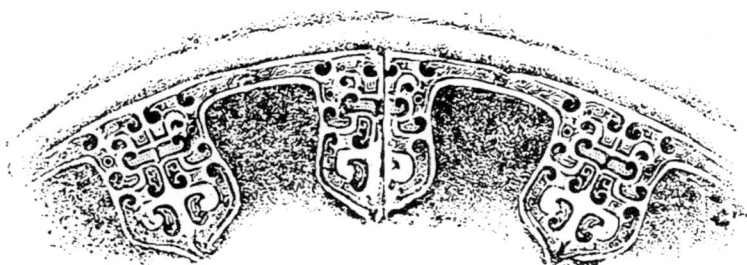

2-48

2-51

2-52

2-49

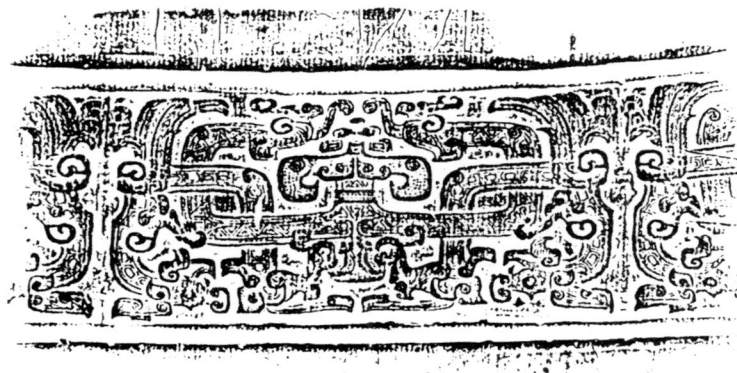

2-53

2-47，牛角犠首，（1）類，（⁴/₅），壺，戰國ⅠA　　2-48，牛角犠首，（1）類，（約²/₅），壺，戰國ⅠA，汲縣山彪鎮1號墓　　2-49，牛角犠首，（2）類，（⁴/₅），鎛，戰國ⅠA，Museum of Asiatic Art, State Museum, Amsterdam　　2-50　牛角犠首，（2）類，（¹/₂），甌，戰國ⅠA，洛陽中州路2717號墓　　2-51，牛角犠首，（2）類，鼎，戰國ⅠB，Asian Art Museum of San Francisco, Avery Brundage Collection，樋口隆康先生撮　　2-52，牛角犠首，（2）類，（²/₅），壺，戰國ⅠB，臺北故宮博物院　　2-53，牛角犠首，（2）類，（³/₄），壺，戰國ⅠB，出光美術館

2–54

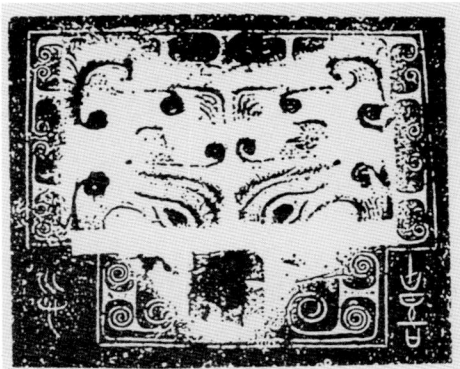

2–58

2–55

2–59

2–60

2–56

2–57

2–61

2–62

2–54，牛角犧首，（2）類，（½），壺，春秋ⅡB，新鄭城關鎮李家樓　　2–55，牛角獸鐶，（2）類，壺，戰國ⅠB　　2–56，牛角獸鐶，（2）類，壺，戰國ⅡB，北京豐臺區　　2–57，牛角獸鐶，（2）類，簠，戰國ⅡB，Courtesy of the Freer Gallery of Art, Smithsonian Institution, Washington D.C.　　2–58，牛角獸鐶，（3）類，壺，戰國ⅡA，平山三汲公社1號墓　　2–59，牛角獸鐶，（3）類，槅，戰國ⅡA，Museum für Ostasiatische Kunst, Köln　　2–60，牛角獸鐶，（3）類，壺，戰國ⅡA，Museo Nazionale d'Arte Orientale　　2–61，牛角犧首，（3）類，簠，戰國ⅡB，Courtesy of the Freer Gallery of Art, Smithsonian Institution, Washington D.C.　　2–62，牛角獸鐶，（3）類，壺，戰國ⅡB，The Art Museum, Princeton University, Chester Dale and Dolly Carter Collection

2-63

2-64

2-65

2-66

2-67

2-68

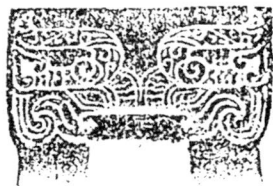

2-69

2-63，牛角犧首，（4）類，盤，春秋ⅡB，臺北故宮博物院　　2-64，牛角犧首，（4）類，鋓，春秋ⅡB，Courtesy of the Royal Ontario Museum, Toronto, Canada (Far Eastern Department)　　2-65，牛角犧首，（4）類，鋓，春秋ⅢA，Museum für Ostasiatische Kunst, Köln　　2-66，牛角犧首，（4）類，盤，春秋ⅢA，唐山賈各莊18號墓　　2-67，牛角犧首，（4）類，匜，春秋ⅢA，尉氏河東周村　　2-68，牛角獸鐶，（4）類，壺，戰國ⅠA，Courtesy of the Royal Ontario Museum, Toronto, Canada (Far Eastern Department)　　2-69，牛角獸鐶，（4）類，壺，戰國ⅡA，Courtesy of the Royal Ontario Museum, Toronto, Canada (Far Eastern Department)

2–70

2–73

2–74

2–71

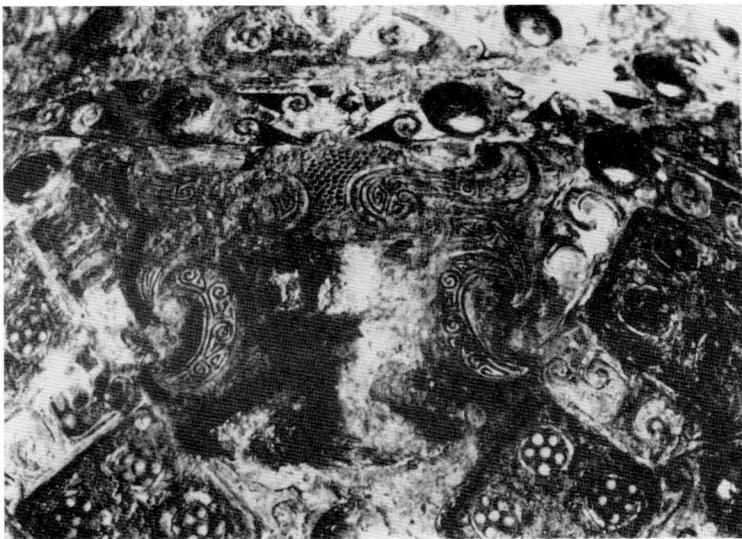

2–72

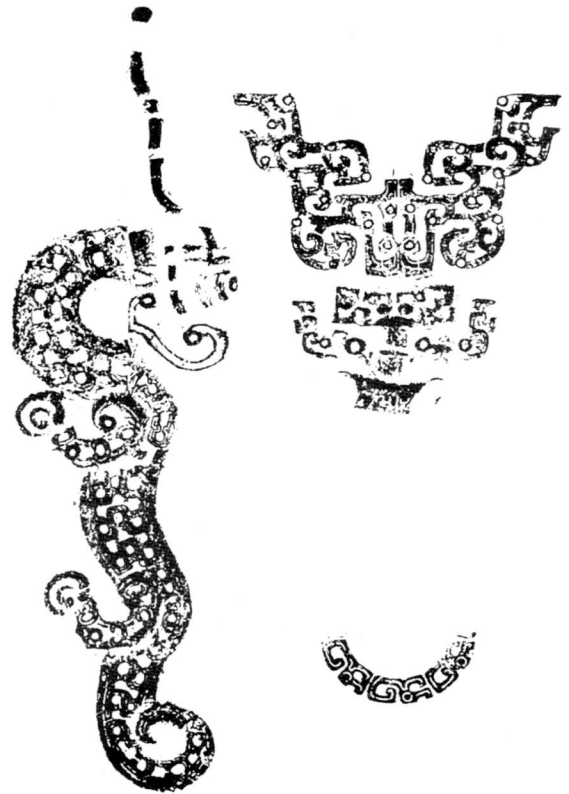

2–75

2–70，牛角獸鐶，（4）類，壺，戰國ⅡA，Courtesy of the Freer Gallery of Art, Smithsonian Institution, Washington D.C.　　2–71，牛角獸鐶，（4）類，壺，戰國ⅡA，
臺北故宮博物院　　2–72，牛角獸鐶，（4）類，壺，戰國ⅡA　　2–73，牛角犧首，（5）類，盤，春秋ⅡB，侯馬上馬村13號墓　　2–74，牛角獸鐶，（5）類，
（約¼），鑑，春秋ⅡB，輝縣琉璃閣80號墓　　2–75，牛角犧首，（5）類，（½），壺，春秋ⅡB，新鄭城關鎮李家樓

2–76

2–79

2–77

2–80

2–81

2–78

2–82

2–76，牛角犧首，（5）類，鉶，春秋ⅢA，上海博物館　2–77，牛角獸鐶，（5）類，壺，戰國ⅠA，Courtesy of the Royal Ontario Museum, Toronto, Canada (Far Eastern Department)　2–78，牛角犧首，（5）類，器足，戰國　2–79，几字形羽冠犧首，（6/15），鐘，春秋ⅢA，輝縣琉璃閣60號墓　2–80，几字形羽冠犧首，鎛，春秋ⅢB，Museum of Asiatic Art, State Museum, Amsterdam　2–81，几字形羽冠犧首，鎛，戰國ⅠA，隨州擂鼓墩1號墓　2–82，几字形羽冠犧首，鎛，戰國ⅠB，Victoria and Albert Museum

2-83

2-87

2-84

2-85

2-86

2-83，几字形羽冠犧首，(約 1/4)，鑄，春秋 III B，Museum of Asiatic Art, State Museum, Amsterdam　　2-84，几字形羽冠犧首，鑄，春秋 III B，Cleaveland Museum of Art, John Severance Fund CMA 62.44　　2-85，几字形羽冠犧首，(6/15)，鐘，春秋 III B，汲縣山彪鎮 1 號墓　　2-86，几字形羽冠犧首，(1/2)，壺，春秋 III B，上海博物館　　2-87，几字形羽冠獸鐶，(4/5)，壺，戰國 II B，臺北故宮博物院

2–88

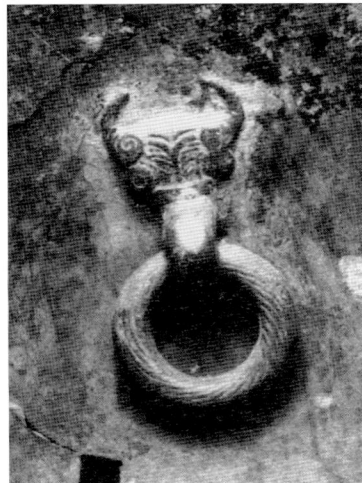

2–91

2–89

2–90

2–88，水牛角犧首，銅，春秋ⅡA　　2–89，水牛角犧首，鐋，春秋ⅡB，臺北故宮博物院　　2–90，水牛角犧首，（原大），鼎，春秋ⅡB，新鄭城關鎮李家樓
2–91，水牛角獸鐶，壺，戰國ⅠA，Courtesy of the Royal Ontario Museum, Toronto, Canada (Far Eastern Department)

2-92

2-93

2-94

2-95

2-96

2-92，菌形角犧首，（約¹/₂），匜，春秋ⅡA，懷寧金拱公社　　2-93，菌形角犧首，陶範，戰國ⅠA，侯馬牛村　　2-94，漩渦眉犧首，（1）類，（約²/₅），壺，春秋ⅡB，輝縣琉璃閣60號墓　　2-95，漩渦眉犧首，（1）類，壺，春秋ⅡB，新鄭城關鎮李家樓　　2-96，漩渦眉犧首，（1）類，壺，春秋ⅢA，長興

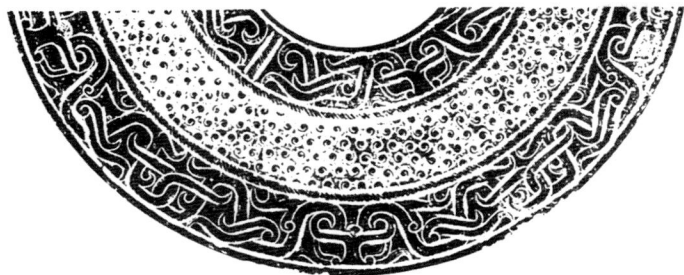

2-97

2-98

2-99

2-100

2-101

2-102

2-103

2-97，漩渦眉犧首，（1）類，（約¹/₃），璧，戰國Ⅱ，曲阜52號墓　　2-98，漩渦眉犧首，（2）類，壺，春秋ⅡA，樋口隆康先生攝　　2-99，漩渦眉犧首，（2）類，鑄，春秋ⅡB，Museum of Decorative Art, Copenhagen　　2-100，漩渦眉犧首，（2）類，鼎，春秋ⅢA，順義龍灣屯　　2-101，漩渦眉犧首，（2）類，（約¹/₂），簠，春秋ⅢA，輝縣琉璃閣60號墓　　2-102，漩渦眉犧首，（2）類，壺，春秋ⅢB，藤井有鄰館，樋口隆康先生攝　　2-103，漩渦眉獸鐶，（2）類，（原大），壺，戰國ⅡA

2-104

2-107

2-105

2-108

2-106

2-109

2-110

2-104，漩渦眉犧首，（3）類，匜，春秋Ⅱ B，侯馬上馬村13號墓   2-105，漩渦眉犧首，（3）類，鑄，春秋Ⅲ B，Asian Art Museum of San Francisco, Avery Brundage Collection，樋口隆康先生攝   2-106，漩渦眉犧首，（3）類，壺，春秋Ⅲ B，Asian Art Museum of San Francisco, Avery Brundage Collection   2-107，漩渦眉獸鐶，（3）類，（½），壺，戰國Ⅰ A，汲縣山彪鎮1號墓   2-108，漩渦眉獸鐶，（3）類，壺，戰國Ⅰ A，National Gallery of Victoria   2-109，漩渦眉獸鐶，（3）類，榼，戰國Ⅰ B，上海博物館   2-110，漩渦眉獸鐶，（3）類，（½），壺，戰國Ⅰ B，臺北故宮博物院

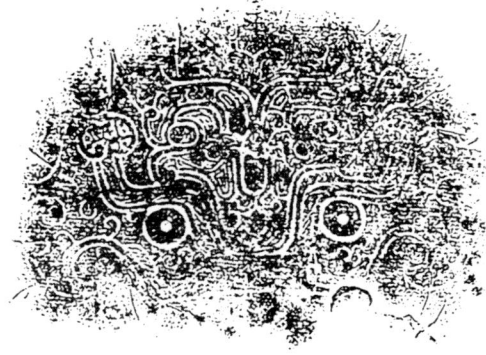

2-111

2-115

2-112

2-116

2-113

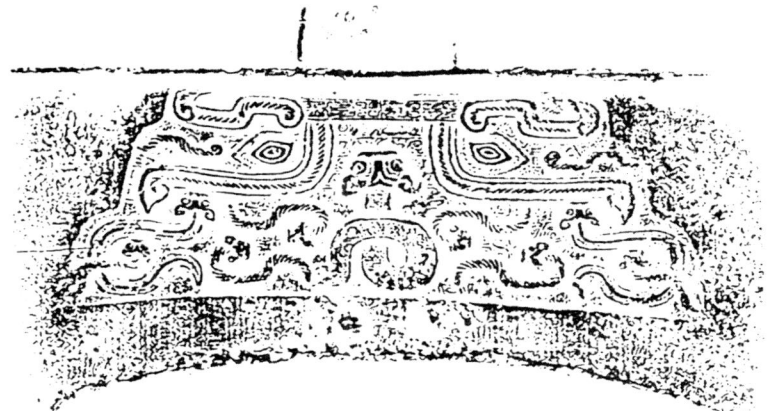

2-117

2-114

2-118

2-111，漩渦眉犧首，（3）類，鼎，戰國Ⅰ B，咸陽塔兒坡　　2-112，漩渦眉獸鐶，（3）類，（原大），壺，戰國Ⅱ B　　2-113，漩渦眉獸鐶，（3）類，游離遺物，戰國，Courtesy of the Freer Gallery of Art, Smithsonian Institution, Washington D.C.　　2-114，漩渦眉獸鐶，（3）類，壺，戰國Ⅱ A，Ethnography Department of National Museum of Copenhagen　　2-115，漩渦眉犧首，（4）類，鐘，春秋Ⅱ B，Courtesy of the Trustees of the British Museum　　2-116，漩渦眉犧首，（4）類，鐘，春秋Ⅱ B，Museum of Decorative Art, Copenhagen　　2-117，漩渦眉犧首，（4）類，（⁴/₅），鐘，春秋Ⅱ B　　2-118，漩渦眉犧首，（4）類，（約¹/₄），鐘，春秋Ⅱ B，長治分水嶺269號墓

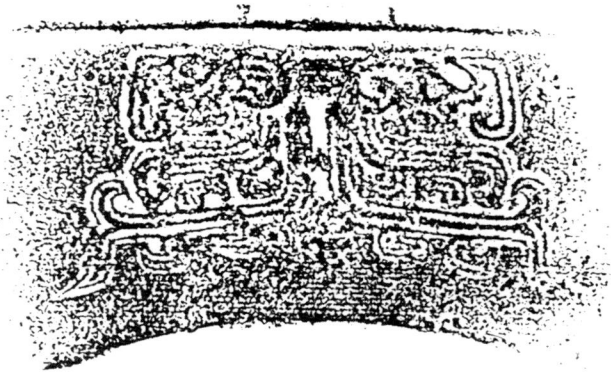

2-119

2-122

2-123

2-120

2-121

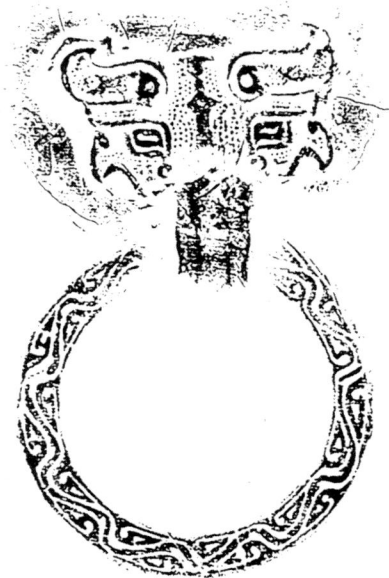

2-124

2-119，漩渦眉犧首，（4）類，（⁴/₅），鐘，春秋ⅡB，Musée Royaux d'Art et d'Histoir　　2-120，漩渦眉犧首，（4）類，（下½），壺，戰國ⅡB，出光美術館　　2-121，漩渦眉犧首，（5）類，（¹/₅），壺，春秋ⅡA，壽縣蔡侯墓　　2-122，漩渦眉犧首，（5）類，鑑，戰國ⅠA，隨州擂鼓墩1號墓　　2-123，漩渦眉獸鐶，（5）類，（²/₃），壺，戰國ⅠB，臺北故宮博物院　　2-124，漩渦眉獸鐶，（5）類，（²/₃），壺，戰國ⅠB，藤井有鄰館

2-125

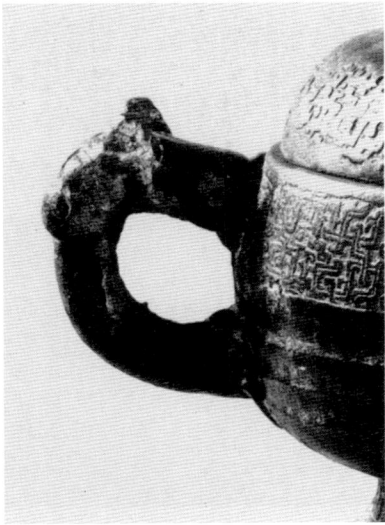

2-126

2-128

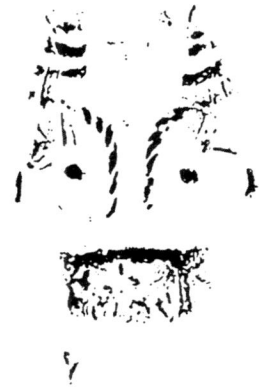

2-127

2-129

2-130

2-125，角貝角犧首，簋，（原大），春秋ⅡA　　2-126，角貝角犧首，簋，春秋ⅡB，中國歷史博物館　　2-127，角貝角犧首，（原大），簠，春秋ⅡB
2-128，角貝角犧首，（¹/₂），罍，春秋ⅡB，新鄭城關鎮李家樓　　2-129，角貝角犧首，（原大），罍，春秋ⅢA，輝縣琉璃閣80號墓　　2-130，角貝角犧首，
（⁵/₆），匜，戰國ⅠA，藤井有鄰館

2-131

2-132

2-133

2-134

2-135

2-131，尖葉角犧首，（約原大），鼎，春秋Ⅲ A，順義龍灣屯　　2-132，尖葉角犧首，鎛，春秋Ⅲ A　　2-133，尖葉角犧首，（¹/₂），鎛，春秋Ⅲ A，壽縣蔡侯墓
2-134，尖葉角犧首，（¹/₂），簋，戰國Ⅰ B，臺北故宮博物院　　2-135，尖葉角獸鐶，短頸壺，戰國Ⅰ B，東京國立博物館

2-136

2-139

2-137

2-138

2-136，附帶小枝的牛角犧首，壺，春秋 II A，Courtesy of the Royal Ontario Museum, Toronto, Canada (Far Eastern Department)   2-137，附帶小枝的牛角犧首，簋，春秋 II B，Courtesy of the Trustees of the British Museum   2-138，附帶小枝的牛角犧首，鑑，春秋 II B，白鶴美術館   2-139，附帶小枝的牛角犧首，(5/6)，簠，春秋 II B，輝縣琉璃閣 55 號墓

2-140

2-143

2-144

2-141

2-145

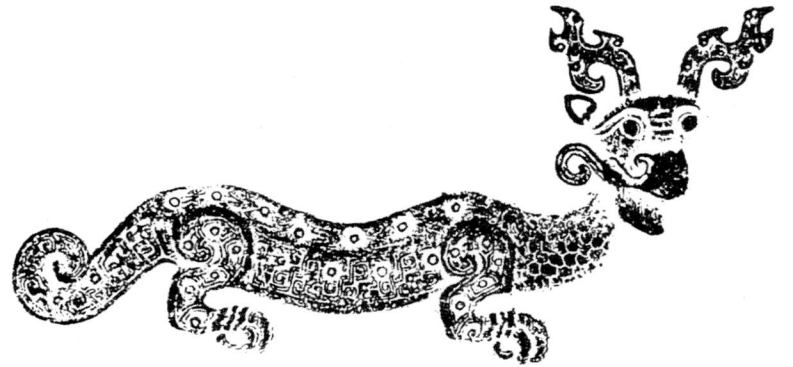

2-142

2-146

2-140，外卷二歧角犠首，（1）類，壺，春秋ⅡA   2-141，外卷二歧角犠首，（1）類，盉，春秋Ⅱ   2-142，外卷二歧角犠首，（1）類，（³/₁₄），春秋ⅡA，匜，羅山高店公社   2-143，外卷二歧角犠首，（1）類，（⁵/₉），罍，春秋ⅡA，光山寶相寺   2-144，外卷二歧角犠首，（1）類，罍，春秋ⅡA   2-145，外卷二歧角犠首，（1）類，壺，春秋ⅡB，新鄭城關鎮李家樓   2-146，外卷二歧角獸鐶，（1）類，（³/₁₀），鑑，春秋ⅡB，輝縣琉璃閣55號墓

2-147

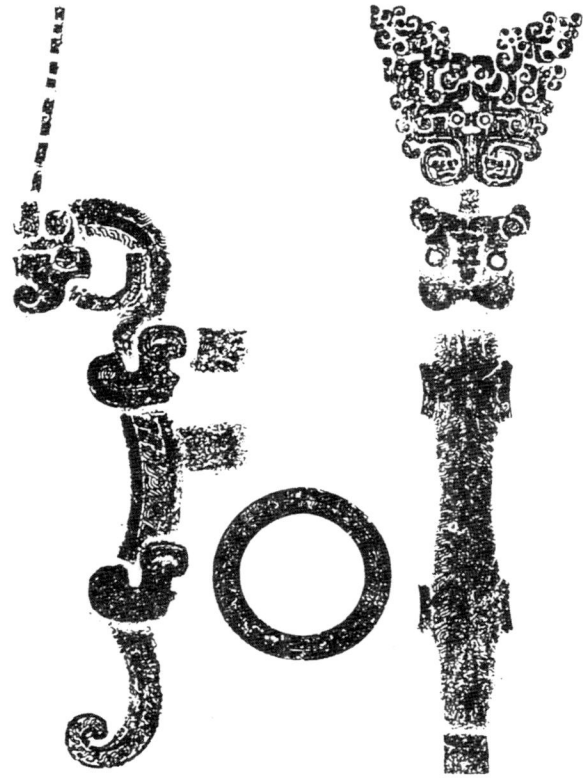

2-149

2-148

2-150

2-151

2-147，外卷二歧角犧首，（1）類，壺，春秋ⅡB，新鄭城關鎮李家樓　　2-148，外卷二歧角犧首，（1）類，（¹/₂），簠，春秋ⅢA，壽縣蔡侯墓　　2-149，外卷二歧角犧首，（2）類，（⁴/₁₅），壺，春秋ⅢA，壽縣蔡侯墓　　2-150，外卷二歧角獸鐶，（2）類，（⁴/₁₅），游離遺物，春秋ⅢB，淮南蔡家崗　　2-151，外卷二歧角犧首，（2）類，盥盤，春秋ⅢB，羅定南門垌1號墓

2-152

2-153

2-154

2-155

2-156

2-157

2-158

2-152，外卷二歧角獸鐶，（2）類，（²/₃），壺，戰國ⅠA，臺北故宮博物院　　2-153，外卷二歧角獸鐶，（2）類，鐻，戰國ⅠA，東京國立博物館　　2-154，外卷二歧角獸鐶，（2）類，（²/₃），壺，戰國ⅠA，汲縣山彪鎮1號墓　　2-155，外卷二歧角獸鐶，（2）類，壺，戰國ⅠB，Courtesy of the Royal Ontario Museum, Toronto, Canada (Far Eastern Department)　　2-156，外卷二歧角獸鐶，（2）類，壺，戰國ⅠB　　2-157，外卷二歧角獸鐶，（2）類，（²/₃），壺，戰國ⅠB　2-158，外卷二歧角獸鐶，（2）類，壺，戰國ⅡA，Courtesy of the Royal Ontario Museum, Toronto, Canada (Far Eastern Department)

2-159

2-162

2-160

2-163

2-161

2-164

2-159，無角犧首，（1）類，承盤座，春秋ⅡB，新鄭城關鎮李家樓　　2-160，無角犧首，（1）類，盞，春秋ⅡB，Dr. Arthur M. Sackler Collection, New York，樋口隆康先生攝　　2-161，無角犧首，（1）類，鋼，春秋ⅢA, Courtesy of the Royal Ontario Museum, Toronto, Canada (Far Eastern Department)　　2-162，無角犧首，（1）類，盥缶，戰國ⅠA，隨州擂鼓墩1號墓　　2-163，無角犧首，（2）類，盥缶，春秋ⅢA, Museum für Ostasiatische Kunst, Köln　　2-164，無角犧首，（2）類，（右1/2），盥缶，戰國ⅠB, Courtesy of the Arthur M. Sackler, Gallery, Smithsonian Institution, Washington, D.C., Acc, no. S87.0277, Gift of Arther M. Sackler

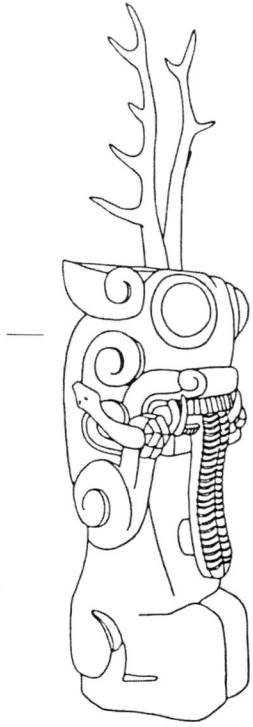

2-165

2-167

2-168

2-166

2-169

2-170

2-165，無角犠首，（2）類，（右約¹/₂₀），木雕，戰國ⅡA，信陽長臺關1號墓　　2-166，無角犠首，（2）類，木雕，戰國ⅡA，信陽長臺關2號墓　　2-167，無角犠首，（3）類，（⁴/₁₅），鼎，春秋ⅢA，壽縣蔡侯墓　　2-168，無角犠首，（3）類，鼎，戰國ⅡA　　2-169，無角犠首，（3）類，鑪，戰國Ⅲ，天理大學附屬參考館　　2-170，無角犠首，（3）類，（約¹/₃），鼎，戰國Ⅲ

2-171

2-174

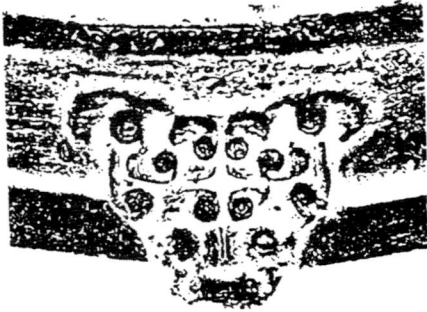

2-172

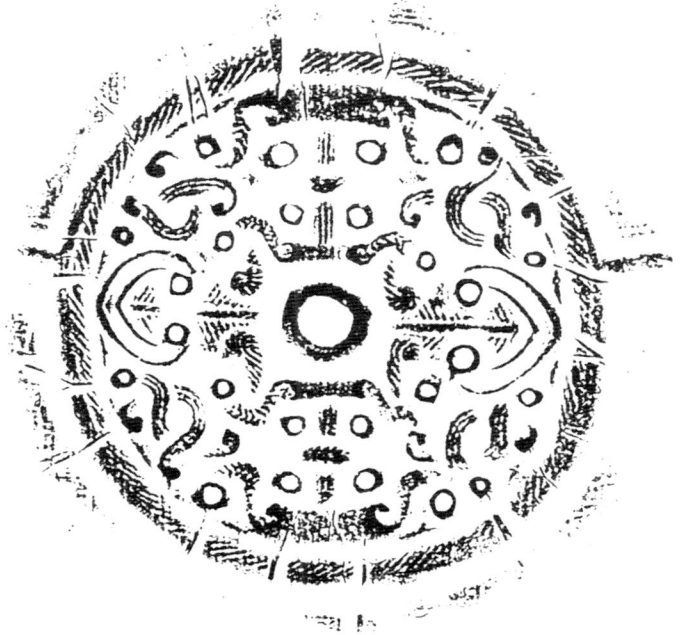

2-175

2-173

2-171，原形不明羽紋化犧首，罍，春秋ⅡA，泉屋博古館，樋口隆康先生攝　　2-172，原形不明羽紋化犧首，(¹/₂)，鼎，春秋ⅢA，壽縣蔡侯墓　　2-173，原
形不明羽紋化犧首，匜，春秋ⅢB，Asian Art Museum of San Francisco, Avery Brundage Collection，樋口隆康先生攝　　2-174，原形不明羽紋化犧首，(²/₅)，鼎，
春秋ⅢB，蘇州虎丘　　2-175，原形不明羽紋化犧首，(原大)，盥缶，戰國ⅠA，出光美術館

2-176

2-180

2-177

2-178

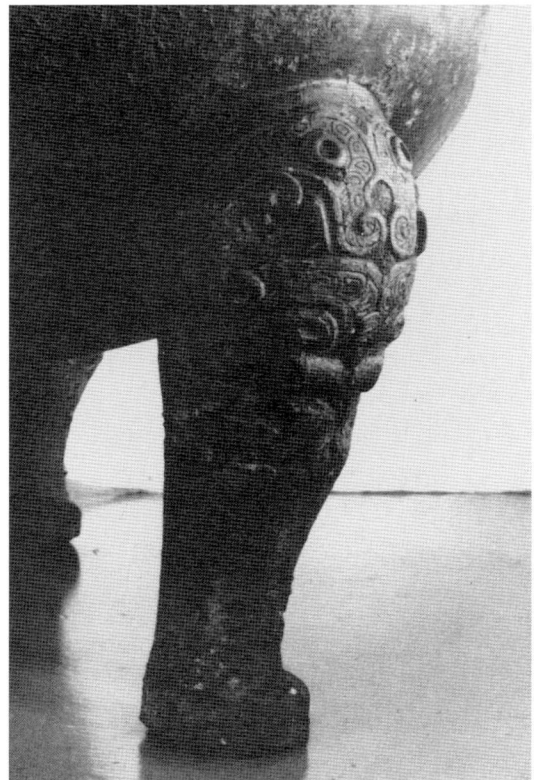

2-181

2-179

2-176，小龍呈角形在頭上的犧首，（約½），匜，春秋ⅡA，信陽平橋1號墓　　2-177，小龍呈角形在頭上的犧首，盆，春秋ⅡA，潢川上油崗公社　　2-178，小龍呈角形在頭上的犧首，（⅓），鼎，春秋ⅡB，侯馬上馬村13號墓　　2-179，小龍呈角形在頭上的犧首，盤，春秋ⅢA，尉氏河東周村　　2-180，小龍呈角形在頭上的犧首，（¾），器種不明，春秋ⅢA，輝縣琉璃閣75號墓　　2-181，小龍呈角形在頭上的犧首，鼎，春秋ⅢA，東京國立博物館

2-182

2-184

2-183

2-185

2-186

2-187

2-182，小犠首在頭上的犠首，（½），盤，春秋ⅡB，洛陽中州路4號墓　　2-183，小犠首在頭上的犠首，（原大），盤，春秋ⅡB，新鄭城關鎮李家樓　　2-184，鳥喙犠首，（原大），盤，春秋ⅡB，新鄭城關鎮李家樓　　2-185，鳥喙犠首，匜，春秋ⅡB，The Art Museum, Princeton University, Chester Dale and Dolly Carter Collection　2-186，鳥喙犠首，匜，春秋ⅢA，唐山賈各莊18號墓　　2-187，鳥喙犠首（⅘），鎛，春秋ⅢA，出光美術館

2−191

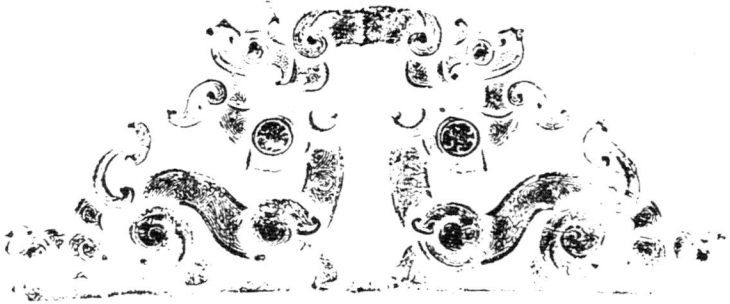

2−188

2−192

2−189

2−193

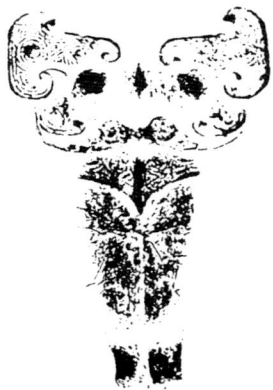

2−190

2−194

2−188，鳥喙犧首，（下 ³/₅），鎛，戰國ⅠB　　2−189，鳥喙犧首，鑪，戰國ⅠB，Courtesy of the Royal Ontario Museum, Toronto Canada (Far Eastern Department)
2−190，鳥喙犧首，（³/₅），簋，戰國ⅠB　　2−191，其他犧首，（¹/₃），鼎，春秋ⅡB，侯馬上馬村13號墓　　2−192，其他犧首，簋，春秋ⅢA，洛陽60號墓
2−193，其他犧首，簋，春秋ⅢA，洛陽60號墓　　2−194，其他犧首，（³/₅），鐘，統一秦

2-195

2-196

2-197

2-195，其他犧首，簋，戰國Ⅱ，Musée Guimet-PARIS   2-196，其他犧首，匜，戰國Ⅱ，Museum für Völkerkunde, München   2-197，其他犧首，壺，戰國ⅡB，The Museum of Far Eastern Antiquities, Stockholm, Sweden

3-1

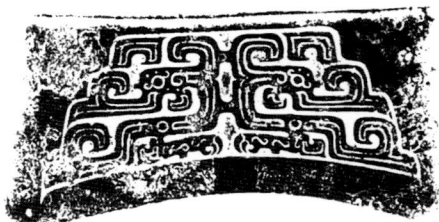

3-2

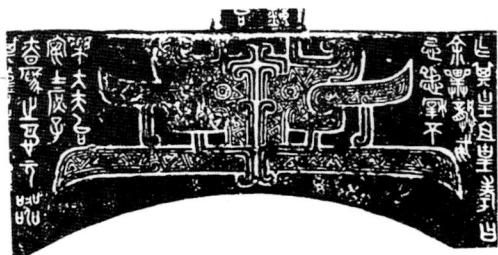

3-3

3-4

3-5

3-6

3-7

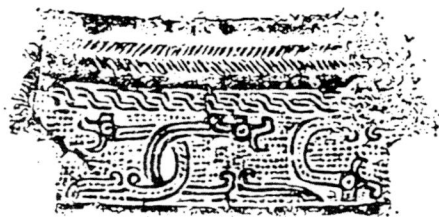

3-8

3-9

3-1，單頭、回首L形龍，(¹/₂)，鐘，春秋ⅡB　　3-2，單頭、回首L形龍，(¹/₄)，鐘，春秋ⅡB，新鄭城關鎮李家樓　　3-3，單頭、回首L形龍，(¹/₃)，鐘，春秋ⅡB，上海博物館　　3-4，單頭、回首L形龍，(¹/₄)，鐘，春秋ⅢA，輝縣琉璃閣75號墓　　3-5，單頭、回首L形龍，鎛，戰國ⅠB，Victoria and Albert Museum　　3-6，單頭、回首L形龍，豆，春秋ⅢB，Courtesy of the Royal Ontario Museum, Toronto, Canada (Far Eastern Department)　　3-7，單頭、回首L形龍，(³/₅)，鐘，春秋ⅢB　　3-8，單頭、回首L形龍，(³/₅)，鼉，春秋ⅢA，莒南大店1號墓　　3-9，單頭、回首L形龍，(²/₃)，鬲，春秋ⅡB，新鄭城關鎮李家樓

3-10

3-11

3-12

3-13

3-14

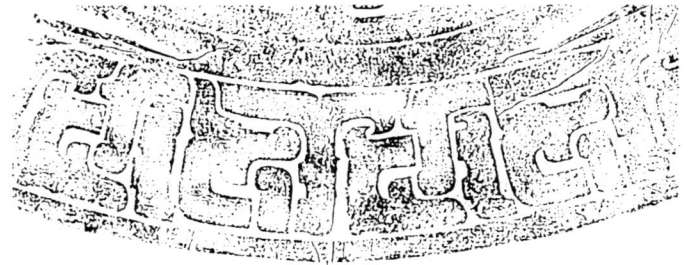

3-15

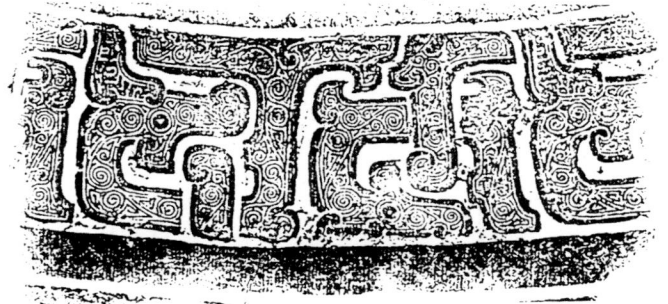

3-16

3-17

3-10，單頭、卷體側視形龍，（²/₅），鬲，春秋ⅡA，光山寶相寺　　3-11，單頭、卷體側視形龍，瓿，春秋ⅡA，汲縣　　3-12，單頭、卷體側視形龍，（²/₇），簠，春秋ⅡA，信陽平橋2號墓　　3-13，單頭、卷體側視形龍，（原大），鼎，春秋ⅢA　　3-14，單頭、卷體側視形龍，（⁴/₅），鼎，春秋ⅢB　　3-15，單頭、卷體側視形龍，（¹/₂），鼎，戰國ⅠB　　3-16，單頭、卷體側視形龍，（²/₃），鼎，戰國ⅠB，藤井有鄰館　　3-17，單頭、卷體側視形龍，（³/₅），鼎，春秋ⅢA

3-18

3-23

3-19

3-24

3-20

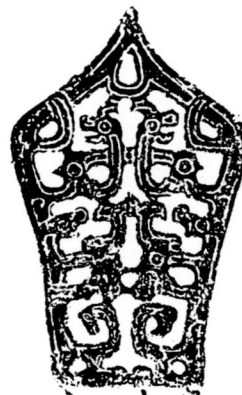

3-25

3-21

3-26

3-22

3-27

3-18，單頭、尖葉形内、回首龍，(²/₅)，盆，春秋ⅡA，臺北故宮博物院　　3-19，單頭、尖葉形内、回首龍，(²/₇)，壺，春秋ⅡA，沂水劉家店子1號墓　　3-20，單頭、尖葉形内、回首龍，(¹/₃)，罍，春秋ⅡA　　3-21，單頭、尖葉形内、回首龍，(³/₅)，釦，春秋ⅡA　　3-22，單頭、尖葉形内、回首龍，(³/₅)，鼎，春秋ⅡB，新鄭城關鎮李家樓　　3-23，單頭、尖葉形内、回首龍，(¹/₃)，鼎，春秋ⅡB，侯馬上馬村13號墓　　3-24，單頭、尖葉形内、回首龍，(¹/₃)，鑑，春秋ⅡB，輝縣琉璃閣60號墓　　3-25，單頭、尖葉形内、回首龍，(¹/₂)，壺，春秋ⅡB，新鄭城關鎮李家樓　　3-26，單頭、尖葉形内、回首龍，(¹/₅)，罍，春秋Ⅱ～Ⅲ特定地域型，荔浦栗木公社　　3-27，單頭、尖葉形内、回首龍，(原大)，鼎，春秋ⅢA

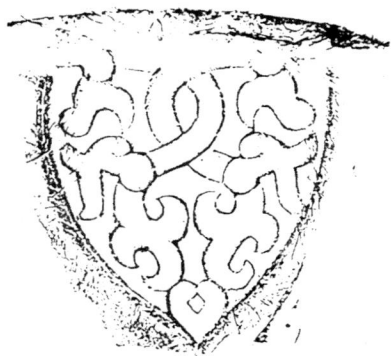

3-28

3-29

3-30

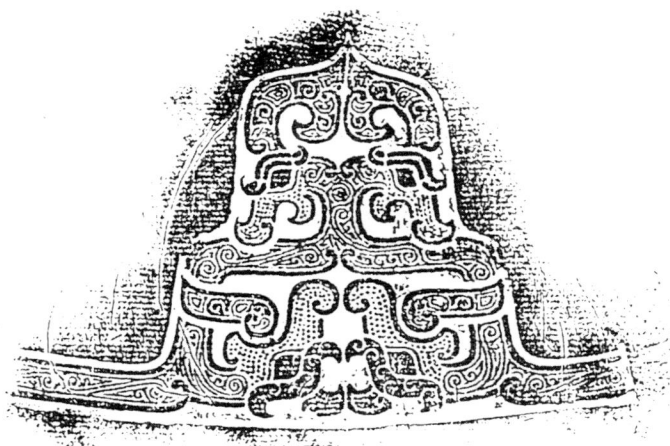

3-31

3-32

3-33

3-34

3-28，單頭、尖葉形內、回首龍，(¹/₃)，壺，春秋ⅢA，輝縣琉璃閣55號墓　　3-29，單頭、尖葉形內、回首龍，壺，春秋ⅢB，Courtesy of the Trustees of the British Museum　　3-30，單頭、尖葉形內、回首龍，(原大)，豆，戰國ⅠA，東京國立博物館　　3-31，尖葉形內、其他龍，(¹/₃)，鼎，戰國ⅠA，長治分水嶺26號墓　　3-32，尖葉形內、其他龍，(原大)，壺，戰國ⅠA，汲縣山彪鎮1號墓　　3-33，尖葉形內、其他龍，(⁴/₅)，壺，戰國ⅠB，臺北故宮博物院　　3-34，尖葉形內、其他龍，(原大)，鑑，戰國ⅡA，Courtesy of the Royal Ontario Museum, Toronto, Canada (Far Eastern Department)

3-35

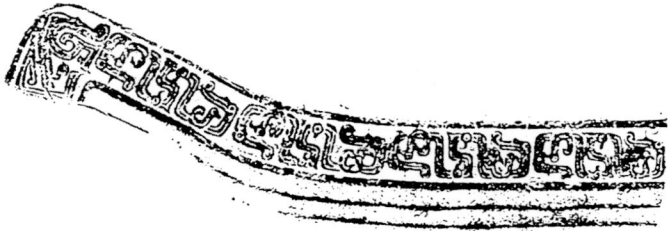

3-36

3-37

3-38

3-39

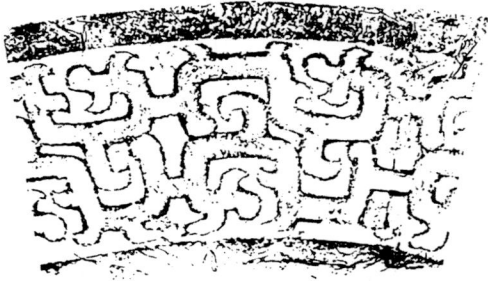

3-40

3-41

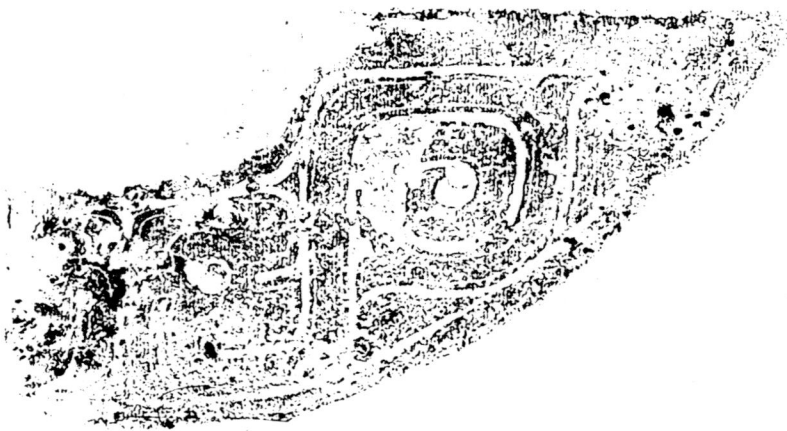

3-42

3-43

3-35，單頭、回首S形、并列龍，（約⅓），罍，春秋ⅡA，光山寶相寺　　3-36，單頭、回首S形、并列龍，（約⅓），匜，春秋ⅡA，隨州萬店公社　　3-37，單頭、回首S形、并列龍，（¼），壺，春秋ⅡB，侯馬上馬村12號墓　　3-38，單頭、回首S形、并列龍，（⅓），壺，春秋ⅡB，輝縣琉璃閣55號墓　　3-39，單頭、回首S形、并列龍，（³⁄₅），鐘，春秋ⅡB，藤井有鄰館　　3-40，單頭、回首S形、并列龍，鼎，春秋ⅢA　　3-41，單頭、回首S形、并列龍，鼎，春秋ⅢB　　3-42，單頭、回首S形、并列龍，鋼，春秋ⅢB，長治分水嶺126號墓　　3-43，單頭、回首S形、并列龍，鼎，戰國ⅠA，Musée Guimet-PARIS

3-44

3-47

3-45

3-48

3-49

3-46

3-50

3-44，單頭、回首Ｓ形、并列龍，（⁴/₅），方鼎，戰國ⅠA　　3-45，單頭、回首Ｓ形、并列龍，鼎，戰國ⅠB，Courtesy of the Royal Ontario Museum, Toronto, Canada (Far Eastern Department)　　3-46，單頭、回首Ｓ形、并列龍，（¹/₂），簠，戰國Ⅱ，臺北故宮博物院　　3-47，單頭、回首Ｓ形、長鼻龍，鐘，春秋ⅢB，長治分水嶺25號墓　　3-48，單頭、回首Ｓ形、長鼻龍，鐘，春秋ⅢB，Museum of Decorative Art, Copenhagen　　3-49，單頭、回首Ｓ形、長鼻龍，鋪，戰國ⅠA，長治分水嶺25號墓　　3-50，單頭、回首Ｓ形、長鼻龍，（³/₅），壺，戰國ⅠB，臺北故宮博物院

3-51

3-54

3-55

3-56

3-52

3-57

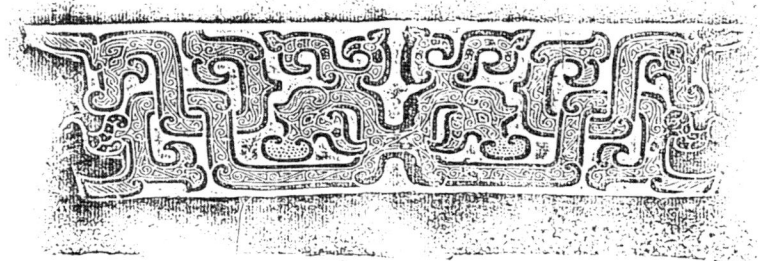

3-53

3-58

3-51，單頭、回首Ｓ形、長鼻龍，鼎，戰國ⅠB　　3-52，單頭、回首Ｓ形、長鼻龍，(²/₃)，鼎，戰國ⅠA　　3-53，單頭、回首Ｓ形、長鼻龍，(¹/₂)，鏽，春秋
ⅢA，出光美術館　　3-54，單頭、回首Ｓ形、纏絡龍（單方向），盆，春秋ⅡA，新野城關鎮小西關　　3-55，單頭、回首Ｓ形、纏絡龍（單方向），匜，春秋
ⅡA，懷寧金拱公社　　3-56，單頭、回首Ｓ形、纏絡龍（單方向），匜，春秋ⅡB，江陵嶽山　　3-57，單頭、回首Ｓ形、纏絡龍（單方向），(²/₃)，簠，春秋ⅡB
3-58，單頭、回首Ｓ形、纏絡龍（單方向），(原大)，簠，春秋ⅡB

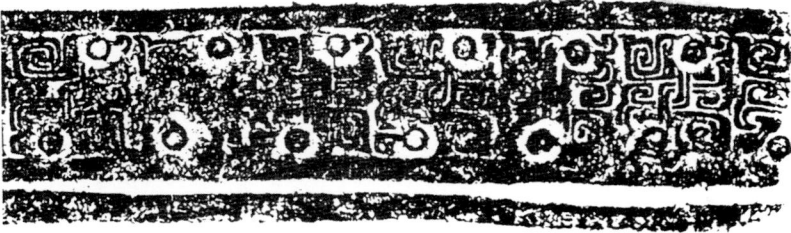

3-59

3-63

3-60

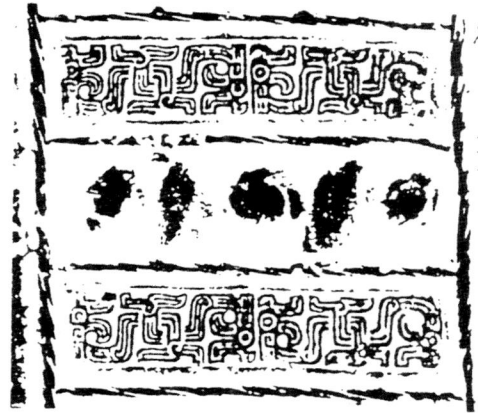

3-64

3-61

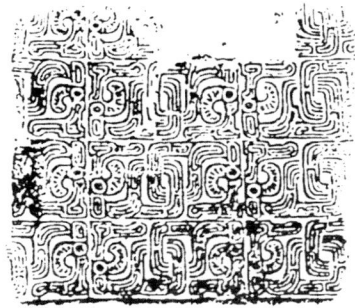

3-65

3-62

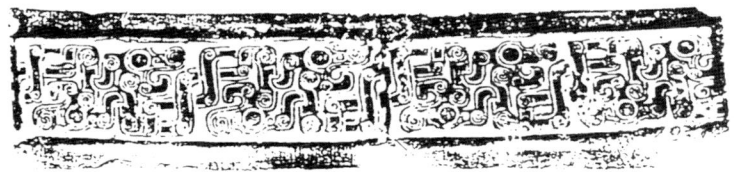

3-66

3-59，單頭、回首S形、纏絡龍（單方向），(²/₃)，壺，春秋ⅡB，新鄭城關鎮李家樓　　3-60，單頭、回首S形、纏絡龍（單方向），(¹/₃)，簋，春秋ⅡB，臺北故宮博物院　　3-61，單頭、回首S形、纏絡龍（單方向），(¹/₃)，鑪，春秋ⅢA，靖安水口公社　　3-62，單頭、回首S形、纏絡龍（單方向），盥缶，春秋ⅢA，Museum für Ostasiatische Kunst, Köln　　3-63，單頭、回首S形、纏絡龍（單方向），（原大），鎛，春秋ⅢA，莒南大店1號墓　　3-64，單頭、回首S形、纏絡龍（單方向），(²/₃)，壺，春秋ⅢA，六合程橋　　3-65，單頭、回首S形、纏絡龍（單方向），(⁴/₉)，罍，春秋Ⅲ，紹興306號墓　　3-66，單頭、回首S形、纏絡龍（單方向），(²/₃)，壺，戰國ⅠA，汲縣山彪鎮1號墓

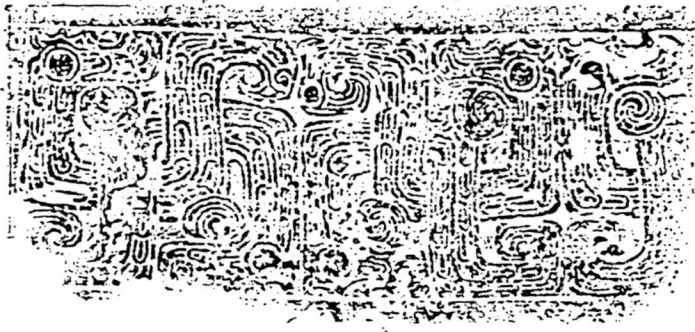

3-67

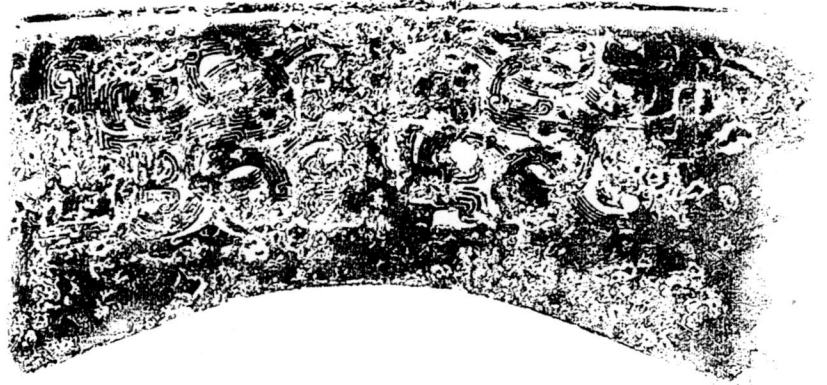

3-69

3-68

3-70

3-71

3-72

3-67，單頭、回首 S 形、纏絡龍 (單方向)，($^3/_4$)，鼎，戰國 I B，長沙瀏城橋 1 號墓　　3-68，單頭、回首 S 形、纏絡龍 (單方向)，($^2/_3$)，壺，戰國 I B　　3-69，單頭、回首 S 形、纏絡龍 (雙方向)，($^2/_5$)，鐘，春秋 II B　　3-70，單頭、回首 S 形、纏絡龍 (雙方向)，($^3/_4$)，鐘，春秋 II B，六合程橋 1 號墓　　3-71，單頭、回首 S 形、纏絡龍 (雙方向)，($^1/_2$)，鑑，戰國 I A，臺北故宮博物院　　3-72，單頭、回首 S 形、纏絡龍 (雙方向)，($^1/_2$)，短頸壺，戰國 I，臺北故宮博物院

3-73

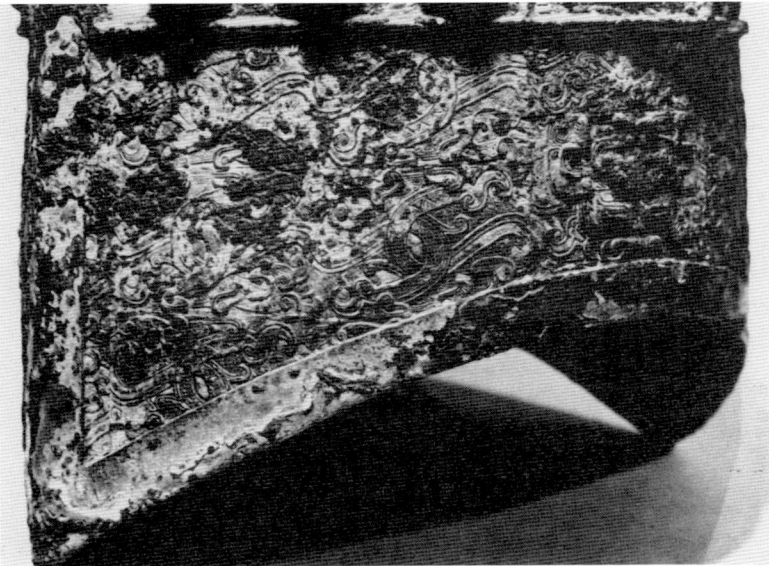

3-76

3-74

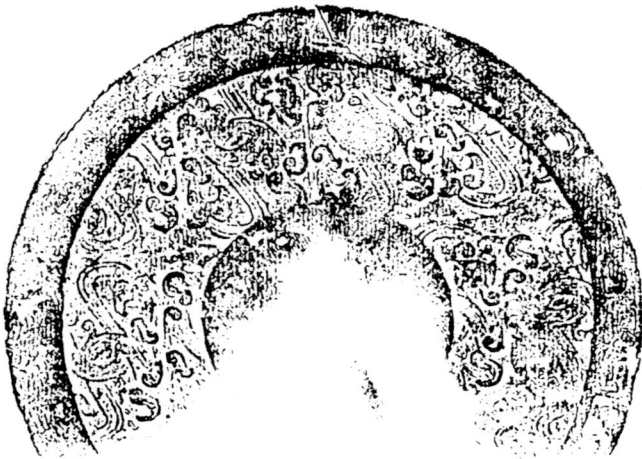

3-77

3-75

3-73，單頭、回首S形、纏絡龍（雙方向），短頸壺，戰國Ⅰ，Asian Art Museum of San Francisco, Avery Brundage Collection，樋口隆康先生攝　　3-74，單頭、回首S形、纏絡龍（雙方向），鐘，戰國ⅠA，泉屋博古館　　3-75，單頭、回首S形、纏絡龍（雙方向），(⁴/₅)，鑑，戰國ⅡA　　3-76，單頭、回首S形、纏絡龍（雙方向），（下，原大），壺，戰國ⅡA，臺北故宮博物院　　3-77，單頭、回首S形龍，鐘，戰國ⅠB，泉屋博古館

3—78

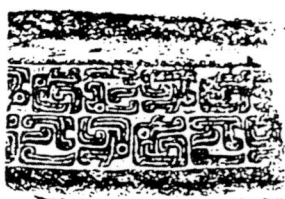

3—79

3—80

3—83

3—81

3—84

3—82

3—85

3—78，單頭、回首凹字形、并列龍，（²/₅），鼎，春秋ⅡA，光山寶相寺　　3—79，單頭、回首凹字形、并列龍，（¹/₃），鼎，春秋ⅡB，侯馬上馬村13號墓　　3—80，單頭、回首凹字形、并列龍，（²/₃），簠，春秋ⅡB　　3—81，單頭、回首凹字形、并列龍，鐘，春秋ⅡB，藤井有鄰館　　3—82，單頭、回首凹字形、并列龍，鼎，春秋ⅢA，唐山賈各莊2號墓　　3—83，單頭、回首凹字形、并列龍，（下，原大），鼎，春秋ⅢA　　3—84，單頭、回首凹字形、并列龍，鼎，春秋ⅢB　　3—85，單頭、回首凹字形、并列龍，壺，春秋ⅢB，Asian Art Museum of San Francisco, Avery Brundage Collection

3-86

3-87

3-88

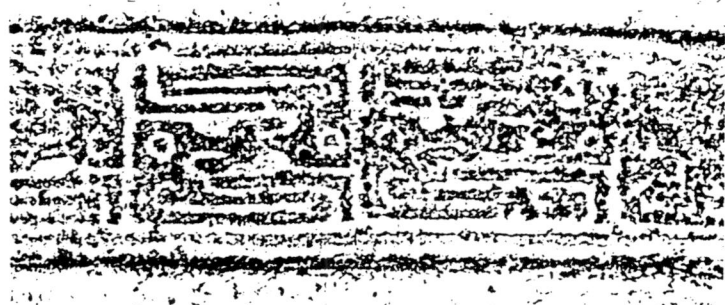

3-89

3-90

3-91

3-92

3-86，單頭、回首凹字形、并列龍，鐘，春秋ⅢB，Museum of Decorative Art, Copenhagen　　3-87，單頭、回首凹字形、并列龍，簋，春秋ⅢA，洛陽60號墓
3-88，單頭、回首凹字形、并列龍，(²/₃)，壺，戰國ⅡA，臺北故宮博物院　　3-89，單頭、回首凹字形、勾連龍，簋，春秋ⅡA，中國歷史博物館，岡村秀典
先生攝　　3-90，單頭、回首凹字形、勾連龍，鼎，春秋ⅡA，臺北故宮博物院　　3-91，單頭、回首凹字形、勾連龍，(⁴/₅)，鼎，春秋ⅡB，九州大學文學部
3-92，單頭、回首凹字形、勾連龍，(¹/₂)，鼎，戰國ⅠB，藤井有鄰館

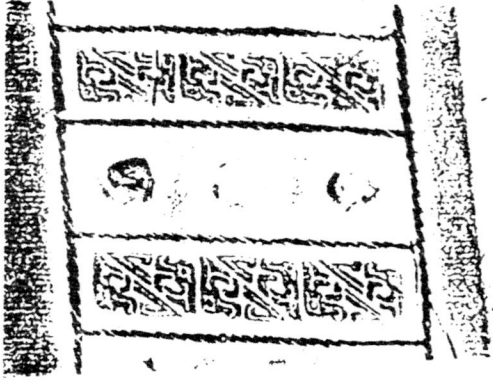

3-93

3-94

3-97

3-95

3-96

3-93，單頭、三角形龍，（原大），鐘，春秋ⅡB　　3-94，單頭、三角形龍，（原大），鐘，春秋ⅡB，Musée Royaux d'Art et d'Histoir, Bruxelles　　3-95，單頭、三角形龍，簠，春秋ⅡB，Courtesy of the Trustees of the British Museum　　3-96，單頭、三角形龍，（原大），鐘，春秋ⅢA，淅川下寺1號墓　　3-97，單頭、三角形龍，鼎，春秋ⅢB，襄陽山灣14號墓

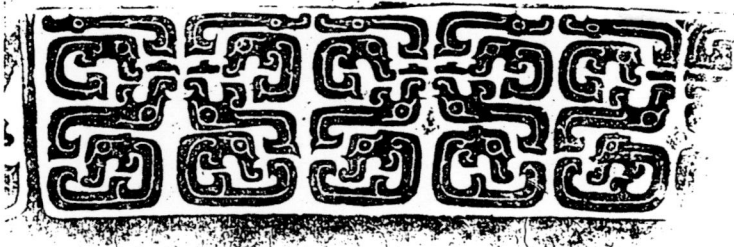

3-98

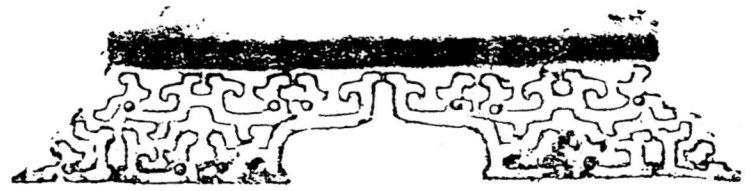

3-102

3-99

3-103

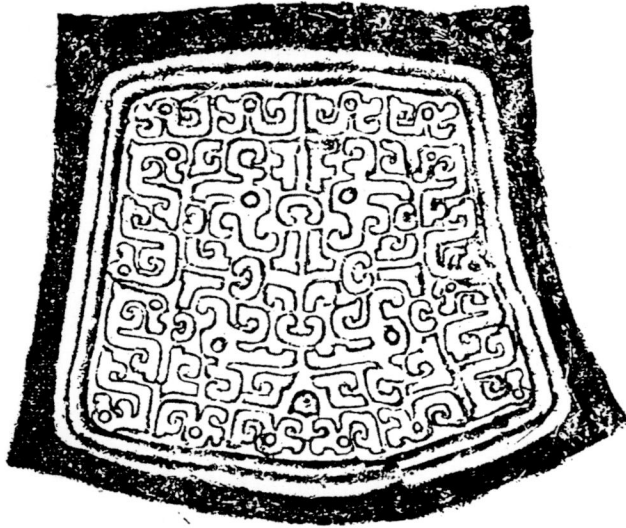

3-100

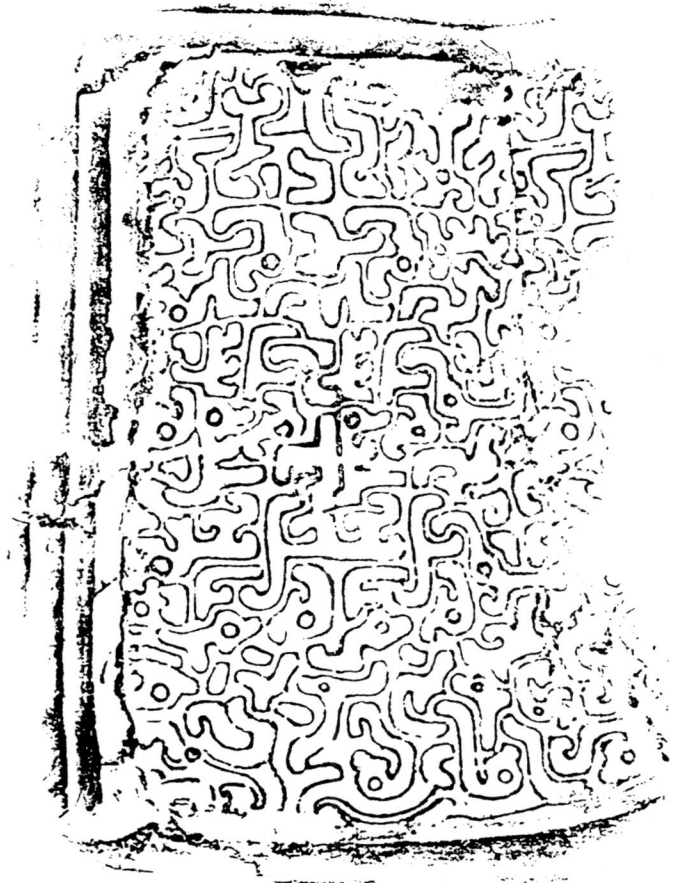

3-104

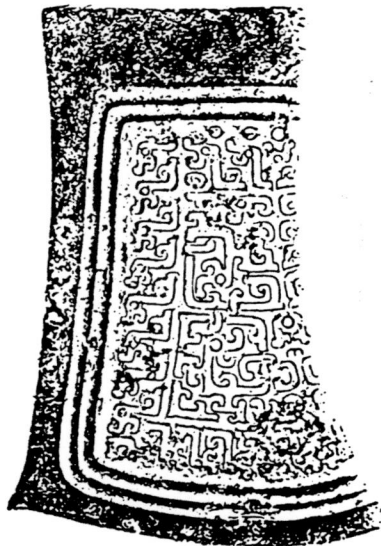

3-101

3-98、各種單頭龍雜居紋，(³/₅)，鼎，春秋ⅡA　　3-99、各種單頭龍雜居紋，鬲，春秋ⅡA，沂水劉家店子1號墓　　3-100、各種單頭龍雜居紋，(³/₅)，壺，春秋ⅡB，新鄭城關鎮李家樓　　3-101、各種單頭龍雜居紋，(²/₅)，壺，春秋ⅢA，壽縣蔡侯墓　　3-102、各種單頭龍雜居紋，(約½)，盂，春秋ⅢA，壽縣蔡侯墓　　3-103、各種單頭龍雜居紋，鬲，春秋ⅢA，淅川下寺1號墓　　3-104、各種單頭龍雜居紋，(⁴/₅)，壺，戰國ⅡA，臺北故宮博物院

3-105

3-106

3-109

3-107

3-110

3-108

3-105，單頭、鎖鏈狀、纏絡龍，（約¹/₃），匜，春秋ⅡA，光山寶相寺　　3-106，單頭、鎖鏈狀、纏絡龍，盥缶，春秋ⅡB，襄陽山灣23號墓　　3-107，單頭、鎖鏈狀、纏絡龍，（⁸/₁₅），鑑，春秋ⅡB，輝縣琉璃閣60號墓　　3-108，單頭、鎖鏈狀、纏絡龍，（原大），鐘，春秋ⅡB，六合程橋1號墓　　3-109，單頭、鎖鏈狀、纏絡龍，壺，春秋ⅢA，臺北故宮博物院　　3-110，單頭、鎖鏈狀、纏絡龍，（³/₅），鼎，春秋ⅢA，東京國立博物館

3-114

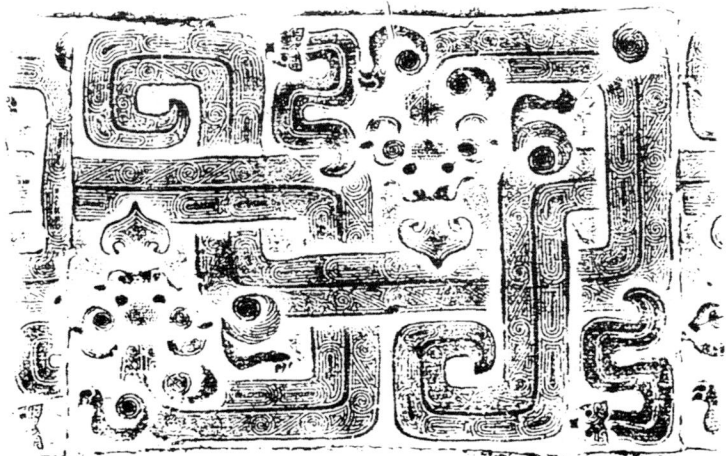

3-111

3-115

3-112

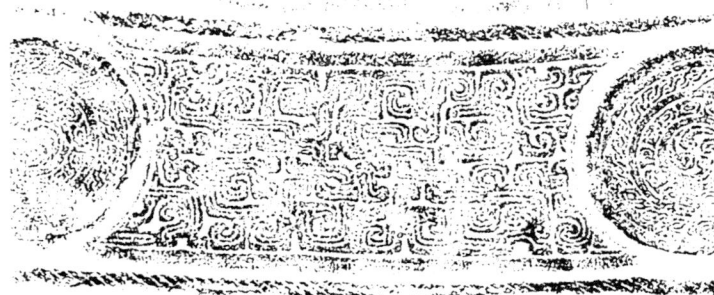

3-116

3-113

3-117

3-111，單頭、鎖鏈狀、纏絡龍，(下³/₅)，罍，戰國ⅠA，臺北故宮博物院　　3-112，單頭、鎖鏈狀、纏絡龍，(¹/₃)，鼎，戰國ⅠB，長治分水嶺53號墓　　3-113，單頭、鎖鏈狀、纏絡龍，鉦，戰國ⅡA　　3-114，單頭、複雜纏絡龍，壺，春秋ⅡA，樋口隆康先生攝　　3-115，單頭、複雜纏絡龍，甂，春秋ⅡA，汲縣　　3-116，單頭、複雜纏絡龍，(³/₅)，盥缶，春秋ⅡB，MOA美術館　　3-117，單頭、複雜纏絡龍，鑑，春秋ⅡB，羅定背天山

3-118

3-122

3-119

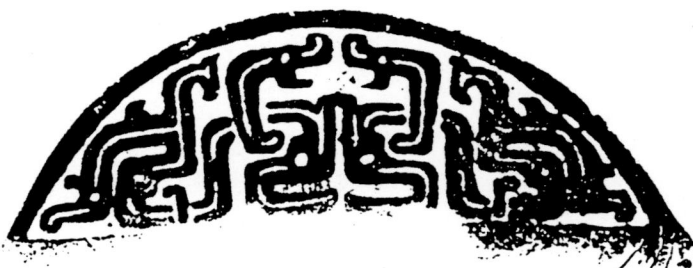

3-123

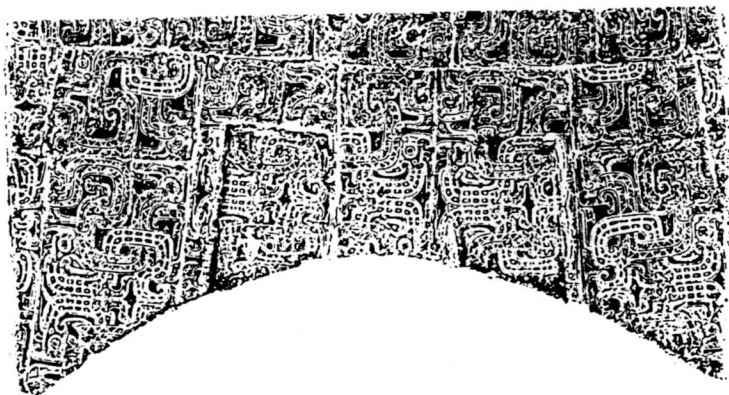

3-120

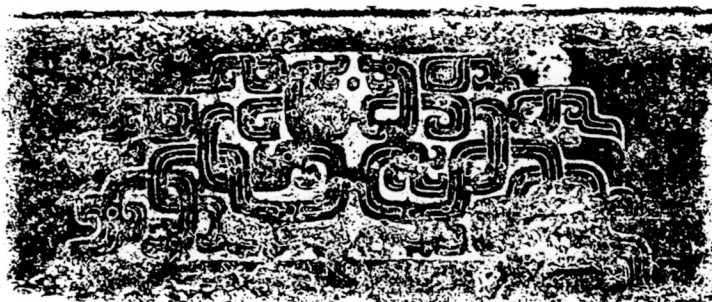

3-124

3-121

3-125

3-118，單頭、複雜纏絡龍，（⁸/₁₅），鑑，春秋ⅡB，輝縣琉璃閣60號墓   3-119，單頭、複雜纏絡龍，（¹/₂），鼎，春秋ⅢA，壽縣蔡侯墓   3-120，單頭、複雜纏絡龍，（約¹/₄），鐘，戰國ⅠB，上海博物館   3-121，單頭、複雜纏絡龍，（⁴/₅），短頸壺，戰國Ⅰ，臺北故宮博物院   3-122，單頭、複雜纏絡龍（對稱布置），（⁴/₅），鐘，春秋ⅡA   3-123，單頭、複雜纏絡龍（對稱布置），（原大），鐘，春秋ⅡA，臺北故宮博物院   3-124，單頭、複雜纏絡龍（對稱布置），（³/₅），鐘，春秋ⅡB，新鄭城關鎮李家樓   3-125，單頭、複雜纏絡龍（對稱布置），（⁴/₅），鎛，春秋ⅢA

3-126

3-130

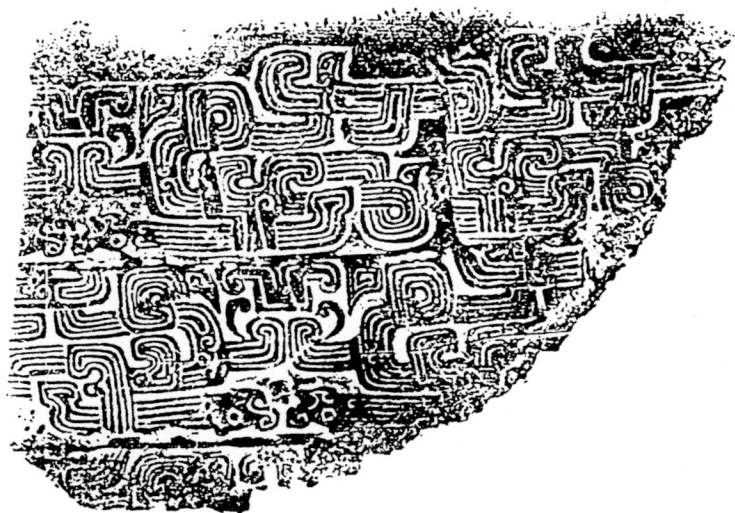
3-127

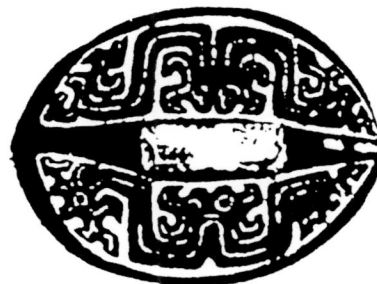
3-131

3-132

3-128

3-133

3-134

3-129

3-135

3-126，單頭、複雜纏絡龍（對稱布置），($^4/_9$)，鐘，春秋ⅢA，輝縣琉璃閣60號墓　　3-127，單頭、複雜纏絡龍（對稱布置），（約$^3/_5$），鎛，輝縣琉璃閣75號墓　　3-128，單頭、複雜纏絡龍（對稱布置），（約$^1/_3$），鐘，春秋ⅢB，汲縣山彪鎮1號墓　　3-129，單頭、複雜纏絡龍（對稱布置），($^2/_5$)，壺，春秋ⅢB，The Museum of Far Eastern Antiquities, Stockholm, Sweden　　3-130，雙頭、回首S形、并列龍，($^4/_5$)，鎛，春秋ⅡA　　3-131，雙頭、回首S形、并列龍，($^3/_7$)，鎛，大約春秋Ⅱ　　3-132，雙頭、回首S形、并列龍，甗，春秋ⅡA　　3-133，雙頭、回首S形、并列龍，($^4/_5$)，鼎，春秋ⅡA　　3-134，雙頭、回首S形、并列龍，($^2/_3$)，簠，春秋ⅡB　　3-135，雙頭、回首S形、并列龍，($^2/_3$)，壺，春秋ⅡB，新鄭城關鎮李家樓

3-136

3-137

3-138

3-139

3-140

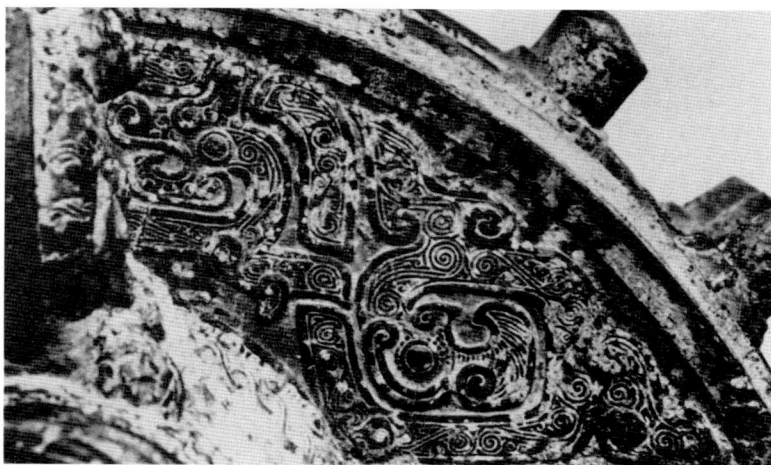
3-141

3-142

3-143

3-136，雙頭、回首Ｓ形、并列龍，鬲，春秋ⅡB，侯馬上馬村13號墓　　3-137，雙頭、回首Ｓ形、并列龍，（1/2），鐘，春秋ⅡB，新鄭城關鎮李家樓　　3-138，雙頭、回首Ｓ形、并列龍，鼎，春秋ⅢA，洛陽60號墓　　3-139，雙頭、回首Ｓ形、并列龍，鐘，Museum of Decorative Art, Copenhagen　　3-140，雙頭、回首Ｓ形、并列龍，鼎，春秋Ⅲ，Asian Art Museum of San Francisco, Avery Brundage Collection，樋口隆康先生攝　　3-141，雙頭、回首Ｓ形、并列龍，錞，春秋Ⅲ，Courtesy of the Royal Ontario Museum, Toronto, Canada (Far Eastern Department)　　3-142，雙頭、回首Ｓ形、并列龍，簋，戰國ⅡB，Courtesy of the Freer Gallery of Art, Smithsonian Institution, Washington D.C.，樋口隆康先生攝　　3-143，雙頭、回首Ｓ形、并列龍，（1/2），壺，戰國ⅡB，輝縣琉璃閣59號墓

3-144

3-147

3-148

3-145

3-149

3-150

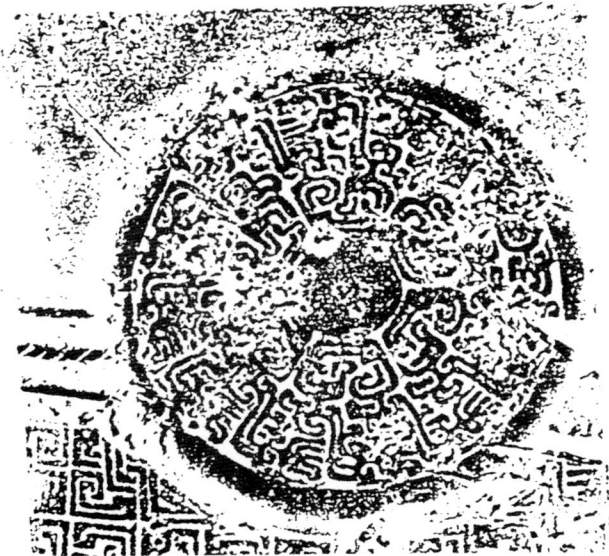

3-146

3-151

3-152

3-144，雙頭、回首S形、相叠龍，鑄，春秋ⅡB，Musée Guimet-PARIS　　3-145，雙頭、回首S形、相叠龍，鐘，春秋ⅡB，Courtesy of the Trustees of the British Museum　　3-146，雙頭、回首S形、相叠龍，（原大），盥缶，戰國ⅠB，Dr. Arthur M. Sackler Collection, New York　　3-147，雙頭、回首S形、纏絡龍，（約¹/₂），壺，春秋ⅡA，信陽平橋2號墓　　3-148，雙頭、回首S形、纏絡龍，（約²/₅），盆，春秋ⅡA，信陽平橋1號墓　　3-149，雙頭、回首S形、纏絡龍，（約¹/₂），盆，春秋ⅡA　　3-150，雙頭、回首S形、纏絡龍，盤，春秋ⅡA，新野城關鎮小西關　　3-151，雙頭、回首S形、纏絡龍，（¹/₂），簠，春秋ⅡB　　3-152，雙頭、回首S形、纏絡龍，（²/₅），鐘，春秋ⅡB，新鄭城關鎮李家樓

3-156

3-157

3-153

3-154

3-158

3-159

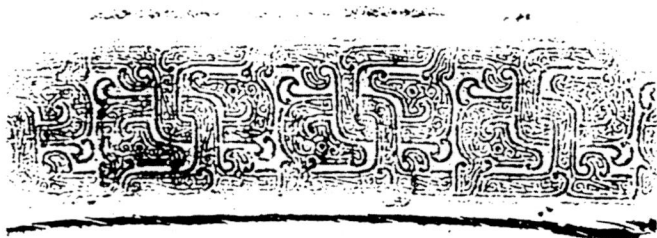

3-155

3-153，雙頭、回首S形、纏絡龍，(⁵/₉)，鑑，春秋ⅢA，輝縣琉璃閣60號墓　　　3-154，雙頭、回首S形、纏絡龍，(³/₅)，車傘帽，春秋ⅢA，莒南大店1號墓　　3-155，雙頭、回首S形、纏絡龍，(下⁴/₅)，鼎，戰國ⅠA，Musée Guimet-PARIS　　　3-156，雙頭、回首S形、纏絡龍，(原大⁴/₅)，鼎，戰國ⅠA，臺北故宮博物院　　3-157，雙頭、回首S形、纏絡龍，(原大)，鼎，戰國ⅠB，咸陽塔兒坡　　　3-158，雙頭、回首S形、纏絡龍，(³/₅)，短頸壺，戰國ⅠB，東京國立博物館　　　3-159，雙頭、回首S形、纏絡龍，鋼，戰國ⅠB，Dr. Arthur M. Sackler Collection, New York，樋口隆康先生攝

3-160

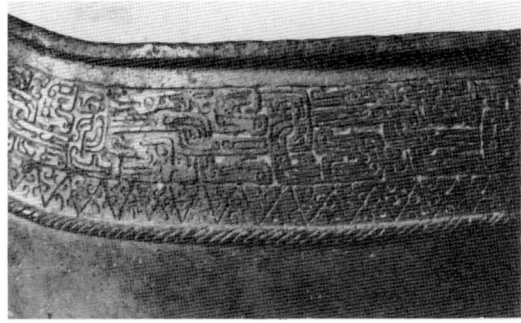

3-161

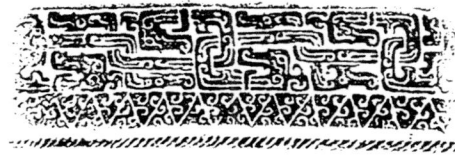

3-165

3-162

3-166

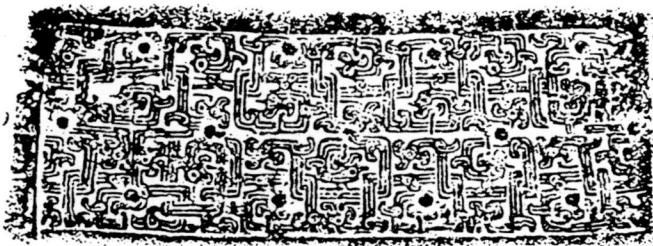

3-163

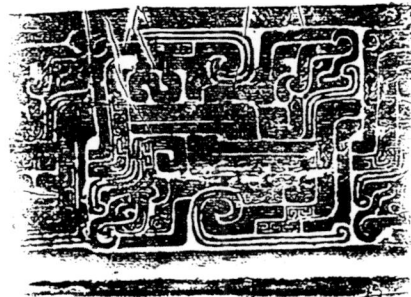

3-167

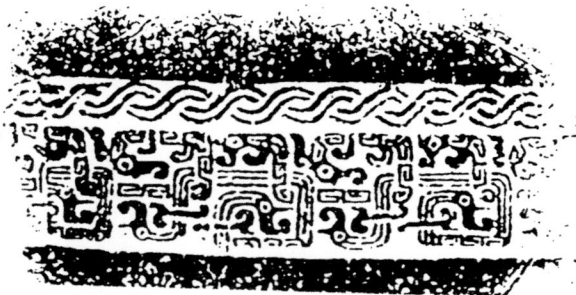

3-164

3-168

3-160，雙頭、鎖鏈狀、纏絡龍，（約 1/2），盤，春秋Ⅱ A，信陽平橋 2 號墓　　3-161，雙頭、鎖鏈狀、纏絡龍，（1/2），鼎，春秋Ⅱ B，新鄭城關鎮李家樓　　3-162，雙頭、鎖鏈狀、纏絡龍，（約 1/3），盥缶，春秋Ⅲ A，淅川下寺 1 號墓　　3-163，雙頭、鎖鏈狀、纏絡龍，（1/2），簠，春秋Ⅲ A，壽縣蔡侯墓　　3-164，雙頭、鎖鏈狀、纏絡龍，（原大），壺，春秋Ⅲ A，臺北故宮博物院　　3-165，雙頭、鎖鏈狀、纏絡龍，（下 2/3），匜，春秋Ⅲ A　　3-166，雙頭、鎖鏈狀、纏絡龍，鼎，春秋Ⅲ A，洛陽 60 號墓　　3-167，雙頭、鎖鏈狀、纏絡龍，（1/2），鼎，春秋Ⅲ A　　3-168，雙頭、鎖鏈狀、纏絡龍，鼎，春秋Ⅲ A

3-169

3-172

3-170

3-173

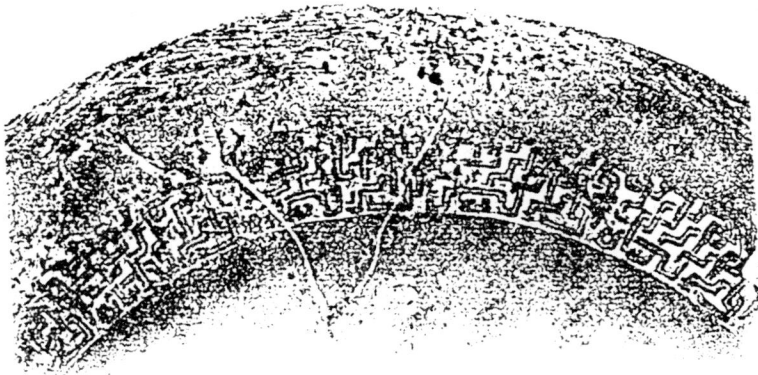

3-174

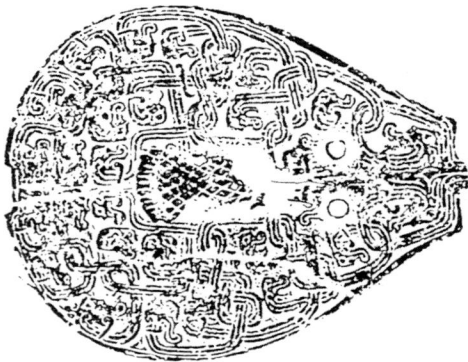

3-171

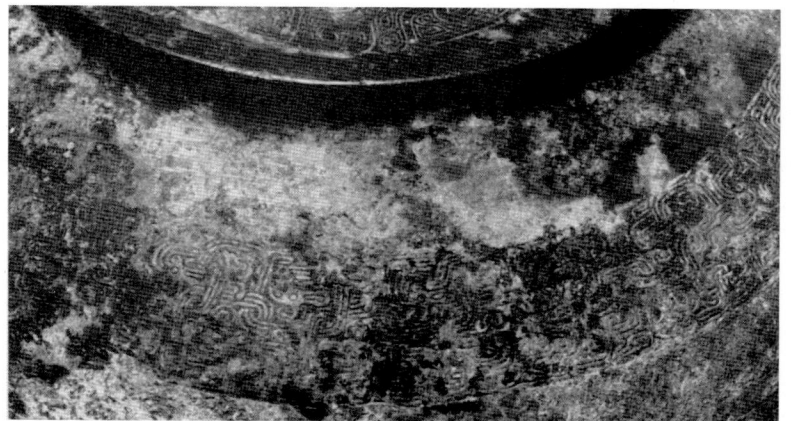

3-175

3-169，雙頭、複雜纏絡龍，（²/₅），簠，春秋ⅡA　　3-170，雙頭、複雜纏絡龍，（下⁴/₅），鼎，春秋ⅡA，Courtesy of the Royal Ontario Museum, Toronto, Canada (Far Eastern Department)　　3-171，雙頭、複雜纏絡龍，匜，春秋ⅡA，長沙　　3-172，雙頭、複雜纏絡龍，（¹/₂），春秋ⅡB　　3-173，雙頭、複雜纏絡龍，盥缶，春秋ⅡB，襄陽山灣23號墓　　3-174，雙頭、複雜纏絡龍，盆，春秋ⅢA，尉氏河東周村　　3-175，雙頭、複雜纏絡龍，敦，戰國ⅠA，Courtesy of the Royal Ontario Museum, Toronto, Canada (Far Eastern Department)

3-176

3-180

3-177

3-181

3-178

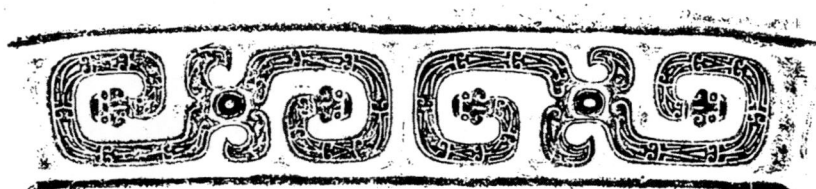

3-179

3-176，罔兩身雙頭、并列龍，（¹/₂），壺，春秋ⅡA　　3-177，罔兩身雙頭、并列龍，（約⁵/₉），壺，春秋ⅡA，光山寶相寺　　3-178，罔兩身雙頭、并列龍，盤，春秋ⅡA，信陽平橋2號墓　　3-179，罔兩身雙頭、并列龍，（¹/₂），壺，春秋ⅡB，新鄭城關鎮李家樓　　3-180，罔兩身雙頭、并列龍，（⁵/₆），簠，春秋ⅢA，輝縣琉璃閣55號墓　　3-181，罔兩身雙頭、并列龍，（約¹/₂），敦，春秋ⅢA，莒南大店1號墓

3-182

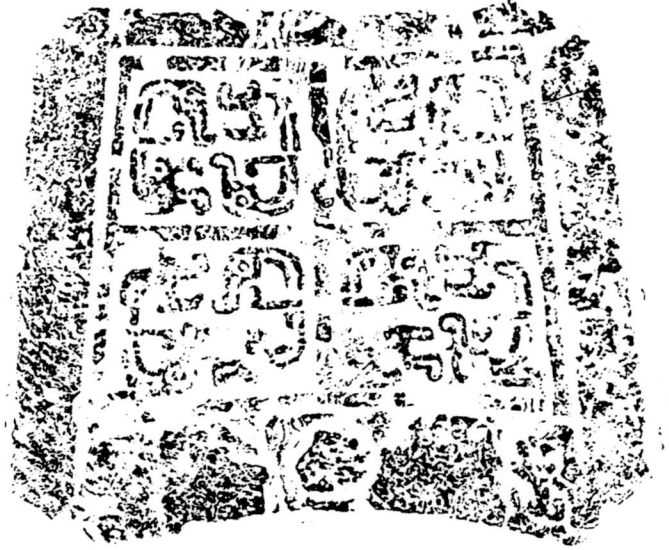

3-183

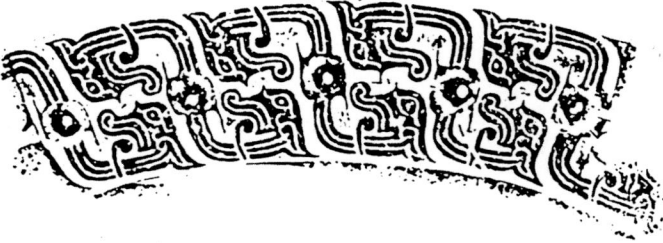

3-184

3-185

3-186

3-187

3-188

3-182，罔兩身雙頭、相叠龍，（約¹/₃），壺，春秋ⅡA　　3-183，罔兩身雙頭、相叠龍，（約¹/₂），盆，春秋ⅡA，信陽平橋1號墓　　3-184，罔兩身雙頭、相叠龍，（¹/₂），盤，春秋ⅡA，洛陽中州路2415號墓　　3-185，罔兩身雙頭、相叠龍，（⁵/₉），鑑，春秋ⅡB，輝縣琉璃閣80號墓　　3-186，罔兩身雙頭、勾連龍，（約¹/₂），盆，春秋ⅡA，信陽平橋1號墓　　3-187，雙頭、凹字形龍，（²/₃），鐘，春秋ⅡA　　3-188，雙頭、凹字形龍，（¹/₂），簠，春秋ⅡA

3-189

3-193

3-190

3-194

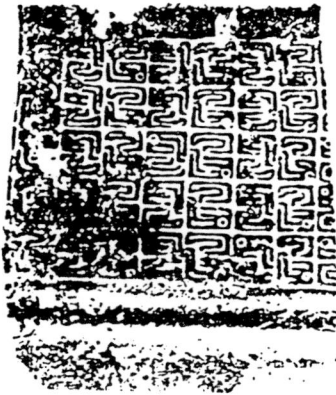

3-191

3-195

3-192

3-196

3-189，互字形身體扭曲龍紋，（1）類，（1/2），簠，春秋ⅡB，長治分水嶺269號墓　　3-190，互字形身體扭曲龍紋，（1）類，（原大），鼎，春秋ⅡB，新鄭城關鎮李家樓　　3-191，互字形身體扭曲龍紋，（1）類，（3/4），鼎，春秋ⅡB，輝縣琉璃閣14號墓　　3-192，互字形身體扭曲龍紋，（1）類，（原大），鼎，春秋ⅢA，臺北故宮博物院　　3-193，互字形身體扭曲龍紋，（1）類，（原大），敦，春秋ⅢA，東京國立博物館　　3-194，互字形身體扭曲龍紋，（1）類，（原大），壺，春秋ⅢB，Courtesy of the Arthur M. Sackler Gallery, Smithsonian Institution, Washington D.C., Acc. no. S87.0325a,b, Gift of Arthur M. Sackler　　3-195，互字形身體扭曲龍紋，（1）類，鼎，春秋ⅢB，聞喜邱家莊13號墓　　3-196，互字形身體扭曲龍紋，（2）類，（原大），鼎，春秋ⅡB，新鄭城關鎮李家樓

3-197

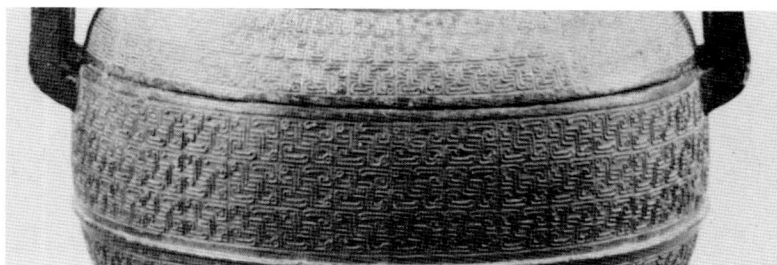

3-198

3-200

3-199

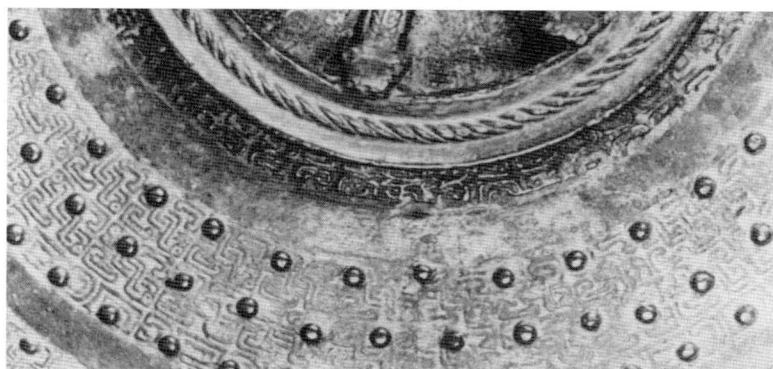

3-201

3-202

3-197，互字形身體扭曲龍紋，（2）類，鼎，春秋ⅡB，江陵嶽山　　3-198，互字形身體扭曲龍紋，（2）類，鼎，春秋ⅢA，臺北故宮博物院　　3-199，互字形身體扭曲龍紋，（2）類，盥缶，春秋ⅢA，Museum für Ostasiatische Kunst, Köln　3-200，互字形身體扭曲龍紋，（2）類，鼎，春秋ⅢA，東京國立博物館　　3-201，互字形身體扭曲龍紋，（2）類，鼎，春秋ⅢA，臺北故宮博物院　　3-202，互字形身體扭曲龍紋，（2）類，盞，春秋ⅢB，Courtesy of the Royal Ontario Museum, Toronto, Canada (Far Eastern Department)

3-203

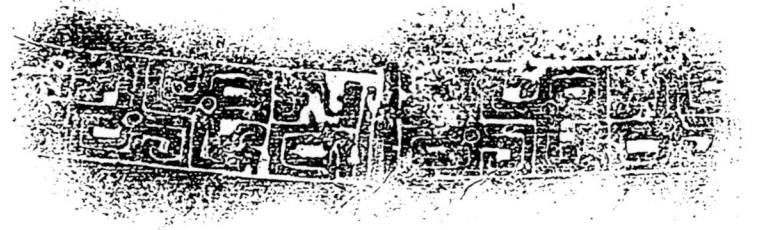

3-204

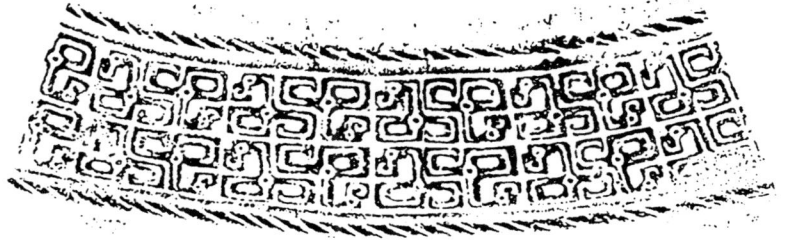

3-205

3-206

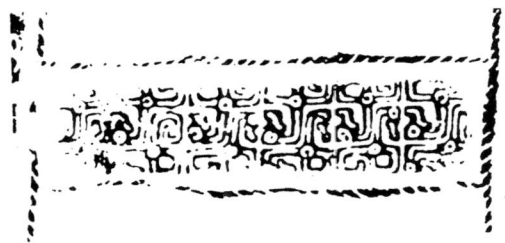

3-207

3-203，互字形身體扭曲龍紋，（2）類，（原大），盥缶，戰國ⅠA，出光美術館　　3-204，"み"形身體扭曲龍紋，（²/₃），鼎，春秋ⅡA，京都大學文學部博物館
3-205，"み"形身體扭曲龍紋，（約³/₄），罍，春秋ⅡB，輝縣琉璃閣80號墓　　3-206，"み"形身體扭曲龍紋，（⁴/₅），簋，春秋ⅡB　　3-207，"み"形身體扭曲龍紋，（原大），鐘，春秋ⅡB，莒南大店2號墓

3-208

3-209

3-212

3-210

3-213

3-211

3-208，"み"形身體扭曲龍紋，敦，春秋ⅡB，Museum für Ostasiatische Kunst, Köln　3-209，"み"形身體扭曲龍紋，鼎，春秋ⅡB，Courtesy of the Royal Ontario Museum, Toronto, Canada (Far Eastern Department)　3-210，"み"形身體扭曲龍紋，（約¹/₅），鼎，春秋ⅡB　3-211，"み"形身體扭曲龍紋，（約³/₄），豆，春秋ⅢA，輝縣琉璃閣55號墓　3-212，"み"形身體扭曲龍紋，（下，原大），鼎，春秋ⅢA，Courtesy of the Royal Ontario Museum, Toronto, Canada (Far Eastern Department)　3-213，"み"形身體扭曲龍紋，（約³/₄），鼎，春秋ⅢA，易縣燕下都31號墓

3-216

3-214

3-217

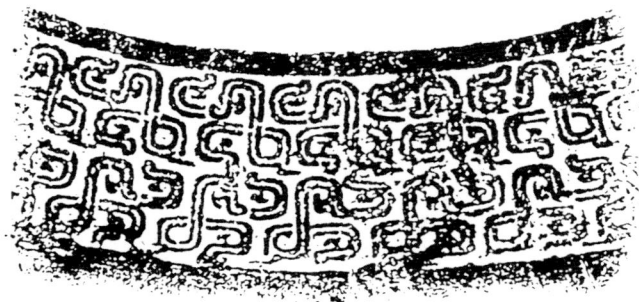

3-218

3-215

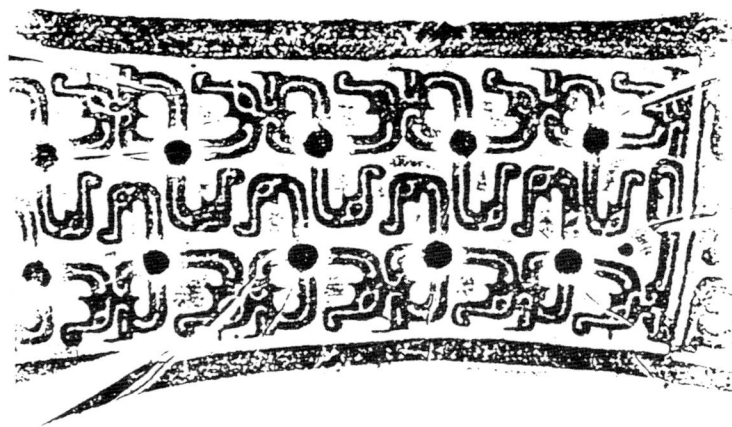

3-219

3-214，"み"形身體扭曲龍紋，（下，原大），瓠，春秋ⅢB　　3-215，"み"形身體扭曲龍紋，（原大），豆，戰國ⅠA　　3-216，其他身體扭曲龍紋，（¹/₂），鼎，春秋ⅡB，新鄭城關鎮李家樓　　3-217，其他身體扭曲龍紋，（下²/₃），錍，春秋ⅡA，Courtesey of the Royal Ontario Museum, Toronto, Canada (Far Eastern Department)　　3-218，其他身體扭曲龍紋，（⁴/₅），鬴，春秋ⅡB　　3-219，其他身體扭曲龍紋，（原大），盆，春秋ⅡA，臺北故宮博物院

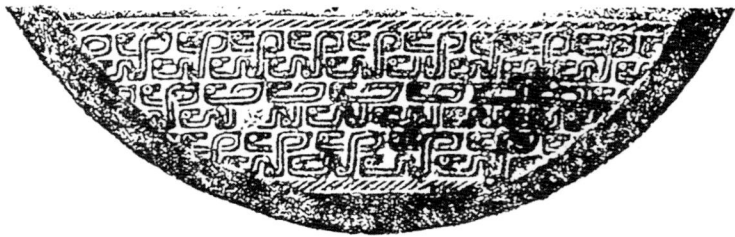

3—220

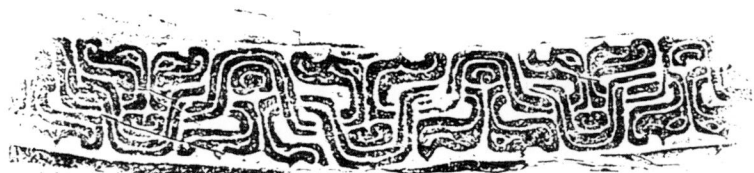

3—221

3—222

3—223

3—224

3—225

3—220，其他身體扭曲龍紋，（約 ¹/₂），鐘，春秋 Ⅲ A，輝縣琉璃閣 60 號墓   3—221，山紋形纏絡龍紋，（²/₃），盆，春秋 Ⅱ A   3—222，山紋形纏絡龍紋，（約 ¹/₂），壺，春秋 Ⅱ A，隨州萬店公社   3—223，山紋形纏絡龍紋，甀，春秋 Ⅱ A，汲縣   3—224，山紋形纏絡龍紋，（³/₅），甌，春秋 Ⅱ B，新鄭城關鎮李家樓   3—225，山紋形纏絡龍紋，（⁴/₅），鼎，春秋 Ⅱ B，新鄭城關鎮李家樓

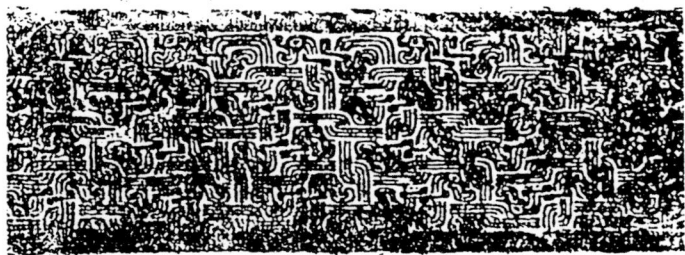

3-226

3-229

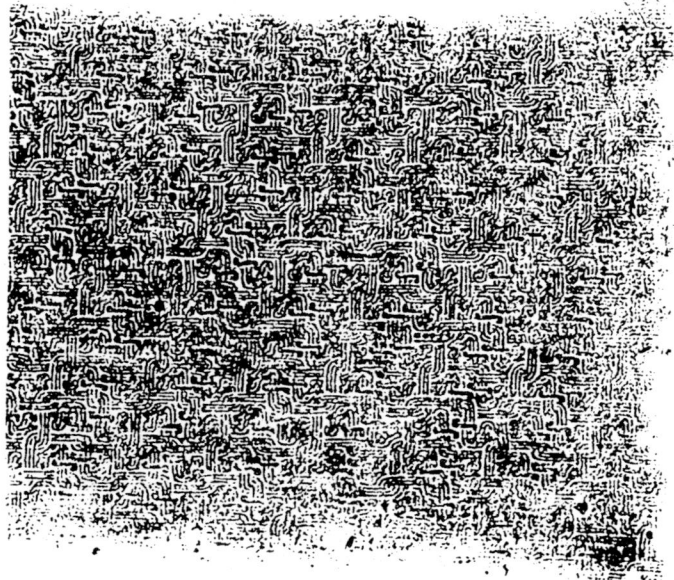

3-227

3-230

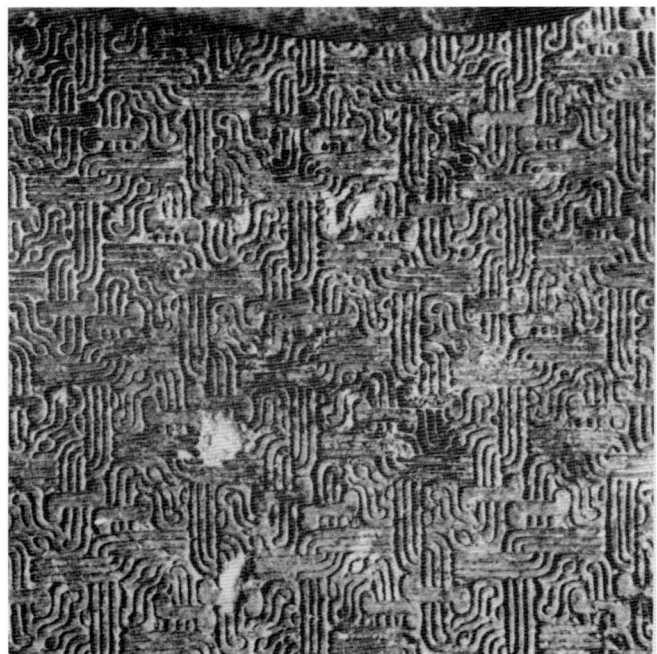

3-228

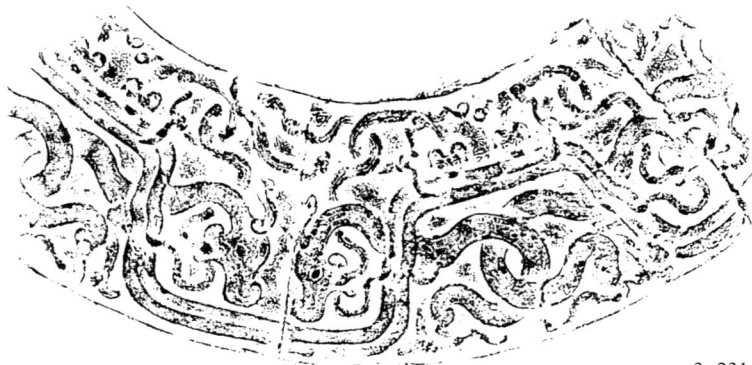

3-231

3-226，山紋形纏絡龍紋，（⁵/₆），簠，春秋Ⅲ A，輝縣琉璃閣55號墓　　3-227，山紋形纏絡龍紋，（⁴/₅），簠，春秋Ⅲ B　　3-228，山紋形纏絡龍紋，簠，戰國Ⅰ B
3-229，山、龍紋，（約¹/₂），壺，春秋Ⅱ A，穀城下辛店　　3-230，山、龍紋，（³/₅），鑑，戰國Ⅰ A　　3-231，山、龍紋，（約¹/₃），鐏，戰國Ⅰ A，臺北故宮博物院

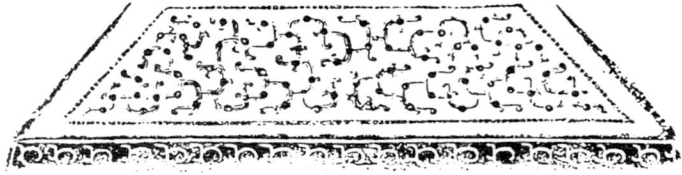

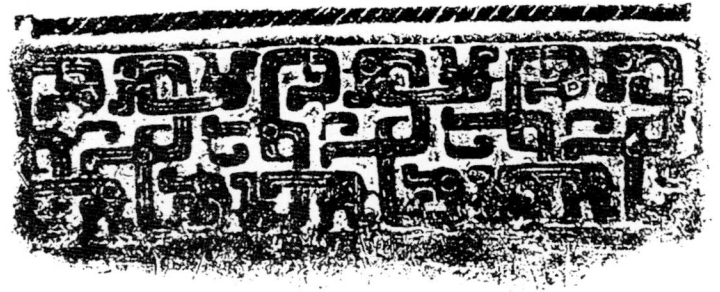

3-232

3-236

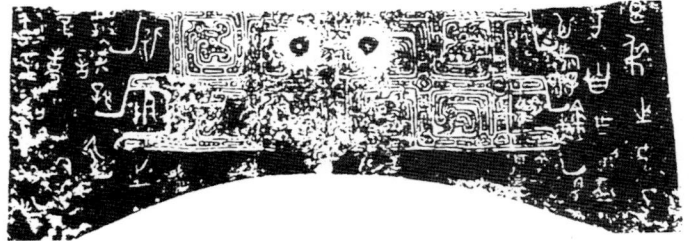

3-233

3-237

3-234

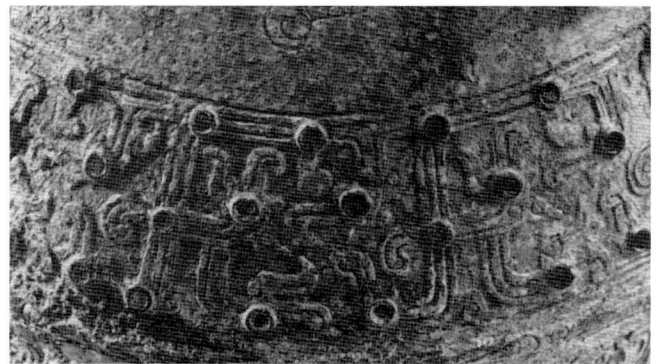

3-235

3-238

3-232，附帶小圓形、身體異化龍，(¹/₃)，簠，春秋ⅡA，隨州城郊公社　　3-233，附帶小圓形、身體異化龍，鑄，春秋ⅡA，Musée Guimet-PARIS　　3-234，附帶小圓形、身體異化龍，(⁴/₅)，鐘，春秋ⅡA　　3-235，附帶小圓形、身體異化龍，匜，春秋ⅡA，臺北故宮博物院　　3-236，附帶小圓形、身體異化龍，(¹/₂)，鼎，春秋ⅡB，新鄭城關鎮李家樓　　3-237，附帶小圓形、身體異化龍，(¹/₂)，鐘，春秋ⅡB，莒南大店2號墓　　3-238，附帶小圓形、身體異化龍，壺，春秋ⅢA

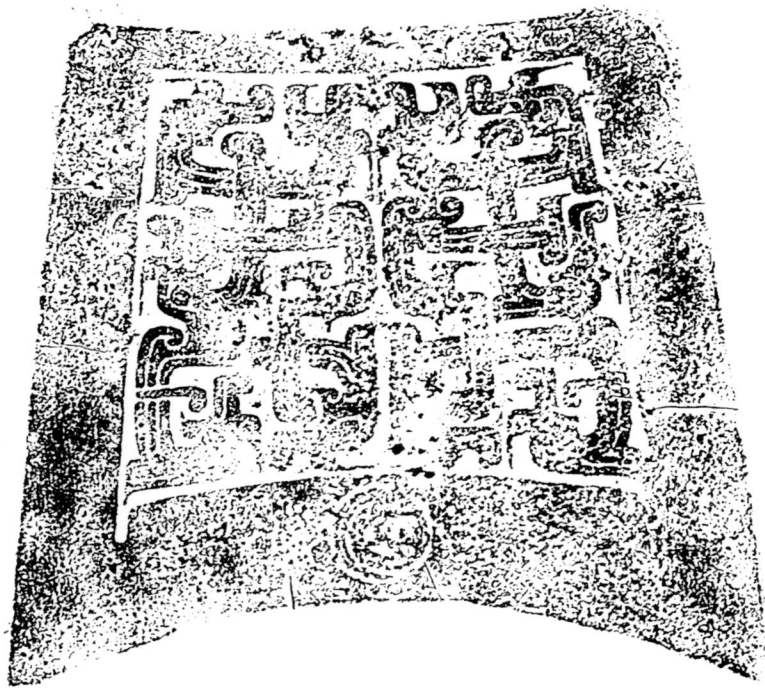

3-243

3-239

3-244

3-240

3-245

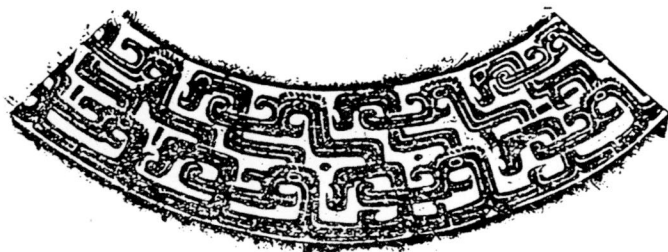

3-241

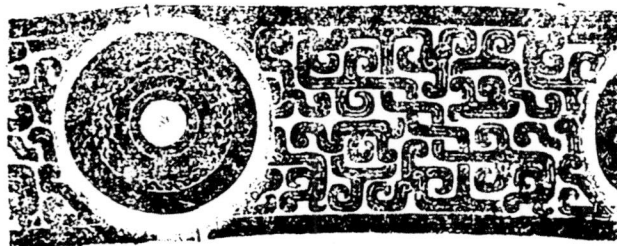

3-246

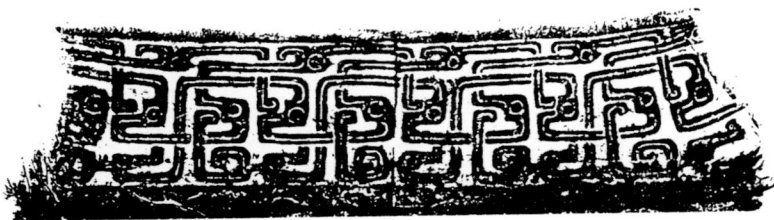

3-242

3-239，身體異化龍，(²/₃)，鐘，春秋ⅡA　　3-240，身體異化龍，(²/₅)，壺，春秋ⅡA，光山寶相寺　　3-241，身體異化龍，(約¹/₃)，罍，春秋ⅡA，光山寶相寺　　3-242，身體異化龍，(¹/₂)，壺，春秋ⅡB，新鄭城關鎮李家樓　　3-243，身體異化龍，(原大)，鐘，春秋ⅡB，Musée Royaux d'Art et d'Histoir, Bruxelles　　3-244，身體異化龍，(下⁴/₅)，罍，春秋ⅡB　　3-245，身體異化龍，(²/₃)，鼎，春秋ⅡB，輝縣琉璃閣80號墓　　3-246，身體異化龍，盥缶，春秋ⅡB，穀城良種場三里橋大隊

3-247

3-251

3-248

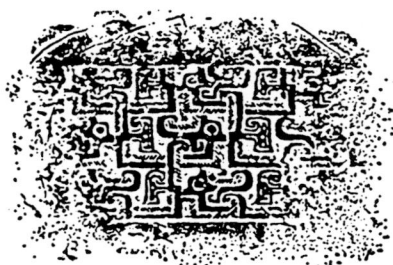

3-252

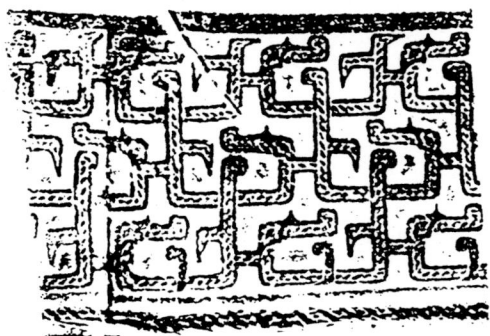

3-249

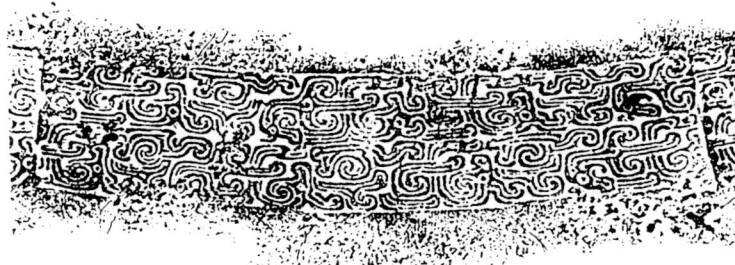

3-253

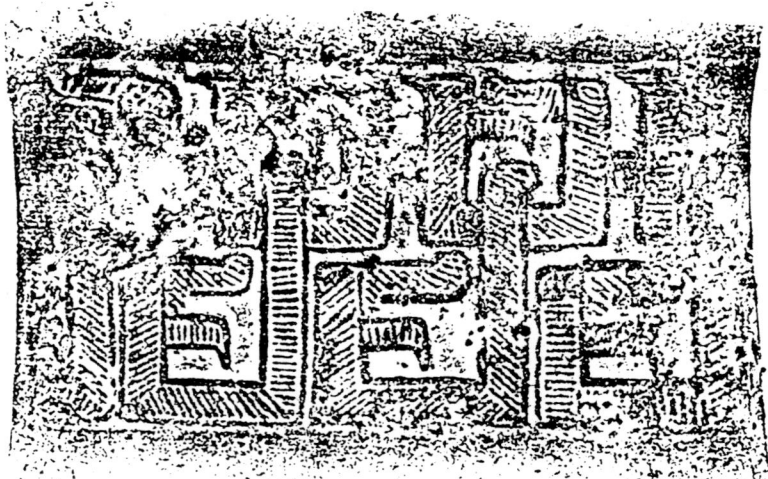

3-250

3-254

3-247，身體異化龍，（原大），鼎，春秋ⅡB   3-248，身體異化龍，（³/₅），簠，春秋ⅡB，中國歷史博物館   3-249，身體異化龍，（⁴/₅），鼎，春秋ⅡA   3-250，身體異化龍，（⁴/₅），壺，春秋ⅡB，Courtesy of the Royal Ontario Museum, Toronto, Canada (Far Eastern Department)   3-251，身體異化龍，（³/₄），鼎，春秋ⅢA，輝縣琉璃閣17號墓   3-252，身體異化龍，（³/₄），壺，春秋ⅢA，莒南大店1號墓   3-253，身體異化龍，（³/₅），罍，春秋ⅢA   3-254，身體異化龍，鋞，春秋ⅢB，Courtesy of the Trustees of the British Museum

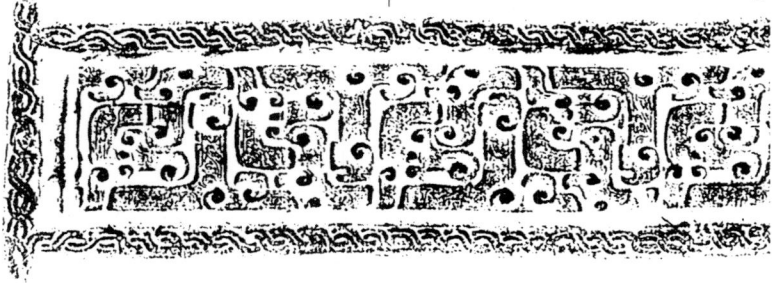

3-258

3-255

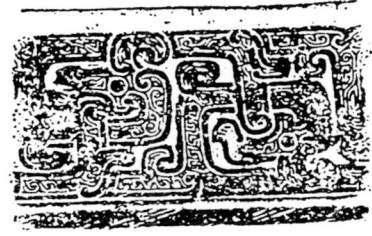

3-259

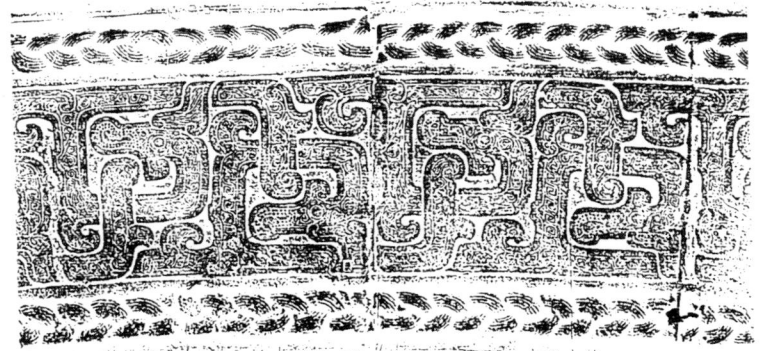

3-260

3-256

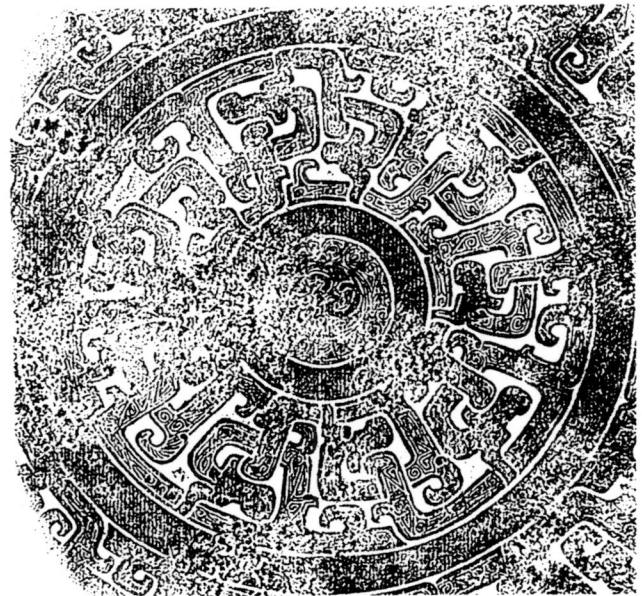

3-257

3-261

3-255，身體異化龍，（下²/₃），鎛，春秋ⅢB，Museum of Asiatic Art, State Museum, Amsterdam　　3-256，身體異化龍，鎛，春秋ⅢB，The Museum of Far Eastern Antiquities, Stockholm, Sweden　　3-257，身體異化龍，壺，春秋ⅢB，Courtesy of the Trustees of the British Museum　　3-258，身體異化龍，（¹/₂），鼎，春秋ⅢB，上海博物館　　3-259，身體異化龍，（³/₅），鼎，春秋ⅢB，北京通縣中趙甫公社　　3-260，身體異化龍，（²/₅），鑑，戰國ⅠA，根津美術館　　3-261，身體異化龍，（約¹/₂），鼎，戰國ⅠA

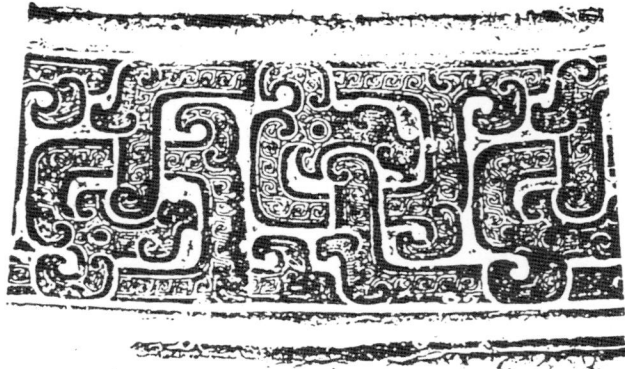

3-265

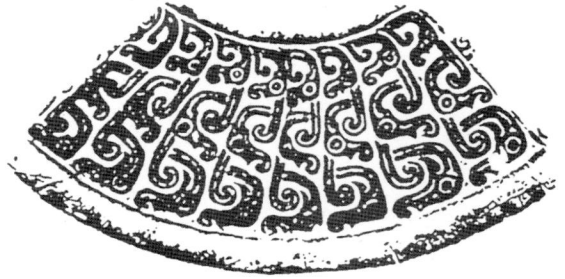

3-266

3-262

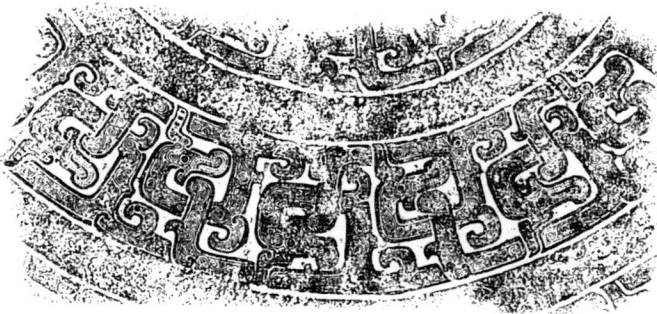

3-263

3-267

3-264

3-268

3-269

3-262，身體異化龍，(²/₃)，鼎，戰國ⅠB，輝縣琉璃閣59號墓　　3-263，身體異化龍，(⁴/₅)，鼎，戰國ⅠB，Courtesy of the Royal Ontario Museum, Toronto, Canada (Far Eastern Department)　　3-264，身體異化龍，(約¹/₃)，鼎，戰國ⅠB，藤井有鄰館　　3-265，連綿龍，鼎，春秋ⅡA，潢川彭店公社　　3-266，連綿龍，盆，春秋ⅡA，湖南省博物館　　3-267，連綿龍，(³/₅)，圈足釜，春秋ⅡA　　3-268，連綿龍，鎛，春秋ⅢB，Courtesy of the Freer Gallery of Art, Smithsonian Institution, Washington D.C.，樋口隆康先生攝　　3-269，連綿龍，(²/₃)，鼎，戰國ⅠA，臺北故宮博物院

3-270

3-272

3-271

3-273

3-274

3-270，連綿龍，(²/₃)，鼎，戰國ⅠB，輝縣琉璃閣59號墓　　3-271，連綿龍，(原大)，鎛，春秋ⅢB，Museum of Asiatic Art, State Museum, Amsterdam　　3-
272，不定形龍，盆，春秋ⅡA　　3-273，不定形龍，(原大)，盆，春秋ⅡA　　3-274，不定形龍，(原大)，鐘，春秋ⅡB，輝縣琉璃閣80號墓

3-275

3-278

3-279

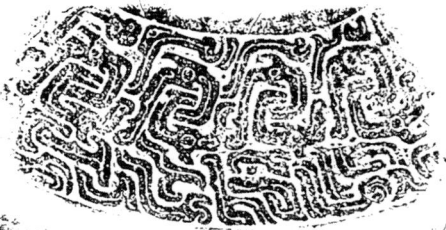

3-276

3-280

3-277

3-275，多龍雜居紋，（約¹/₃），簠，春秋ⅡA　　3-276，多龍雜居紋，（下²/₅），盆，春秋ⅡA　　3-277，多龍雜居紋，（約⁵/₉），盥缶，春秋ⅢA，淅川下寺1號墓
3-278，特定地域型龍，簋，春秋ⅢA，Courtesy of The Harvard University Art Museums, (Arthur M. Sackler Museum), Anonymous Gift　　3-279，特定地域型龍，壺，
春秋Ⅱ～Ⅲ，潢川彭店公社　　3-280，特定地域型龍，（⁴/₅），盥缶，大約春秋ⅡA，Courtesy of the Arthur M. Sackler Gallery, Smithsonian Institution, Washington
D.C. Acc. No. S87.0277, Gift of Arthur M. Sackler

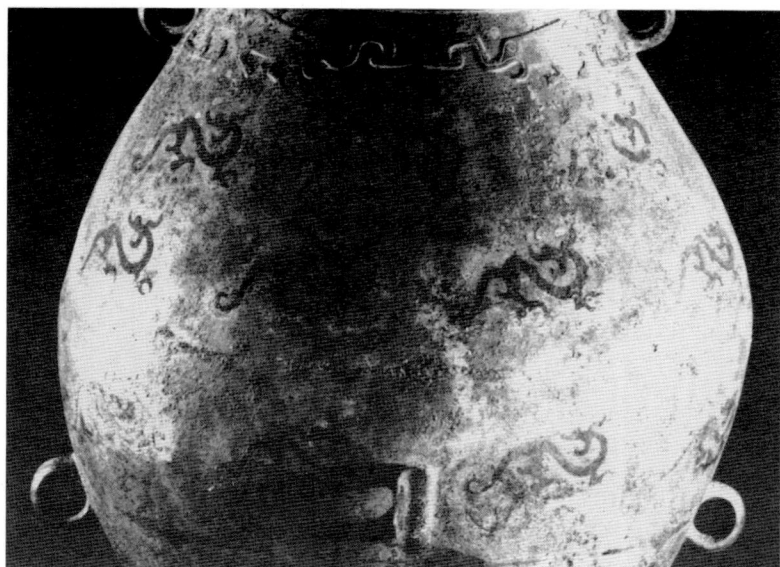

3-281

3-285

3-282

3-283

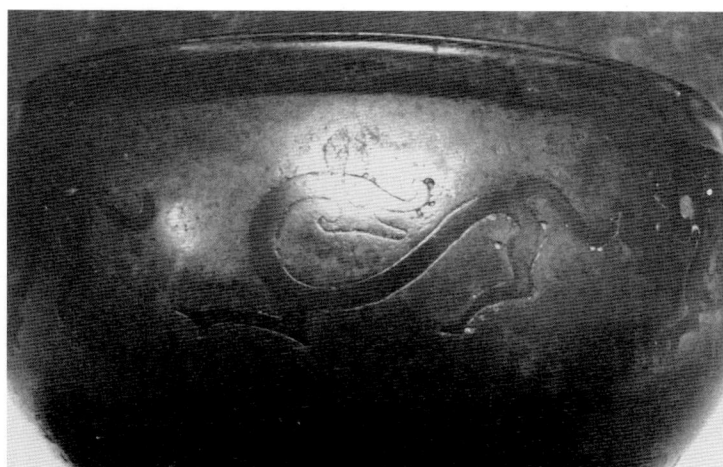

3-284

3-286

3-281，奔龍，瓿，春秋ⅢA，輝縣琉璃閣　　3-282，奔龍，壺，春秋ⅢA　　3-283，奔龍，盥缶，春秋ⅢA，淅川下寺2號墓　　3-284，奔龍，敦，春秋ⅢA，Victoria and Albert Museum　　3-285，奔龍，(²/₃)，盤，春秋ⅢA　　3-286，奔龍，(下⁴/₅)，壺，春秋ⅢA，臺北故宮博物院

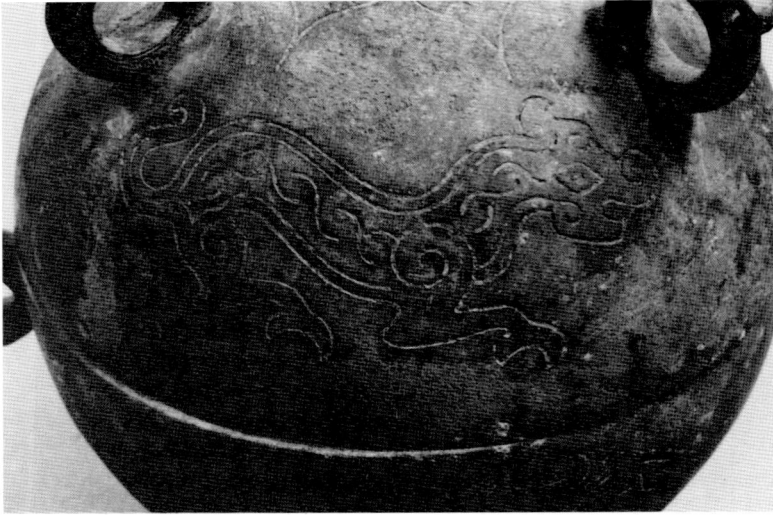

3-287

3-290

3-291

3-288

3-292

3-289

3-293

3-287，奔龍，敦，春秋ⅢA，Dr. Arthur M. Sackler Collection, New York，樋口隆康先生攝　　3-288，奔龍，豆，春秋ⅢA，藤井有鄰館，樋口隆康先生攝　　3-289，奔龍，鐎尊，春秋ⅢA，固始侯古堆1號墓　　3-290，奔龍，(⁵/₆)，壺，春秋ⅢA，莒南大店1號墓　　3-291，奔龍，(約²/₃)，鉶，春秋ⅢA，莒南大店1號墓　　3-292，奔龍，壺，春秋ⅢB　　3-293，奔龍，豆，戰國ⅠA

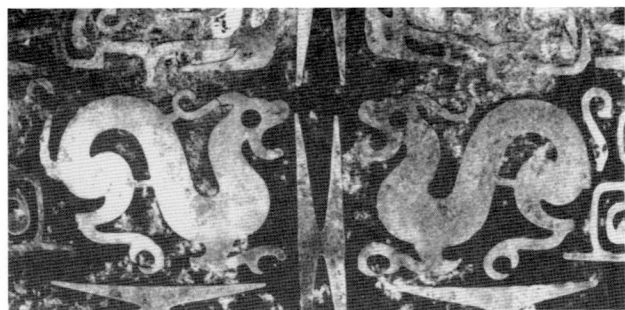

3-294

3-295

3-297

3-296

3-294，奔龍，壺，戰國ⅠB，藤井有鄰館　　3-295，奔龍，敦，戰國ⅠB　　3-296，奔龍，勺，戰國Ⅰ　　3-297，奔龍，戰國ⅡA，平山三汲公社1號墓

3-298

3-299

3-300

3-301

3-302

3-298，俯視形盤龍，鼎，春秋ⅡB，侯馬上馬村13號墓　　3-299，俯視形盤龍，（⁵/₆），鼎，春秋ⅢA，輝縣琉璃閣60號墓　　3-300，俯視形盤龍，（原大），
盤，春秋ⅢA　　3-301，俯視形盤龍，鼎，戰國ⅡA，Minneapolis Institute of Arts, Alfred F. Pillsbury Collection　　3-302，俯視形盤龍，器足，戰國Ⅲ

3-303

3-304

3-305

3-306

3-307

3-303，卷龍，鑄，春秋ⅡA，Musée Guimet-PARIS　3-304，卷龍，簠，春秋ⅡB，Courtesy of the Trustees of the British Museum　3-305，卷龍，鑄，春秋
ⅢB，Museum of Asiatic Art, State Museum, Amsterdam　3-306，卷龍，（原大），玉器，戰國，原物 British Museum　3-307，卷龍，（原大），銅飾，戰國ⅠA，
洛陽中州路2717號墓

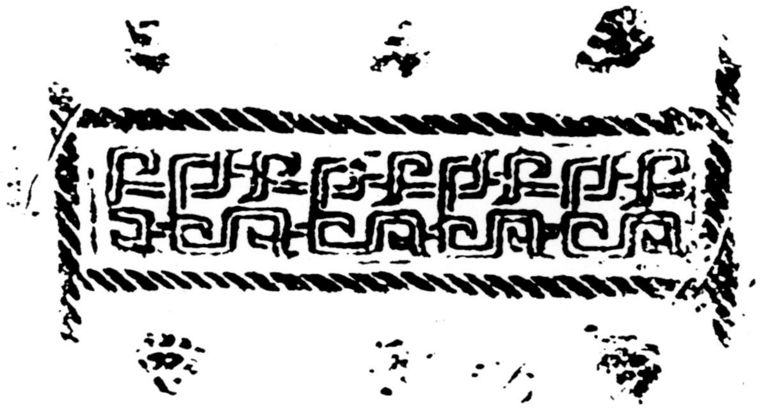

3–308

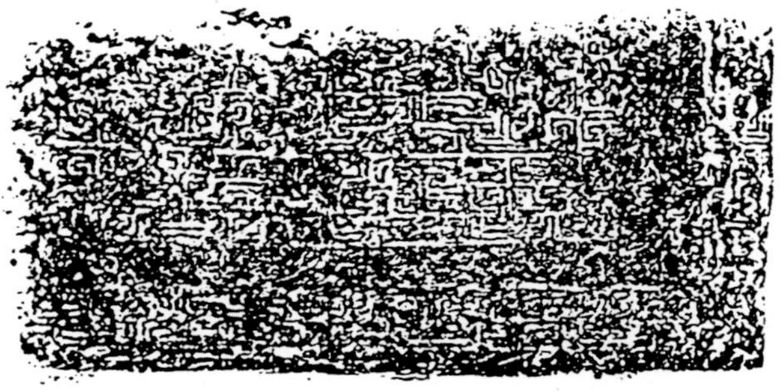

3–312

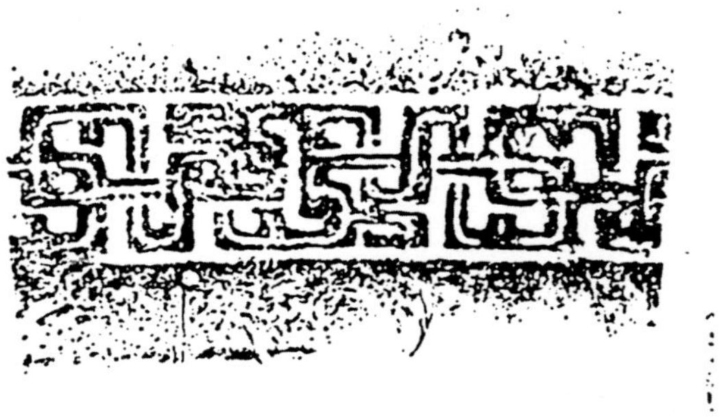

3–309

3–313

3–310

3–311

3–308，纏絡龍鳳格地紋，鐘，春秋ⅡB，侯馬上馬村13號墓　3–309，纏絡龍鳳格地紋，（約2/3），鼎，春秋ⅡB，衡陽保和圩　3–310，纏絡龍鳳格地紋，（原大），鐘，春秋ⅢA，淅川下寺1號墓　3–311，纏絡龍鳳格地紋，鐎，春秋ⅢA，吴縣何山　3–312，纏絡龍鳳格地紋，（8/9），盉，春秋ⅢA，壽縣蔡侯墓　3–313，纏絡龍鳳格地紋，（原大），鼎，春秋ⅢB，From: Eleanor von Konsten: *Chinese Bronzes from the Collection of Chester Dale and Dolly Carter (Antibus Asiae Supplementum* XXXV), no. 33, with kind permission of *Artibus Asiae*

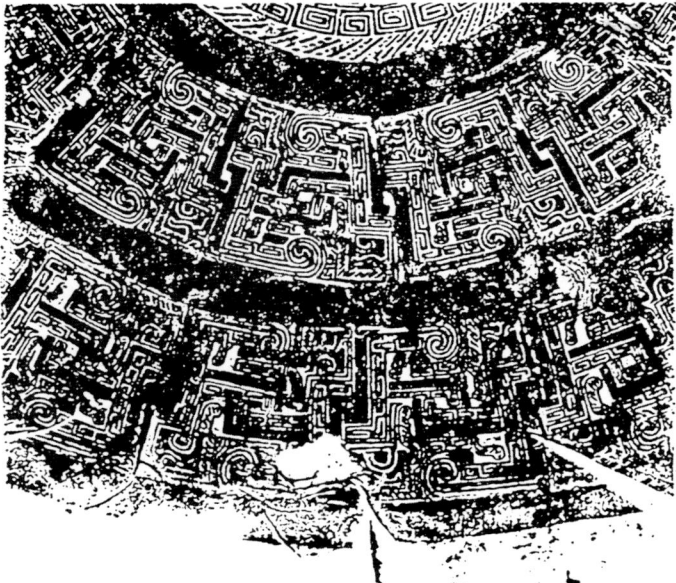

3-314

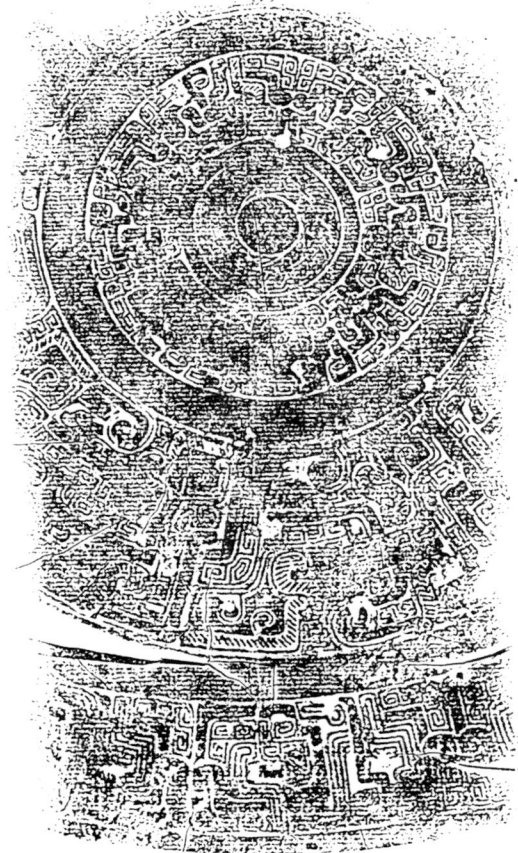

3-315

3-316

3-317

3-318

3-319

3-314，鈎矩紋，（1/2），鼎，春秋ⅡB，長治分水嶺269號墓　　3-315，鈎矩紋，（2/5），鼎，春秋ⅢA，輝縣琉璃閣60號墓　　3-316，鈎矩紋，（1/2），鼎，春秋ⅢA，輝縣琉璃閣60號墓　　3-317，鈎矩紋，鼎，春秋ⅢA，Courtesy of the Royal Ontario Museum, Toronto, Canada (Far Eastern Department)　　3-318，鈎矩紋，（2/3），鼎，春秋ⅢA　　3-319，鈎矩紋，（3/5），鼎，春秋ⅢA

3-320

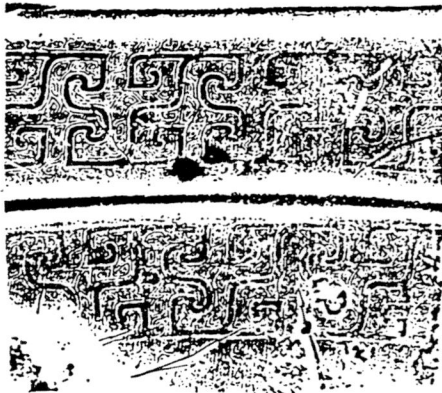

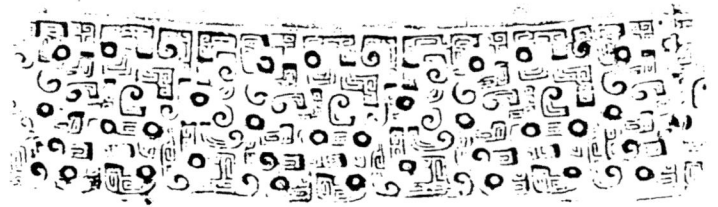

3-323

3-321

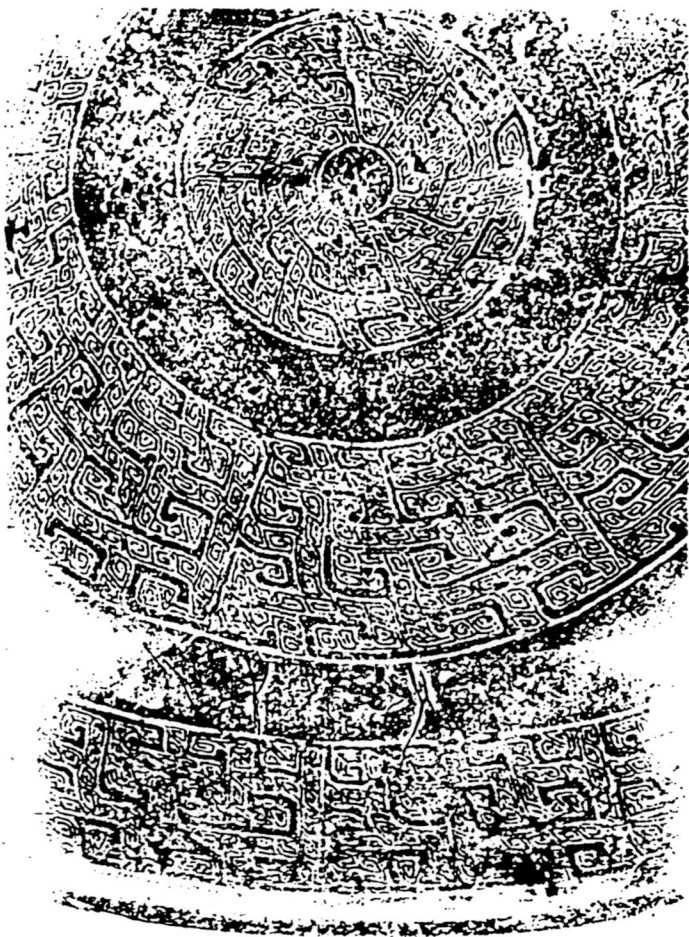

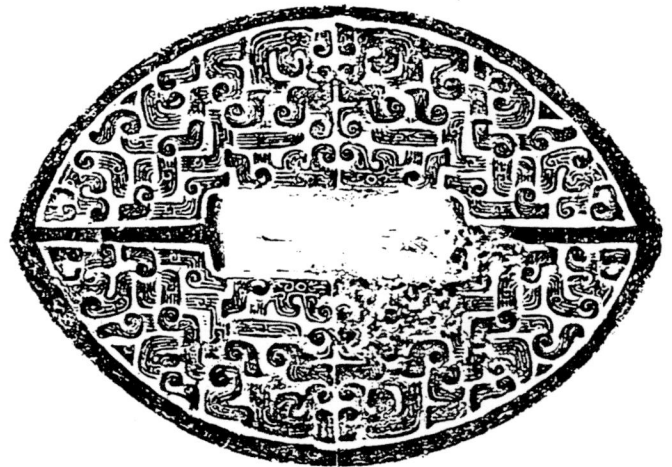

3-324

3-325

3-322

3-320，鈎矩紋，匜，春秋ⅢB，Asian Art Museum of San Francisco, Avery Brundage Collection，樋口隆康先生攝　　3-321，鈎矩紋，（¹/₂），鼎，春秋ⅢB，屯留武家溝　　3-322，鈎矩紋，鼎，春秋ⅢB　　3-323，羽紋化龍，（下²/₃），盤，春秋ⅡB，臺北故宮博物院　　3-324，羽紋化龍，（⁵/₉），鐘，春秋ⅢA，壽縣蔡侯墓　3-325，羽紋化龍，壺，戰國ⅠA，Courtesy of the Royal Ontario Museum, Toronto, Canada (Far Eastern Department)

3-326

3-329

3-327

3-330

3-331

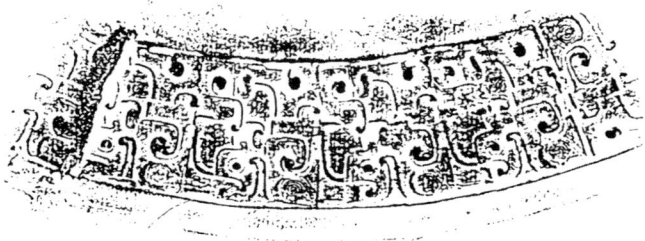

3-328

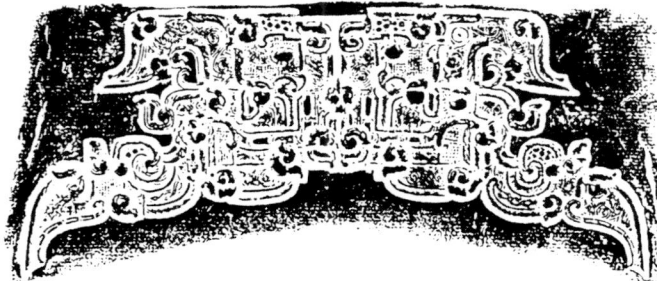

3-332

3-326，羽紋化龍，(³/₅)，壺，戰國ⅠA，汲縣山彪鎮1號墓　　　3-327，羽紋化龍，(²/₅)，鐘，春秋ⅡB，上海博物館　　　3-328，羽紋化龍，(下²/₃)，壺，戰國
ⅠB，Courtesy of the Royal Ontario Museum, Toronto, Canada (Far Eastern Department)　　　3-329，羽紋化龍，鑪，戰國ⅠB　　　3-330，羽紋化龍，壺，戰國ⅡA
3-331，羽紋化龍，(¹/₂)，鐘，戰國ⅠB，枝江　　　3-332，羽紋化龍，(²/₃)，鐘，戰國ⅠB，信陽長臺關1號墓

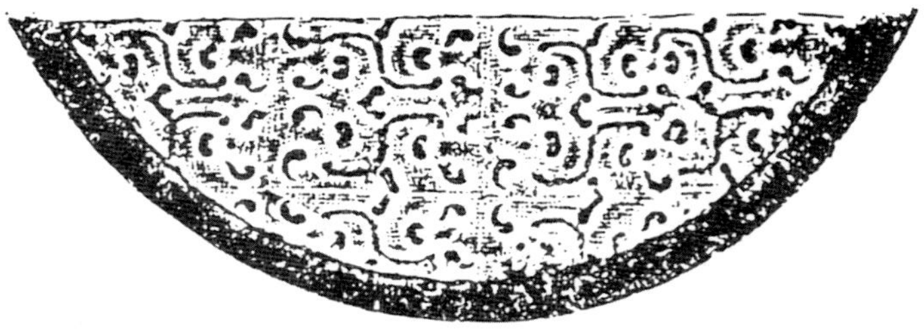

3–333

3–336

3–334

3–335

3–333，散點地、分散龍，($^3/_5$)，鐘，春秋ⅢB，汲縣山彪鎮1號墓　3–334，散點地、分散龍，罍，春秋ⅢB，寧樂美術館　3–335，散點地、分散龍，鉶，春秋ⅢB　3–336，散點地、分散龍，敦，戰國ⅠA，Courtesy of the Royal Ontario Museum, Toronto, Canada (Far Eastern Department)

3-337

3-341

3-338

3-342

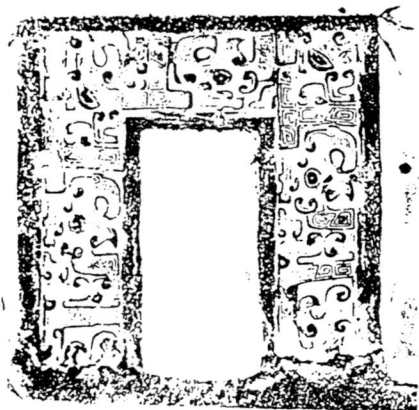

3-339

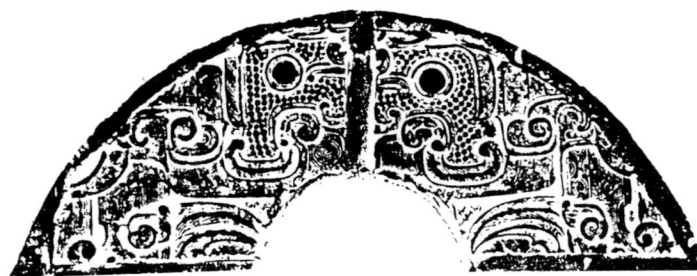

3-343

3-340

3-344

3-337，任意切割的龍紋，($^3/_5$)，鐘，春秋ⅢA，輝縣琉璃閣75號墓　　3-338，任意切割的龍紋，($^2/_3$)，鐘，春秋ⅢA，輝縣琉璃閣60號墓　　3-339，任意切割的龍紋，($^1/_2$)，鼎，春秋ⅢA，輝縣琉璃閣60號墓　　3-340，任意切割的龍紋，鎛，春秋ⅢB，Asian Art Museum of San Francisco, Avery Brundage Collection，樋口隆康先生攝　　3-341，任意切割的龍紋，($^1/_2$)，鼎，戰國ⅠA，洛陽中州路2717號墓　　3-342，任意切割的龍紋，($^1/_2$)，鐸，戰國ⅠB，東京國立博物館　3-343，任意切割的龍紋，($^1/_2$)，鐘，戰國ⅠB，枝江　　3-344，任意切割的龍紋，壺，戰國ⅡA

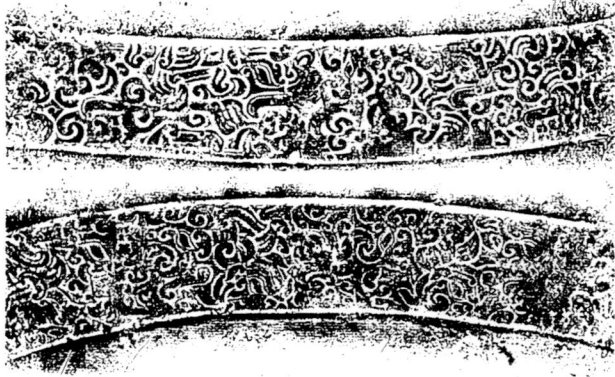

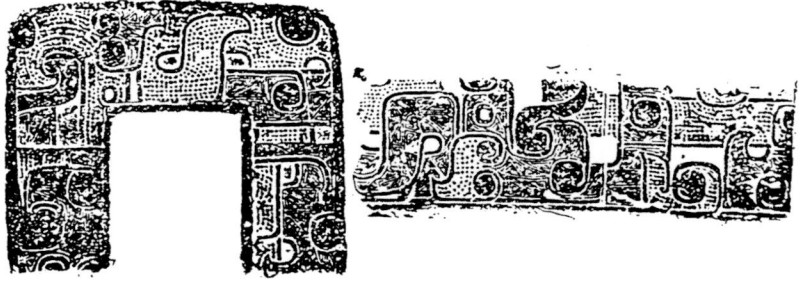

3-347

3-348

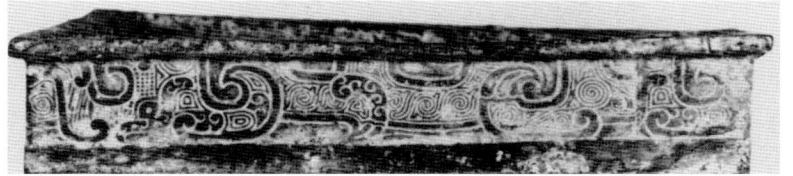

3-349

3-345

3-346

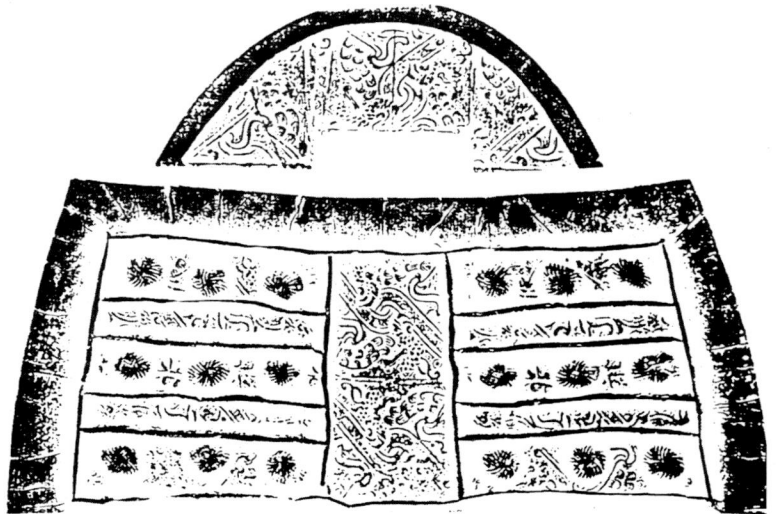

3-350

3-345，任意切割的龍紋，（²/₅），壺，戰國ⅡA，臺北故宮博物院　　3-346，任意切割的龍紋，鐘，戰國ⅡA，Ethnography Department of the National Museum of Copenhagen　　3-347，任意切割的龍紋，（²/₅），鼎，戰國Ⅱ，成都羊子山172號墓　　3-348，任意切割的龍紋，（¹/₂），壺，戰國ⅡB，出光美術館　　3-349，任意切割的龍紋，（下¹/₂），簠，戰國Ⅲ，The Art Museum, Princeton University, Chester Dale and Dolly Carter Collection　　3-350，任意切割的龍紋，鐘，戰國Ⅲ～統一秦

4-1

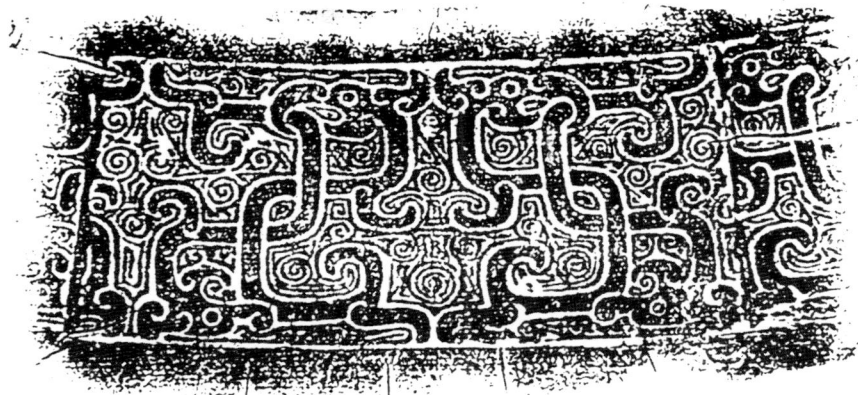

4-2

4-3

4-4

4-5

4-6

4-7

4-8

4-1，龍身鳥首神，（1）類，（原大），鐘，春秋ⅡA　　4-2，龍身鳥首神，（1）類，（原大），鐘，春秋ⅡA，臺北故宮博物院　　4-3，龍身鳥首神，（1）類，（原大），匕　　4-4，龍身鳥首神，（1）類，（²/₃），鎛，春秋ⅡB，新鄭城關鎮李家樓　　4-5，龍身鳥首神，（1）類，（原大），壺，戰國ⅠB　　4-6，龍身鳥首神，（1）類，（原大），壺，戰國ⅠB，Museum of Decorative Art, Copenhagen　　4-7，龍身鳥首神，（1）類，罍，戰國ⅡA，Museo Nazionale d'Arte Orientale　　4-8，龍身鳥首神，（2）類，（²/₃），鑑，春秋ⅢA，輝縣琉璃閣75號墓

4-9

4-12

4-10

4-11

4-13

4-14

4-9，龍身鳥首神，（2）類，有環蓋，戰國Ⅰ　　4-10，龍身鳥首神，（2）類，有環蓋，戰國ⅠB　　4-11，龍身鳥首神，（2）類，（約½），陶壺，戰國Ⅱ，懷柔城北　　4-12，與鳥合體的龍，罍，春秋ⅡA，泉屋博古館，樋口隆康先生攝　　4-13，與鳥合體的龍，（約½），匜，春秋ⅡA　　4-14，與鳥合體的龍，（原大），壺，春秋ⅢA，臺北故宮博物院

5—1

5—4

5—2

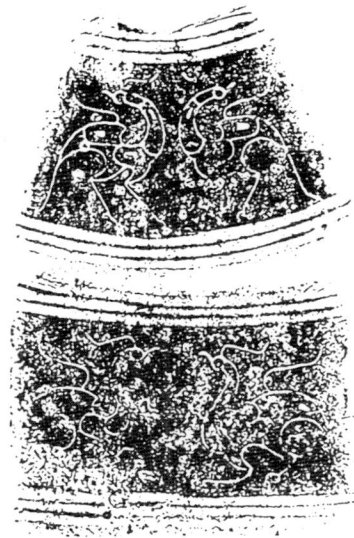

5—5

5—3

5—6

5—7

5—1，鴬，（原大），鐘，春秋ⅡA，臺北故宮博物院　5—2，鴬，壺，春秋ⅢB　5—3，鴬，匕，戰國ⅠB，新都馬家公社　5—4，鴬，壺，戰國ⅠB　5—5，鴬，（約¹/₂），壺，戰國ⅠB　5—6，鴬，（¹/₂），壺，戰國ⅠB，臺北故宮博物院　5—7，鴬，（原大），敦，戰國ⅡA

5-8

5-12

5-9

5-13

5-10

5-14

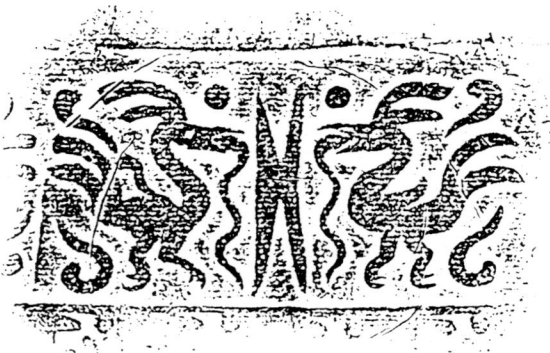

5-11

5-8，鸞，壺，戰國ⅡA，藤井有鄰館，樋口隆康先生攝　　5-9，鸞，(²/₅)，壺，戰國ⅠB，臺北故宮博物院　　5-10，鸞，(⁵/₆)，壺，戰國ⅠB，輝縣琉璃閣
76號墓　　5-11，鸞，(⁴/₅)，壺，戰國ⅠB，Museum of Decorative Art, Copenhagen　　5-12，鸞，(⁴/₅)，壺，戰國ⅠB，臺北故宮博物院　　5-13，鸞，(原大)，
豆，戰國ⅠB，輝縣琉璃閣75號墓　　5-14，鸞，彩色漆座屏（仿製品），戰國ⅡA，江陵望山1號墓

5—15

5—19

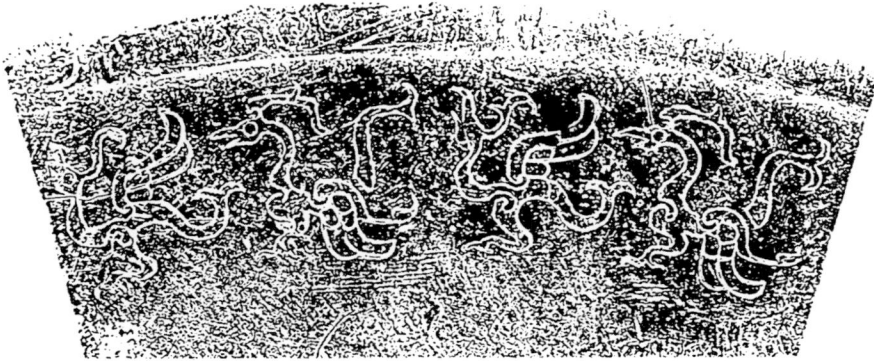

5—16

5—20

5—17

5—18

5—21

5—15，鳴鳥，（⁴/₅），鐘，春秋ⅡA，沂水劉家店子1號墓　　5—16，鳴鳥，（⁸/₁₅），鑑，春秋ⅢA，輝縣琉璃閣75號墓　　5—17，鳴鳥，壺，春秋ⅢA　　5—18，鳴鳥，盥缶，戰國ⅠA，隨州擂鼓墩1號墓　　5—19，鳴鳥，鑑，戰國ⅠB，Asian Art Museum of San Francisco, Avery Brundage Collection　　5—20，鳴鳥，壺，春秋ⅡA　　5—21，鳴鳥，木製鼓座，戰國ⅡA，信陽長臺關2號墓

5-22

5-24

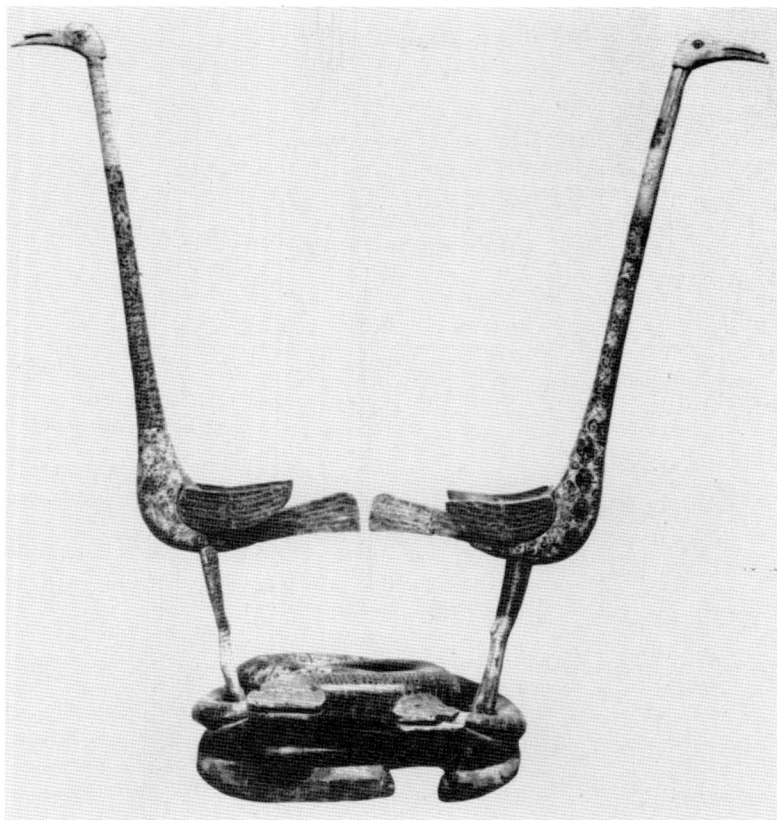

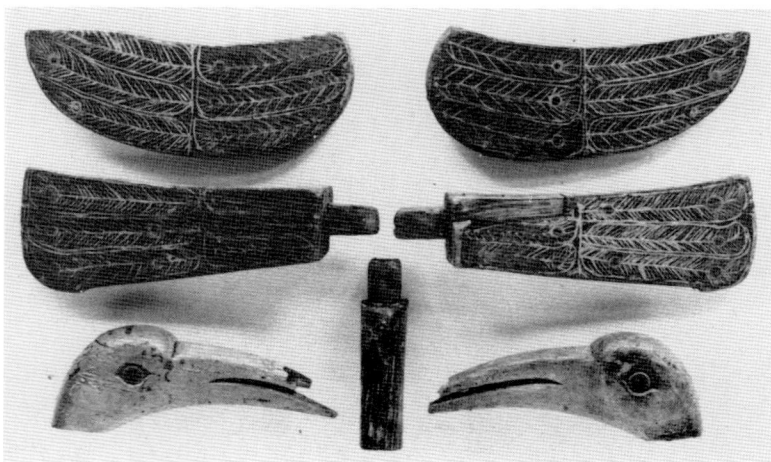

5-23

5-25

5-22，没有羽冠的鳳凰，（原大），壺，戰國ⅠB，臺北故宮博物院　　5-23，没有羽冠的鳳凰，木製鼓座，戰國Ⅱ，Cleaveland Museum of Art, Purchase from the J. H. Wade Fund　　5-24，戴鹿角的鳳凰，青銅像，戰國ⅠA，隨州擂鼓墩1號墓　　5-25，戴鹿角的鳳凰，（¹/₆），木雕，戰國ⅠB，江陵天星觀1號墓

5-26

5-29

5-27

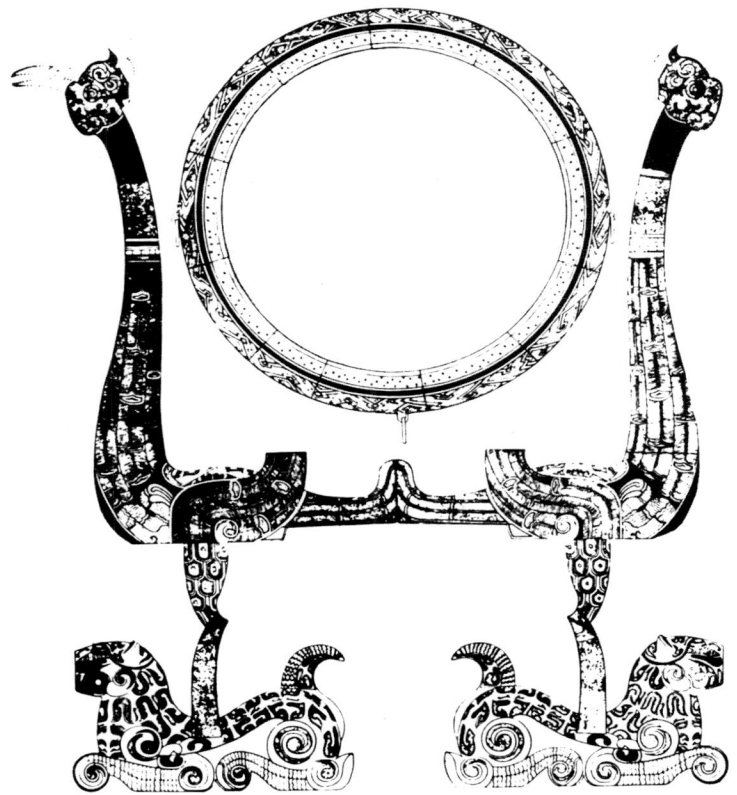

5-30

5-28

5-26，寶鶏鳳凰，甗，春秋ⅡA，汲縣　　5-27，寶鶏鳳凰，壺，春秋ⅢB，Musée Cernusci, Ville de Paris　　5-28，寶鶏鳳凰，鑑，戰國ⅠB，The Art Institute of Chicago, Lucy Maud Buckingham Collection, 1930.366　　5-29，寶鶏鳳凰，游離裝飾，戰國Ⅰ，泉屋博古館　　5-30，寶鶏鳳凰，（1/7），木雕鼓座，戰國ⅠB，江陵天星觀1號墓

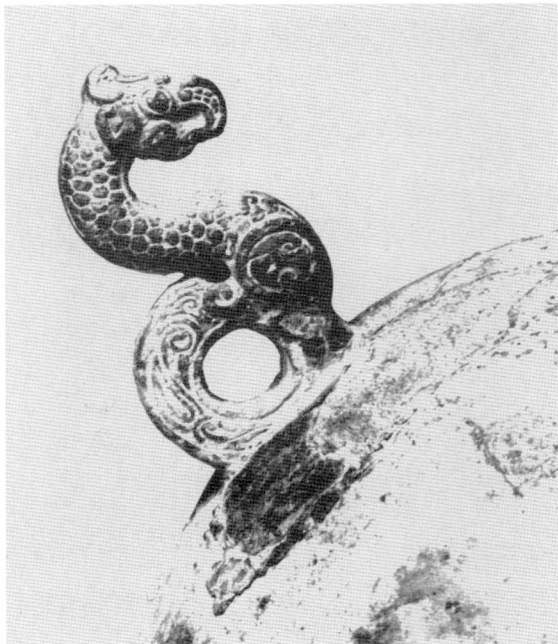

5-31

5-33

5-32

5-34

5-35

5-31，寶鷄鳳凰，敦，戰國ⅡA，Courtesy of the Royal Ontario Museum, Toronto, Canada (Far Eastern Department)　　5-32，寶鷄鳳凰，尊，戰國ⅡB，江陵望山2號墓　　5-33，羊角鳳凰，尊，春秋ⅢB，Courtesy of the Freer Gallery of Art, Smithsonian Institution, Washington D.C. Gift of Eugene and Agnes E. Meyer, 61.30　　5-34，羊角鳳凰，器柄，戰國Ⅰ，Dr. Paul Singer Collection, Summit　　5-35，羊角鳳凰，游離裝飾，戰國Ⅰ，泉屋博古館

5-36

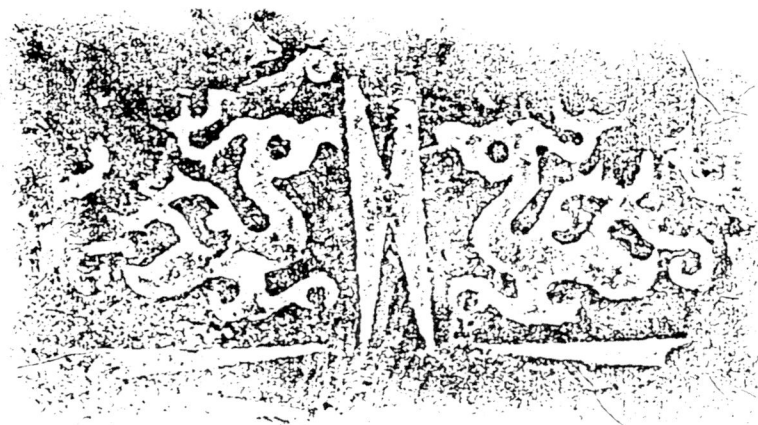

5-37

5-38

5-36，羊角鳳凰，游離裝飾，戰國Ⅰ，泉屋博古館　　5-37，屮字形羽冠鳳凰，(⁴/₅)，壺，春秋ⅢB　　5-38，屮字形羽冠鳳凰，(原大)，壺，戰國ⅠB，臺北故宮博物院

5–39

5–40

5–41

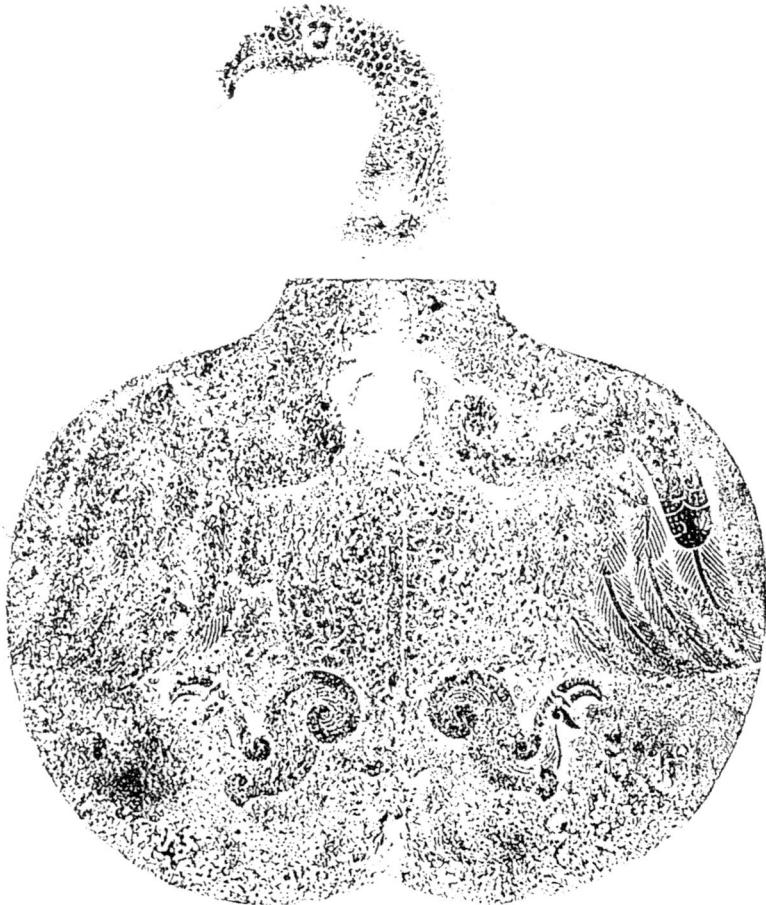

5–42

5–43

5–39，鴟鴞形神，壺，春秋ⅢB，Asian Art Museum of San Francisco, Avery Brundage Collection　　5–40，鴟鴞形神，（右⁴/₁₅），壺，戰國ⅠA，汲縣山彪鎮1號墓
5–41，鴟鴞形神，（³/₅），匜，戰國ⅠA，藤井有鄰館　　5–42，鴟鴞形神，杆頭裝飾，戰國ⅠB，白鶴美術館　　5–43，鴟鴞形神，簋，戰國ⅡB，Musée Guimet-PARIS

5-44

5-45

5-46

5-44，其他鳥形神，（原大），敦，戰國ⅠB　　5-45，其他鳥形神，榼，戰國ⅡA，臺北故宮博物院　　5-46，其他鳥形神，（原大），簋，戰國Ⅲ

6-1

6-5

6-2

6-3

6-6

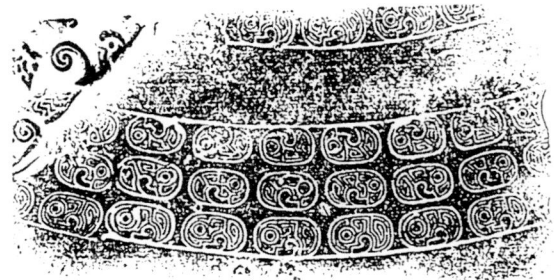

6-7

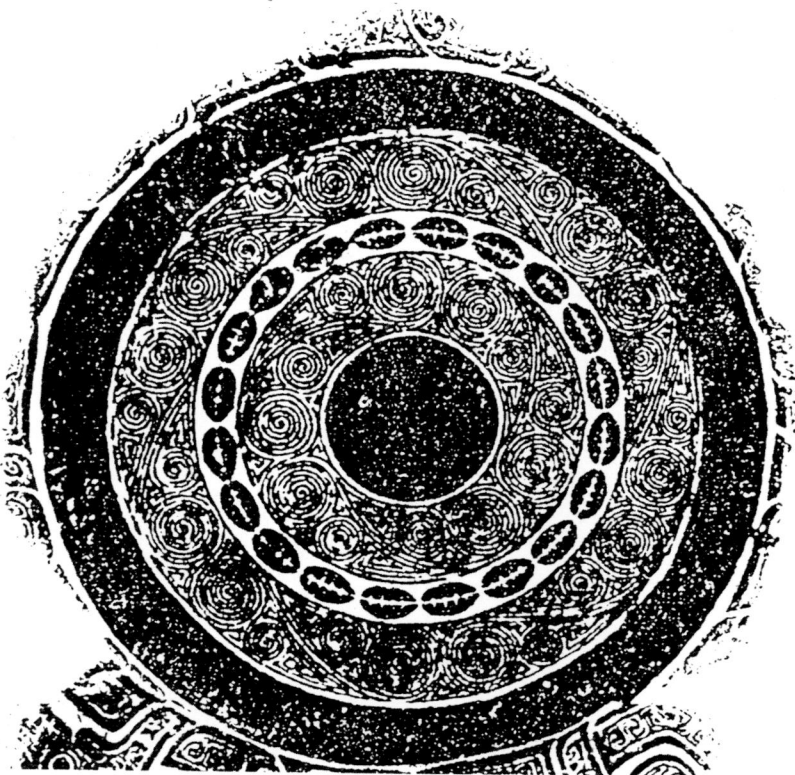

6-4

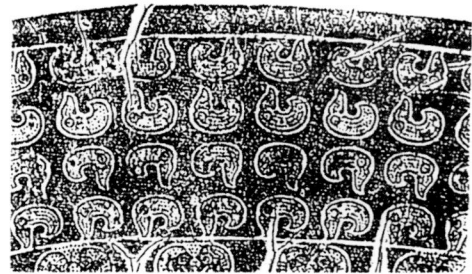

6-8

6-9

6-1，子安貝，（原大），鬲，春秋ⅢB，淳化城關公社　　6-2，子安貝，（原大），豆，春秋ⅢB，京都大學文學部博物館　　6-3，子安貝，（²/₃），鼎，戰國ⅠA，汲縣山彪鎮1號墓　　6-4，子安貝，（原大），鼎，戰國ⅠA，臺北故宮博物院　　6-5，蛹形鬼神，銅，春秋ⅢA，唐山賈各莊18號墓　　6-6，蛹形鬼神，瓿，春秋ⅢB，Asian Art Museum of San Francisco, Avery Brundage Collection，樋口隆康先生攝　　6-7，蛹形鬼神，（²/₃），壺，戰國ⅠA　　6-8，蛹形鬼神，（²/₃），敦，戰國ⅠA　　6-9，蛹形鬼神，鼎，戰國ⅡA，平山三汲公社1號墓

6-10

6-14

6-11

6-15

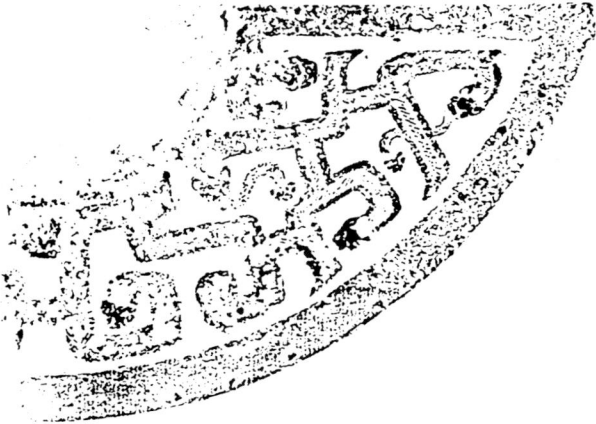

6-12

6-13

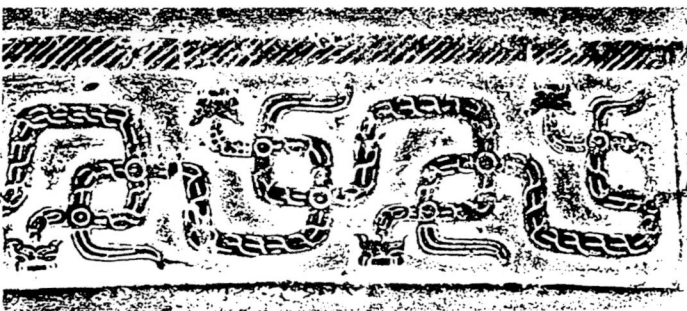

6-16

6-10，身體相連、蛇形鬼神，盆，春秋ⅡA，沂水劉家店子　　6-11，身體相連、蛇形鬼神，鐘，春秋ⅡB，Musée Royaux d'Art et d'Histoir, Bruxelles　　6-12，身體相連、蛇形鬼神，(²/₃)，鐘，春秋ⅡB，藤井有鄰館　　6-13，身體相連、蛇形鬼神，(¹/₂)，鑑，春秋ⅢA，輝縣琉璃閣80號墓　　6-14，身體相連、蛇形鬼神，(²/₃)，壺，春秋ⅢA，輝縣琉璃閣55號墓　　6-15，身體相連、蛇形鬼神，錛，春秋ⅢA　　6-16，身體相連、蛇形鬼神，壺，戰國ⅠB，Courtesy of the Royal Ontario Museum, Toronto, Canada (Far Eastern Department)

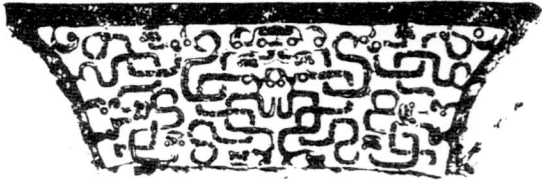

6-17

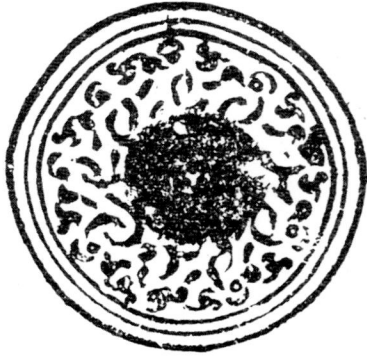

6-21

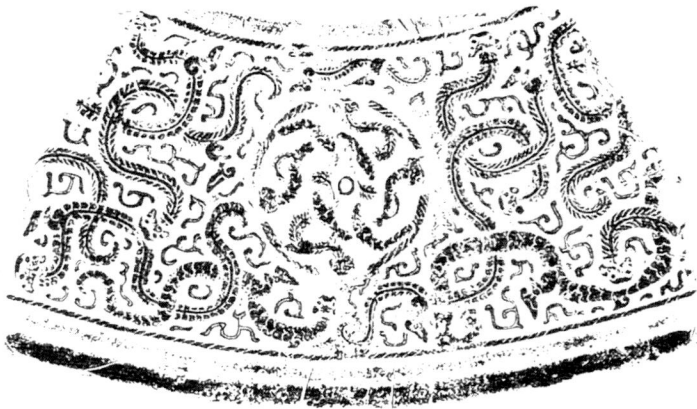

6-18

6-19

6-22

6-23

6-20

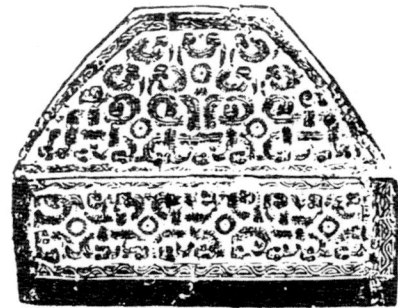

6-24

6-17，圓雕（或半圓雕）、纏繞蛇形鬼神，壺，春秋ⅡB，侯馬上馬村13號墓　　6-18，圓雕（或半圓雕）、纏繞蛇形鬼神，盉，春秋ⅡB，尉氏河東周村　　6-19，圓雕（或半圓雕）、纏繞蛇形鬼神，（²/₅），罍，春秋ⅡB，新鄭城關鎮李家樓　　6-20，圓雕（或半圓雕）、纏繞蛇形鬼神，簋，春秋ⅡB，Courtesy of the Trustees of the British Museum　　6-21，圓雕（或半圓雕）、纏繞蛇形鬼神，盉，春秋ⅡB，Dr. Arthur M. Sackler Collection, New York，樋口隆康先生攝　　6-22，圓雕（或半圓雕）、纏繞蛇形鬼神，釧，春秋ⅢA，Museum für Ostasiatische Kunst, Köln　　6-23，圓雕（或半圓雕）、纏繞蛇形鬼神，書，春秋ⅢA，順義龍灣屯　　6-24，圓雕（或半圓雕）、纏繞蛇形鬼神，（²/₅），器蓋，春秋ⅢB，淮南蔡家崗2號墓

6-25

6-26

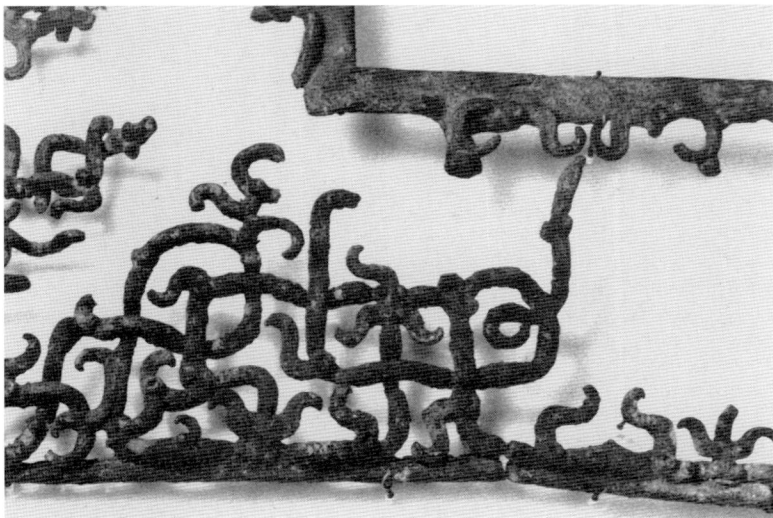

6-27

6-28

6-29

6-25，圓雕（或半圓雕）、纏繞蛇形鬼神，（⁵/₆），圓銅片，戰國Ⅰ～Ⅱ，輝縣琉璃閣1號墓　　6-26，圓雕（或半圓雕）、纏繞蛇形鬼神，鑑，戰國ⅠB，Courtesy of the Royal Ontario Museum, Toronto, Canada (Far Eastern Department)　　6-27，圓雕（或半圓雕）、纏繞蛇形鬼神，鐎，戰國ⅠB，故宮博物院　　6-28，圓雕（或半圓雕）、纏繞蛇形鬼神，（原大），鋤，戰國ⅠB，Dr. Arthur M. Sackler Collection, New York　　6-29，圓雕（或半圓雕）、纏繞蛇形鬼神，木雕鼓座，戰國Ⅱ，Cleaveland Museum of Art, Purchase from J. H. Wade Fund

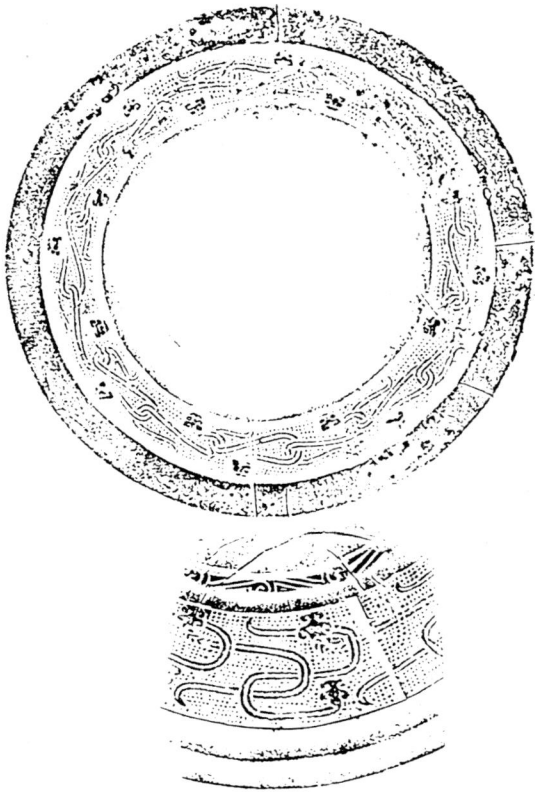

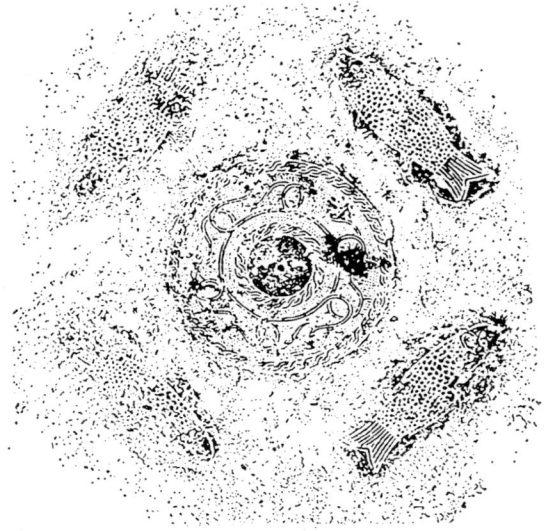

6-31

6-32

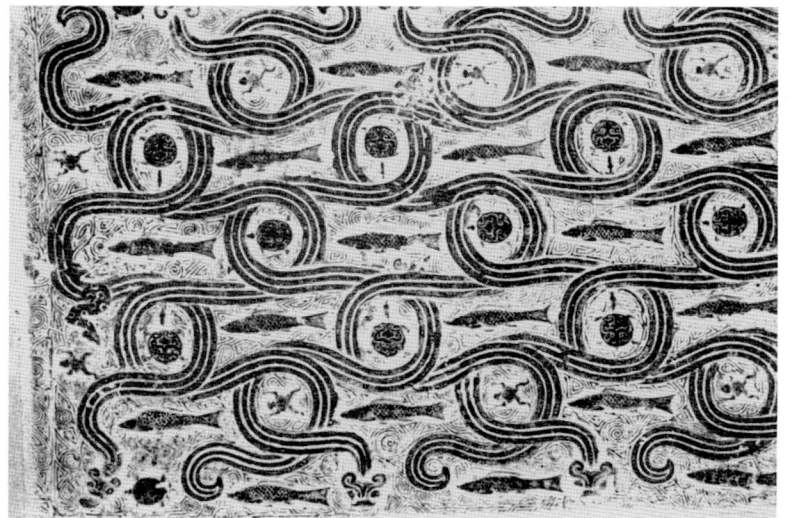

6-33

6-30

6-30，平凸、蛇形鬼神，（下²/₃），豆，春秋ⅢA，根津美術館，上，中，樋口隆康先生攝　　6-31，平凸、蛇形鬼神，（²/₅），盤，春秋ⅢA，莒南大店1號墓
6-32，平凸、蛇形鬼神，鼎，春秋ⅢA，東京國立博物館　　6-33，平凸、蛇形鬼神，鑑，戰國ⅠA，故宮博物院，岡村秀典先生攝

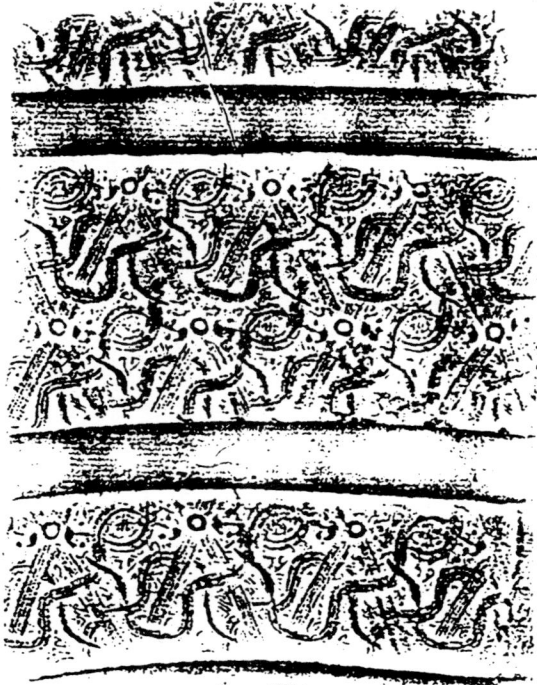

6-34

6-37

6-35

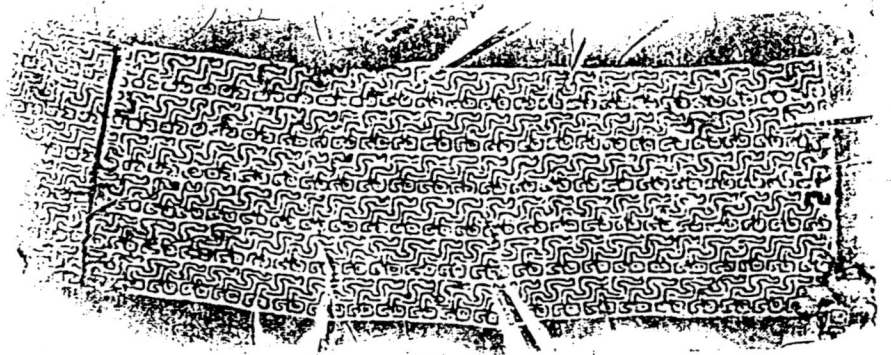

6-38

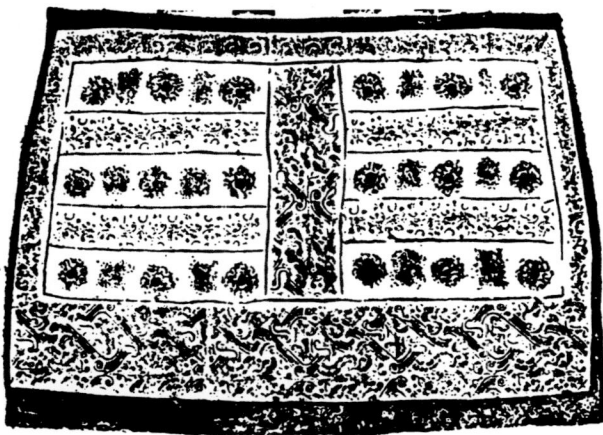

6-36

6-34，斜行、纏繞蛇形鬼神，（⁴/₅），壺，春秋ⅢA，臺北故宮博物院　　6-35，斜行、纏繞蛇形鬼神，錭，春秋ⅢA，上海博物館　　6-36，斜行、纏繞蛇形鬼神，鏄，春秋ⅢB，諸城臧家莊　　6-37，重叠蛇行、蛇形鬼神，（原大），敦，春秋ⅢA，東京國立博物館　　6-38，重叠蛇行、蛇形鬼神，（原大），錭，戰國ⅠA，京都大學文學部博物館

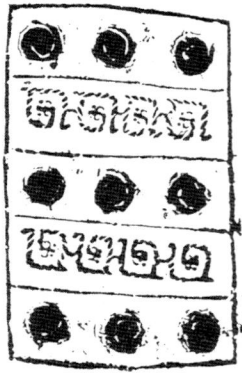

6-39

6-43

6-40

6-44

6-41

6-42

6-39，卷體、蛇形鬼神，(¹/₂)，鐘，春秋ⅡA　　6-40，卷體、蛇形鬼神，(²/₃)，簋，春秋ⅡB，新鄭城關鎮李家樓　　6-41，卷體、蛇形鬼神，鎛，春秋ⅢA
6-42，卷體、蛇形鬼神，鼎，春秋ⅢA，臺北故宮博物院　　6-43，卷體、蛇形鬼神，鎛，春秋ⅢB，Courtesy of the Freer Gallery of Art, Smithsonian Institution,
Washington D.C.，樋口隆康先生攝　　6-44，卷體、蛇形鬼神，(原大)，The Art Museum, Princeton University, Chester Dale and Dolly Carter Collection

6—45

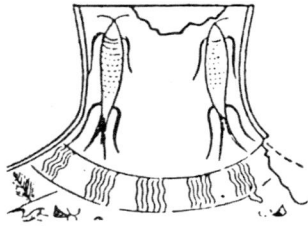

6—46

6—48

6—47

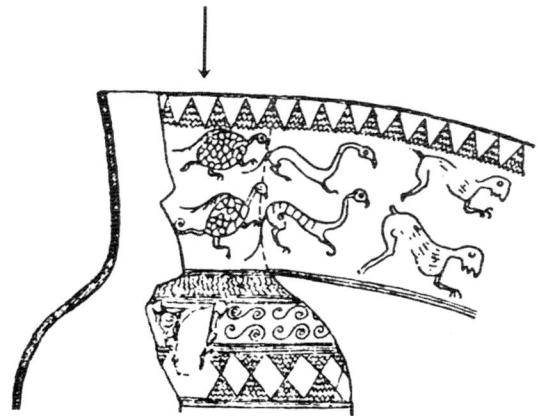

6—49

6—50

6—45，魚形鬼神，（¹/₂），匜，戰國ⅠA，長治分水嶺12號墓　　6—46，魚形鬼神，（²/₇），匜，戰國ⅠA，長沙黃泥坑5號墓　　6—47，魚形鬼神，鼎，春秋Ⅲ，
Asian Art Museum of San Francisco, Avery Brundage Collection，樋口隆康先生攝　　6—48，龜形鬼神，帶鈎，戰國Ⅰ，Seattle Art Museum　　6—49，龜形鬼神，（約
¹/₆），陶壺，北京懷柔城北　　6—50，蛙形鬼神，壺，春秋ⅡB，侯馬上馬村13號墓

6—51

6—54

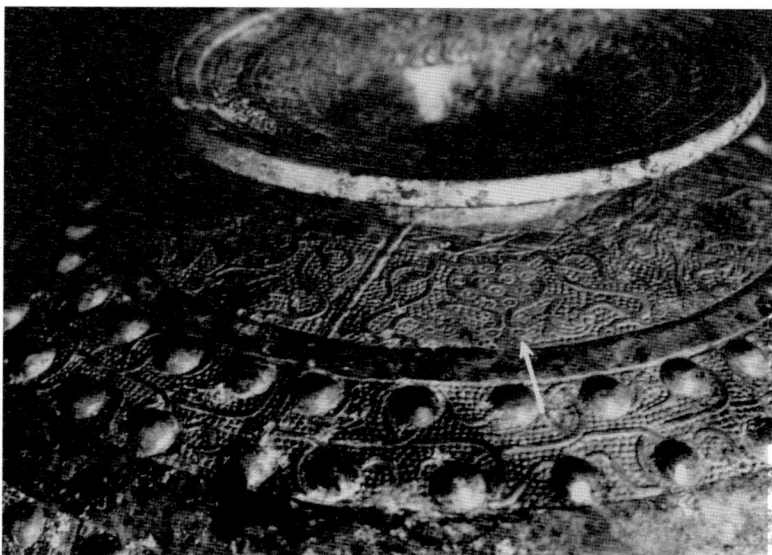

6—52

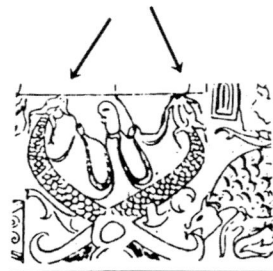

6—55

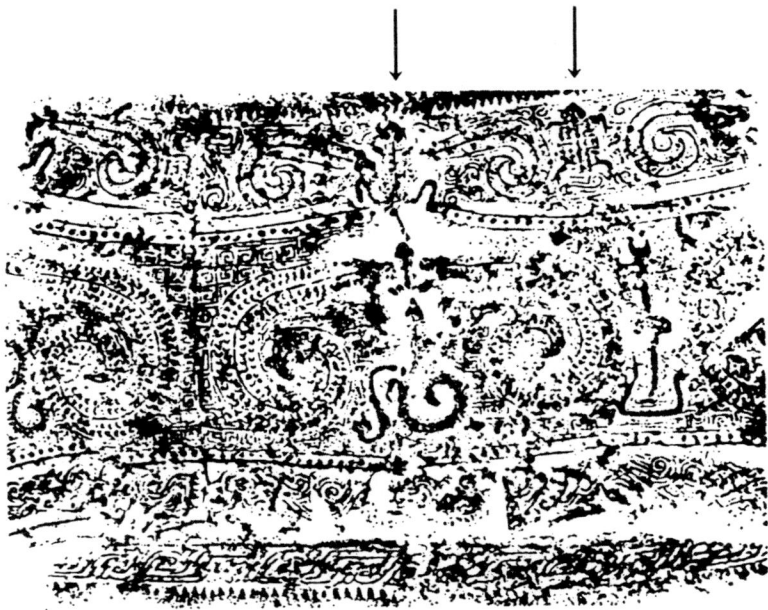

6—53

6—51，蛙形鬼神，壺，春秋ⅡB，侯馬上馬村13號墓　　6—52，蛙形鬼神，豆，春秋ⅢB，上海博物館　　6—53，蛙形鬼神，尊，春秋Ⅲ，恭城　　6—54，蛙形鬼神，豆，春秋Ⅱ～Ⅲ，紹興306號墓　　6—55，蛙形鬼神，(³/₄)，瑟，戰國ⅡA，信陽長臺關1號墓

6-56

6-57

6-58

6-60

6-61

6-59

6-62

6-56，虎形鬼神，（原大），鼎，春秋ⅡA，The Art Museum, Princeton University, Chester Dale and Dolly Carter Collection　　6-57，虎形鬼神，（³/₇），簋，春秋ⅡA，隨州城郊公社　　6-58，虎形鬼神，盆，春秋ⅡA，沂水劉家店子　　6-59，虎形鬼神，（³/₅），壺，春秋ⅡB，新鄭城關鎮李家樓　　6-60，虎形鬼神，（下⁴/₅），鼎，春秋ⅢA，Courtesy of the Royal Ontario Museum, Toronto, Canada (Far Eastern Department)　　6-61，虎形鬼神，（原大），壺，春秋ⅢB，上海博物館　　6-62，虎形鬼神，鑑，戰國ⅠA

6-63

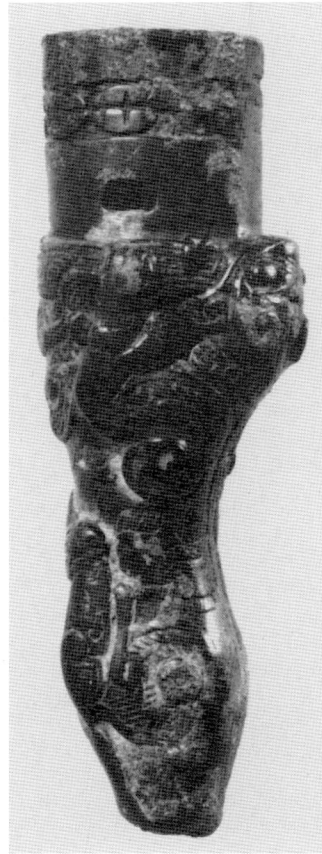

6-67

6-64

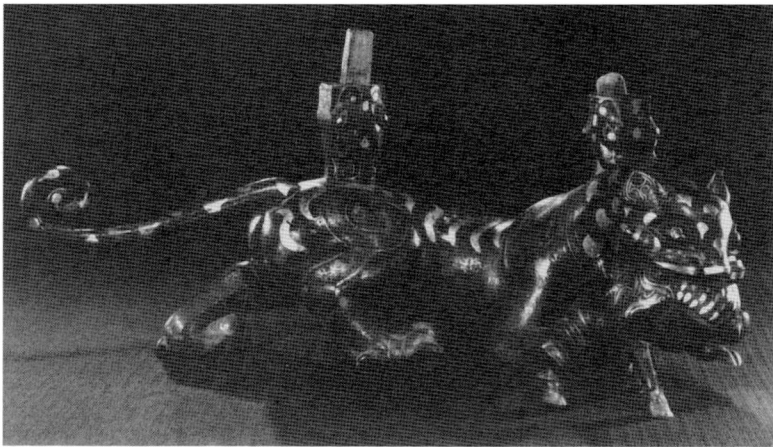

6-65

6-68

6-66

6-63，虎形鬼神，鑑，戰國ⅠA，故宮博物院，岡村秀典先生攝　　6-64，虎形鬼神，（²/₅），錞于，戰國Ⅰ，常德　　6-65，虎形鬼神，器座，戰國ⅡA，平山三
汲公社1號墓　　6-66，虎形鬼神，錞于，戰國Ⅱ，涪陵小田溪　　6-67，虎形鬼神，鐏，戰國，天理大學附屬參考館　　6-68，虎形鬼神，（右³/₅），鐏，戰國，
東京藝術大學

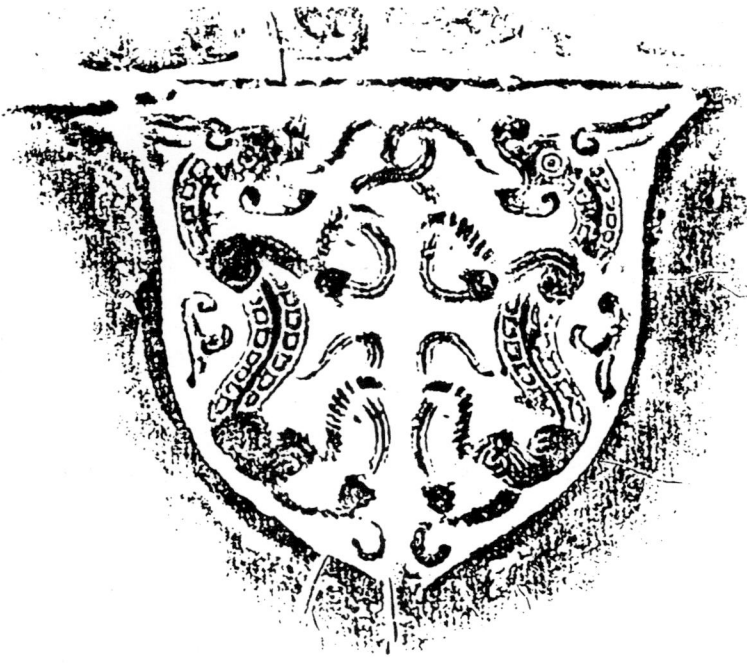

6-69

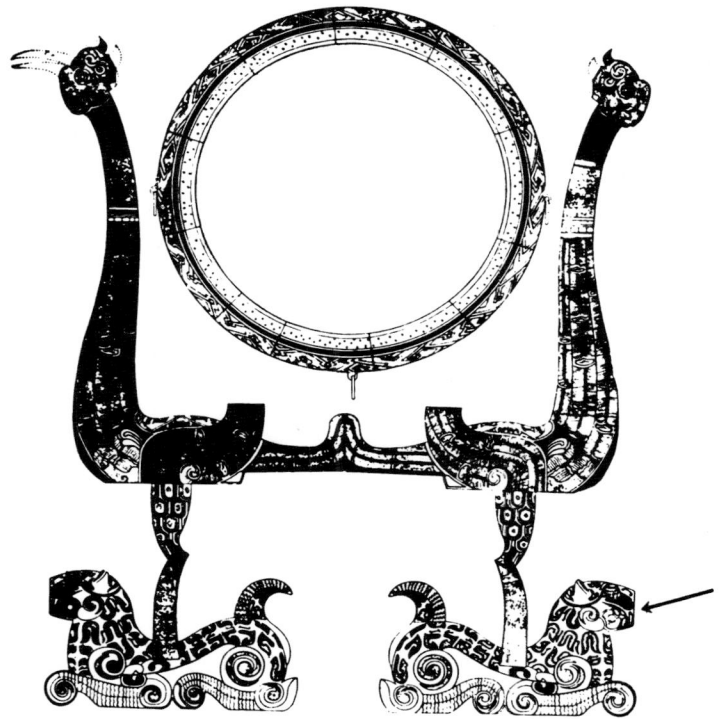

6-71

6-70

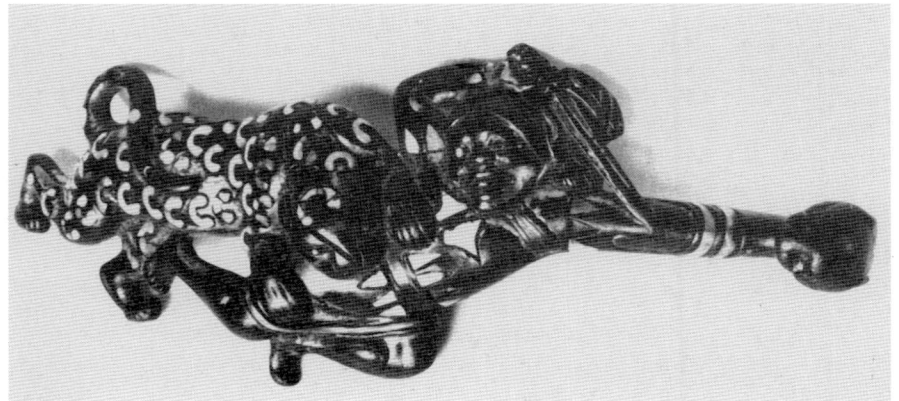

6-72

6-69，虎形鬼神，（原大），罐，戰國ⅠA，臺北故宮博物院   6-70，虎形鬼神，（原大），壺，戰國ⅡA   6-71，豹形鬼神，（¹/₁₅），木雕鼓座，春秋ⅠB，江陵天星觀1號墓   6-72，豹形鬼神，帶鉤，戰國ⅡA，Museum of Decorative Art, Copenhagen

6-73

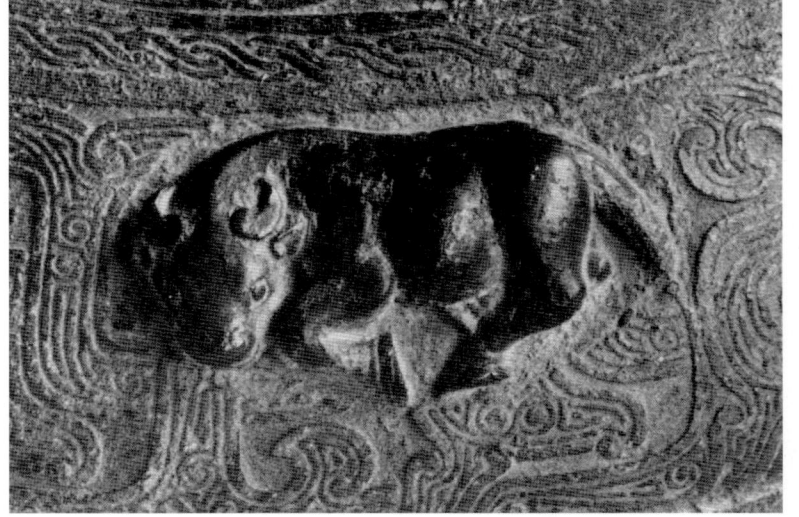

6-75

6-74

6-76

6-77

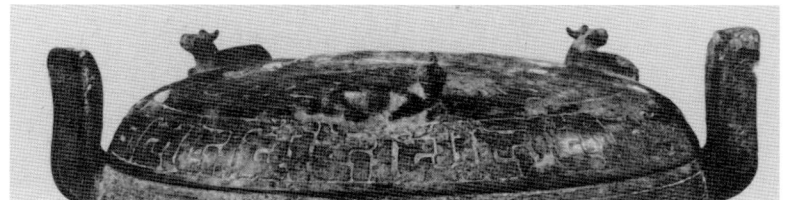

6-78

6-73，雲豹　　6-74，豹形鬼神，器座，戰國Ⅲ　　6-75，食草動物形鬼神，鼎，春秋Ⅲ B，Musée Guimet-PARIS　　6-76，食草動物形鬼神，鼎，戰國Ⅰ A，隨州擂鼓墩1號墓　　6-77，食草動物形鬼神，器座，戰國Ⅱ A，平山三汲公社1號墓　　6-78，食草動物形鬼神，鼎，戰國Ⅰ A

6-79

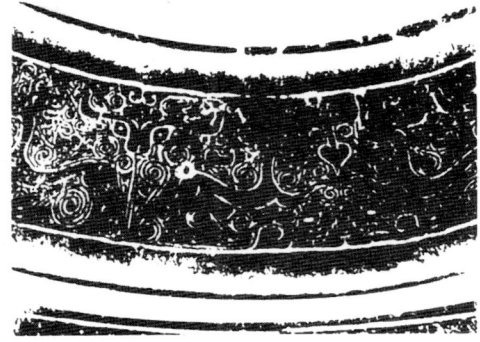
6-83

6-80

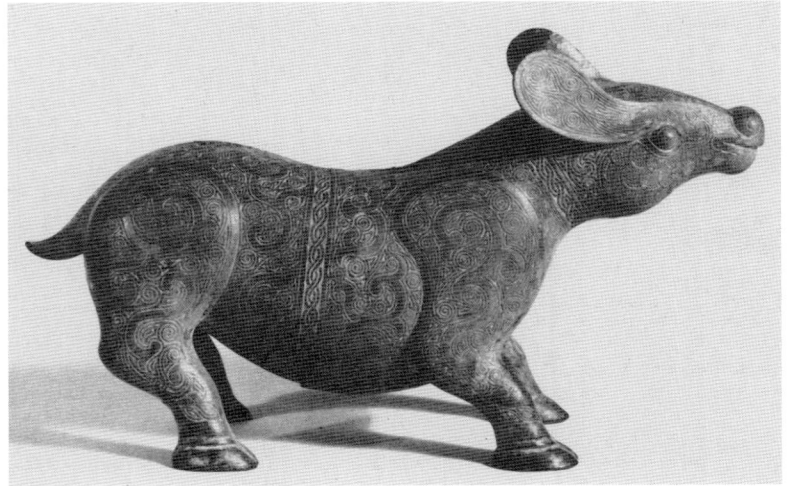
6-84

6-81

6-85

6-82

6-86

6-79，食草動物形鬼神，筒形器，戰國ⅡA，平山三汲公社1號墓　　6-80，食草動物形鬼神，器座，戰國ⅡA，平山三汲公社1號墓　　6-81，食草動物形鬼神，（原大），鋪，戰國Ⅰ，Dr. Arthur M. Sackler Collection, New York　　6-82，食草動物形鬼神，壺，戰國ⅠB，藤井有鄰館，樋口隆康先生攝　　6-83，食草動物形鬼神，壺，戰國ⅡA　　6-84，食草動物形鬼神，尊，春秋ⅢB，Courtesy of the Freer Gallery of Art, Smithsonian Institution, Washington D.C.　　6-85，食草動物形鬼神，尊，戰國ⅡA，平山三汲公社6號墓　　6-86，食草動物形鬼神，（²/₃），鼎，春秋ⅢB，輝縣琉璃閣59號墓

6-87

6-91

6-88

6-92

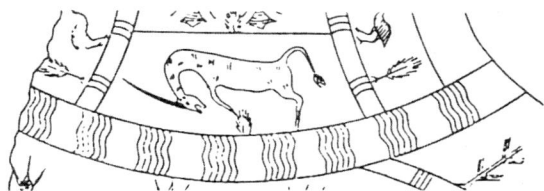

6-89

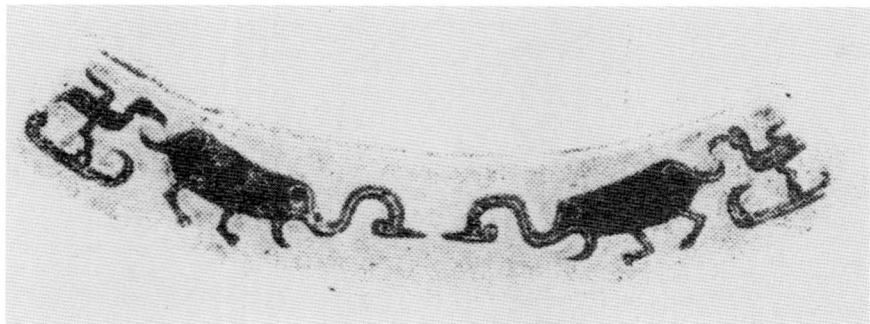

6-90

6-87，食草動物形鬼神，鬲，戰國ⅠA，松岡美術館　　6-88，食草動物形鬼神，瓻，春秋ⅡA，汲縣　　6-89，食草動物形鬼神，（¹/₂），匜，戰國ⅠA，長治分水嶺12號墓　　6-90，食草動物形鬼神，瓻，春秋ⅡB，輝縣琉璃閣墓甲或乙　　6-91，其他動物形鬼神，床足，戰國Ⅱ～Ⅲ　　6-92，其他動物形鬼神，鑑，戰國ⅠA，故宮博物院，岡村秀典先生攝

6-93

6-94

6-93，其他動物形鬼神，鼎，戰國 I B，Courtesy of the Royal Ontario Museum, Toronto, Canada (Far Eastern Department)　6-94，其他動物形鬼神，鋤，戰國 I，
Dr. Arthur M. Sackler Collection, New York，樋口隆康先生攝

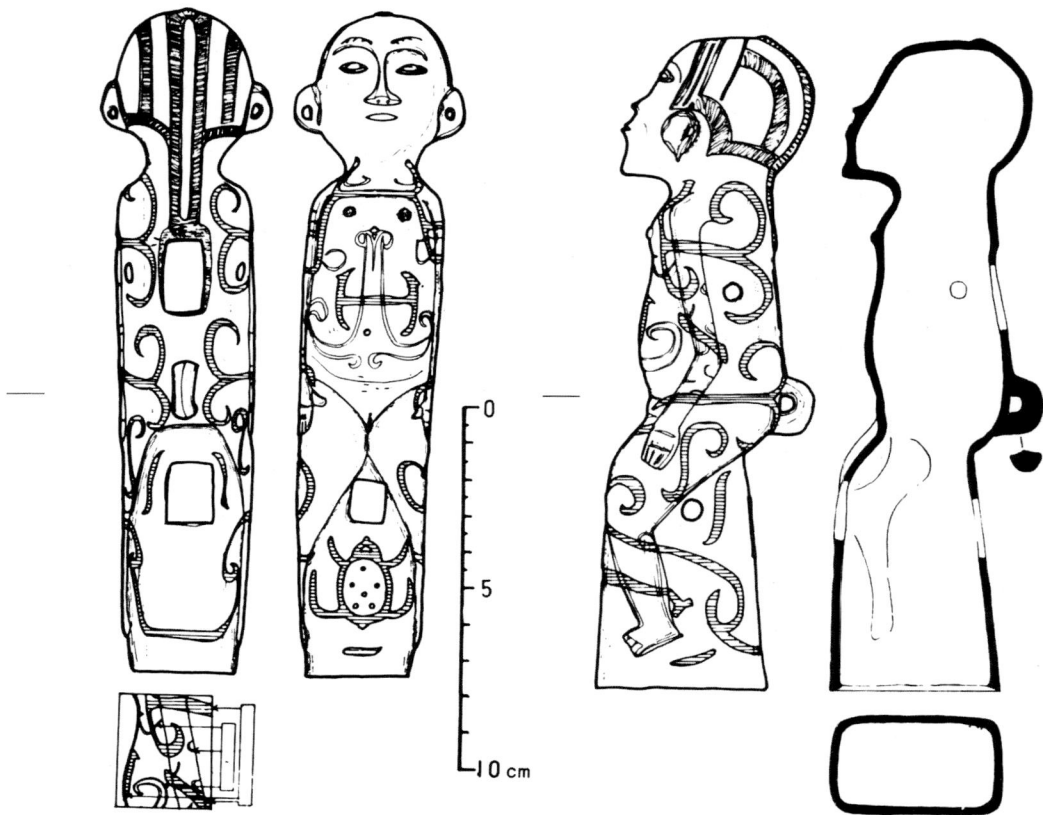

7-1

7-2

7-3

7-1，帶青蛙的女神，（測圖½），杆頭裝飾，春秋ⅢB，天理大學附屬參考館   7-2，電神，鐘虡，戰國ⅠA，隨州擂鼓墩2號墓   7-3，電神，鐘，戰國ⅠA，
隨州擂鼓墩1號墓

7-4

7-6

7-7

7-5

7-4，天神，（½），戈，戰國，荆門漳河車橋附近　　7-5，天神，（下，原大），瑟，戰國Ⅱ A，信陽長臺關1號墓　　7-6，天神，（原大），劍，戰國　　7-7，天神，（約原大），印，戰國

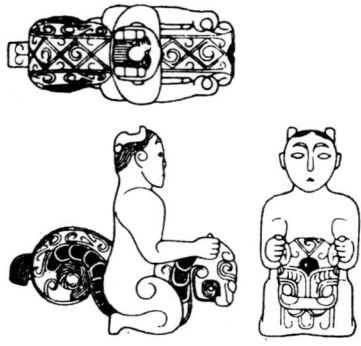

7−8

7−9

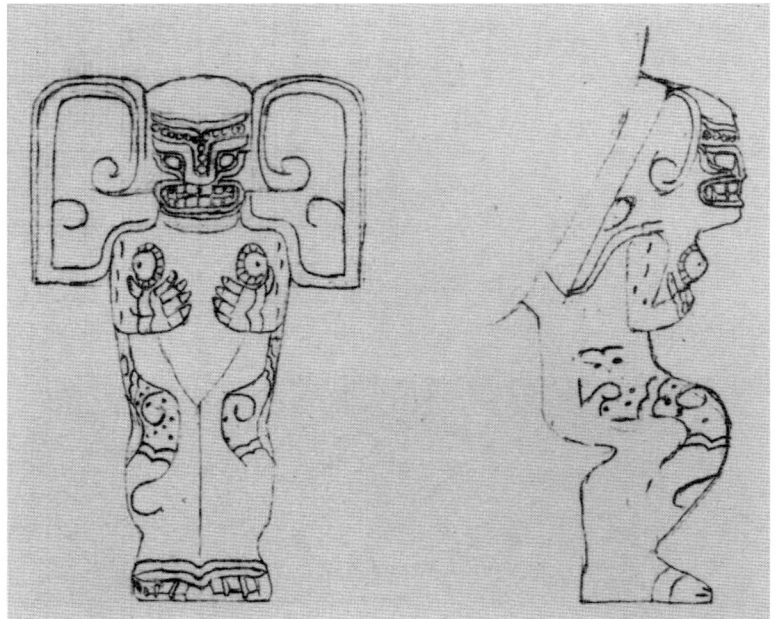

7−10

7−12

7−11

7−13

7−8，裸形鬼神，玉器，戰國ⅡA，洛陽西郊1號墓   7−9，裸形鬼神，玉器，戰國ⅡA，洛陽西郊1號墓   7−10，裸形鬼神，（約½），尊，戰國ⅠB，輝縣琉璃閣1號墓   7−11，裸形鬼神，鑑，戰國ⅠB，The Art Institute of Chicago, Lucy Maud Buckingham Collection, 1930.365   7−12，耽耳之神，（下，原大），鑑，戰國ⅠA   7−13，耽耳之神，（右⅘），帶鈎，戰國ⅡB～Ⅲ，The Museum of Far Eastern Autiquities, Stockholm, Sweden

7-14

7-15

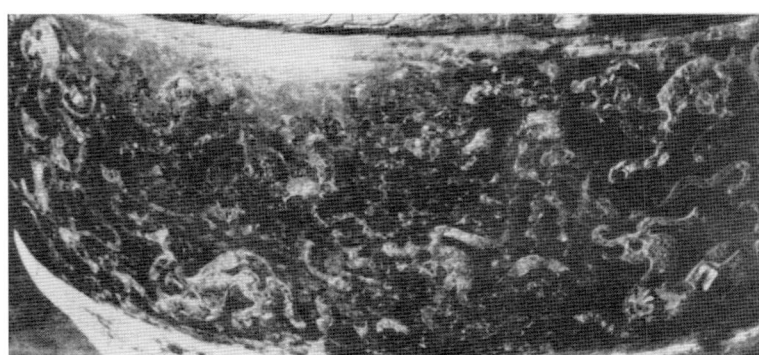

7-16

7-17

7-14，耽耳之神，帶鈎，戰國ⅡB～Ⅲ　　7-15，人身鳥首神，鍘，春秋ⅢA，Museum für Ostasiatische Kunst, Köln　　7-16，人身鳥首神，壺，春秋ⅢB　　7-
17，人身鳥首神，（原大），壺，春秋ⅢB，Asian Art Museum of San Francisco, Avery Brundage Collection

7-18

7-23

7-19

7-24

7-20

7-21

7-22

7-18，人足鳥身神，(¹/₂)，壺，戰國ⅠB，輝縣琉璃閣59號墓   7-19，人足鳥身神，(⁴/₅)，壺，戰國ⅠB，Asian Art Museum of San Francisco, Avery Brundage Collection   7-20，人足鳥身神，(⁴/₅)，戰國ⅠB，臺北故宮博物院   7-21，人足鳥身神，(¹/₄)，壺，戰國ⅠB，臺北故宮博物院   7-22，人足鳥身神，(¹/₂)，壺，戰國ⅠB，輝縣琉璃閣104號墓   7-23，人足鳥身神，(¹/₂)，壺，戰國ⅠB，臺北故宮博物院   7-24，人足鳥身神，(¹/₂)，壺，戰國ⅠB，Asian Art Museum of San Francisco, Avery Brundage Collection

7−25

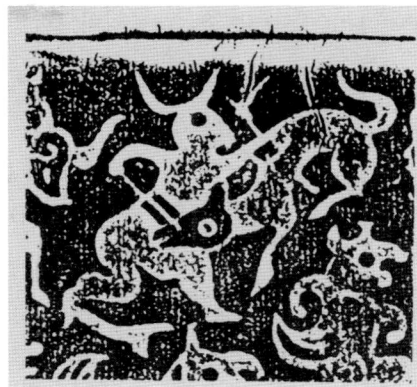

7−28

7−26

7−29

7−27

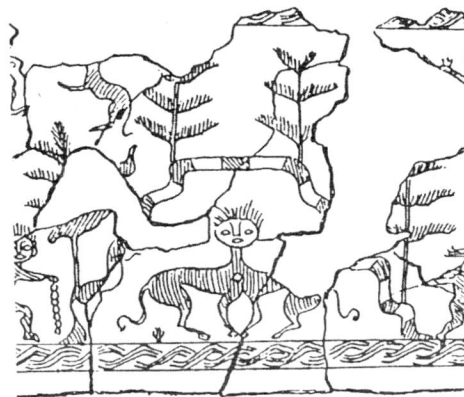

7−30

7−25，鳥喙人首神，壺，春秋ⅢB，上海博物館　　　7−26，鳥喙人首神，鑑，戰國ⅠA，故宮博物院，岡村秀典先生攝　　　7−27，鳥喙人首神，帶鈎，戰國Ⅱ，Harvard University Art Museums (Arthur M. Sackler Museum), Bequest-Grenville L. Winthrop Francisco, Avery Brundage Collection　　　7−29，人身獸首神，鑑，戰國ⅠA，故宮博物院　　　7−28，人身獸首神，（原大），壺，春秋ⅢB，Asian Art Museum of San　　　7−30，人首獸身神，（原大），尊，戰國ⅠB，輝縣琉璃閣1號墓

8-1

8-2

8-3

8-4

8-5

8-1，圓雕人像，承盤，春秋ⅢB，長治分水嶺126號墓　　8-2，圓雕人像，鐘虡，戰國ⅠA，隨州擂鼓墩1號墓　　8-3，圓雕人像，鐙，戰國ⅡA，平山三汲公社6號墓　　8-4，圓雕人像，鐙，戰國ⅡA，三門峽市上村嶺5號墓　　8-5，圓雕人像，鐙座，戰國ⅡB，易縣燕下都

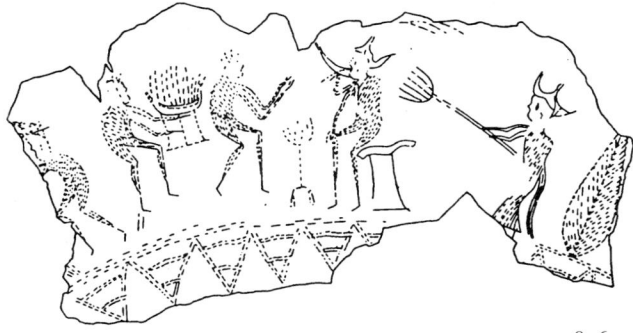

8-6

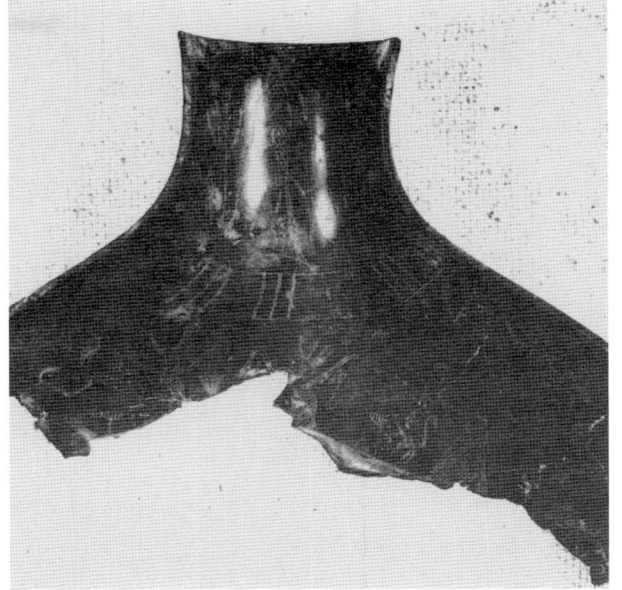

8-7

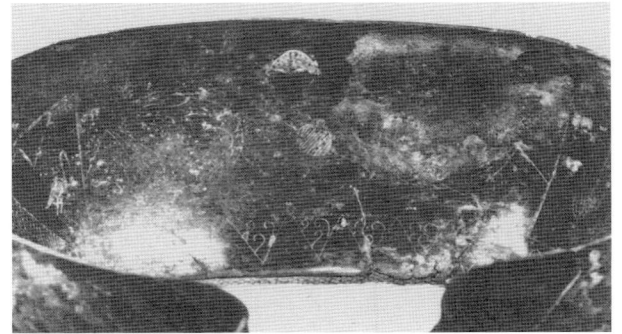

8-8

8-9

8-6，畫像紋禮儀圖像，(¼)，銅器殘片，春秋ⅢA，六合程橋　　8-7，畫像紋禮儀圖像，錭，春秋ⅢA，上海博物館　　8-8，畫像紋禮儀圖像，銅器殘片，春秋ⅢA，故宮博物院　　8-9，畫像紋禮儀圖像，匜，春秋ⅢA，Seattle Art Museum

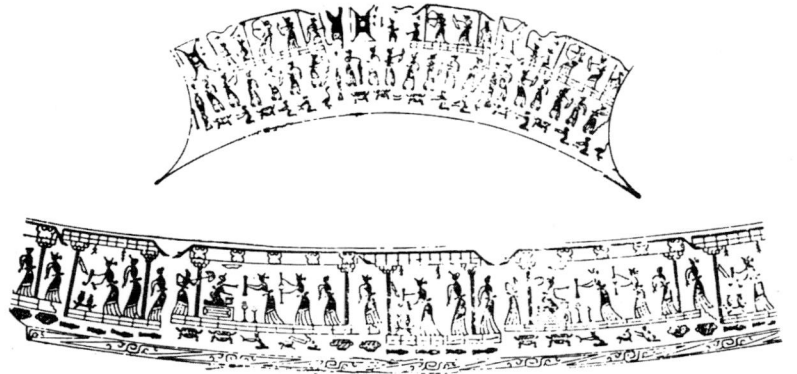

8-10

8-12

8-13

8-14

8-11

8-15

8-10，畫像紋禮儀圖像，壺，春秋ⅢB，成都百家潭，The Cultural Relics Bureau, Beijing, and the Metropolitan Museum of Art　　8-11，畫像紋禮儀圖像，壺，春秋ⅢB，故宮博物院　　8-12，畫像紋禮儀圖像，壺，戰國ⅠA，鳳翔高王寺　　8-13，畫像紋禮儀圖像，壺，戰國ⅠA　　8-14，畫像紋禮儀圖像，鑑，戰國ⅠA，汲縣山彪鎮1號墓　　8-15，畫像紋禮儀圖像，壺，戰國ⅠA

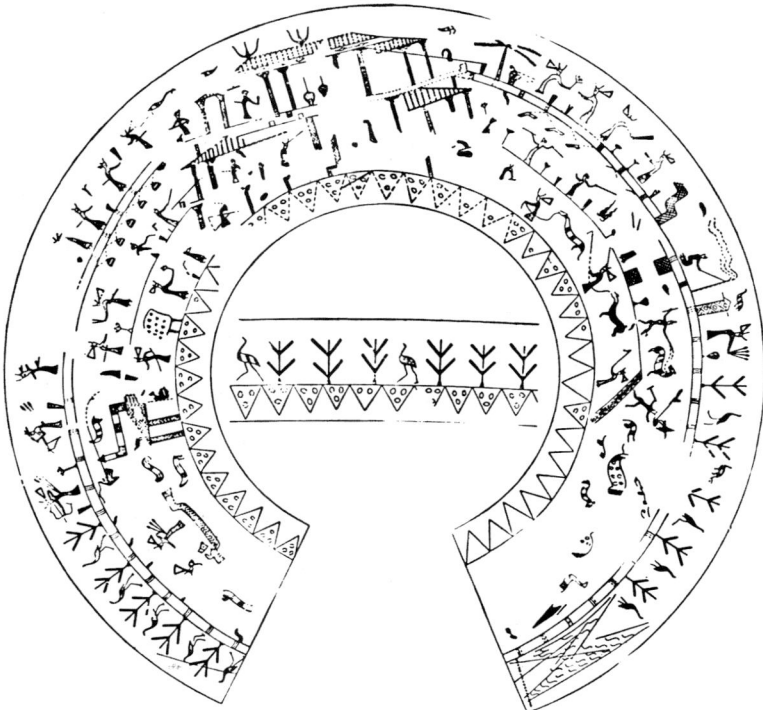

8-16

8-17

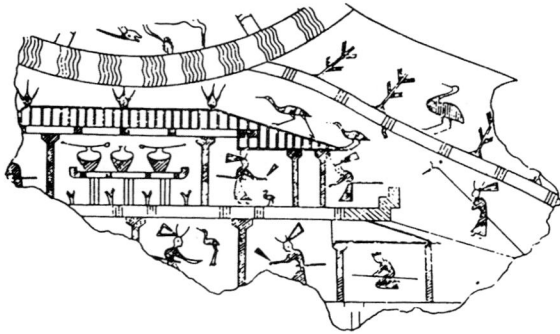

8-18

8-19

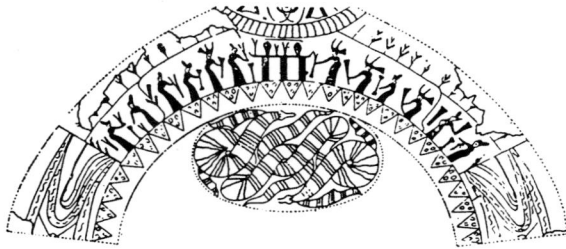

8-20

8-21

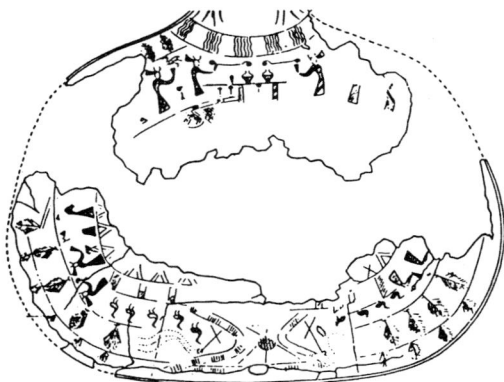

8-22

8-23

8-16，畫像紋禮儀圖像，（¹/₄），鑑，戰國ⅠA，輝縣趙固村1號墓　　8-17，畫像紋禮儀圖像，（¹/₃），匜，戰國ⅠA，長治分水嶺12號墓　　8-18，畫像紋禮儀圖像，匜，戰國ⅠA，三門峽市后川2041號墓　　8-19，畫像紋禮儀圖像，（約¹/₄），匜，戰國ⅠA，長沙黃泥坑5號墓　　8-20，畫像紋禮儀圖像，鋼，戰國ⅠA，Museum of Fine Arts, Boston，樋口隆康先生攝　　8-21，畫像紋禮儀圖像，（²/₅），壺，戰國ⅠB，臺北故宮博物院　　8-22，畫像紋禮儀圖像，（²/₅），有座壺，戰國ⅠB，Asian Art Museum of San Francisco, Avery Brundage Collection　　8-23，畫像紋禮儀圖像，（¹/₂），短頸壺，戰國ⅠB，東京國立博物館

8-27

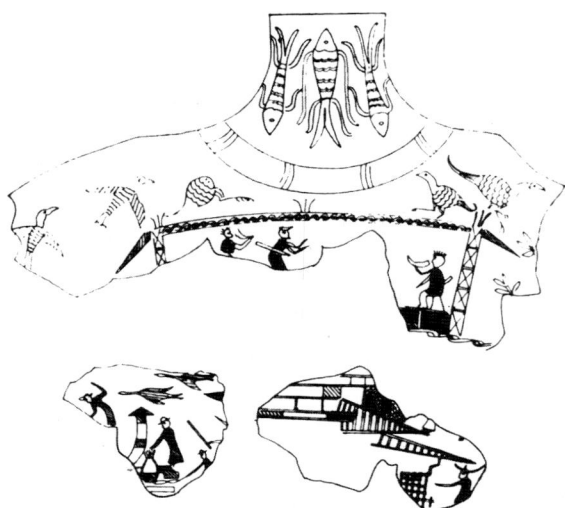

8-24

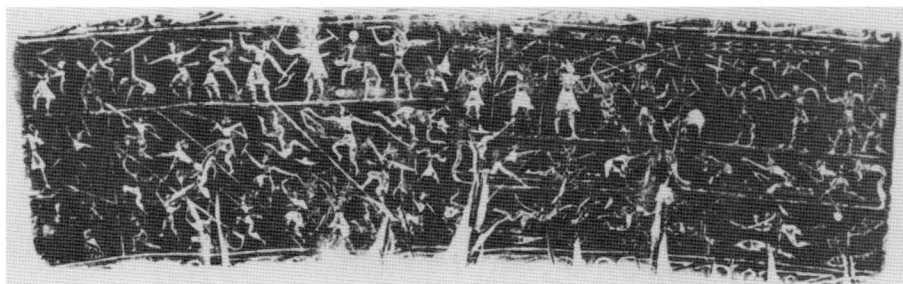

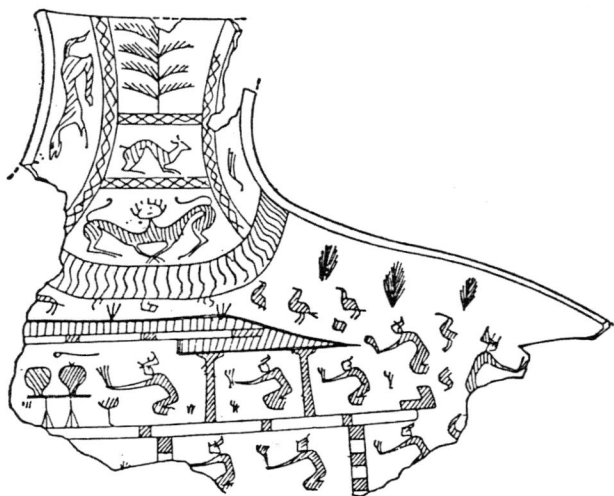

8-25

8-28

8-26

8-24，畫像紋禮儀圖像，($^1/_3$)，匜，戰國ⅠB，潞城潞河7號墓   8-25，畫像紋禮儀圖像，($^2/_5$)，匜，戰國ⅠB，六合和仁   8-26，畫像紋禮儀圖像，($^4/_5$)，尊，戰國ⅠB，輝縣琉璃閣1號墓   8-27，畫像紋戰爭圖像，壺，春秋ⅢB，成都百家潭   8-28，畫像紋戰爭圖像，壺，春秋ⅢB，故宮博物院

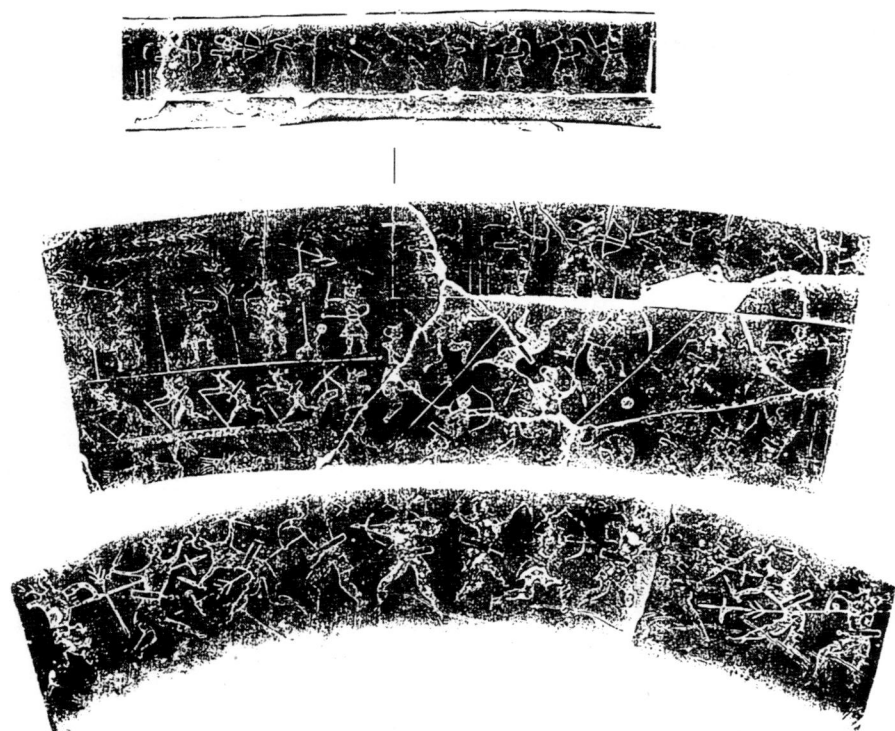

8-30

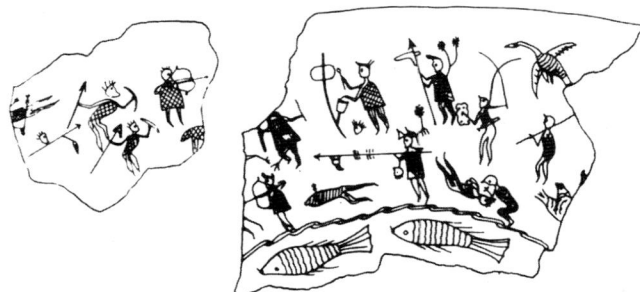

8-31

8-29

8-29，畫像紋戰爭圖像，（上，約²/₅，下²/₅），鑑，戰國ⅠA，汲縣山彪鎮1號墓   8-30，畫像紋戰爭圖像，（原大），有座壺，戰國ⅠB，Asian Art Museum of San Francisco, Avery Brundage Collection   8-31，畫像紋戰爭圖像，（²/₅），匜，戰國ⅠB，潞城潞河7號墓

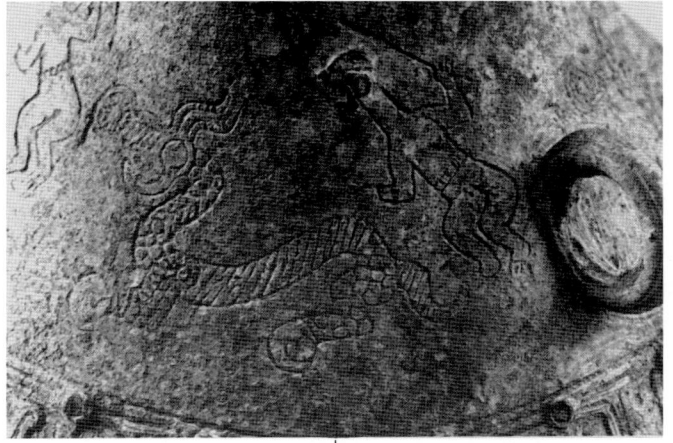

8-32

8-34

8-33

8-35

8-32，畫像紋狩獵、群獸圖像，壺，春秋Ⅲ A，唐山賈各莊18號墓　　8-33，畫像紋狩獵、群獸圖像，(²/₅)，豆，春秋Ⅲ A，上海博物館　　8-34，畫像紋狩獵、群獸圖像，(下³/₅)，壺，春秋Ⅲ A　　8-35，畫像紋狩獵、群獸圖像，(¹/₂)，壺，春秋Ⅲ B，Asian Art Museum of San Francisco, Avery Brundage Collection

8-39

8-36

8-37

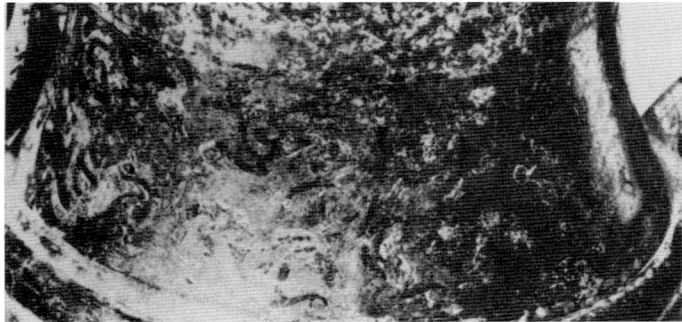

8-40

8-41

8-38

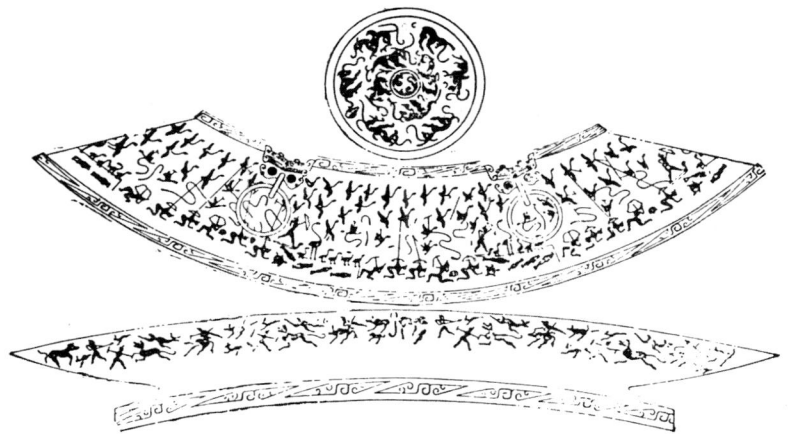

8-42

8-36，畫像紋狩獵、群獸圖像，($^2/_5$)，釦，春秋Ⅲ B，Asian Art Museum of San Francisco, Avery Brundage Collection　　8-37，畫像紋狩獵、群獸圖像，($^1/_3$)，鑑，春秋Ⅲ B，輝縣琉璃閣75號墓　　8-38，畫像紋狩獵、群獸圖像，壺，春秋Ⅲ B　　8-39，畫像紋狩獵、群獸圖像，鑑，戰國Ⅰ A，Courtesy of the Freer Gallery of Art, Smithsonian Institution, Washington D.C.　　8-40，畫像紋狩獵、群獸圖像，壺，春秋Ⅲ B，故宮博物院　　8-41，畫像紋狩獵、群獸圖像，壺，春秋Ⅲ B，成都百家潭　　8-42，畫像紋狩獵、群獸圖像，壺，戰國Ⅰ A，鳳翔高王寺

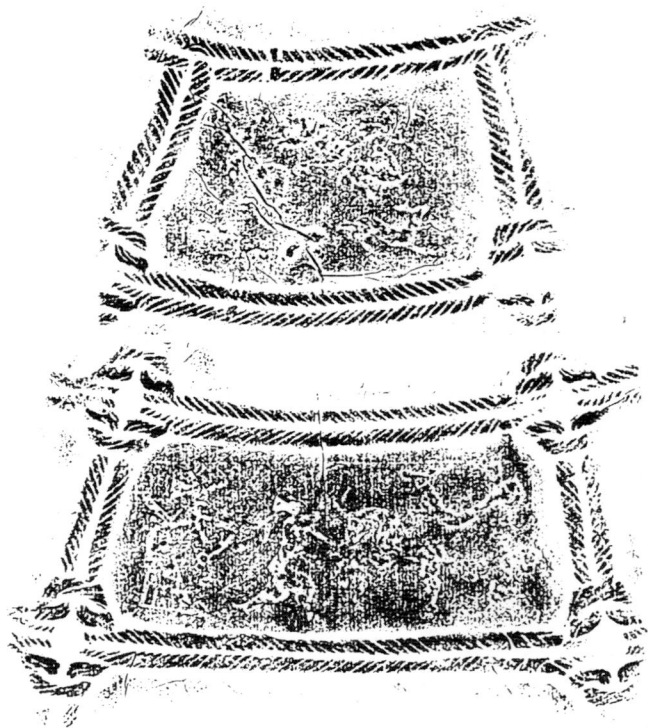

8-45

8-43

8-46

8-44

8-47

8-43，畫像紋狩獵、群獸圖像，（上²/₃），壺，戰國ⅠA　　8-44，畫像紋狩獵、群獸圖像，（約¹/₂），壺，戰國ⅠB，臺北故宮博物院　　8-45，畫像紋狩獵、群獸圖像，（⁴/₅），有座壺，戰國ⅠB，Asian Art Museum of San Francisco, Avery Brundage Collection　　8-46，畫像紋狩獵、群獸圖像，壺，戰國ⅠB，Courtesy of the Freer Gallery of Art, Smithsonian Institution, Washington D.C.，樋口隆康先生攝　　8-47，畫像紋狩獵、群獸圖像，（²/₃），鼎，戰國ⅠB，藤井有鄰館

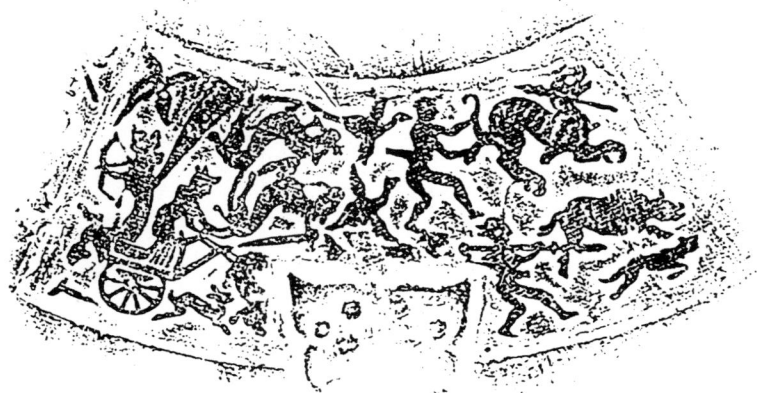

8-49

8-50

8-51

8-52

8-48

8-48，畫像紋狩獵、群獸圖像，（²/₃），壺，戰國ⅠB，Museum of Decorative Art, Copenhagen　　8-49，畫像紋狩獵、群獸圖像，（¹/₅），壺，戰國ⅠB，臺北故宮博物院　　8-50，畫像紋狩獵、群獸圖像，（³/₁₀），壺，戰國ⅠB，輝縣琉璃閣76號墓　　8-51，畫像紋狩獵、群獸圖像，（¹/₂），短頸壺，戰國ⅠB，東京國立博物館　8-52，畫像紋狩獵、群獸圖像，（¹/₂），壺，戰國ⅠB，Asian Art Museum of San Francisco, Avery Brundage Collection

8-53

8-56

8-54

8-57

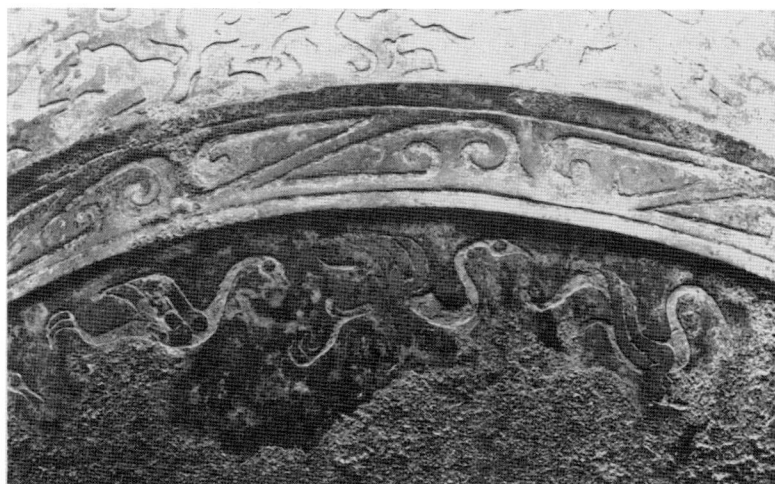

8-55

8-58

8-59

8-53，畫像紋狩獵、群獸圖像，（²/₃），壺，戰國 I B，臺北故宮博物院　　8-54，畫像紋狩獵、群獸圖像，敦，戰國 I B　　8-55，畫像紋狩獵、群獸圖像，尊，戰國 II A，Courtesy of the Arthur M. Sackler Gallery, Smithsonian Institution, Washington D.C., acc. no. S87.0311, Gift of Arthur M. Sackler，樋口隆康先生攝　　8-56，水鳥，壺，春秋 II B，新鄭城關鎮李家樓　　8-57，水鳥，壺，春秋 III A，Asian Art Museum of San Francisco, Avery Brundage Collection　　8-58，水鳥，（¹/₂），壺，春秋 III B，上海博物館　　8-59，水鳥，魚，（⁵/₉），鑑，春秋 III B，輝縣琉璃閣 75 號墓

8-60

8-61

8-63

8-62

8-60，水鳥，魚，(¹/₂)，短頸壺，戰國Ⅰ B，東京國立博物館　　8-61，魚，(¹/₂)，盤，春秋Ⅲ A　　8-62，水鳥，魚，鼇，盤，春秋Ⅲ B，Musée Guimet-PARIS
8-63，水鳥，鼎，春秋Ⅲ B，Musée Guimet-PARIS

8-64

8-65

8-66

8-64，尖葉形内、鳥獸，（⁴/₅），鋼，春秋ⅢB，Asian Art Museum of San Francisco, Avery Brundage Collection　　8-65，尖葉形内、鳥獸，壺，春秋ⅢB，成都百家潭　　8-66，尖葉形内、鳥獸，壺，戰國ⅠB，Courtesy of The Harvard University Art Museums (Arthur M. Sackler Museum), Bequest-Grenville L. Winthrop

9-1

9-2

9-3

9-4

9-5

9-6

9-7

9-8

9-9

9-10

9-1，罔兩紋，(約¹/₃)，簋，春秋ⅡA　　9-2，罔兩紋，鼎，春秋ⅡA，信陽明港　　9-3，罔兩紋，盤，春秋ⅡA，信陽平橋2號墓　　9-4，罔兩紋，(原大)，盆，春秋ⅡA，臺北故宮博物院　　9-5，罔兩紋，鬲，春秋ⅡA，沂水劉家店子1號墓　　9-6，罔兩紋，匜，春秋ⅡA，臺北故宮博物院　　9-7，罔兩紋，(²/₃)，鼎，春秋ⅡB，新鄭城關鎮李家樓　　9-8，罔兩紋，(¹/₃)，鼎，春秋ⅡB，輝縣琉璃閣80號墓　　9-9，罔兩紋，(²/₃)，壺，春秋ⅡB，新鄭城關鎮李家樓　　9-10，罔兩紋，(²/₅)，壺，春秋ⅢA，壽縣蔡侯墓

9–11

9–15

9–12

9–16

9–13

9–14

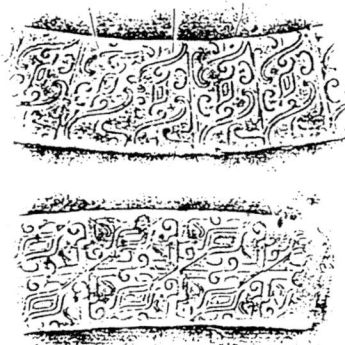

9–17

9–11，罔兩紋，(⁴/₅)，壺，戰國ⅠA，汲縣山彪鎮1號墓　　9–12，罔兩紋，(³/₄)，書，戰國ⅠA，洛陽中州路2717號墓　　9–13，罔兩紋，(⁴/₅)，簋，戰國ⅠB
9–14，罔兩紋，(⁴/₅)，壺，戰國ⅡA，臺北故宮博物院　　9–15，目羽紋，(約¹/₃)，匜，春秋ⅡA，羅山高店公社　　9–16，目羽紋，錡，戰國ⅡA，Courtesy
of the Royal Ontario Museum, Toronto, Canada (Far Eastern Department)　　9–17，目羽紋，(下³/₅)，壺，戰國ⅡB，Courtesy of the Royal Ontario Museum, Toronto,
Canada (Far Eastern Department)

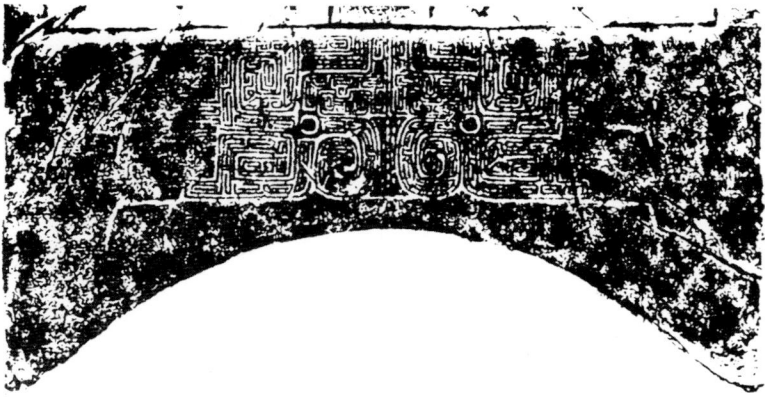

9–18

9–21

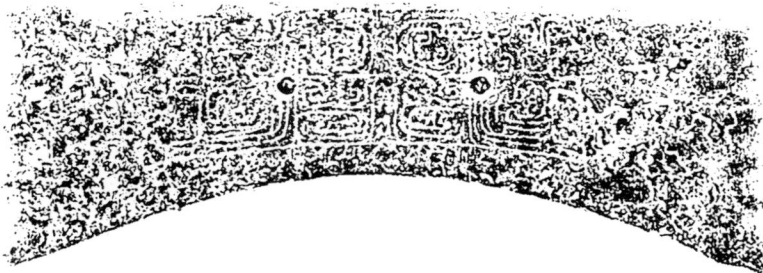

9–19

9–20

9–18，目羽紋，鐘，春秋ⅡB，長治分水嶺269號墓　　9–19，目羽紋，（下 1/2），鐘，春秋ⅡB，藤井有鄰館，上，樋口隆康先生攝　　9–20，目羽紋，（約 1/5），鐘，戰國ⅠB，長治分水嶺14號墓　　9–21，目羽紋，鐸，戰國ⅠB，東京國立博物館

9—22

9—23

9—25

9—24

9—22，頭足紋，匜，春秋ⅡA，信陽平橋1號墓　　9—23，頭足紋，匜，春秋ⅡA，臺北故宮博物院　　9—24，頭足紋，（約½），匜，春秋ⅡA，羅山高店公社
9—25，羽手紋，（原大），壺，戰國ⅠB，Museum of Decorative Art, Copenhagen

10-1

10-7

10-2

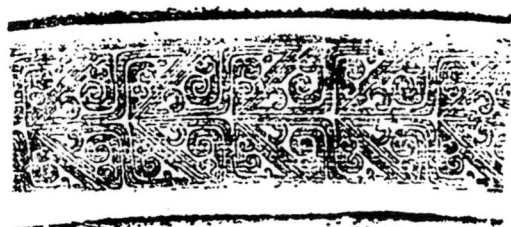

10-3

10-8

10-4

10-9

10-5

10-10

10-6

10-11

10-1，對向雙羽紋，壺，春秋ⅡB，隨州均川劉家崖　　10-2，對向雙羽紋，壺，春秋ⅡB，隨州安居公社　　10-3，對向雙羽紋，甗，春秋ⅡB，隨州均川劉家崖　　10-4，對向雙羽紋，(³/₄)，鐘，春秋ⅢA，輝縣琉璃閣75號墓　　10-5，對向雙羽紋，(原大)，鎛，春秋ⅢA　　10-6，對向雙羽紋，敦，春秋ⅢB，唐山賈各莊16號墓　　10-7，對向雙羽紋，錮，春秋ⅢB，長治分水嶺M126　　10-8，對向雙羽紋，(³/₅)，壺，春秋ⅢB，Asian Art Museum of San Francisco, Avery Brundage Collection　　10-9，對向雙羽紋，(⁸/₁₅)，鑑，春秋ⅢB，輝縣琉璃閣75號墓　　10-10，對向雙羽紋，(約¹/₂)，鑑，戰國ⅠA，汲縣山彪鎮1號墓　　10-11，對向雙羽紋，(²/₃)，鼎，戰國ⅠA，汲縣山彪鎮1號墓

10-12

10-17

10-18

10-13

10-19

10-14

10-15

10-16

10-12，對向雙羽紋，（³/₅），壺，戰國ⅠA，汲縣山彪鎮1號墓　　10-13，對向雙羽紋，鼎，戰國ⅠA，洛陽小屯　　10-14，對向雙羽紋，敦，戰國ⅠB，天理大學附屬參考館　　10-15，對向雙羽紋，敦，戰國ⅠB　　10-16，對向雙羽紋，（⁸/₁₅），錞于，戰國Ⅰ，常德　　10-17，對向雙羽紋，壺，戰國ⅡA　　10-18，對向雙羽紋，（¹/₂），鼎，戰國ⅡB，成都羊子山172號墓　　10-19，對向雙羽紋，簠，戰國Ⅲ，Courtesy of the Freer Gallery of Art, Smithsonian Institution, Washington D.C.，樋口隆康先生攝

10—20

10—23

10—21

10—24

10—22

10—25

10—26

10—27

10—20，S形雙羽紋，（¹/₄），盤，春秋ⅡA，信陽平橋1號墓　　10—21，S形雙羽紋，壺，春秋ⅡB，隨州安居公社　　10—22，S形雙羽紋，（原大），鐘，春秋ⅡB，新鄭城關鎮李家樓　　10—23，勾連ワ形羽紋，（²/₃），鼎，春秋ⅡA　　10—24，勾連ワ形羽紋，鬲，春秋ⅡA，沂水劉家店子1號墓　　10—25，勾連ワ形羽紋，壺，春秋ⅡA，光山寶相寺　　10—26，勾連ワ形羽紋，（²/₃），鼎，春秋ⅢA，輝縣琉璃閣55號墓　　10—27，勾連ワ形羽紋，鼎，春秋ⅢB，屯留武家溝

10—28

10—33

10—29

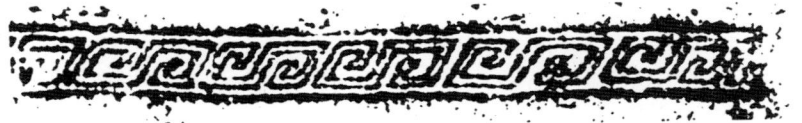

10—34

10—30

10—31

10—32

10—28，并列Ｓ形羽渦紋，鼎，春秋ⅡＡ，新野城關鎮小西關　　10—29，并列Ｓ形羽渦紋，匜，春秋ⅡＡ，羅山高店公社　　10—30，并列Ｓ形羽渦紋，簠，春秋ⅡＡ，信陽平橋2號墓　　10—31，并列Ｓ形羽渦紋，（原大），鐘，春秋ⅡＢ，新鄭城關鎮李家樓　　10—32，并列Ｓ形羽渦紋，（原大），壺，春秋ⅡＢ，新鄭城關鎮李家樓　　10—33，并列Ｓ形羽渦紋，盥缶，春秋ⅡＢ，襄陽山灣23號墓　　10—34，并列Ｓ形羽渦紋，鍘，春秋ⅢＡ，易縣燕下都31號墓

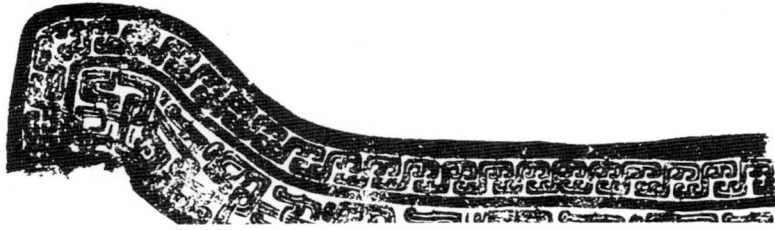

10—35

10—36

10—37

10—38

10—39

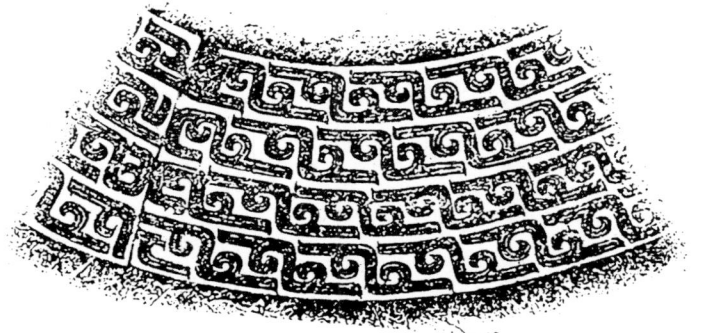

10—40

10—41

10—35，勾連S形羽渦紋，匜，春秋ⅡA，光山寶相寺　　　10—36，勾連S形羽渦紋，鉦，戰國ⅡA，Courtesy of the Trustees of the British Museum　　　10—37，雙Y形羽渦紋，（²/₃），簋，春秋ⅡA　　　10—38，雙Y形羽渦紋，匜，春秋ⅡA，新野城關鎮小西關　　　10—39，雙Y形羽渦紋，罍，春秋ⅡA，光山寶相寺　　　10—40，雙Y形羽渦紋，（²/₅），罍，春秋ⅡA　　　10—41，雙Y形羽渦紋，匜，春秋ⅡA，信陽平橋1號墓

10-42

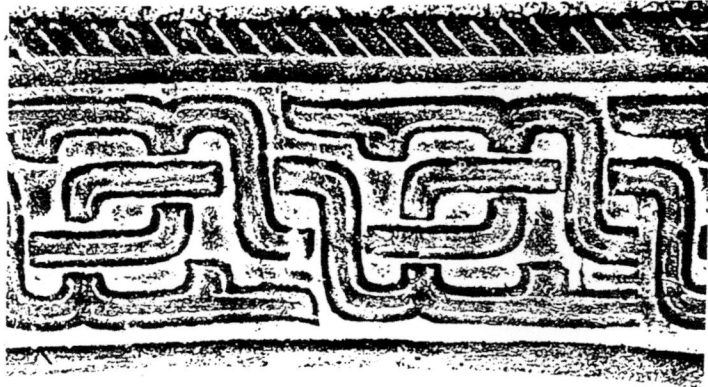

10-43

10-44

10-42，雙Y形羽渦紋，（¹/₂），罍，春秋ⅡB，新鄭城關鎮李家樓　　10-43，雙Y形羽渦紋，（¹/₂），鑑，春秋ⅡB，輝縣琉璃閣55號墓　　10-44，雙Y形羽渦紋，盥缶，春秋ⅢB，恭城加會公社秧家大隊

10—45

10—50

10—46

10—51

10—47

10—52

10—48

10—53

10—49

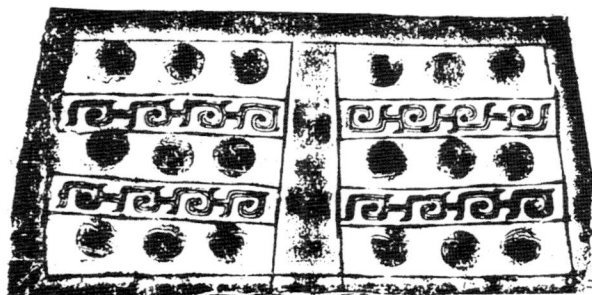

10—54

10—45，商、西周風格羽渦紋，鑵，春秋Ⅲ B，蘇州虎丘　　10—46，商、西周風格羽渦紋，（下³/₅），豆，春秋Ⅲ B，Courtesy of the Royal Ontario Museum, Toronto, Canada (Far Eastern Department)　　10—47，商、西周風格羽渦紋，（²/₃），銅飾，春秋Ⅲ B，淮南蔡家崗2號墓　　10—48，商、西周風格羽渦紋，（原大），壺，戰國 Ⅱ A　　10—49，商、西周風格羽渦紋，鬲，春秋Ⅱ A，沂水劉家店子1號墓　　10—50，商、西周風格羽渦紋，壺，春秋Ⅱ B，羅山高店公社　　10—51，商、西周 風格羽渦紋，鼎，春秋Ⅱ A，Courtesy of the Arthur M. Sackler Gallery, Smithsonian Institution, Washington D. C., Acc. no. S87.0317, Gift of Arthur M. Sackler，樋口隆康 先生攝　　10—52，商、西周風格羽渦紋，盆，春秋Ⅱ B，衡陽保和圩　　10—53，商、西周風格羽渦紋，（原大），鐘，春秋Ⅱ B，Musée Royaux d'Art et d'Histoir, Bruxelles　　10—54，商、西周風格羽渦紋，鐘，春秋Ⅲ A，長治分水嶺269號墓

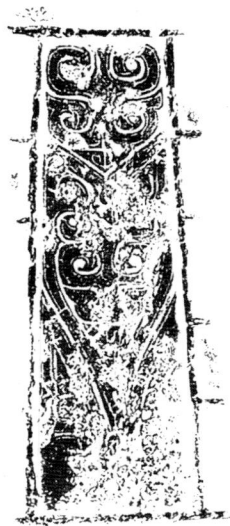

10-55

10-58

10-56

10-59

10-57

10-60

10-55，鐘的羽渦紋，（¹/₃），春秋ⅡB   10-56，鐘的羽渦紋，（²/₅），春秋Ⅱ～Ⅲ   10-57，鐘的羽渦紋，戰國ⅠB，涪陵小田溪1號墓，The Cultural Relics Bureau, Beijing and the Metropolitan Museum of Art, New York   10-58，鐘的羽渦紋，春秋Ⅱ～Ⅲ，廣濟   10-59，鐘的羽渦紋，春秋Ⅲ，恭城加會公社秧家大隊   10-60，鐘的羽渦紋，春秋Ⅱ～Ⅲ，高淳青山茶場

10-61

10-62

10-63

10-64

10-65

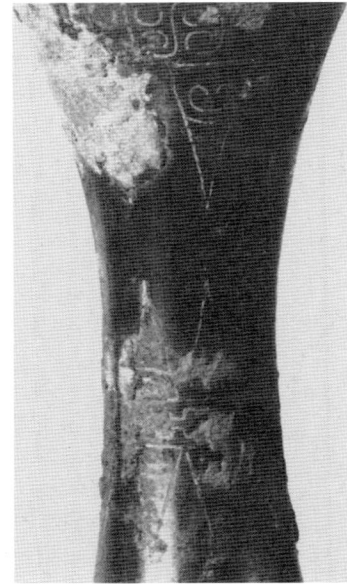

10-66

10-67

10-68

10-69

10-70

10-71

10-61，尖葉形内、雙羽紋，鼎，春秋ⅡA，隨州城郊公社　　　10-62，尖葉形内、雙羽紋，盆，春秋ⅡB，衡陽保和圩　　　10-63，尖葉形内、雙羽紋，鼎，春秋ⅡB，恭城加會公社秧家大隊　　　10-64，尖葉形内、雙羽紋，鼎，春秋ⅡB，侯馬上馬村13號墓　　　10-65，尖葉形内、雙羽紋，簠，春秋ⅡB，江陵嶽山10-66，尖葉形内、雙羽紋，($^5/_6$)，罍，春秋ⅢA，輝縣琉璃閣60號墓　　　10-67，尖葉形内、雙羽紋，盆，春秋ⅢA，尉氏河東周村　　　10-68，尖葉形内、雙羽紋，($^2/_3$)，豆，春秋ⅢA，根津美術館　　　10-69，尖葉形内、雙羽紋，豆，春秋ⅢA，藤井有鄰館，樋口隆康先生攝　　　10-70，尖葉形内、雙羽紋，盥缶，春秋ⅢA，Museum für Ostasiatische Kunst, Köln　　　10-71，尖葉形内、雙羽紋，($^1/_2$)，壺，戰國ⅠA，臺北故宮博物院

10—72

10—76

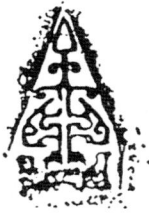

10—73

10—77

10—74

10—78

10—75

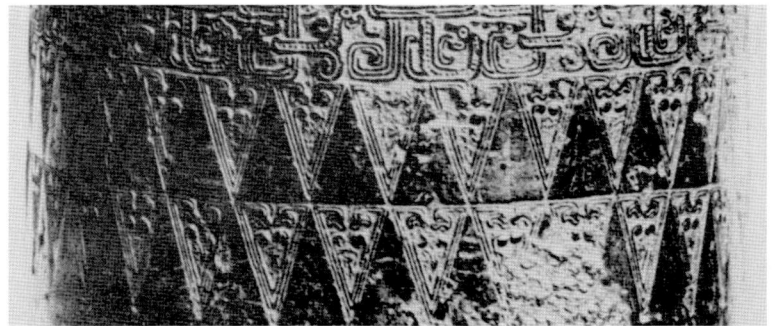

10—79

10—72，尖葉形内、雙羽紋，(⁴/₅)，鉦，戰國 I　　10—73，尖葉形内、雙羽紋，豆，戰國 I B，韶山灌區湘鄉　　10—74，尖葉形内、雙羽紋，壺，戰國 I B，Courtesy of the Royal Ontario Museum, Toronto, Canada (Far Eastern Department)　　10—75，尖葉形内、雙羽紋，壺，戰國 II A，Museo Nazionale d'Arte Orientale　10—76，尖葉形内、雙羽紋，(⁴/₅)，壺，戰國 II A　　10—77，尖葉形内、雙羽紋，(⁴/₅)，壺，戰國 II A，臺北故宮博物院　　10—78，尖葉形内、雙羽紋，(⁴/₅)，壺，戰國 II A　　10—79，尖葉形内、雙羽紋，鉦，戰國 II A

10-80

10-83

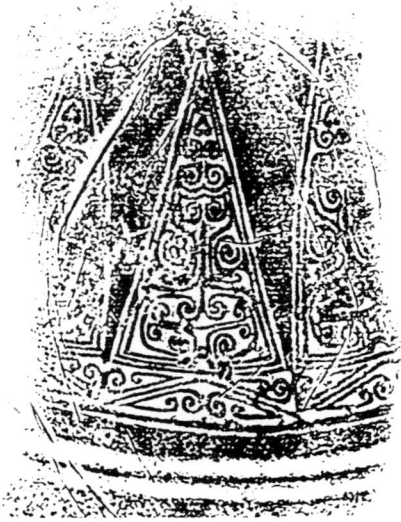
10-81

10-84

10-82

10-80，尖葉形内、雙羽紋，壺，戰國ⅡB，泉屋博古館，樋口隆康先生攝　　10-81，尖葉形内、雙羽紋，(⁴/₅)，壺，戰國ⅡB　　10-82，尖葉形内、雙羽紋，（原大），壺，戰國ⅡB，From: Eleanor von Konsten: *Chinese Bronzes from the Collection of Chester Dale and Dolly Carter (Artibus Asiae Supplementum* XXXV), no. 54, with kind permission of *Artibus Asiae*　　10-83，尖葉形内、雙羽紋，壺，戰國ⅡB　　10-84，尖葉形内、雙羽紋，(⁴/₅)，壺，戰國ⅡB，出光美術館

10-85

10-89

10-86

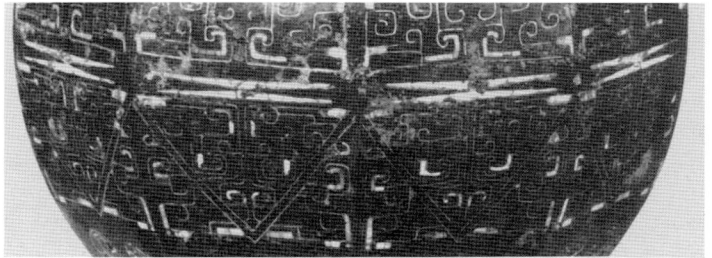

10-90

10-87

10-91

10-88

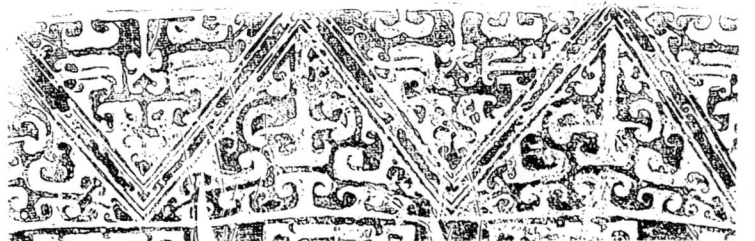

10-92

10-85，對向、尖葉形内、雙羽紋，敦，春秋ⅡA　　　10-86，對向、尖葉形内、雙羽紋，(⁴/₅)，壺，戰國ⅠA　　　10-87，對向、尖葉形内、雙羽紋，鐘，戰國
ⅠA，泉屋博古館　　　10-88，對向、尖葉形内、雙羽紋，(²/₃)，鑑，戰國ⅠB，根津美術館　　　10-89，對向、尖葉形内、雙羽紋，敦，戰國ⅠB，Courtesy of the
Freer Gallery of Art, Smithsonian Institution, Washington D.C.　　　10-90，對向、尖葉形内、雙羽紋，壺，戰國ⅠB，Courtesy of The Harvard University Art Museums
(Arthur M. Sackler Museum), Bequest-Grenville L. Winthrop　　　10-91，對向、尖葉形内、雙羽紋，敦，戰國ⅠB，Courtesy of the Trustees of the British Museum
10-92，對向、尖葉形内、雙羽紋，(約¹/₃)，鑑，戰國ⅠB，根津美術館

10—93

10—98

10—94

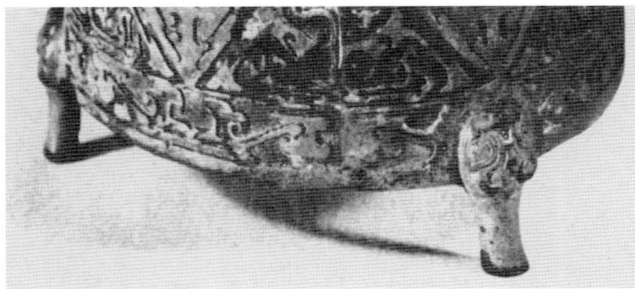

10—95

10—99

10—96

10—100

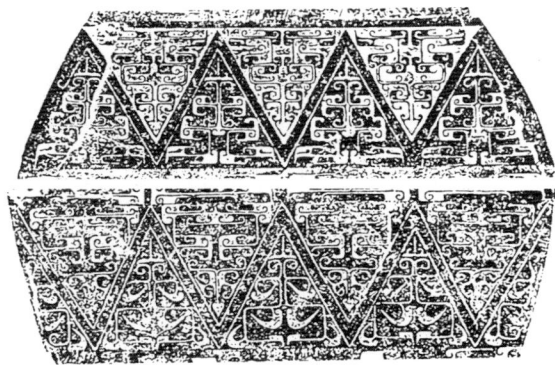

10—97

10—101

10—93，對向、尖葉形内、雙羽紋，鑑，戰國ⅠB，Courtesy of the Royal Ontario Museum, Toronto, Canada (Far Eastern Department)　　10—94，對向、尖葉形内、雙羽紋，（¹/₃），碗形容器，戰國　　10—95，對向、尖葉形内、雙羽紋，厄，戰國ⅡA，泉屋博古館　　10—96，對向、尖葉形内、雙羽紋，壺，戰國ⅡA，Courtesy of the Royal Ontario Museum, Toronto, Canada (Far Eastern Department)　　10—97，對向、尖葉形内、雙羽紋，（約³/₁₀），壺，戰國ⅡA，輝縣琉璃閣1號墓　　10—98，對向、尖葉形内、雙羽紋，敦，戰國ⅡA，天理大學附屬參考館　　10—99，對向、尖葉形内、雙羽紋，疊，戰國ⅡA，Museo Nazionale d'Arte Orientale　　10—100，對向、尖葉形内、雙羽紋，壺，戰國ⅡA，Museum für Ostasiatische Kunst, Köln　　10—101，對向、尖葉形内、雙羽紋，壺，戰國ⅡA，Museo Nazionale d'Arte Orientale

10-102

10-108

10-103

10-109

10-104

10-110

10-105

10-106

10-111

10-107

10-112

10-102，對向、尖葉形内、雙羽紋，壺，戰國ⅡA，Museo Nazionale d'Arte Orientale　　10-103，對向、尖葉形内、雙羽紋，(⁴/₅)，壺，戰國ⅡA　　10-104，對向、尖葉形内、雙羽紋，橋，戰國ⅡA，Courtesy of the Freer Gallery of Art, Smithsonian Institution, Washington D.C.　　10-105，對向、尖葉形内、雙羽紋，橋，戰國ⅡA，Courtesy of the Freer Gallery of Art, Smithsonian Institution, Washington D.C.　　10-106，對向、尖葉形内、雙羽紋，鼎，戰國ⅡA　　10-107，對向、尖葉形内、雙羽紋，(原大)，壺，戰國ⅡA　　10-108，對向、尖葉形内、雙羽紋，(⁴/₅)，壺，戰國ⅡA　　10-109，對向、尖葉形内、雙羽紋，(²/₃)，壺，戰國ⅡB　　10-110，對向、尖葉形内、雙羽紋，壺，戰國ⅡA　　10-111，對向、尖葉形内、雙羽紋，壺，戰國ⅡA，Courtesy of The Harvard University Art Museums (Arthur M. Sackler Museum), Annonymous Gift　　10-112，對向、尖葉形内、雙羽紋，卮，戰國ⅡA，泉屋博古館

10-113

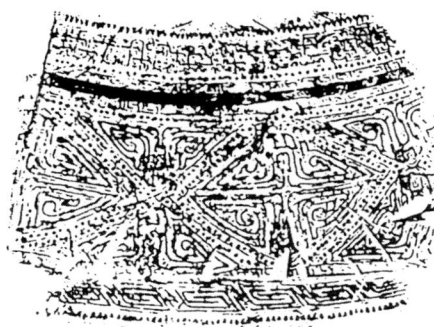

10-114

10-115

10-116

10-117

10-113，對向、尖葉形內、雙羽紋，(²/₃)，壺，戰國ⅡA，臺北故宮博物院　　10-114，輻射狀排列、尖葉形內、雙羽紋，(約¹/₃)，尊，春秋Ⅲ，恭城加會公社秧家大隊　　10-115，輻射狀排列、尖葉形內、雙羽紋，卮，戰國ⅡA，Museum of Fine Arts, Boston　　10-116，輻射狀排列、尖葉形內、雙羽紋，卮，戰國ⅡA，Museum für Völkerkunde, München　　10-117，輻射狀排列、尖葉形內、雙羽紋，鼎，戰國ⅡB，The Museum of Far Eastern Antiquities, Stockholm, Sweden

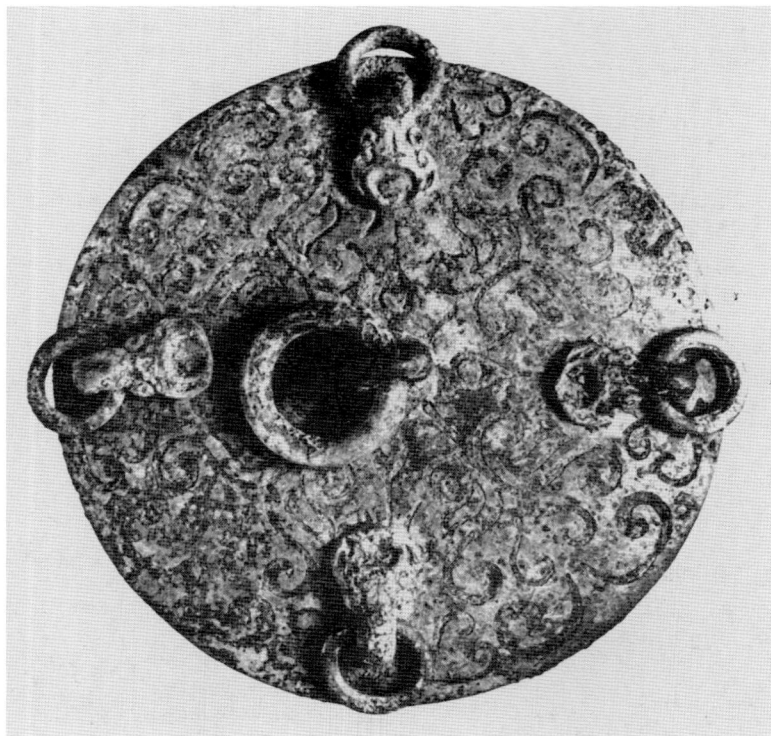

10-120

10-118

10-119

10-118，"火" 紋，壺，春秋ⅢA　　10-119，"火" 紋，壺，春秋ⅢA　　10-120，"火" 紋，(⁴/₅)，壺，戰國ⅠB，臺北故宮博物院

10-121

10-127

10-122

10-128

10-123

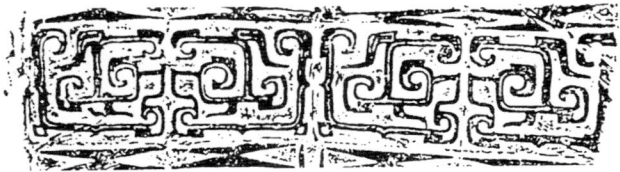

10-124

10-129

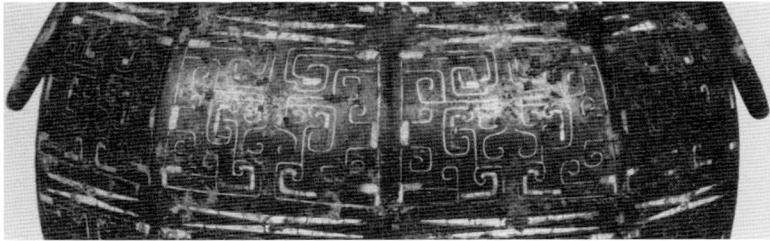

10-125

10-126

10-130

10-121, 羽紋化 "火" 紋, 鼎, 戰國 I A, 輝縣固圍村 6 號墓　　10-122, 羽紋化 "火" 紋, (²/₃), 鼎, 戰國 I B, 臺北故宮博物院　　10-123, 羽紋化 "火" 紋, 敦, 戰國 I B, Courtesy of the Freer Gallery of Art, Smithsonian Institution, Washington D.C.　　10-124, 羽紋化 "火" 紋, (²/₅), 壺, 戰國 I B, 輝縣琉璃閣 59 號墓　　10-125, 羽紋化 "火" 紋, 壺, 戰國 I B, Courtesy of The Harvard University Art Museums (Arthur M. Sackler Art Museum), Bequest-Grenville L. Winthrop　　10-126, 羽紋化 "火" 紋, (¹/₂), 壺, 戰國 I B, Asian Art Museum of San Francisco, Avery Brundage Collection　　10-127, 羽紋化 "火" 紋, 豆, 戰國 I B, 汲縣山彪鎮　　10-128, 羽紋化 "火" 紋, (¹/₂), 壺, 戰國 I B, 輝縣琉璃閣 76 號墓　　10-129, 羽紋化 "火" 紋, 敦, 戰國 I B　　10-130, 羽紋化 "火" 紋, 壺, 戰國 II A, Courtesy of the Freer Gallery of Art, Smithsonian Institution Washington D.C.

10-131

10-132

10-133

10-131，羽紋化 "火" 紋，壺，戰國ⅡA，平山三汲公社1號墓　　10-132，羽紋化 "火" 紋，(⁴/₅)，簋，戰國Ⅲ　　10-133，羽紋化 "火" 紋，(下²/₅)，壺形器，戰國ⅡB～Ⅲ，臺北故宮博物院

10-134

10-136

10-135

10-137

10-138

10-139

10-140

10-134，附帶翎羽、細綫幾何羽紋，(²/₃)，鼎，戰國Ⅰ A，汲縣山彪鎮1號墓　　10-135，附帶翎羽、細綫幾何羽紋，壺，戰國Ⅱ A, Courtesy of the Royal Ontario Museum, Toronto, Canada (Far Eastern Department)　　10-136，橫向展開、細綫羽渦紋，鼎，戰國Ⅰ B　　10-137，橫向展開、細綫羽渦紋，豆，戰國Ⅰ B，韶山灌區湘鄉　　10-138，橫向展開、細綫羽渦紋，(²/₃)，鼎，戰國Ⅰ B，臺北故宮博物院　　10-139，橫向展開、細綫羽渦紋，敦，戰國Ⅱ A　　10-140，橫向展開、細綫羽渦紋，敦，戰國Ⅲ，Ashmolean Museum, Oxford

10−141

10−143

10−142

10−141，細綫連綿羽紋，敦，春秋 Ⅲ B，Museum für Ostasiatische Kunst, Köln   10−142，細綫連綿羽紋，（下 ³/₅），鼎，戰國 Ⅰ B，Courtesy of the Royal Ontario Museum, Toronto, Canada (Far Eastern Department)   10−143，細綫連綿羽紋，鼎，戰國 Ⅰ

10-144

10-149

10-145

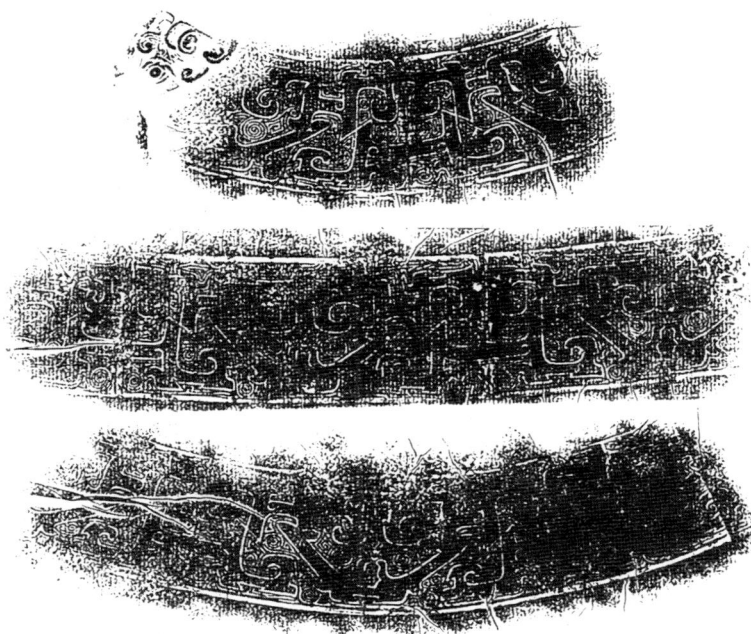

10-150

10-146

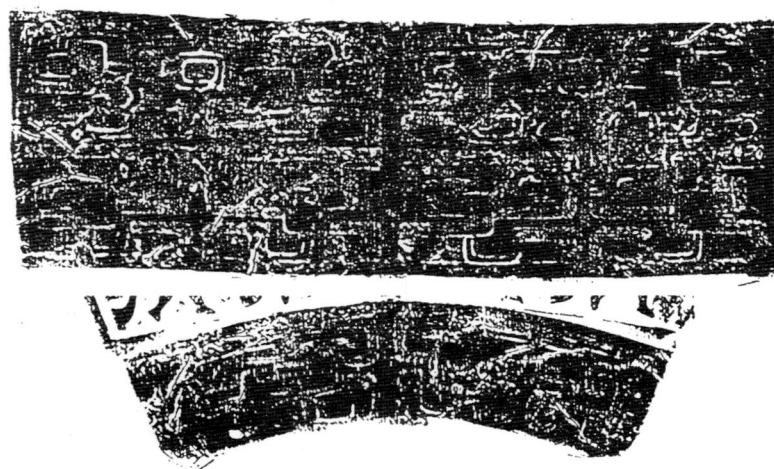

10-147

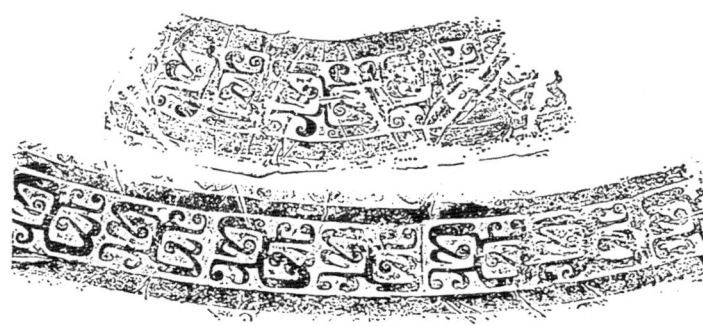

10-151

10-148

10-144，橫向展開、寬幅羽紋，缶，戰國ⅠB，涪陵小田溪　　10-145，橫向展開、寬幅羽紋，敦，戰國ⅠB　　10-146，橫向展開、寬幅羽紋，鑑，戰國ⅠB，Asian Art Museum of San Francisco, Avery Brundage Collection　　10-147，橫向展開、寬幅羽紋，($^3/_8$)，壺，戰國ⅡA，臺北故宮博物院　　10-148，橫向展開、寬幅羽紋，壺，戰國ⅡA，Victoria and Albert Museum　　10-149，橫向展開、寬幅羽紋，鐀，戰國ⅡA　　10-150，橫向展開、寬幅羽紋，($^1/_2$)，壺，戰國ⅡA　10-151，橫向展開、寬幅羽紋，($^4/_{15}$)，壺，特定地域型，烏盟涼城崞縣夭公社

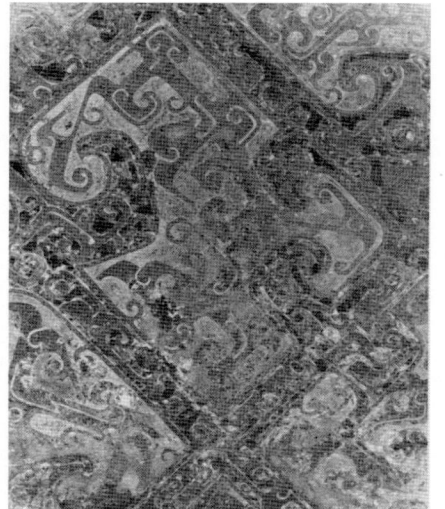

10-154

10-152

10-155

10-153

10-156

10-152，大面積、對稱形斜交、直綫羽紋，壺，戰國ⅡA，平山三汲公社1號墓　　10-153，大面積、對稱形斜交、直綫羽紋，壺，戰國ⅡA，The University Museum, University of Pennsylvania　　10-154，大面積、對稱形斜交、直綫羽紋，壺，戰國ⅡA，三門峽市后川，The Cultural Relics Bureau, Beijing and the Metropolitan Museum of Art, New York　　10-155，大面積、對稱形斜交、直綫羽紋，動物形尊，戰國ⅡA，臨淄區商王村　　10-156，大面積、對稱形斜交、直綫羽紋，敦，戰國ⅡA

10-157

10-160

10-158

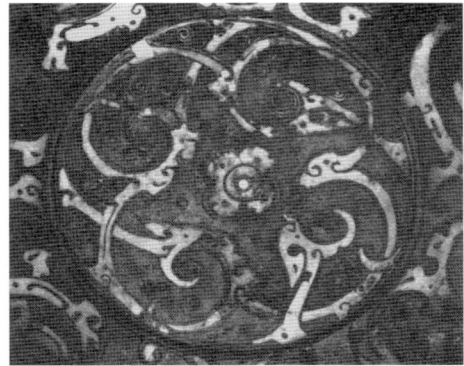

10-161

10-159

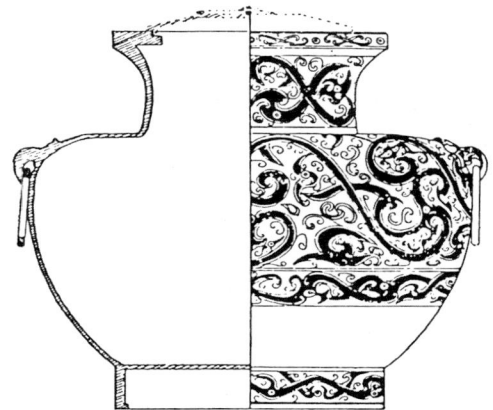

10-162

10-157，大面積、對稱形斜交、直綫羽紋，鑑，戰國ⅡA　　　10-158，大面積、對稱形斜交、直綫羽紋，樋，戰國ⅡA，Courtesy of the Freer Gallery of Art, Smithsonian Institution, Washington D.C.　　　10-159，大面積、對稱形斜交、直綫羽紋，壺，戰國ⅡA　　　10-160，斜交、曲綫羽紋，(⁴/₅)，小壺，大約戰國ⅡA　　　10-161，斜交、曲綫羽紋，簋，戰國Ⅱ，Musée Guimet-PARIS　　　10-162，斜交、曲綫羽紋，(約¹/₆)，罍，戰國ⅡB，肇慶市北嶺松山

10-163

10-166

10-164

10-165

10-167

10-163，徽章狀羽紋，鼎，戰國Ⅰ B，Courtesy of the Royal Ontario Museum, Toronto, Canada (Far Eastern Department)　　10-164，徽章狀羽紋，尊，戰國Ⅱ B，江陵望山2號墓　　10-165，徽章狀羽紋，盍，戰國Ⅱ，Musée Guimet-PARIS　　10-166，徽章狀羽紋，（下¹/₅），壺，戰國Ⅱ B，涪陵小田溪3號墓　　10-167，徽章狀羽紋，有環蓋，Courtesy of the Trustees of the British Museum

10-168

10-172

10-169

10-173

10-174

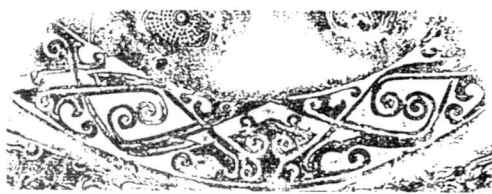

10-170

10-175

10-171

10-176

10-168，菱形斜交、帶狀羽紋，(⁴/₅)，鼎，戰國ⅠB，臺北故宮博物院　　10-169，菱形斜交、帶狀羽紋，豆，戰國ⅠB，韶山灌區湘鄉　　10-170，菱形斜交、帶狀羽紋，(下¹/₂)，鼎，戰國ⅠB　　10-171，菱形斜交、帶狀羽紋，(¹/₂)，鑑，戰國ⅠB，根津美術館　　10-172，菱形斜交、帶狀羽紋，壺，戰國ⅡA　　10-173，菱形斜交、帶狀羽紋，(²/₅)，壺，戰國ⅡA，臺北故宮博物院　　10-174，菱形斜交、帶狀羽紋，(⁴/₅)，壺，戰國ⅡA，臺北故宮博物院　　10-175，菱形斜交、帶狀羽紋，敦，戰國ⅡA，隨州擂鼓墩18號墓　　10-176，菱形斜交、帶狀羽紋，罍，戰國ⅡA，三門峽市上村嶺5號墓

10-177

10-183

10-178

10-184

10-179

10-180

10-181

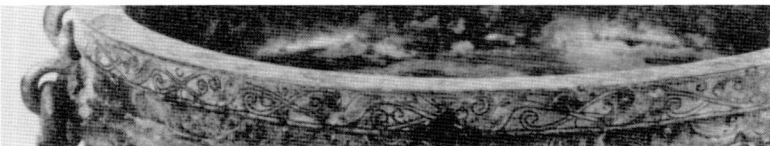

10-185

10-182

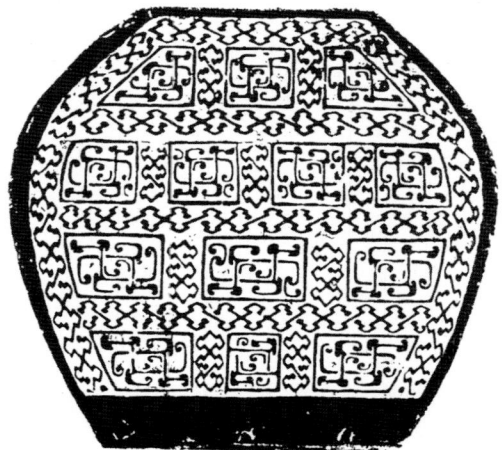

10-186

10-177，菱形斜交、帶狀羽紋，罍，戰國ⅡA　　10-178，菱形斜交、帶狀羽紋，鼎，戰國ⅡA，咸陽　　10-179，菱形斜交、帶狀羽紋，敦，戰國ⅡA，隨州擂鼓墩18號墓　　10-180，菱形斜交、帶狀羽紋，尊，戰國ⅡB，江陵望山2號墓　　10-181，菱形斜交、帶狀羽紋，鑑，戰國Ⅲ，大阪市立美術館，山口藏品　　10-182，菱形斜交、帶狀羽紋，簋，戰國Ⅲ，Courtesy of the Freer Gallery of Art, Smithsonian Institution, Washington D.C.，樋口隆康先生攝　　10-183，小方形羽渦紋，敦，戰國ⅠB，上海博物館　　10-184，小方形羽渦紋，壺，戰國ⅠB，Courtesy of the Harvard University Art Museums (Arthur M. Sackler Museum), Annonymous Gift　　10-185，小方形羽渦紋，匜，戰國ⅡA，Museum für Völkerkunde, München　　10-186，小方形羽渦紋，(¹/₂)，罍，戰國ⅡA，上海博物館

10-187

10-190

10-188

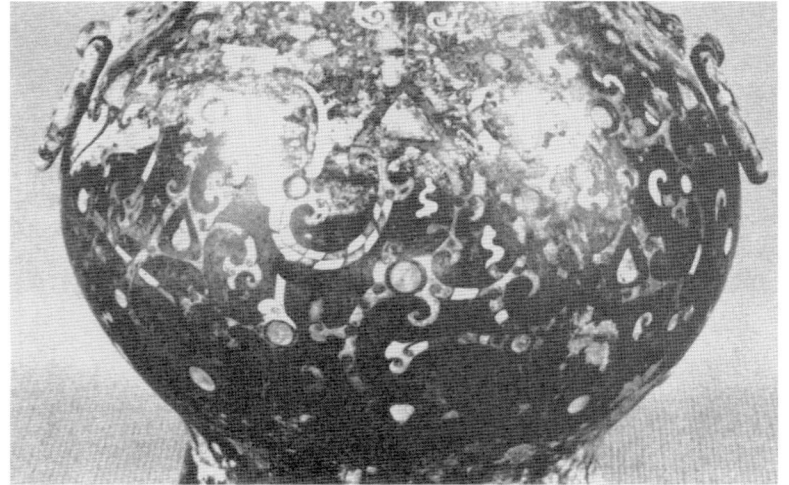

10-191

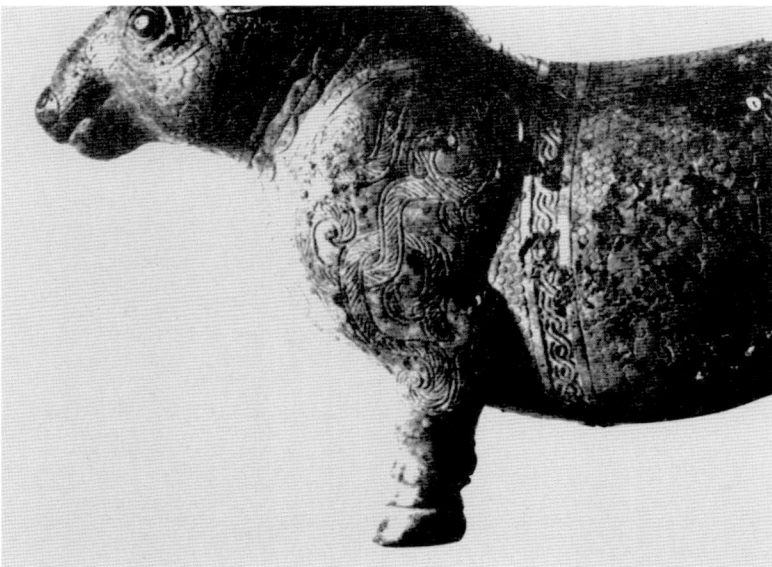

10-189

10-187，不定形寬幅羽紋，尊，春秋ⅢA，松江佘山公社鳳凰山　　10-188，不定形寬幅羽紋，獸形鐙座，春秋ⅢB，長治分水嶺126號墓　　10-189，不定形寬幅羽紋，食草動物形鬼神，春秋ⅢB，Courtesy of the Freer Gallery of Art, Washington D.C.　　10-190，不定形寬幅羽紋，壺，戰國ⅡA　　10-191，不定形寬幅羽紋，壺，戰國ⅡB，寶鷄

10-192

10-197

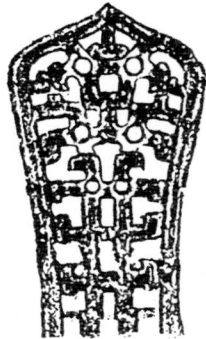

10-193

10-198

10-194

10-199

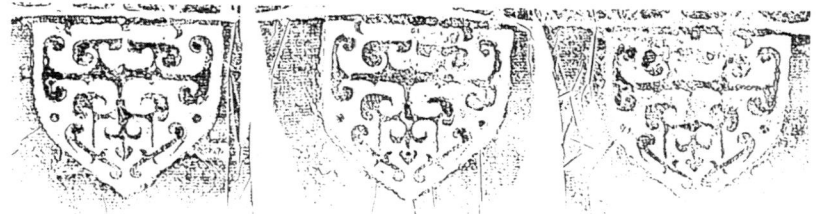

10-195

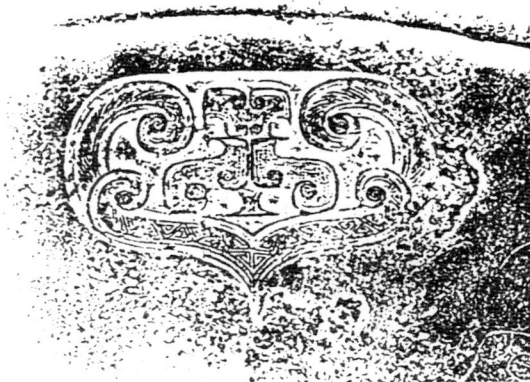

10-196

10-192，尖葉形内、其他羽紋，鼎，春秋ⅡA，懷寧金拱公社　　10-193，尖葉形内、其他羽紋，（約¹/₃），壺，春秋ⅢA，壽縣蔡侯墓　　10-194，尖葉形内、其他羽紋，（⁸/₁₅），鼎，春秋ⅢA，輝縣琉璃閣75號墓　　10-195，尖葉形内、其他羽紋，壺，春秋ⅢA，唐山賈各莊　　10-196，尖葉形内、其他羽紋，（⁴/₅），壺，戰國ⅠB　　10-197，尖葉形内、其他羽紋，匕，戰國ⅠB，新都馬家公社　　10-198，尖葉形内、其他羽紋，（原大），鼎，戰國ⅠB　　10-199，尖葉形内、其他羽紋，（²/₅），鑑，戰國ⅠB，根津美術館

10-200

10-203

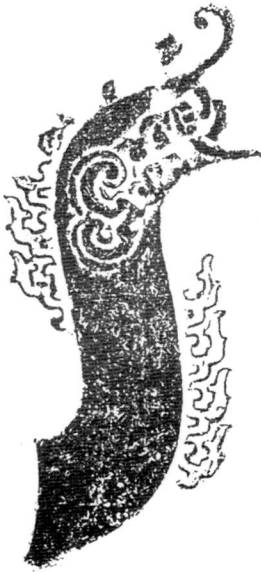

10-201

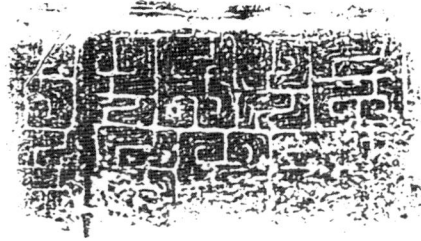

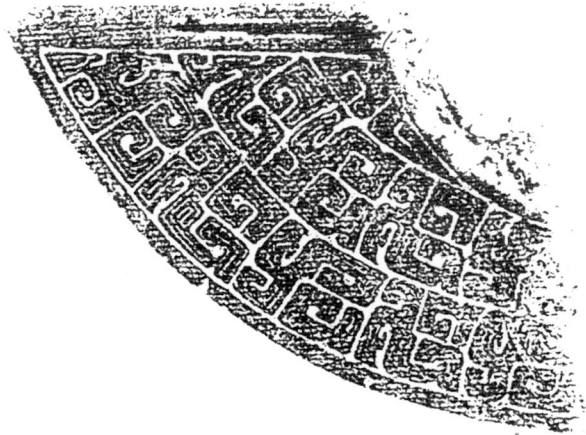

10-204

10-202

10-205

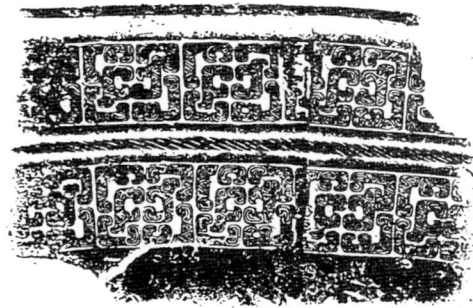

10-206

10-200，羽形扉棱，(⁷/₁₀)，盉，春秋Ⅱ A，潢川上油崗公社　　10-201，羽形扉棱，(⁴/₉)，盉，春秋Ⅲ A，壽縣蔡侯墓　　10-202，羽形扉棱，(原大)，簠，戰國Ⅰ B　　10-203，緊密絲繩狀羽地紋，鼎，春秋Ⅱ A，Courtesy of the Arthur M. Sackler Gallery, Smithsonian Institution, Washington D. C., Acc. no. S87.0317, Gift of Arthur M. Sackler，樋口隆康先生攝　　10-204，緊密絲繩狀羽地紋，(⁴/₅)，鐘，春秋Ⅱ B，臺北故宮博物院　　10-205，緊密絲繩狀羽地紋，(¹/₂)，鎛，春秋Ⅲ A，壽縣蔡侯墓　　10-206，緊密絲繩狀羽地紋，(⁴/₉)，鼎，春秋Ⅲ A，壽縣蔡侯墓

10-207

10-208

10-209

10-210

10-211

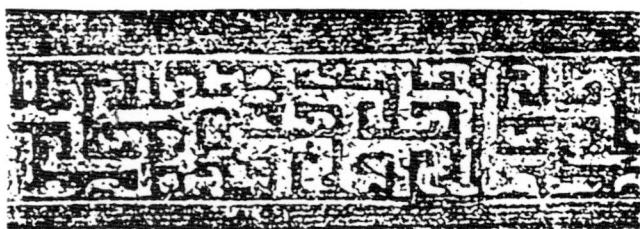

10-212

10-213

10-214

10-215

10-216

10-207，緊密絲繩狀羽地紋，鎛，春秋ⅢB　　10-208，緊密絲繩狀羽地紋，敦，春秋ⅢB，唐山賈各莊16號墓　　10-209，緊密絲繩狀羽地紋，鐘，春秋ⅢB，Museum of Decorative Art, Copenhagen　　10-210，緊密絲繩狀羽地紋，鎛，春秋ⅢB，Cleaveland Museum of Art　　10-211，緊密絲繩狀羽地紋，（約⁴/₉），盥盤，春秋ⅢB，羅定　　10-212，緊密絲繩狀羽地紋，簠，戰國ⅠA，隨州擂鼓墩1號墓　　10-213，緊密絲繩狀羽地紋，壺，戰國ⅠA，隨州擂鼓墩1號墓　　10-214，緊密絲繩狀羽地紋，簠，戰國ⅠA，長治分水嶺26號墓　　10-215，緊密絲繩狀羽地紋，鐈，戰國ⅠA，東京國立博物館　　10-216，緊密絲繩狀羽地紋，短頸壺，戰國Ⅰ，Asian Art Museum of San Francisco, Avery Brundage Collection，樋口隆康先生攝

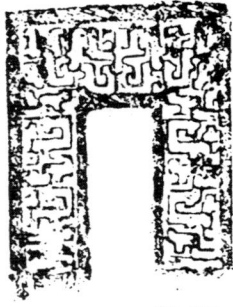

10-217

10-221

10-222

10-218

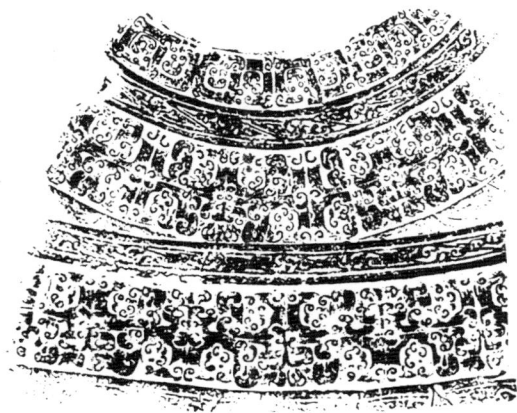

10-223

10-219

10-224

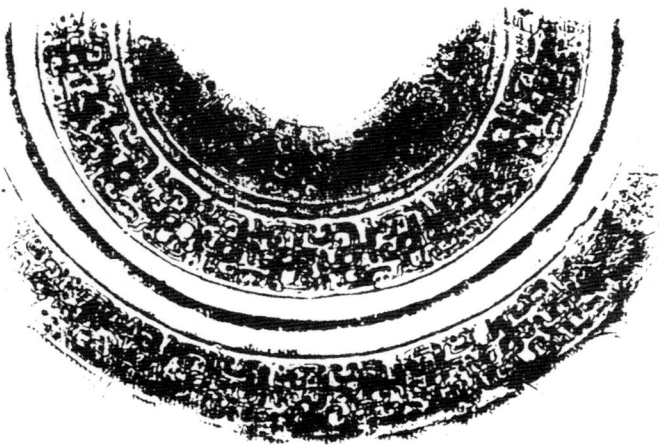

10-220

10-225

10-217，緊密絲繩狀羽地紋，鼎，戰國ⅠA，長治分水嶺26號墓　　10-218，緊密絲繩狀羽地紋，短頸壺，戰國ⅠA，隨州擂鼓墩1號墓　　10-219，緊密絲繩狀羽地紋，鐘，戰國ⅠA，泉屋博古館　　10-220，緊密絲繩狀羽地紋，（²/₅），簠，戰國ⅠB，隨州擂鼓墩2號墓　　10-221，緊密絲繩狀羽地紋，（²/₅），鼎，戰國ⅠB，隨州擂鼓墩2號墓　　10-222，緊密絲繩狀羽地紋，（¹/₂），鑄，戰國ⅠB　　10-223，緊密絲繩狀羽地紋，壺，戰國ⅠB，長治分水嶺36號墓　　10-224，緊密絲繩狀羽地紋，（²/₃），盨盤，戰國Ⅰ，臺北故宮博物院　　10-225，緊密絲繩狀羽地紋，敦，戰國ⅠB，藤井有鄰館

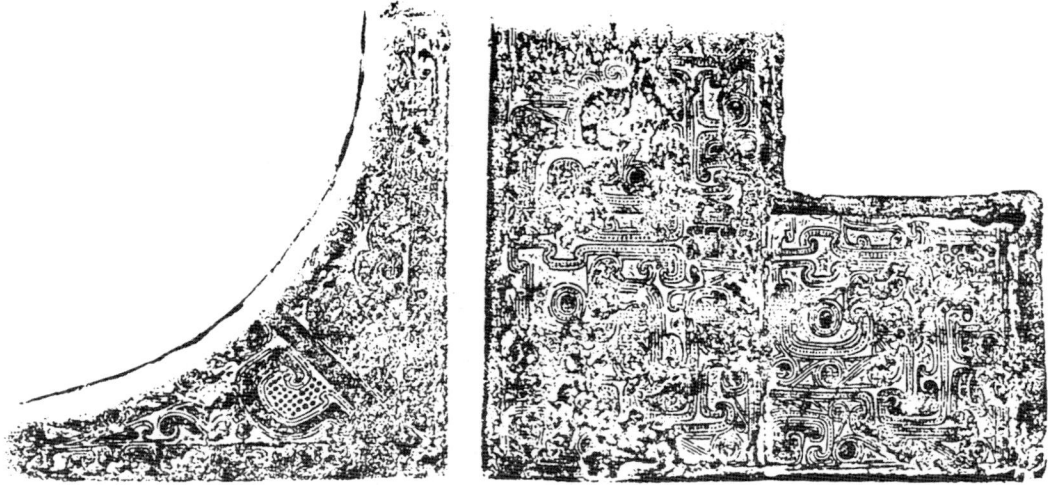

10-226

10-227

10-229

10-228

10-230

10-226，緊密絲繩狀羽地紋，(³/₅)，簋，戰國ⅠB　　10-227，緊密絲繩狀羽地紋，圓筒狀容器，戰國ⅡA，平山三汲公社1號墓　　10-228，緊密絲繩狀羽地紋，鑑，戰國ⅡA，三門峽市上村嶺5號墓　　10-229，緊密絲繩狀羽地紋，壺，戰國ⅡB，泉屋博古館，樋口隆康先生攝　　10-230，緊密絲繩狀羽地紋，鼎，戰國Ⅲ，東京國立博物館

10-231

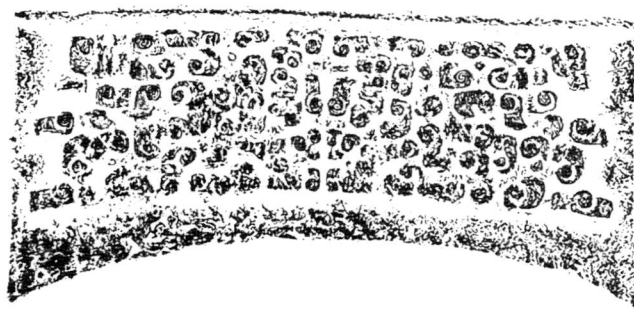

10-234

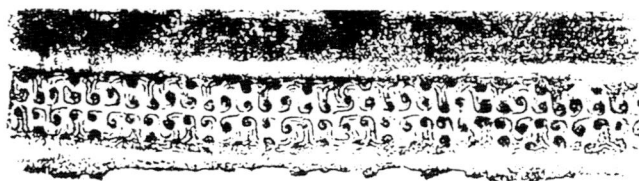

10-235

10-232

10-236

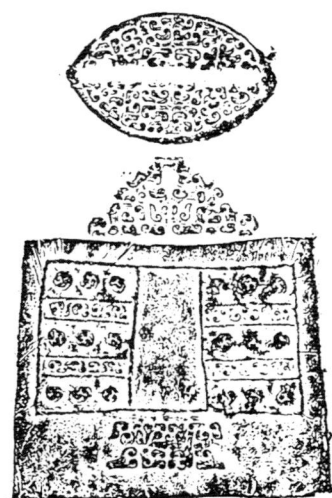

10-233

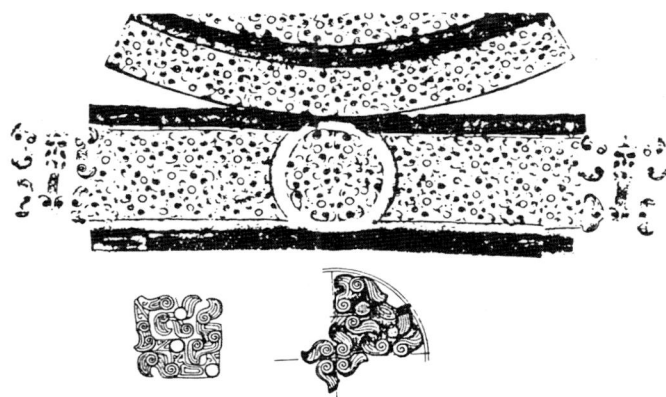

10-237

10-231，羽地紋，鏄，春秋ⅡB，Museum of Decorative Art, Copenhagen　　10-232，羽地紋，鐘，春秋ⅡB　　10-233，羽地紋，($^1/_3$)，鏄，春秋ⅡB，六合程橋2號墓　　10-234，羽地紋，($^1/_3$)，鐘，春秋ⅢA，壽縣蔡侯墓　　10-235，羽地紋，($^2/_3$)，鑑，春秋ⅢA，輝縣琉璃閣60號墓　　10-236，羽地紋，($^2/_3$)，壺，春秋ⅢA，臺北故宮博物院　　10-237，羽地紋，(拓本約$^1/_4$，圖$^1/_2$)，盥缶，春秋ⅢA，六合程橋

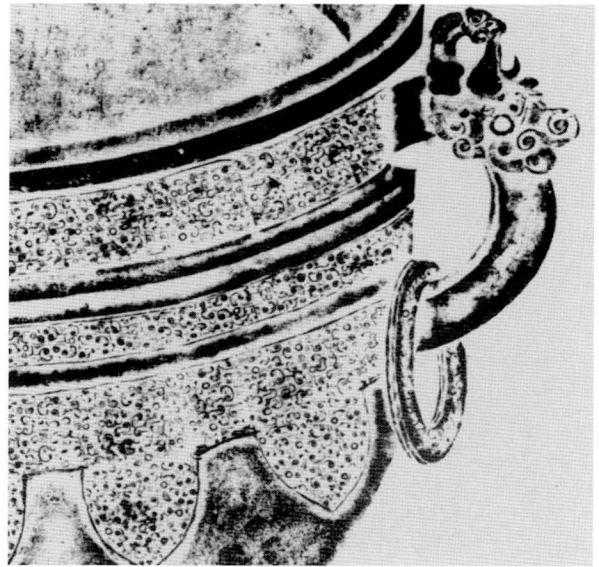

10-241

10-238

10-242

10-239

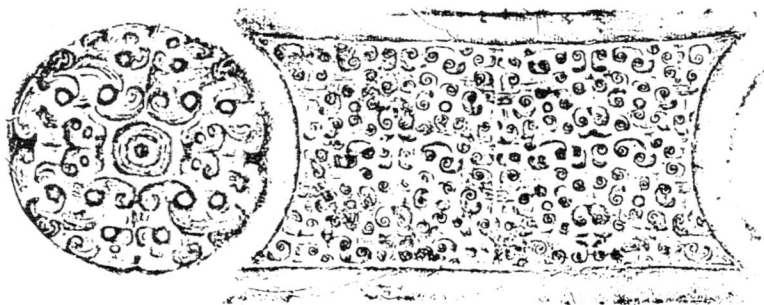

10-240

10-243

10-238，羽地紋，鐘，春秋ⅢB，Asian Art Museum of San Francisco, Avery Brundage Collection，樋口隆康先生攝　　10-239，羽地紋，（⁸/₁₅），長方片形飾，春秋ⅢB，淮南蔡家崗　　10-240，羽地紋，（³/₅），盥缶，春秋ⅢB　　10-241，羽地紋，鑑，春秋ⅢB　　10-242，羽地紋，鑑，春秋ⅢB，中國歷史博物館　　10-243，羽地紋，罏，戰國ⅠA，東京國立博物館

10—244

10—247

10—245

10—248

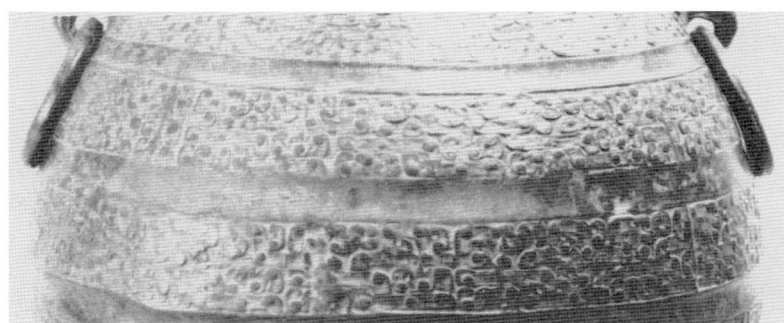

10—246

10—249

10—250

10-244，羽地紋，鎛，戰國ⅠA，隨州擂鼓墩1號墓　　10-245，羽地紋，盤缶，戰國ⅠA，泰安東更道村　　10-246，羽地紋，壺，戰國ⅠA，臺北故宮博物院
10-247，羽地紋，壺，戰國ⅠB，Courtesy of the Royal Ontario Museum, Toronto, Canada (Far Eastern Department)　　10-248，羽地紋，壺，戰國ⅠB，The Museum
of Far Eastern Antiquities, Stockholm, Sweden，樋口隆康先生攝　　10-249，羽地紋，鐘，戰國ⅡA，Ethnography Department of the National Museum of Copenhagen
10-250，羽地紋，壺，戰國ⅡA

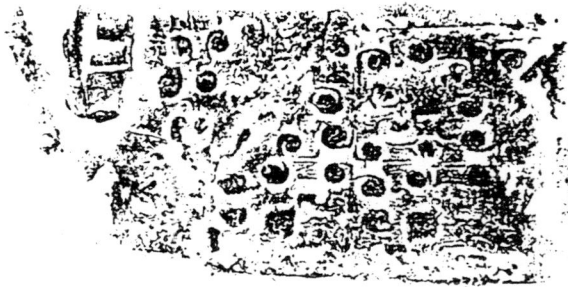

10-251

10-254

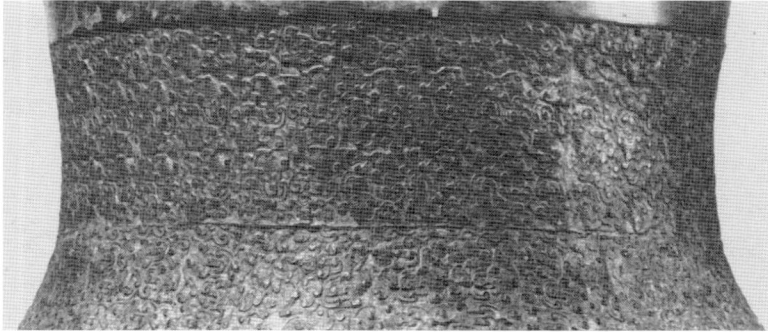

10-252

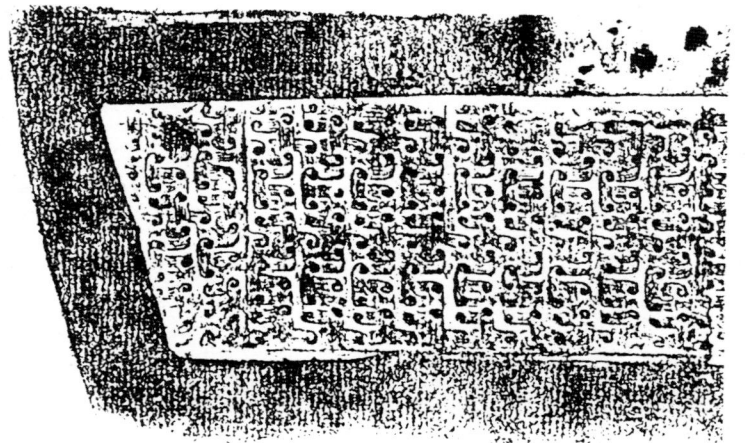

10-255

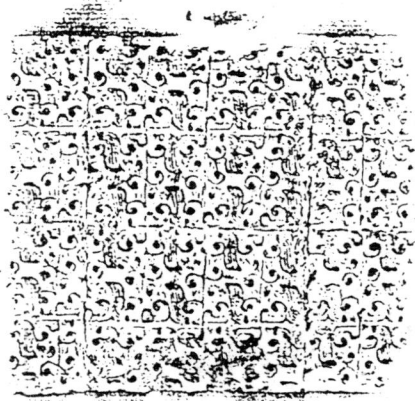

10-253

10-251，羽地紋，($^2/_3$)，壺，戰國ⅡA，臺北故宮博物院　　10-252，羽地紋，壺，戰國ⅡA　　10-253，羽地紋，(下$^2/_3$)，壺，戰國ⅡB，出光美術館　　10-
254，羽地紋，(原大)，壺，戰國ⅡB　　10-255，羽地紋，(下$^4/_5$)，壺，戰國ⅡB，藤井有鄰館

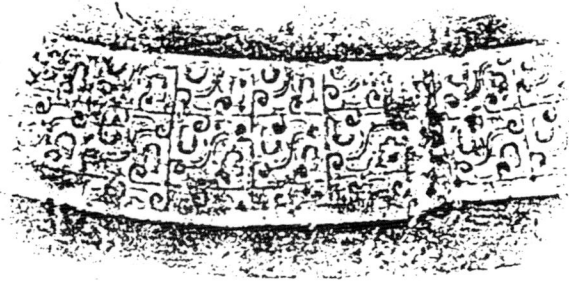

10−256

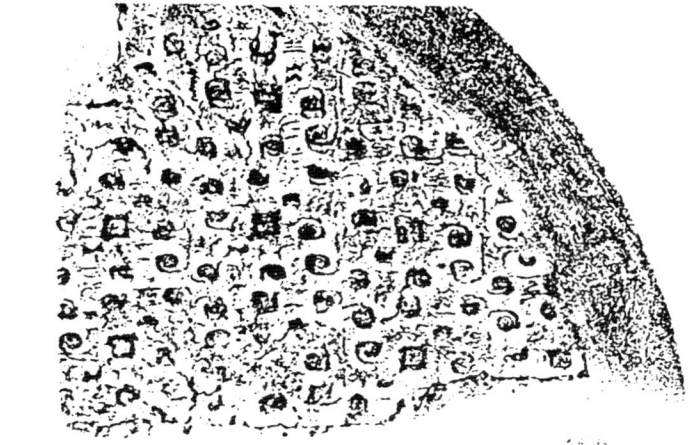

10−259

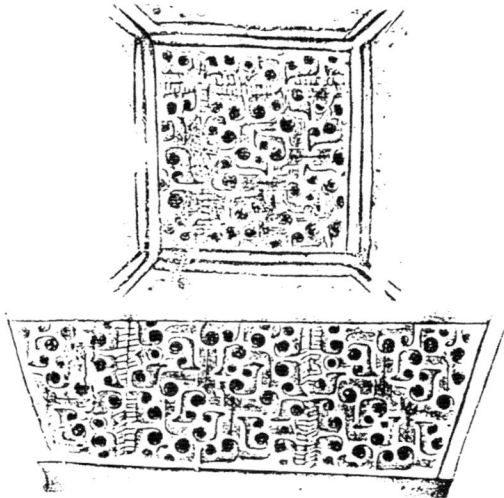

10−257

10−260

10−258

10−256，羽地紋，（下，原大），壺，戰國ⅡB，Courtesy of the Royal Ontario Museum, Toronto, Canada (Far Eastern Department)　　10−257，羽地紋，（¹/₂），壺，戰國ⅡB　　10−258，羽地紋，壺，戰國ⅡB，臺北故宮博物院　　10−259，羽地紋，（²/₃），簋，戰國Ⅲ　　10−260，羽地紋，鑪，戰國Ⅲ，天理大學附屬參考館

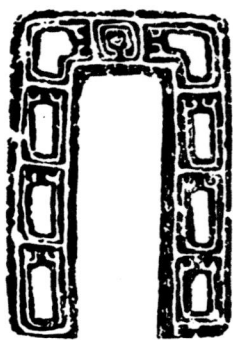

10—261

10—266

10—262

10—267

10—263

10—268

10—264

10—269

10—265

10—270

10—261，并列鱗紋，鼎，春秋ⅡA，隨州城郊公社　　10—262，并列鱗紋，盤，春秋ⅡA，新野城關鎮小西關　　10—263，并列鱗紋，鼎，春秋ⅡA，新野城關鎮小西關　　10—264，并列鱗紋，鬲，春秋ⅡA，沂水劉家店子1號墓　　10—265，并列鱗紋，盥缶，春秋ⅡB，襄陽山灣23號墓　　10—266，并列鱗紋，鼎，春秋ⅡA，光山寶相寺　　10—267，并列鱗紋，鼎，春秋ⅡB，侯馬上馬村13號墓　　10—268，并列鱗紋，（¹/₃），壺，春秋ⅡB，羅山高店公社　　10—269，并列鱗紋，（¹/₂），簠，春秋ⅢA，壽縣蔡侯墓　　10—270，并列鱗紋，（原大），鼎，戰國ⅠB

10-271

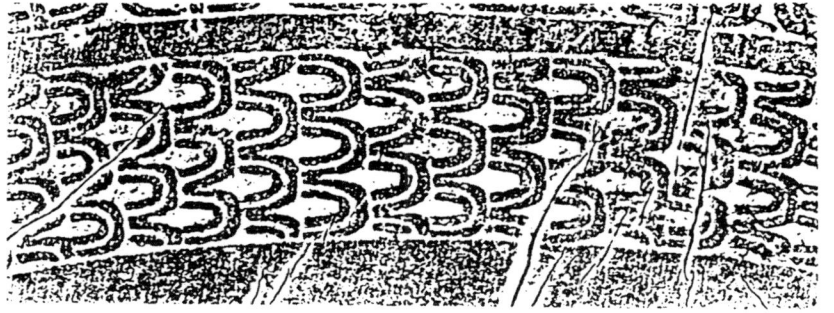
10-272

10-273

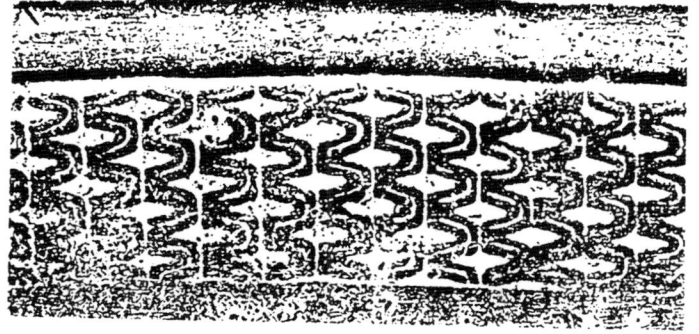
10-274

10-275

10-276

10-277

10-278

10-279

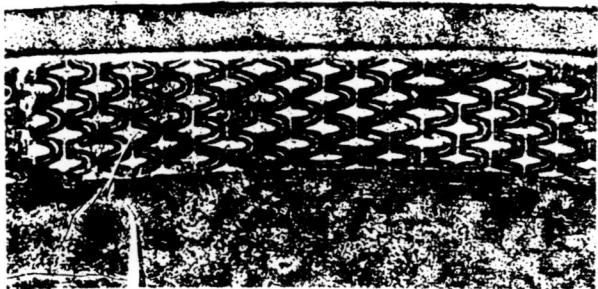
10-280

10-271，重叠鱗紋，（1）類，（約 1/3），器座，春秋ⅡA，光山寶相寺　　10-272，重叠鱗紋，（1）類，（約 1/3），鼎，春秋ⅡA，隨州萬店公社　　10-273，重叠鱗紋，（1）類，豆，春秋ⅡA，沂水劉家店子1號墓　　10-274，重叠鱗紋，（1）類，（2/5），鍚，春秋ⅡB，曲阜203號墓　　10-275，重叠鱗紋，（1）類，鼎，春秋ⅡB，長治分水嶺269號墓　　10-276，重叠鱗紋，（1）類，豆，春秋ⅡB，隨州均川劉家崖　　10-277，重叠鱗紋，（2）類，鑑，春秋ⅡB，（原大），罍，春秋ⅡB　　10-278，重叠鱗紋，（2）類，（5/6），鑑，春秋ⅡB，輝縣琉璃閣55號墓　　10-279，重叠鱗紋，（2）類，（2/3），匜，春秋ⅢA，唐山賈各莊18號墓　　10-280，重叠鱗紋，（2）類，（2/3），鑑，春秋ⅢA，輝縣琉璃閣60號墓

10—281

10—286

10—282

10—287

10—283

10—288

10—284

10—285

10—281，垂鱗紋，（⁴/₅），鼎，春秋ⅡA　　10—282，垂鱗紋，（約¹/₂），壺，春秋ⅡA，穀城下辛店　　10—283，垂鱗紋，（原大），盤，春秋ⅡB　　10—284，垂鱗紋，（¹/₃），壺，春秋ⅡB，羅山高店公社　　10—285，垂鱗紋，（⁴/₅），簠，春秋ⅡB　　10—286，昂鱗紋，（²/₃），鬲，春秋ⅡB，輝縣琉璃閣80號墓　　10—287，昂鱗紋，（原大），壺，春秋ⅡB，新鄭城關鎮李家樓　　10—288，垂鱗紋，（³/₅），鑑，春秋ⅢA，壽縣蔡侯墓

10—289

10—290

10—293

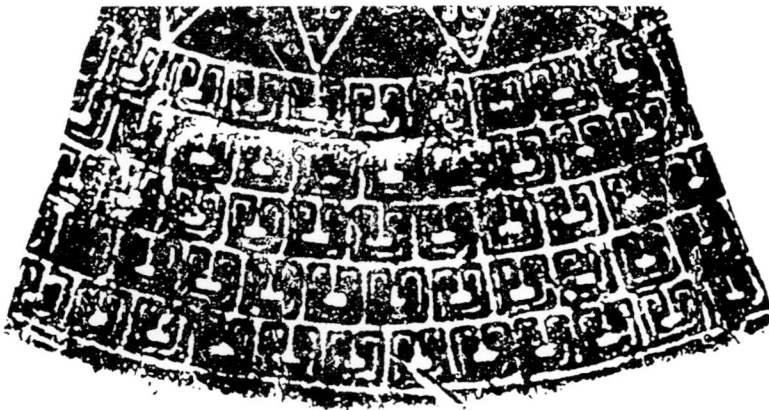

10—291

10—294

10—292

10—295

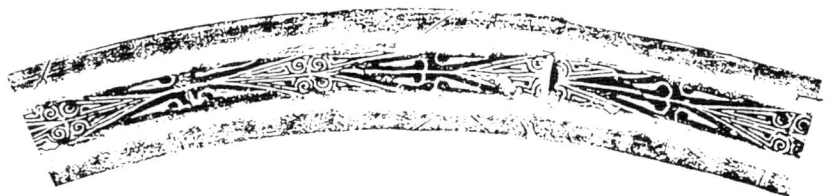

10—296

10—289，尖角重叠鳞纹，鼎，春秋ⅡA，随州城郊公社　　10—290，尖角重叠鳞纹，（原大），鼎，春秋ⅡB，新郑城关镇李家楼　　10—291，尖角重叠鳞纹，盆，春秋ⅡB，衡阳保和圩　　10—292，尖角重叠鳞纹，盖，春秋ⅡB　　10—293，附带三角形鳞纹，（1）类，（¹/₂），鼎，春秋ⅡB，新郑城关镇李家楼　　10—294，附带三角形鳞纹，（1）类，鼎，春秋ⅢA，费县上冶公社　　10—295，附带三角形鳞纹（1）类，（原大），瓿，战国ⅠA，From: Eleanor von Konsten: *Chinese Bronzes from the Collection of Chester Dale and Dolly Carter (Artibus Asiae Supplementum* XXXV），no. 16 with kind permission of *Artibus Asiae*　　10—296，附带三角形鳞纹，（1）类，（³/₅），壶，战国ⅠA，汲县山彪镇1号墓

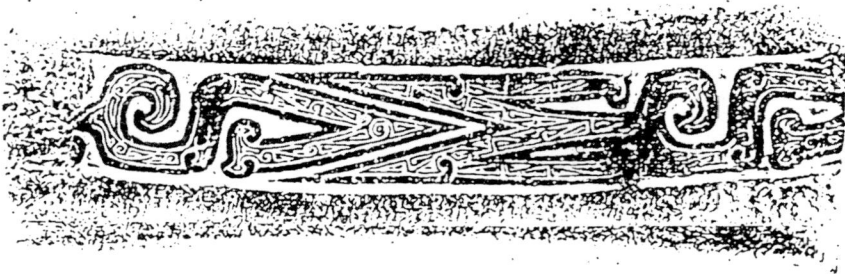

10-297

10-298

10-299

10-300

10-301

10-302

10-297，附帶三角形鱗紋，（2）類，（²/₃），鼎，春秋Ⅲ A，輝縣琉璃閣75號墓　　10-298，附帶三角形鱗紋，（2）類，（約¹/₂），鼎，戰國Ⅱ A　　10-299，山紋，豆，春秋Ⅱ A，沂水劉家店子1號墓　　10-300，山紋，簋，春秋Ⅱ B，Courtesy of the Trustees of the British Museum　　10-301，山紋，壺，春秋Ⅱ B，侯馬上馬村12號墓　　10-302，山紋，（²/₅），簋，春秋Ⅱ B

10-303

10-308

10-304

10-309

10-305

10-306

10-310

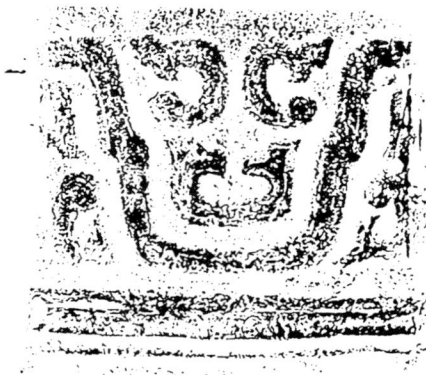

10-307

10-311

10-303，山紋，鼎，春秋ⅡB，江陵嶽山　　10-304，山紋，壺，春秋ⅡB，隨州均川劉家崖　　10-305，山紋，簋，春秋ⅡB，中國歷史博物館　　10-306，山紋，(⁴/₉)，鼎，春秋ⅡB，輝縣琉璃閣55號墓　　10-307，山紋，(約¹/₃)，壺，春秋ⅡB，輝縣琉璃閣60號墓　　10-308，山紋，盤，春秋ⅢA，唐山賈各莊18號墓　　10-309，山紋，(³/₅)，簋，戰國ⅠB，臺北故宮博物院　　10-310，裏面的圖像與山紋相同的尖葉形，(⁸/₁₅)，鼎，春秋ⅡB，輝縣琉璃閣55號墓　　10-311，裏面的圖像與山紋相同的尖葉形，(⁴/₉)，鼎，春秋ⅢA，輝縣琉璃閣60號墓

10-329

10-326

10-327

10-330

10-328

10-326，蓮花，（2）類，小鼎，戰國ⅡA　　10-327，蓮花，（2）類，壺，戰國ⅡA，Museum für Ostasiatische Kunst, Köln　　10-328，蓮花，（2）類，（右 3/5），壺，戰國ⅡB　　10-329，蓮花，（2）類，（2/3），壺，戰國ⅡB，Frcm: Eleanor von Konsten: *Chinese Bronzes from the Collection of Chester Dale and Dolly Carter (Artibus Asiae Supplementum* XXXV), no.54, with kind permission of *Artibus Asiae*　　10-330，蓮花，（2）類，敦，春秋ⅢB，Dr. Arthur M. Sackler Collection, New York，樋口隆康先生攝

10-331

10-334

10-335

10-332

10-336

10-333

10-331，梅花紋，（³/₅），壺，戰國ⅠA　　10-332，梅花紋，（下，原大），鼎，戰國ⅠA，藤井有鄰館　　10-333，梅花紋，鼎，戰國ⅠA，洛陽小屯　　10-334，梅花紋，（³/₅），壺，戰國ⅠA，汲縣山彪鎮1號墓　　10-335，梅花紋，鼎，戰國ⅠA　　10-336，梅花紋，鬲，戰國ⅠB，長治分水嶺36號墓

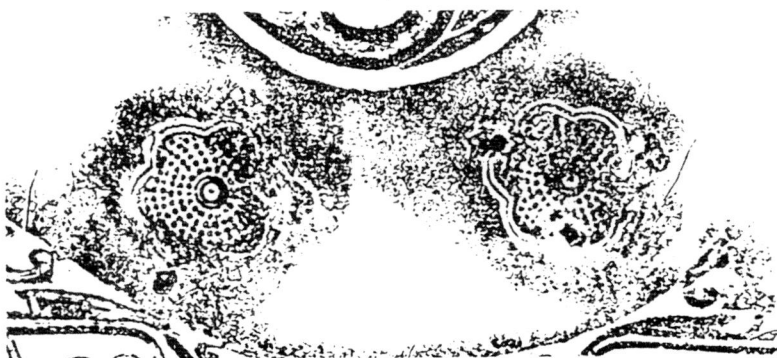

10-337

10-338

10-337，梅花紋，（下，原大），鼎，戰國ⅠB　　10-338，梅花紋，壺，戰國ⅡA，永青文庫

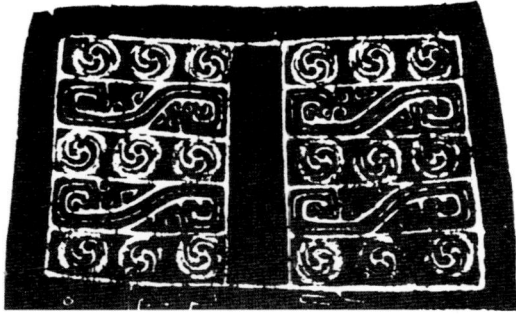

11-1

11-2

11-3

11-4

11-5

11-6

11-7

11-8

11-9

11-10

11-1，囧紋，鏄，大約春秋Ⅱ，海陽嘴子前村　　11-2，囧紋，(¹/₂)，疊，春秋ⅡB，新鄭城關鎮李家樓　　11-3，囧紋，(¹/₂)，鼎，春秋ⅡB，洛陽中州路4號墓 11-4，囧紋，鼎，春秋ⅡB，侯馬上馬村13號墓　　11-5，囧紋，敦，春秋ⅢA，Courtesy of the Royal Ontario Museum, Toronto, Canada (Far Eastern Department) 11-6，囧紋，(¹/₂)，鼎，春秋ⅢA，洛陽中州路2729號墓　　11-7，囧紋，(²/₃)，鼎，春秋ⅢA，東京國立博物館　　11-8，囧紋，(⁸/₁₅)，鐘，春秋ⅢA，壽縣 蔡侯墓　　11-9，囧紋，(⁴/₅)，鼎，春秋ⅢA，Courtesy of the Royal Ontario Museum, Toronto, Canada (Far Eastern Department)　　11-10，囧紋，(⁸/₁₅)，鼎，春秋 ⅢA，輝縣琉璃閣14號墓

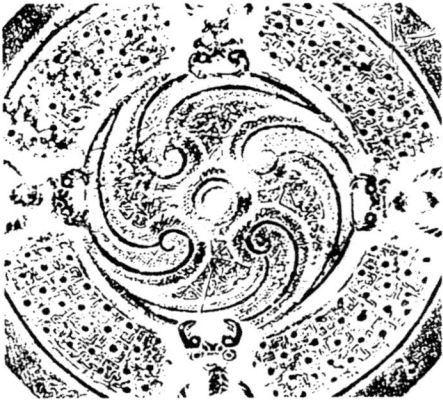

11-11

11-15

11-12

11-16

11-13

11-14

11-17

11-11，囧紋，（²/₃），壺，春秋Ⅲ B　　11-12，囧紋，（原大），鼎，春秋Ⅲ B　　11-13，囧紋，盞，春秋Ⅲ B，隨州鯉魚嘴　　11-14，囧紋，鼎，春秋Ⅲ B，上海博物館　　11-15，囧紋，（²/₃），缶，春秋Ⅲ B　　11-16，囧紋，（原大），豆，戰國Ⅰ A，東京國立博物館　　11-17，囧紋，短頸壺，戰國Ⅰ，Asian Art Museum of San Francisco，Avery Brundage Collection，樋口隆康先生攝

11-18

11-23

11-19

11-24

11-20

11-25

11-21

11-26

11-22

11-27

11-18, 囧紋, (³/₅), 方鼎, 戰國 I A　　11-19, 囧紋, (¹/₂), 鼎, 戰國 I B, 臺北故宮博物院　　11-20, 囧紋, (³/₅), 敦, 戰國 I B　　11-21, 囧紋, 敦, 戰國 I B　　11-22, 囧紋, 鐘, 戰國 I B, 泉屋博古館　　11-23, 囧紋, 壺, 戰國 I B　　11-24, 囧紋, (⁴/₅), 敦, 戰國 I B　　11-25, 囧紋, 罍, 戰國 II A, 江陵藤店1號墓　　11-26, 囧紋, (³/₅), 鼎, 戰國 I B　　11-27, 囧紋, 缶, 戰國 II A, 涪陵小田溪

11-28

11-31

11-29

11-32

11-30

11-28，綯紋，鼎，春秋ⅢA　　11-29，綯紋，（原大），鼎，春秋ⅢA，Courtesy of the Arthur M. Sackler Gallery, Smithsonian Institution, Washington D. C., Acc. no. S87.0317, Gift of Arthur M. Sackler　　11-30，綯紋，（約¼），陶豆，戰國Ⅱ，鄭州二里崗　　11-31，所謂内行花紋，鏡，戰國Ⅲ，長沙南門廣場9號墓　　11-32，所謂内行花紋，銀盒，戰國ⅡB～Ⅲ，Dr. Paul Singer Collection, Summit

11-33

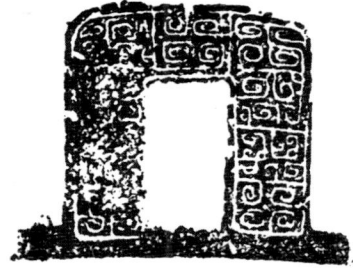

11-36

11-34

11-37

11-35

11-38

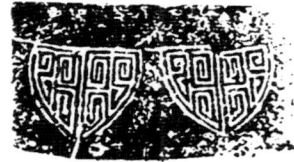

11-39

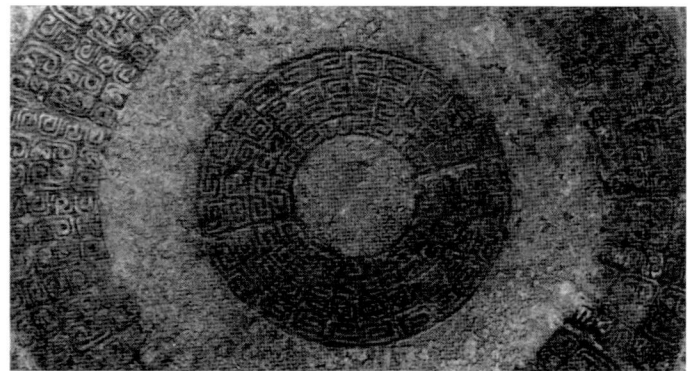

11-40

11-33，卍形紋，（原大），壺，戰國ⅠB，Museum of Decorative Art, Copenhagen　　11-34，卍形紋，陶豆，戰國ⅠB，洛陽燒溝651號墓　　11-35，卍形紋，（¹/₆），陶豆，戰國ⅡB，江陵太暉觀21號墓　　11-36，回字形、S形渦紋，鼎，春秋ⅡA，懷寧金共公社　　11-37，回字形、S形渦紋，簠，春秋ⅡA，穀城下辛店　　11-38，回字形、S形渦紋，鼎，春秋ⅡB，長治分水嶺269號墓　　11-39，回字形、S形渦紋，鼎，春秋ⅡB，侯馬上馬村5號墓　　11-40，回字形、S形渦紋，鼎，春秋ⅡB，Courtesy of the Royal Ontario Museum, Toronto, Canada (Far Eastern Department)

11-41

11-45

11-42

11-46

11-43

11-47

11-44

11-48

11-41，回字形、S形渦紋，鐘，春秋ⅡB，Courtesy of the Trustees of the British Museum　　11-42，回字形、S形渦紋，(⁴/₅)，鼎，春秋ⅢA，洛陽中州路2729號墓　　11-43，回字形、S形渦紋，鼎，春秋ⅢA　　11-44，回字形、S形渦紋，(²/₃)，罍，春秋ⅢA　　11-45，回字形、S形渦紋，(原大)，鼎，春秋ⅢB，From: Eleanor von Konsten: *Chinese Bronzes from the Collection of Chester Dale and Dolly Carter (Artibus Asiae Supplementum* XXXV), no. 32, with kind permission of *Artibus Asiae*　　11-46，回字形、S形渦紋，(原大)，鼎，春秋ⅢB　　11-47，回字形、S形渦紋，(原大)，鼎，戰國ⅠA，藤井有鄰館　　11-48，回字形、S形渦紋，(原大)，方鼎，戰國ⅠA

11-49

11-50

11-49，回字形、S形渦紋，敦，戰國ⅠA，Courtesy of the Royal Ontario Museum, Toronto, Canada (Far Eastern Department)　11-50，回字形、S形渦紋，鐘，戰國
ⅠB，涪陵小田溪1號墓，The Cultural Relics Bureau, Beijing and the Metropolitan Museum of Art, New York

11-51

11-55

11-52

11-56

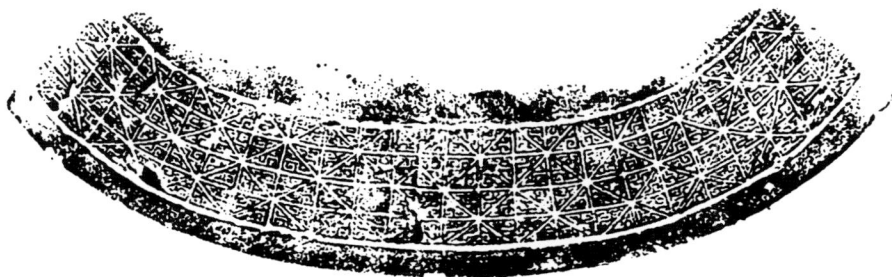

11-53

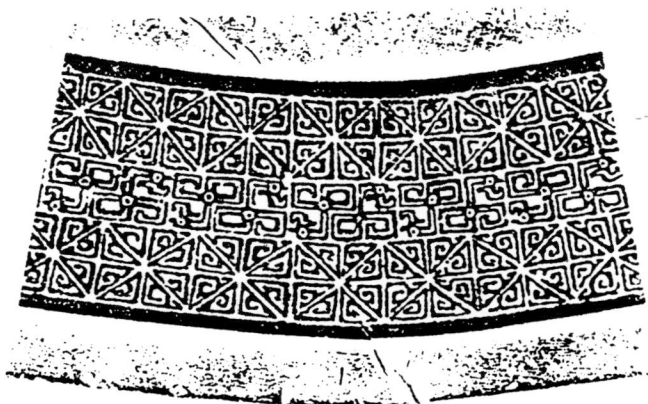

11-54

11-57

11-51，對角綫劃分方形紋，鼎，春秋ⅡB，長治分水嶺269號墓　　11-52，對角綫劃分方形紋，（原大），鐘，春秋ⅡB，六合程橋1號墓　　11-53，對角綫劃分方形紋，（²⁄₃），鋼，春秋ⅢA，莒南大店1號墓　　11-54，對角綫劃分方形紋，（²⁄₃），春秋ⅢA，壽縣蔡侯墓　　11-55，對角綫劃分方形紋，（原大），鼎，春秋ⅢA，臺北故宮博物院　　11-56，對角綫劃分方形紋，鼎，春秋ⅢB，潢川隆古公社　　11-57，對角綫劃分方形紋，（原大），敦，戰國ⅠA

11-58

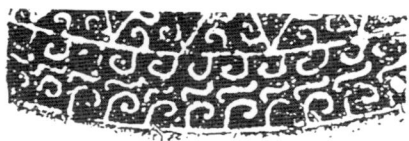

11-59

11-60

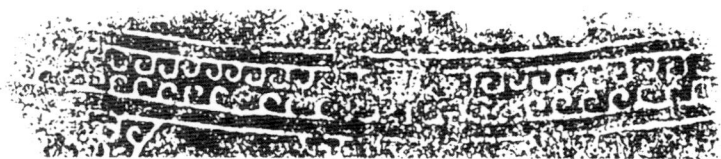

11-61

11-62

11-63

11-64

11-58，施加蕨手紋的帶狀紋飾，簠，春秋ⅡA，隨州城郊公社　　11-59，施加蕨手紋的帶狀紋飾，（¹⁄₂），盆，洛陽中州路2415號墓　　11-60，施加蕨手紋的帶狀紋飾，（¹⁄₂），匜，洛陽中州路2415號墓　　11-61，施加蕨手紋的帶狀紋飾，（原大），錍，春秋ⅡB　　11-62，施加蕨手紋的帶狀紋飾，（原大），錍，春秋ⅡB，Dr. Arthur M. Sackler Collection, New York　　11-63，施加蕨手紋的帶狀紋飾，（¹⁄₃），豆，春秋ⅢA　　11-64，施加蕨手紋的帶狀紋飾，豆，春秋ⅢA，藤井有鄰館，樋口隆康先生攝

11—65

11—71

11—66

11—72

11—67

11—73

11—68

11—74

11—69

11—75

11—70

11—65，施加蕨手紋的尖葉形、施加三角形的尖葉形，（¹/₂），盆，春秋ⅡA，洛陽中州路2415號墓　　11—66，施加蕨手紋的尖葉形、施加三角形的尖葉形，（⁴/₅），錍，春秋ⅡA，Courtesy of the Royal Ontario Museum, Toronto, Canada (Far Eastern Department)　　11—67，施加蕨手紋的尖葉形、施加三角形的尖葉形，壺，春秋ⅡA，光山寶相寺　　11—68，施加蕨手紋的尖葉形、施加三角形的尖葉形，鬲，春秋ⅡB，侯馬上馬村13號墓　　11—69，施加蕨手紋的尖葉形、施加三角形的尖葉形，（原大），鼎，春秋ⅡB，新鄭城關鎮李家樓　　11—70，施加蕨手紋的尖葉形、施加三角形的尖葉形，罍，春秋ⅡB　　11—71，施加蕨手紋的尖葉形、施加三角形的尖葉形，（原大），匜，春秋ⅢA　　11—72，施加蕨手紋的尖葉形、施加三角形的尖葉形，（²/₃），鑑，春秋ⅢA，輝縣琉璃閣55號墓　　11—73，施加蕨手紋的尖葉形、施加三角形的尖葉形，（⁸/₁₅），簠，春秋ⅢA，輝縣琉璃閣60號墓　　11—74，施加蕨手紋的尖葉形、施加三角形的尖葉形，（²/₃），鑑，春秋ⅢA，輝縣琉璃閣60號墓　　11—75，施加蕨手紋的尖葉形、施加三角形的尖葉形，鑑，春秋ⅢB，羅定太平公社

11-76

11-77

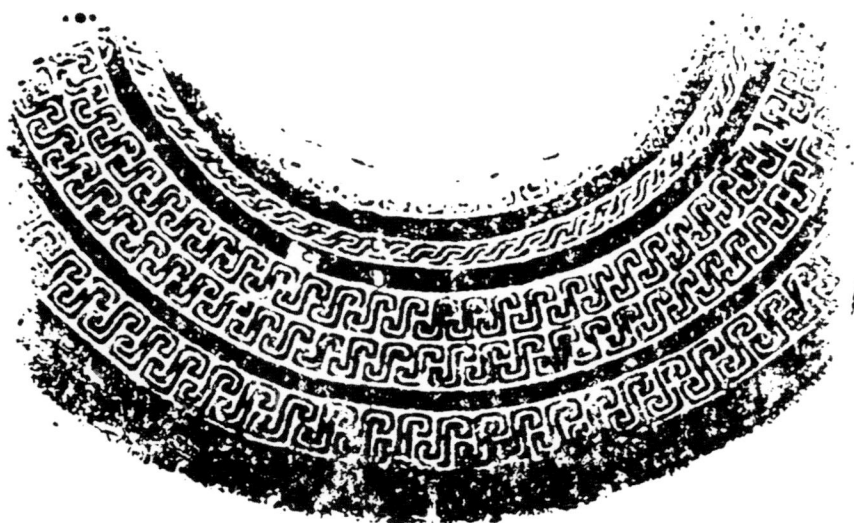

11-78

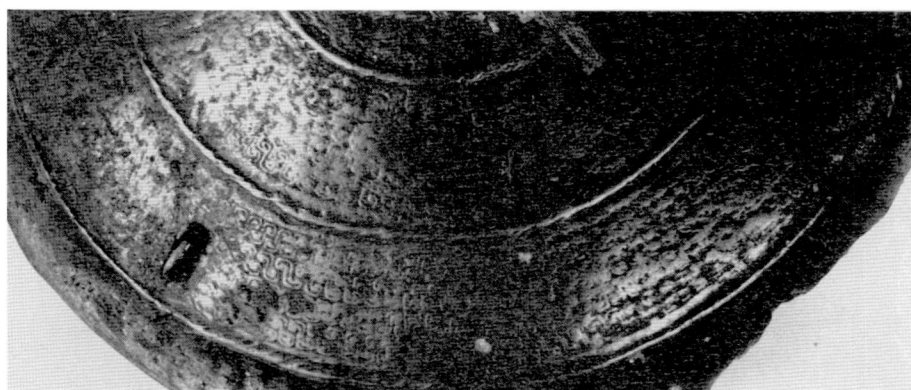

11-79

11-76，并列S形地紋，(³/₄)，鼎，春秋ⅢA，莒南大店1號墓　　11-77，并列S形地紋，盤，春秋ⅢB，潢川隆古公社　　11-78，并列S形地紋，盥缶，春秋ⅢB，潢川隆古公社　　11-79，并列S形地紋，鼎，戰國ⅡA

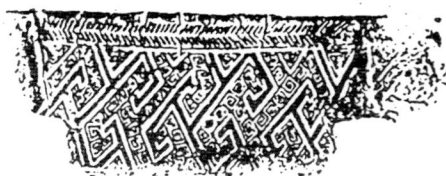

11-80

11-81

11-82

11-86

11-87

11-83

11-84

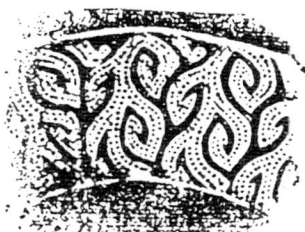

11-85

11-80，蟠紋，(¹/₂)，罍，春秋ⅢA，洛陽中州路2729號墓　　11-81，蟠紋，(¹/₄)，鼎，春秋ⅢA，新樂中同村　　11-82，蟠紋，(³/₅)，豆，春秋ⅢB，Courtesy of the Royal Ontario Museum, Toronto, Canada (Far Eastern Department)　　11-83，蟠紋，(²/₃)，鐓，春秋ⅢB，淮南蔡家崗2號墓　　11-84，蟠紋，(¹/₂)，罍，戰國ⅠA，洛陽中州路2717號墓　　11-85，蟠紋，(⁵/₇)，鬲，戰國ⅠB，洛陽西宮　　11-86，蟠紋，錡，戰國ⅡA，Courtesy of the Royal Ontario Museum, Toronto, Canada (Far Eastern Department)　　11-87，蟠紋，鏡，戰國Ⅲ

11-88

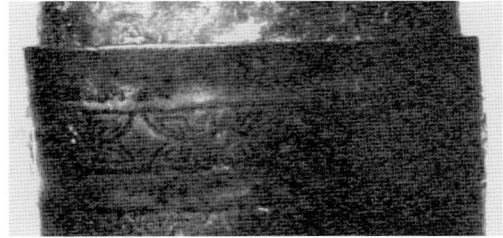
11-93

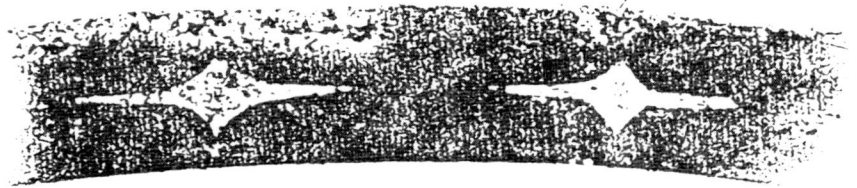
11-94

11-89

11-95

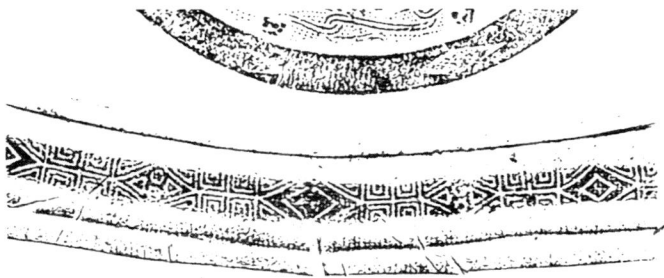
11-90

11-96

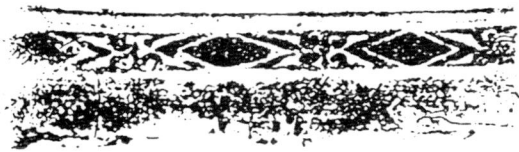
11-97

11-91

11-92

11-88，并列、無地紋的菱形紋，鼎，春秋ⅡB，長治分水嶺269號墓　　11-89，并列、無地紋的菱形紋，鼎，春秋ⅡB，侯馬上馬村13號墓　　11-90，并列、無地紋的菱形紋，（⁴/₅），豆，春秋ⅢA，根津美術館　　11-91，并列、無地紋的菱形紋，（³/₄），鋼，春秋ⅢA，易縣燕下都31號墓　　11-92，并列、無地紋的菱形紋，匜，春秋ⅢB，Asian Art Museum of San Francisco, Avery Brundage Collection，樋口隆康先生攝　　11-93，并列、無地紋的菱形紋，壺，春秋ⅢB，Museum für Ostasiatische Kunst, Köln　　11-94，并列、無地紋的菱形紋，（原大），壺，春秋ⅢB，Asian Art Museum of San Francisco, Avery Brundage Collection　　11-95，并列、無地紋的菱形紋，敦，戰國ⅠA，Courtesy of the Royal Ontario Museum, Toronto, Canada (Far Eastern Department)　　11-96，并列、無地紋的菱形紋，（²/₃），鼎，戰國ⅠA，汲縣山彪鎮1號墓　　11-97，并列、無地紋的菱形紋，鼎，戰國ⅠB，Courtesy of the Royal Ontario Museum, Toronto, Canada (Far Eastern Department)

11-98

11-103

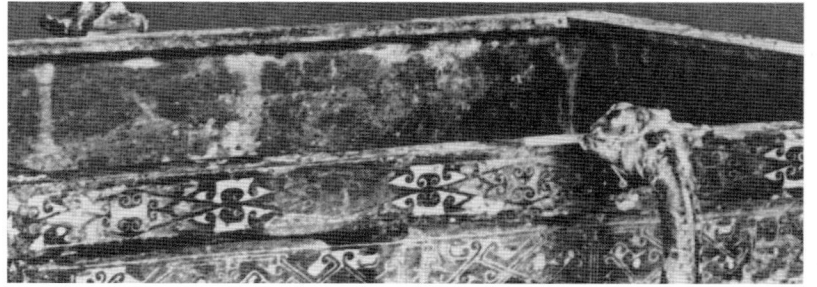

11-99

11-104

11-100

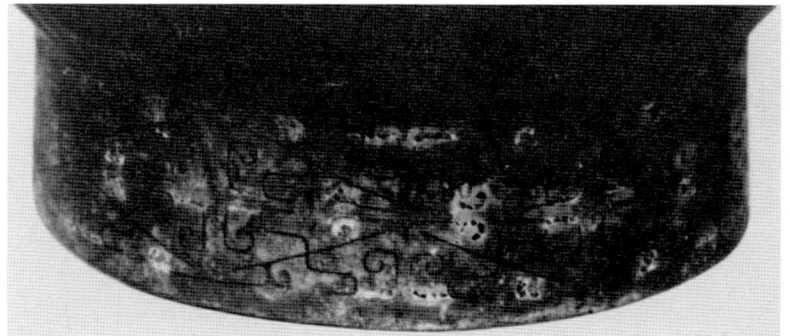

11-105

11-101

11-106

11-102

11-98，各種菱形格帶狀紋飾，鐘，春秋Ⅱ B，Courtesy of the Trustees of the British Museum　　11-99，各種菱形格帶狀紋飾，(²/₃)，鍘，春秋Ⅱ B，曲阜305號墓　11-100，各種菱形格帶狀紋飾，盤，春秋Ⅲ A，唐山賈各莊18號墓　　11-101，各種菱形格帶狀紋飾，(⁷/₁₀)，壺，戰國Ⅰ A，洛陽中州路2717號墓　　11-102，各種菱形格帶狀紋飾，鑑，戰國Ⅰ B，Courtesy of the Royal Ontario Museum, Toronto, Canada (Far Eastern Department)　　11-103，各種菱形格帶狀紋飾，(²/₃)，鑑，戰國Ⅰ B，根津美術館　　11-104，各種菱形格帶狀紋飾，鑑，戰國Ⅱ A，三門峽市上村嶺5號墓　　11-105，各種菱形格帶狀紋飾，壺，戰國Ⅱ A，Victoria and Albert Museum　　11-106，各種菱形格帶狀紋飾，鑪，戰國Ⅱ B～Ⅲ

11-107

11-112

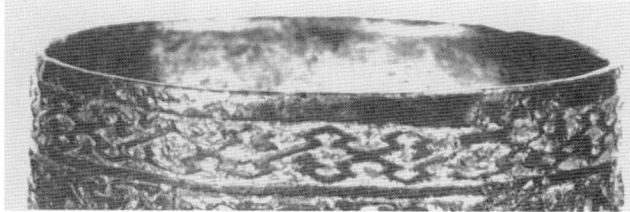

11-108

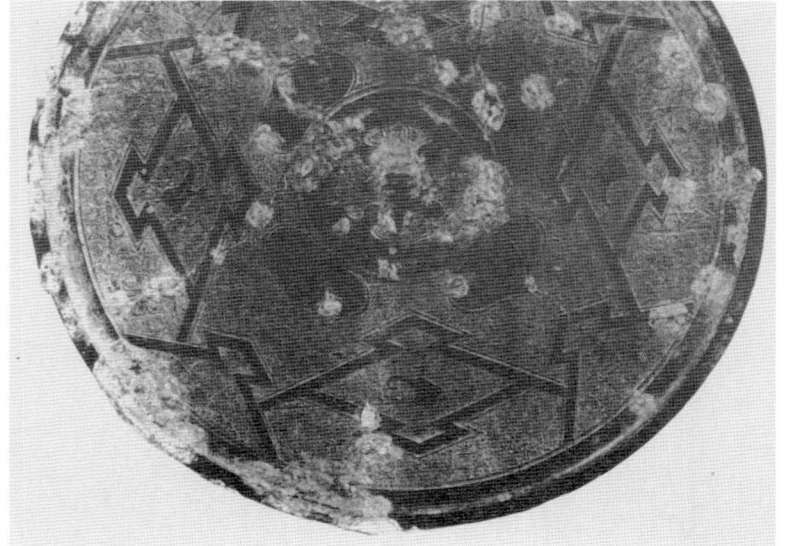

11-109

11-113

11-110

11-111

11-107，綺紋，罍，戰國ⅡA，上海博物館　　11-108，綺紋，卮，戰國ⅡA，Museum of Fine Arts, Boston　　11-109，綺紋，敦，戰國ⅡA，隨州擂鼓墩13號墓
11-110，綺紋，罍，戰國ⅡA　　11-111，綺紋，壺形器，戰國ⅡB～Ⅲ，臺北故宮博物院　　11-112，綺紋，(³/₅)，簠，戰國Ⅲ　　11-113，綺紋，鏡，戰國
Ⅲ～秦

11-114

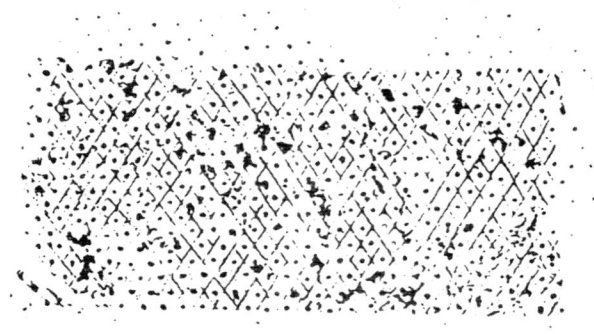

11-117

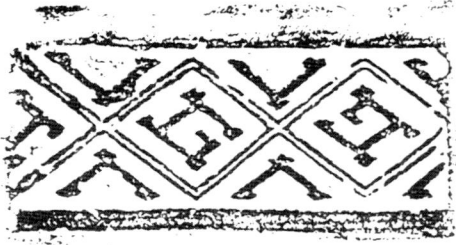

11-115

11-118

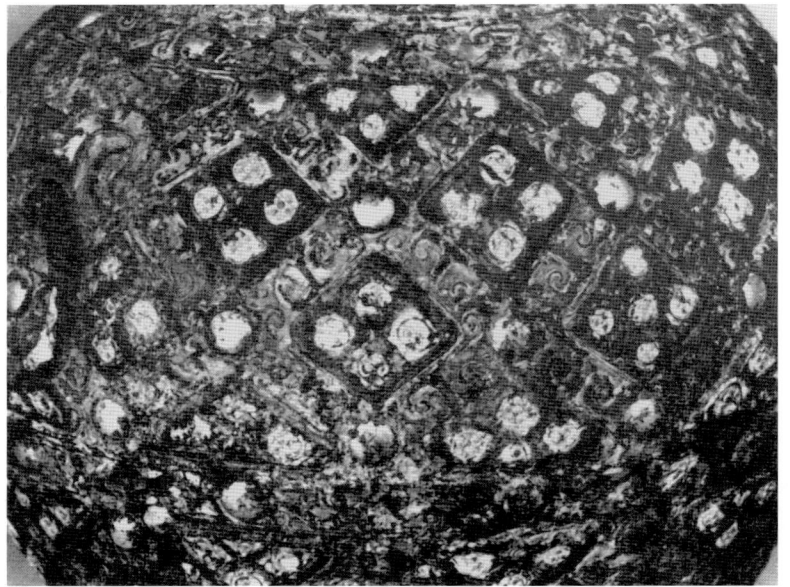

11-116

11-114，綺紋風格渦紋，(³/₄)，壺，戰國ⅠB，輝縣琉璃閣76號墓　　11-115，綺紋風格渦紋，(原大)，壺，戰國ⅠB，Asian Art Museum of San Francisco, Avery Brundage Collection　　11-116，綺紋風格渦紋，罍，戰國ⅡA　　11-117，粉米紋，(原大)，鑑，春秋ⅡB，新鄭城關鎮李家樓　　11-118，粉米紋，壺，戰國ⅡA

11-119

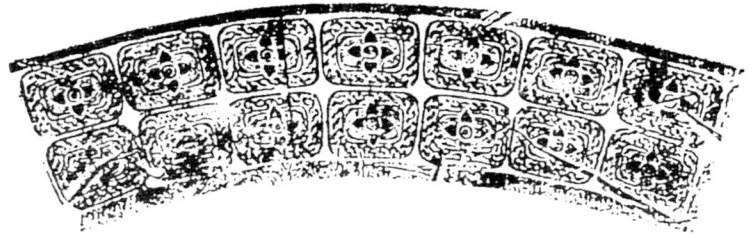

11-123

11-120

11-124

11-121

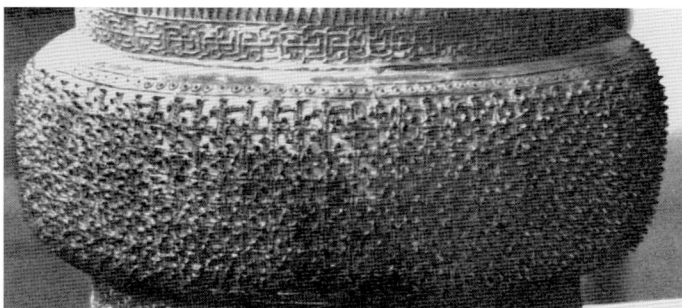

11-122

11-119，百乳紋，鼎，春秋ⅢA，MOA美術館　　11-120，百乳紋，壺，戰國ⅠA，Courtesy of the Royal Ontario Museum, Toronto, Canada (Far Eastern Department)
11-121，百乳紋，銅，戰國ⅠA　　11-122，百棘紋，尊，春秋ⅢA，武進淹城護城河　　11-123，壓縮餅乾紋，(⁷/₁₀)，銅，春秋ⅢB，屯留武家溝　　11-124，
壓縮餅乾紋，(²/₃)，壺，春秋ⅢB

11-125

11-126

11-127

11-128

11-129

11-130

11-125，藻紋，壺，春秋ⅡB，侯馬上馬村12號墓　　11-126，藻紋，壺，春秋Ⅱ，潢川彭店公社　　11-127，藻紋，敦，春秋ⅢA，洛陽西工區4號墓　　11-
128，藻紋，匜，春秋ⅢA，唐山賈各莊18號墓　　11-129，藻紋，（原大），鋗，春秋ⅢB　　11-130，藻紋，鐸，戰國ⅠB，東京國立博物館

11-131

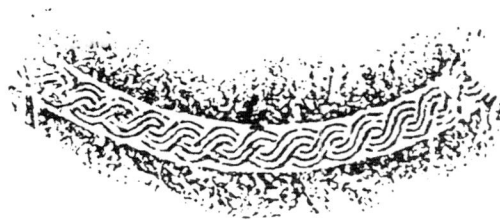

11-135

11-136

11-132

11-137

11-133

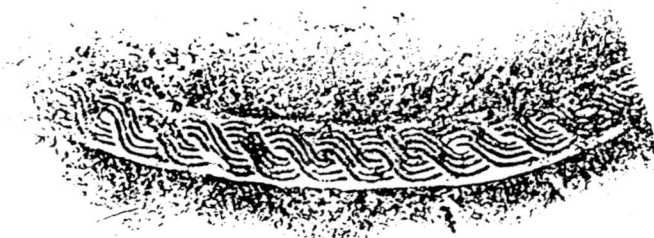

11-138

11-139

11-134

11-140

11-131，撚絲紋，盥缶，春秋ⅡB，襄陽山灣23號墓　　11-132，撚絲紋，鑑，春秋ⅢA，吳縣何山　　11-133，撚絲紋，（原大），鼎，春秋ⅢA，東京國立博物館　　11-134，撚絲紋，（²/₃），壺，春秋ⅢA　　11-135，撚絲紋，（³/₄），鼎，春秋Ⅲ，輝縣琉璃閣56號墓　　11-136，撚絲紋，豆，春秋ⅢB，Courtesy of the Royal Ontario Museum, Toronto, Canada (Far Eastern Department)　　11-137，撚絲紋，（原大），鬲，春秋ⅢB，淳化城關公社　　11-138，撚絲紋，（原大），豆，春秋ⅢB，京都大學文學部博物館　　11-139，撚絲紋，（原大），豆，春秋ⅢB，輝縣　　11-140，撚絲紋，（¹/₂），鬲，戰國ⅠA，洛陽中州路2717號墓

11-141

11-144

11-142

11-145

11-146

11-143

11-147

11-141，撚絲紋，壺，戰國ⅠB　　11-142，撚絲紋，鐸，戰國ⅠB，東京國立博物館　　11-143，撚絲紋，(²/₃)，壺，戰國ⅡA　　11-144，繰帶紋，(原大)，壺，春秋ⅢA　　11-145，繰帶紋，(⁵/₆)，鑑，春秋ⅢA，輝縣琉璃閣75號墓　　11-146，繰帶紋，(原大)，鑑，戰國ⅠA，根津美術館　　11-147，繰帶紋，(原大)，鼎，戰國ⅠB，藤井有鄰館

11-148

11-149

11-150

11-151

11-148，連珠紋，(¹/₃)，鑑，春秋ⅡB，長治分水嶺269號墓　　11-149，連珠紋，尊，春秋ⅢA，溧陽顧隴公社　　11-150，并列點紋，鼎，春秋ⅡA，潢川彭
店公社　　11-151，并列點紋，(原大)，鼎，春秋ⅡA

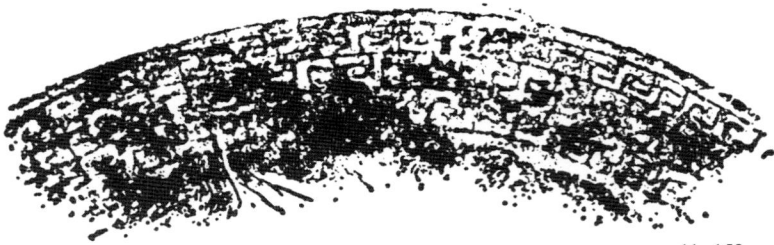

11-152

11-153

11-158

11-154

11-155

11-159

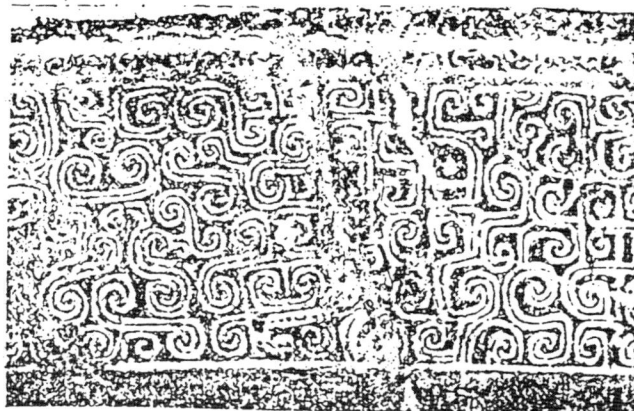

11-156

11-160

11-157

11-152，其他各種幾何紋，盤，春秋Ⅱ～Ⅲ，高淳東壩　　11-153，其他各種幾何紋，尊，春秋ⅢA，武進淹城護城河　　11-154，其他各種幾何紋，尊，春秋ⅢA，高淳顧隴公社　　11-155，其他各種幾何紋，（原大），鉔，春秋ⅢA，莒南大店1號墓　　11-156，其他各種幾何紋，（¹/₂），鼎，春秋ⅡB，長治分水嶺269號墓　　11-157，其他各種幾何紋，（¹/₃），錡，春秋ⅡA，隨州城郊公社　　11-158，其他各種幾何紋，（²/₃），錞于，戰國Ⅰ　　11-159，其他各種幾何紋，（原大），錞于，戰國Ⅰ，The Art Museum, Princeton University, Chester Dale and Dolly Carter Collection　　11-160，其他各種幾何紋，（⁵/₆），罍，春秋ⅡB，輝縣琉璃閣60號墓

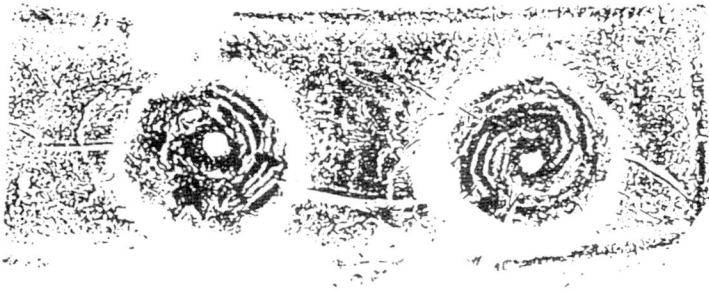

11-161

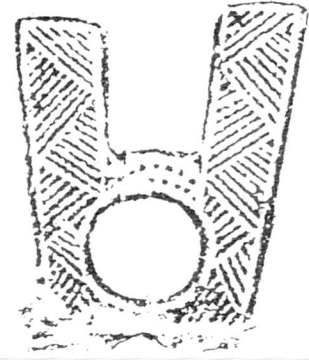

11-164

11-162

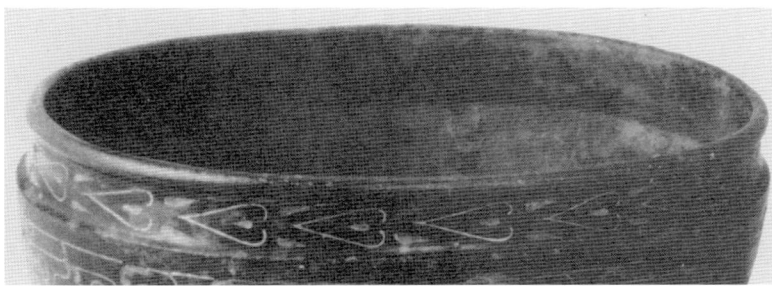

11-163

11-161，其他各種幾何紋，(²/₃)，鑄，春秋Ⅲ A，輝縣琉璃閣75號墓　　11-162，其他各種幾何紋，鑄，春秋Ⅲ B，Courtesy of the Freer Gallery of Art, Smithsonian Institution, Washington D.C.，樋口隆康先生攝　　11-163，其他各種幾何紋，釦，春秋Ⅲ B，Courtesy of the Trustees of the British Museum　　11-164，其他各種幾何紋，(原大)，鼎，戰國Ⅲ，東京國立博物館

器影圖版出處目錄

本册所收圖版的來源可以分爲兩種：一種是過去出版的著録書，另一種是林先生通過特殊渠道獲得的照片和拓本。由於兩者的資料性質不同，其書寫格式和本書録入時的處理方法有所不同。在此簡單説明一下具體情況。

一、過去出版的著録書

（1）著録書的信息，我們基本按照正文册的凡例録入，具體格式請參看《殷周青銅器綜覽》中譯本凡例。但爲了盡量明確每個數字的含義，做了一些特殊處理，例如頁碼後加"頁"，圖版編號前加"圖版"或"圖"等。因此有些地方與正文册的凡例不同。

（2）我們在録入著録書信息的過程中發現了日文原版的一些錯誤，例如書的簡稱與"簡稱表"不一致（如"泉新"，日文原版經常寫作"泉續"）、誤寫書名（如鼎160"考"，日文原版寫作"文"）、漏寫信息（如盉25"文1964-4"，日文原版寫作"文，1964"）、錯寫頁碼等。這些錯誤我們徑改，不出校注。

二、林先生通過特殊渠道獲得的照片

（1）這類照片的信息我們無法核對，也往往難以確知其含義。因此，即使有些地方可以看出可能有問題，我們也不加修改，只按原樣録入日文原版的信息。

（2）這種通過特殊渠道獲得的照片和拓本，如果只看名稱，有時難以分辨是書的簡稱還是收藏單位的名稱。因此，爲了讀者使用方便，在此説明林先生使用相關材料的主要來源及其書寫格式。

（a）"京大人文研考古資料"。這當是京都大學人文科學研究所的歷代學者蒐集的照片或拓本。在其後面經常交代該器物的收藏單位和登記號，有時候交代該器物的照片見於什麼書。

（b）日本的收藏單位。這種信息只在説明"京大人文研考古資料"的資料來源時出現。收藏單位名稱的後面都有器物的登記號，如鼎32"寧樂美術館，no. 35"等。這些編號的稱呼每家博物館都不同，例如寧樂美術館使用"no."，黑川古文化研究所使用"整理番號"，根津美術館使用"臺帳番號"等。雖然"番號"等詞是日語，但我們保留這種原有的稱呼，沒有改成漢語表達。

（c）臺北故宮博物院。這似是林先生於1974年和樋口隆康、松丸道雄兩位先生一起去調查臺北故宮所藏青銅器時獲得的資料（參看本書松丸先生序）。"臺北故宮博物院"後加"BC.～"、"BK.～"等登記號，如鼎21"臺北故宮博物院（BC.17）照片"。

（d）歐美的收藏單位。這似是林先生於1977年去調查歐洲所藏商周青銅器時獲得的資料（參看本書後記）。沒有用斜體表示，而且收藏單位後加登記號的是這一類，如鼎123"Fitzwilliam Museum（Reg. no. 01-1941）照片"。

鼎

鼎1，考1984-4，圖版叁，2；321頁，圖二二，5；319頁，圖二○，1

鼎2，中原文1981-4，圖版肆：3；17頁，圖二，1

鼎3，文1981-1，圖版伍：6

鼎4，文革一：97頁*

鼎5，文1984-9，圖版壹：3；4頁，圖五：2

鼎6，文1984-9，圖版壹：2；4頁，圖五：1

鼎7，文1983-11，69頁，圖二；70頁，圖八

鼎8，故宮：下，上，54

鼎9，考1963-10，圖版叁，5

鼎10，商周：下，圖83；三代：4，4葉

---

* 譯按：鼎4收録器影和器蓋拓本，但器蓋拓本不見於文革一，譯者未能查出其確切出處。該器器蓋拓本見於集成02284。

鼎11，考1963-10，圖版叄，3

鼎12，京大人文研考古資料

鼎13，京大人文研考古資料

鼎14，中原文1981-4，圖版陸：1；19頁，圖二：1、2

鼎15，京大人文研考古資料

鼎16，京大人文研考古資料

鼎17，京大人文研考古資料

鼎18，商周：下，圖92

鼎19，文1973-5：20頁，圖二二

鼎20，Sackler Collection 提供照片

鼎21，中州，圖版肆伍，3

鼎22，中州，圖版肆玖，3

鼎23，大系：圖編，44；三代：4，15葉

鼎24，文1986-4，圖版叄：4

鼎25，江蘇，圖87

鼎26，文1982-12：56頁，圖一八

鼎27，中州，圖版伍拾，1

鼎28，京大人文研考古資料

鼎29，頌續，圖15

鼎30，中原文1982-1：39頁，圖一：3

鼎31，銅器展，50

鼎32，考1964-10，圖版壹，1、2

鼎33，山東，圖版122

鼎34，故宮：下，下，108

鼎35，文1986-4，圖版叄，4；18頁，圖九

鼎36，白鶴集，25

鼎37，京大人文研考古資料

鼎38，頌續，圖16甲、乙

鼎39，文1984-9，圖版壹：1；圖五：3

鼎40，Sackler Collection 提供照片

鼎41，文1984-1，圖版叄：1；12頁，圖四；13頁，圖五；14頁，
　　圖九：1、2

鼎42，文1982-12，圖版伍：1；47頁，圖一：6

鼎43，京大人文研考古資料

鼎44，新鄭：40〜41葉

鼎45，分類，A88

鼎46，考1978-5，圖版肆，4；298頁，圖二，3

鼎47，考1965-7，圖版叄，2

鼎48，京大人文研考古資料（考1965-7，圖版叄，1）

鼎49，京大人文研考古資料

鼎50，山西文物工作委員會1974，圖版捌，2

鼎51，文叢5：110頁，圖一〇；106頁，圖一：4

鼎52，中州，圖版伍貳，1

鼎53，山西文物工作委員會1974，圖版捌，3

鼎54，京大人文研考古資料

鼎55，京大人文研考古資料

鼎56，江漢考1985-3：61頁，上左、上右

鼎57，長崎，2，11

鼎58，新鄭：36〜37葉

鼎59，考1963-5，圖版壹，7；235頁，圖八，1、12

鼎60，考1963-5，圖版壹，1；236頁，圖九；235頁，圖八，3、
　　8、11

鼎61，貞吉：上，17葉

鼎62，京大人文研考古資料

鼎63，文1982-4，圖版叄：1

鼎64，江漢考1983-2，圖版貳，4

鼎65，*Chinese Exhib.*, Pl. 29, 105

鼎66，京大人文研考古資料；善，圖38

鼎67，臺北故宮博物院提供照片

鼎68，故宮：下，下，93；善，圖37

鼎69，新鄭：47〜48葉

鼎70，考1963-5，圖版叄，1；235頁，圖八，7、10

鼎71，考1963-5，圖版壹，5

鼎72，分類，A101

鼎73，中原文1984-2：118頁，圖一

鼎74，山西文物工作委員會1974，圖版貳，1

鼎75，陝西，圖85

鼎76，輝縣，圖版貳壹，1

鼎77，考1964-10，圖版壹，3；501頁，圖五，1、13

鼎78，考1964-10，圖版壹，5；499頁，圖一，1

鼎79，文1982-10，圖版伍：1；17頁，圖三、四

鼎80，考1982-2，圖版伍，2；145頁，圖六，2

鼎81，江漢考1984-3，圖版貳，5

鼎82，文叢3，圖版拾叄：1，左；84頁，圖二一：1

鼎83，考1983-2：188頁，圖二；圖一

鼎84，文1972-5：13頁，圖二五

鼎85，京大人文研考古資料

鼎86，考1958-6，圖版捌，5；51頁，圖四

鼎87，考1985-6，圖版貳，2

鼎88，文1986-6，圖版貳：5

鼎89，考1974-2，圖版肆，5

鼎90，故宮：下，下，103

鼎91，蔡侯，圖版伍，1；圖版叄壹，3；圖版叄貳，1

鼎92，商周：下，圖90；三代：3，33葉

鼎93，77文物展，5

鼎94，江漢考1983-2，圖版捌，1；36頁，圖一、二

鼎95，文1980-10，圖版：1

鼎96，文1981-1，圖版陸：1、2；15頁，圖一

鼎97，花紋：11頁

鼎98，江漢考1983-1，圖版貳，右上

鼎99，山東博等1978，圖版叁，4；圖五，1

鼎100，京大人文研考古資料

鼎101，江漢考1983-1，圖版貳，左上；81頁，圖1

鼎102，上海（香港）：117頁，40

鼎103，考1981-2：121頁，圖二，3；122頁，圖三，6

鼎104，報1984-4，圖版貳肆，2；519頁，圖一四，1

鼎105，京大人文研考古資料

鼎106，文1985-6，圖版壹：1；18頁，圖六、七

鼎107，京大人文研考古資料

鼎108，考1985-6，圖版貳，3；516頁，圖一二

鼎109，考1981-1，圖版陸，4；26頁，圖三，4

鼎110，山西文物工作委員會1974：圖四，1；圖六；圖七

鼎111，曲阜，圖版肆柒，2

鼎112，京大人文研考古資料

鼎113，Sackler Collection 提供照片

鼎114，考1985-4，圖版柒，3；380頁，圖一，左

鼎115，中州，圖版伍捌，1

鼎116，京大人文研考古資料

鼎117，京大人文研考古資料

鼎118，京大人文研考古資料

鼎119，京大人文研考古資料

鼎120，河北：90頁，圖版162

鼎121，安志敏1953，圖版拾貳

鼎122，京大人文研考古資料

鼎123，山東，圖版124

鼎124，香川，A48

鼎125，安志敏1953，圖版拾叁

鼎126，考1965-11，圖版叁，1；550頁，圖二，1、2

鼎127，故宮：下，下，109

鼎128，考1983-8，圖版柒，1

鼎129，黃河，63

鼎130，77文物展，6

鼎131，五省，圖版四〇

鼎132，考1965-3，圖版壹，7

鼎133，考與文1981-1：27頁，圖十七，1

鼎134，灃西，圖版玖伍，2

鼎135，京大人文研考古資料

鼎136，考1973-1，圖版拾，2；31頁，圖三，3、4

鼎137，廣西，圖版42

鼎138，考1983-1：44頁，圖二，4

鼎139，京大人文研考古資料

鼎140，河南文博1980-2：32頁，圖三下

鼎141，文1980-1，圖版伍：1；49頁，圖九：1、2

鼎142，分類，A97

鼎143，江漢考1983-2，圖版伍，8

鼎144，朋來，圖版3

鼎145，江漢考1983-2，圖版伍，7

鼎146，文1981-11：51頁，圖二；53頁，圖六

鼎147，文1976-3：42頁，圖一一；41頁，圖五、六

鼎148，京大人文研考古資料

鼎149，考1983-3，圖版柒，3；273頁，圖二，2、3

鼎150，*Carter*, no. 32

鼎151，京大人文研考古資料

鼎152，*Carter*, no. 33

鼎153，京大人文研考古資料

鼎154，京大人文研考古資料

鼎155，分類，A99

鼎156，上海，88

鼎157，考1985-8，圖版貳，1；697頁，圖八

鼎158，考1985-8，圖版貳，2；696頁，圖五；698頁，圖一一

鼎159，*Kümmel 1928*, T. 12

鼎160，考1978-5，圖版伍，3

鼎161，考1978-5，圖版伍，2

鼎162，考1973-1，圖版拾壹，1

鼎163，廣西，圖版43；考1973-1：30頁，圖二

鼎164，擂鼓墩，圖版5

鼎165，曲阜，圖版肆柒，1

鼎166，考1964-3：120頁，圖九，1；121頁，圖一〇，1～4

鼎167，京大人文研考古資料

鼎168，黃河，62

鼎169，京大人文研考古資料

鼎170，報1984-4，圖版貳壹，1；508頁，圖三，10

鼎171，*Freer C. B.*, Pl. 90

鼎172，京大人文研考古資料

鼎173，京大人文研考古資料

鼎174，京大人文研考古資料

鼎175，山與琉，圖版玖，1

鼎176，分類，A110

鼎177，上海（香港）：113頁，38

鼎178，中州，圖版陸叁，2

鼎179，中州，圖版陸叁，4

鼎180，輝縣，圖版柒柒，1

鼎181，京大人文研考古資料

鼎182，擂鼓墩，圖版4

鼎183，文1979-7，圖版陸：3

鼎184，輝縣，圖版捌陸，3

鼎185，文1986-6，圖版壹：2

鼎186，文1985-1：33頁，圖五三

鼎187，考1964-3：122頁，圖一一，1

鼎188，文1985-5：46頁，圖八；45頁，圖三；44頁，圖二

鼎189，文1966-1，圖版貳：6；9頁，圖五

鼎190，京大人文研考古資料

鼎191，明信片"青銅器"（陝西省咸陽市博物館編）

鼎192，*Hellström*, Pl. 34, 2

鼎193，文1975-5：92頁，圖六

鼎194，文1965-7：54頁，圖二；圖六

鼎195，五省，圖版七〇，1

鼎196，巌：上，10葉

鼎197，考1964-3，圖版貳，6；123頁，圖一二，4、8

鼎198，十二家：槑，23～24葉

鼎199，京大人文研考古資料

鼎200，金村，圖版10；圖9，2

鼎201，*Some MFEA*, Pl. 23, 1

鼎202，京大人文研考古資料

鼎203，分類，A108

鼎204，文1975-6：69頁，圖一；75頁，圖一三，5～7、9

鼎205，山西文管1957，圖版叁，1；圖七

鼎206，上海（香港）：111頁，37

鼎207，京大人文研考古資料

鼎208，京大人文研考古資料

鼎209，考1964-3，圖版貳，2

鼎210，京大人文研考古資料

鼎211，文1986-6，圖版壹：1

鼎212，文1981-7：67頁，圖五；66頁，圖四

鼎213，考與文1982-5，圖版伍，1、4

鼎214，考1980-4，圖版柒，2

鼎215，文1982-3：92頁，圖六

鼎216，京大人文研考古資料

鼎217，京大人文研考古資料

鼎218，文1985-1，圖版肆：5；32頁，圖四九

鼎219，文1981-6，圖版貳：1；7頁，圖一四：2

鼎220，文1981-6，圖版貳：3

鼎221，京大人文研考古資料

鼎222，湖南出土，15

鼎223，文1985-1，圖版肆：3；32頁，圖四六

鼎224，報1982-1，圖版拾肆，1

鼎225，擂鼓墩，圖版15

鼎226，江漢考1984-1，圖版肆，4

鼎227，曲阜，圖版柒叁，2

鼎228，文叢5：107頁，圖二：3

鼎229，中山展，16

鼎230，度量衡，附3

鼎231，中山展，2（3）

鼎232，文1978-3：89頁，圖五

鼎233，考1984-8：761頁，圖四，右；圖五

鼎234，中山展，14

鼎235，中山展，2（4）

鼎236，中山展，2（7）

鼎237，河北：100頁，圖版176；張守中1981：101頁

鼎238，銅器選，63

鼎239，*Pillsbury*, Pl. 66

鼎240，文1975-6，圖版伍：1；75頁，圖一三，3、4

鼎241，77文物展，25

鼎242，報1983-2，圖版貳伍，1

鼎243，雨臺山，圖版三一，4

鼎244，雨臺山，圖版三一，2

鼎245，信陽，圖版四五

鼎246，文1973-9，圖版叁：1

鼎247，考1973-3，圖版伍，1

鼎248，文1976-11：70頁，圖一三

鼎249，江漢考1985-1，圖版三，2

鼎250，文1966-5：40頁，圖一二：3

鼎251，文1978-3：90頁，圖六

鼎252，報1983-2，圖版貳伍，2

鼎253，京大人文研考古資料

鼎254，考1977-1：63頁，圖三，1

鼎255，京大人文研考古資料

鼎256，文叢7，圖版貳：3

鼎257，商周：下，圖98；三代：3，25葉

鼎258，考與文1981-2：19頁，圖二；20頁，圖三，1～4

鼎259，文1980-9，圖版叁：3；17頁，圖六：1；18頁，圖七

鼎260，度量衡，附7

鼎261，文1980-9：23頁，圖一七

鼎262，京大人文研考古資料；度量衡，附4

鼎263，海外中國，圖11

鼎264，文1985-5：46頁，圖九；45頁，圖四

鼎265，安徽博銅器，81

鼎266，文1955-11：58頁，圖版六左

鼎267，文1982-10，圖版壹：1

鼎268，文1963-9，圖版叁，6；467頁，圖一二

鼎269，雨臺山，圖版三一，1

鼎270，文1966-5：53頁，圖二五：上左

鼎271，楚展，圖版2

鼎272，京大人文研考古資料

甒19，報1984-4，圖版貳貳，2

甒20，山與琉，圖版拾，1

甒21，灃西，圖版玖肆，1

甒22，搖鼓墩，圖版17；文1985-1：23頁，圖一二

甒23，四川，31

甒24，*Carter*, no. 16

錡

錡1，文1980-1：39頁，圖九：2

錡2，山西文物工作委員會1974，圖版貳，3

錡3，山與琉，圖版壹壹伍，3

錡4，河北：97頁，圖版172

錡5，中山展，15

錡6，日精：5，363

錡7，京大人文研考古資料

錡8，京大人文研考古資料

錡9，京大人文研考古資料

錡10，四川文管1956，圖版壹，2

甌

甌1，京大人文研考古資料

甌2，京大人文研考古資料

甌3，分類，A140

甌4，*Köln*, T. 34

圈足釜

圈足釜1，京大人文研考古資料

圈足釜2，京大人文研考古資料

圈足釜3，考1963-5：240頁，圖一三，5

圈足釜4，河北：84頁，圖版153

圈足釜5，文1985-6：19頁，圖一○

圈足釜6，文1965-5，圖版壹：4

圈足釜7，河北：89頁，圖版160

圈足釜8，京大人文研考古資料

釜甑

釜甑1，文1976-3：42頁，圖一二

釜甑2，輝縣，圖版捌柒，1a

釜甑3，考1985-1：16頁，圖四，8

釜4，考1985-1：16頁，圖四，5

釜甑5，文1981-6，圖版叄：1

釜甑6，四川，30

釜甑7，中山展，17

釜8，文1985-5：46頁，圖一三

鑒

鑒1，考1983-7，圖版貳，2

鑒2，文1976-3：42頁，圖一○

鑒3，考1985-1，圖版壹，2

鑒4，考1985-1：16頁，圖四，2

鑒5，文1981-6：16頁，圖四六

鑒6，考1955-2，圖版拾貳，3，左

鑒甑7，文1974-5：73頁，圖一七

鑒8，四川文管1956，圖版貳，6

鑒9，文1980-9，圖版貳：2

鑒10，文1986-4，圖版貳：2

鑒11，文1980-9：19頁，圖八

鑒12，文1980-9：23頁，圖二○

鑒13，雲夢，圖版二七，2

鑒14，雲夢，圖版二七，4

鑒15，京大人文研考古資料

簋

簋1，京大人文研考古資料

簋2，考1963-10，圖版肆，7

簋3，陝西，圖98

簋4，十二家：居，16～17葉

簋5，*Lochow* I，12，13

簋6，*Siren*, Pl. 55

簋7，考1985-4，圖版柒，1

簋8，新鄭：69～70葉

簋9，歷史博，60；三代：9，33～34葉

簋10，考1965-7，圖版叄，3

簋11，文1982-4，圖版叄：4

簋12，京大人文研考古資料

簋13，五省，圖版四三

簋14，河南博，33

簋15，考1981-1，圖版陸，3；26頁，圖三，3

簋16，考1981-1，圖版陸，2；26頁，圖三，5

簋17，善，圖87*

簋18，文1979-7，圖版陸：2

簋19，報1984-4，圖版貳壹，3

簋20，山西文管1957，圖版叄，6

簋21，山西文管1957，圖版叄，4

---

* 譯按：簋17收錄器影、銘文拓本和器蓋拓本，但器蓋拓本不見於善，圖87，譯者未能查出其確切出處。

敦58，商周：下，圖393

敦59，泉新，185

敦60，戰國式，圖版四七，（1）

敦61，分類，A287

敦62，京大人文研考古資料

敦63，信陽，圖版六一

敦64，銅玉，圖版13

敦65，*Singer*，Pl. 70

敦66，京大人文研考古資料

敦67，京大人文研考古資料

敦68，77文物展，26

敦69，信陽，圖版五二；圖版五三

敦70，京大人文研考古資料

敦71，江漢考1985-1，圖版三，3

敦72，考1978-4，圖版柒，7

敦73，擂鼓墩，圖版10

敦74，京大人文研考古資料

敦75，京大人文研考古資料

敦76，銅器選，64

敦77，京大人文研考古資料

敦78，戰國式，圖版四八

敦79，江漢考1985-1：12頁，圖十三，2

敦80，文1966-5：53頁，圖二五：上中

敦81，*Watson 1962*，Pl. 66a

敦82，江漢考1986-4，圖版叁，5

敦83，*Loehr 1968*，no. 68

盍

盍1，新鄭：81葉

盍2，文1982-4，圖版叁：3

盍3，Sackler Collection提供照片

盍4，考1981-2，圖版拾壹，1、5

盍5，考1964-7，圖版拾，2；368頁，圖一，1～3

盍6，文叢3，圖版拾壹：2

盍7，河南博，58

盍8，京大人文研考古資料

盍9，江漢考1983-1：74頁，圖1，右；75頁，圖2，右；圖4

𥃲

𥃲1，京大人文研考古資料

𥃲2，歷史博，64

簠

簠1，文1980-1，圖版叁：2；35頁，圖四；39頁，圖一三

簠2，夢郼：續，12葉

簠3，文1973-5，圖版叁：2；15頁，圖三：1

簠4，文1986-4，圖版叁：5；18頁，圖一〇

簠5，文1986-4，圖版叁：2；15頁，圖二

簠6，文1972-3：67頁，圖四；68頁，圖七、八

簠7，十二家：居，22～24葉

簠8，大系：圖編，132；三代：10，26葉；京大人文研考古資料

簠9，文1981-1：14頁，圖二一、二二

簠10，夢郼：續，15葉

簠11，中州，圖版伍貳，4

簠12，考1963-5：240頁，圖一三，2

簠13，新鄭：82～83葉

簠14，京大人文研考古資料

簠15，文1982-10，圖版伍：3；17頁，圖二、六、七

簠16，考1959-12，圖版壹，2

簠17，貞吉：上，38葉

簠18，山西文物工作委員會1974，圖版玖，4

簠19，江漢考1983-1，圖版貳，中左；82頁，圖3

簠20，江蘇，圖98

簠21，五省，圖版四四

簠22，河南博，43*

簠23，文1980-1，圖版伍：4、5

簠24，江漢考1983-2，圖版伍，1；7頁，圖十一；6頁，圖十，5

簠25，京大人文研考古資料

簠26，分類，A259

簠27，考1964-3：120頁，圖九，4；121頁，圖一〇，5

簠28，報1984-4，圖版貳壹，4

簠29，山與琉，圖版拾壹，2

簠30，文1979-7：22頁，圖三一；9頁，圖八

簠31，擂鼓墩，圖版13

簠32，報1982-2，圖版貳拾，1

簠33，文1986-6：18頁，圖四五

簠34，文1985-1：33頁，圖五六；23頁，圖一四

簠35，湖南博，46

簠36，江漢考1985-1：12頁，圖十三，1

簠37，中山展，10

---

* 譯按：簠22還收錄銘文拓本，但銘文拓本不見於河南博，43，譯者未能查出拓本的確切出處。該器銘文拓本見於集成 04589。

盒

盒1，雨臺山，圖版三二，2

盒2，文1974–5：73頁，圖二三

盒3，文1980–9，圖版貳：5；14頁，圖九：1

盒4，雲夢，圖版二四，1

盒5，雲夢，圖版二四，2

尖底蓋盒

尖底蓋盒1，考1983–7，圖版貳，1

尖底蓋盒2，文1976–3：42頁，圖七

鍘

鍘1，頌續，圖95

鍘2，京大人文研考古資料

鍘3，冠斝：中，43葉

鍘4，江漢考1983–2，圖版捌，3；36頁，圖四

鍘5，中原文1981–4，圖版捌：1，右；15頁，圖三：2

鍘6，中原文1981–4，圖版陸：5、6

鍘7，中州，圖版肆伍，5

鍘8，中州，圖版伍拾，3

鍘9，京大人文研考古資料

鍘10，故宮：下，上，83

鍘11，京大人文研考古資料

鍘12，中原文1984–2：118頁，圖三

鍘13，山西文物工作委員會1974，圖四，7

鍘14，Sackler Collection 提供照片

鍘15，曲阜，圖版肆玖，5；圖六五，1

鍘16，文1974–6：85頁，圖四

鍘17，考1963–5：240頁，圖一三，4

鍘18，新鄭：128葉

鍘19，分類，A799

鍘20，文1982–4，圖版叁：5；44頁，圖七：1

鍘21，京大人文研考古資料

鍘22，新鄭：126葉

鍘23，輝縣，圖版貳壹，3

鍘24，曲阜，圖版肆玖，2

鍘25，文1980–1：49頁，圖八

鍘26，新鄭：124葉

鍘27，考1962–12，圖版肆，1

鍘28，文1985–6：20頁，圖一二

鍘29，中州，圖版伍捌，3

鍘30，山東博等1978，圖版叁，1；圖七，1

鍘31，戰國式，圖版四九

鍘32，考1985–4，圖版柒，2

鍘33，文叢5：207頁，圖三

鍘34，河南博，41

鍘35，山東博等1978，圖版捌，3

鍘36，考1981–1，圖版柒，5

鍘37，歐精：3，188

鍘38，分類，A801

鍘39，上海，90

鍘40，京大人文研考古資料

鍘41，京大人文研考古資料

鍘42，中原文1982–4：34頁，圖二：4

鍘43，*Pillsbury*, Pl. 70

鍘44，考1983–8，圖版柒，6

鍘45，安志敏1953，圖版拾肆

鍘46，上海，69

鍘47，考1985–8：696頁，圖六，1

鍘48，安志敏1953，圖版玖

鍘49，上海，70

鍘50，考1985–8，圖版叁，2

鍘51，黃河，60

鍘52，日精：5，365；京大人文研考古資料

鍘53，*Koop*, Pl. 104B

鍘54，京大人文研考古資料

鍘55，*Early C. B.*, Pl. 32, 1

鍘56，*Cunliffe*, Pl. 15, no. 15

鍘57，考與文1981–1，圖版拾壹，1；27頁，圖十七，13

鍘58，考1983–3，圖版柒，5；274頁，圖三，3、4

鍘59，文1985–3，圖版叁：2

鍘60，故宮：下，上，84

鍘61，京大人文研考古資料

鍘62，*Koop*, Pl. 32

鍘63，河北：98頁，圖版173

鍘64，*Chou Dynasty*, fig. 57

鍘65，*Freer*, Pl. 31

鍘66，京大人文研考古資料

鍘67，報1984–4，圖版貳伍，6；521頁，圖一六，8

鍘68，報1984–4，圖版貳伍，7

鍘69，曲阜，圖版肆捌，4

鍘70，文1983–12：12頁，圖四

鍘71，擂鼓墩，圖版12

鍘72，考1964–3，圖版叁，9

鍘73，文1986–6：8頁，圖一七

鍘74，考1980–4，圖版柒，3

鍘75，文1981–7：67頁，圖七、八；65頁，圖三

鍘76，京大人文研考古資料

觚形尊

觚形尊 1，77 文物展，9

觚形尊 2，蔡侯，圖版玖，2

觚形尊 3，京大人文研考古資料

觚形尊 4，安徽文隊 1959，圖版伍，2

觚形尊 5，文 1984-1，圖版叁：4

觚形尊 6，京大人文研考古資料

觶形尊

觶形尊 1，歷史博，66；考 1973-1：31 頁，圖四，1

觶形尊 2，考 1973-1，圖版拾，1；31 頁，圖四，2

觶形尊 3，湖南博，34

觶形尊 4，美研 1979-1：64 ～ 65 頁

鳥獸形尊

鳥獸形尊 1，上海（平凡），56

鳥獸形尊 2，京大人文研考古資料；*Freer C. B.*，Pl. 106

鳥獸形尊 3，京大人文研考古資料

鳥獸形尊 4，京大人文研考古資料

鳥獸形尊 5，河北：112 頁，圖版 201

鳥獸形尊 6，京大人文研考古資料

鳥獸形尊 7，南京博，42

鳥獸形尊 8，大黃河，58

鳥獸形尊 9，分類，A681

尊

尊 1，山與琉，圖二九、三一

尊 2，湖南文物，圖版一八

尊 3，京大人文研考古資料

尊 4，77 文物展，44

壺

壺 1，京大人文研考古資料

壺 2，考 1963-10，圖版叁，4

壺 3，文 1975-10：63 頁，圖一七

壺 4，*Freer C. B.*，Pl. 85, no.87

壺 5，京大人文研考古資料

壺 6，京大人文研考古資料

壺 7，京大人文研考古資料

壺 8，京大人文研考古資料

壺 9，京大人文研考古資料

壺 10，京大人文研考古資料

壺 11，京大人文研考古資料

壺 12，京大人文研考古資料

壺 13，中原文 1981-4，圖版伍：5

壺 14，考 1984-4，圖版肆，4；319 頁，圖二〇，3；321 頁，圖二二，1、2

壺 15，文 1981-1，圖版伍：2；11 頁，圖五

壺 16，文 1981-1，圖版伍：1；13 頁，圖一五

壺 17，大黃河，52；文 1984-9：5 頁，圖七：左；4 頁，圖五：12、13

壺 18，京大人文研考古資料

壺 19，文 1986-4：19 頁，圖一三；18 頁，圖一二

壺 20，考 1984-6，圖版肆，5；511 頁，圖三，上

壺 21，明信片"中國青銅器"第一集，1976 年；考 1963-5：239 頁，圖一二

壺 22，明信片"中國青銅器"第五集，1977 年

壺 23，文革一：89 頁

壺 24，考 1982-2：143 頁，圖二，1；圖三，3

壺 25，京大人文研考古資料

壺 26，文 1965-5，圖版貳：5

壺 27，考 1965-7，圖版叁，4

壺 28，山西文物工作委員會 1974，圖版貳，2

壺 29，京大人文研考古資料

壺 30，考 1982-2，圖版伍，7；145 頁，圖六，3、4

壺 31，文 1972-5：13 頁，圖二六

壺 32，文 1980-1：52 頁，圖七；53 頁，圖八

壺 33，新鄭：109 葉

壺 34，文 1982-12，圖版陸：3；55 頁，圖九

壺 35，五省，圖版四六；蔡侯，圖版叁肆，2

壺 36，古文物，93

壺 37，黃河，64

壺 38，河北：95 頁，圖版 168

壺 39，河北：113 頁，圖版 113

壺 40，上海，75

壺 41，黃河，55

壺 42，山東博等 1978，圖版叁，5；圖五，2、4、5

壺 43，山東，圖版 123

壺 44，京大人文研考古資料

壺 45，文 1978-2：96 頁，圖二

壺 46，京大人文研考古資料

壺 47，河北：94 頁，圖版 167

壺 48，考 1981-1，圖版陸，5；26 頁，圖三，2

壺 49，Sackler Collection 提供照片

壺 50，文 1972-4：72 頁，圖四

壺 51，文 1981-12：89 頁，圖一、二

壺 52，歷史博，69

壺 53，京大人文研考古資料

壺54，文1986–6，圖版貳：3

壺55，河北：52頁，圖版106

壺56，京大人文研考古資料

壺57，京大人文研考古資料

壺58，河北：85頁，圖版154

壺59，京大人文研考古資料

壺60，考1958–6：50頁，圖二

壺61，*Ornaments*，73

壺62，灃西，圖版玖肆，2

壺63，陝西博，24

壺64，*Hellström*，Pl. 32, 2

壺65，京大人文研考古資料

壺66，京大人文研考古資料

壺67，河北：88頁，圖版159

壺68，山與琉，圖版壹壹陸，1

壺69，京大人文研考古資料

壺70，京大人文研考古資料

壺71，上海（平凡），57

壺72，*Freer C.B.*，Pl. 91

壺73，京大人文研考古資料

壺74，戰國式，圖版一七

壺75，中國美，圖版23

壺76，京大人文研考古資料

壺77，京大人文研考古資料

壺78，*Kümmel 1928*，T. 22, T. 35a

壺79，*Koop*，Pl. 102

壺80，考1983–8，圖版伍，4

壺81，銅器選，67

壺82，京大人文研考古資料

壺83，京大人文研考古資料

壺84，京大人文研考古資料

壺85，*Chou Dynasty*，fig. 54

壺86，文1979–7，圖版陸：1

壺87，山西文管1957，圖版叁，2

壺88，日精：5，398

壺89，京大人文研考古資料

壺90，擂鼓墩，圖版7

壺91，文叢7：6頁，圖七；3頁，圖二：6

壺92，山與琉，圖版拾叁，3

壺93，泉：1，第47圖

壺94，分類，A707

壺95，文1981–1，圖版陸：3

壺96，考1983–7，圖版貳，4

壺97，Museum für Kunst und Gewerbe 提供照片

壺98，Royal Ontario Museum 提供照片；三代：12，29葉

壺99，山與琉，圖版拾肆

壺100，山與琉，圖版拾陸

壺101，中州，圖版陸肆，1

壺102，考1964–3，圖版叁，5；123頁，圖一二，1

壺103，京大人文研考古資料

壺104，京大人文研考古資料

壺105，京大人文研考古資料

壺106，湖南出土，14

壺107，輝縣，圖版捌陸，1

壺108，輝縣，圖版捌陸，2

壺109，山與琉，圖版拾柒，1

壺110，中州，圖版陸肆，2

壺111，京大人文研考古資料

壺112，*Carter*，no. 53

壺113，文1985–1，圖版肆：1

壺114，山西文管1957，圖版叁，2

壺115，京大人文研考古資料

壺116，京大人文研考古資料

壺117，文叢7，圖版貳：2

壺118，京大人文研考古資料

壺119，京大人文研考古資料

壺120，京大人文研考古資料

壺121，京大人文研考古資料

壺122，長崎，2，15

壺123，武英：115～116葉；京大人文研考古資料

壺124，考1964–3，圖版貳，3；127頁，圖一六，8

壺125，京大人文研考古資料

壺126，京大人文研考古資料

壺127，度量衡，附2

壺128，*Ornaments*，68

壺129，京大人文研考古資料

壺130，京大人文研考古資料

壺131，古文物，91

壺132，分類，A727

壺133，京大人文研考古資料

壺134，京大人文研考古資料

壺135，寶蘊：85葉；京大人文研考古資料

壺136，京大人文研考古資料

壺137，京大人文研考古資料

壺138，京大人文研考古資料

壺139，文1982–3：91頁，圖一；圖二～四

壺140，上海（香港）：125頁，44

壺141，文1981–6，圖版貳：2

壺142，考1963–5，圖版拾，3；280頁，圖二

壺143，京大人文研考古資料

壺144，文1985–1：33頁，圖五五

壺145，京大人文研考古資料

壺146，戰國式，圖版七五，（3）

壺147，分類，A708

壺148，文1986–6，圖版貳：4

壺149，京大人文研考古資料

壺150，文1966–5：37頁，圖一〇

壺151，分類，A746

壺152，中山展，6

壺153，歷史博，74

壺154，文1966–4，圖版貳：1；7頁，圖一、二

壺155，*Freer C. B.*, Pl. 94

壺156，*Pillsbury*, Pl. 74

壺157，京大人文研考古資料

壺158，河北：102頁，圖版177

壺159，文1978–3：89頁，圖一、二

壺160，京大人文研考古資料

壺161，京大人文研考古資料

壺162，湖南博，59；考1958–6：47頁，圖二

壺163，曲阜，圖版捌貳，3

壺164，故博，76

壺165，文1979–1，圖版陸：2；12頁，圖一四

壺166，文1980–9，圖版貳：3

壺167，京大人文研考古資料

壺168，京大人文研考古資料

壺169，京大人文研考古資料

壺170，中山展，5

壺171，日精：5，386；京大人文研考古資料

壺172，文1975–6：72頁，圖四～六

壺173，武英：154葉

壺174，京大人文研考古資料

壺175，京大人文研考古資料

壺176，京大人文研考古資料

壺177，京大人文研考古資料；銅花紋，〔78〕

壺178，京大人文研考古資料

壺179，考與文1982–6，圖版壹，3

壺180，京大人文研考古資料

壺181，京大人文研考古資料；戰國式，圖版七六，（2）

壺182，分類，A725

壺183，京大人文研考古資料

壺184，京大人文研考古資料

壺185，京大人文研考古資料

壺186，京大人文研考古資料

壺187，歐精：3，218

壺188，*Kümmel 1930a*, T. 33

壺189，京大人文研考古資料

壺190，British Museum 提供照片

壺191，京大人文研考古資料

壺192，*Some MFEA*, Pl. 27, 1

壺193，雨臺山，圖版三二，3

壺194，湖南博，60

壺195，京大人文研考古資料

壺196，京大人文研考古資料

壺197，77文物展，27

壺198，文1958–1：10頁，圖一三

壺199，金匱：154頁

壺200，京大人文研考古資料

壺201，分類，A713

壺202，中山展，8

壺203，*Buckingham*, Pl. 58

壺204，*Loehr 1968*, no. 69

壺205，*Loehr 1968*, no. 71

壺206，京大人文研考古資料

壺207，京大人文研考古資料

壺208，四川文管1956，圖版貳，1

壺209，京大人文研考古資料

壺210，京大人文研考古資料

壺211，京大人文研考古資料

壺212，京大人文研考古資料

壺213，馬山，圖版三一

壺214，雨臺山，圖版三三

壺215，廣東：271頁，84

壺216，明信片“青銅器”（陝西省咸陽市博物館編）

壺217，文1980–9，圖版貳：3

壺218，*Asiatic Art*, Pl. 22, 23

壺219，京大人文研考古資料

壺220，京大人文研考古資料

壺221，考1978–4，圖版柒，4

壺222，雨臺山，圖版三四，1

壺223，考1973–3，圖版伍，2

壺224，*Lundgren*, Pl. 13

壺225，分類，A742

壺226，文1980–9，圖版叁：4

壺227，京大人文研考古資料

壺228，考1985–1，圖版壹，4；16頁，圖五

壺229，京大人文研考古資料

甀5，京大人文研考古資料

甀6，文1985-6：19頁，圖一一

甀7，文1972-5，圖版捌：3、4

甀8，銅器選，66

甀9，京大人文研考古資料

甀10，河北：88頁，圖版158

缶

缶1，蔡侯，圖版拾壹；圖版叄肆，4

缶2，泉：1，第48圖

缶3，蔡侯，圖版拾，3；圖版叄肆，5

缶4，京大人文研考古資料

缶5，京大人文研考古資料；考1965-3：108頁，圖七

缶6，考1983-7，圖版貳，3

缶7，文1981-6：16頁，圖四四

缶8，文1985-1：34頁，圖六一；24頁，圖一八

缶9，文1985-1，圖版陸：2；24頁，圖一七

缶10，四川，36

缶11，77文物展，28

缶12，文1966-5：53頁，圖二五：上右

缶13，歷史博，62

缶14，十二家：尊，23〜24葉

缶15，文1965-7：54頁，圖一、四、五

盥缶

盥缶1，文1983-11：69頁，圖五

盥缶2，考1964-10，圖版壹，4；500頁，圖二，1

盥缶3，文1986-4：19頁，圖一四

盥缶4，Sackler Collection 提供照片

盥缶5，文1982-10，圖版伍：4

盥缶6，京大人文研考古資料

盥缶7，新鄭：86葉

盥缶8，中國美全：青銅器下，〇三二；文1962-11：58頁，圖2

盥缶9，黃河，65；考1981-2：122頁，圖四，1

盥缶10，山東博等1978，圖版捌，2

盥缶11，蔡侯，圖版拾貳，2；圖版叄伍，1；圖版叄肆，6

盥缶12，歷史博，67；蔡侯，圖版叄陸，1

盥缶13，江漢考1983-1，圖版貳，中右；82頁，圖4

盥缶14，京大人文研考古資料

盥缶15，考1981-2，圖版柒，1；122頁，圖三，3；圖四，4

盥缶16，文1980-10，圖版貳：2

盥缶17，江漢考1983-2，圖版貳，3；6頁，圖十，3、6

盥缶18，文1980-1，圖版伍：3；49頁，圖一〇

盥缶19，京大人文研考古資料

盥缶20，廣西，圖版41；考1973-1：31頁，圖三，5

盥缶21，擂鼓墩，圖版8

盥缶22，京大人文研考古資料

盥缶23，山東，圖版114

盥缶24，報1982-1，圖版拾肆，2

盥缶25，京大人文研考古資料

盥缶26，文1977-2，圖版壹：5；4頁，圖一一：1；文1977-3：49頁，圖五一

盥缶27，文1985-1，圖版陸：6

盥缶28，帝博，圖版9

盥缶29，文1966-5：40頁，圖一二：10

盥缶30，江漢考1985-1：15頁，圖十二；拓片二，1、2

盥缶31，楚展，圖版9

罐

罐1，寶蘊，91葉；京大人文研考古資料

罐2，京大人文研考古資料

罐3，京大人文研考古資料

榼

榼1，上海，91

榼2，中山展，7

榼3，河南博，48

榼4，京大人文研考古資料

榼5，京大人文研考古資料

榼6，文1964-7，圖版叄：3；13頁，圖二

榼7，京大人文研考古資料

榼8，京大人文研考古資料

榼9，*Freer C. B.*, Pl. 95

榼10，*Barlow*, 153a

榼11，日精：5，403

榼12，文1975-6：73頁，圖八

榼13，文1974-12：70頁，圖一六

榼14，分類，A771

榼15，故宮：下，上，157

蒜頭壺

蒜頭壺1，文1980-9，圖版貳：4

蒜頭壺2，文1980-9，圖版叄：5

蒜頭壺3，文1980-9：23頁，圖一九

蒜頭壺4，京大人文研考古資料

蒜頭壺5，京大人文研考古資料

蒜頭壺6，分類，A773

蒜頭壺7，雙吉：上，28葉

勺17，文1980-9，圖版叁：2，上

勺18，文1980-9，圖版叁：2，下

勺19，文1966-5：53頁，圖二五：中下：左

勺20，考1958-4：38頁，圖四，2

勺21，十二家：尊，26～27葉

瓚

瓚1，故博，227

禁

禁1，考1987-5，圖版捌，1

禁2，山與琉，圖版貳貳，4

盤

盤1，中州，圖版肆伍，4

盤2，中原文1981-4，圖版肆：5

盤3，考1984-4，圖版貳，5；311頁，圖一二，5；310頁，圖一一，4

盤4，考1984-4，圖版叁，5；319頁，圖二〇，5；322頁，圖二三，1～3

盤5，文1986-4：19頁，圖一六

盤6，京大人文研考古資料

盤7，考1965-7，圖版貳，3

盤8，新鄭：114～115葉

盤9，考1963-5：242頁，圖一五；238頁，圖一一，5

盤10，山東，圖版118

盤11，考1965-7，圖版肆，1

盤12，新鄭：116葉

盤13，中州，圖版伍拾，6

盤14，考1963-5，圖版叁，6

盤15，文1982-10，圖版伍：5

盤16，分類，A825；R423

盤17，京大人文研考古資料

盤18，安志敏1953，圖版捌

盤19，京大人文研考古資料

盤20，文1985-6：20頁，圖一五

盤21，考1985-6，圖版貳，6

盤22，中原文1984-2：118頁，圖八

盤23，考1983-8：704頁，圖二，3

盤24，河南博，59

盤25，京大人文研考古資料

盤26，文1981-1，圖版貳：4

盤27，蔡侯，圖版拾肆，2；圖版叁叁，2

盤28，山東博等1978，圖版叁，3；圖六；圖七，2

盤29，考1962-10：515頁，圖八，1

盤30，曲阜，圖版柒捌，4

盤31，江漢考1983-2，圖版陸，6

盤32，文叢5：207頁，圖五

盤33，江漢考1983-1，圖版貳，下右

盤34，77文物展，7

盤35，文1980-1：49頁，圖七

盤36，江漢考1983-2，圖版貳，1

盤37，京大人文研考古資料

盤38，歷史博，65

盤39，山與琉，圖版貳壹，2

盤40，山東，圖版116

盤41，報1984-4：508頁，圖三，6

盤42，文叢3：208頁，圖六

盤43，輝縣，圖一三七、一三八

盤44，廣東：273頁，85

盤45，文1985-1，圖版陸：3；31頁，圖四五：2

盤46，報1982-1，圖版拾叁，6

盤47，文1981-6，圖版肆：3；6頁，圖一二：4

盤48，文1973-9，圖版叁：3

盤49，信陽，圖版六二

盤50，文1966-5：40頁，圖一二：9

盤51，京大人文研考古資料

盤52，四川文管1956，圖十三

盤53，雨臺山，圖版三四，3

盤54，文1980-9：23頁，圖二一

盤55，雨臺山，圖版三四，4

盤56，楚器：8葉

盤57，雲夢，圖版二六，1

盤58，考與文1980-4，圖版伍，7

匜盤

匜盤1，京大人文研考古資料

匜

匜1，考1984-4，圖版叁，1；322頁，圖二三，4

匜2，考1984-6：513頁，圖六，3；511頁，圖二，下

匜3，文1981-1：11頁，圖七

匜4，中州，圖版肆伍，6

匜5，考1963-10，圖版肆，5

匜6，京大人文研考古資料

匜7，京大人文研考古資料；善，圖96

匜8，文1981-1：14頁，圖二〇、二一；13頁，圖一四

匜9，文1983-11：69頁，圖四；70頁，圖一〇

匜 10，文 1972–3：67 頁，圖六；66 頁，圖二

匜 11，京大人文研考古資料

匜 12，故博，73

匜 13，日精：4，341

匜 14，歐精：2，149

匜 15，上海，67

匜 16，故宮：下，上，223

匜 17，河北：45 頁，圖版 94

匜 18，冠斝：上，51 葉

匜 19，分類，A829

匜 20，分類，A830；R424

匜 21，上海（平凡），60

匜 22，考 1963–5，圖版壹，6

匜 23，泉新，183

匜 24，考 1965–7，圖版叁，5；342 頁，圖五，3

匜 25，新鄭：94 葉

匜 26，新鄭：91 葉

匜 27，文 1982–10，圖版伍：6；17 頁，圖五

匜 28，考 1963–5，圖版叁，7；238 頁，圖一一，6

匜 29，中州，圖版伍貳，3

匜 30，*Freer C. B.*, Pl. 87

匜 31，考 1985–4：381 頁，圖二，3

匜 32，*Carter*, no. 45

匜 33，中州，圖版伍拾，5

匜 34，新鄭：118 葉

匜 35，考 1981–1，圖版柒，1

匜 36，中原文 1982–4：34 頁，圖一：5、6

匜 37，考 1983–8，圖版柒，2

匜 38，考 1985–6，圖版貳，5

匜 39，中州，圖版伍捌，4

匜 40，報 1984–4，圖版貳伍，8；521 頁，圖一六，1

匜 41，歷史博，70；安志敏 1953，圖 13

匜 42，河南博，36；考 1981–2：122 頁，圖四，2

匜 43，京大人文研考古資料

匜 44，文 1981–1，圖版叁：1

匜 45，五省，圖版五二，1

匜 46，京大人文研考古資料

匜 47，十二家：雪，16 ～ 17 葉

匜 48，文 1981–11：53 頁，圖九

匜 49，京大人文研考古資料

匜 50，考與文 1983–1：7 頁，圖五，2

匜 51，蔡侯，圖版拾柒，7

匜 52，京大人文研考古資料

匜 53，京大人文研考古資料；故宮：下，上，228

匜 54，*Deydier 1980*, fig. 41

匜 55，京大人文研考古資料

匜 56，文 1980–1：48 頁，圖六

匜 57，河北：93 頁，圖版 166

匜 58，文 1965–5，圖版壹，5 ～ 7

匜 59，考 1964–3，圖版叁，8

匜 60，京大人文研考古資料

匜 61，中州，圖版陸伍，3

匜 62，考 1983–7：598 頁，圖二，1

匜 63，湖南博 1959，圖二，2

匜 64，山與琉，圖版貳叁，1

匜 65，文 1985–1：33 頁，圖五八

匜 66，報 1982–1，圖版拾叁，7

匜 67，文 1981–6：16 頁，圖四五；6 頁，圖一一

匜 68，信陽，圖版六三，左

匜 69，文 1966–5：40 頁，圖一二：8

匜 70，文 1973–9：15 頁，圖二六

匜 71，中原文 1981–4，圖版柒：4

匜 72，雨臺山，圖版三四，5

匜 73，雨臺山，圖版三四，6

匜 74，馬山，圖版三三，5

匜 75，雲夢，圖版二六，4

匜 76，楚展，圖版 4

匜 77，文 1980–8，圖版肆：4

匜 78，分類，A838

匜 79，雲夢，圖版二七，1

匜 80，雲夢，圖版二六，3

鑑

鑑 1，文 1972–5：12 頁，圖二四

鑑 2，文 1956–12：32 頁

鑑 3，考 1963–5，圖版叁，3；238 頁，圖一一，1、2

鑑 4，京大人文研考古資料

鑑 5，京大人文研考古資料

鑑 6，新鄭：121 葉

鑑 7，山西文物工作委員會 1974，圖版叁，1；圖九

鑑 8，京大人文研考古資料

鑑 9，新鄭：122 葉

鑑 10，河北：86 頁，圖版 155

鑑 11，蔡侯，圖版拾伍，1；圖版叁玖

鑑 12，上海，76

鑑 13，蔡侯，圖版拾肆，3；圖版叁肆，3

鑑 14，文 1977–3，圖版叁：1 ～ 3

鑑 15，人民中國 1964–4；錄遺，521

鑑16，*Siren*, Pl. 103A；藝類，6

鑑17，*Freer*, Pl. 30；56頁圖

鑑18，文1981-11：54頁，圖一三；53頁，圖一〇

鑑19，京大人文研考古資料

鑑20，山與琉，圖版拾玖，2

鑑21，京大人文研考古資料

鑑22，歐精：3，174

鑑23，報1984-4，圖版貳壹，2

鑑24，擂鼓墩，圖版18

鑑25，擂鼓墩，圖版9；中文2：23頁

鑑26，京大人文研考古資料

鑑27，京大人文研考古資料

鑑28，文1981-6，圖版肆：5

鑑29，上海（香港）：135頁，49

鑑30，考1955-2，圖版拾貳，4

鑑31，*Buckingham*, Pl. 51, 53

鑑32，文1986-6：18頁，圖四二

鑑33，京大人文研考古資料：金村，圖版9

鑑34，考1964-3：122頁，圖一一，6；123頁，圖一二，6、7

鑑35，京大人文研考古資料

鑑36，Metropolitan Museum of Art提供照片；文1976-3：52頁，圖一

鑑37，楚展，圖版6

鑑38，文1980-8：26頁，圖一；28頁，圖二

鑑39，文1980-8，圖版肆：3；30頁，圖一：左

鑑盤

鑑盤1，文1980-8，圖版貳：1；13頁，圖一

鑑盤2，文1984-1，圖版肆：3

鑑盤3，湖南博，36

鑑盤4，考1983-1，圖版捌，3；44頁，圖二，8；45頁，圖三，1

鑑盤5，廣東：279頁，88

鑑盤6，山與琉，圖版貳貳，1

鑑盤7，京大人文研考古資料

鑑盤8，文1980-8，圖版肆：5

銅

銅1，蔡侯，圖版拾陸，1

銅2，蔡侯，圖版拾柒，2

銅3，考與文1981-1：27頁，圖十七，8

鐘

鐘1，文1984-9，圖版貳：6

鐘2，文1984-9：9頁，圖一七；6頁，圖八

鐘3，文1980-1：40頁，圖一六、一七；39頁，圖一一

鐘4，京大人文研考古資料

鐘5，京大人文研考古資料

鐘6，雙吉：上，3葉

鐘7，故宮：下，下，475

鐘8，京大人文研考古資料

鐘9，雙吉：上，4葉

鐘10，山西文物工作委員會1974，圖版叄，4、5；圖一〇，左

鐘11，京大人文研考古資料

鐘12，上海，80；京大人文研考古資料

鐘13，京大人文研考古資料

鐘14，癡續，2

鐘15，*Loo 1924*, Pl. 25

鐘16，京大人文研考古資料

鐘17，京大人文研考古資料

鐘18，京大人文研考古資料

鐘19，新鄭：7～8葉

鐘20，京大人文研考古資料；三代：1，45～46葉

鐘21，上海，77

鐘22，上海，83

鐘23，上海，82

鐘24，考1974-2，圖版肆，1、4；118頁，圖四；117頁，圖三，1

鐘25，京大人文研考古資料

鐘26，山西文物工作委員會1974，圖一〇，右

鐘27，貞吉：上，2葉；京大人文研考古資料

鐘28，上海，84

鐘29，考1963-5，圖版叄，8；238頁，圖一一，7

鐘30，山西文物工作委員會1974，圖版玖，2、1

鐘31，五省，圖版六五，1

鐘32，考1982-2，圖版伍，5

鐘33，文1985-3：16頁，圖二三；17頁，圖二七：1、2

鐘34，蔡侯，圖版拾捌；77文物展，3；蔡侯，圖版肆叄；圖版肆貳

鐘35，文1980-10，圖版壹：3

鐘36，京大人文研考古資料

鐘37，京大人文研考古資料

鐘38，文1986-6，圖版叄：1；10頁，圖二一：1

鐘39，蔡侯，圖版拾玖，2；圖版貳壹，2；圖版伍貳；圖版伍叄

鐘40，京大人文研考古資料

鐘41，南京博展，28；考1965-3，圖版壹，3；110頁，圖九，1

鐘42，河南博，61

鐘43，考1981-2，圖版陸，1、2；123頁，圖五、六

鐘44，大黃河，54

鐘45，京大人文研考古資料

鐘46，*Pillsbury*, Pl. 82～84

鐘47，洛陽秘寶，28-2

鐘48，京大人文研考古資料

鐘49，文1972-4，圖版伍：1

鐘50，京大人文研考古資料

鐘51，頌續，圖120

鐘52，京大人文研考古資料

鐘53，上海，79

鐘54，雙吉：上，1葉

鐘55，京大人文研考古資料

鐘56，中文2：16～17頁；美研1979-1：66頁；文1979-7，圖
　　版叁：2；18頁，圖二二；19頁，圖二三

鐘57，文1985-1，圖版貳：1；圖版叁：2、4

鐘58，泉新，8、9

鐘59，中文2：18頁

鐘60，江蘇，圖88

鐘61，文1974-6：86頁；集成00037

鐘62，上海（香港）：131頁，47*

鐘63，*Loo 1924*, Pl. 23

鐘64，文1974-5，圖版貳：4；圖版壹；78頁，圖四九

鐘65，中國美：68頁，圖版116；文1958-1：4頁；集成00038

鐘66，報1982-1，圖版拾玖，9；96頁，圖一九

鐘67，泉：3，第122圖

鐘68，上海，78

鐘69，考1964-3，圖版肆，2；127頁，圖一六，5

鐘70，中山展，3

鐘71，京大人文研考古資料

鐘72，陝西博，26

鐘73，日精：5，434

鐘74，頌續，圖121

鐘75，江漢考1984-4，圖版壹，5

鐘76，江漢考1984-4：39頁，圖三；40頁，圖十一

鐘77，京大人文研考古資料

鐘78，文叢5，圖版玖：4；109頁，圖六：左

鐘79，京大人文研考古資料

鐘80，江漢考1984-4，圖版貳，3；45頁，圖八

鐘81，歐精：2，160

鐘82，考1964-3，圖版捌，3；140頁，圖三，2

鐘83，考1964-3，圖版捌，4；140頁，圖三，5

鐘84，考1973-1，圖版拾貳，4；31頁，圖三，2

鐘85，考1963-2，圖版壹，5

鐘86，廣東：267頁，83

鎛

鎛1，京大人文研考古資料

鎛2，文1984-9：9頁，圖一八

鎛3，新鄭：1～2葉

鎛4，文1958-12：35頁，圖三、六

鎛5，*Ornaments*, 42；京大人文研考古資料

鎛6，考1974-2，圖版肆，2、3；117頁，圖三，2

鎛7，京大人文研考古資料

鎛8，文1985-3：16頁，圖一九；17頁，圖二八

鎛9，蔡侯，圖版拾玖，1；圖版貳壹，1；圖版伍拾；圖版伍壹

鎛10，河南博，62；文1981-1，圖版叁：2

鎛11，山東博等1978，圖版肆，7；圖八

鎛12，京大人文研考古資料

鎛13，京大人文研考古資料

鎛14，*Holms*, Pl. 15

鎛15，京大人文研考古資料

鎛16，出光美術館提供照片；京大人文研考古資料

鎛17，夢郼：上，3葉

鎛18，京大人文研考古資料

鎛19，山與琉，圖版貳，上；圖版叁陸；圖版叁柒

鎛20，山與琉，圖版貳，下；圖版叁捌

鎛21，京大人文研考古資料

鎛22，*Freer*, Pl. 34, 35

鎛23，京大人文研考古資料

鎛24，文1972-5，圖版伍：4；17頁，圖二七

鎛25，藝展：86頁，93

鎛26，京大人文研考古資料

鎛27，京大人文研考古資料

鎛28，京大人文研考古資料

鎛29，擂鼓墩，圖版1

鎛30，考1964-3，圖版肆，3；127頁，圖一六，4

鎛31，京大人文研考古資料

鎛32，商周：下，圖969

鎛33，銅器選，61；上海，85

鎛34，京大人文研考古資料

鎛35，京大人文研考古資料

鉦

鉦1，考1978-5：299頁，圖三，上左

鉦2，文1984-9：9頁，圖一九

鉦3，中國美全：青銅器下，〇三七；文1964-7：32頁，圖五

---

* 譯按：鐘62收錄器影和鐘內壁拓本，但拓本不見於上海（香港）：131頁，譯者未能查出其確切出處。

鉦4，蔡侯，圖版貳壹，3

鉦5，京大人文研考古資料

鉦6，貞吉：中，36～37葉

鉦7，文叢5，圖版玖：1

鉦8，文1959-4：4頁，圖6

鉦9，文1974-5：71頁，圖七：右

鉦10，文1974-5：71頁，圖七：左；79頁，圖五一：14、15

鉦11，泉：3，第125圖

鉦12，日精：5，437

鉦13，*Pillsbury*, Pl. 86

鉦14，湖南博，62

鉦15，故宮：下，上，253

鉦16，文1958-1：38頁，圖二

鉦17，文1974-5：73頁，圖一八

鉦18，故宮：下，下，485

鉦19，文1981-6：16頁，圖四九

鉦20，湖南考輯1：37頁，圖三

鉦21，戰國式，圖版一〇六，（2）

鉦22，藝大*，71

鉦23，長沙，圖版拾捌，1

鉦24，四川雕，附錄2

鉦25，考1983-4：371頁，圖一，2；372頁，圖三，2

鉦26，考1983-4：371頁，圖一，1；372頁，圖三，1

鉦27，文叢5，圖版玖：3

鉦28，考1963-2，圖版壹，1、3

鉦29，文1964-7，圖版肆：4；14頁，圖三

鉦30，京大人文研考古資料

鉦31，長沙，圖版拾捌，2

鉦32，*Cull*, Pl. 20～21, no. 16

鉦33，湖南博1959，圖版捌，13；圖五

鉦34，故宮：下，下，486

鉦35，文叢5，圖版玖：2；109頁，圖六：右

鉦36，文1975-11：11頁，圖一九、二〇

鐸

鐸1，考1975-2，圖版伍，1；104頁，圖四，4

鐸2，考1980-2：118頁，圖五，9

鐸3，中州，圖版陸柒，5；圖七五，1

鐸4，文叢5：105頁，圖四

鐸5，頌續，圖122

鐸6，京大人文研考古資料

鐸7，雨臺山，圖版四七，9

錞于

錞于1，文1984-9，圖版貳：5

錞于2，明信片"青銅器"（陝西省咸陽市博物館編）

錞于3，文1964-7：31頁，圖三

錞于4，五省，圖版五三，2

錞于5，廣東：233頁，60

錞于6，二次年會，圖版肆，3；考與文1981-4：38頁，圖三

錞于7，*Carter*, no. 89

錞于8，*Chinese Exhib*, Pl. 30, 144；*Some MFEA*, Pl. 34右半

錞于9，湖南出土，24

錞于10，文1974-5：73頁，圖二一

錞于11，考與文1981-4，圖版柒，1；39頁，圖四

錞于12，*Kümmel 1928*, T. 14, T. 34g～k

錞于13，考與文1981-4，圖版捌，1；38頁，圖二，1

錞于14，帝博，圖版43

錞于15，泉：3，第127圖

錞于16，旅順，圖版15，6

錞于17，文1960-3：30頁，圖7

錞于18，京大人文研考古資料

鑑

鑑1，新鄭：129～130葉

鑑2，文1980-8，圖版貳：2；14頁，圖二～四

鑑3，擂鼓墩，圖版19

鑑4，考1964-3：120頁，圖九，3

鑑5，文1979-7：8頁，圖七

鑑6，山與琉，圖版貳壹，1

鑑7，黃河，59

鑑8，文1985-1，圖版陸，4

鑑9，歐精：3，173

鑑10，中山展，21

鑑11，文革陝：14頁，17

鑑12，77文物展，24

鑑13，信陽，圖版五四

鑑14，四川文管1956，圖版壹，3

鑑15，京大人文研考古資料

鑑16，中山展，22

鑑17，藝展：101頁，108

鑑18，天理，29

---

* 譯按："藝大"不見於本書"圖版出處目錄使用文獻簡稱表"和"引用文獻目錄"，疑是東京藝術大學編《東京藝術大學藏品圖錄》工藝，第一法規出版，1978年。

鑪19，十二家：遐，10 ～ 11 葉

鑪20，京大人文研考古資料

箕

箕1，文1980-8，圖版貳：3

箕2，山與琉，圖版貳叁，2

箕3，擂鼓墩，圖版21

箕4，擂鼓墩，圖版20

箕5，文1985-1：33頁，圖五九

箕6，山與琉，圖版壹零柒，3

箕7，旅順，圖版14，2

箕8，文1986-6：8頁，圖一八

箕9，信陽，圖版六三，右

箕10，文1966-5：40頁，圖一二：12

箕11，*Loo 1924*, Pl. 19 上

箕12，中山展，23 ～ 24

炭鈎

炭鈎1，京大人文研考古資料；山與琉，圖版玖拾，1

鐙

鐙1，山東，圖版112

鐙2，山與琉，圖版拾叁，2

鐙3，中山展，41

鐙4，中山展，40

鐙5，銅器選，72

鐙6，中山展，42

鐙7，文1966-5：53頁，圖二五：中上：中

鐙8，洛陽，Pl. 42, no. 109；Pl. 187, 13

鐙9，四川文管1956，圖版貳，2

鐙10，文1966-5：53頁，圖二五：中上：左

鐙11，文1980-8，圖版肆：1；30頁，圖一：右；32頁，圖二：右

鐙12，樋口故博，圖版146

檷

檷1，文1984-9，圖版貳：3

檷2，蔡侯，圖版拾柒，4

熏鑪

熏鑪1，文1984-1，圖版叁：3；16頁，圖一四

熏鑪2，京大人文研考古資料

熏鑪3，分類，A278

有環蓋

有環蓋1，*Some MFEA*, Pl. 24, 1

有環蓋2，雨臺山，圖版四七，5；圖六九，4

有環蓋3，京大人文研考古資料

有環蓋4，*Loehr 1968*, no. 76

有環蓋5，雨臺山，圖版四七，6

鬼神座承盤

承盤鬼神座1，新鄭：133葉

鬼神座承盤2，文1972-4，圖版壹

鬼神座承盤3，中國美：61頁，圖版84

鬼神座承盤4，山與琉，圖版拾捌

鬼神座承盤5，人民畫報1979-3：24頁

雜

雜1，京大人文研考古資料

雜2，文1981-6：16頁，圖四三；8頁，圖一五：4

雜3，中山展，26

雜4，中山展，25

雜5，馬山，圖版三二，2

雜6，文1957-7：83頁

紋飾圖版出處目錄

2–74，山與琉，圖版陸貳，1

2–75，新鄭：104 葉

2–76，京大人文研考古資料

2–77，京大人文研考古資料

2–78，*Eumorfopoulos II*，Pl. 58，B252

2–79，山與琉，圖版柒陸，1

2–80，京大人文研考古資料

2–81，搢鼓墩，圖版1a

2–82，京大人文研考古資料

2–83，京大人文研考古資料

2–84，京大人文研考古資料

2–85，山與琉，圖版叁捌，5

2–86，紋飾：89頁，237

2–87，武英：119 葉

2–88，江漢考1983–2：36頁，圖四

2–89，京大人文研考古資料

2–90，新鄭：31 葉

2–91，京大人文研考古資料

2–92，文1983–11：70頁，圖一〇：2

2–93，考1962–2，圖版壹，2

2–94，山與琉，圖版捌肆，2

2–95，新鄭：103 葉

2–96，文1981–12：89頁，圖一

2–97，曲阜，圖一一一

2–98，京大人文研考古資料

2–99，*Leth*，no. 23

2–100，考1985–8：701頁，圖二

2–101，山與琉，圖版捌貳，1

2–102，京大人文研考古資料

2–103，十二家：尊，14 葉

2–104，考1963–5：238頁，圖一一，6

2–105，京大人文研考古資料

2–106，京大人文研考古資料

2–107，騰稿，圖18

2–108，京大人文研考古資料

2–109，上海，91

2–110，武英：116 葉

2–111，文1975–6：75頁，圖一三，9

2–112，十二家：尊，11 葉

2–113，京大人文研考古資料

2–114，京大人文研考古資料

2–115，京大人文研考古資料

2–116，京大人文研考古資料

2–117，京大人文研考古資料

2–118，山西文物工作委員會1974，圖一〇，左

2–119，京大人文研考古資料

2–120，京大人文研考古資料

2–121，蔡侯，圖版捌叁，2、3

2–122，搢鼓墩，圖版9a

2–123，武英：110 葉

2–124，京大人文研考古資料

2–125，十二家：居，17 葉

2–126，歷史博，60

2–127，十二家：居，25 葉

2–128，新鄭：89 葉

2–129，山與琉，圖版陸拾，2

2–130，京大人文研考古資料

2–131，考1985–8：701頁，圖二

2–132，京大人文研考古資料

2–133，蔡侯，圖版肆捌

2–134，京大人文研考古資料

2–135，京大人文研考古資料

2–136，京大人文研考古資料

2–137，京大人文研考古資料

2–138，京大人文研考古資料

2–139，山與琉，圖版陸陸

2–140，京大人文研考古資料

2–141，京大人文研考古資料

2–142，文1980–1：52頁，圖三：3

2–143，考1984–4：321頁，圖二二，6

2–144，京大人文研考古資料

2–145，新鄭：104 葉

2–146，山與琉，圖版柒壹，1

2–147，新鄭：97 葉

2–148，蔡侯，圖版捌拾，5

2–149，蔡侯，圖版捌肆

2–150，考1963–4：211頁，圖六，4

2–151，廣東，279頁，88

2–152，武英：118 葉

2–153，京大人文研考古資料

2–154，騰稿，圖16

2–155，京大人文研考古資料

2–156，京大人文研考古資料

2–157，十二家：尊，12 葉

2–158，京大人文研考古資料

2–159，新鄭：133 葉

2–160，京大人文研考古資料

2–161，京大人文研考古資料

2-162，搖鼓墩，圖版8a

2-163，京大人文研考古資料

2-164，京大人文研考古資料

2-165，文1957-9，彩色插頁；林1971，圖九，4

2-166，考1958-11，圖版伍

2-167，蔡侯，圖版柒玖，1

2-168，京大人文研考古資料

2-169，京大人文研考古資料

2-170，十二家：寶，3葉

2-171，京大人文研考古資料

2-172，蔡侯，圖版柒陸，3

2-173，京大人文研考古資料

2-174，文1981-11：53頁，圖六：3

2-175，京大人文研考古資料

2-176，文1981-1：14頁，圖二一

2-177，文1980-1：47頁，圖三

2-178，考1963-5：235頁，圖八，11

2-179，中原文1982-4：33頁，圖一：3

2-180，山與琉，圖版壹零捌，1

2-181，京大人文研考古資料

2-182，中州，圖五七，10

2-183，新鄭：116葉

2-184，新鄭：115葉

2-185，*Carter*, no. 45

2-186，安志敏1953，圖17，2

2-187，京大人文研考古資料

2-188，京大人文研考古資料

2-189，京大人文研考古資料

2-190，十二家：遐，4葉

2-191，考1963-5：235頁，圖八，12

2-192，考1981-1：26頁，圖三，5

2-193，考1981-1：26頁，圖三，3

2-194，頌續，圖121

2-195，京大人文研考古資料

2-196，京大人文研考古資料

2-197，京大人文研考古資料

3 龍

3-1，京大人文研考古資料

3-2，新鄭：8葉

3-3，京大人文研考古資料

3-4，山與琉，圖版玖陸，3

3-5，京大人文研考古資料

3-6，京大人文研考古資料

3-7，尊古：1，8葉

3-8，報1978-3：327頁，圖一二，4

3-9，新鄭：55葉

3-10，考1984-4：322頁，圖二三，5

3-11，河南博，32

3-12，文1981-1：14頁，圖二三

3-13，京大人文研考古資料

3-14，京大人文研考古資料

3-15，京大人文研考古資料

3-16，京大人文研考古資料

3-17，京大人文研考古資料

3-18，頌：考釋，8葉

3-19，文1984-9：4頁，圖五：13

3-20，王獻唐1963，圖三

3-21，頌續，圖95

3-22，新鄭：29葉

3-23，考1963-5：235頁，圖八，1

3-24，山與琉，圖版捌伍，4

3-25，新鄭：101葉

3-26，考1984-9：803頁，圖六，2

3-27，京大人文研考古資料

3-28，山與琉，圖版陸玖，2

3-29，京大人文研考古資料

3-30，京大人文研考古資料

3-31，考1964-3：121頁，圖一〇，3

3-32，賸稿，圖16

3-33，京大人文研考古資料

3-34，京大人文研考古資料

3-35，考1984-4：321頁，圖二二，8

3-36，考1984-6：511頁，圖二，下

3-37，考1963-5：239頁，圖一二，2

3-38，山與琉，圖版陸玖，1

3-39，京大人文研考古資料

3-40，京大人文研考古資料

3-41，京大人文研考古資料

3-42，黃河，60

3-43，京大人文研考古資料

3-44，歐精：3，166

3-45，京大人文研考古資料

3-46，京大人文研考古資料

3-47，考1964-3：127頁，圖一六，4

3-48，京大人文研考古資料

3-49，考1964-3：127頁，圖一六，3

3-50，京大人文研考古資料

3－51，京大人文研考古資料

3－52，京大人文研考古資料

3－53，京大人文研考古資料

3－54，文1973－5：16頁，圖四：2

3－55，文1983－11：70頁，圖一〇：3

3－56，文1982－10：17頁，圖五

3－57，頌續，圖43乙

3－58，十二家：居，25葉

3－59，新鄭：95葉

3－60，銅花紋，〔63〕

3－61，文1980－8：14頁，圖三

3－62，京大人文研考古資料

3－63，報1978－3：321頁，圖五，5

3－64，集成00095

3－65，文1984－1：16頁，圖一三

3－66，謄稿，圖16

3－67，報1972－1：62頁，圖三，下

3－68，京大人文研考古資料

3－69，京大人文研考古資料

3－70，集成00096

3－71，京大人文研考古資料

3－72，京大人文研考古資料

3－73，京大人文研考古資料

3－74，京大人文研考古資料

3－75，京大人文研考古資料

3－76，銅花紋，〔78〕

3－77，京大人文研考古資料

3－78，考1984－4：321頁，圖二二，3

3－79，考1963－5：235頁，圖八，8

3－80，頌續，圖43乙

3－81，京大人文研考古資料

3－82，安志敏1953，圖17，9

3－83，京大人文研考古資料

3－84，京大人文研考古資料

3－85，京大人文研考古資料

3－86，京大人文研考古資料

3－87，考1981－1：26頁，圖三，5

3－88，京大人文研考古資料

3－89，京大人文研考古資料

3－90，京大人文研考古資料

3－91，京大人文研考古資料

3－92，京大人文研考古資料

3－93，京大人文研考古資料

3－94，京大人文研考古資料

3－95，京大人文研考古資料

3－96，集成00073

3－97，江漢考1983－2：6頁，圖十，13

3－98，京大人文研考古資料

3－99，文1984－9：4頁，圖五：4

3－100，新鄭：96葉

3－101，蔡侯，圖版捌叁，6

3－102，蔡侯，圖版捌伍，4

3－103，考1981－2：122頁，圖四，3

3－104，京大人文研考古資料

3－105，考1984－4：310頁，圖一一，1

3－106，江漢考1983－2：6頁，圖十，4

3－107，山與琉，圖版捌伍，3

3－108，集成00096

3－109，京大人文研考古資料

3－110，京大人文研考古資料

3－111，京大人文研考古資料

3－112，考1964－3：123頁，圖一二，3

3－113，日精：5，436

3－114，京大人文研考古資料

3－115，河南博，32

3－116，京大人文研考古資料

3－117，考1986－3：215頁，圖六，1

3－118，山與琉，圖版捌伍，2

3－119，蔡侯，圖版柒捌，3

3－120，文1964－7：19頁，圖一二

3－121，京大人文研考古資料

3－122，雙吉：上，4葉

3－123，武英：149葉

3－124，新鄭：2葉

3－125，鄴中初：上，1葉

3－126，山與琉，圖版柒肆，4

3－127，山與琉，圖版玖肆，2

3－128，山與琉，圖版叁柒，1

3－129，戰國式，圖版一〇二，3

3－130，京大人文研考古資料

3－131，文1985－3：17頁，圖二八

3－132，京大人文研考古資料

3－133，京大人文研考古資料

3－134，十二家：居，25葉

3－135，新鄭：110葉

3－136，考1963－5：238頁，圖一一，4

3－137，新鄭：8葉

3－138，考1981－1：26頁，圖三，4

3-139，*Leth*, no. 20

3-140，京大人文研考古資料

3-141，京大人文研考古資料

3-142，京大人文研考古資料

3-143，山與琉，圖版玖叁

3-144，京大人文研考古資料

3-145，京大人文研考古資料

3-146，京大人文研考古資料

3-147，文 1981-1：11頁，圖五

3-148，文 1981-1：12頁，圖九

3-149，文 1981-1：12頁，圖一〇

3-150，文 1973-5：15頁，圖三：2

3-151，京大人文研考古資料

3-152，新鄭：2葉

3-153，山與琉，圖版捌柒，3、4

3-154，報 1978-3：327頁，圖一二，5

3-155，京大人文研考古資料；歐精：3，164

3-156，武英：28葉

3-157，文 1975-6：75頁，圖一三，7

3-158，京大人文研考古資料

3-159，京大人文研考古資料

3-160，文 1981-1：11頁，圖六：1

3-161，新鄭：40葉

3-162，考 1981-2：122頁，圖四，1

3-163，蔡侯，圖版捌拾，4

3-164，武英：113葉

3-165，京大人文研考古資料

3-166，考 1981-1：26頁，圖三，4

3-167，京大人文研考古資料

3-168，京大人文研考古資料

3-169，十二家：居，23葉 *

3-170，京大人文研考古資料

3-171，考 1963-12：682頁，圖四，上

3-172，頌續，圖43乙

3-173，江漢考 1983-2：6頁，圖4

3-174，中原文 1982-4：33頁，圖一：12

3-175，京大人文研考古資料

3-176，京大人文研考古資料

3-177，考 1984-4：321頁，圖二二，2

3-178，文 1981-1：11頁，圖六：3

3-179，新鄭：102葉

3-180，山與琉，圖版陸陸

3-181，報 1978-3：321頁，圖五，3

3-182，京大人文研考古資料

3-183，文 1981-1：13頁，圖一七

3-184，中州，圖五七，3

3-185，山與琉，圖版陸壹，1

3-186，文 1981-1：13頁，圖一七

3-187，京大人文研考古資料

3-188，十二家：居，23葉

3-189，山西文物工作委員會1974，圖八

3-190，新鄭：47葉

3-191，山與琉，圖版壹零伍，2

3-192，武英：31葉

3-193，京大人文研考古資料

3-194，京大人文研考古資料

3-195，考與文 1983-1：10頁，圖一〇，1

3-196，新鄭：28葉

3-197，文 1982-10：17頁，圖三

3-198，京大人文研考古資料

3-199，京大人文研考古資料

3-200，京大人文研考古資料

3-201，京大人文研考古資料

3-202，京大人文研考古資料

3-203，京大人文研考古資料

3-204，京大人文研考古資料

3-205，山與琉，圖版陸拾，3

3-206，*Lochow* I, 12, 13

3-207，集成00174

3-208，京大人文研考古資料

3-209，京大人文研考古資料

3-210，花紋：11頁

3-211，山與琉，圖版柒壹，3

3-212，京大人文研考古資料

3-213，考 1965-11：550頁，圖二，2

3-214，京大人文研考古資料

3-215，京大人文研考古資料

3-216，新鄭：30葉

3-217，京大人文研考古資料

3-218，使華，XX

3-219，京大人文研考古資料

3-220，山與琉，圖版柒壹，2

---

* 譯按：此信息有誤，譯者未能查出拓本的確切出處。

3-221，京大人文研考古資料

3-222，考1984-6：511頁，圖三，上

3-223，河南博，32

3-224，新鄭：66葉

3-225，新鄭：28葉

3-226，山與琉，圖版陸陸

3-227，十二家：遐，9葉

3-228，京大人文研考古資料

3-229，文1986-4：18頁，圖一二：1

3-230，歐精：3，174

3-231，京大人文研考古資料

3-232，文1980-1：39頁，圖一三：1

3-233，京大人文研考古資料

3-234，雙吉：上，3葉

3-235，京大人文研考古資料

3-236，新鄭：40葉

3-237，集成00174

3-238，京大人文研考古資料

3-239，京大人文研考古資料

3-240，考1984-4：321頁，圖二二，1

3-241，考1984-4：310頁，圖一一，5

3-242，新鄭：95葉

3-243，京大人文研考古資料

3-244，京大人文研考古資料

3-245，山與琉，圖版伍柒，4

3-246，江漢考1985-3：61頁

3-247，京大人文研考古資料

3-248，紋飾：157頁，444

3-249，京大人文研考古資料

3-250，京大人文研考古資料

3-251，山與琉，圖版壹零陸，3

3-252，報1978-3：321頁，圖五，2

3-253，京大人文研考古資料

3-254，京大人文研考古資料

3-255，京大人文研考古資料

3-256，京大人文研考古資料；戰國式，圖版一〇二，1

3-257，*Cull*, Pl. 17, no.12 右下

3-258，上海，18

3-259，考1985-8：698頁，圖一一

3-260，京大人文研考古資料

3-261，京大人文研考古資料

3-262，山與琉，圖版玖貳，3

3-263，京大人文研考古資料

3-264，京大人文研考古資料

3-265，文1979-9：91頁，圖三

3-266，考1963-12：679頁，圖一，4

3-267，京大人文研考古資料

3-268，京大人文研考古資料

3-269，武英：29葉

3-270，山與琉，圖版玖貳，2

3-271，京大人文研考古資料

3-272，京大人文研考古資料

3-273，京大人文研考古資料

3-274，山與琉，圖版陸肆，1，上

3-275，十二家：居，23葉

3-276，京大人文研考古資料

3-277，考1981-2：122頁，圖四，4

3-278，京大人文研考古資料

3-279，文1979-9：92頁，圖五

3-280，京大人文研考古資料

3-281，河南博，46

3-282，京大人文研考古資料

3-283，河南博，37

3-284，京大人文研考古資料

3-285，尊古：3，22葉

3-286，武英：113葉

3-287，京大人文研考古資料

3-288，京大人文研考古資料

3-289，河南博，60

3-290，報1978-3：321頁，圖五，5

3-291，報1978-3：323頁，圖七，1

3-292，京大人文研考古資料

3-293，京大人文研考古資料

3-294，京大人文研考古資料

3-295，京大人文研考古資料

3-296，京大人文研考古資料

3-297，中山展，43

3-298，考1963-5：235頁，圖八，10

3-299，山與琉，圖版柒捌，1

3-300，尊古：3，23葉

3-301，金村，圖版10

3-302，*Siren*, Pl. 49

3-303，京大人文研考古資料

3-304，京大人文研考古資料

3-305，京大人文研考古資料

3-306，筆者摹

3-307，中州，圖七三，2

3-308，考1963-5：238頁，圖一一，7

3-309，考1978-5：298頁，圖二，3

3-310，集成00073

3-311，文1984-5：17頁，圖四：3

3-312，蔡侯，圖版捌伍，1

3-313，Carter, no. 33

3-314，山西文物工作委員會1974，圖七

3-315，山與琉，圖版柒柒，2

3-316，山與琉，圖版柒捌，4

3-317，京大人文研考古資料

3-318，京大人文研考古資料

3-319，京大人文研考古資料

3-320，京大人文研考古資料

3-321，考1983-3：273頁，圖二，2

3-322，歐精：3，183

3-323，京大人文研考古資料

3-324，蔡侯，圖版捌玖，2

3-325，京大人文研考古資料

3-326，謄稿，圖18

3-327，京大人文研考古資料

3-328，京大人文研考古資料

3-329，歐精：3，173

3-330，京大人文研考古資料

3-331，京大人文研考古資料

3-332，集成00236*

3-333，山與琉，圖版叁捌，2

3-334，京大人文研考古資料

3-335，京大人文研考古資料

3-336，京大人文研考古資料

3-337，山與琉，圖版玖柒，2

3-338，山與琉，圖版柒肆，2、3

3-339，山與琉，圖版捌拾，1

3-340，京大人文研考古資料

3-341，中州，圖五九，11

3-342，京大人文研考古資料

3-343，京大人文研考古資料

3-344，京大人文研考古資料

3-345，京大人文研考古資料

3-346，京大人文研考古資料

3-347，四川文管1956，圖十一，2、3

3-348，京大人文研考古資料

3-349，京大人文研考古資料

3-350，頌續，圖121

4　介於龍鳥之間的鬼神

4-1，雙吉：上，3葉

4-2，武英：149葉

4-3，頌續，圖101

4-4，新鄭：1葉

4-5，京大人文研考古資料

4-6，京大人文研考古資料

4-7，京大人文研考古資料

4-8，山與琉，圖版壹零零，2

4-9，*Karlbeck 1955*, fig. 72

4-10，*Some MFEA*, Pl. 24, 1

4-11，筆者根據考1962-5：223頁，圖七，1繪製

4-12，京大人文研考古資料

4-13，日精：4，341

4-14，武英：113葉

5　鳳凰、其他鳥形神

5-1，武英：149葉

5-2，京大人文研考古資料

5-3，文1981-6：8頁，圖一六：上

5-4，京大人文研考古資料

5-5，文1965-11：48頁，圖一

5-6，武英：109葉

5-7，戰國式，圖版四七，（2）

5-8，京大人文研考古資料

5-9，武英：109葉

5-10，山與琉，圖版壹零叁，1

5-11，京大人文研考古資料

5-12，京大人文研考古資料

5-13，山與琉，圖版壹零貳，2

5-14，77文物展，21

5-15，文1984-9：6頁，圖八

5-16，山與琉，圖版壹零零，3

5-17，京大人文研考古資料

5-18，擂鼓墩，圖版8

5-19，日精：5，419

5-20，戰國式，圖版七七，（1）下

5-21，考1958-11，圖版肆

5-22，京大人文研考古資料

---

* 譯按：此信息有誤。這是信陽長臺關1號墓出土鐘，銘文拓本見於集成00038，但集成沒有收錄鼓部紋飾拓本。本卷"器形圖版"鐘65收錄這件鐘的器影等，根據其出處推測，3-332可能采自文1958-1：4頁。

5－23，Cleaveland Museum of Art 提供照片；京大人文研考古資料

5－24，攪鼓墩，圖版2

5－25，報1982－1：103頁，圖二七

5－26，河南博，32

5－27，京大人文研考古資料

5－28，The Art Institute of Chicago 提供照片

5－29，京大人文研考古資料

5－30，報1982－1：98頁，圖二一

5－31，京大人文研考古資料

5－32，77文物展，44

5－33，The Freer Gallery of Art 提供照片

5－34，*Singer*, Pl. 113

5－35，京大人文研考古資料

5－36，京大人文研考古資料

5－37，京大人文研考古資料

5－38，京大人文研考古資料

5－39，京大人文研考古資料

5－40，山與琉，圖版拾肆，2

5－41，京大人文研考古資料

5－42，京大人文研考古資料

5－43，京大人文研考古資料

5－44，歐精：2，211

5－45，京大人文研考古資料

5－46，十二家：尊，20葉

6　其他動物形鬼神

6－1，考與文1982－1：109頁，圖二，3

6－2，京大人文研考古資料

6－3，山與琉，圖版肆拾，3

6－4，武英：28葉

6－5，安志敏1953，圖17，7

6－6，京大人文研考古資料

6－7，京大人文研考古資料

6－8，京大人文研考古資料

6－9，中山展，14

6－10，大黃河，53

6－11，京大人文研考古資料

6－12，京大人文研考古資料

6－13，山與琉，圖版陸壹，2

6－14，山與琉，圖版陸玖，3

6－15，京大人文研考古資料

6－16，京大人文研考古資料

6－17，考1963－5：239頁，圖一二，1

6－18，中原文1982－4：33頁，圖一：20

6－19，新鄭：88葉

6－20，京大人文研考古資料

6－21，京大人文研考古資料

6－22，京大人文研考古資料

6－23，考1985－8：702頁，圖五

6－24，考1963－4：211頁，圖六，5

6－25，山與琉，圖版玖拾，4

6－26，京大人文研考古資料

6－27，樋口故博，圖版153

6－28，京大人文研考古資料

6－29，京大人文研考古資料

6－30，京大人文研考古資料

6－31，報1978－3：322頁，圖六

6－32，京大人文研考古資料

6－33，岡村秀典先生提供照片

6－34，京大人文研考古資料

6－35，上海，90

6－36，文1972－5：17頁，圖二七

6－37，京大人文研考古資料

6－38，京大人文研考古資料

6－39，十二家：絜，4葉

6－40，新鄭：69葉

6－41，京大人文研考古資料

6－42，京大人文研考古資料

6－43，京大人文研考古資料

6－44，京大人文研考古資料

6－45，報1957－1：109頁，圖二

6－46，報1959－1：49頁，圖二，2

6－47，京大人文研考古資料

6－48，京大人文研考古資料

6－49，考1962－5：223頁，圖七，1

6－50，考1963－5：239頁，圖一二，6

6－51，考1963－5：239頁，圖一二，3

6－52，京大人文研考古資料

6－53，考1973－1：31頁，圖四，1

6－54，文1984－1，圖版肆：4；22頁，圖二七：2

6－55，信陽，圖版四〇

6－56，京大人文研考古資料

6－57，文1980－1：39頁，圖一三：2

6－58，大黃河，53

6－59，新鄭：102葉

6－60，京大人文研考古資料

6－61，紋飾：216頁，602

6－62，京大人文研考古資料

7　人形鬼神、具有人的因素的鬼神

8　人、自然動物

8–19，報1959–1：49頁，圖二，2

8–20，京大人文研考古資料

8–21，京大人文研考古資料

8–22，京大人文研考古資料

8–23，京大人文研考古資料

8–24，文1986–6：9頁，圖二〇：1、4、6

8–25，考1977–5：300頁，圖六

8–26，山與琉，圖二九

8–27，*Great Bronze Age*, fig. 107

8–28，中國美：59頁，圖版78；故博：17頁；戰國繪畫，20

8–29，山與琉，圖版肆柒，1；朦稿，圖14；畫像紋，圖1

8–30，京大人文研考古資料

8–31，文1986–6：9頁，圖二〇：2、3

8–32，歷史博，69；安志敏1953，圖11

8–33，紋飾：349頁，997、998

8–34，京大人文研考古資料

8–35，京大人文研考古資料

8–36，京大人文研考古資料

8–37，山與琉，圖版壹零壹，2

8–38，*O. Z.*, 7, 1918–1919, 129 ～ 130頁, abb. 11b–e

8–39，Freer Gallery of Art 提供照片

8–40，中國美：59頁，圖版77；*Consten 1952*, fig. 4

8–41，*Great Bronze Age*, fig. 107

8–42，文1981–1，圖版陸：4

8–43，京大人文研考古資料；日精：5，393

8–44，京大人文研考古資料

8–45，京大人文研考古資料

8–46，京大人文研考古資料

8–47，京大人文研考古資料

8–48，京大人文研考古資料

8–49，武英：109葉

8–50，山與琉，圖版壹零叁，3、5

8–51，京大人文研考古資料

8–52，京大人文研考古資料

8–53，京大人文研考古資料

8–54，歐精：2，211

8–55，京大人文研考古資料

8–56，河南博，29

8–57，京大人文研考古資料

8–58，紋飾：205頁，588

8–59，山與琉，圖版壹零壹，3

8–60，京大人文研考古資料

8–61，尊古：3，23葉

8–62，京大人文研考古資料

8–63，京大人文研考古資料

8–64，京大人文研考古資料

8–65，*Great Bronze Age*, fig. 107

8–66，京大人文研考古資料

9　罔兩類

9–1，十二家：居，17葉

9–2，中原文1981–4：17頁，圖二：1

9–3，文1981–1：11頁，圖六：2

9–4，頌：考釋，8葉

9–5，文1984–9：4頁，圖五：8

9–6，京大人文研考古資料

9–7，新鄭：110葉

9–8，山與琉，圖版伍柒，3

9–9，新鄭：96葉

9–10，蔡侯，圖版捌叁，4

9–11，朦稿，圖18

9–12，中州，圖六〇，8

9–13，十二家：遲，4葉

9–14，京大人文研考古資料

9–15，文1980–1：52頁，圖三：1

9–16，京大人文研考古資料

9–17，京大人文研考古資料

9–18，山西文物工作委員會1974，圖一〇，右

9–19，京大人文研考古資料

9–20，山西文管1957，圖八

9–21，京大人文研考古資料

9–22，文1981–1：14頁，圖二一

9–23，京大人文研考古資料

9–24，文1980–1：52頁，圖三：2

9–25，京大人文研考古資料

10　亞動物紋、植物紋

10–1，考1982–2：143頁，圖三，2

10–2，文1982–12：55頁，圖九

10–3，考1982–2：143頁，圖三，5

10–4，山與琉，圖版玖柒，3、4

10–5，京大人文研考古資料

10–6，安志敏1953，圖18，7

10–7，黃河，60

10–8，京大人文研考古資料

10–9，山與琉，圖版壹零零，1

10–10，朦稿，圖14

10–11，山與琉，圖版叁玖，2

10—12，山與琉，圖版肆陸，4

10—13，黃河，62

10—14，京大人文研考古資料

10—15，京大人文研考古資料

10—16，考與文 1981—4：39頁，圖四

10—17，京大人文研考古資料

10—18，四川文管 1956，圖十一，1

10—19，京大人文研考古資料

10—20，文 1981—1：13頁，圖一六

10—21，文 1982—12：55頁，圖九

10—22，新鄭：17葉

10—23，京大人文研考古資料

10—24，文 1984—9：4頁，圖五：5

10—25，考 1984—4：321頁，圖二二，1

10—26，山與琉，圖版陸伍，1

10—27，考 1983—3：273頁，圖二，3

10—28，文 1973—5：16頁，圖四：5

10—29，文 1980—1：52頁，圖三：4

10—30，文 1981—1：14頁，圖二三

10—31，新鄭：8葉

10—32，新鄭：95葉

10—33，江漢考 1983—2：6頁，圖十，12

10—34，考 1965—11：550頁，圖二，4

10—35，考 1984—4：322頁，圖二三，4

10—36，京大人文研考古資料

10—37，十二家：居，18葉

10—38，文 1973—5：15頁，圖三：7

10—39，考 1984—4：321頁，圖二二，7

10—40，王獻唐 1963，圖三

10—41，文 1981—1：14頁，圖二一

10—42，新鄭：89葉

10—43，山與琉，圖版柒拾，2

10—44，考 1973—1：31頁，圖三，5

10—45，文 1981—11：52頁，圖三：1

10—46，京大人文研考古資料

10—47，考 1963—4：211頁，圖六，8

10—48，十二家：尊，14葉

10—49，文 1984—9：4頁，圖五：6

10—50，文 1980—1：53頁，圖八：2

10—51，京大人文研考古資料

10—52，考 1978—5：298頁，圖二，1

10—53，京大人文研考古資料

10—54，山西文物工作委員會 1974，圖一○，左

10—55，京大人文研考古資料

10—56，京大人文研考古資料

10—57，Metropolitan Museum of Art 提供照片

10—58，江漢考 1984—4：40頁，圖十

10—59，考 1973—1：31頁，圖三，2

10—60，文叢 5：109頁，圖六：左

10—61，文 1980—1：39頁，圖一○：2

10—62，考 1978—5：298頁，圖二，2

10—63，考 1973—1：31頁，圖三，3

10—64，考 1963—5：235頁，圖八，3

10—65，文 1982—10：17頁，圖七

10—66，山與琉，圖版捌叁，1

10—67，中原文 1982—4：33頁，圖一：15

10—68，京大人文研考古資料

10—69，京大人文研考古資料

10—70，京大人文研考古資料

10—71，武英：117葉

10—72，京大人文研考古資料

10—73，文 1977—3：38頁，圖七，3

10—74，京大人文研考古資料

10—75，京大人文研考古資料

10—76，京大人文研考古資料

10—77，京大人文研考古資料

10—78，京大人文研考古資料

10—79，日精：5，436

10—80，京大人文研考古資料

10—81，京大人文研考古資料

10—82，*Carter*, no. 54

10—83，京大人文研考古資料

10—84，京大人文研考古資料

10—85，安志敏 1953，圖18，2

10—86，京大人文研考古資料

10—87，京大人文研考古資料

10—88，京大人文研考古資料

10—89，*Freer C. B.*, Pl. 107

10—90，京大人文研考古資料

10—91，京大人文研考古資料

10—92，京大人文研考古資料

10—93，京大人文研考古資料

10—94，文 1966—1：9頁，圖四

10—95，京大人文研考古資料

10—96，京大人文研考古資料

10—97，山與琉，圖版捌玖，2

10—98，京大人文研考古資料

10—99，京大人文研考古資料

10–100，京大人文研考古資料

10–101，京大人文研考古資料

10–102，京大人文研考古資料

10–103，京大人文研考古資料

10–104，Freer Gallery of Art 提供照片

10–105，Freer Gallery of Art 提供照片

10–106，京大人文研考古資料

10–107，京大人文研考古資料

10–108，京大人文研考古資料

10–109，京大人文研考古資料

10–110，*Loo 1924*, Pl. 34

10–111，京大人文研考古資料

10–112，京人人文研考古資料

10–113，武英：121 葉

10–114，考 1973–1：31 頁，圖四，2

10–115，京大人文研考古資料

10–116，京大人文研考古資料

10–117，京大人文研考古資料

10–118，京大人文研考古資料

10–119，京大人文研考古資料

10–120，京大人文研考古資料

10–121，輝縣，圖版柒柒，1

10–122，京大人文研考古資料

10–123，*Freer C. B.*, Pl. 107

10–124，山與琉，圖版玖叁

10–125，京大人文研考古資料

10–126，京大人文研考古資料

10–127，黃河，61

10–128，山與琉，圖版壹零叁，4、6

10–129，*Arts de la Chine*, Pl. 41

10–130，Freer Gallery of Art 提供照片

10–131，中山展，6

10–132，十二家：尊，21 葉

10–133，京大人文研考古資料；銅花紋，〔107〕

10–134，山與琉，圖版叁玖，3

10–135，京大人文研考古資料

10–136，京大人文研考古資料

10–137，文 1977–3：38 頁，圖七：3

10–138，京大人文研考古資料

10–139，京大人文研考古資料

10–140，京大人文研考古資料

10–141，京大人文研考古資料

10–142，京大人文研考古資料

10–143，京大人文研考古資料

10–144，四川，36

10–145，京大人文研考古資料

10–146，日精：5，419

10–147，武英：109 葉

10–148，京大人文研考古資料

10–149，京大人文研考古資料

10–150，京大人文研考古資料

10–151，考 1986–2：186 頁，圖四，1、4

10–152，中山展，6

10–153，京大人文研考古資料

10–154，Metropolitan Museum of Art 提供照片

10–155，大黃河，58

10–156，歐精：3，215

10–157，京大人文研考古資料

10–158，Freer Gallery of Art 提供照片

10–159，*Loo 1924*, Pl, 34

10–160，京大人文研考古資料

10–161，京大人文研考古資料

10–162，*Great Bronze Age*, fig. 100

10–163，京大人文研考古資料

10–164，77 文物展，44

10–165，京大人文研考古資料

10–166，四川，6

10–167，京大人文研考古資料

10–168，京大人文研考古資料

10–169，文 1977–2：4 頁，圖一一：2

10–170，京大人文研考古資料

10–171，京大人文研考古資料

10–172，歐精：3，213

10–173，武英：121 葉

10–174，京大人文研考古資料

10–175，擂鼓墩，圖版 10

10–176，*Kunstschätze*, abb. 73

10–177，歐精：3，216

10–178，銅器展，68

10–179，擂鼓墩，圖版 10

10–180，77 文物展，44

10–181，京大人文研考古資料

10–182，京大人文研考古資料

10–183，銅器展，71

10–184，京大人文研考古資料

10–185，京大人文研考古資料

10–186，紋飾：329 頁，955

10–187，京大人文研考古資料

10–188，文1972–4，圖版壹

10–189，Freer Gallery of Art 提供照片

10–190，京大人文研考古資料

10–191，銅器展，67

10–192，文1983–11：70頁，圖八：2

10–193，蔡侯，圖版捌叁，1

10–194，山與琉，圖版玖玖，5

10–195，歷史博，69

10–196，京大人文研考古資料

10–197，文1981–6：8頁，圖一六：上

10–198，京大人文研考古資料

10–199，京大人文研考古資料

10–200，文1980–1：48頁，圖五：3

10–201，蔡侯，圖版捌伍，3

10–202，十二家：遐，4葉

10–203，京大人文研考古資料

10–204，京大人文研考古資料

10–205，蔡侯，圖版捌玖，1

10–206，蔡侯，圖版柒玖，3

10–207，戰國式，圖版一〇二，2

10–208，安志敏1953，圖18，4

10–209，*Leth*, no. 20

10–210，京大人文研考古資料

10–211，考1983–1：45頁，圖三，1

10–212，擂鼓墩：42頁，圖十

10–213，擂鼓墩，圖版7

10–214，考1964–3：121頁，圖一〇，5

10–215，京大人文研考古資料

10–216，京大人文研考古資料

10–217，考1964–3：121頁，圖一〇，1

10–218，擂鼓墩，圖版3

10–219，京大人文研考古資料

10–220，文1985–1：23頁，圖一三

10–221，文1985–1：32頁，圖四六

10–222，京大人文研考古資料

10–223，考1964–3：127頁，圖一六，8

10–224，京大人文研考古資料

10–225，京大人文研考古資料

10–226，十二家：遐，4葉

10–227，中山展，26

10–228，*Kunstschätze*, abb. 73

10–229，京大人文研考古資料

10–230，京大人文研考古資料

10–231，京大人文研考古資料

10–232，京大人文研考古資料

10–233，考1974–2：117頁，圖三，2

10–234，蔡侯，圖版捌捌，1、2

10–235，山與琉，圖版捌柒，2

10–236，京大人文研考古資料

10–237，考1965–3：107頁，圖五，2、3；108頁，圖七

10–238，京大人文研考古資料

10–239，考1963–4：211頁，圖六，1

10–240，京大人文研考古資料

10–241，藝類，6

10–242，歷史博，63

10–243，京大人文研考古資料

10–244，擂鼓墩，圖版1b

10–245，黃河，66

10–246，京大人文研考古資料

10–247，京大人文研考古資料

10–248，京大人文研考古資料

10–249，京大人文研考古資料

10–250，京大人文研考古資料

10–251，京大人文研考古資料

10–252，京大人文研考古資料

10–253，京大人文研考古資料

10–254，京大人文研考古資料

10–255，京大人文研考古資料

10–256，京大人文研考古資料

10–257，京大人文研考古資料

10–258，武英：119葉

10–259，十二家：寶，8葉

10–260，京大人文研考古資料

10–261，文1980–1：39頁，圖一〇：3

10–262，文1973–5：16頁，圖四：8

10–263，文1973–5：16頁，圖四：9

10–264，文1984–9：4頁，圖五：10

10–265，江漢考1983–2：6頁，圖十，11

10–266，考1984–4：321頁，圖二二，4

10–267，考1963–5：235頁，圖八，1

10–268，文1980–1：53頁，圖八：1

10–269，蔡侯，圖版捌拾，6

10–270，京大人文研考古資料

10–271，考1984–4：322頁，圖二三，8

10–272，考1984–6：511頁，圖二，上

10–273，文1984–9：4頁，圖五：17

10–274，曲阜，圖六五，1

10–275，考1982–2：143頁，圖三，1

10–276，山西文物工作委員會1974，圖九

10–277，京大人文研考古資料

10–278，山與琉，圖版柒拾，3

10–279，安志敏1953，圖18，12

10–280，山與琉，圖版捌伍，1

10–281，京大人文研考古資料

10–282，文1986–4：18頁，圖一二：2

10–283，京大人文研考古資料

10–284，文1980–1：53頁，圖八：3

10–285，頌續，圖43乙

10–286，山與琉，圖版陸貳，3

10–287，新鄭：109葉

10–288，蔡侯，圖版捌柒，3

10–289，文1980–1：39頁，圖一〇：2

10–290，新鄭：54葉

10–291，考1978–5：298頁，圖二，2

10–292，京大人文研考古資料

10–293，新鄭：30葉

10–294，考1983–2：188頁，圖一

10–295，*Carter*, no. 16

10–296，謄稿，圖18

10–297，山與琉，圖版玖玖，3

10–298，山與琉，圖版捌捌，3

10–299，文1984–9：4頁，圖五：14

10–300，京大人文研考古資料

10–301，考1963–5：239頁，圖一二，2

10–302，*Lochow I*, 12, 13

10–303，文1982–10：17頁，圖四

10–304，考1982–2：143頁，圖三，3

10–305，歷史博，60

10–306，山與琉，圖版陸伍，2

10–307，山與琉，圖版捌肆，1

10–308，安志敏1953，圖17，10

10–309，京大人文研考古資料

10–310，山與琉，圖版陸伍，3

10–311，山與琉，圖版柒玖，2

10–312，京大人文研考古資料

10–313，文1982–10：17頁，圖六

10–314，京大人文研考古資料

10–315，京大人文研考古資料

10–316，山與琉，圖版陸柒

10–317，江漢考1983–2：6頁，圖十，5

10–318，文1985–1：24頁，圖一七

10–319，京大人文研考古資料

10–320，山與琉，圖版肆貳，1

10–321，山與琉，圖版肆拾，1

10–322，京大人文研考古資料

10–323，京大人文研考古資料

10–324，山與琉，圖版玖壹，2

10–325，京大人文研考古資料

10–326，京大人文研考古資料

10–327，京大人文研考古資料

10–328，京大人文研考古資料

10–329，*Carter*, no. 54

10–330，京大人文研考古資料

10–331，京大人文研考古資料

10–332，京大人文研考古資料

10–333，黃河，62

10–334，謄稿，圖16

10–335，京大人文研考古資料

10–336，考1964–3：127頁，圖一六，7

10–337，京大人文研考古資料

10–338，京大人文研考古資料

11　幾何紋

11–1，文1985–3：17頁，圖二八

11–2，新鄭：86葉

11–3，中州，圖五七，9

11–4，考1963–5：235頁，圖八，2

11–5，京大人文研考古資料

11–6，中州，圖五八，7

11–7，京大人文研考古資料

11–8，蔡侯，圖版伍貳

11–9，京大人文研考古資料

11–10，山與琉，圖版壹零伍，3

11–11，京大人文研考古資料

11–12，京大人文研考古資料

11–13，江漢考1983–1：75頁，圖4，上

11–14，上海，88

11–15，歐精：3，205

11–16，京大人文研考古資料

11–17，京大人文研考古資料

11–18，歐精：3，166

11–19，京大人文研考古資料

11–20，京大人文研考古資料

11–21，京大人文研考古資料

11–22，京大人文研考古資料

11–23，京大人文研考古資料

11-24，歐精：3，209

11-25，文1973-9：11頁，圖九

11-26，京大人文研考古資料

11-27，四川，36

11-28，京大人文研考古資料

11-29，京大人文研考古資料

11-30，二里岡，圖叁肆，2

11-31，湖南銅鏡：67頁，41

11-32，金村，圖版28

11-33，京大人文研考古資料

11-34，報8：141頁，插圖7，3

11-35，考1973-6：340頁，圖五，9

11-36，文1983-11：70頁，圖八：1

11-37，文1986-4：18頁，圖一〇

11-38，山西文物工作委員會1974，圖六，右

11-39，考1963-5：235頁，圖八，4

11-40，京大人文研考古資料

11-41，京大人文研考古資料

11-42，中州，圖五八，1

11-43，京大人文研考古資料

11-44，京大人文研考古資料

11-45，*Carter*, p. 49

11-46，京大人文研考古資料

11-47，京大人文研考古資料

11-48，歐精：3，164

11-49，京大人文研考古資料

11-50，Metropolitan Museum of Art提供照片

11-51，山西文物工作委員會1974，圖六，右

11-52，集成00096

11-53，報1978-3：323頁，圖七，3

11-54，蔡侯，圖版伍貳

11-55，武英：31葉

11-56，文1980-1：49頁，圖九：2

11-57，京大人文研考古資料

11-58，文1980-1：39頁，圖一三：1

11-59，中州，圖五七，1

11-60，中州，圖五七，6

11-61，京大人文研考古資料

11-62，京大人文研考古資料

11-63，文1982-9：90頁，圖四

11-64，京大人文研考古資料

11-65，中州，圖五七，1

11-66，京大人文研考古資料

11-67，考1984-4：321頁，圖二二，1

11-68，考1963-5：238頁，圖一一，4

11-69，新鄭：28葉

11-70，京大人文研考古資料

11-71，京大人文研考古資料

11-72，山與琉，圖版柒拾，1

11-73，山與琉，圖版捌貳，2

11-74，山與琉，圖版捌伍，1

11-75，考1983-1：45頁，圖三，2

11-76，報1978-3：321頁，圖五，1

11-77，文1980-1：49頁，圖七

11-78，文1980-1：49頁，圖一〇：2

11-79，京大人文研考古資料

11-80，中州，圖五八，3

11-81，文1985-6：18頁，圖六；圖七：3

11-82，京大人文研考古資料

11-83，考1963-4：211頁，圖六，6

11-84，中州，圖六〇，7

11-85，文1965-11：49頁，圖六

11-86，京大人文研考古資料

11-87，漢以前，圖版十八，1

11-88，山西文物工作委員會1974，圖五，右

11-89，考1963-5：235頁，圖八，2

11-90，京大人文研考古資料

11-91，考1965-11：550頁，圖二，2

11-92，京大人文研考古資料

11-93，京大人文研考古資料

11-94，京大人文研考古資料

11-95，京大人文研考古資料

11-96，山與琉，圖版叁玖，7

11-97，京大人文研考古資料

11-98，京大人文研考古資料

11-99，曲阜，圖六五，2

11-100，安志敏1953，圖18，6

11-101，中州，圖五九，8、9

11-102，京大人文研考古資料

11-103，京大人文研考古資料

11-104，*Great Bronze Age*, fig. 75

11-105，京大人文研考古資料

11-106，紋飾：328頁，952

11-107，銅器展，69

11-108，京大人文研考古資料

11-109，擂鼓墩，圖版10

11-110，歐精：3，216

11-111，京大人文研考古資料

11-112，十二家：寶，11葉

11-113，漢以前，圖版二十一，2

11-114，山與琉，圖版壹零叁，7

11-115，京大人文研考古資料

11-116，歐精：3，216

11-117，新鄭：129葉

11-118，京大人文研考古資料

11-119，京大人文研考古資料

11-120，京大人文研考古資料

11-121，京大人文研考古資料

11-122，京大人文研考古資料

11-123，考1983-3：274頁，圖三，3

11-124，歐精：3，169

11-125，考1963-5：239頁，圖一二，5

11-126，文1979-9：92頁，圖五

11-127，考1985-6：517頁，圖一三，3

11-128，安志敏1953，圖18，12

11-129，京大人文研考古資料

11-130，京大人文研考古資料

11-131，江漢考1983-2：6頁，圖十，11

11-132，文1984-5：17頁，圖四：3

11-133，京大人文研考古資料

11-134，京大人文研考古資料

11-135，山與琉，圖版壹零伍，3

11-136，京大人文研考古資料

11-137，考與文1982-1：109頁，圖二，2

11-138，京大人文研考古資料

11-139，謄稿，圖13

11-140，中州，圖六〇，2

11-141，歐精：3，212

11-142，京大人文研考古資料

11-143，武英：121葉

11-144，京大人文研考古資料

11-145，山與琉，圖版壹零壹，1

11-146，京大人文研考古資料

11-147，京大人文研考古資料

11-148，山西文物工作委員會1974，圖九

11-149，文叢5：109頁，圖七

11-150，文1979-9：91頁，圖三

11-151，京大人文研考古資料

11-152，文叢5：107頁，圖三：1

11-153，京大人文研考古資料

11-154，京大人文研考古資料

11-155，報1978-3：323頁，圖七，4

11-156，山西文物工作委員會1974，圖七

11-157，文1980-1：36頁，圖五

11-158，考與文1981-4：38頁，圖三

11-159，京大人文研考古資料

11-160，山與琉，圖版捌叁，4

11-161，山與琉，圖版玖伍，2

11-162，京大人文研考古資料

11-163，京大人文研考古資料

11-164，京大人文研考古資料

圖版出處目録使用文獻簡稱表

説明

　原書簡稱表的排列方式及本書采用的排列方式與《引用文獻目録》基本相同。具體體例參看《引用文獻目録》説明。

日文

B

白鶴集：嘉納治兵衛《白鶴吉金集》，神户，1934年。

C

長崎：長崎中國歷代博物館、中國歷史博物館《中國古代文物展圖集》（展覽會圖録），長崎，1983年。

D

大黄河：《大黄河文明の流れ　山東省文物展覽圖録》（展覽會圖録），東京，1986年。

帝博：東京帝室博物館《帝室博物館鑑賞録》古銅器，東京，1906年。

F

分類：陳夢家編，松丸道雄改編《殷周青銅器分類圖録》，東京，1977年。

G

故博：小山富士夫等《故宫博物院》，東京，1975年。

H

漢鬼神：林巳奈夫《漢代鬼神の世界》，《東方學報》第46册，1974年，223～306頁。

漢以前：梅原末治《漢以前の古鏡の研究》，京都，1935年。

河南博：河南省博物館《河南省博物館》（《中國の博物館》7），東京，1983年。

湖南博：湖南省博物館《湖南省博物館》（《中國の博物館》2），東京，1981年。

湖南出土：《中國湖南省出土文物》（展覽會圖録），大津，1985年。

畫像紋：林巳奈夫《戰國時代の畫像紋》（1），《考古學雜志》第47卷第3號，1961年，27～49頁。

黄河：《黄河文明展》（展覽會圖録），東京，1986年。

J

金村：梅原末治《洛陽金村古墓聚英》，京都，1936年。

L

歷史博：中國歷史博物館《中國歷史博物館》（《中國の博物館》5），東京，1982年。

遼寧博：遼寧省博物館《遼寧省博物館》（《中國の博物館》3），東京，1982年。

林1971：林巳奈夫《長沙出土楚帛書の十二神の由來》，《東方學報》第42册，1971年，1～63頁。

林 1985：林巳奈夫《春秋戰國時代の金人と玉人》,《戰國時代出土文物の研究》, 京都, 1985 年, 57 ～ 145 頁。

旅順：關東局《旅順博物館圖録》, 東京, 1943 年。

洛陽秘寶：《古都洛陽秘寶展》(展覽會圖録), 岡山, 1983 年。

N

南京博：南京博物院《南京博物院》(《中國の博物館》4), 東京, 1982 年。

南京博展：《南京博物院展》(展覽會圖録), 名古屋、大阪, 1981 年。

O

歐精：梅原末治《歐米蒐儲支那古銅精華》, 京都, 1933 年。

P

朋來：鹽原又策《朋來居清賞》。

Q

77 文物展：《中華人民共和國出土文物展》(展覽會圖録), 東京, 1977 年。

泉：瀧精一、内藤虎次郎《泉屋清賞》增訂本, 京都, 1919 年。

泉新：梅原末治《泉屋清賞》新收編, 京都, 1961 年。

R

日精：梅原末治《日本蒐儲支那古銅精華》, 京都, 1959 ～ 1962 年。

S

陝西博：陝西省博物館《陝西省博物館》(《中國の博物館》1), 東京, 1981 年。

上海（平凡）：《上海博物館》, 東京, 1976 年。

上海博：上海博物館《上海博物館》(《中國の博物館》8), 東京, 1983 年。

四川：《中華人民共和國四川省文物展》(展覽會圖録), 廣島, 1985 年。

T

天理：朝日新聞社《天理參考館圖録》中國編, 大阪, 1967 年。

天理青銅器：天理參考館《中國の青銅器》(1) 殷周編 (《天理參考館資料案内シリーズ》10), 天理, 1971 年。

樋口故博：樋口隆康《故宮博物院》(《世界の博物館》21), 東京, 1978 年。

銅器展：《中華人民共和國古代青銅器展》(展覽會圖録), 東京, 1976 年。

銅玉：水野清一《殷周青銅器と玉》, 東京, 1959 年。

X

香川：香川縣博物館《古代中國美術》, 1968 年。

Z

戰國式：梅原末治《戰國式銅器の研究》, 京都, 1936 年。

中國美：米澤嘉圃《中國美術》1 (講談社版世界美術大系 8), 東京, 1963 年。

中山展：《中國戰國時代の雄中山王國文物展》(展覽會圖録), 東京, 1981 年。

中文

A

安徽博銅器：安徽省博物館《安徽省博物館藏青銅器》，上海，1987年。

安徽文隊1959：安徽省文化局文物工作隊《安徽屯溪西周墓葬發掘報告》，《考古學報》1959年第4期，59～90頁。

安志敏1953：《河北唐山市賈各莊發掘報告》，《考古學報》第6册，1953年，57～116頁。

B

寶蕴：容庚《寶蕴樓彝器圖録》，北平，1929年。

報：《中國考古學報》、《考古學報》。

博古：《博古圖録》。

C

蔡侯：安徽省文物管理委員會、安徽省博物館《壽縣蔡侯墓出土遺物》，北京，1956年。

長安：劉喜海《長安獲古編》，1905年。

長沙：中國科學院考古研究所《長沙發掘報告》，北京，1957年。

癡續：李泰棻《癡盦藏金續集》，北京，1941年。

出土文物：《新中國出土文物》，北京，1972年。

楚器：劉節《楚器圖釋》，北平，1935年。

楚展：《楚文物展覽圖録》，北京，1954年。

D

大系：郭沫若《兩周金文辭大系圖録考釋》，北京，1957年。

度量衡：國家計量總局《中國古代度量衡圖集》，北京，1981年。

E

二次年會：《中國考古學會第二次年會論文集》，北京，1982年。

二里岡：河南省文化局文物工作隊《鄭州二里岡》，北京，1959年。

F

灃西：中國科學院考古研究所《灃西發掘報告》，北京，1962年。

G

古文物：人民美術出版社《中國古文物》，北京，1962年。

故宫：故宫中央博物院聯合管理處《故宫銅器圖録》，臺北，1958年。

冠斝：榮厚《冠斝樓吉金圖》，京都，1947年。

廣東：《廣東出土先秦文物》（展覽會圖録），香港，1984年。

廣西：廣西壯族自治區文物管理委員會：《廣西出土文物》，北京，1978年。

廣西文物工作隊1978：廣西壯族自治區文物工作隊：《平樂銀山嶺戰國墓》，《考古學報》1978年第2期，211～258頁。

H

海外中國：陳夢家《海外中國銅器圖録》第一集，上海，1946年。

河北：河北省博物館、文物管理處《河北省出土文物選集》，北京，1980年。

河南文博：《河南文博通訊》。

河南一：《河南出土商周青銅器》編輯組《河南出土商周青銅器》（一），北京，1981年。

湖南博1959：湖南省博物館《長沙楚墓》，《考古學報》1959年第1期，41～60頁。

湖南博1972：湖南省博物館《長沙瀏城橋一號墓》，《考古學報》1972年第1期，59～72頁。

湖南考輯：《湖南考古輯刊》。

湖南銅鏡：湖南省博物館《湖南出土銅鏡圖錄》，北京，1960年。

湖南文物：湖南省博物館《湖南省文物圖錄》，長沙，1964年。

花紋：西北歷史博物館《古代裝飾花紋選集》，西安，1953年。

輝縣：中國科學院考古研究所《輝縣發掘報告》，北京，1956年。

J

基建：全國基本建設工程中出土文物展覽會工作委員會《全國基本建設工程中出土文物展覽圖錄》，北京，1955年。

集成：《殷周金文集成》1，北京，1984年。

江漢考：《江漢考古》。

江蘇：南京博物院、南京市文物保管委員會、江蘇省博物館《江蘇省出土文物選集》，北京，1963年。

金匱：陳仁濤《金匱論古初集》，香港，1952年。

K

考：《考古通訊》、《考古》

考古：呂大臨《考古圖》，1092年序。

考集刊：《考古學集刊》

考與文：《考古與文物》

L

擂鼓墩：《湖北隨州擂鼓墩出土文物》（展覽會圖錄），香港，1984年。

兩罍：吳雲《兩罍軒彝器圖釋》，1872年。

錄遺：于省吾《商周金文錄遺》，1957年，北京。

洛陽：White, W. C., *Tombs of Old Lo-yang*（《洛陽古墓考》），上海，1934年。

M

馬山：湖北省荊州地區博物館《江陵馬山一號楚墓》，北京，1985年。

美研：《美術研究》。

夢郼：羅振玉《夢郼草堂吉金圖》，京都，1917年。

N

南陽：南陽漢代畫像石編輯委員會《南陽漢代畫像石》，北京，1985年。

Q

曲阜：山東省文物考古研究所等《曲阜魯國故城》，濟南，1982年。

R

人民畫報：《人民畫報》。

人民中國：《人民中國》。

S

三次年會：《中國考古學會第三次年會論文集》，北京，1984年。

三代：羅振玉《三代吉金文存》，1936年。
山東：山東省文物管理處、山東省博物館《山東文物選集·普查部分》，北京，1959年。
山東博等1978：山東省博物館等《莒南大店春秋時期莒國殉人墓》，《考古學報》1978年第3期，317～336頁。
山東畫石：山東省博物館等《山東漢畫像石選集》，濟南，1982年。
山西文管1957：山西省文物管理委員會《山西長治市分水嶺古墓的清理》，《考古學報》1957年第1期，103～118頁。
山西文物工作委員會1974：山西省文物工作委員會晋東南工作組、山西省長治市博物館《長治分水嶺269、270號東周墓》，《考古學報》1974年第2期，63～85頁。
山與琉：郭寶鈞《山彪鎮與琉璃閣》，北京，1959年。
陜西：陜西省博物館、陜西省文物管理委員會《陜西省博物館、陜西省文物管理委員會藏青銅器圖釋》，北京，1960年。
善：容庚《善齋彝器圖録》，北平，1936年。
商周：容庚《商周彝器通考》，北平，1941年。
上海：上海博物館《上海博物館藏青銅器》，上海，1964年。
上海（香港）：《上海博物館珍藏中國青銅器·香港藝術館展覽圖録》，香港，1983年。
賸稿：孫海波《河南吉金圖志賸稿》，北平，1939年。
十二家：商承祚《十二家吉金圖録》，北平，1935年。
使華：Ecke, G., *Frühe Chinesische Bronzen aus der Sammlung Oskar Trautmann*（《使華訪古録》），北京，1939
雙古：于省吾《雙劍誃古器物圖録》，北京，1940年。
雙吉：于省吾《雙劍誃吉金圖録》，北平，1934年。
四川雕：迅冰《四川漢代雕塑藝術》，北京，1959年。
四川文管1956：四川省文物管理委員會《成都羊子山第172號墓發掘報告》，《考古學報》1956年第4期，1～20頁。
頌：容庚《頌齋吉金圖録》，北平，1933年。
頌續：容庚《頌齋吉金續録》，北平，1938年。

T

銅花紋：譚旦冏《中國銅器花紋集》，臺北，1960年。
銅器選：《中國古青銅器選》，北京，1976年。

W

王獻唐1963：王獻唐《邳伯罍考》，《考古學報》1963年第2期，59～64頁。
文：《文物參考資料》、《文物》。
文叢：《文物資料叢刊》。
文革陜：《文化大革命期間陜西出土文物》，西安，1973年。
文革一：《文化大革命期間出土文物》第1輯，北京，1972年。
紋飾：上海博物館青銅器研究組《商周青銅器紋飾》，北京，1984年。
五省：五省出土重要文物展覽籌備委員會《陜西江蘇熱河安徽山西五省出土重要文物展覽圖録》，北京，1958年。
武英：容庚《武英殿彝器圖録》，北平，1934年。

X

西清：《西清古鑑》。
小校：劉體智《小校經閣金文拓本》，1935年。
嘯堂：王俅《嘯堂集古録》（《續古逸叢書》）。
新鄭：孫海波《新鄭彝器》，北平，1937年。
新中國：中國科學院考古研究所《新中國的考古收穫》，北京，1962年。
信陽：河南省文化局文物工作隊《河南信陽楚墓出土文物圖録》，鄭州，1959年。

徐中舒1933：《陳侯四器考釋》，《"中研院"歷史語言研究所集刊》第3本第4分，1933年，479～506頁。

Y

嚴：梁上椿《嚴窟吉金圖録》，北平，1944年。

鄴中初：黃濬《鄴中片羽》初集，北平，1935年。

藝類：鄒安《藝術類徵》，1916年。

藝展：倫敦中國藝術國際展覽會籌備委員會《參加倫敦中國藝術國際展覽會出品圖説》第一册銅器，上海，1936年。

雨臺山：湖北省荊州地區博物館《江陵雨臺山楚墓》，北京，1984年。

雲夢：雲夢睡虎地秦墓編寫組《雲夢睡虎地秦墓》，北京，1981年。

Z

曾侯乙墓：湖北省博物館《隨縣曾侯乙墓》，北京，1980年。

戰國繪畫：楊宗榮《戰國繪畫資料》，北京，1957年。

張守中1981：《中山王響器文字編》，1981年，北京。

昭烏達1973：遼寧省昭烏達盟文物工作站等《寧城縣南山根的石槨墓》，《考古學報》1973年第2期，27～38頁。

貞吉：羅振玉《貞松堂吉金圖》，1935年。

中國經濟動物·獸類：壽振黃等《中國經濟動物誌》獸類，北京，1962年。

中國美全：《中國美術全集》，北京。

中文：《中國文物》。

中原文：《中原文物》

中州：中國科學院考古研究所《洛陽中州路（西工段）》，北京，1959年。

尊古：黃濬《尊古齋所見吉金圖》，北平，1936年。

西文

A

Arts de la Chine: Lion-Goldschmidt, D., Moreau-Gobart, J-C., *Arts de la Chine*（日語版），Tokyo, 1963.

Asiatic Art: Visser, H. F. E., *Asiatic Art in Private Collections of Holland and Belgium*, Amsterdam, 1947.

B

Barlow: Sullivan, M., *Chinese Ceramics, Bronzes and Jades in the Collection of Sir Alan and Lady Barlow*, London, 1963.

Brundage: d'Argencé, René-Yvon Lefebvre, *Ancient Chinese Bronzes in the Avery Brundage Collection*, Berkley, 1966.

Buckingham: Kelley, C. F. and Ch'en M. C., *Chinese Bronzes from the Buckingham Collection*, Chicago, 1946.

C

Carter: Erdberg, Eleanor von, *Chinese Bronzes from the Collection of Chester Dale and Dolly Carter*, Ascona, 1978.

Chinese Exhib: The Chinese Exhibition, A Commemorative Catalogue of the International Exhibition of Chinese Art, Royal Academy of Arts, November 1935–March 1936, London, 1936.

Consten 1952: Eleanor von E. Consten，A *Hu* with Pictorial Decoration, Werner Jannings Collection, Palace Museum, Peking, *Archives of the Chinese Art Society of America*, vol. VI, pp. 18–32, 1952.

Chou Dynasty: Plante, J. D., *Arts of the Chou Dynasty, February 21 to March 28, 1958, Stanford University*(Exhibition Catalogue), 1958.

Cull: Yetts, W. P., *The Cull Chinese Bronzes*, London, 1939.

Cunliffe: *Early Chinese Art, A catarogue of Early Bronzes, Jades and Allied Decorative Works of Art from the Cunliffe Collection, published to commemorate an exhibition illustrating the development of Chinese Art throughout the period of the earlier dynasties and held at 48 Davies Street to coincide with the opening of the Chinese Government Exhibition at Burlington House*, London, 1973.

D

Deydier 1980: C. Deydier, *Les Bronzes Chinois, Le Guide du Conaisseur*, Paris, 1980.

E

Early C. B.: B. Karlgren, The Exhibition of Early Chinese Bronzes, *Bulletin of the Museum of Far Eastern Antiquities*, no. 6, pp. 81－136, 1934.

Eumorfopoulos: Yetts, W. P., *The George Eumorfopoulos Collection, Catalogue of the Chinese and Corean Bronzes, Sculpture, Jades, Jewellery and Miscellaneous Objects*, London, 1929.

F

Freer: Lodge, J. E., Wenley, A. G. and Pope, J. A., *A Descriptive and Illustrated Catalogue of Chinese Bronzes, Acquired during the Administration of John Ellerton Lodge*, Washington, 1946.

Freer C. B.: Pope, J. A., Gettens, R. J., Cahill, J. and Barnard, N., *The Freer Chinese Bronzes, vol. 1, Catalogue*, Washington, 1967.

G

G. Adolf: Palmgren, N., *Selected Chinese Antiquities from the Collection of Gustaf Adolf, Crown Prince of Sweden*, Stockholm, 1948.

Great Bronze Age: Wen Fong, *The Great Bronze Age of China, An Exhibition from the People's Republic of China*, New York, 1980.

H

Hellström: Karlgren, B., Bronzes in the Hellström Collection, *Bulletin of the Museum of Far Eastern Antiquities*, no. 20, pp.1－38, 1948.

Heusden: Heusden, Willem van, *Ancient Chinese Bronzes of the Shang and Chou Dynasties, An Illustrated Catalogue of the van Heusden Collection with a Historical Introduction*, Tokyo, 1952.

Holmes: *Selected Ancient Chinese Bronzes from the Collection of Mrs. Christian R. Holmes.*

K

Karlbeck 1955: O. Karlbeck, Selected Objects from Ancient Shou-Chou, *Bullein of the Museum of Far Eastern Antiquities*, no. 27, pp.41－130, 1955.

Köln: Salmony, A., *Asiatische Kunst, Ausstellung Köln 1926*, München, 1926.

Koop: Koop, Albert J., *Early Chinese Bronzes*, London, 1924.

Kunstschätze: H. Brinker, R. Goepper, *Kunstschätze aus China*, Zürich, 1980.

Kümmel 1928: Kümmel, O., *Chinesische Bronzen aus der Abteilung für Ostasiatische Kunst an den Staatlichen Museen Berlin*, Berlin, 1928.

Kümmel 1930a: Kümmel, O., *Chinesische Kunst*, Berlin, 1930.

L

Leth: Leth, A., *Catalogue of Selected Objects of Chinese Art in the Museum of Decorative Art, Copenhagen*, Copenhagen, 1959.

Lochow I, II: Ecke, G., *Sammlung Hans Juergen von Lochow, I, II*, Peking, 1943, 1944.

Loehr 1968: Loehr, M., *Ritual Vessels of Bronze Age China*, New York, 1968.

Loo 1924: Tch'ou T. Y., *Bronzes antiques de la Chine appartenant à C. T. Loo et Cie*, Paris et Bruxelles, 1924.

Lundgren: Gyllenswärd, B., Axel and Nora Lundgren's Bequest of Chinese Bronzes, *Bulletin of the Museum of Far Eastern Antiquities*, no. 49, pp.1－16, 1977.

O

Ornaments: George W. Weber, Jr., *The Ornaments of Late Chou Bronzes, A Method of Analysis*, New Brunswick, 1973.

O. Z. : *Ostasiatische Zeitschrift.*

P

Pillsbury: Karlgren, B., *A Catalogue of the Chinese Bronzes in the Alfred F. Pillsbury Collection*, Minneapolis, 1952.

R

RAA: *Revue des Arts Asiatique*.

S

Singer: Loehr, M., *Relics of Ancient China from the Collection of Dr. Paul Singer*, New York, 1965.

Siren: Siren, O., *Histoire des arts anciens de la Chine*, vol. II, Paris et Bruxelles, 1929.

Some MFEA: Karlgren, B., Some Bronzes in the Museum of Far Eastern Antiquities, *Bulletin of the Museum of Far Eastern Antiquities*, no. 21, pp. 1–25, 1949.

W

Watson 1962: Watson, W., *Ancient Chinese Bronzes*, London, 1962.

Weber: Charles D. Weber, *Chinese Pictorial Bronze Vessels of the Late Chou Period*, Ascona, 1968.

Wessén: Karlgren, B., Bronzes in the Wessén Collection, *Bulletin of the Museum of Far Eastern Antiquities*, no. 30, pp. 177–196, 1958.

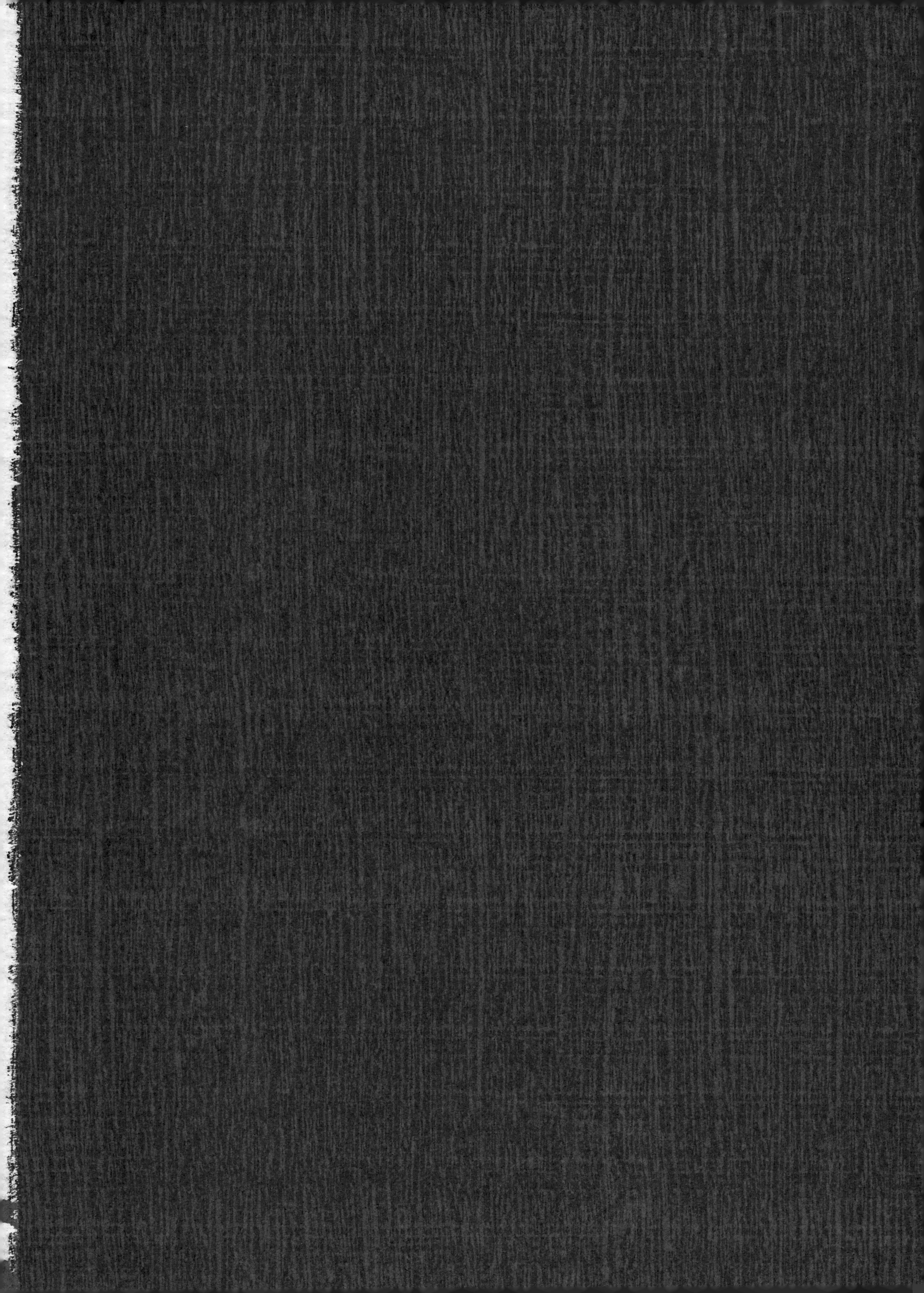

殷周青銅器綜覽

裘錫圭署端

春秋戰國時代青銅器之研究

第三卷

【日】林巳奈夫 著

【日】廣瀨薰雄
近藤晴香 譯
郭永秉 潤文

上海古籍出版社

圖書在版編目（CIP）數據

殷周青銅器綜覽. 第三卷,春秋戰國時代青銅器之研
究 /（日）林巳奈夫著;（日）廣瀬薰雄,（日）近藤晴
香譯;郭永秉潤文. —上海:上海古籍出版社,
2022.9
  ISBN 978-7-5732-0233-8

  Ⅰ.①殷… Ⅱ.①林… ②廣… ③近… ④郭… Ⅲ.
①青銅器（考古）—器物紋飾（考古）—研究—中國—春秋戰
國時代 Ⅳ.①K876.414

中國版本圖書館CIP數據核字（2022）第009857號

責任編輯：張亞莉
封面設計：甘信宇
技術編輯：耿瑩褘

原　書　名：殷周青銅器綜覽三——春秋戰國時代青銅器の研究
原　作　者：林巳奈夫
原出版者：吉川弘文館

SHUNJÛSENGOKU-JIDAI SEIDÔKI NO KENKYÛ
by Minao HAYASHI
Copyright © 1989 by Mayako HAYASHI
First published in Japan in 1989 by Yoshikawa Kobunkan Co., Ltd.
Traditional Chinese translation rights arranged with Yoshikawa Kobunkan Co., Ltd.
through Japan Foreign-Rights Centre/Bardon-Chinese Media Agency

殷周青銅器綜覽（第三卷）：春秋戰國時代青銅器之研究
（全二册）

［日］林巳奈夫　著　［日］廣瀬薰雄、近藤晴香　譯
郭永秉　潤文
上海古籍出版社出版發行
（上海市閔行區號景路 159 弄 1-5 號 A 座 5F　郵政編碼 201101）
（1）網址：www. guji. com. cn
（2）E-mail：guji1 @ guji. com. cn
（3）易文網網址：www. ewen. co
上海麗佳製版印刷有限公司印刷
開本 787×1092　1/8　印張 99　插頁 13　字數 968,000
2022 年 9 月第 1 版　2022 年 9 月第 1 次印刷
印數：1—1,600
ISBN 978-7-5732-0233-8

———————————————

K·3131　定價：1500.00 元
如有質量問題，請與承印公司聯繫

《殷周青銅器綜覽》第一卷中譯本新書座談會合影 2017.9.15

朱鳳瀚

呂健　張光裕　　　　　　　　　　　　　　　　　　　　張懋鎔

江村治樹　李伯謙　　　　　劉釗　　吳鎮烽　　王輝　曹錦炎　曹瑋

小寺敦　唐際根　陳昭容　小南一郎　王世民　裘錫圭　郝本性　馬今洪　胡嘉麟　呂靜　謝明文　葛亮

吳長青　陳劍　董珊　廣瀨薫雄　韋心瑩　周波　周亞　郭永秉　張亞莉　張小艷　張傳官　劉嬌

圖版I　罍　春秋II A　一型　高43.1cm　泉屋博古館（泉屋博古館原板）

圖版II　壺　戰國III B　七型　高31.8cm　泉屋博古館（泉屋博古館原板）

圖版III　敦　戰國II A　七型　高24.5cm　天理大學附屬參考館（參考館原板）

圖版IV　壺　戰國II A　一一型　高50.3cm　永青文庫（永青文庫原板）

目　　録

第一編
春秋中期～戰國時代的青銅器

第一章 前 言

　　已刊行的《殷周時代青銅器之研究》和《殷周時代青銅器紋飾之研究》，討論的是從中國青銅器開始出現的時代到第一個高峰期——即以商晚期、西周早期爲中心的時期——的青銅器。這個時期的青銅器，雖然有時候是幾件形制相同的器同時製作的，但都是一件一件單獨製作的。紋飾是在用黏土做的原型上或從這個原型翻作的鑄模上一一手工雕刻；在鑄出以後仔細打磨，然後再進行加工和修整。當時的青銅器，雖然紋飾和製作的質量精粗不一，但就大小而言，大得令人驚訝的大型器很少，大都是我們家裏也可以使用的那種大小。

　　本卷討論的青銅器與前兩卷討論的很不相同。本卷的時代是從春秋中期到戰國晚期，其最盛期是春秋中期偏晚到晚期偏早，即公元前6世紀左右。這個時期的青銅器經常做得很大，此前的青銅器根本沒法跟這個時期相比，而且會同時製作好幾件，其數量非常驚人。這暗示了本時期參加各種禮儀活動的人比之前多起來了。至於裝飾這些青銅器表面的紋飾，爲了充分地讓人感覺到器物體積之大，鑄造工匠使用每一單位都不顯眼的、像地紋一樣的紋飾。但施於器體之上的附加裝飾很講究，這些裝飾用以增加器物的威嚴感。這是春秋時代的主角武人的喜好。爲了適應青銅器需求的大幅增加，青銅器的製作方法也得到了改進。例如紋飾部分通過母模的使用可以大量複製完全相同的花紋；附加裝飾的製作方法也有所改進，結構複雜的部件也能比較容易地製作。

　　這個時期之後，雖然戰國中期的一段時間出現了使用鑲嵌技術的、非常華麗的器物，但除此之外沒有什麼可講的現象。可以說，青銅器的最盛時期已經過去了。這個時代漆器非常發達，奢侈品的重點轉移到漆器了。

　　孔子活躍的時代，大致相當於以上所說的青銅器製作極盛時期的最晚期。漢代以來，長達一千幾百年的時間，經學家一直相信，在孔子編纂的禮書中保留着周公製作的唯一的禮，并以此爲大前提盡心竭力研究禮書。現在不會有人相信周公製作的禮由孔子之手編纂成書并完整地保存下來，但恐怕有不少人模糊地認爲，禮書中保存着的是春秋時代的社會中曾實行的禮，大約在孔子生活的時代，儒家學者認爲那些禮來自周公，便把它們記錄下來了。但這種想法是錯誤的。目前作爲古代文物遺留下來的青銅器是祭祀、饗宴等“禮”中使用的器物，但如果要把這些青銅器和禮書中出現的器物對照起來，却非常困難。例如《周禮》中所見的六彝六尊，筆者以前討論過[1]。此外，《儀禮》中所見的容器是木器和陶器[2]，但在青銅器占據禮器主流地位的時代，這種情況是不會出現的。這說明，目前能看到的禮書的形成，是青銅器不再作爲禮器流行、漆器成爲禮器主流的新時代以後的事。此外，各種禮中使用的器物大小有等次，這些等次當然應該與使用者的社會地位相對應。然而看禮書，雖然關於玉器有大小的記載，如天子尺有二寸、公九寸等，但關於容器只說數量，如九鼎、七鼎等。禮器的大小能給觀者以非常強烈的印象，禮書中的那些規定却對此隻字不提。因此我們不得不認爲這些記載大都是理念上的東西。

---

[1] 林1980。
[2] 參看凌廷堪《禮經釋例·器服之例·上》。

只需通過以上簡單的説明就可以知道，禮書中所保留的、在編纂這些書的春秋戰國時代真正實行的禮的知識，恐怕也相當不完全。一般認爲，春秋戰國時代和商、西周時代不同，通過古書記載可以了解這個時代的許多禮器，但我們不能抱有這種幻想。現在是地下出土的考古遺物時時刻刻給我們提供這個時期新資料的時代。就這個領域的研究而言，根據出土文物進行研究已經是主流了。正是鑒於上述原因，筆者決定搜集和整理至今出土的考古遺物和相關資料的研究，以供學界參考。

第二章　器形的時代演變

第一節　序論——特定地域型的區分

　　大約公元前二千紀的中期，中國的文明中心地區開始製作青銅器。縱觀從那個時代到西周時代的青銅器的發展，可以説這個時期的青銅器以文明中心地區爲主幹，一脉相承。有些地區發展過獨特的青銅文化，例如華中的青銅文化以大型鉦爲代表，這個地區出現了與正統有别的器形和紋飾。但即使是這種青銅文化，也可以看出中央的主流和地方分支的關係。然而到了本書所要討論的時代，中國世界可以根據具有地方特色的青銅器分爲幾個地區，而且不能説哪個地方是主流。這個情況應該是由東遷後周王室力量的衰落引起的。

　　最早把東周青銅器粗略分爲幾個地區的是陳夢家，他的研究被許多研究引用過。陳氏在1946年出版的《海外中國銅器圖録》中把東周青銅器分類如下[1]：

　　　　東土系：齊、魯、邾、莒、杞、鑄、薛、滕……

　　　　西土系：秦、晋、虞、虢……

　　　　南土系：吴、越、徐、楚……

　　　　北土系：燕、趙……

　　　　中土系：宋、衛、陳、蔡、鄭……

陳氏説"其地域色彩表現於文法、文字、形制、文飾"，但他的説明只有兩頁多，各項只列舉若干例子而已。考慮當時的研究情況，也可以説差不多只能如此。但從那個時候到現在已經有40多年，在這期間，中國各地發現了許多遺址，從地域的角度討論青銅器的論文也出現了不少。利用比較長時段的青銅器資料綜合討論青銅器地域特徵的研究大都在文革後發表，下面介紹其主要研究。但只對一個遺址或一個時期的具有地域特色的青銅器進行討論的研究，由於篇幅的關係，這裏不作介紹了。

　　在此大致按照從北往南的順序加以介紹。西北隅秦國青銅器的研究，有陳平的論文[2]。他把關中地區的青銅器分爲春秋型和戰國型，對這兩大類的墓葬進行分期，并在此基礎上對青銅器的器形和紋飾進行斷代，其結論基本可從。岡村先生也以秦國青銅器爲對象進行了研究[3]。他重視同座墓葬出土的遺物，闡明了各個器種的形制演變。岡村先生比陳平先生更加注意研究方法，其結論比陳平先生更清晰。

　　關於中國文明的中心地區，有高明先生的研究[4]。他拋開山東和南方，把三晋、洛陽、新鄭等地方作爲中原地區，討論這個地區的禮器組合和每個器種的形制演變，連同紋飾一起討論。他的地區歸類

---

[1]　陳夢家1946：4～6葉。
[2]　陳平1984。
[3]　岡村1985。
[4]　高明1981。

有問題，器物的型式分類、關於形制演變的看法等都不夠細緻，有急於下結論的地方。總之，筆者覺得這篇文章寫得不夠好。

馬世之關注新鄭、郟縣、禹縣、鄭州等地東周墓的共同特徵[5]。因爲這些地方在春秋戰國時代屬於鄭地，他把這些墓葬稱爲鄭墓，探討這些墓葬出土青銅器和楚國青銅器的關係。如下所述，在研究青銅器的地方性時，把鄭地和三晉、洛陽等區分開，設定爲一個獨立的地區是妥當的。

楊德標等討論安徽江淮地區二里頭文化時期至春秋時期的資料[6]。就現在討論的春秋時代而言，楊德標等指出巢湖以西大別山東麓的安徽省西南部地區是偃姓諸國、群舒之地，舒城等地出土的很有特色的青銅器群屬於此文化。他們把這個地區設定爲一個獨立的地區是正確的。

關於春秋中期到戰國時期的遺物比較多的楚地，有不少論文。因爲發掘數量很多，討論的内容也都很可靠。

1981年發表的陳振裕論文討論長沙瀏城橋一號墓、隨州曾侯乙墓、江陵望山一號墓和二號墓等楚國大、中型墓出土遺物[7]，1979年的高至喜論文[8]和1982年的郭德維論文[9]分別全面討論湖南和湖北的楚墓，高崇文1983專門討論楚式鼎。無論是型式分類還是斷代，這些研究都提出了很好的意見。間瀨先生在1986年發表的論文對鼎和敦進行討論[10]，如論文副標題所示*，注重討論這些楚式青銅器和周邊文化的關係。

戰國時代華中、華南地區廣泛出現各種看起來質量比較次的鼎，俞偉超把這種鼎稱爲越式鼎[11]。彭浩專門討論過此式遺物[12]。何紀生等不僅討論越式鼎，還把相關遺物也放在一起討論[13]，對這些器物進行分類，并把這些遺物的分布地區看作越族之地，對這種文化加以考察。這種文化有待資料增加之後進一步加以細分，但目前只能滿足於這種比較粗略的分類。

以上是到目前爲止的主要研究成果，其中有些研究筆者已經做了評論。總體上説，以往的研究在對各個地區的把握方面存在問題。在討論某一個時期製作的具有地域性的青銅器時，除非充分考慮方法論上的問題，否則最好不要使用"中原"等與地域文化沒有關係的名稱。我們首先要比較某個地區的青銅器與其他地區的青銅器，搞清楚這個地區的青銅器因爲有什麽特徵可以與其他地區的青銅器區分開，然後劃定特定地域型青銅器的區域。因爲即使是同一個文化地區，其範圍也自然會隨着時代的推移，藉由先進文化的傳入、軍事征服和被征服等原因消長。就我們要討論的時代而言，只要了解上述問題，劃定每個時代的特定地域型青銅文化地區不是那麽困難的事。

作爲春秋戰國時代青銅器研究的基礎工作之一，筆者做了同墓出土青銅器群的集成工作。我們只要把這些青銅器群按照時代順序進行整理，并把器形和紋飾特徵相似的青銅器群放在一處，根據這些青銅器群的出土地，同一個時代具有相同青銅文化的地區就可以自然地劃定出來。本書第一編末尾列

---

〔5〕 馬世之1983。
〔6〕 楊德標、楊立新1983。
〔7〕 陳振裕1981。
〔8〕 高至喜1979。
〔9〕 郭德維1982。
〔10〕 間瀨1986。
〔11〕 俞偉超1980：20。
〔12〕 彭浩1984。
〔13〕 何紀生、何介鈞1986。

---

* 譯按：論文原題目是《戰國時代楚文化の中の鼎と敦——周邊文化との關聯を主眼にみる——》，即《戰國時代楚文化中的鼎與敦——以楚文化和周邊文化的關聯爲主要論點看》。

出的圖表就是用這個方法區分的。在此基礎上，筆者隨時參考這個圖表中沒有出現的資料，對各個時期分別進行了分區。下面介紹其結論。

一、春秋 Ⅱ

（1）秦

本群見於同墓出土青銅器群圖表（以下簡稱爲“同墓出土青銅器群”）1 ～ 3。本群很顯著的特徵是：足很粗，而且超出器底的第一A型鼎（關於型式編號，參看本章第三節）、第四型甗、第八型簋、第四C型壺，以及這些器物所飾的細身的身體異化龍*等。秦地出土的青銅器與這個時期的其他地區很不相同，自成一群。

（2）晋

通觀同墓出土青銅器群4 ～ 10，可知春秋 ⅡB 三晋地區全境存在型式相同的青銅器群。附耳外翹很厲害的第一三型鼎，第一五A型有蓋鼎，具有扉棱的、傳統類型的第三型甗，器身比較扁的第一～四型敦，第一型簠，附耳外翹、三足的第三型盤，流口裝飾犧首的第六型匜等，是晋群的特徵。本群沒有楚群中很有特色的盥缶、盞等器類。

（3）東周

東周群見於同墓出土青銅器群11 ～ 14。敦、盤、匜等器物的型式與晋群相同，但本群有第八型鼎、第一〇型鼎中下腹瘦削的那種，可據此區分開來。這種型式的鼎在春秋 Ⅲ 仍有製作。

（4）鄭等南北的中間地帶

本群見於同墓出土青銅器群15 ～ 18。本群不僅有晋群特色的青銅器，還有華中諸群特色的器物。群16中的第一三型鼎、第三型甗、第六型匜，群15中的第一型簠是作爲晋群特色的青銅器引用的；群15、群18中的第八型鼎作爲東周群特色引用的。此外，群16、群18的第二型簠、盞、盥缶、第四A型壺和群17的第一〇A型鼎是楚群的特色。群15的第五C型壺見於黃等淮河上游各國群，群17的第一型盥缶見於舒群。群16中的第二A型有蓋平型鋪，就目前出土地點可知的例子而言，在新鄭和離新鄭不遠的尉氏出土，可以看作這個地區的特色。

（5）山東

本群見於同墓出土青銅器群19 ～ 24。第一B型鼎、第七型鼎（蓋上有時附一個蓋鈕）、同墓出土青銅器群19中所見的第一型豆是本群的特色。群19中還有黃等淮河上游各國群中多見的有蓋盆、第五C型壺，此外，薯足†的第四型甗與舒群相同，這些也是本群的特徵。

（6）黃等淮河上游各國

本群見於同墓出土青銅器群25 ～ 31。最近，從淮河上游經過桐柏山脉到隨州的地區發現具有如下

---

* 譯按：關於各種龍紋的名稱，參看本書第二編第三章。

† 譯按：所謂“薯足”是整體形狀像被切成一半的紅薯、前端呈柱形的足。參看第一卷第二編第一章第三節第四項（4）“甗”條（中文版第220頁）。

所述共同特徵的春秋Ⅱ青銅器群。這個地區的國家都是小國[14]，公元前7世紀中期的約30年間相繼被楚國滅亡[15]。最近的考古發現告訴我們，春秋中期的一段時間內[16]，具有顯著特徵的青銅文化在這個地區盛行。

本群中很有特色的器物有：保留春秋早期面貌、足底較寬的第一型鼎，具有扉棱的、傳統類型的第三型鬲，也是傳統類型的第一型簋、第一型盤和第四型匜等。此外還有燈泡形的第五C型壺、有蓋盆等新器種。這些器物使用的紋飾也很有特色，是使春秋早期所見的龍變得細長而形成的那種。

（7）舒

本群見於同墓出土青銅器群32～34。流口裝飾獸頭的匜鼎、口頸部很低的盥缶是本群的特徵，著足的第四型鬲也很有特色。群33中的三足器，手柄像蔓草那樣彎曲，上部有盤，袋足。類似的器物見於黃等淮河上游各國群的群25中，但手柄彎曲的方向相反。著足鬲見於山東群中的群19、20等中*，這些器已經引用過了。

（8）楚

同墓出土青銅器群35～37都不能算是典型例子，但其中的第一三A型鼎、第一五I型鼎、盞、盥缶等器種是楚群特有的器物，其範圍限於湖北省中南部，沒有春秋Ⅲ那麼大。

（9）寧鎮地區

所謂寧鎮地區指江蘇西南部、南京和鎮江地區。這些地方，因爲考古學中成爲研究對象的文化相同，構成一個地區。也就是説，這個地區是從西周到春秋晚期建造土墩墓的地方[17]。如岡村先生所指出[18]，春秋晚期突然出現在歷史舞臺上的吳、越的文化，與春秋中期以前的這個地區的文化面貌很不相同，因此對這個時期的文化不使用古國名作爲文化地域名，而使用現代的地域名。

雖然同墓出土青銅器群中沒有引用，但溧水白馬公社土墩墓出土有足很細、三足靠在器底中間、耳外翹、腹淺的第八型鼎（器影圖版鼎51），類似的器物見於同墓出土青銅器群15（轂城下辛店）、18（南陽西關）中。形制與此相似、紋飾給人以幼稚印象的鼎還出土於高淳固隴公社[19]，這是這個時期這個地區文化的特徵。

（10）越

所謂越地是上引俞偉超先生等學者的論文中提出來的，指古越族居住之地。從考古學的角度來説，這是越式鼎等很有特色的器物出現的地方。春秋Ⅱ的例子有同墓出土青銅器群38的衡陽保和圩墓葬。腹淺、足細、耳不外翹的第二〇型鼎是這個時期越式鼎的例子。

---

〔14〕 黃國故城城牆一邊的長度只有約1500～1800米（楊履選 1986：54）。

〔15〕 參看陳槃 1969：3，217葉。此外參看李瑾 1986：40。

〔16〕 根據《左傳》記載，黃國在公元前648年被楚國滅亡，但黃國還見於《戰國策・衛策》。關於這一點，陳槃云："蓋亡而復存如許、胡、沈、道、房、申、陳、蔡之等，舊多此例，不爲異也。"（陳槃 1969：218葉）國屬得到判明的青銅器的年代下限被古書所記載的這個國家滅亡年份所框限的話，可能會有問題。

〔17〕 鄒厚本 1982。

〔18〕 岡村 1986：86。

〔19〕 《文物資料叢刊》5：110，圖八；106，圖一，2。

---

* 譯按：著足鬲不見於同墓出土青銅器群20中，但此墓的車馬坑出土著足鬲（車馬坑：2），器形如右（文 1984—9：9頁，圖二一）。林先生在此講的當是這件鬲。

二、春秋Ⅲ

（1）秦

同墓出土青銅器群39是本群的代表例。情況與上一時期相同，鼎、盉、壺等器物的器形和紋飾與其他地區很不相同。

（2）晉

本群見於同墓出土青銅器群40～49。這個時期與上一時期相同，有第一五A型鼎、第三型盉、第一型盤、第六型匜等。此外新出現的很有特色的器物有第一〇型壺、第七型豆、第二型盉。春秋ⅢB出現很有特色的紋飾，即施加細綫的高凸動物紋，這是所謂李峪型式。

（3）燕

本群見於同墓出土青銅器群50～56。本群有第一五A型鼎等與晉群相同的器物，此外還有附耳往外翹得很厲害的第一五E型鼎、校很長的第四型豆等，這些器種形成本群的特徵。

（4）東周

本群見於同墓出土青銅器群57～59。情況與上一時期相同，與晉群相同的器物中有下腹瘦削的第八型鼎。因此這個時期也繼續設定爲東周地區。

（5）鄭

同墓出土青銅器群60、61中的第二A型鍘，是我們在春秋Ⅱ中認定爲這個地區特徵的器種。這兩群中的第三型盤和第六型匜也見於晉地，與上一時期同樣有混合性質。

（6）山東

本群見於同墓出土青銅器群62～67。帶有環鈕蓋的第一A型鍘是山東特有的器物。此外，頸部較長、腹部中間部分鼓得很大的第五B型壺也是這個地區的特徵。

（7）楚

經過了楚國的軍事侵略[20]，春秋Ⅱ存在的淮河上游和漢水中游的地域文化地區消失，這些地區在春秋Ⅲ變成清一色的楚群風格。同墓出土青銅器群68～76是本群的例子，第一〇A型鼎、第一三A和第一三B型鼎、第一八型升鼎、第一九型湯鼎、盞、第二A型簠、第四A型壺、盥缶、第四型盤、流口施加裝飾的第七型匜等器種，以及使用繁複纏繞的龍紋裝飾手法是這個地區青銅器的特徵。

（8）寧鎮地區

本群見於同墓出土青銅器群77～80。這個地區的有些青銅器具有楚地的特徵，如一〇A型鼎、第一三A型鼎、第七型匜、裝飾有很華麗扉棱的鐎等；有些青銅器具有東周和晉地的特徵，如第一〇型鼎、第五型豆等；也有屬於土著文化的青銅器，如越式鼎等。這種混合性質是這個地區的特徵。春秋

---

〔20〕丁永芳1981。

晚期，吳國國力強盛，與東周列國比肩。這些青銅器應該是那個時代吳國在土著文化的基礎上從周圍的先進地區雜亂地吸收過來的外來品。同墓出土青銅器群81是另一個青銅器群的代表例[21]，這套青銅器群使用的羽紋與這個地區傳統的印紋陶有共通之處[22]。此群中的鉦，形制相同的器出土於高淳青山茶場的墓葬。這座墓還出土器影圖版鐘78所引的直綫羽渦紋鐘，這個型式的鐘在越地與春秋晚期的遺物一起出土[23]。這可以證實筆者的斷代[24]*。

（9）越

這個地區的特色是分布於湖南、廣東、廣西等地方的越式鼎和直綫羽渦紋鐘，同墓出土青銅器群82～84是其代表例。這兩種文物也見於寧鎮地區，但寧鎮地區從春秋Ⅱ起作爲一個地區，擁有獨立的傳統，這個時期吳國強盛，迅速地吸收了先進地區的文化，因此我們把這個地區和寧鎮地區分開了。就目前可知的器物而言，在寧鎮地區，仿照西周時代型式的尊是瓠形尊，而這個地區是觶形尊。這個事實可以説明我們從寧鎮地區當中區分出越地是對的。越地的同墓出土青銅器群中也有楚地的器，如裝飾繁縟扉棱的鐎和缶；也有晉地的遺物，如第一五型鼎，但與寧鎮地區相比，這種器物的數量似乎比較少。

三、戰國Ⅰ

（1）秦

秦地的情況與上一時期相同，製作鼎、甗、盆、壺等青銅明器的傳統在戰國Ⅰ繼續存在[25]。至於實用青銅器，三晉的器物進入其中（同墓出土青銅器群97）。筆者認爲，從青銅器地區分類的角度看，秦進入了三晉圈內，因此把這個青銅器群附加在三晉的末尾。

（2）三晉

同墓出土青銅器群85～96是本群的例子。據此可知，在與上一時期相同的地區，器形和紋飾傳統相同的器物被大量製作。東周到了這個時期也沒有什麼能够區別於三晉的有特色的器物了。

（3）鄭

同墓出土青銅器群98出土於洛陽的一座墓葬，根據銘文可知是鄭人之物。第一五F型鼎有新鄭出土的上一時期的例子。此外，如上所述，第二A型銅是鄭器中有特色的器種。

---

〔21〕劉興 1981。

〔22〕岡村 1986：70～75。

〔23〕同墓出土青銅器群83、84。

〔24〕岡村先生認爲兩者是不相容的兩個文化，因此把它們理解爲存在時代先後的關係。也就是説，他認爲，同墓出土青銅器群81的土著文化的時代屬於春秋中期，即位於公元前5世紀後半到公元前4世紀前半的同墓出土青銅器群77～80所代表的遺物之前（岡村 1986：79～80）。關於這個問題，筆者曾發表過自己的看法（林 1985：78）。此外，筆者在那篇文章中引用了紹興306號墓出土的銅製房屋模型，并認爲這件器屬於春秋晚期。這件器屋頂上的立柱裝飾S形渦紋（浙江省文物管理委員會、浙江省文物考古所等 1984，圖版壹：1），這種紋飾亦見於林 1985：圖40的器蓋把手。形制與這件器蓋相同的器物在淮南蔡家崗出土，而這件器有綫索表明它的年代屬於公元前5世紀前半偏晚（林 1985：79）。此例也可以證實筆者的斷代。

〔25〕岡村 1985：57。

---

* 譯按：原版正文没有標記注〔24〕的位置，我們根據注文的内容推測其位置。

（4）山東

此群的材料不是很多，但有同墓出土青銅器群99 ～ 101的例子。上一時期見到的、山東地區特有的第一A型銂——即蓋有環鈕的銂——也見於這個時期。群101中有蓋器扣合處呈圓筒狀的第五型敦。根據有銘文的田齊器物，可知這種器物也是這個時期山東地區的特色。

（5）楚

如同墓出土青銅器群102、103所示，就鼎而言，第一八型升鼎、第一九型湯鼎與上一時期同樣製作，但具有環鈕的第一三A型鼎、第一三B型鼎等的傳統基本消失，而第七型鼎、蓋和器合起來呈橘子形或酸橙形的第一五I ～ K型鼎盛行。鼎以外的這個地區特有的傳統器物有第二A型簠、第四A型壺、缶、盥缶等。

（6）四川

成都與其周圍，以及涪陵出土的這個時期的遺物，見於同墓出土青銅器群105 ～ 109。這個地區的青銅器中，第一五K型鼎、第一二型壺、盥缶、缶、鉦等來自楚國；第一一型壺、第一型甗等似乎來自三晋；鑒、釜甑、蓋和器都很矮的圓錐形盒等是本地特有的器物。這三種器物混雜在一起是本群的特徵。

四、戰國Ⅱ

這個時期，除了楚以外，有一定數量的青銅器出土的墓葬突然減少。

（1）秦

本群的例子有同墓出土青銅器群110 ～ 114。110群中的廿八年平安君鼎是衛器，參看第三節第三項。此群中的壺，從型式看，是楚器。同墓出土青銅器群111、112中的壺和鼎可能是三晋器。110 ～ 112群中的鑒是四川特有的器。蒜頭壺則不同，是秦特有的器。雖然出自秦以外地區的器物混雜其中，但秦特有的器物也出現。這一點可以看作是這個時期的秦遺物群與上一個時期不同的特徵。

（2）三晋

縱觀同墓出土青銅器群115 ～ 118，可知燕和中山也屬於戰國Ⅰ三晋青銅器的傳統，如第九型壺、鈁（壺四B型）、第一五E型鼎、第一五F型鼎、第三型豆等。從這些材料看，我們沒有必要爲這些地方單獨設一個地區。樋是這個時期這個地區出現的特有器，似乎當時非常流行，出土數量也很多。

（3）楚

本群的例子有同墓出土青銅器群119 ～ 137，數量很多。從這些例子看，第一五I ～ K型鼎、第二〇型鼎、第一一型壺、第一二型壺、盥缶、缶等從上一時期以來使用的傳統器物，以及這個時期多見的第六型長頸壺、第七型敦等是本群的特徵。

（4）四川

本群見於同墓出土青銅器群138 ～ 140。本群的混合性質與上一時期相同，既有鑒、甑釜等這個地區特有的器物，又有楚的盥缶、三晋的第一五F型鼎和鈁。但戰國Ⅱ B群140*的時代屬於公元前316年秦占領以後，我們不能否定這是秦人之物的可能性。

五、戰國Ⅲ

（1）楚

楚都郢（今江陵），在公元前278年被秦占領後，楚的傳統文化被抹殺，墓制也完全變成了秦式[26]，但楚遷都之地和郢以外的楚地保留楚國傳統。同墓出土青銅器群141中的第八型匜是楚地傳統的器物。器影圖版壺218引用的壺的紋飾與楚王酓忎簠器側紋飾的地紋完全相同。這件壺屬於第一一型，是楚地傳統的器形。

（2）秦

同墓出土青銅器群142～144屬於楚國故地，但從時代看，屬於統一六國後的秦；從文化的角度看，也可以歸於秦文化。除了上一時期所見的蒜頭壺和鋞外，還有第一五B型鼎、第一五F型鼎、鈁等三晋器，這些器物構成本群。

第二節　時期區分

關於春秋戰國時代的時期區分，筆者在《綜覽》第一卷第189頁[†]做了說明。筆者在1972年刊行的《中國殷周時代の武器》附論（二）"春秋戰國時代文化の基礎的編年"中討論這個問題，《綜覽》承襲這個框架。也就是說，關於戰國時代的始年，筆者采用公元前453年（即三晋滅亡智伯之年）說；然後把春秋時代和戰國時代各分爲早、中、晚三期，再把每個時期分爲前半和後半。關於春秋中期前半，根據銘文可以確定年代的資料不多。但關於春秋中期後半到戰國時代，這方面的資料就不少了。按照我們采用的時期區分辦法排列這些資料，我們發現這個時期區分法與器形、紋飾、器種等演變的節點大體一致。這是我們采用這個時期區分法的理由。筆者相信，在可以知道絕對年代的資料已經增多了的今天，更加能證明這個區分法是很恰當的。

然而有一個問題。過去筆者把戰國晚期定爲公元前3世紀中葉到前2世紀中葉，但時至今日，秦、西漢早期的遺物編年已逐漸清晰起來，這種粗略的時代區分已經行不通了。那麼我們是否有必要重新對戰國時代進行區分？筆者却覺得沒有這個必要。戰國時代的青銅器中最精美的器物大量出現的是公元前4世紀中葉到後半。到了公元前3世紀，目前可知的大都是楚地的青銅器，它們雖然略微產生了一些變化，但當時大量製作的還是基本保留了公元前4世紀後半型式的青銅器。既然如此，按照以上所示的方案，把這兩個時期定爲戰國中期的前半和後半是很合理的。公元前3世紀中葉以後，具有一定數量的成套青銅器的資料急劇減少，統一的秦朝的青銅器也不多。筆者認爲把這個時期一并作爲戰國晚期處理是很方便的。可以說，這個時期是青銅文化和其他文化一起受到秦國霸業極大打擊的時代。按照這個分期，儘管戰國晚期的年數只是前期、中期的一半，但我們還是把這個時間段單獨設定爲一個時期。

---

[26] 郭德維1984：246。

---

* 譯按："同墓出土青銅器群圖表"中，群140的時代標爲"戰國Ⅱ"。從群138和139都標爲"戰國Ⅱ B"這一點看，可能"戰國Ⅱ B"是對的。

[†] 譯按：中文版第202頁。

第三節　青銅器各類各型之形制的時代演變

一、方法

筆者在《綜覽》第一卷中强調，研究商、西周青銅器形制的演變時，應將紋飾和銘文置之度外，把器物的形制——尤其是側視形——作爲最重要的第一標準[27]。即使研究春秋戰國時代的青銅器，這一點依然不變。但這個時代有《春秋》等歷史記録，不少青銅器銘文中出現的人名和事件與歷史記録可以相對照，據此可以知道這些器物的絕對年代。如果這些器物可以根據形制放在形制演變的某一個特定階段，我們就能够得到這個階段的一個絕對年代的定點。也就是説，我們不僅能够闡明器物各種形制的相對前後關係，還能够以相當高的準確度把各個階段定在歷史的時間中。這是春秋戰國時代與商、西周時代很大的不同之處。

本節第二項"可知絕對年代的標準器"，按照年代順序介紹可以作爲編年工作定點的資料，并加以説明。戰國時代墓葬的隨葬器物中，有些器物根據同一座墓葬所出竹簡的文字内容能够得到其墓葬的埋葬年代的綫索。關於同一座墓葬出土器物對編年工作的用途，我們在下文會説明。爲了方便，這種器物也在可知絕對年代的標準器中一起加以介紹。

我們在製作商、西周時代各種器物的形制演變表時，爲了確認某個器種形制演變的某一階段與其他器種型式的某一階段相當，不僅根據器物側視形的特徵——例如腹部最大徑的位置靠中間，器腹呈强力的曲綫；最大徑的位置靠近底部，曲綫比較僵硬等——來確定，還製作了根據銘文可以判定同時製作的青銅器群的圖表，并加以利用[28]。然而就春秋戰國時代而言，這種資料變得很少見，例如蔡侯龖、曾侯乙、哀成叔等，總共不到五例。因此，退而求其次，筆者搜集了同墓出土青銅器群，把它們作爲參考資料，附在第一編末尾。根據有銘青銅器的信息，西周時期的同一座墓葬出土的成套青銅彝器不是同時製作的，其中不僅有自作器或别人給器主製作的器，還經常包括别人爲該墓主之外的人製作的器——其中有别人贈送的，也有掠奪過來的[29]。春秋戰國時代同墓出土的青銅器是否有這種情況，由於不能像商、西周青銅器那樣搜集到足够的相關資料，無法用銘文資料驗證。然而，只要能搜集到一定數量的例子，就能很容易地看出，某個地區某個器種的形制特徵相同的器物，與其他幾個器種的形制特徵相同的器物經常一起出土。因爲有這種現象的存在，如本章第一節所述，我們能够從同墓出土青銅器中區别出"外地人"即其他地區的器物，也能區别出時代不同的傳世品。

同墓出土青銅器群表不像商、西周時期的同時製銘青銅器表那樣具有高度的可靠性，但如上所述，筆者發現，只要注意地區或年代不同的器物混入其中的可能性，這種資料仍相當有用。因此我們在第一編末尾列舉同墓出土青銅器群，作爲編年等工作的參考資料。

綜上所述，我們研究各器各型的形制演變時，方法如下：以根據銘文可以知道年代的特定器物爲定點，通過類型學方法確定的先後關係爲經，根據同墓出土青銅器群可以判斷的不同器種之間的平行

---

[27]　第 192 ～ 193 頁*。

[28]　《綜覽》第一卷，同時製銘青銅器表。

[29]　《綜覽》第一卷第 151 頁†。

---

* 譯按：中文版第 206 頁。

† 譯按：中文版第 165 頁。

關係爲緯，再加上序論中論述的地域性，以此建立整體框架。

二、可知絶對年代的標準器

本項引用可知絶對年代的青銅器，并加以説明。

趫亥鼎（圖1）——宋莊公（前709～前692年）之孫作

銘文中有“宋𦞟公之孫趫亥自作會鼎”一句。關於此𦞟公，郭沫若云[30]：

> 𦞟古𤖯字，《説文》“𤮯，籀文𤖯”，與此同意。此从𠙹从𠙵，𠙹者缶也，𠙵是古皿字。宋𦞟公即宋莊公。

他還指出這是宋莊公之孫所作器，大致在宋襄公之世（前650～前637年）。此説可從。

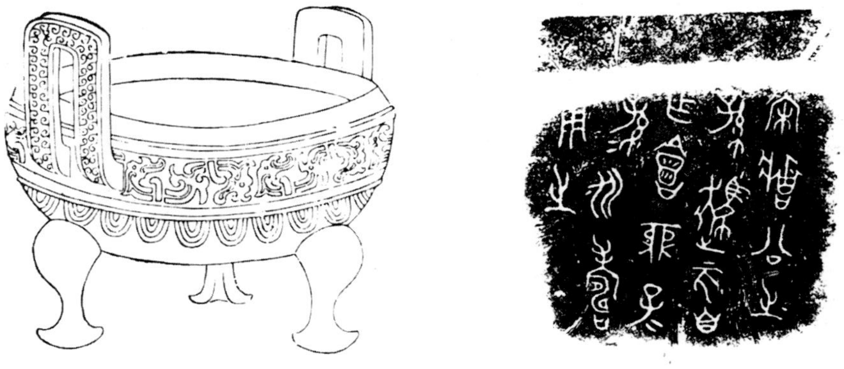

圖1　趫亥鼎

曾伯霥簠（圖2）——魯僖公十八年（前642年）九月八日所作

銘文中有“印燮䜌湯”一句，方濬益云[31]：

> 薛氏《款識》晋姜鼎有“征緐湯”語。

郭沫若進一步指出[32]：

> 此簠與晋姜鼎同時，彼云“征緐湯原”，此云“印燮䜌湯”，蓋晋人與曾同伐淮夷也。作器亦同在九月，彼在乙亥，此在庚午，先彼五日。

屈萬里對這件器進行了全面的研究，他的意見大致如下[33]＊：

〔30〕郭沫若1957：考釋，184葉。
〔31〕方濬益1935：8，20葉。
〔32〕郭沫若1957：考釋，186葉。
〔33〕屈萬里1962。

＊ 譯按：下面的文章不是屈萬里1962原文，而是林先生所寫的屈萬里1962的概要。

　　從此器的花紋來看，此器的鑄成不會早到春秋早期，因此郭氏的看法不確。從銘文字體的風格來看，它和魯器、滕器、薛器非常相近，而與楚器截然不同。從這一點來說，此器之曾是山東的姒姓之鄫，而不是附庸於楚國的姬姓之繒。山東之鄫所伐的鬻湯與晋姜鼎之綠湯絕非一地，不能把兩者聯繫起來作爲斷代的資料。簋銘"克狄淮夷"講的是《春秋》及《左傳》僖公十六年魯公等諸侯會於淮之事。《春秋》和《左傳》都沒有説當時發生了戰争，但余永梁指出《尚書·費誓》是魯僖公十六年伐淮夷時的誓師之辭，根據該篇的内容可知當時確實發生了戰争。這場戰争結束在僖公十七年的春夏間，鄫國之君在十九年夏被邾文公拘捕，并用爲犧牲。那麼，此簋的作成，當在魯僖公十七年夏到十九年夏這兩年的期間。銘文云"佳王九月初吉庚午"，恰巧僖公十八年九月的初八日有庚午，可知此器之作，必在這時候了。

此説當是，我們信從這個意見。

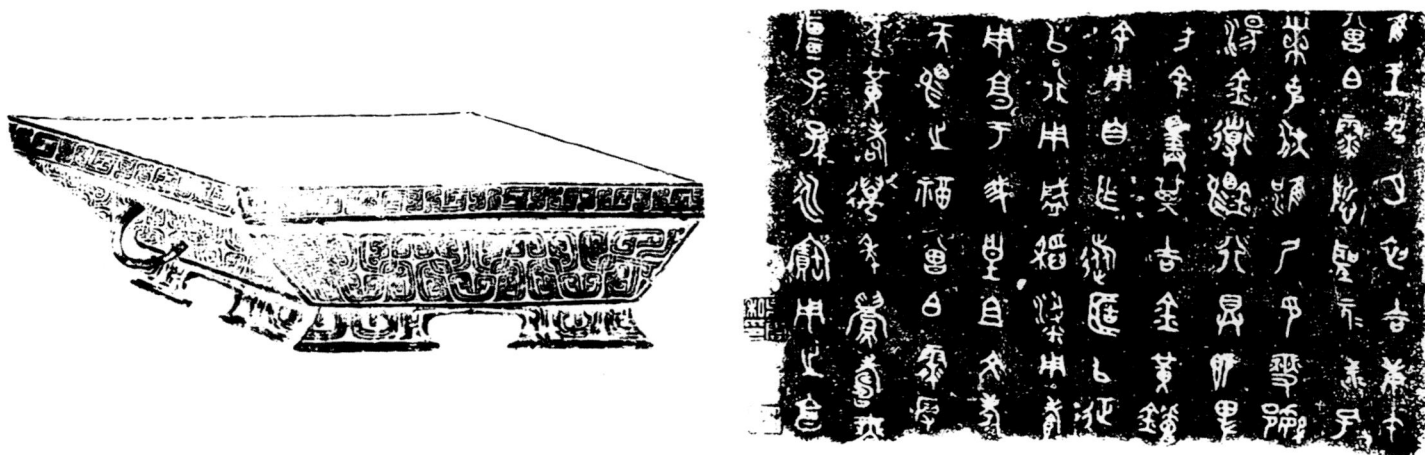

圖2　曾伯霥簋

秦公簋（圖3）——秦桓公（前604～前577年）時代所作

　　簋銘云"秦公曰：丕顯朕皇祖，受天命鼏宅禹責，十又二公……"。關於此十二公應從哪一位秦公算起的問題，自從宋代的吕大臨、歐陽修等以來，有各種説法。楊樹達引用趙明誠《金石録》"至襄公始國爲諸侯，則銘所謂奄有下國十有二公者，當自襄公爲始，然則銘斯鐘者其景公歟"的説法，并同意此説。楊氏還説，襄公時從西戎之地遷徙到岐以西之地即宗周之舊邦，與銘文所謂"鼏宅禹迹"正好一致*。過去筆者相信此説[34]，但後來孫常敘發表新的看法，認爲在秦的歷史中論"公"和論"世"是兩個體系，"公"把没有執掌國政的秦公也包括在内；此十二公從襄公起算，包括"不享國"的靜公（即《史記》的静公）在内，到共公爲止，可知這件器是秦桓公所作[35]。此説似比楊説更好。附帶講，郭沫若説此器與秦公鐘銘辭大同小異，秦公鐘與叔夷鐘花紋形制全如出自一範；叔夷鐘作於齊靈公，如果秦公鐘是秦景公時器，年代正相同[36]。但筆者曾指出，這些器形和紋飾方面的證據很不可靠[37]。

---

〔34〕林1972：570。
〔35〕孫常敘1978：21～23。
〔36〕郭沫若1957：考釋，248葉。
〔37〕林1952，注28。

---

* 譯按：楊樹達的以上看法見於《積微居金文説（增訂本）》之《秦公敦再跋》（楊樹達1959：44）。

圖3　秦公簋

晋公蠤（圖4）——晋景公（前599～前581年）時代所作

銘文云"晋公曰……公曰：余惟今小子……"。唐蘭認爲此"惟"是作器者晋公之名，當是晋定公午[38]。郭沫若同意此説[39]。作爲人名"午"的解釋，這個説法似乎有一定的道理，但其實有疑點。按照此説，此器的製作年代屬於晋定公的在位期間（前511～前475年），但此器所施紋飾的流行年代更早，如果晋定公時期的青銅器使用這個紋飾，時代太晚了。銘文字體的情況也如此。因此我們翻檢時代更早的晋公的名字，找到了晋景公據（前599～前581年）。銘文中所見的"惟"不見於字書，但可能從午聲。根據藤堂明保《漢字の語源研究》，午或從午聲的字有午（kïag）、杵（k'ïag）、御（ŋïag）等[40]，用"惟"字表示"據"的音（kïag）[41]是十分有可能的。因此我們認爲此"惟"是晋景公據。

看這個銘文的字，字的大小不均勻，上下左右的排列不整齊，有一些字的中軸綫傾斜。這是春秋中期的特徵。前6世紀中期的邵鐘銘文，雖然文字排列的密度不同，但其字體與晋公蠤比較相似，如兩者最後一行所見的"寶"字等。這點能夠證實筆者的判斷。再看器側的紋飾，例如輝縣琉璃閣5號墓出土簋有類似的例子[42]，這座墓出土的鼎[43]和壺的紋飾與新鄭出土的青銅器群一致。因此，如果認爲晋公蠤的年代屬於晋景公時期，器形方面也好解釋。

附帶講，我們認爲從午的"惟"字，李學勤認爲從虫，并把它讀爲"唯"[44]。他説戰國時代金文的"虫"每作"↑"，而此字所從的"↑"在直畫上加一點，和"弓"、"人"等偏旁末筆直畫加點同例。至於現在討論的"余惟今小子"，李氏讀爲"余唯今小子"。今按，銘文中所見的那個字，第一例比較殘缺，"隹"的左邊只保留"午"頭的三角形，但第二例的左旁很清楚地作"↑"。中間的豎筆很直，與戰國時代的"午"字完全一致[45]。李氏説戰國時代的"虫"每作"↑"，但其實"虫"中間的豎筆末端或多或少都彎曲，與"午"字有明確的區別[46]。因此，把這個字釋爲"蜼"是錯誤的。

另外，李學勤把銘文中那個字出現的"余蜼（唯）今小子"、"蜼（唯）今小子"與西周金文的"爾有唯小子"（何尊）、"余唯末小子"（蔡侯鐘等），《尚書》的"余惟小子"（大誥）、"汝惟冲子"（康

〔38〕唐蘭1934：12。

〔39〕郭沫若1957：考釋，231葉。

〔40〕藤堂1963：472。

〔41〕藤堂1963：385。

〔42〕郭寶鈞1959，圖版陸柒。

〔43〕郭寶鈞1959，圖版陸伍、陸玖。

〔44〕李學勤1985：134～135。

〔45〕高明1980：373。

〔46〕高明1980：210～212、319。

誥）等相對照，認爲這些句子的辭例相同。在晋公盨的那兩句中，前一例的辭例與那些句子相同，可以對照，但後一例是"唯今小子"。李氏引用的金文和《尚書》的例子在"唯"前都有主語"余"、"汝"等，而晋公盨銘文則没有，這樣就不成文章了。不知李氏怎麽解釋這一點。

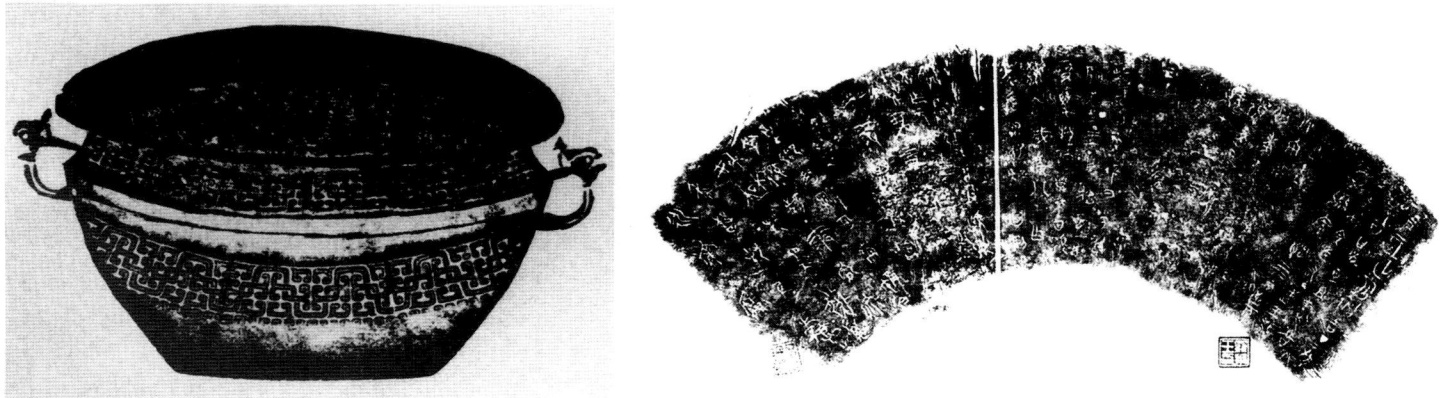

圖4　晋公盨

王子昊鼎（圖5）——楚公子側（司馬子反）作器（前575年的前二三十年以内）

張政烺把銘文中所見的作器者昊讀爲側，認爲這個人是楚公子側即司馬子反[47]。劉彬徽引用此説，認爲這個人在前597年的邲之戰中立了功，此器之作在邲之戰之後；他死於前575年，器之下限不晚於其死年[48]。但即使没有立戰功，因爲別的原因鑄造銅器之事也不勝枚舉。如果説此器作於司馬子反死前二三十年以内，應該没有問題。

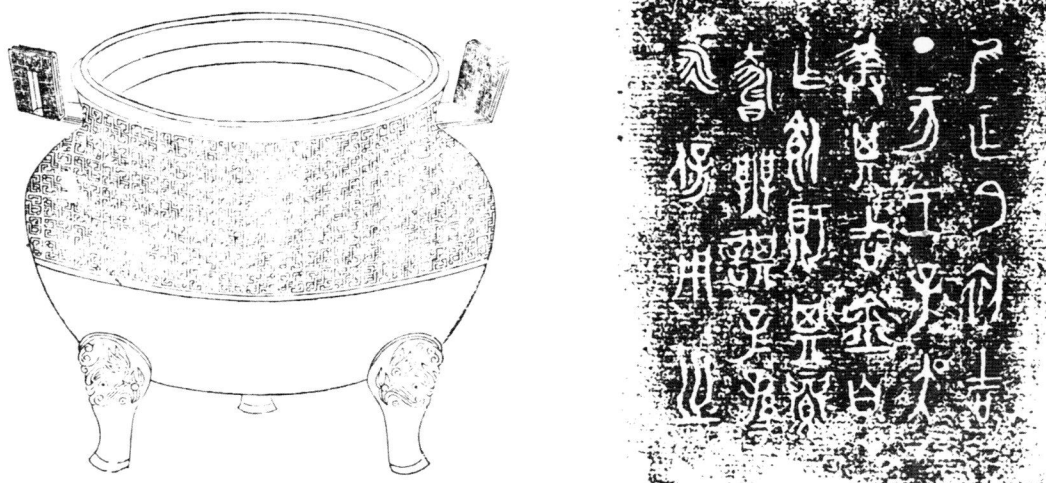

圖5　王子昊鼎

楚王領鐘（圖6）——楚共王（前590～前560年）時代所作

銘文云"楚王領自作鈴鐘"。羅振玉把楚王名之"領"看作"頵"之壞字，認爲這個楚王是楚成王。郭沫若認爲此字是"類"，是楚悼王。周法高認爲這些説法都不妥當，這個人是楚共王箴（審）[49]。周説可從。

---

〔47〕　張政烺1939：373。
〔48〕　劉彬徽1984：337。
〔49〕　周法高1951。

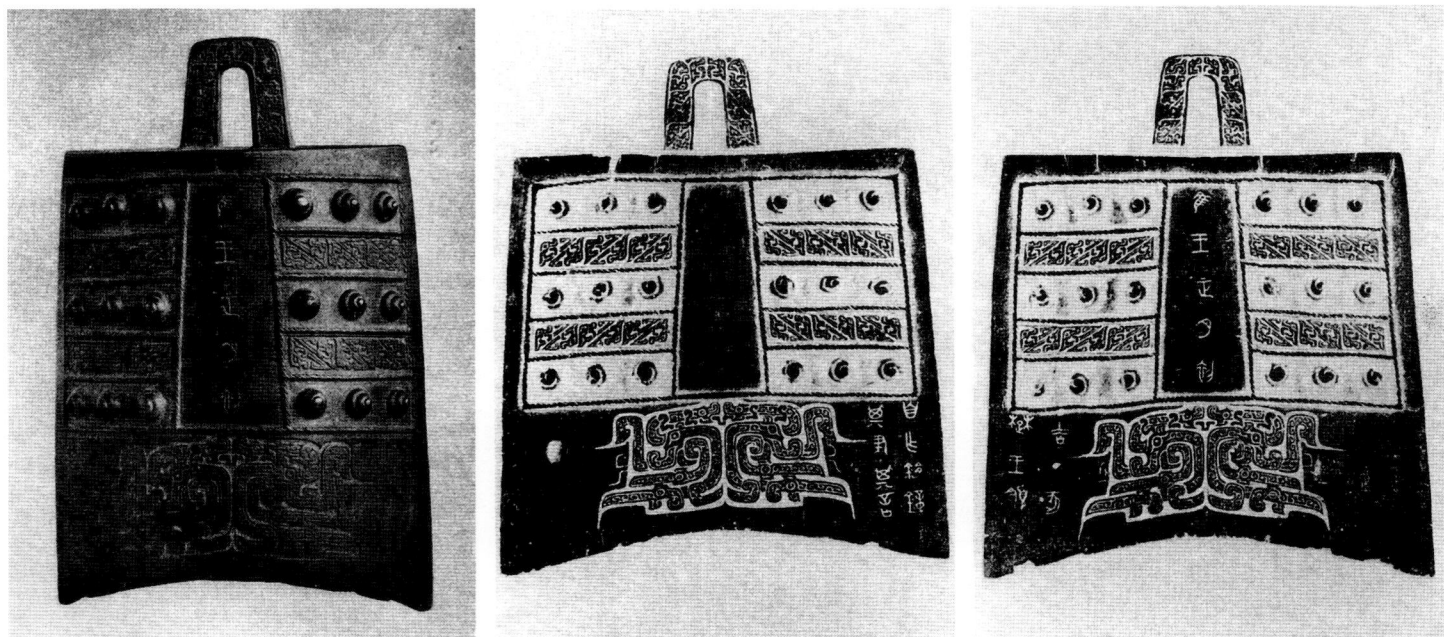

圖6　楚王領鐘

王子嬰次鑪（參看同墓出土青銅器群16中的圖）──以前589～前570年爲中心的時代所作

王國維把銘文中的"王子晏次"讀爲"王子嬰齊"，認爲作器者是楚莊王之弟令尹子重，即嬰齊。春秋時期名爲嬰齊的人很多，何以確定銘文的嬰齊是子重？關於這一點，王國維説"《春秋》書'公子嬰齊'，自楚人言之，則爲'王子嬰齊'矣"。關於這件器出土於新鄭這一點，王氏説"蓋鄢陵之役，楚師宵遁，故遺是器於鄭地"。另外，王氏把銘文中所説的"盧"解釋爲飯器[50]。郭沫若則把盧讀爲鑪，認爲此器是燎炭之鑪。至於王國維的"楚師宵遁遺是器"説，郭氏説鄢陵之役時當盛暑，不可能攜帶燎鑪從征。郭氏認爲，這件器既然出於鄭墓，當是鄭器，此嬰次是鄭國的子嬰（前693～前680年在位）。鄭國沒有稱王，銘文却稱"王子"。關於這個矛盾，郭沫若説鄭僭稱王號[51]。

正如郭氏所説，此器爲鄢陵之役時遺留之器這種説法可能難以成立。但楊樹達早已指出[52]，青銅器有時作爲贈品，有時作爲戰利品被移到他國，這種記載在《左傳》等古書中很常見。某個國家製作的器物出土於相距很遠的國家的例子確實很多。關於其原因，由於傳世文獻中沒有相關的記載，我們無法得知。因此，即使王國維的説法不能成立，也不能立即斷定這件鑪不是從楚國移到鄭國的而是鄭國製作的。高本漢也認爲郭氏對銘文"王子"的解釋有勉强之處，在這一點上王氏的説法比郭氏的説法好[53]。另外，筆者曾指出，新鄭發現的戈、矛與楚、吳、越等地的戈、矛有共同的特徵[54]。這座墓中發現王子嬰次鑪，這不是孤立的楚國遺物。這一點值得注意。

我們只能利用現在可知的文獻證據進行研究。如果在這個限制下作判斷，就這個嬰齊而言，應該選擇王國維説。這位嬰齊是楚共王（前590～前560年）之弟，大致從《左傳》成公二年（前589年）到襄公三年（前570年）有他活躍的記載。這件王子嬰次鑪的製作年代當是以這個年代爲中心，加上包括其前後的年代，即前6世紀的前三分之一。

---

〔50〕《王子嬰次盧跋》，王國維1921：18，6～7葉。
〔51〕郭沫若1954：2，92～99葉。
〔52〕楊樹達1959：178。
〔53〕Karlgren 1936, p. 58。
〔54〕林1972：111。

國差罈（圖7）——《春秋》成公二年（前589年）所見的齊國佐所作

此國差，許瀚認爲是齊國佐。郭沫若同意此説，并指出稱"立事歲"之例齊器多見[55]。此説可從。

圖7　國差罈，臺北故宮博物院

王子申盞（圖8）——楚共王的右司馬王子申（～前571年）所作

阮元認爲，銘文中所見嘉孋之孋是楚人呼母之詞，因此此器是楚器。他還説："楚王子名申見於《左傳》者有二，一爲共王右司馬……一爲平王長庶子，字子西……子西歷相昭王、惠王，此可直斷爲子西器也。"[56]郭沫若、張政烺也引用并同意此説[57]。

今按，此器的銘文字體有很明顯的特徵，字的寬度小，却細長，竪筆彎曲。阮氏引用的楚王酓章鐘銘的字體雖然細長，但每個筆畫之間相隔較大，竪筆的彎曲度不大，與王子申盞有一些區别。如果找字體相似的器，有約前6世紀中期的王子午鼎、楚叔之孫佣鼎（分別見於同墓出土青銅器群71、72）等。從這一點看，王子申盞的王子申當是阮元所説的兩個王子申中的前者。關於他的最早記載見於《左傳》成公六年（前585年），然後見於成公十五年和十七年，襄公二年（前571年）有他被殺的記載。可以説，這件器的製作早於襄公二年。如果説此器是前6世紀内之作，大致上不錯。

---

〔55〕郭沫若1957：考釋，202葉。

〔56〕阮元1804：7，26。

〔57〕郭沫若1957：考釋，167葉；張政烺1939：373。

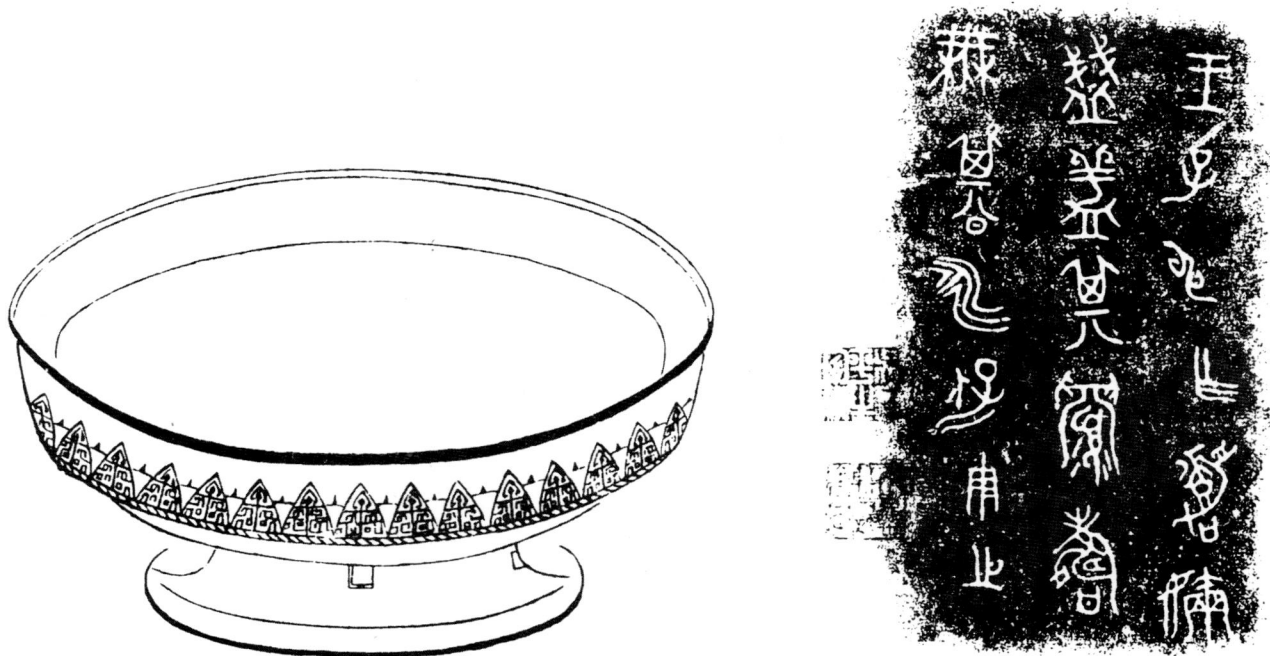

圖8　王子申盞

叔夷鐘、鎛（圖9）——齊靈公（前581～前554年）時代所作

　　銘文云"是辟于齊侯之所"，可見作器者的叔夷是齊國之臣；銘文還有"箈（桓）武靈公之所"一句，可見此器的時代屬於齊靈公（前581～前554年）時期。孫詒讓認爲銘文中所見的地名釐是萊。郭沫若同意此説，并推測銘文所講是齊滅萊翌年（前566年）之事[58]。這個可能性確實很大，但在此暫時沒有必要確定這麼精確的年代。

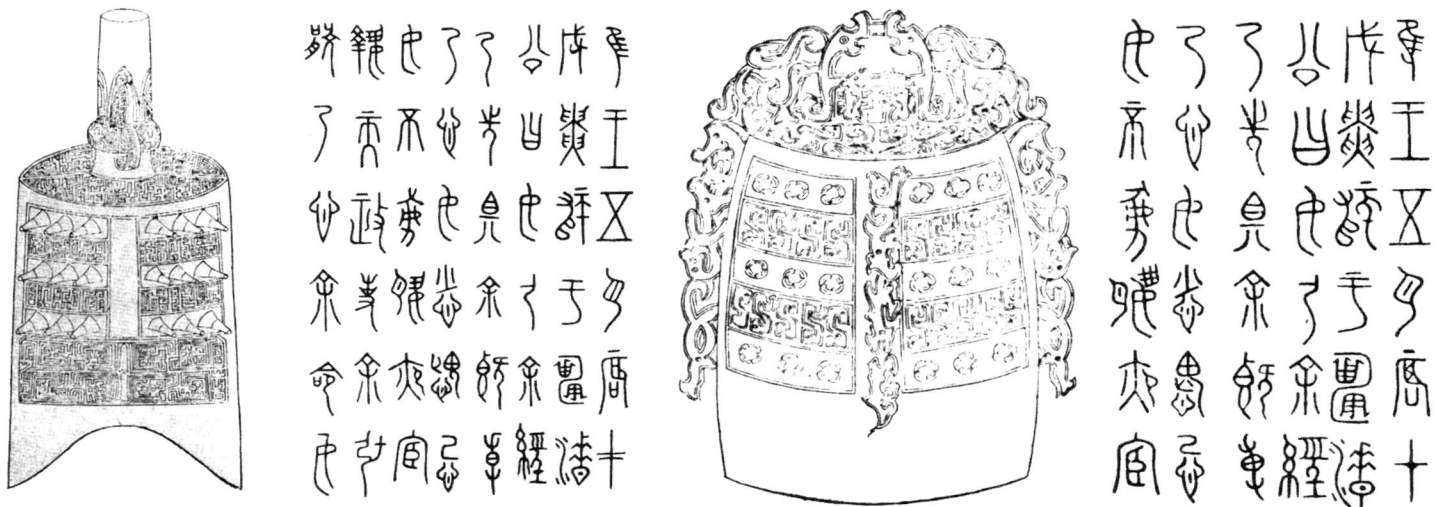

圖9　叔夷鐘、鎛（銘文省略中間部分，鐘第2～7器從略）

宋公戌鎛（圖10）——宋平公（前575～前532年）時代所作

　　銘文云"宋公戌之謌鐘"。作器者是《春秋公羊傳》昭公十年"宋公戌卒"之宋公戌，即平公[59]。此説應該沒有問題。

---

[58]　郭沫若1957：考釋，204葉。
[59]　郭沫若1957：考釋，185葉。

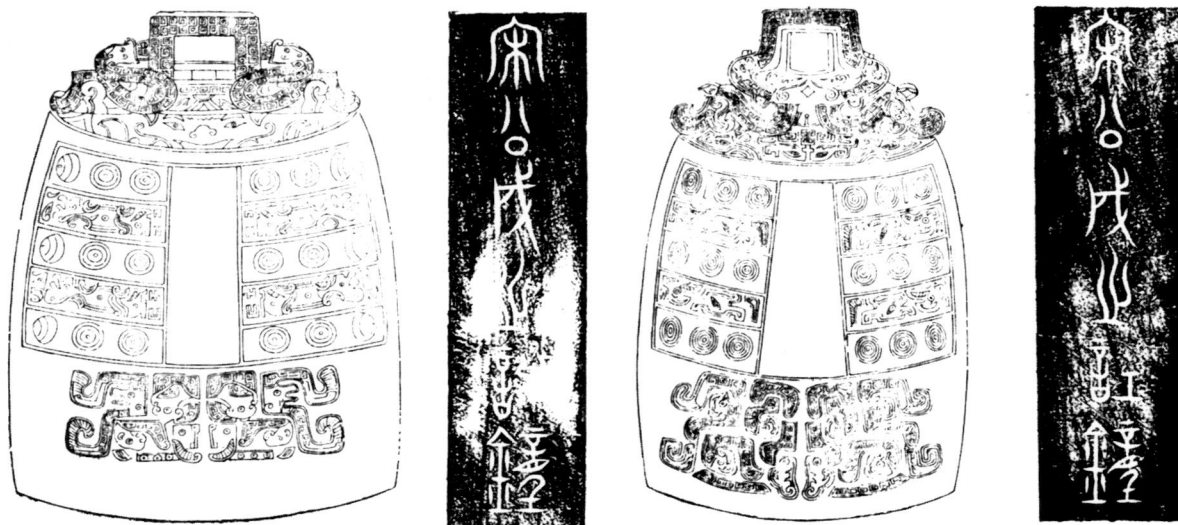

圖10　宋公戍鎛（第2～4、6器從略）

吕黛鐘（圖11）——鄢陵之役（前575年）中戰死的魏錡之子所作

銘文云"邵黛曰：余畢公之孫，邵伯之子"。王國維在《邵鐘跋》中説此邵伯之邵是魏錡以後的魏氏所稱的吕[60]。王氏説：前人把邵釋爲莒是不對的，此邵是《左傳》晋吕甥之吕。魏武子治魏，其子悼子徙治霍。霍與吕相距至近，悼子治霍，或許是治於吕。因此魏氏以吕爲氏，如魏錡稱吕錡。《世本》奪悼子一代，《史記》亦不載悼子之名，但《左傳》杜注以魏絳爲魏錡之子，《史記》則云魏絳是悼子之子，據此可知悼子即魏錡。魏錡在鄢陵之役中戰死，此器作者的邵黛當是吕錡後人。

銘文中的"邵伯"之稱始於魏錡，這一點如王國維所説。王國維説此器的作者是"吕錡後人"，其範圍比較寬。這可能是因爲魏錡之後的好幾代人都可以稱邵伯。但再進一步考慮，"邵伯"當指特定的一個人。如果有人稱自己爲"畢公之孫，邵伯之子"，此"畢公"指的是周王之子、始封於畢、魏氏祖先的畢公高。王氏也注意到了這一點。雖然畢公有好幾個人，但自己稱爲"畢公之孫"時，即使不説其名，只説"畢公"，誰都知道説的是畢公高。"邵伯之子"的"邵伯"與"畢公"同例，雖然不説名

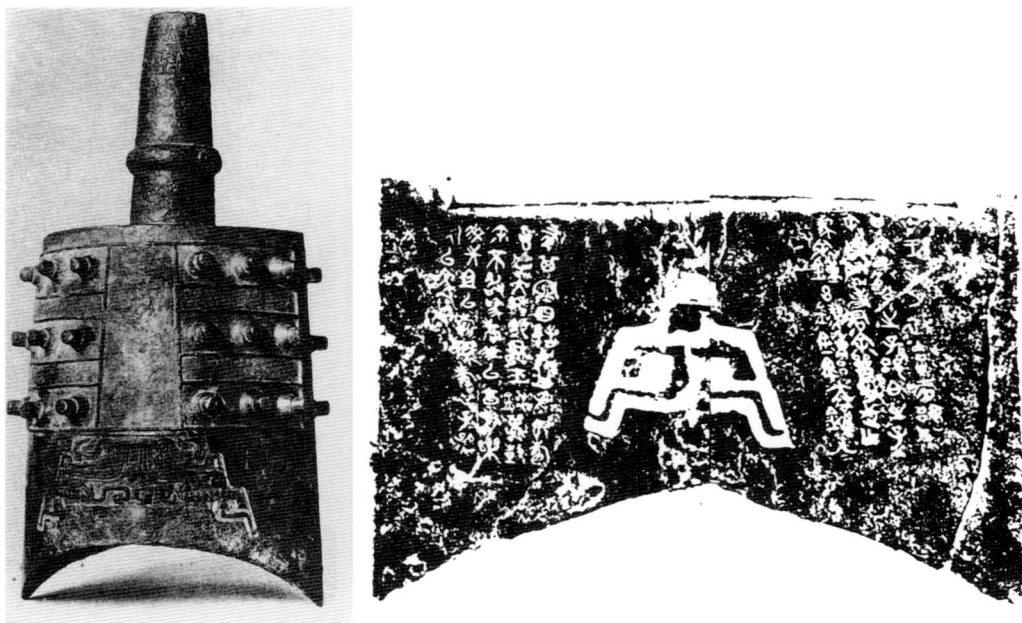

圖11　吕黛鐘（第1～6、第8～12從略），Courtesy of the Trustees of the British Museum

---

〔60〕《邵鐘跋》，王國維1921：18，4～5葉。

字，但理所當然應該知道，此“邵伯”指的是最早稱爲邵氏的“邵伯錡”。由此可知，作器者呂黛是邵伯錡即魏錡之子。

鄢陵之役發生在前575年，在這個戰役中戰死的魏錡之子鑄造的鐘應該大致屬於前6世紀中期。附帶説，劉雨認爲這件鐘的作者是魏錡之子魏絳[61]，但他的説法缺乏決定性證據，因此我們没有采納這個意見。

邾公牼鐘（圖12）——邾宣公（前573～前555年）時代所作

銘文所説的作器者邾公牼是《春秋》襄公十七年“邾公牼卒”之邾宣公牼[62]。

圖12　邾公牼鐘，上海博物館

齊侯鑑（圖13）——周定王從齊國娶妻時（前561～前559年）所作

圖13　齊侯鑑，洛陽中州渠

---

[61] 劉雨1985：21。
[62] 郭沫若1957：考釋，190葉。

張劍認爲，這件器出土在洛陽東周城附近，巨大雄偉，所以與當時的周王室有着密切的關係。春秋時代，齊侯女嫁給周王，據《左傳》，僅見兩次：一次是宣公六年（前603年），另一次是襄公十二年（前561年）。器物的形制與後者的年代符合，因此這件器的製作年代應在周靈王派人到齊國求婚的前561年以後、把齊女接回洛陽的前559年以前這段時間之內[63]。此説可從。

邾公華鐘（圖14）——邾悼公（前555～前541年）時代所作

方濬益云[64]：

> 積古齋依程易疇徵君《考工創物小記》釋邾爲周。按此文即《説文·黽部》之"䵨"，解曰："䵨䵨也。從黽、朱聲。"今攷彝器銘邾字皆作䵨䵨之象形，無從黽者。《筠清館金文録》釋邾太宰簠所説爲確。

關於邾公華，《春秋》昭公四年（前541年）有他死亡的記載。其前一代宣公的卒年是魯襄公十七年（前556年），因此這件鐘的製作年代當如上所述。

圖14　邾公華鐘，上海博物館

王子午鼎（參看同墓出土青銅器群72中的圖）——前552年卒的楚王子午作器

這件器出土於淅川下寺2號墓。此墓的發掘報告説，此器的銘文云"王子午……自作鼗彝"，又云"令尹子庚，㪷民之所敬"，這個人是《左傳》所載的楚公子午。《左傳》襄公十二年（前561年）云："秦嬴歸于楚。楚司馬子庚聘于秦，爲夫人寧，禮也。"杜注云："子庚，莊王子，午也。"[65]此説可從。

楚叔之孫倗鼎、楚叔之孫鄬子倗浴缶、倗之尊缶（參看同墓出土青銅器群71中的圖）——楚令尹蒍子馮（前552年任令尹，前548年卒）所作

這些器出土於淅川下寺1號墓。根據李零、劉彬徽等學者的研究[66]，浴缶的作者鄬子倗是蒍子馮。

---

〔63〕張劍1981。

〔64〕方濬益1935：2，25葉。

〔65〕河南省丹江庫區文物發掘隊1980：19。

〔66〕李零1981；劉彬徽1984：342和注51。

蓮子馮是上一件器的作者王子午的下一任令尹，《左傳》襄公二十五年（前548年）有他死亡的記載。王子午鼎蓋有銘文，云"佣作□鼒"。發掘報告者認爲這個佣和作器者王子午是同一人[67]。李零則認爲兩者不是同一人，此說很有道理。王子午鼎的器體不僅在器側鑄紋飾，還施加很有立體感的裝飾，鑄造得很精緻。蓋則與此不同，一看就知道是趕造的，素紋，厚重，銘文是刻銘。器和蓋顯然不是同時製造[68]。可能鄬子佣在接受了王子午的這件器之後，因爲某種原因匆忙地補上了蓋子。

洹子孟姜壺（圖15）——齊景公早期、景公三年（前545年）以後所作

郭沫若認爲銘文中所見的作器者洹子和孟姜是田桓子和他所娶的齊侯之女孟姜，銘文開頭"齊侯女器㦵喪其殷"之"殷"讀爲《爾雅·釋親》"婦稱夫之父曰舅"之"舅"，即田桓子之父田文子。他還說"景公三年田文子猶在（見《左傳》），則此器殆景公初年之物"[69]。此說可從。

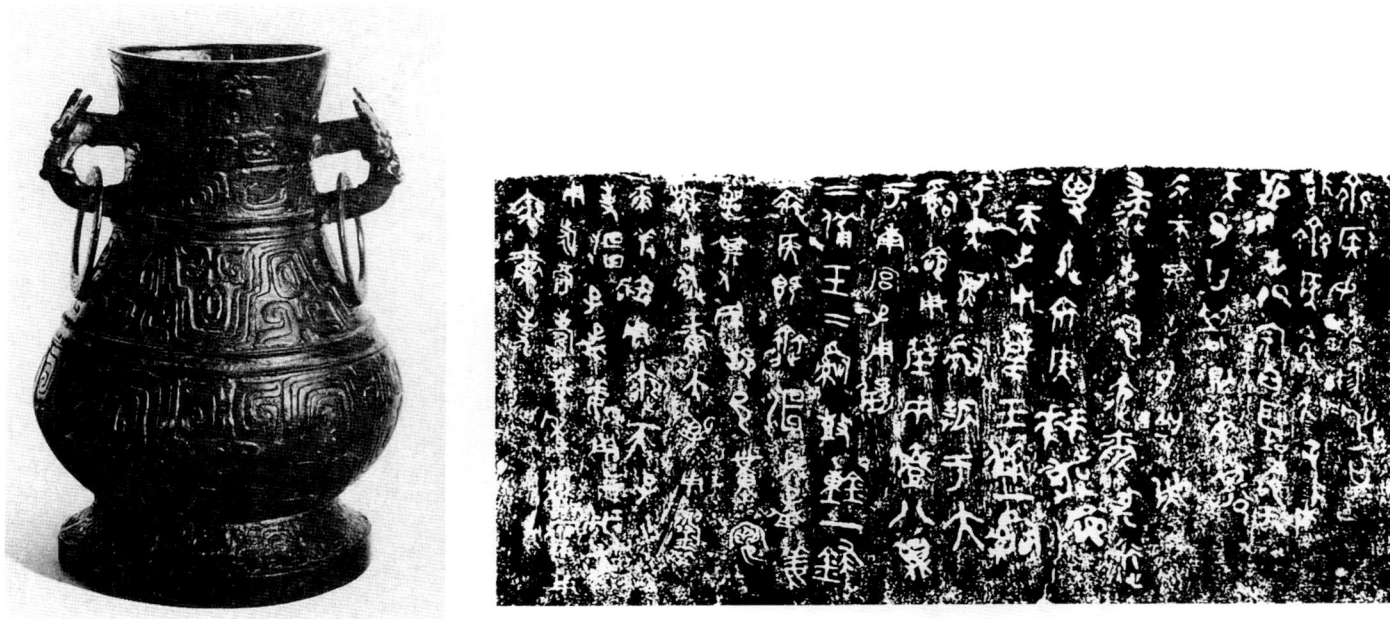

圖15　洹子孟姜壺（第2器從略），上海博物館

公孫竈壺（參看同墓出土青銅器群65中的圖）——齊公孫竈執政時（前545～前539年）所作

臨朐楊善公社發現。報告者齊文濤說[70]，銘文"公孫竈立事歲"之公孫竈是公孫竈，即子雅[71]。《左傳》襄公二十八年條云，子雅參與了齊國倒慶氏的政變。此後他上臺執政，死於齊景公九年（前539年）。這件壺的銘文說"立事歲"，其製作年代應該在公孫竈當權的年代之內，即前545～前539年。此說可從。

郐王義楚盥盤（圖16）——《左傳》昭公六年（前536年）有記載的徐王義楚之器

江西省靖安縣水口公社出土。有學者指出，銘文中所見的作器者郐王義楚是《左傳》昭公六年（前536年）有記載的徐義楚[72]。此說可從。此外，據說光緒十四年（1888年）江西省高安偶然發現的

---

[67] 河南省丹江庫區文物發掘隊1980：19。

[68] 筆者在黃河文明展覽（1986年於東京國立博物館）中看過這件器。

[69] 郭沫若1957：考釋，213葉。

[70] 齊文濤1972：13～14。

[71] 公孫竈見於《呂氏春秋·慎行論》，高誘注云："公孫竈，惠公之孫，公子欒堅之子。"

[72] 江西省歷史博物館、靖安縣文化館1980：13。

銅器群中有觶形器物，器表從頸部到腹部的部分有"邾王義楚"和"義楚"銘文[73]。器形是西周中期的形制，與銘文年代不合，銘文的位置也不同常例。根據筆者在臺北故宮博物院進行的調查，此器是偽造的。恐怕本來有內容相同的真銘，某些人參考它製作了這個銘文[74]。

圖16　邾王義楚盥盤，靖安水口公社

僮兒鐘（圖17）——前536±20～30年所作

　　銘文云"曾孫僮兒……曰'余義楚之良臣'"。自從《積古齋鐘鼎彝器款識》以來[75]，各家都把它斷句爲"余義，楚之良臣"，郭沫若則理解爲"余，義楚之良臣"，認爲此義楚是《左傳》昭公六年（前536年）所見的徐儀楚[76]。此説可從。既然作器者是魯昭公六年（前536年）出現的人物之臣，可以認

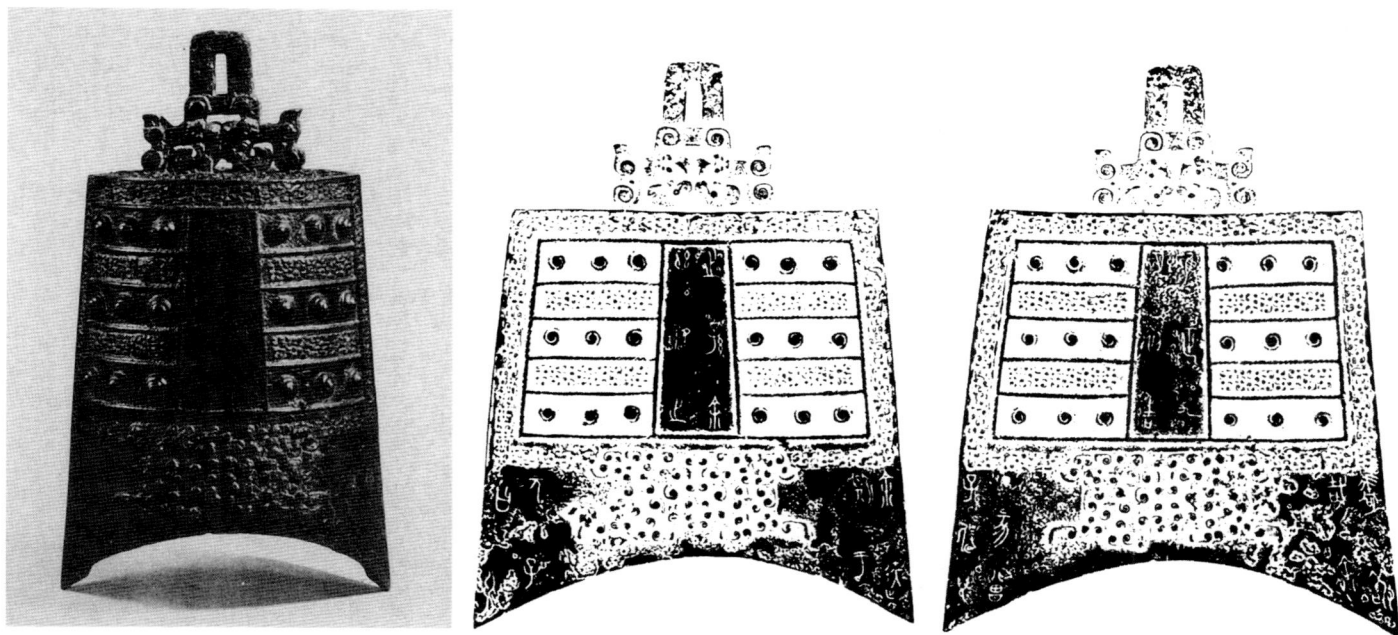

圖17　僮兒鐘（第1、第3器從略），上海博物館

---

〔73〕羅振玉1935：中，1葉；容庚1936，圖143；容庚1941：上，406～407。
〔74〕筆者曾經以爲這兩件器是真品，在一篇論文中引用過（林1964：265～266）。現在要修正這個看法。
〔75〕卷3，3葉。
〔76〕郭沫若1957：考釋，163葉。

爲此器的時代大致屬於這一年的二三十年前到二三十年後的範圍。

蔡侯朱盥缶（圖18）——蔡侯朱（前522～前521年）時代所作

這件盥缶是1958年在湖北宜城安樂坨附近偶然發現的。關於銘文中所見的作器者"蔡侯朱"，報告者作考釋，說：蔡侯朱是平侯的太子，在魯昭公二十年（前522年）平侯死後即位。翌年冬，蔡侯朱被靈侯（平侯的上一代國君）之孫東國逐出國境，出奔楚國。此器的出土地宜城是前504年楚國遷都之地。此器在宜城出土，説明蔡侯朱隨楚遷都移到此地[77]。此説可從。

蔡侯朱的在位年數只有兩年，這件盥缶應在蔡侯朱在位期間鑄造的。蔡侯朱是被國人逐出蔡國國境、亡命楚國的人。他不大可能在亡命時自稱"蔡侯朱"，并鑄造青銅器銘文[78]。

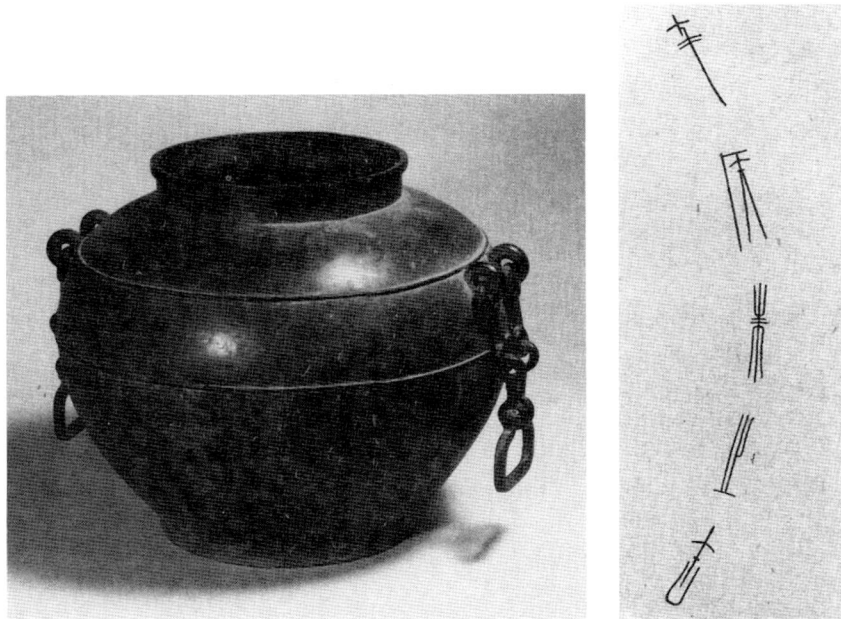

圖18 蔡侯朱盥缶，宜城安樂坨

蔡侯龖諸器（參看同墓出土青銅器群70中的圖）——蔡悼侯（前521～前519年）所作

關於銘文中所見的作器者"蔡侯龖"是史書中的哪一個蔡侯，過去有很多爭論。平侯盧（前529～前522年）、悼侯東國（前521～前519年）、昭侯申（前518～前491年）、成侯朔（前490～前472年）、聲侯產（前471～前457年）等，從前6世紀中期到前5世紀中期的各代蔡侯都被提到了[79]。但這些説法都缺乏決定性的證據。關鍵的表示蔡侯名的"龖"字不見於古書，中間的"叡"可以釋爲"睘"，但我們無法確定剩下的"龘"相當於現在的什麼偏旁。因此，怎麼解釋表示蔡侯名的字、把這個人看作史書中的哪位蔡侯，我們只能靠猜測。

考慮蔡侯龖諸器年代的最重要的綫索是，蔡侯龖盤和尊的銘文中所見的"元年正月初吉辛亥"這一紀年。唐蘭認爲，春秋時代的銅器銘文中，"元年"一般都是周王元年。周王元年的正月初吉中有辛亥日的只有敬王元年（前519年）。假設"元年"是蔡侯的元年，其正月辛亥都不是初吉[80]。黄盛璋也

〔77〕 仲卿1962。

〔78〕 《左傳》昭公二十年云："齊侯使公孫青聘于衛。既出，聞衛亂，使請所聘。公曰：'猶在竟内，則衛君也。'乃將事焉。"當時衛侯出奔，到了一個叫死鳥的地方。齊侯認爲衛侯還在衛國境内，就是衛國的國君。因此齊侯讓使者去他那兒聘問（但衛君以宗廟不在這兒爲由謝絶聘問）。蔡侯朱既然出境亡命國外，別人就不用説了，連自己也無法承認自己是"蔡侯"。

〔79〕 參看王人聰1985：321～322。王氏主張昭侯説。此外，郭若愚先生主張成侯説（郭若愚1983：83）。

〔80〕 五省出土重要文物展覽籌備委員會1958，序言第5頁。

同意此説[81]。這個器銘的絕對年代是周敬王元年，這一點是不可動搖的。如果史書記載不誤，當時的蔡侯是悼侯東國（前521～前519年）。

悼侯的下一代昭侯遷都到州來，這是蔡侯麟諸器出土墓葬所在的地方。從這一點看，蔡國遷都時，悼侯墓也一起被移到州來。悼侯是前519年死的，但帶有吳王光（前514～前496年）銘的鑑與悼侯所作器一起埋葬在墓中，這是遷移墓葬時加在隨葬品中的。蔡侯墓出土了大量的殘鐘片和殘銅片，這些殘片各裝於一箱。我們認爲，遷移墓葬時，這些器物已經碎了；當時無法收回所有殘片，所以成爲我們能看到的情形。另外，此墓出土的佩玉飾物在發現時排列得很整齊[82]。游壽和徐家婷認爲這是改葬時重新排列的[83]。這篇論文認爲蔡侯器銘文的"蔡侯麟"是蔡平侯盧（前529～前522年），墓主是蔡昭侯（前518～前491年）。雖然他們的結論與筆者不同，但筆者同意他們根據墓中遺物的出土狀態考慮改葬的可能性*。

宋公繺鼎（圖19）、簠（參看同墓出土青銅器群69中的圖）——鼎：宋景侯（前516～前453年）時代，簠：約前6世紀末所作

黃伯思對宋公繺鼎作考釋，指出銘文中的宋公繺是宋景公欒[84]。撰寫年代大致相同的《博古圖録》也説同樣的看法[85]。此説應該没有問題。至於簠，根據銘文可以知道也是宋公繺所作。這件簠的發掘報告説，這是宋公繺爲其妹妹出嫁時所作的陪嫁。這座墓的墓主是30歲左右的女性，發掘報告據此認爲死者很可能是宋景公的妹妹，死後隨葬這些陪嫁品[86]。這個推論在邏輯上有缺陷，但不管怎樣，既然這些器是宋公繺在他妹妹出嫁時製作的器，當時作器者也還年輕。就絕對年代而言，可以説這些器的製作年代大致是前6世紀末。

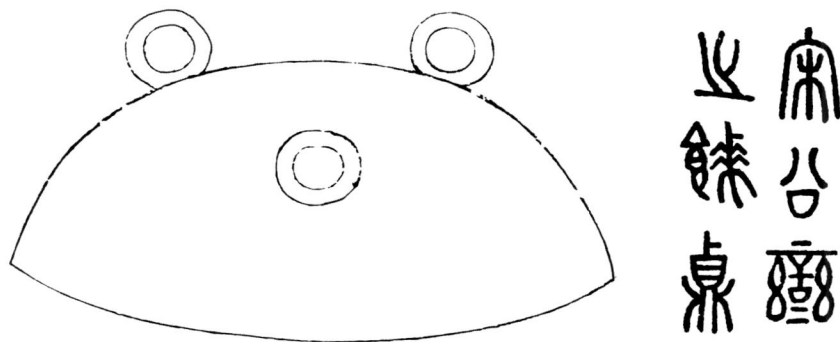

圖19　宋公繺鼎

---

[81] 黃盛璋1958：334～335。
[82] 安徽文管會等1956，圖版貳，1。
[83] 游壽、徐家婷1980：115～116。
[84] 《東觀餘論·周宋公鼎説》。
[85] 卷3，37葉。
[86] 固始侯古堆一號墓發掘組1981：7。

＊　譯按：林先生對游壽、徐家婷1980的理解恐怕有誤，游、徐二位并没有説這座墓是改葬過的。游、徐論文的相關原文如下：

壽縣蔡侯墓墓主應是昭侯。因爲，墓中主棺位置上只有佩玉飾物，却無主人骨架……佩玉飾物平列整齊如手所置，無擾亂之迹，想必下葬時只有玉飾衣物而無墓主屍骨，衣物朽滅，無墓主人骨架，想是昭侯先死於民家之故……春秋魯哀公四年（公元前491年）春昭侯死，冬始葬，當時，成侯朔將宗廟器物包括不完整的編鐘、王室珠寶以至婚姻媵器……盡行納入昭侯墓中，是可以作這樣的理解的。

禺邗王壺（圖23）——從黃池之會舉行的那年（前482年）到黃池之會結束後不久之間所作

銘文云"禺邗王于黃池爲趙孟斨邗王之惹金台爲祠器"。關於這件壺，有唐蘭、陳夢家、孫海波等學者的解釋[91]，其中陳夢家的解釋似乎最好。陳夢家指出銘文中的禺邗王和邗王是吳王。因爲銘文中出現吳王、黃池、趙孟，陳氏認爲此銘文記載的是魯哀公十三年（前482年）的黃池之會，趙孟是趙鞅簡子。至於銘文，他理解爲"禺邗王（夫差）于黃池，爲（因）趙孟（鞅簡子）斨（予）邗王之惹金（敬金），以爲（作）祠器"。按照這個解釋，銘文的語法結構很複雜。但如果不這麼解釋，文義就無法講通。這件壺的製作可能在前482年黃池之會以後、離黃池之會不久時。

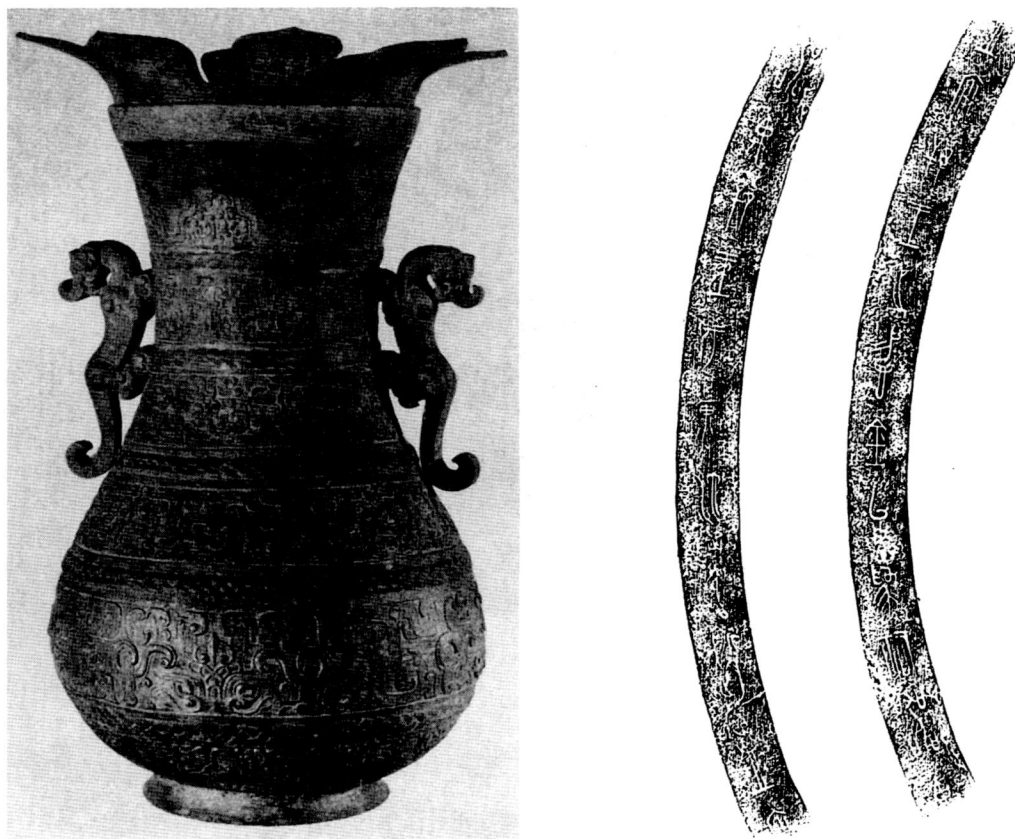

圖23　禺邗王壺（第2器從略），Courtesy of the Trustees of the British Museum

越王者旨於賜鐘（圖24）——越王鼫與（前464～前445年）時代所作

郭沫若把越王者旨於賜鐘的作者名釋爲"者召於賜"，對這個人進行了考釋。他列舉關於越世系的各種說法，認爲《竹書紀年》最可信，并懷疑"者召於賜"是諸咎粵滑[92]。但此說有一個問題。正如郭氏自己所說，諸咎粵滑"七月弑父，十月即遭殺，與本鐘之者召俑王而有正月者不符"。郭氏對此作解釋，說"該諸咎于弑父之前早已僭俑王號"[93]，但這個解釋有勉強之嫌。

1959年發掘的淮南市蔡家崗趙家孤堆2號墓中，□王者□於賜戈與蔡聲侯（前469～前457年）劍一起出土。陳夢家據此認爲者旨於賜不是諸咎粵滑（前375～前363年），而是越王句踐之子、《竹書紀年》所謂的鹿郢。陳氏說，句踐之子，《國語·吳語》作"諸稽郢"，《越絕書》作"與夷"；"諸稽"是"者旨"的對音，"與夷"是"於賜"的對音。因此這個人是句踐和不壽之間的越王、《竹書紀年》所謂

---

〔91〕　唐蘭1937，陳夢家1937，孫海波1939。

〔92〕　郭沫若1957：考釋，補1～2葉。

〔93〕　正月丁亥是周代金文中常見的銅器製作的日期，極有可能是虛假的吉祥日期。

的鹿郢，即《史記》所謂的鼫與（前464～前445年）[94]。

　　陳夢家根據□王者□於賜戈與蔡聲侯劍同時隨葬的現象，認爲如果者旨於賜是諸咎，諸咎與蔡聲侯時間相隔太長了。這個意見很對。因爲這座墓出土的車馬器等其他遺物的製作年代都與蔡聲侯劍差不多，如果只有這件戈的時代特別晚，那很不合理。然而陳夢家的論證也有問題。他認爲諸稽郢與者旨於賜是同一人，但諸稽郢是越國的大夫，而不是太子。陳夢家説，《史記·越王句踐世家》"使范蠡與大夫柘稽行成，爲質於吳"，《國語·吳語》作"乃命諸稽郢行成於吳"，這個諸稽郢疑是句踐的下一代越王鼫與[95]。這個解釋是不對的。《史記》中，大夫之名作柘稽，太子之名作鼫與，柘稽和鼫與是兩個不同的人的名字，不可能是同一人。既然兩者是兩個不同的人，越王的者旨於賜不可能是大夫的諸稽郢。

　　林澐指出，者旨於賜的"旨"的寫法與國差罅"用實旨酒"的"旨"字作 𣧑 相同，當以容庚釋旨爲是。林氏認爲，者旨於賜是句踐之子鼫與，"者"與"鼫"、"於"與"與"古音相通[96]。此説妥當，當可從。

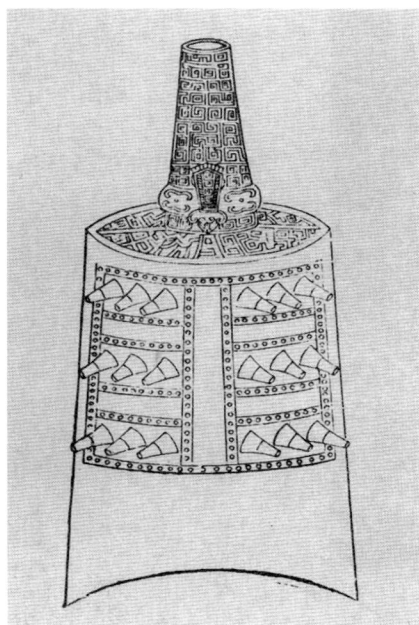

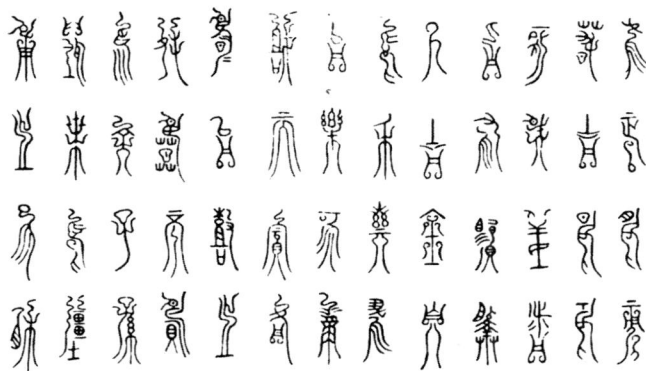

圖24　越王者旨於賢鐘

智君子鑑（圖25）——智伯滅亡（前453年）以前所作

　　銘文云"智君子之弄鑑"。唐蘭説，此器的紋飾與渾源李峪所出殘盤相似。李峪所出劍的銘文有"玄鏐鑄呂"、"朕余"之詞，這些詞是春秋末年或戰國初年使用的詞，據此可知李峪銅器群的時代。智君子鑑的紋飾與趙孟庎壺也相似，這件壺是前482年黃池之會後的作品。金文中所稱"某君"之"某"都是國或封邑之名。可見鑑銘"智君子"（智君之子）之智也是國邑之名，即晉之智氏。智氏有七世，難以確定此智君是智氏的哪一位。雖説如此，鑑銘的書法比屬羌鐘（前404年作）早，而與令狐君嗣壺（晉大夫令狐氏之作，時代大致屬於前5世紀後半）頗相似。因此，此鑑可能是前453年被三晉滅亡的智襄子瑤之作。銘文"智君子之弄鑑"可以理解爲"智君爲其子所作的弄鑑"[97]。此説大致可從[98]。如唐

---

[94] 陳夢家1963：382。

[95] 陳夢家1955：102。

[96] 林澐1963。

[97] 唐蘭1938。

[98] 但唐氏把"智君子"理解爲"智君之子"這一點，筆者無法贊同。有一件銅器銘文云"君子之弄鳥"（Pope et al. 1967, p. 573），辭例與這個銘文相同。如果此"君子"構成一個詞，"智君子"也只能理解爲"智之君子"。

氏所説，這件器是智氏族人所作，而且是智氏滅亡前夕時所作。

圖25　智君子鑑（第2器從略），Courtesy of the Freer Gallery of Art, Smithsonian Institution, Washington D.C.

楚王酓章鏄（參看同墓出土青銅器群102中的圖）——楚惠王五十六年（前433年）所作

此器1978年出土於隨州擂鼓墩一號墓。同銘的鐘在宋代被發現，有銘文摹本流傳[99]。郭沫若云[100]：

　　薛尚功引趙明誠《古器物銘》云：“楚惟惠王在位五十七年，又其名爲章，然則此鐘爲惠王作無疑。”今案酓段爲熊，近出楚王鼎幽王熊悍作酓忎，正爲互證。

此説應該没有問題。

曾侯乙諸器（參看同墓出土青銅器群102中的圖）——離楚惠王五十六年（前433年）不遠時所作

1978年隨州擂鼓墩1號墓出土。曾侯乙諸器都有“曾侯乙祚（作）時（之）。甬（用）冬（終）”的銘文。這座墓出土的楚王酓章鏄銘文説楚王酓章爲曾侯乙製作宗彝，此曾侯乙與作器者曾侯乙無疑是同一人。關於這件鏄的年代，上文已經講過了。如這座墓的發掘報告所説[101]，曾侯乙製作器也應該離這個年代不遠。

屬羌鐘（圖26）——周威烈王二十二年（前404年）後不久所作

銘文開頭説“唯廿又再祀”，然後講述作器者屬羌的征戰事迹。關於這個紀年是誰的二十二年的問題，有各種説法。筆者同意唐蘭和陳夢家的意見，采用周威烈王二十二年説[102]。筆者曾詳細討論過這一點，在此不贅述。這件鐘的製作年代應該離這一年不遠。

---

〔99〕　參看郭沫若1957：目録表，12葉。
〔100〕郭沫若1957：考釋，165～166葉。
〔101〕隨縣擂鼓墩一號墓考古發掘隊1979：13。
〔102〕林1972：585～594。

圖26　驫羌鐘（泉屋博古館第2器，其他器從略），泉屋博古館

邵王之諻簋（圖27）——楚悼王（前401～前379年）之母所作

除了這件簋以外，還有兩件簋[103]和一件鼎[104]根據銘文可以知道同時製作，但其器形不得而知。張政烺認爲這件器的作者是楚昭王[105]。他首先根據銘文字體和簋的紋飾認爲這是春秋之物。其次，他説這件器的形制與壽縣朱家集所出楚銅器群中諸簋相同，這件器當是楚國銅器，銘文中的邵王是楚昭王。另外，關於銘文“邵王之諻”之“諻”，張氏讀爲《方言》第六“南楚瀑洭之間母謂之媓”之“媓”。

首先看張政烺談到的紋飾。容器部分側面的紋飾是用凸綫畫輪廓的罔兩紋。這種罔兩紋見於春秋晚期前半的壽縣蔡侯墓出土壺上，但曾姬無卹壺也使用類似的紋飾[106]。如下所述，曾姬無卹壺作於宣王二十六年（前344年）。據此可知，這種罔兩紋是長期使用的傳統紋飾，這種紋飾不能用以斷代。

簋座側面的紋飾由蜿蜒曲綫構成，這些曲綫用好多平行綫表現，平行綫中間排列黑點。目前可知的資料中没有可以與此相對照的紋飾。如果只關注中間排列黑點的平行綫這一點，可以想到信陽長臺關1號墓出土敦的動物形鈕側面[107][108]*、陳仁濤1952・C–1敦的鈕。這兩件器物都屬於戰國ⅡA，前者當然是楚器。

簋座頂部的紋飾，主要由逗號形和寬幅、無地紋的帶狀G形構成，空白處用黑點填充。以黑點爲地紋、由風格相同的動物形和逗號形構成的紋飾亦見於長沙瀏城橋1號墓出土鼎上[109]。江陵雨臺山楚

〔103〕 商承祚1935：遐，3～5葉；羅振玉1936：7，17葉。
〔104〕 羅振玉1936：7，17葉。
〔105〕 張政烺1939。
〔106〕 參看第二編第九章罔兩紋條、圖版9–9～14。
〔107〕 器影圖版敦69。
〔108〕 河南省文化局文物工作隊1959，五三。
〔109〕 湖南省博物館1972，圖三，上。

* 譯按：原版正文没有標記注〔108〕的位置，我們根據文意放在此處。林先生可能原來打算把注〔107〕和〔108〕合并，因此删掉了正文中的注〔108〕的標記，但後來忘了對其他部分作相應調整。

墓的發掘報告說，瀏城橋1號墓出土的陶製明器鼎、缶*、簠、敦與江陵雨臺山第三期的器物形制基本相同[110]，是很有道理的。發掘報告還指出，瀏城橋1號墓出土的陶壺與隨州擂鼓墩1號墓出土的陶壺形制相同，據此認為雨臺山第三期的年代應為戰國早期（約前5世紀中期到前4世紀初）[111]。與瀏城橋陶壺相似的不是隨州擂鼓墩1號墓出土器，而是2號墓出土器。從出土器物的形制看，2號墓的年代比1號墓要晚一些，應當屬於筆者所謂的戰國ⅠB。瀏城橋1號墓的出土器物也應該看作這個時期的器物。

關於邵王之諻簠的紋飾，還有犧首耳朵的紋飾值得討論。這是用S形平行綫把無地紋的圓形包起來的紋飾。這種紋飾見於上引信陽長臺關1號墓出土敦的獸形鈕下部。

其次看張政烺談到的器形。因為這種有臺座的簠出土例很少，不能據此認為這種簠是某個國家特有的形制。再看張政烺談到的銘文字體，這一點的情況也差不多，由於春秋戰國時代各國的青銅器銘文數量不多，目前不能根據字體的書式、風格等判斷國別。

綜上所述，從紋飾看，雖然不是決定性的根據，但有些器物具有相似的特徵。它們都是大約前4世紀的楚式青銅器，其範圍可以限定。根據這個綫索考慮，如下文所述，江陵望山1號墓出土竹簡中出現的楚先王中有悆王，此悆王是悼王（前401～前379年）。如果此簠的邵王與悆王是同一人，這個時代屬於根據紋飾限定的範圍內。既然銘文說這是邵王之母的器，可知這是悼王即位後製作的。[112]

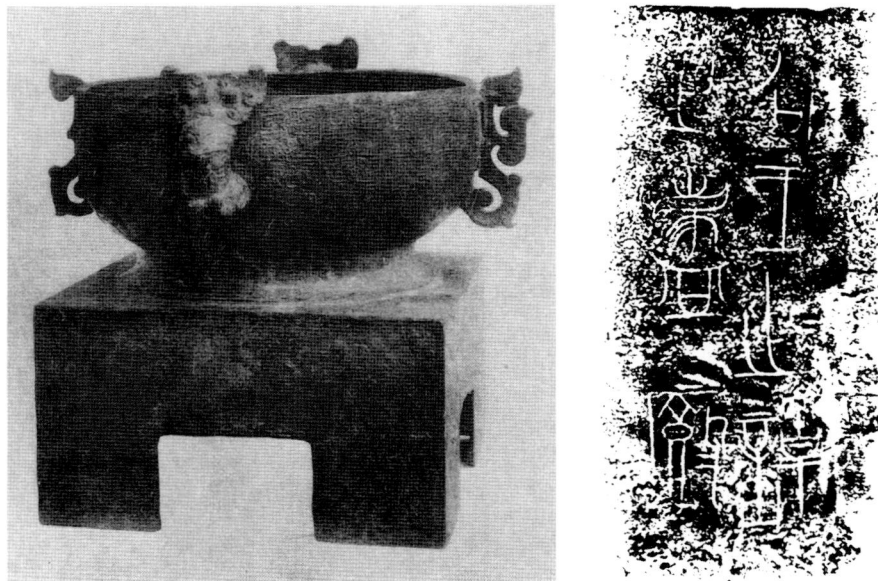

圖27　邵王之諻簠

公朱鼎（圖28）——周安王十一年（前391年）所作

器銘云"十一年十一月乙巳朔……鑄鼎"，蓋銘云"公朱左官"。黃盛璋首先引用其他器物中所見的"左官"的例子，證明這個銘文屬於東周[113]。其次，他把公朱鼎的銘文格式與顯王二十九年（前340年）的東周左官壺進行比較，認為前者比後者要古老一些。早於顯王的戰國周王中，在位年數超過

[110]　湖北省荆州地區博物館1984：135。
[111]　湖北省荆州地區博物館1984：135～139。
[112]　郭沫若1957：考釋，157葉。†
[113]　黃盛璋1981：41～42；注8。

---

*　譯按：此"缶"當是"壺"之誤。

†　譯按：原版正文沒有標記注[112]的位置，與此注相應的正文也沒有。郭沫若1957：考釋，157葉所載的是姑馮句鑃的考釋，其內容與邵王之諻簠（注[111]）或公朱鼎（注[113]）毫無關係。

十一年的有安王。翻檢汪曰楨《長術輯要》和新城新藏《東洋天文學史研究》的《戰國秦漢長曆圖》，安王十一年十一月爲甲辰朔，有一天之差。戰國時代因無日食或月朔記錄，單憑曆法演算，所以前後容有一天之差[114]。其他周王的十一年十一月朔日的干支都與公朱鼎銘不符。因此這個銘文的日期當是周安王十一年。此説可從。

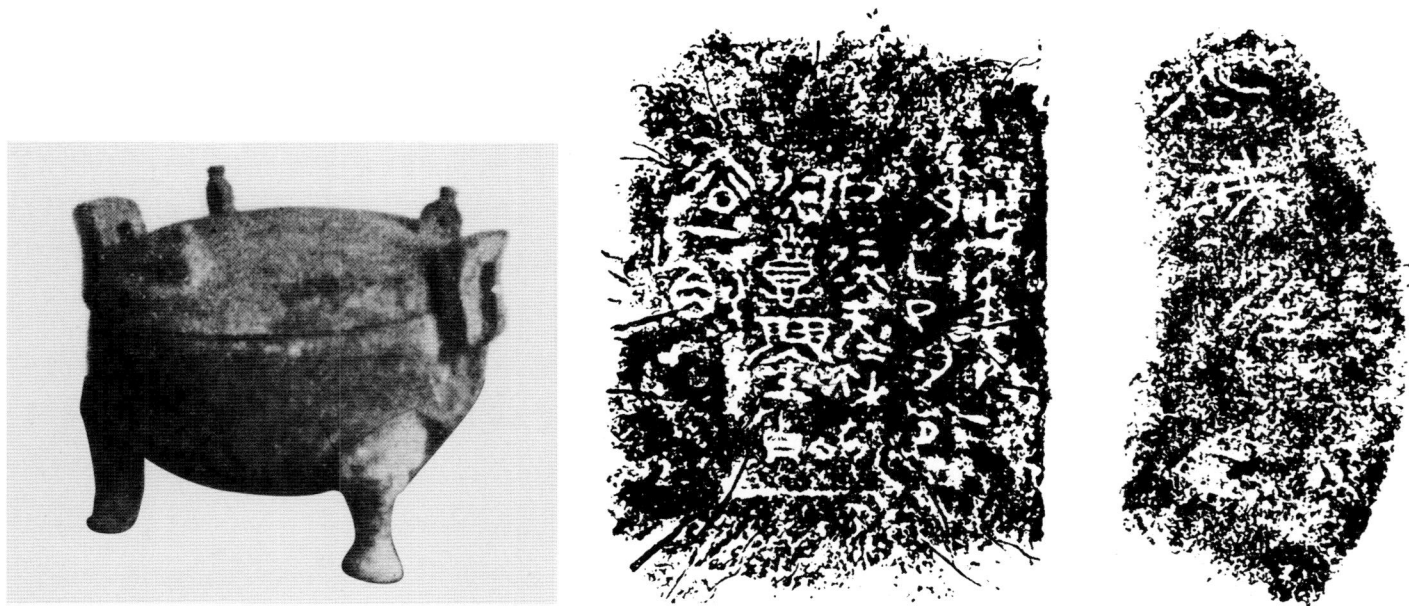

圖28　公朱鼎，臨潼

哀成叔鼎、豆、釦（參看同墓出土青銅器群98中的圖）——鄭康公（前395～前375年）死後大約20年以內所作

鼎銘云：

正月庚午，嘉曰：余鄭邦之産，少去母父，作鑄飤器黃鑊。君既安叀，亦弗其懋蔓。嘉是惟哀成叔，哀成叔[115]之鼎，永用禋祀，死于下土，台事康公，勿或能訇。

豆、釦銘分別云：

哀成叔之䜧（登）。
哀成叔之鈇（釦）。

這三件器都是同一座墓葬所出，銘文都説"哀成叔之某器"，顯然都是哀成叔之器。其中的鼎有年代的綫索。這個銘文的内容非常特殊，沒有其他類似的例子，因此有必要在此略加説明。銘文的内容如下：

正月庚午之日，嘉説（如下文所説，嘉是哀成叔。張政烺認爲嘉是家人對死去的哀成叔使用

---

〔114〕　黃盛璋説，用新城氏的長曆圖檢查，安王十一年十一月爲乙巳朔，與銘文一致。但新城氏長曆圖這個位置的干支號碼是41，即甲辰。

〔115〕　銘文寫作"哀₌成₌叔₌"，這當然是重複讀"哀成叔"的意思。蔡運章認爲這是表示固有名詞的符號（蔡運章1985：58），不可從。

的美稱[116]）："我在鄭國出生，少年時代就離開了父母之國鄭國。我在此鑄了炊器黃銅鼎。君（即下文的康公）已經安息，不會恙蔓。嘉就是哀成叔，哀成叔的鼎永遠用作禮祀。嘉雖然被埋在土中，但要用這件器來侍奉康公，不能有所懈怠[117]。"

如張政烺所指出[118]，哀成叔死後，他的家人鑄造了這些鼎等，并把它們隨葬在哀成叔墓中，但形式上説哀成叔本人爲祭祀康公而製作這些器物。筆者曾指出[119]，根據簡報，蓋頂有三個近似鳥形的裝飾，鳥目爲穿孔，但孔内範泥尚存，説明此器是新鑄器[120]。這可以證實我們根據銘文所作的如上判斷。

關於這件鼎的年代，哀成叔是鄭人，爲祭祀他的主公康公而製作器物，據此可以推測此器的製作大致在鄭康公（前395～前375年）死後二十年以内。因爲鼎銘開頭説正月庚午，趙振華曾檢索康公死後的"正月庚午"出現年[121]。但如張政烺所説[122]，這個日期在青銅器銘文中很常見，可以認爲在周人的心目中這是鑄造青銅器的吉日。此"正月庚午"是鑄造青銅器的真實的日期還是虛擬的日期，是一個問題。

有人認爲哀成叔鼎、豆和勺的形制與洛陽中州路第三期2729號墓的35號鼎、31號豆以及中州路第一期2415號墓的6號勺相類，因此哀成叔墓屬於春秋晚期[123]。關於中州路的那件勺，由於發掘報告的照片不清晰[124]，難以比較。就鼎和豆而言[125]，容器部分的底部稍微收縮，而哀成叔器底部鼓起，兩者特徵的差别是很明顯的。此外，李學勤認爲哀成叔鼎銘文中出現的康公是周頃王子劉康公，并根據《左傳》的記載認爲劉康公的死在前578至前559年之間[126]。這個年代太早了，與哀成叔鼎的器形完全不符。

陳侯午敦、簋（圖29）——田桓公十四年（前361年）所作

兩件敦和一件簋的銘文都有相同的紀年，云"惟十又四年塦侯午以群諸侯獻金作……"。簋銘現在只能看到銘文下半，但内容相同。這些器無疑是田齊桓公午十四年所作。《史記·田敬仲世家》説桓公的在位年數是六年，《索隱》早已指出這個記載有誤[127]，吳式芬説這個銘文能够證明桓公的在位年數確實不止六年[128]。

郾侯載豆（圖30）——燕成侯（前358～前330年）時代所作

由於没有器物圖或照片，在此没有引用，但這位郾侯所作的器還有簋，其銘文把作器者名寫作

---

〔116〕 張政烺1981：28。

〔117〕 "𠘧"讀爲"怠"是從張政烺1981：33的意見。

〔118〕 張政烺1981：28、33。

〔119〕 林1984：150*。

〔120〕 洛陽博物館1981：65。

〔121〕 趙振華1981：69。

〔122〕 張政烺1981：27。

〔123〕 洛陽博物館1981：66；蔡運章1985：61。

〔124〕 中國科學院考古研究所1959，圖版肆伍，1。

〔125〕 中國科學院考古研究所1959，圖版伍捌，1、2。

〔126〕 李學勤1984：22～23。

〔127〕 關於桓公的在位年數，參看陳夢家1955。

〔128〕 吳式芬1895：3之1，8葉。

＊ 譯按：中文版第165頁。

圖29　陳侯午敦、簋（簋：臺北故宮博物院）

"郾侯軍"。關於此 "軍"，吳榮光和吳式芬釋爲載，吳大澂釋爲軍[129]，但他們都沒有加以說明。郭沫若認爲 "軍" 所从的 "ナ" 與金文、古璽文 "在" "存" 所从的 "才" 相同，可見此字从車才聲，即从車戈聲（戈，从戈才聲）的載字[130]。如郭氏所說，郾侯載是燕成侯載[131]。

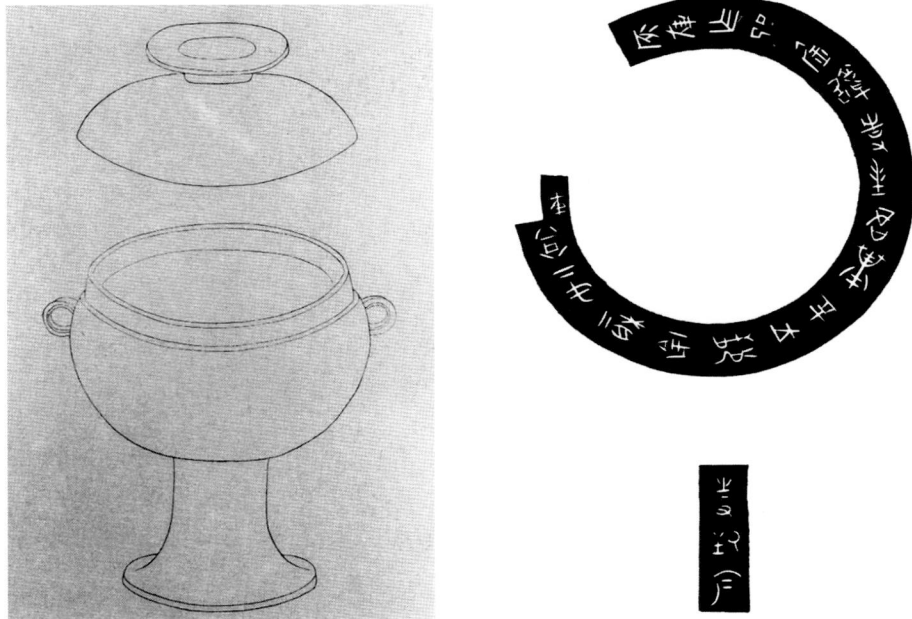

圖30　郾侯載豆

陳侯因資敦（圖31）——齊威王（前356～前319年）時代所作

銘文云 "惟正六月癸未，墜侯因資曰：皇考孝武趄公……"。吳式芬引用翁祖庚的說法，認爲齊與資二字古音相通，云："陳因資即齊威王。《史記》威王名因齊而此作因資者，古齊資字通。" 他還說銘文中的桓公是桓公午[132]。此說可從。

圖31　陳侯因資敦

---

[129]　吳榮光1842：5，8葉；吳式芬1895：2之3，66葉；吳大澂1881：附，33葉。

[130]　郭沫若1954a：211～212葉。

[131]　楊樹達說，軍是《說文》鼙字，鼙从龶省聲，軍从ナ聲，讀音相同（楊樹達1959：45，《郾侯軍彝跋》）。但這個時候的金文 "ナ" 不作𠂇形。這個構件如果是 "ナ"，作𠂇形才對。

[132]　吳式芬1895：3之1，76～77葉。

曾姬無卹壺（圖32）——楚宣王二十六年（前344年）所作

同銘同製的器物有兩件。這件器在1932年壽縣朱家集楚王墓被盜時發現[133]。銘文云"惟王廿有六年，聖趄之夫人曾姬無卹……用作宗彝尊壺"。關於這個銘文，劉節說：夫人是國君之妻，聖趄即聲趄，聖趄夫人是楚聲王（前407～前402年）之夫人；聲王在位六年，子悼王在位二十一年，子肅王在位十一年，弟宣王有二十六年，因此此壺作於宣王之二十六年（前344年），其時聲王去世已有五十八年了[134]。劉彬徽[135]除了引用劉節說，還引用郭沫若的楚惠王說（惠王二十六年是前463年）[136]、容庚的楚頃襄王說（頃襄王二十六年是前273年）[137]，然後認爲當從劉節說。劉彬徽說，此器蓋上的四個S形鈕是戰國中期楚銅器流行的裝飾，劉節的說法與這個時代一致。這種形制的壺在春秋晚期出現，但這個傳統在楚國延續到戰國時代，江陵望山一號墓和信陽長臺關一、二號墓等墓葬中發現的陶製或木製壺的容器部分形制與曾姬無卹壺極爲相近[138]。這可以證實劉彬徽的判斷。

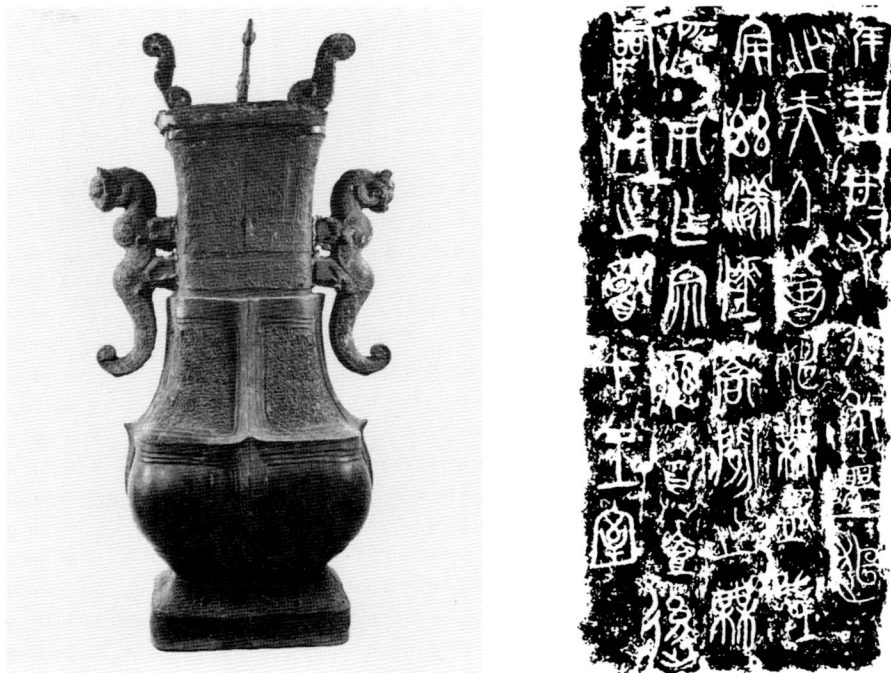

圖32　曾姬無卹壺，臺北故宮博物院

廿九年東周左官壺、廿九年東周皆有壺（圖33）——周顯王二十九年（前340年）所作

這兩件器的銘文分別云"廿九年十二月爲東周左自（官）佴（酒）壺"，"廿九年十二月爲東周皆有[139]佴（酒）壺"。楊樹達說，此銘所謂"東周"不是一般所謂的東周即平王東遷以後。顯王二年，周分東西，西周公被封於河南，東周公被封於鞏。此銘所謂"東周"是此東周公之東周。有人懷疑此銘

---

[133]　容庚1936：考釋，28葉。

[134]　劉節1935：14葉。

[135]　劉彬徽1984：349。

[136]　郭沫若1957：考釋，166葉。郭沫若認爲，自考烈王二十二年遷都於壽縣之後，在位二十六年以上的楚王不存在，因此這件器是考烈王二十二年之前鑄造的；因爲字體與楚王酓章鐘極近，此器是惠王二十六年時物。

[137]　容庚當初說此器是楚器，時代屬於戰國，戰國以後楚惠王、宣王、懷王、頃襄王有二十六年，未能確定（容庚1936：考釋，28葉）。但他後來認爲這是頃襄王二十六年（公元前273年）之物（容庚、張維持1958）。

[138]　湖北省文化局文物工作隊1966，圖一〇。河南省文物研究所1986，彩版一一；圖版二五，2；圖版三三，2；彩版一三，2；圖版九三，4；圖版九八，9。

[139]　此"皆有"，黃盛璋說是"左自"兩字剔後妄刻（黃盛璋1981：40）。這兩件器不僅器型相同，銘文的其他的字也都相同，因此此說可從。看圖版，"皆有"左邊有筆畫，似是"左自"筆畫的一部分。

的"廿九年"是某位東周公的二十九年，但東周本以奉王，不當別立年號，據此可知此"二十九年"當是周王的紀年；屬之顯王、屬之赧王，二説皆通[140]。

　　唐蘭則認爲這件器的時代屬於周顯王二十九年：周自敬王居成周後，以迄於亡，有二十九年者，僅有三人：敬王（42年）、顯王（48年）、赧王（59年）；銘文明著"東周"之名，此壺之製作在東周始封的顯王二年之後；此壺的銘文字體屬戰國型，與漢代文字迥然不同，不可能是赧王二十九年，所以此"二十九年"必爲顯王二十九年[141]。李學勤對此作補充，説傳洛陽金村出土銅鈁，銘文字體與這些器相同，當是時代大致相同的東周器物；這件器的銘文"四"作"三"，從這一點看顯王二十九年説可信[142]。唐、李二氏的意見可從。

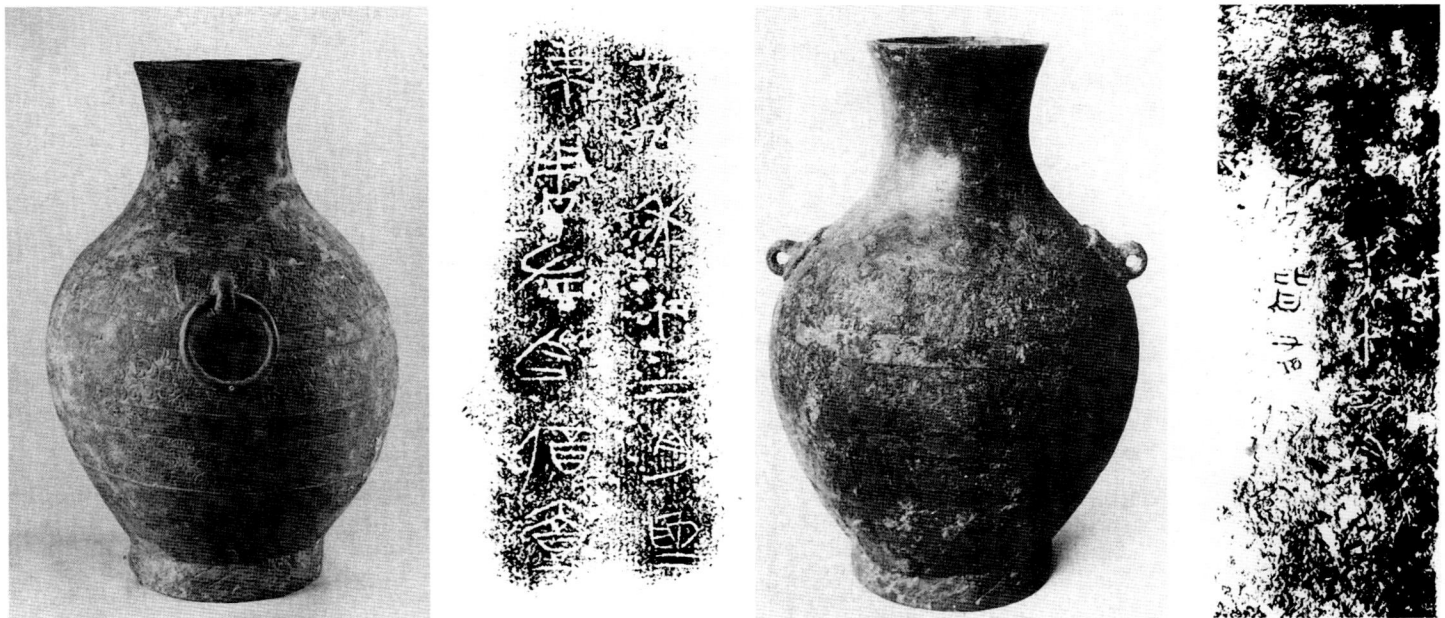

圖33　廿九年東周左官壺、廿九年東周皆有壺（左：臺北故宮博物院）

江陵天星觀一號墓出土遺物（同墓出土青銅器群104）——大約前361〜前340年

　　這座墓的發掘報告説，這座墓出土竹簡中有卜筮記録，卜筮記録中有"公孫紳（鞅）聞（問）王於菽郢之歲"的大事紀年，這位公孫鞅只能是當過秦國宰相的商鞅。他在秦孝公元年（前361年）入秦，二十二年（前340年）封於商，被稱爲商君。因此，稱爲公孫鞅應是商鞅受封之前，即前361〜前340年[143]。根據此説，應該可以説這座墓的出土遺物也大致屬於這個時代。

江陵望山一號墓出土遺物（同墓出土青銅器群120）——前4世紀後半

　　這座墓出土的竹簡由朱德熙、裘錫圭、李家浩三位整理，陳振裕介紹其概要[144]。根據這個介紹，竹簡中有11例"爲悼固"如何如何，據此可知這座墓的墓主是悼固。他祭祀祖先時，有柬大王、聖王、悼王等三個楚先王的名字，他們分別是《史記・楚世家》的簡王、聲王、悼王。因此，這座墓的年代不能早於楚悼王（前401—前379年）。其次，這位墓主名爲悼固，以悼爲姓，應是悼王之後。簡文中有"聖王、悼王、東邧（郇）公"的記載，祭祀對象中還有王孫巢，據此可以推測東郇公是悼王之子，

---

〔140〕楊樹達1959：159。

〔141〕唐蘭1946（根據朱德熙1954轉引）。

〔142〕李學勤1959：中，63。

〔143〕湖北省荆州地區博物館1982：110〜111。

〔144〕陳振裕1980：231〜234。

王孫巢是惡王之孫，墓主的輩份低於王孫巢。悼王後的楚王世系如右。根據墓主骨骼的鑒定，墓主是 25 ～ 30 歲的男性，説明墓主死時至少也應離悼王四、五十年時間。因此，他可能死於楚威王時期。另外，在這組竹簡中，有四枚簡記載了邾國使者聘問楚國。《孟子》中邾稱鄒。孟子活動的時期相當於楚懷王時代。因此，簡文稱邾國，説明其年代不能晚於孟子活動的時代，即楚威王時期。

　　依照此説，這座墓葬的年代可以説大致是前 4 世紀後半。

十四年中山王𗊊鼎、十四年中山王𗊊方壺（參看同墓出土青銅器群 117 中的圖）——中山王𗊊十四年（前 309 年或前 308 年）所作

舒蚉壺（參看同墓出土青銅器群 117 中的圖）——器物是中山王𗊊十三年所作

　　平山三汲公社 1 號墓出土。銘文開頭分別云"惟十四年中山王𗊊作鼎"，"惟十四年中山王𗊊命相邦賙，擇燕吉金，鑄爲彝壺"。古書中没有關於中山王𗊊在位年代的記載。李學勤等對此有如下看法：銘文追述燕王噲讓位於子之及"邦亡身死"之事，銘文中的"十四年"當在此事發生後不久。中山與燕、韓、趙、魏五國相王，被其他國家厭惡之事見於《戰國策・中山策》，事在前 323 年。策文裏的中山君親自掌握國政，而王𗊊在鼎銘中説他初即位時不過是"幼童未通智，惟傅姆是從"，所以五國相王時的中山君應該是王𗊊的父親。鼎銘云："越人修教備任，五年覆吳，克并之至于今。"可知當時越國仍完整地存在着。越被楚滅亡在前 306 年，中山王𗊊十四年肯定要早於這一事件。鼎銘還有"鄰邦難親，仇人在旁"的話，可能是隱指趙國，但對趙國入侵房子之事却没有任何反映，可見這篇銘文的撰寫應該早於這一事件。由此推得中山王𗊊的元年至十四年，或者是前 322 年至前 309 年，或者是前 321 年至前 308 年，兩者必居其一[145]。此説可從。

　　李學勤還説，這座墓還隨葬了舒蚉壺，王𗊊的兒子舒蚉在銘文中追述其父中山王𗊊的功績，因此這座墓的年代應該距離王𗊊去世不久[146]。

　　舒蚉壺銘文的開頭一句是"胤嗣舒蚉"，這個銘文顯然是舒蚉製作的，但壺本身是中山王𗊊時製作的。壺上有"十三年"冶鑄工人刻銘一行[147]，如李學勤所説[148]，此十三年當是中山王𗊊十三年。此外，同墓出土青銅器群 117 引用照片的器物中，張守中 1981 公開的似乎帶紀年銘文的器物還有鳥柱盤、方案等，但由於照片中没有器物的整理號，我們無法確認。希望等正式發掘報告出版後，補充這些器物的信息。

陳璋壺（圖 34）——齊宣王五年（前 315 年）之前

　　銘文云："佳主五年，奠□陳导再立事歲孟冬戊辰，大𤮺□孔，陳璋内伐匽亳邦之隻。"筆者曾根據郭沫若[149]和張政烺[150]的意見，認爲銘文開頭的"王五年"（"主"當時被釋爲"王"）是周元王五年（前 472 年）或周定王五年（前 463 年）[151]，這是錯誤的。

　　錢穆引用壺銘"佳王五年……内伐匽"，認爲"此齊宣王五年伐燕之可證於銅器者"[152]。陳夢家在

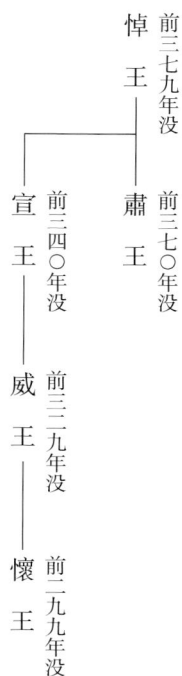

右側世系表：
前三七九年没　悼王
前三七〇年没　肅王
前三四〇年没　宣王
前三一九年没　威王
前二九九年没　懷王

---

〔145〕 李學勤、李零 1979：165 ～ 167。
〔146〕 李學勤、李零 1979：168。
〔147〕 張守中 1981：96。
〔148〕 李學勤、李零 1979：159。
〔149〕 郭沫若 1954a：388 ～ 391 葉。
〔150〕 張政烺 1935。
〔151〕 林 1972：579 ～ 580。
〔152〕 錢穆 1935：上，367。

美國目驗原器，確認銘文開頭的紀年是"主五年"，作器者是陳璋。"主"是戰國時臣下對主君諸侯的稱呼，因此此"主"不是周王。關於銘文所記的陳璋伐燕之事，錢穆有考證[153]，此五年是齊宣王五年。《戰國策·齊策一》所見的章子、《秦策二》所見的田章，《孟子·離婁下》所記的匡章都是此銘文所謂的陳璋[154]。陳夢家認爲這個銘文被刻的齊宣王五年相當於周赧王元年，但錢穆認爲齊伐燕在宣王五年，燕君噲和子之被殺的時間是其翌年的齊宣王六年、周赧王元年。

此器是這個戰役的戰利品，其製作自然在該戰役之前。

圖34　陳璋壺，The University Museum, University of Pennsylvania

信安君鼎（圖35）——魏襄王十二年（前300年）所作

銘文云"䚄安君厶（私）官，膚（容）……十二年再（稱）……"。李學勤説"䚄"讀爲"信"。信安君係魏國封君，見於《戰國策》，與蘇代一起出現。魏襄王時期與策文所述形勢相合，所以此銘的"十二年"最可能是魏襄王十二年（前300年）[155]。我們采用這個意見。

---

〔153〕　錢穆1935：上，365 ～ 367。
〔154〕　陳夢家1955：95 ～ 96；陳、松丸1977：上，138 ～ 139。
〔155〕　李學勤1981。

圖35　信安君鼎，武功游鳳公社浮沱村

廿八年平安君鼎（參看同墓出土青銅器群110中的圖）、卅二年平安君鼎（圖36）——分別是衛嗣君二十八年（前297年）、三十二年（前293年）所作

　　前者蓋銘云："廿八年，坪安邦𨛜（司）客財（嗇），四分霝，一益（鎰）十釿半釿四分釿之冢（重）。""卅三年，單父上官勹（庖）辛（宰）憙所受坪安君者也。"器銘云："廿八年，坪安邦𨛜（司）客財（嗇），四分霝，六益（鎰）半釿之冢（重）。""卅三年，單父上官勹（庖）辛（宰）憙所受坪安君

者也。"[156] 後者的銘文雖然紀年和重量有所不同，但内容大致相同。李學勤説：首先，齋是常見於韓、魏鼎銘的容量單位；從重量單位的鎰和釿看，此器不是秦國器。單父（山東曹縣境的地名）在秦昭王三十四年仍然屬衞，因此這件器的"卅三年，單父上官的庖宰憙從平安君領取這件鼎"這一銘文不是秦的紀年。其次，廿八年平安君鼎出土的泌陽官莊3號墓漆器上有"平安侯""卅七年"的題記；在位年數超過三十七年的前300年的戰國諸侯只有衞嗣君（在位42年），因此這個紀年是衞嗣君的年號[157]。此説可從。

圖36　卅二年平安君鼎，上海博物館

卅六年鈄（圖37）——秦昭王三十六年（前271年）所作

此器1981年在隨州市偶然被發現。此外還有一件銅鑒被認定爲同一墓葬所出。發掘報告説，銘文的字體風格屬戰國時期秦國文字；秦國自戰國初期秦厲公（前476年）起，到秦始皇，在位年數超過三十六年的只有秦昭王和秦始皇；銘文中的"工帀（師）"之"帀"是戰國銘文的寫法；因此壺銘"卅六年"應爲秦昭王的紀年[158]。此説可從。

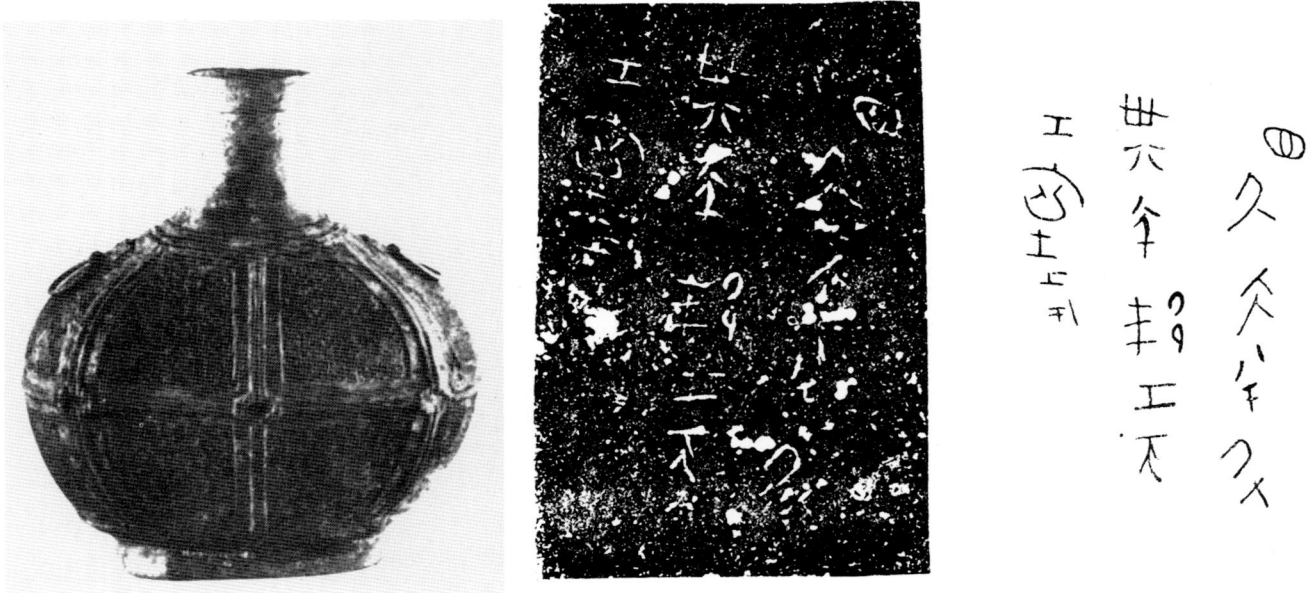

圖37　卅六年鈄，隨州市

---

〔156〕 李學勤1980：28。
〔157〕 李學勤1980：28 ～ 29。
〔158〕 左得田1986。

梁廿有七年鼎（圖38）——魏安釐王二十七年（前250年）

銘文云"鄩廿又七年，大鄩司寇□作……"。李學勤説：魏稱梁在惠王九年徙都大梁之後，其後魏王有二十七年的只有惠王和安釐王；銘文中的"四"不作"三"而作"四"，屬安釐王世的可能最大[159]。此説可從。

圖38　梁廿有七年鼎，上：上海博物館，下：旅順博物館

雲夢睡虎地3、5、10號墓出土遺物（同墓出土青銅器群134a～c）——秦昭王五十一年（前256年）左右

睡虎地7號墓的槨室分成頭箱與棺室兩部分，兩者間的隔牆板上陰刻"五十一年曲陽士五邦"[160]。關於這個年號，報告者的意見如下：這座墓是戰國晚期墓，當時雲夢縣隸屬於秦的南郡，而秦王的年號超過五十一年的，只有秦昭王的年號。因而，這座墓的入葬時間應爲秦昭王五十一年（前256年）*。此説可從。雲夢睡虎地的墓葬中，根據遺物被歸爲同一組的墓葬還有幾座，其中隨葬青銅容器的墓有5號墓和10號墓。這些墓應該屬於大致相同的時代。

楚王酓肯匜鼎、簠（圖39）——楚考烈王（前262～前238年）時代

銘文云"楚王酓肯作鑄……"。銘文中出現的作器者楚王酓肯，郭沫若認爲與楚王酓忎是同一

〔159〕李學勤1959：中，61。
〔160〕雲夢睡虎地秦墓編寫組1981：5～6，圖7。

* 譯按：這些説法見於雲夢睡虎地秦墓編寫組1981：67～68。

人[161]，徐中舒認爲是楚哀王，胡光煒和劉節認爲是楚王負芻[162]。唐蘭不同意這些説法，并引用馬衡的説法，從讀音的角度認爲酓肯當是考烈王熊元[163]。唐説當可從。

此外，圖39-5鼎和甗的紋飾與楚王酓肯匜鼎相同，在此一起引用。

圖39-1　楚王酓肯簠，壽縣朱家集

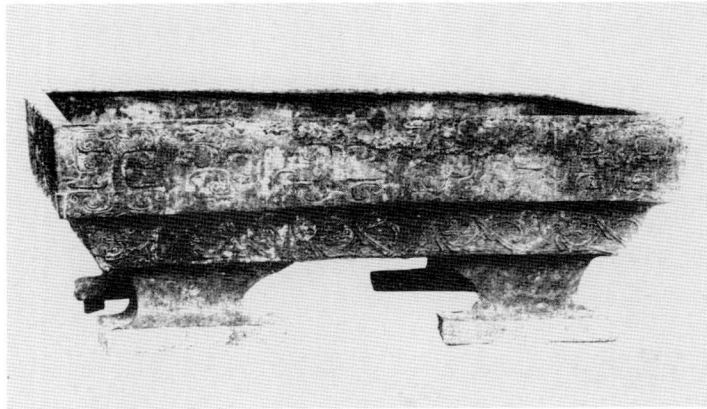

圖39-2　楚王酓肯簠，壽縣朱家集

----

〔161〕　郭沫若1954a：414葉。

〔162〕　徐中舒、胡光煒、劉節三位的文章筆者未見。

〔163〕　唐蘭1934a：3～4。

圖39-3　楚王酓肯簠，壽縣朱家集

圖39-4　楚王酓肯匜鼎，壽縣朱家集

圖39-5　楚王酓肯簠、匜鼎的相關器，左：東京國立博物館，右：上海博物館

楚王酓忎鼎、盤（圖40）——楚幽王三年（前235年）後不久所作

銘文言“楚王酓忎戰獲兵銅”。關於楚王之名酓忎之忎，郭沫若作考釋，指出此字從干聲，此器的作者是楚幽王悍（前237～前228年）[164]。學界對此没有異議。關於“戰獲兵銅”一句，郭氏根據《史記》楚世家和六國年表幽王三年條云“秦魏伐楚”，認爲銘文所説的兵銅是楚國在這場戰争中得到的戰利品。唐蘭的看法與此相同[165]。所謂兵銅也有可能是别的戰争中得到的戰利品，但筆者暫時認爲這些器鑄造於這一年。

另外，圖40-2簠器側的紋飾與楚王酓忎鼎相同，圖40-2相關器的鼎耳也與酓忎鼎相同，可見這些器是與酓忎鼎同時製作的。還有圖40-2豆、壺、鑑的銘文與圖40-2簠相同，表明這些器也是同時製作的。

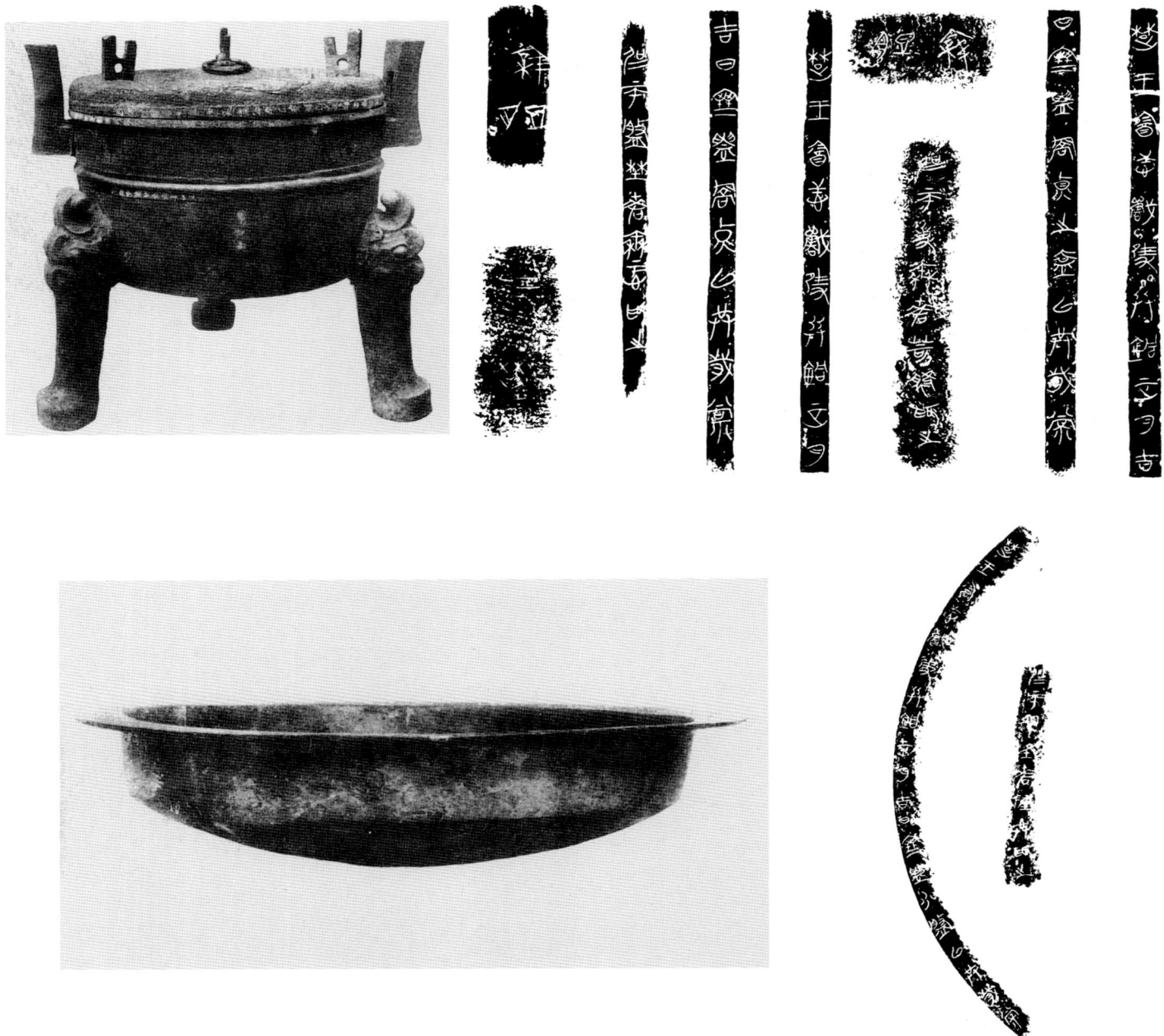

圖40-1　楚王酓忎鼎、盤，壽縣朱家集

〔164〕　郭沫若1954a：412葉。
〔165〕　唐蘭1934a：4。

圖40-2　楚王酓忎鼎、盤的相關器，壽縣朱家集，鼎：上海博物館

雲夢睡虎地9、11號墓出土遺物（同墓出土青銅器群143、144）——秦代

雲夢睡虎地11號墓以《秦律》、《爲吏之道》、《編年記》的出土而聞名。出土竹簡中的《編年記》不僅記述歷史事件，還記載墓主的經歷，簡文止於秦始皇三十年（前217年），因此一般認爲墓主死於這一年[166]。我們可據此知道這座墓葬所出遺物的年代。

此外，睡虎地9號墓出土遺物的型式與11號墓相同，也有一群青銅器出土。這座墓的下葬年代應該與11號墓大致相同，在此一并引用這座墓出土青銅器。

三、洛陽中州路東周墓各期的年代

1954年到1955年，中國科學院考古研究所在洛陽中州路進行了發掘調查。這次發掘的東周墓，根據隨葬陶器組合被分爲七期。出土青銅器的墓葬不多，但根據隨葬銅器組合被分爲四期，這四期大致可與陶器組合分期一至四相對照[167]。

以上的分期雖没有問題，但發掘報告所説的各期的絕對年代則值得商榷。發掘報告説，東周第一期2415號墓（同墓出土青銅器群11）所出銅器的器形和紋飾，如盤、匜等均與河南郟縣太僕鄉所出土的銅器群相似[168]。據考訂，郟縣銅器群爲東周初葉遺物[169]。郟縣銅器群的確屬於春秋早期，但中州路2415號墓所出盤、匜等器物的器形和特徵與郟縣銅器群不同，紋飾也如此[170]。中州路2415號墓出土盤的器側紋飾與前7世紀後半的趞亥鼎（圖1）屬於同一型式。因此，按照筆者的時期區分，中州路東周第一期當屬於春秋中期前半。

關於中州路東周第二期，報告者認爲第二期墓所出的隨葬銅器和河南新鄭所出土的器群（同墓出土青銅器群16）相近。的確，新鄭所出青銅器群中有些器與東周第二期墓所出器可以相對照。例如，第二期的中州路6號墓所出銅（同墓出土青銅器群13）與新鄭所出器相似；中州路4號墓所出壺（同墓出土青銅器群14）的側視形與新鄭所出器相似；4號墓出土鼎，雖然蓋的形狀不同，但容器部分下腹瘦削的形狀與新鄭所出器相似。但報告者根據郭沫若的説法認爲新鄭墓所出器群的年代屬於前7世紀偏早，這一點則筆者不能同意。我們在上一項已經説明，根據王子嬰次鑪的製作年代，這套青銅器群的年代應該是前6世紀前半。按照筆者的時期區分，相當於春秋中期後半。

關於中州路第三期，報告者説銅器的形式紋飾頗與河南新鄭及河北唐山出土的銅器近似[171]。筆者看不出這一期銅器哪裏像新鄭所出器，但唐山所出器確實與中州路第三期的器相近。第三期2729號墓所出鼎（同墓出土青銅器群57）和唐山賈各莊18號墓所出鼎（同墓出土青銅器群53），除了鼎耳的形狀外，都很相似。但這個例子不能成爲考訂絕對年代的資料。這一期是第二期的下一個時期，可能大致屬於春秋晚期前半。

關於中州路第四期，報告者認爲中州路2717號墓的隨葬銅器（同墓出土青銅器群90）與洛陽金村所出土的銅器近似。報告者引用驫羌鐘、嗣子壺等有銘銅器，并根據各家對這些銅器銘文年代的考證，認爲中州路第四期屬於春秋戰國之際[172]。

〔166〕雲夢睡虎地秦墓編寫組1981：69。

〔167〕中國科學院考古研究所1959：128。

〔168〕《河南郟縣發現的古代銅器》。

〔169〕中國科學院考古研究所1959：129。

〔170〕全國基本建設工程中出土文物展覽會工作委員會1956，圖版143～144。

〔171〕中國科學院考古研究所1959：129。

〔172〕中國科學院考古研究所1959：129。

今按，報告者引用的所謂金村出土器群是大約20世紀二、三十年代當地人盜掘的遺物，其所屬時期都不一，內容很雜。因此，把這些器物當作一群，并把它們作爲東周第四期年代研究的綫索，是不妥當的。

筆者認爲，中州路第四期大致是前4世紀後半。按照筆者的時期區分，相當於戰國早期前半。2717號墓所出鼎，容器部分的形狀像日本的橘子——蓋上蓋子時，頂部較平，頂部和底部的弧度不大——，足很短。看公朱鼎（圖28），銘文中的紀年可以定爲前391年，器物整體的形狀失去了渾然天成的圓形；再看春秋晚期後半的器，還保留下腹稍微瘦削的特徵。根據中州路第四期鼎的特徵判斷，中州路第四期只能處於這兩個階段的中間。

四、同墓出土青銅器群

關於同一座墓葬內發現的青銅器群對編年工作的有效性，我們在本節第一項已經講過。按照筆者的時期區分，我們列出了春秋中期到戰國末、秦代的同墓出土青銅器群中對編年研究有用的例子（第一編末尾）。我們把時代分爲春秋中期、晚期，戰國早期、中期、晚期，每個時代內分爲本章第一節討論的幾個地區，各個地區內再分爲各個時期的前半和後半。

五、青銅器各類各型之型制的時代演變

在此只討論延續時間比較長的、可以知道各個時代形制的器種，其他器種則從略。在此討論的器種中，有不少器種是從春秋戰國時代之前一直鑄造的，只是器形有所變化。關於這些器種，我們襲用《綜覽》第一卷采用的型式編號。有些型式隨着時代推移不使用了，因此本卷中出現的型式編號往往并不連續。至於新出現的型式，使用《綜覽》第一卷之後的數字。如果有型式可以確定是從某個型式派生出來的，爲其加英文字母編號，作爲新型式的編號。

關於解説的順序，我們首先討論鼎和壺。因爲這兩種器物經常隨葬，可以作爲同墓出土青銅器群的時代標準。然後按照圖版册的順序對各個器種加以説明。

（1）鼎

第一型是淺腹鼎，這是接續《綜覽》第一卷所收第一型春秋ⅠB鼎的型式。春秋ⅡA的器，形制與春秋Ⅰ差不多，但紋飾變得更細。春秋Ⅰ鼎的特色是鼎足底部做得很大，而春秋ⅡA鼎的足底則没有那麽大了。春秋ⅡB的器是新鄭出土的。如本節第二項所述，根據銘文，這座墓出土的王子嬰次鑪屬於春秋ⅡB。我們把新鄭出土的所有青銅器都歸於這個時期，也不會有任何矛盾之處。這個時期的紋飾更細，結構單調，接近於地紋。鼎耳外撇，好像耍威風似的。鼎耳隨着時代的推移越來越往外撇，這個現象在第一八型鼎中可以清楚地看到。

第一A型是秦地特有的型式。龍紋也很有特色，身體很細，分成幾條龍，整體呈網格狀。這種細身龍可以看作其他地區的春秋ⅡA器上所見龍紋的變種。鼎足極其粗壯，引人注目。關於秦地青銅器的器形演變，有岡村先生的研究[173]。他的結論基本可從，我們采用他的意見。

第一B型是山東和淮河上游出現的型式。器形雖然與第一型相似，但鼎足靠近器底中部，有蓋。

第一C型與第一型相似，但鼎足像第一B型一樣靠近器底中部，有蓋，器口稍微收斂。這個型式的

---

[173]　岡村1985。

鼎所飾的龍紋在春秋ⅡA變細，這一點也與第一型一致。春秋ⅢA的鼎是與公孫竈壺同出的器。如本節第二項所述，根據銘文可以知道公孫竈壺的製作年代是前545～前539年。春秋ⅢA器與春秋ⅡA器相比，鼎足的粗細變化沒有那麼明顯。這一點，第一B型春秋ⅢA鼎也相同。可以說，足的這種形狀表現出春秋ⅢA的時代特徵。

第二型是深腹的一類。春秋ⅡA的器是根據紋飾判斷時代，并放在此處的。戰國ⅠB的器與這個時期的其他型式的器相比，器腹特別深，因此我們把它歸爲第二型。但這并不意味着它是從春秋ⅡA的器演變過來的。同出器中有第一五E型鼎（同墓出土青銅器群95），這件鼎的時代屬於戰國ⅠB。

第七型是從西周Ⅰ開始出現的型式，器腹不淺不深，頸部稍微收縮。但春秋Ⅰ鼎的腹部比西周Ⅰ淺了許多。春秋ⅡA的器是從春秋Ⅰ鼎演變過來的。因爲器側的紋飾比較細，我們判斷這件器的時代大致屬於春秋ⅡA。春秋ⅢA的器是山東出土的。足部的綫條比較單調，這個特徵與同是山東出土的第一B型鼎、第一C型鼎相同。戰國ⅠA的器有曾侯乙銘文，戰國ⅡB的器和Ⅲ的器分別是楚王酓肯鼎和酓忎鼎（參看本節第二項）。比較兩者，後者的綫條直，比前者生硬，反映出那個時代的特徵。我們再比較擂鼓墩1號墓出土的戰國ⅠA鼎和2號墓出土鼎，能夠看出同樣的現象。這表明後者的時代確實比前者晚。

第八型是圓腹、腹淺的一類。春秋ⅡA的右邊之器是洛陽中州路2415號墓出土的，本節第三項已經說明這座墓屬於春秋ⅡA。春秋ⅡA的中間之器和左邊之器分別是淮河上游*和山東地區的鼎，形制與春秋ⅡA右邊之器基本一致。春秋ⅡB的器是洛陽中州路4號墓出土的†，與第一〇型春秋ⅡB鼎同出。我們定爲春秋ⅢA的鼎，如果只看這一件，無法判斷其時代。但再看同墓出土的第一五A型春秋ⅢA鼎、演變圖中與它并列在一起的洛陽60號墓出土鼎、第一五B型春秋ⅢA鼎‡，以及第一〇型春秋ⅢA鼎等，發現我們定爲春秋ⅢA的東周、晋、燕的器都有共同的特徵——下腹稍顯瘦削，細足，足外側的曲綫稍向内彎曲，整體形狀下部收縮，輪廓綫流暢輕快。根據這個認識，我們認爲把這件器放在春秋ⅢA很合適。春秋ⅢB的鼎是根據紋飾放在此處的。我們定爲戰國ⅠA的器，鼎耳的外撇程度與第一八型戰國ⅠA鼎一致。戰國ⅠB的鼎，根據同墓出土器放在此處。戰國ⅠA器和戰國ⅠB器相比，前者的器耳外撇程度小，所以放在此處。

有些器的容器部分和足的形狀與第八型春秋ⅢB器相似，但耳是附耳。我們把這一類定爲八A型。

第九型是圓腹、腹深的一類。例子很少。春秋ⅡA的器，紋飾是身體稍細的龍紋，因此放在此處。

第一〇型是圓腹，腹不深不淺的一類。春秋ⅡB的器是洛陽中州路4號墓出土的。如本節第三項所述，這座墓的時代大致屬於春秋ⅡB。春秋ⅢA的器，同墓出土的壺（同墓出土青銅器群42）是這個時期的典型器形之一。關於這件鼎的形制特徵，我們在第八型鼎那裏已經講過了。

第一〇A型與第一〇型相類，但容器部分的形狀像切開一半的鷄蛋。鼎足下端像犬足那樣往外撇，足外側的輪廓構成獨特的曲綫。春秋ⅢA的器是壽縣蔡侯墓出土的，有蔡侯銘文，如本節第二項所述，其年代屬於這個時期。春秋ⅡB§的器是根據紋飾放在此處的。

第一三型是淺腹、附耳的一類。春秋ⅡA的器可以看作第一型春秋ⅡA的鼎加附耳的器，所以放在此處。春秋ⅡB的器是新鄭出土的，這個青銅器群的年代在第一型鼎那裏講過了。這件器的腹部不算很淺，但春秋Ⅰ的第一三型鼎雖說是淺腹，和這件器差不多一樣深。

---

*　譯按：中間之器出土於穀城下辛店（同墓出土青銅器群15），即林先生所謂的"南北的中間地帶"，不是所謂的"淮河上游"。

†　譯按：此信息有誤。這件鼎出土於長治分水嶺270號墓（同墓出土青銅器群8）。

‡　譯按：本書所收的第一五B型鼎一件也沒有春秋ⅢA的器。此"一五B"疑是"一五E"之誤。

§　譯按：從論述順序看，此"春秋ⅡB"也有可能是"春秋ⅢB"之誤。

第一三Ａ型鼎的容器部分和足的形狀與第一三型春秋ⅡＢ鼎相類，但有蓋這一點與第一三型不同。筆者暫時認爲這是第一三型的變種，把它定爲第一三Ａ型。春秋ⅢＡ的器是壽縣蔡侯墓出土的有蔡侯銘文的鼎，自名"鯺"。鼎足的根部和下端鼓起，足外側的輪廓構成的曲綫具有楚地特色。春秋ⅢＢ的器比春秋ⅢＡ的器更加强調足外側的輪廓曲綫，足下端往外撇得很厲害。第一〇Ａ型春秋ⅢＢ鼎的足也往外撇，但外撇的程度没有這麽大。

第一三Ｂ型與第一三Ａ型相類，但器側的輪廓綫接近垂直，看上去像是圓筒的一部分。春秋ⅢＢ的器足往外撇得很厲害，這一點與第一三Ａ型相同。我們把外撇的程度更大的器定爲戰國ⅠＡ。

第一四型是器口有流的所謂匜鼎。春秋ⅡＡ和戰國ⅠＡ的器是根據紋飾歸在此處的。戰國ⅠＡ鼎的器身很圓，這個形狀與戰國ⅠＡ的第一五Ｄ型鼎相同。戰國ⅡＡ的器是平山三汲公社1號墓出土的，如本節第二項所述，這座墓的埋葬年代屬於戰國ⅡＡ。戰國ⅡＢ的器是楚王畬肯鼎，這件器的年代在本節第二項已經講過。

第一五型是從西周Ⅱ開始出現的型式，器腹不淺不深，有俎形蓋，稍微斂口。春秋ⅡＡ，這類鼎的蓋還保留俎形；春秋ⅡＢ以後則幾乎都變成中間隆起的蓋，倒置俎形蓋就消失。但還有許多型式與這個型式屬於同一個系統，或許是從這個型式派生出來的。我們把這些型式的編號都定爲一五，命名爲一五Ａ、一五Ｂ等。第一五型和第一五Ａ型容器部分的形狀相同，但前者足短，後者足高。第一五型春秋ⅡＡ的器是穀城下辛店出土的，與我們定爲第八型春秋ⅡＡ的鼎出於同一座墓葬。第一五型和第一五Ａ型的春秋ⅡＡ鼎口部都内斂，蓋頂平坦。第一五型春秋ⅡＢ鼎是新鄭出土銅器群中的一件，如上所述，時代屬於春秋ⅡＢ。第一五Ａ型春秋ⅡＢ鼎是侯馬上馬村13號墓出土的，即同墓出土青銅器群6中的一件，這座墓出土的許多青銅器的型式與新鄭出土銅器群相同。春秋ⅡＢ鼎的蓋中間隆起，蓋肩不像春秋ⅡＡ鼎那樣形成棱角，變成了圓肩。筆者定爲第一五Ａ型春秋ⅢＡ的器，與春秋ⅡＢ鼎相比，蓋肩更圓，整個器物渾然一體，其形狀令人聯想到水果。從器側到足部的輪廓構成很有節奏感的曲綫，這個特徵在第八型鼎那裏已經講過。筆者定爲春秋ⅢＢ的器，形狀更圓；第一五Ａ型鼎的足變短，似乎與第一五型合流。筆者定爲第一五型戰國ⅠＡ的鼎，蓋肩還稍微保留一點棱角，但整體形狀像第一五Ｃ型戰國ⅠＡ的洛陽中州路2717號墓出土鼎一樣，呈酸橙形，足也變粗。戰國ⅠＡ鼎的器形緊張而有力，給人以豐滿的印象，而戰國ⅠＢ的器并不給人以這種感覺，蓋肩有點圓，器底則變得不圓，其形制給人以稍微寒酸的印象。

第一五Ｂ型和第一五Ｃ型形制極爲相近，但前者器腹中間稍微呈筒形，後者則不是，構成圓弧綫。關於第一五Ｃ型戰國ⅠＡ鼎，見上文。與此相對應的是這個時期的第一五Ｂ型鼎。根據銘文可知年代的器物中，公朱鼎（圖28）與筆者定爲第一五Ｂ型戰國ⅠＡ的鼎具有相同的特徵。第一五Ｃ型戰國ⅠＡ和戰國ⅠＢ的關係與第一五型相同。我們定爲第一五Ｃ型戰國ⅡＡ的器是平山三汲公社1號墓出土的，如本節第二項所述，這座墓出土的許多遺物具有戰國ⅡＡ的紀年。器腹中間的突帶外突比較明顯。戰國ⅡＢ的器是信安君鼎，如本節第二項所述，根據銘文可以知道時代屬於戰國ⅡＢ。廿八年平安君鼎、卅二年平安君鼎（圖36）、梁廿有七年鼎（圖38）也根據銘文可以歸於這個時代，形制也相同。第一五Ｂ型秦代的鼎是雲夢11號墓出土的，我們根據這座墓的年代放在此處。雖然器形上的特徵與前期很相近，但形狀結實，成爲新型式。

第一五Ｄ型是春秋ⅢＡ燕地出現的變種。蓋中間基本上是平坦的。如果拿掉蓋子，器和足的形制與春秋ⅢＡ的第一五Ａ型相同，據此可以確定其時代。戰國ⅠＢ的器與第二型戰國ⅠＢ鼎相近，只是腹部比它淺。從器側到器底的輪廓綫、粗短的足與這個時期的第一五各型相同，因此放在這個位置最合適。

第一五Ｅ型是第一五Ｄ型的蓋頂變得更平坦、蓋肩變得有棱角的一類。筆者定爲春秋ⅢＡ的器的形制與同墓出土青銅器群51中的鼎相同，此群中還有一件鼎，其形制與第一五D型春秋ⅢA器相同。此外，這件鼎的附耳幾乎呈直角形彎曲。第一五〇型春秋ⅢA鼎所屬的群51的盤也有這個形狀的附耳*，可見這個附耳是春秋ⅢA的特徵。第一五E型戰國ⅠB、ⅡA的器與第一五C型相應時期的器相比，蓋頂平坦。第一五E型和第一五C型的戰國ⅡA鼎都是平山三汲公社1號墓出土的，屬於同墓出土青銅器群117。關於這個青銅器群的年代，在第一五B型、第一五C型那裏已經講過。

第一五F型的形制與第一五A型相近，但足很細長，給人以不均勻的感覺。戰國ⅡA鼎的蓋頂比較平坦，但容器部分的形狀與第一五A型的器基本相同，可以認爲兩者屬於大致相同的時代。戰國ⅠB、ⅡA的器，腹部中間的突帶外突的樣子與第一五C型相似，但總讓人覺得不太好看。目前難以確定這些器與春秋ⅢA的器是否屬於同一個系統。筆者放在秦代這部分的鼎，可以説是把戰國ⅡA鼎的容器部分改成像第一五C型秦代器†那樣結實的形狀而成的。

第一五G型和第一五H型是在蓋和器相合之後幾乎呈球形的型式。第一五G型是短足的一類，第一五H型是長足的一類。第一五G型戰國ⅠB的器，腹部中間的突帶外突，容器部分的形狀與第一五D～F型戰國ⅠB的鼎相近，只是器物整體比較高。戰國ⅡA的器是平山三汲公社6號墓出土的，這座墓的時代與平山三汲公社1號墓大致相同。第一五H型戰國ⅠA的器是根據紋飾放在此處的。戰國ⅠB的器可以説是把第一五B型戰國ⅠB鼎的容器部分上下拉伸而成的，放在這個位置最合適。

第一五Ⅰ～K型是第一五型系統中楚地出土的幾類。這幾類都在蓋和器相合之後呈酸橙形，我們把它們按照器身的高低分爲三類，從低到高排列。第一五Ⅰ型春秋ⅡB的器是根據同墓出土盥缶和簠（同墓出土青銅器群37）的形制及器腹紋飾放在此處的。容器部分的形狀比第一五型、第一五A型春秋ⅡA或ⅡB鼎扁一點。足的上下端鼓起，説明這一類屬於第一五型、第一五A型的系統。但足上下端鼓得非常厲害、中間凹陷，這種曲綫表現出地方性風格。足的這種特徵也見於同一個時期的第一三A型鼎。此後隔了一段時間，戰國ⅠA也出現這個型式的鼎。筆者放在戰國ⅠB的器是擂鼓墩2號墓出土的，器側形成的曲綫鬆弛，這是在第一五型中也可以觀察到的現象。戰國ⅡA的器是江陵望山1號墓出土的鼎，如本節第二項所述，根據同墓出土的竹簡可以確定這座墓出土的遺物屬於戰國ⅡA。這件鼎不是很圓，給人以僵硬的印象，足變得比較長。戰國ⅡB～Ⅲ的器有“客鑄□”銘文，據説是壽縣朱家集出土。從銘文的字體看，這個傳説應該可信。根據銘文，這座墓出土的青銅器是楚考烈王、幽王兩代鑄造的，時代屬於前3世紀中期到晚期，即戰國ⅡB～Ⅲ。這件器與戰國ⅡA的器相比，腹部中間稍稍鼓起，增加了弧度。

第一五J型戰國ⅠB的器是新都馬家公社出土的。器腹的突帶突出，讓人覺得不太好看。這種器形與第一五Ⅰ型的這個時期的器相同。戰國ⅡA的器只是容器部分的形狀比第一五Ⅰ型稍微深一點而已。戰國ⅡB的器是馬山磚廠1號墓出土鼎。與戰國ⅡA的器相比，腹部稍稍鼓起，增加了弧度。根據第一五Ⅰ型的器形演變，把這件器放在此處。

第一五K型戰國ⅠB的器是長沙瀏城橋1號墓出土的。容器部分的特徵與第一五Ⅰ型、第一五J型相同，因此這件器應該大致屬於這個位置。從這件器到戰國ⅡA、ⅡB鼎的器形演變也與第一五Ⅰ型、第一五J型一致。在此不加説明。

第一八型是淺腹、平底的大型鼎。根據蔡侯墓出土鼎的銘文可以知道，這類鼎當時的名稱是用從升聲之字表示的。春秋ⅢA的左邊之器是淅川下寺2號墓出土的，根據銘文可以知道時代屬於前6世紀

---

* 譯按：“第一五〇型”之“〇”當是誤字，同墓出土青銅器群51中也沒有盤。第一五D型春秋ⅢA鼎是同墓出土青銅器群53中的一件，而且53群中有盤，其形制與林先生的描述一致。據此可以推測，“第一五〇型”是“第一五D型”之誤，“51群”是“53群”之誤。

† 譯按：第一五C型沒有收錄秦代器，此“第一五C型”當是“第一五B型”之誤。

中期；右邊之器是蔡侯墓出土鼎，根據銘文可以知道時代屬於前6世紀末。戰國ⅠA的器有曾侯乙的銘文，據此可知屬於這個時期。比較以上三器可知，隨着時代的推移，器腹越來越淺，鼎耳越來越往外撇。春秋ⅡA的器和第八型春秋ⅡA左邊的鼎是同墓出土的，把腹部的深度和鼎耳的外撇程度與春秋ⅢA器做比較，應該大致屬於這個時期。戰國ⅠB的器是隨州擂鼓墩2號墓出土的，比1號墓出土鼎相比，器腹更淺，應該屬於這個位置。我們定爲戰國Ⅲ的器，據說是壽縣朱家集出土的。郭沫若《兩周金文辭大系》開頭插圖一右後面的器當是這件鼎。這件鼎有“鑄客爲王句小府爲之”銘文，其字體和風格與圖40引用的“鑄客……”銘文相同，而圖40的那些器與楚王酓忎鼎是同時製作的，因此這件鼎的時代應該可以定爲戰國Ⅲ。但鼎耳外撇的程度沒有戰國Ⅰ鼎那麼嚴重，腹部也比較深。看來這件鼎可能是模仿大約春秋Ⅲ的鼎造的復古青銅器。至於我們放在春秋ⅡB的器，從鼎耳的形狀看，不屬於以上幾件器的系統，但因爲同墓出土的壺屬於春秋ⅡB，我們把它放在此處。

　　第一九型是湯鼎[174]。我們定爲春秋ⅢA的器是壽縣蔡侯墓出土的，雖然沒有銘文，但我們認爲這件器與蔡侯諸器屬於同一個時代。春秋Ⅱ的左邊之器，從紋飾看，應該大致在這個位置，春秋ⅢA鼎的器耳稍微往外撇，這件鼎的器耳則幾乎垂直。春秋Ⅱ的右邊之器，雖然容器部分比較深，但根據器耳的形狀放在此處。戰國ⅠB的右邊之器是江陵天星觀1號墓出土的，如本節第二項所述，這座墓發現的竹簡屬於戰國ⅠB。戰國ⅠB右邊之器的附耳往外折，而戰國ⅠB左邊之器的耳是提鏈耳，但容器部分的形狀、器足的高度等與右邊之器非常相似。這件鼎是擂鼓墩2號墓出土的，這座墓出土的青銅器中還有我們定爲第一八型戰國ⅠB的鼎，這能證實我們的斷代。我們定爲戰國ⅡA的器出於江陵望山1號墓，如本節第二項所述，根據這座墓出土竹簡可以知道這座墓的時代屬於戰國ⅡA，這件鼎也應該大致屬於這個時代。與戰國ⅠB右邊之器相比，這件鼎的容器部分更深。這個變化大致與第一五J型從戰國ⅠB到ⅡA的變化相對應。

　　第二〇型是散見於廣大區域的所謂越式鼎[175]。春秋ⅢA的六合程橋出土鼎、春秋ⅢB左邊和右邊的廣西恭城出土鼎、戰國ⅡB的江陵雨臺山出土鼎分別見於同墓出土青銅器群77、84、132，筆者根據同墓出土的遺物把它們放在各自的位置。至於其他的器，雖然在同墓出土青銅器群圖表中沒有引用，但按照同樣的方法確定其位置。越式鼎需要更詳細的分類和斷代，但由於資料方面的原因，在此只能做大致的分類。

（2）壺

　　第四A型是從春秋時代之前一直製作的型式。附耳象龍的全身形，腹部大都有箍形裝飾。春秋ⅡB的（1）和（2）是新鄭出土的青銅器，這個青銅器群中，王子嬰次鑪可以作爲時代標準，據此可以確定其時代。（3）雖然蓋的形狀不同，但器腹的形狀與（1）（2）相似，因而放在此處。（4）是侯馬上馬村13號墓出土的。我們在第一五A型鼎那裏已經講過，這座墓出土的青銅器與新鄭出土銅器群屬於同一個時代。這個時期的第四A型壺，下腹中間位置鼓起。春秋ⅢA（1）是蔡侯所作器，根據銘文可以知道時代屬於前6世紀末。（2）是淅川下寺1號墓出土的，根據同墓出土青銅器的銘文，可以知道時代屬於前6世紀中期（參看本節第二項）。這件壺與蔡侯所作壺相比，下腹最大徑的位置比較靠下，與春秋ⅡB壺相近。（3）可以説是整體比春秋ⅡB（3）矮一點的型式。這件壺是邢臺南大汪村1號墓出土

---

〔174〕　關於“湯鼎”這一名稱，參看《綜覽》第一卷第一編第三章《青銅器種類的命名》補遺。
〔175〕　參看本章第二節*。

---

*　譯按：此“第二節”似是“第一節”之誤，本章第一節系統介紹越式鼎的研究情況。

的，即同墓出土青銅器群45中的一件，這座墓出土鼎的形制是春秋ⅢA的型式。（4）下腹很扁，寬度異常大，但從頸部到腹部的形狀類似於（1）（2）。這件壺施加身軀很細、彎曲成S形的動物鑲嵌紋，例如鄴子佣浴缶的紋飾與此相同[176]。春秋ⅢB的器缺失了蓋，腹部的紋飾使用春秋ⅢB的技法。戰國ⅠA的器是隨州擂鼓墩1號墓出土的，與曾侯乙銘文器同出。筆者放在戰國ⅠB那裏的是隨州擂鼓墩2號墓出土的壺，我們在上文中把這座墓出土的第一八型鼎定爲戰國ⅠB器。蓋上竪立山紋形透雕裝飾，這是春秋Ⅰ的型式。戰國ⅡA的左邊之器有曾姬無卹的銘文，據此可以確定其時代。戰國ⅡA的右邊之器是江陵望山1號墓出土的，如上所述，根據這座墓出土的竹簡可以確定時代屬於戰國ⅡA。容器部分的整體形狀——下腹最大徑的位置比較高這一點也包括在內——與春秋ⅢA壺相近，可見這是復古器。通觀第四A型的器形，每個時代都有各種形制，因此無法追踪器形演變的軌迹。看來每個時代都有意地模仿早期的形狀，製作復古器。

　　第四B型與第四A型相比，器腹最大徑的位置較高。春秋ⅡA的器，根據紋飾放在此處。春秋ⅢA的器是參考第五B型壺放在此處的。第五B型壺是器腹斷面呈圓形的一類，如果把典型的第五B型春秋ⅢA壺的斷面改成方形，就成爲第四B型春秋ⅢA壺。這個型式當是後世鈁的鼻祖。戰國ⅠA～ⅡA各器的形制與第一一型壺的器形演變相對應。也就是説，戰國ⅠA，頸部收縮不屬害，器腹最大徑的位置比較高；戰國ⅠB，最大徑的位置移到肩部，開始強調頸部的收縮；到了戰國ⅡA，肩部幾乎成爲平肩，下腹不鼓，頸部收縮得更屬害。這些器物中，戰國ⅡA的器是本節第二項講過的陳璋壺，根據銘文可以知道其時代。

　　附帶講，我們在此比較了斷面呈方形的壺和斷面呈圓形的壺的側視形。需要注意的是，如果把斷面呈方形的壺的一個棱角放在前面，觀察旁邊的兩個棱角構成的輪廓，其曲綫與同時代壺的側視形一致（圖41）。工匠在做壺的模型時，恐怕是先做斷面呈圓形的壺，然後削掉四面，因此才出現了現在能看到的現象。

圖41　斷面呈方形的壺的兩個側視形，京都大學人文科學研究所

　　我們放在秦代部分的壺是以秦律的出土聞名的雲夢睡虎地11號墓出土遺物。這座墓的時代屬於秦代。器腹最大徑的位置移到中間靠下部分，頸部收縮的程度很大。戰國ⅡB那裏，選擇了戰國ⅡA和秦

〔176〕　第二編圖版3-283之後一例。

代的中間形態的器放進去。

第四B′型，肩部挺起，有些器器身很大，可能是與第四B型不同的另一種型式。但爲了解説的方便，筆者把這種壺稱爲第四B′型。第四B′型戰國ⅡA和ⅡB的器與第四B型相比，雖然腹部很瘦削，但肩部挺起的曲綫及腹部最大徑的位置與第四B型戰國ⅡA壺和ⅡB壺相對應，因此筆者把它們分別放在戰國ⅡA和戰國ⅡB。

第四C型是腹部斷面呈方形，頸部收縮很小的一類。春秋ⅡA的器，根據紋飾可以放在此處。春秋ⅡB的左邊之器也如此。春秋ⅡB的右邊之器是同墓出土青銅器群7中的一件，春秋ⅡB左邊之器是同墓出土青銅器群3中的一件，同出的鼎都在上文中引用過。春秋ⅡB的中間之器，肩部上面稍微收縮。這件器的照片是把棱角放在前面拍的。如第四B型那裏所述，在比較這件壺和斷面呈圓形的壺時，這種照片很方便。如果第四A型春秋ⅡB（1）新鄭出土壺的四角變成棱角，大致成爲這個形狀，因此我們把它放在這個位置。春秋ⅢB的器是春秋ⅡB左邊的壺在秦地作爲明器進一步型式化的東西。我們根據岡村先生的研究[177]，把這件器放在這個位置。

第五型是接春秋Ⅰ第五型的型式。春秋ⅡA的器，根據紋飾可以判定其時代。春秋ⅢA的器是洹子孟姜壺，如本節第二項所述，根據銘文可以知道其時代。紋飾使用傳統的山紋，應該是復古作品，但與春秋ⅡA的器相比，腹部最大徑的位置比較高，器身比較豐滿。這一點與第四A型春秋ⅢA的蔡侯器相類，值得注意。

第五A型是整體形狀比第五型細長的一類。這一型式可以説是把第四C型的斷面改爲圓形而成的。春秋ⅡA和春秋ⅡB的器是通過與第四C型對照選的，這些器從頸部到腹部的形狀特徵與第四C型相對應。

第五B型的特徵與第五A型相反，整體形狀比第五型矮胖。很鼓脹的器腹特別引人注意。筆者放在春秋ⅡA的器是根據紋飾判斷時代的。春秋ⅢA右邊之器是臨朐出土的公孫窯壺，如本節第二項所述，根據銘文可以知道其時代。這件器的特色是，腹部中間鼓起，形成棱角。春秋ⅢA左邊之器腹部的棱角沒有右邊之器那麽明顯，但像右邊之器一樣中間鼓起。

至於第五C型，器身高這一點與第五A型相同，但腹部鼓起的形狀與第五B型春秋ⅡA右邊之器很像，這可以看作地域性特徵。因爲這類器不能歸於第五B型，我們另設一個型式。

第六型是器身很長的壺。但這個型式與西周時代的長壺是否屬於同一個系統，難以確知。戰國ⅠA的器有曾侯乙銘文，據此可知其時代。筆者放在戰國ⅡB的器是江陵馬山1號墓出土的。我們在第一五J型鼎那裏已經講過，根據這座墓出土鼎的型式，可以知道這座墓出土器的時代屬於戰國ⅡB。這件器腹部鼓得很大。有些器形狀與此相類，但腹部比戰國ⅡB器細一點，筆者把這種器和戰國ⅠA器相比較，放在戰國ⅡA。此外還有俯視呈方形的一類，如器影圖版壺216。因爲這類器數量很少，我們不給這類器專門設一個型式，并在演變圖中省略這類器。

第七型是器身很長、整體彎曲的弧壺。春秋ⅢA器和春秋ⅢB左邊之器是根據紋飾分別放在各自的位置。春秋ⅢB右邊之器——因爲很短的頸部很有特色，我們把它定爲七A型——腹部鼓起的形狀與春秋ⅢB左邊之器相類，因此放在此處。戰國ⅠA器是汲縣山彪鎮1號墓出土的，這座墓出土的第一五B型鼎屬於戰國ⅠA（同墓出土青銅器群88）。

第八～一三型是春秋早期沒有出現，中期以後多見的新型式。

第八型頸部很長，器身高，這一點與第五A型相同。但第五A型腹部最大徑的位置比較低，而第八型最大徑的位置比較高。筆者放在春秋ⅡB的器是根據紋飾判斷時代的。春秋ⅢB右邊之器是有名的禹邨王壺，足部腐蝕嚴重，大部分殘缺。春秋ⅢB中間之器，頸部到腹部、獸形耳的形狀與右邊之器

---

[177]　岡村1985。

相同。左邊之器雖然形狀相同，但没有耳和蓋。從春秋ⅡB器到春秋ⅢB器的演變可以説是強調頸部的收縮、腹部鼓起的過程。從這個角度看，筆者放在春秋ⅢA那裏的器應該介於兩者的中間。我們可以想象，從這個階段開始到戰國ⅡA，這個變化逐漸明顯。筆者放在戰國ⅡA那裏的器，腹部圓鼓鼓的，與下述的第九型戰國ⅡA器很相似，因而放在此處。

第九型是腹部鼓起的位置比第八型高，而且鼓得更大的一類。如果比較春秋ⅢA和春秋ⅢB的器，這個區別就很清楚。春秋ⅢA的器是唐山賈各莊18號墓出土的，見於同墓出土青銅器群53，第一五D型鼎與此一起出土。關於這件鼎的時代，我們已經講過了。戰國ⅡA的器是平山三汲公社1號墓出土的矦盗壺，如本節第二項所述，根據銘文可以知道這件鼎的時代屬於前4世紀末。容器部分鼓得很圓，就像吹氣吹到極限的氣球。如果按照類型學的方法，選幾件器放在春秋ⅢA器和這件器之間，其結果如圖所示。戰國ⅠB的器，與此很相似的壺見於同墓出土青銅器群92中。這座墓出土了筆者在第一五E型戰國ⅠB那裏引用的鼎，説明筆者把這件壺定在戰國ⅠB是對的。戰國ⅡB的器屬於同墓出土青銅器群112，此群中有戰國ⅡB時期的第一五B型鼎。

第一〇型與第九型相類，但器身較細，肩部較圓。春秋ⅢA的器，器物中間突出，稍呈棱角，很有特色。第五B型壺和第九型壺也或多或少都強調這個特徵（參看器影圖版壺41～48、52、53），這個形狀可以看作這個時期的特徵之一。戰國ⅠA的器是洛陽中州路2717號墓出土的，如本節第三項所述，這座墓的出土遺物是這個時期的標準器。戰國ⅡA的器使用此時期特有的羽紋，這種羽紋在扁壺上很多見。器腹的形狀與第九型戰國ⅡA不同，但也鼓到極致。筆者放在戰國ⅠB那裏的器，其形狀介於戰國ⅠA器和戰國ⅡA器之間，作爲戰國ⅠB的器應該很合適。

第一一型與第一〇型相比，腹部最大徑的位置再高一點。春秋ⅢA的器使用的紋飾是身軀很細、彎曲成S形的動物鑲嵌紋。我們在第四A型春秋ⅢA壺那裏指出，這是這個時期特有的紋飾。春秋ⅢB的器，紋飾與第九型春秋ⅢB壺相同，頸部、足部的形狀以及腹部的粗細程度也很像，只是腹部最大徑的位置有所不同而已。我們只能認爲兩者屬於同一時期。戰國ⅡA右邊之器是廿九年東周左官壺，如本節第二項所述，根據銘文可以確定這件器屬於戰國ⅡA。縱觀從春秋ⅢB器到戰國ⅡA器的形制演變，當如圖所示。也就是説，春秋ⅢB壺器側的輪廓曲綫，腹部最大徑位於中間，其上下的弧度基本相同；戰國ⅡA壺上下彎曲的程度不同，肩部的彎曲很大，下腹較直。從這個演變趨勢看，比戰國ⅡA早一點的器應該是筆者放在戰國ⅠB位置的那種，肩部的彎曲度稍微大一點，但下腹也比較彎曲。時代再早一點的器，可能肩部彎曲的程度比下腹稍大一點，如筆者放在戰國ⅠA那裏的器。這些器大致是三晉、東周地區的器，而楚地有像戰國ⅡA左邊的那種壺。這是江陵望山1號墓出土器，如本節第二項所述，根據這座墓出土的竹簡，這座墓的時代屬於戰國ⅡA。比較戰國ⅡA左右兩器，左邊之器更強調肩部的隆起，這可以看作是楚地的地域性特徵。戰國ⅡB的器，紋飾是紋飾圖版9-17所示的那種，大致呈平行四邊形的眼睛位於中心的圖像構成紋飾單元，這個圖像似地紋一般施加在器體上（器影圖版壺218）。與此相同的圖像在楚王酓肯簠上被用爲鳥紋的地紋（紋飾圖版5-45），我們以此爲綫索可以知道這個紋飾的時代大致屬於前3世紀中期。肩部的隆起被更加強調，頸部收縮的程度也很大，整體呈富有節奏感的曲綫，這件器應該屬於戰國ⅡB。

第一二型與第一一型的楚國器相近，但從聳起的肩部到下腹的輪廓綫弧度不大，給人以乏味的印象。戰國ⅠB的器是隨州擂鼓墩二號墓出土器，關於這座墓的年代，在第七型鼎那裏講過了。戰國ⅡA的器是同墓出土青銅器群119，即信陽長臺關一號墓出土的一件，同出的鼎具有戰國ⅡA的型式。戰國ⅡB的器是雲夢睡虎地3號墓出土器，這座墓是年代可以定爲前3世紀中期的墓葬之一。筆者放在戰國Ⅲ那裏的器，據説是壽縣朱家集出土的，似是這座墓出土的青銅器群中時代偏晚的一件。因爲這個類型的壺有一個演變趨勢，即從戰國ⅠB開始，由頸部到肩部的輪廓綫逐漸鬆懈，而這件器似可以看作是位於這個演變最後階段的器。

第一三型，頸部有小環，這個小環可能是固定壺蓋用的。有提梁的器也不少，可見這種壺是攜帶用的。這個型式的壺，器腹很粗，容量很大。戰國ⅠA的器是輝縣趙固村1號墓出土的。這座墓出土陶鼎的形制與第一五B型或第一五C型戰國ⅠA青銅鼎相對應[178]，據此可知這座墓的年代。這個型式的壺中，除了這件壺以外，沒有可據以判定時代的佳例。但上文定爲戰國ⅠA的趙固村1號墓出土壺的腹部鼓起的特徵，與第一一型這個時期的壺相對應。如果以器腹最大徑的位置爲標準，并參考第一一型排列，其結論如圖表所示，應該不需要一一說明了。

（3）鬲

第三型是從春秋Ⅰ以來延續的型式。春秋ⅡA的器是光山寶相寺出土的，即同墓出土青銅器群25中的一件，上文中定爲春秋ⅡA的第一型鼎和第五B型壺與它一起出土。此壺所飾的龍紋可以看作春秋Ⅰ的紋飾，但此壺的形制與春秋Ⅰ的壺相比，足比較矮，足部下端不膨出，我們在這幾點上能看出這個時代的特徵。春秋ⅡB的器是長治分水嶺126號墓出土的*，但從紋飾看，這件器的時代與其他同出器物不同，應該屬於我們定的這個時代。春秋ⅢA的器是淅川下寺2號墓出土的，即同墓出土青銅器群72中的一件，根據銘文可以確定同出鼎的時代是春秋ⅢA。戰國ⅠA的器有曾侯乙的銘文，如本節第二項所述，其時代可以定爲戰國ⅠA。戰國ⅠB的器是潞城潞河7號墓出土的，即同墓出土青銅器群95中的一件，上文把此群中的第一五E型鼎的時代定爲戰國ⅠB†。戰國ⅡA的器是平山三汲公社1號墓出土的，即同墓出土青銅器群117中的一件。我們在第一五B型、第一五C型那裏已經指出，根據鼎、鈁等器的銘文，此群的時代可以定爲戰國ⅡA。

以上，從第三型鬲中選擇根據各種證據大致可以知道年代的例子，把它們安放在各個時期，但由於例子不多，出土地區也零散，即使按照這個順序去觀察，也不能追踪形制演變的軌迹。

第三A型是使得第三型變矮的一類。春秋ⅢA的器是壽縣蔡侯墓出土的，雖然沒有銘文，但可以根據同出有銘器看作這個時代之物。戰國ⅠA的器是汲縣山彪鎮1號墓出土的，即同墓出土青銅器群88中的一件。關於這個青銅器群的年代，在第七型壺那裏已經講過。其足極短。

第三B型與第三A型同樣足短，但有蓋，器側有環。筆者放在春秋ⅢB那裏的器，高度和寬度的比例、器側的曲綫與第五型春秋ⅢB鬲很相近，而後者的時代，根據紋飾可以定爲春秋ⅢB，因此把前者也定爲這個時代。戰國ⅠA的器，容器部分整體圓胖，其形狀像酸橙，這個特徵與戰國ⅠA的第一五B型或第一五C型鼎相同，因此我們把這件器歸於這個時期。戰國ⅠB器，容器部分的形狀亦見於第一五型戰國ⅠB鼎。

第三C型有像鼎耳一樣的附耳。春秋ⅢA那裏的器，除了足以外，器身和附耳的形狀與第一五E型這個時期的鼎完全相同，因此放在這個位置。戰國ⅠA的器是洛陽中州路2717號墓出土的，即同墓出土青銅器群90中的一件，如本節第三項所述，該青銅器群是這個時期的標尺。容器部分的形狀特徵與這個時期的第三B型鬲相同。戰國ⅠB的器是同墓出土青銅器群97中的一件，同出的有底座鈁具有戰國ⅠB特有的器形和紋飾。雖然照片的角度不好，但參考綫圖[179]，可知容器部分的形狀與第一五E型戰

---

[178]　中國科學院考古研究所1956，圖版捌壹，1、5。
[179]　咸陽市博物館1986，圖三，1。

---

* 譯按：即同墓出土青銅器群48，時代屬於春秋ⅢB。

† 譯按：各器各型之形制的時代演變圖中的第一五E型戰國ⅠB鼎是同墓出土青銅器群92中的一件。但潞城潞河7號墓出土青銅器群中確實有第一五E型鼎，林先生在第二型鼎處談到這件鼎，說其時代屬於戰國ⅠB。

國 I B 鼎相同，時代與同出的鈁一致。

第四型是薯足鬲。這是從春秋 I 延續的型式。春秋 II A 的器是沂水劉家店子1號墓出土的，即同墓出土青銅器群19中的一件。上文中，根據紋飾把同出的第八型鼎的時代定爲春秋 II A。春秋 III A 的器是淅川下寺1號墓出土的，即同墓出土青銅器群71中的一件，同出的鼎和浴缶可以根據銘文知道其時代。戰國 I B 的器是隨州擂鼓墩二號墓出土的，這座墓的年代在第七型鼎那裏講過了。

第五型是短尖足鬲，器側有環。其形狀是第三B型鬲的足部下端變尖的那種。關於春秋 III B 的器，如上所述，根據紋飾可以確定時代。戰國 I A 的器是輝縣趙固村1號墓，即同墓出土青銅器群89中的一件。關於確定此群年代的綫索，已在第一三型壺那裏講過。

第五A型是把第五型的環耳改成附耳的型式。春秋 III A 的器具有這個時期特有的鈎矩紋，我們據此把它放在這個位置。春秋 III B 的器也是根據紋飾判斷時代的，容器部分的曲綫與這個時期的第五型鬲相同。第五型和第五A型的鬲數量很少。

（4）甗

第一型是標準型，是商周時期以來一直存在的型式。春秋 II A 的器，甑口敞開很大，這一點與春秋 I 的甗不同，而且延續到下一時期，但足下端很粗是春秋 I 以來的特徵。根據以上兩點，把這件器的時代定爲春秋 II A。春秋 III A 的器，甑部的高度和寬度的比例，及側視形的特徵——頸部收縮，下腹瘦削——與這個時期的第二型、第二A型甗相同，因此放在這個位置。戰國 I B 的器是隨州擂鼓墩二號墓出土的，屬於同墓出土青銅器群103。關於確定此群年代的綫索，筆者在第七型鼎那裏講過了。

第二型是鬲部是薯足鬲的一類。春秋 II B 的器是侯馬上馬村13號墓出土的，即同墓出土青銅器群6中的一件。關於這個青銅器群的年代，已在第一五A型鼎那裏講過了。春秋 III A 的器是新樂中同村2號墓出土的，即同墓出土青銅器群43中的一件，此群中的第一五A型鼎具有春秋 III A 的形制。春秋 III B 器鬲部的形制與第五A型這個時期的鬲完全相同。

第二A型是鬲足短的一類。春秋 III A 的器是邯鄲百家村57號墓出土的，即同墓出土青銅器群46中的一件，此群中的第一〇型壺具有春秋 III A 的形制。這件春秋 III A 甗的甑部的形制與第二型這個時期的甗完全相同，這證明筆者對這些器的年代判定不誤。戰國 I A 的器是洛陽中州路2717號墓出土的，如本節第三項所述，這座墓是這個時期的標準墓。此甗鬲部的形制與同墓出土的第三C型鬲完全相同。戰國 I B 的器，鬲部的形制比戰國 I *的器矮一些。參考第三B型鬲的器形演變，把這件器放在這個位置。

第四型是四足方形的一類。春秋 II A 的器是寶鷄福臨堡1號墓出土的，即同墓出土青銅器群1中的一件，上文中把這座墓出土的第一A型鼎定爲這個時期的器。春秋 II B 的器，雖然看不到紋飾，但與此同形的器（器影圖版甗7）裝飾的是這個時期特有的貌似地紋的龍紋。根據該器，把這件器放在這個位置。春秋 III B 的器和戰國 I A 的器都是秦地的特定地域型器，作爲明器經過了獨特的器形演變。關於這些器的時代，筆者采用了岡村先生的研究[180]。

---

〔180〕 岡村1985。

---

* 譯按：從文義推測，此“戰國 I ”似是“戰國 I A ”之誤。

（5）錡

春秋ⅡA的器是隨州城關公社，即同墓出土青銅器群31中的一件，這座墓還出土春秋ⅡA的第一五或一五A型鼎。春秋ⅡB的器是長治分水嶺269號墓出土的，即同墓出土青銅器群7中的一件，這座墓還出土春秋ⅡB的第一五A型鼎。春秋ⅢB的器是輝縣墓甲出土的，同出的第七型壺具有春秋ⅢB的形制[181]。這件器已經變形，而且照片質量很差，但仍能看出甑部的形制與大約春秋Ⅲ的第一型、第二型、第二A型甗接近。戰國ⅡA的器是平山三汲公社6號墓出土的，即同墓出土青銅器群118中的一件，此群的時代與同墓出土青銅器群117大致相同，當是戰國ⅡA。戰國ⅡB的右邊之器是成都羊子山172號墓出土的，即同墓出土青銅器群140中的一件。此群中有第一五C型鼎，器腹的突帶突出，時代可以定爲大約戰國ⅡB。戰國ⅡB的左邊之器，紋飾與楚王酓肯匜相同，可見兩者的時代差不多。看三足釜部分，右邊之器的器身較矮，左邊之器則比較高；左邊之器的足的形狀與上引的楚王鼎相同。這可能是因爲這件器是楚王器，采用了比較特殊的形制。

（6）圈足釜

春秋ⅡA的器似是小模型，我們根據紋飾放在此處。春秋ⅡB的器是侯馬上馬村13號墓出土的，即同墓出土青銅器群6中的一件。這件器也可能是小模型。關於這座墓的時代，已在第一五A型鼎那裏講過。春秋ⅢA的器是懷來北辛堡，即同墓出土青銅器群55中的一件，這座墓還出土春秋ⅢA的第一五E型鼎。春秋ⅢB的器是輝縣墓甲或乙出土的，器腹有春秋ⅢB特有的鈎矩紋。容器部分很圓，是這個時期的典型特徵。

（7）鑒

第一型是帶有一個附耳的一類。戰國ⅠA的器是成都青羊宮側出土的，即同墓出土青銅器群106中的一件，同出第八型壺的時代大致屬於戰國ⅠA。戰國ⅡB的器是鳳翔高莊1號墓，即同墓出土青銅器群112中的一件，同出的第一五C型鼎具有戰國ⅡB的型式。從這兩個例子可以看出第一型鑒從戰國ⅠA到ⅡB所發生的變化：附耳的位置從頸部下移到肩部，圓肩變成平肩。

第二型是帶有大小不同的兩個附耳的一類。戰國ⅡB的器是隨州城東北角的墓葬出土的，同出楬上所寫的紀年相當於前271年。這件器的肩部比較平，肩上有附耳。筆者放在秦代位置的器，是以出土秦律聞名的雲夢睡虎地11號墓的遺物，這座墓屬於這個時期。這件器從頸部到肩部的綫條流暢。如果第二型鑒的側視形與第一型發生過同樣的演變，筆者放在戰國ⅠB位置的、肩部稍微平一點的那種應該屬於這個時代。

（8）簋

第五型是側視形呈S形、下腹膨出的一類。這個型式的簋在春秋ⅡA出現，但西周ⅢA以後的例子目前沒有發現。據此可以推想，這類簋是大約從春秋ⅡA開始，模仿西周時代簋的復古作品。器腹裝飾的饕餮也應該是模仿西周古器物做的。這種復古饕餮紋在第一八型鼎春秋ⅡA那裏引用的器物上出現過。戰國ⅠA的器是隨州擂鼓墩1號墓出土的，即同墓出土青銅器群102中的一件；戰國ⅠB的器是2號墓出土的，即同墓出土青銅器群103中的一件。關於這兩座墓的年代，我們已經講過好幾次了。

第七型是側視形呈S形、下腹收縮的一類。這一型式的簋在春秋ⅡB出現，與第五型一樣，也是模

---

〔181〕　郭寶鈞1959，圖版壹壹陸。

仿西周器的復古作品。這件器蓋鈕底部的紋飾是紋飾圖版 3-206 所示的那種，可以作爲斷代的綫索。春秋ⅢA之器有蔡侯銘文。戰國ⅠB的器是本節第二項介紹的器，因爲有陳侯午銘文，可以知道其年代。

以上的第五型和第七型是仿古器，爲數也不多，只能提供各個時期的例子，我們無法弄清器形演變的軌跡。

第八型是器身呈盤形的一類。春秋ⅡA的器是寶雞福臨堡1號墓出土的，即同墓出土青銅器群1中的一件。關於判斷此群年代的綫索，在第四型甗那裏講過。春秋ⅡB的器是新鄭，即同墓出土青銅器群16中的一件。關於判斷此群年代的綫索，在第一型鼎那裏講過。根據銘文可以知道絕對年代的秦公簋（圖3）也屬於這個時期，其形制與此基本相同。戰國ⅠA以下，列舉了有方座的一類和沒有方座的一類。戰國ⅠA右邊之器是長治分水嶺12號墓出土的，即同墓出土青銅器群85中的一件，我們在上文中把此群中的第四B型壺定爲這個時代的器。戰國ⅠA左邊之器是長子7號墓出土的，即同墓出土青銅器群87中的一件，同出的第一五型鼎和第一〇型鼎具有戰國ⅠA的形制。左邊一器的照片不是很好，但不管有沒有方座，容器部分的形狀都相類，可見我們的斷代不誤。戰國ⅠB的器是根據銘文可以確定年代的。關於戰國Ⅱ和戰國ⅡB的器，我們根據紋飾判斷其年代。戰國Ⅱ器的犧首是西周器的模仿品。戰國ⅡB～Ⅲ的器是壽縣朱家集出土的，雖然沒有銘文，但其時代應該與此地出土的楚王酓肯、酓忎諸器相同。第八型簋的例數比第五型、第七型多，但也只能勉強搜集到各個時期的例子，其出土地點也零散。要弄清各個時期的器形演變，數量還遠遠不夠。

第九A型是圓腹、圓肩的一類。春秋ⅡA那裏的器，是根據紋飾判斷的年代。春秋ⅡB的器是同墓出土青銅器群36中的一件，我們在上文中把此群的第一三A型鼎定爲這個時期的器。春秋ⅢA的器是淅川下寺1號墓出土的，即同墓出土青銅器群71中的一件*。關於此群中有銘文的鼎、浴缶等的年代，本節第二項已經説明，據此可知這件簋屬於這個時期。春秋ⅢA器使用的是這個時期楚器特有的很繁縟的紋飾，這是當時最新的款式。

（9）敦

第一型，容器部分是頸部稍微收縮的鉢形容器†，蓋有鈕，無足。這類敦的形制與盆（我們在器影圖版中把它列在敦前）很相近。盆集中出現在春秋ⅡA，可以分爲兩類：第一型是肩以上的部位明顯内斂，下腹瘦削的一類；第二型是下腹較圓的一類[182]。盆的兩類器都有自名器，據此可以知道這些器當時被這樣稱呼。盆和敦的不同點是：盆可以看作是鉢上加蓋而成的器，而敦有圓的意思[183]，如這個名字所示，在蓋和器相合之後整體或多或少都呈圓形。

第一型春秋ⅡA的器是洛陽中州路2415號墓出土的，如本節第三項所述，這座墓是這個時期的標準墓。春秋ⅡB的器是衡陽保和圩出土的，無法在同墓出土的青銅器中得到斷代的綫索，在此根據紋飾確定這件器的年代。至於春秋ⅢA的器，蓋和容器部分的形狀與春秋ⅢA的第二型敦很相似，因此放在這個位置。從以上例子看，隨着時代的推移，第一型敦的腹越來越淺。

第二型是第一型加足而成的。因爲例子很少，在此將三足的一類和圈足的一類一并予以討論。春

---

〔182〕 這兩個型式相當於陳芳妹1985分類的折肩型和圓肩型。

〔183〕 林1984：53 ～ 54‡。

---

* 譯按：這件簋不見於同墓出土青銅器群71中，但確實是淅川下寺1號墓出土的。這件簋的圖版見於圖版册簋14。

† 譯按：此所謂 "鉢" 是日語 "はち（hachi）" 的對譯，"はち" 是圓形、侈口、深腹的容器。關於林先生所謂 "鉢形" 的意思，參看第一卷第51頁的譯按。

‡ 譯按：中文版第61 ～ 62頁。

秋ⅡB的器是根據紋飾放在此處的。器腹較深，下腹較圓，這個形制與春秋ⅡB的第一型器相同。春秋ⅢA的器是山東徂徠黃家嶺發現的，據稱同時發現的盤，其容器部分很淺[184]，相當於第三型盤春秋ⅢA的型式。春秋ⅢB的器是根據紋飾判斷時代的。第二型敦容器部分的形狀演變趨勢與第一型相同。

　　第三型是在蓋和器相合之後呈酸橙形、無足的一類。春秋ⅡB的器是輝縣琉璃閣130號墓出土的，即同墓出土青銅器群9中的一件，這座墓出土第一五A型春秋ⅡB鼎。春秋ⅢA的器是莒南大店1號墓出土的，即同墓出土青銅器群63中的一件，我們在上文中把這座墓出土的壺作爲第五B型春秋ⅢA壺的標準器。戰國ⅡA的器是信陽長臺關1號墓出土的，即同墓出土青銅器群119中的一件，此群中的第一五I型鼎和第一二型壺屬於這個時期。

　　第四型是在第三型上加三足而成的。春秋ⅡA的器與春秋ⅡB的器相似，但蓋很平坦。第一五、一五A型鼎中，春秋ⅡA的器蓋很平坦。我們參考這個情況，把這件敦的時代定爲春秋ⅡA。春秋ⅡB的器是洛陽中州路4號墓出土的。根據發掘報告，這座墓屬於東周第二期，但如本節第三項所述，這座墓的時代屬於春秋ⅡB。筆者放在春秋ⅢA的器是洛陽西工區4號墓出土的，這座墓出土的第八型鼎和第一五A型鼎，在上文曾作爲春秋ⅢA器的標準器引用過。春秋ⅢB的器與春秋ⅢA器相比，下腹更圓。春秋ⅢA和ⅢB的第一五A型鼎容器部分也有同樣的現象。我們參考第一五A型鼎的器形演變，把這件器放在此處。我們定爲戰國ⅠA的器*，其容器部分的圓弧程度，與這個時期的第一五型鼎基本一致，因而置於此處。戰國ⅠB的器是陳侯午敦，如本節第二項所述，根據銘文可以知道其年代。戰國Ⅲ的器，筆者根據紋飾判斷大致屬於這個時期。

　　第五～七型是在蓋和器相合之後幾乎呈球形的型式。第五型是整體較扁的一類，第七型是整體較高的一類，第六型是兩者的中間形態。

　　第五型春秋ⅢA的器是臨淄東申橋村發現的，同時出土的銅（器影圖版銅32）具有春秋ⅢA的型式，因此我們把這件器放在此處。戰國ⅠA的器，蓋缺失，但有件器（器影圖版敦39）很有可能與這件器形制相同，而且施以這個時期特有的蛹形鬼神紋，因此我們把這件器放在此處†。戰國ⅠB的器是根據銘文可以知道年代的陳侯因脊敦。

　　第六型春秋ⅢA的器是新鄭李家村1號墓，即同墓出土青銅器群60中的一件，同出的第一五F型鼎在上文中定爲這個時期的器。春秋ⅢB的器所飾的是以散點爲地紋的分散龍紋，是這個時期特有的紋飾，我們據此判定這件器的年代。戰國ⅠB的器是新都馬家公社出土的，即同墓出土青銅器群109中的一件，此群中的第一五J型鼎在上文中定爲這個時期的器。戰國ⅡA左邊之器是江陵望山1號墓，即同墓出土青銅器群120中的一件，如本節第二項所述，根據這座墓出土的竹簡可以確定這座墓的時代屬於戰國ⅡA。戰國ⅡA右邊之器是根據紋飾判斷時代的。我們根據不同的標準判斷這兩件器的時代，但它們在蓋和器相合之後的圓弧程度極爲接近，說明我們對這兩件器的判斷可以互證。

　　第七型春秋ⅢA的器是壽縣蔡侯墓出土的，雖然沒有銘文，但應該可以看作與有銘器時代相同的器。戰國ⅠA的器是長治分水嶺12號墓，即同墓出土青銅器群85中的一件，我們在上文中把此群中的

---

[184]　山東省文物管理處、山東省博物館1959，圖版111。

---

*　譯按：“各器各型之形制的時代演變圖”中，這件器的時代標記爲“戰國Ⅰ”。這件器見於圖版冊敦60，林先生特意把它放在“戰國ⅠB”後的“戰國Ⅰ”處。恐怕林先生對這件器的看法在中間發生了變化。

†　譯按：“各器各型之形制的時代演變圖”的第五型戰國ⅠA器是有蓋的，林先生此處引用的敦39却沒有蓋，情況與林先生所說完全相反。演變圖的第五型戰國ⅠA見於器影圖版敦37，這是第五型戰國ⅠA的第一件器。綜合以上情況推測，情況可能是這樣的：當初林先生打算把沒有蓋的一件作爲第五型戰國ⅠA的標準器，放在器影圖版的敦37處，而把有蓋的一件放在器影圖版的敦39處，按照這個設想寫了正文。但後來他改變了主意，把有蓋的一件作爲標準器，因此器影圖版的位置也換了，但正文的說明沒有照改，故導致正文和圖版不一致。

第四B型壺定爲這個時期的器。戰國ⅠB的器是根據它所飾的鑲嵌紋判斷時代的。戰國ⅡA的器是鄂城鄂鋼53號墓，即同墓出土青銅器群135中的一件，此群中的鼎和壺具有戰國ⅡA的型式。戰國ⅡB的器是江陵望山2號墓出土的，即同墓出土青銅器群128中的一件，此群中的第一五K型鼎屬於戰國ⅡB。戰國ⅡB～Ⅲ的器是壽縣朱家集出土的，時代應該與楚王酓肯、楚王酓忎器相同，因此我們把它放在此處。這件器現在只有下腹瘦削的容器部分，筆者無法想象這件器在蓋和器相合之後成爲什麼形狀。

　　總的來説，以上的第五、六、七型例子很少。目前有一定數量的例子，而且出土地區和時代相同，據此可以窺見整體趨勢的只有戰國Ⅱ的楚地。至於其他的例子，我們只是從不同的地區搜集各個時期的例子，并把它們列出來而已。

　　第八型雖然蓋和器同形，但分別呈第二型敦的器形，因此相合之後不呈球形。春秋ⅢA的器是長子1號墓，即同墓出土青銅器群40中的一件，這座墓出土的第一五型鼎在上文中定爲春秋ⅢA器。戰國ⅠA的器是輝縣趙固村1號墓，即同墓出土青銅器群89中的一件，這座墓出土的第一三型壺屬於戰國ⅠA。戰國ⅠB器的頸部裝飾身體呈S形、纏絡在一起的龍紋，是這個時期特有的紋飾。第八型敦的腹部在春秋Ⅲ比較深，似乎經過戰國ⅠA、ⅠB逐漸變淺。

（10）蓋

　　春秋ⅡB的器是新鄭出土的，即同墓出土青銅器群16中的一件，此群的年代在第一型鼎那裏講過。春秋ⅢA的器是淅川下寺1號墓出土的，即同墓出土青銅器群71中的一件*。關於此群中的鼎等器物的年代，參看本節第二項。春秋ⅢB的器是潢川隆古公社高稻場村2號墓出土的，即同墓出土青銅器群74中的一件，我們把此群中的第一三A型鼎作爲春秋ⅢB器的例子引用過。蓋的下腹從春秋ⅢA到ⅢB逐漸接近圓形，這是鼎中也出現過的現象。

（11）簠

　　第一型是形制相同的蓋鈕和器足較小的一類。春秋ⅡA的器是隨州城關公社，即同墓出土青銅器群31中的一件，此群中有春秋ⅡA的第一五或一五A型鼎。春秋ⅡB的器是洛陽中州路4號墓出土的，如本節第三項所述，這座墓是這個時期的標準墓。從春秋ⅡA到ⅡB的器形變化觀察，器形整體變高，蓋和器扣合的口沿部分變厚。戰國ⅠA的器是長治分水嶺26號墓，即同墓出土青銅器群86中的一件，此群中的第八型簠似可以視爲戰國ⅠA器。蓋和器的口沿部分更加變厚，器耳變成圓環狀。

　　第二型是蓋鈕和器足較大的一類，第二A型是其中器身明顯高的一類。第二型春秋ⅡA的器是穀城下辛店，即同墓出土青銅器群15中的一件，我們在上文中把第八型鼎和第一五型鼎定爲春秋ⅡA器。春秋ⅡB的器是侯馬上馬村13號墓，即同墓出土青銅器群6中的一件。關於判斷此群年代的綫索，在第一五A型鼎那裏講過。春秋ⅢA的器是當陽趙家湖，即同墓出土青銅器群68中的一件，此群中的第一三A型鼎是我們定爲春秋ⅢA的型式。春秋ⅢB的器是潢川隆古公社，即同墓出土青銅器群74中的一件。關於判斷此群年代的綫索，已在蓋條講過。戰國ⅠA的器是長子7號墓，即同墓出土青銅器群87中的一件。關於判斷此群年代的綫索，在第八型簠那裏講過。戰國ⅠB的器是潞城潞河7號墓，即同墓出土青銅器群95中的一件。關於判斷此群年代的綫索，在第三型鬲那裏講過。戰國ⅡA左邊之器是襄陽蔡坡9號墓，即同墓出土青銅器群125中的一件，我們在第一五K型鼎那裏，作爲戰國ⅡA器的例子引用過此群中的鼎。戰國ⅡA右邊之器是平山三汲公社1號墓出土的。戰國ⅡB的器有楚王酓肯銘文，根據銘文可以知道其年代。戰國Ⅲ的器據説是壽縣朱家集出土的，雖然銘文中沒有出現王名，但紋飾

_____

* 譯按：同墓出土青銅器群圖表71中沒有收錄這件器的照片。這件蓋見於器形圖版蓋4。

與楚王酓忎鼎相同，據此可知其時代與楚王酓忎鼎大致相同。

縱觀第二型簠，可以看出蓋鈕和器足部分從春秋ⅡA到春秋ⅢB逐漸變寬。到戰國ⅠA和ⅠB，雖然例子不多，但有些器的蓋鈕和器足寬得讓人覺得很笨重。再到戰國ⅡB和戰國Ⅲ，給人的印象是很不好看的仿古作品。

第二Ａ型春秋ⅢA的器是宋公縊簠＊，根據銘文可以知道其年代。戰國ⅠA的器是隨州擂鼓墩1號墓出土的，有曾侯乙銘文。戰國ⅠB的器是隨州擂鼓墩2號墓出土的。關於判斷此群年代的綫索，已在第七型鼎那裏講過。這個型式的器，蓋鈕和器足很寬，伸出容器部分之外，本來就給人以裝飾過多的印象，而且器身隨着時代越來越高，更加給人以誇張的印象。

（12）豆

青銅豆從春秋晚期開始大量製作，豆的各種型式也在這個時期出現。

第一型是校†呈喇叭形，其上有淺腹盤和高蓋的一類。如果拿掉蓋子，其形狀與青銅豆中出現最早的商晚期豆（如《綜覽》第一卷：圖版册豆1）相似，因此我們把這一類作爲豆的第一型。春秋ⅡA的器是沂水劉家店子1號墓，即同墓出土青銅器群19中的一件。關於判斷此群年代的綫索，已在第四型鬲那裏講過。

第二型，除了蓋子以外，器形與第一型都相近，但頸部收縮。春秋ⅡA的器是光山寶相寺，即同墓出土青銅器群25中的一件。關於判斷此群年代的綫索，在第三型鬲那裏講過。春秋Ⅱ～Ⅲ的器是紹興306號墓出土的。這座墓的出土遺物中混有不同時代的器物，但我們認爲這件器的型式和春秋ⅡA器一脉相承，因此把它放在這裏。

第三型是盤底平、腹壁幾乎垂直的一類。這是從西周以來延續的系統。春秋ⅡB的器使用的是用勺子頭部的曲綫弧度畫出來的很有特色的紋飾‡，是這個時期特有的紋飾，因此我們把這件器放在此處。春秋ⅢA的器是壽縣蔡侯墓出土的，雖然沒有銘文，但我們認爲它與有銘器屬於同一個時代。戰國ⅠA的器是汲縣山彪鎮1號墓，即同墓出土青銅器群88中的一件。關於判斷此群年代的綫索，在第七型壺那裏講過。戰國ⅠB的器是潞城潞河7號墓出土的，即同墓出土青銅器群95中的一件。關於判斷此群年代的綫索，在第三型鬲那裏講過。戰國ⅡA的器是平山三汲公社1號墓出土的，即同墓出土青銅器群117中的一件。關於此群的年代，我們在第一五Ｂ型鼎、第一五Ｃ型鼎那裏講過。縱觀第三型豆的器形演變，從春秋ⅡB到ⅢA的器形可能是一脉相承的；校的寬度似乎從戰國ⅠA到ⅡA逐漸變細。但每個時期的資料都很少，因此目前無法確認這個判斷是否準確。

第四～一〇型都是容器部分的形狀與敦相類，在蓋和器相合之後呈酸橙形的型式。第四型是長校的一類，因爲這個型式在春秋ⅢA燕地很多見，爲這些器單獨設一類。在此引用的是唐山賈各莊18號

＊ 譯按：“各器各型之形制的時代演變圖”的第二Ａ型春秋ⅢA的器是壽縣蔡侯墓出土的蔡侯齧簠（同墓出土青銅器群70）。

† 譯按：校是盤下的柄，即器足的直柱部分。參看《殷周青銅器綜覽》第一卷第一編第三章第一節第二項（8）豆條（中文版第63頁）。

‡ 譯按：這一句的原文是“匙面で表された特徴のある紋樣”，此“匙面”的意思不明，在此暫且把它理解爲勺子用於舀東西的前端部分的凸面。這個説法亦見於第二編第三章和第九章，其所指紋飾的風格確實都相同，如：

圖版3-100（部分）： 　　　圖版9-9（部分）：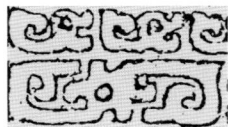

墓出土的，即同墓出土青銅器群53中的一件。關於判斷此群年代的綫索，在第九型壺那裏講過。

第五型，校的上部很粗這一點與第四型相同，但校沒有第四型那麼長。春秋ⅢA的器是根據紋飾判斷時代的。春秋ⅢB的器是蘇州虎丘，即同墓出土青銅器群80中的一件，此群中的第一三B型鼎具有春秋ⅢB的型式。戰國ⅠA的器，從紋飾看，應該大致屬於這個時期。戰國ⅠB也是根據紋飾放在此處的。第五型的器形演變似是如此：春秋ⅢA器的器形結構緊湊，從此逐漸變得鬆散。

第六型與第五型相近，但校上部不粗。春秋ⅢA的器是邢臺南大汪村1號墓，即同墓出土青銅器群45中的一件。關於判斷此群年代的綫索，在第四A型壺那裏講過。春秋ⅢB、戰國ⅠA的器都是根據紋飾判斷時代的。戰國ⅠB是有哀成叔銘文的器，關於這件器的年代，參看本節第二項。戰國ⅡA的器是平山三汲公社1號墓，即同墓出土青銅器群117中的一件。關於此群的年代，我們在第三型豆那裏也講過了。就容器部分而言，第六型從春秋ⅢA到戰國ⅠB的器形演變似乎與第五型一致。

第七型與第六型相似，但校比較短。春秋ⅢA的器裝飾很有特色的鑲嵌紋，我們據此把這件器歸於這個時期。春秋ⅢB的器是長治分水嶺126號墓出土的，即同墓出土青銅器群48中的一件。此群中沒有容易判斷時代的器，但這件器的容器部分和春秋ⅢA器相比，下腹更接近圓形，例如第一五A型鼎從春秋ⅢA到ⅢB發生的變化與此相應。戰國ⅠA的器是洛陽中州路2717號墓出土的，如本節第三項所述，這座墓是這個時期的標準墓。戰國ⅠB的器是潞城潞河7號墓出土的，即同墓出土青銅器群95中的一件。關於判斷此群年代的綫索，在第三型鬲那裏講過。

第八型是校比較長、蓋上有環的一類。春秋ⅢA的器是淶水永樂寺，即同墓出土青銅器群52中的一件。同出的第五型敦，雖然照片很小，無法確認準確的器形，但應該是春秋ⅢA的型式。春秋ⅢB的器，器形部分比春秋ⅢA器更接近圓形，這個情況與第七型相同，因此我們參考鼎的器形演變，把這件器放在春秋ⅢA的下一期。筆者放在戰國Ⅲ的器有同銘簋，其紋飾與楚王酓忎鼎相同，因此放在這裏。但這件器與春秋ⅢB器是否屬於同一個系統，目前不明。

第九型可以説是使第八型豆變矮而成的。春秋ⅢA右邊之器是壽縣蔡侯墓出土的，雖然沒有銘文，但我們認爲它與有銘器屬於同一個時代。春秋ⅢA左邊之器是新樂中同村2號墓出土的，即同墓出土青銅器群43中的一件。關於判斷此群年代的綫索，在第二型瓬那裏講過。至於戰國ⅠA的器，我們參考第六型和第七型豆的容器部分的形狀，判斷這件器大致屬於這個時期。

第一〇型是容器部分呈方形、深腹的一類。春秋ⅢA的器是固始侯古堆1號墓出土的，即同墓出土青銅器群69中的一件，我們在本節第二項討論過同出的宋公欒簋的年代。戰國ⅠB的器是隨州擂鼓墩2號墓，即同墓出土青銅器群103中的一件。關於判斷此群年代的綫索，在第七型鼎那裏講過。

第一一型是容器部分呈方形、淺腹的一類。春秋ⅢA之器的出土地不明，但從器側所飾的龍紋看，時代應該大致屬於春秋ⅢA。戰國ⅡA的器是江陵藤店1號墓，即同墓出土青銅器群121中的一件，我們在上文中把此群中的第一五J型鼎定爲戰國ⅡA器。由於例子很少，無法闡明準確的器形演變趨勢，但春秋ⅢA器的腹部相當深，戰國ⅡA器則很淺。以此爲綫索考慮，我們放在春秋ⅢB的器，其腹部比春秋ⅢA器稍微淺一些，因此放在這個位置應該差不多。

（13）鍿

第一型是深腹的一類，而第二型是淺腹、平底的一類。第一型春秋ⅡA的器是根據肩部的紋飾判斷時代，并放在此處的。頸部相當收斂，腹部很圓。春秋ⅡB器的肩部有裏面填滿渦紋的紋飾帶和蕉葉紋，我們據此判定這件器的年代。頸部收縮不大，腹部稍微變淺了一點。春秋ⅢA的器是邯鄲百家村57號墓，即同墓出土青銅器群46中的一件。關於判斷此群年代的綫索，在第二A型瓬那裏講過。頸部幾乎不收縮。春秋ⅢB的器是長治分水嶺126號墓出土的，即同墓出土青銅器群48中的一件。關於判斷此群年代的綫索，已在第七型豆那裏講過。這件器裝飾的是與第七型豆完全相同的鑲嵌紋。腹部比前一期的器更淺。戰國ⅠB的器是長治分水嶺25號墓，即同墓出土青銅器群94中的一件，此群中的第一五B型鼎和第九型壺具有戰國ⅠB的型式。腹部變得更加淺。據此可以看出，器身從春秋ⅢB到戰國ⅠB逐漸變矮。我們考慮這個演變趨勢，把器身的高度介於春秋ⅢB器和戰國ⅠB器之間的器放在戰國ⅠA那裏。

第一A型是第一型加蓋而成的，蓋上有環。這是在山東多見的型式。春秋ⅢA的器是莒南大店1號墓，即同墓出土青銅器群63中的一件。關於判斷此群年代的綫索，參看第三型敦那裏的考釋。除去蓋和足，腹部的深度與第一型大致相同。春秋ⅢB的器與春秋ⅢA器相比，器身矮了一點，下腹較圓。我們把這個特徵和第一型的情況相對照，把這件器放在此處。但我們把同是海陽嘴子前村1號墓出土的第一型敦定爲春秋ⅢA器，需要注意。戰國ⅠA的器，容器部分的形狀與長子1號墓出土的鍸（器影圖版鍸68）相類，這座墓出土的第一五型鼎和第八型壺[185]具有戰國ⅠA的型式。戰國ⅠB的器是長清崗辛，即同墓出土青銅器群99中的一件，同墓出土的第一五G型鼎和第一一型壺具有戰國ⅠB的型式。似乎第一A型器的腹部也隨着時代推移逐漸變淺，但戰國ⅠA器的形制與這個規律不合。

第二型是淺腹、平底的一類，在此把有蓋器和無蓋器一起討論。春秋ⅡA的器是洛陽中州路2415號墓出土的，這座墓是這個時期的標準墓。這件器的特徵與這個時期的第一型器相同，頸部收縮，腹部較圓。春秋ⅡB右邊之器是侯馬上馬村13號墓，即同墓出土青銅器群6中的一件。關於判斷此群年代的綫索，在第一五A型鼎那裏講過。春秋ⅡB左邊之器是形制相同的另外一件器，在此引用了從不同的角度拍攝的照片。這些器的頸部收縮不大，這個現象與第一型相同。春秋ⅢA的器是淅川下寺2號墓，即同墓出土青銅器群72中的一件*。關於此群的年代，王子午鼎（參看本節第二項）可以作爲標準。春秋ⅢB的器比春秋ⅢA器更扁，我們參考第一型的器形演變把這件器放在此處。關於戰國ⅠA的器，我們選了器身更扁的器放在此處。我們放在秦代部分的器在發掘報告中被稱爲舟。這個名稱被中國學界用以表示我們所謂鍸的器，因此我們把這件器放在此處[186]。這件器是雲夢睡虎地6號墓出土的，根據發掘報告，這座墓是秦代墓。

第二A型是第二型加三短足而成的。春秋ⅡB的上方之器是新鄭出土的，即同墓出土青銅器群16中的一件，此群的年代在第一型鼎那裏講過。春秋ⅡB下方的照片是對形制相同的器從不同的角度拍攝的。這兩件器的鈕由許多蛇形構成，整體呈圓形，采用透雕的手法。這是這個時期的顯著特徵。春秋ⅢB的器是根據紋飾放在此處的，器腹鼓起的形狀也符合這個時期的風格。戰國ⅠA的器是沂水諸葛公社出土的，同出劍有"工盧王作……"銘文，當是春秋時代的器[187]。但就這件鍸而言，蓋中間隆起的程度與戰國ⅠB器相近，容器部分扁平的程度似乎介於戰國ⅠB器和春秋ⅢB器之間，因此我們把這件器的時代定爲戰國ⅠA。戰國ⅠB的器有哀成叔銘文，如本節第二項所述，屬於這個時期。

第三型是深腹、三長足的一類。春秋ⅢA的器是唐山賈各莊28號墓出土的，即同墓出土青銅器群54中的一件，此群中的第一五E型鼎具有春秋ⅢA的型式。春秋ⅢB的器，腹部呈這個時期特有的圓形，因而放在此處。這件器與春秋ⅢA器相比，腹部變淺。

第三A型是第三型的三足變成圈足的一類。春秋ⅢA的器是唐山賈各莊18號墓出土的，即同墓出土

〔185〕《考古學報》1984年第4期，圖版貳肆，2、5。

〔186〕　但無論是發掘報告（雲夢睡虎地秦墓編寫組1981）的照片和圖，還是論述，都無法確認這件器是不是平面呈橢圓形的鍸。

〔187〕　沂水縣文物管理站1983：11。

* 譯按：同墓出土青銅器群圖表72中沒有收錄這件鍸的照片。這件鍸見於圖版冊鍸34。

土青銅器群53中的一件。關於判斷此群年代的綫索，在第五型壺*那裏講過。春秋ⅢB的器，器腹所呈的圓形可以看作是春秋ⅢB的特徵，因此放在此處。腹部變淺這一點也與這個時期的第三型鍢相同。

（14）鐎

第一型是足不長不短的一類，這類器占大多數。春秋ⅡB的器是長治分水嶺270號墓出土的，即同墓出土青銅器群8中的一件，此群中的第八型鼎和第一〇型鼎在上文中定爲春秋ⅡB。足很細，是這個時期的鼎上也能看到的特徵。春秋ⅢA的器是固始侯古堆1號墓出土的，即同墓出土青銅器群69中的一件。關於判斷此群年代的綫索，在第一〇型豆那裏講過。這件器的提梁和器側施加很繁縟的裝飾，容器部分矮扁。春秋ⅢB的器是蘇州虎丘出土的，即同墓出土青銅器群80中的一件。關於判斷此群年代的綫索，在第五型豆那裏講過。腹部的深度增加，更接近圓形。關於戰國ⅠA的器，因爲照片較好，此處采用了這件器，但形制相同的器見於長子7號墓，即同墓出土青銅器群87中，關於判斷此群年代的綫索，在第八型簠那裏講過。容器部分的高度增加，變得圓鼓鼓。戰國ⅠB的器是根據腹部裝飾的纏絡龍紋判定時代的。與戰國ⅠA器相比，容器部分較扁。戰國ⅡA的器是平山三汲公社1號墓出土的，即同墓出土青銅器群117中的一件。我們在第一五B型鼎、第一五C型鼎那裏講過，根據同出鼎等器物的銘文，可以得到此群的年代標準。容器部分變得更扁。戰國ⅡB～Ⅲ的器據說有"鑄客爲集䤈爲之"銘文，這個格式與壽縣朱家集楚王墓出土諸器相同。我們認爲這件器和壽縣朱家集楚王墓出土諸器屬於同一個時代，因此把它放在此處。此器的容器部分很扁，器腹中間的突帶外突，這些特徵與戰國ⅡB的第一五C型鼎相同。

第二型是像第一五Ⅰ～K型鼎那樣足竪立，而且很長的一類。戰國ⅠB的器是江陵天星觀1號墓出土的，即同墓出土青銅器群104中的一件。關於判斷此群年代的綫索，參看本節第二項。容器部分的形狀大約與戰國ⅠB的第一五J型鼎相應。戰國ⅡA的器是江陵望山1號墓，即同墓出土青銅器群120中的一件，關於判斷此群年代的綫索，也在本節第二項講過。

（15）罍

罍可以分爲三類：第一型是下腹瘦削的一類，第二型是下腹圓的一類，第三型是斷面呈方形的一類。

第一型春秋ⅡA的器是光山寶相寺，即同墓出土青銅器群25中的一件。關於判斷此群年代的綫索，在第三型鬲那裏講過。春秋ⅡB的器是根據紋飾判斷時代的。春秋ⅡA器的肩部較圓，這件器的肩部則較平。春秋ⅢA的器裝飾這個時期特有的鈎矩紋，我們據此把這件器放在此處。春秋ⅢB的器是清遠馬頭崗1號墓出土的，這件器也根據紋飾可以放在此處。戰國ⅠB的器也是根據紋飾判斷時代的例子，器腹所飾的纏絡龍紋是這個時期的鼎上很常見的紋飾。戰國ⅡA的器也是根據紋飾判斷時代的。春秋ⅢB以下的器似乎隨着時代的推移，逐漸變矮。

第二型春秋ⅡB的器是長治分水嶺270號墓，即同墓出土青銅器群8中的一件。關於判斷此群年代的綫索，在第八型鼎和第一〇型鼎那裏講過。春秋ⅢB的器裝飾這個時期特有的分散龍紋。戰國ⅠA器的紋飾非常細密，筆者認爲這種表現手法是戰國ⅠA的風格。戰國ⅡA的器是江陵藤店1號墓，即同墓出土青銅器群121中的一件，我們在第一五J型鼎那裏討論過此群中鼎的年代。這件器的容器部分可以說是稍微把這個時期第一二型壺的容器部分上下壓縮而成的。戰國ⅡB器所飾的是用曲綫表現的交叉雲紋，我們據此判定這件器的年代。

---

* 譯按：此"第五型"當是"第九型"之誤。其實，唐山賈各莊18號墓出土青銅器群的年代在第一五D型鼎處説明，第九型壺只是根據同墓出土的第一五D型鼎確定其年代而已。

第三型戰國ⅡA的器是三門峽市上村嶺5號墓出土的，即同墓出土青銅器群115中的一件。此器肩部很平，這個形狀可以説是把這個時期第四B型壺（鈁）的容器部分上下稍微壓扁而成的，這是和第二型罍同樣的現象。

（16）瓿

第一型是器口較大的一類。春秋ⅡA的器是蓬萊縣村里集6號墓出土的，我們根據肩部的紋飾判斷其時代。春秋ⅢA的器是新樂中同村2號墓出土的，即同墓出土青銅器群43中的一件。關於判斷此群年代的綫索，在第二型瓿那裏講過。春秋ⅢB器的時代是根據紋飾判定的。春秋ⅡA器和春秋ⅢB器應該屬於同一個系統，但春秋ⅢA器是否屬於這個系統，由於例子很少，目前無法確定。

第二型是器口較小的一類。春秋ⅡB的器是根據器腹紋飾判斷時代的。春秋ⅢB的器則根據同出的圈足釜和第七型壺的年代放在此處。

（17）缶

缶大致可以分爲器身高的一類和矮的一類，器身高的一類可以再細分爲俯視形呈圓形的第一型和呈方形的第二型。第一型春秋ⅢA的器是壽縣蔡侯墓出土的，有蔡侯銘文，所以可以歸到這個時期。戰國ⅠA器的頸部與戰國ⅠB器同樣較長，但容器肩部的曲綫與春秋ⅢA接近，因此放在這個位置。戰國ⅠB的器是新都馬家公社出土的，即同墓出土青銅器群109中的一件。關於判斷此群年代的綫索，在第六型敦那裏講過。戰國ⅡB的器是江陵望山2號墓出土的，即同墓出土青銅器群128中的一件。關於判斷此群年代的綫索，在第七型敦那裏講過。此器頸部和肩部的分界消失，整體結構不緊凑。戰國Ⅲ的器有銘文，同銘簠的紋飾與楚王酓忎鼎相同，因此放在這個位置。頸部和肩部的分界更加不明顯了。

第二型是把第一型的俯視形改爲方形而成的。春秋ⅢA的器是與第一型器同出的蔡侯銘文器。如果把這兩件器放在一起看，可以發現，不管俯視形是圓形還是方形，器側曲綫都相同。戰國ⅠB的器是隨州擂鼓墩2號墓，即同墓出土青銅器群103中的一件。關於判斷此群年代的綫索，在第七型鼎那裏講過。把這件器的器側曲綫和第一型戰國ⅠB器相比較，兩者的曲綫一致，情況與春秋ⅢA相同。但戰國ⅠB的兩件是兩個不同的遺址出土的，這能够證明筆者對這兩件器的斷代不誤。

第三型是器身比第一型矮的一類。春秋ⅢA的器雖然比較矮，但器側曲綫與這個時期的第一型器相近，因此放在這個位置。戰國ⅠB的器據説是涪陵小田溪出土，但墓葬編號不明。雖然如此，其器形與涪陵小田溪1號墓即同墓出土青銅器群108的缶相同。從形制看，此群中的第二型鐘屬於戰國ⅠB。戰國ⅡA的器是江陵望山1號墓出土的，即同墓出土青銅器群120中的一件，關於判斷此群年代的綫索，在本節第二項講過。這個型式的戰國ⅠB器和戰國ⅡA器的器側曲綫可以與相應時期的第一二型壺相對照。

（18）盥缶

盥缶可以分爲常見的粗矮型和罕見的瘦高型。

第一型是整體粗矮的一類。春秋ⅡA的器是安徽懷寧金拱公社出土的，即同墓出土青銅器群33中的一件，此群中的第八型鼎具有春秋ⅡA的型式。這件器沒有頸部，整體很圓。春秋ⅡB的器是江陵嶽山，即同墓出土青銅器群37中的一件，此群中的簠具有春秋ⅡB的型式。這件器保留了春秋ⅡA很圓的形狀，但增加了短頸和可以遮住頸部的蓋子。春秋ⅢA的器有蔡侯朱銘文，據此可以確定其年代。此器肩部較平。春秋ⅢB的器是襄陽山灣6號墓出土的，即同墓出土青銅器群76中的一件，此群中的第一三A或B型鼎具有春秋ⅢB的型式。肩部變得更平。戰國ⅠA的器是隨州擂鼓墩1號墓出土的，有曾侯乙銘文。器身比前面的器更粗矮。戰國ⅠB的器是江陵天星觀1號墓出土的，即同墓出土青銅器群

104中的一件。關於隨州擂鼓墩1號墓和江陵天星觀1號墓兩個群的年代，參看本節第二項。戰國ⅡA的器是江陵望山1號墓出土的，即同墓出土青銅器群120中的一件，此群的年代也在本節第二項講過。照片很不清晰，此器的原形不很清楚，但似乎下腹比較瘦削。戰國ⅡB～Ⅲ的器據説是壽縣朱家集出土，所以放在這個地方，戰國ⅡA器的形制似乎與此很相近。

第二型是整體瘦高的一類。春秋ⅢA的器是蔡侯墓出土的，有蔡侯銘文。春秋ⅢB的器是廣西恭城出土的，即同墓出土青銅器群84中的一件，我們在上文中把此群中的第八型鼎定爲春秋ⅢB器。戰國ⅡA的器是襄陽蔡坡4號墓出土的，即同墓出土青銅器群126中的一件，此群中的第六型敦具有戰國ⅡA的型式。關於這件器，目前只發表了綫圖，我們無法確知此圖的可信度；同一時期的第一型的例子也只有不太清晰的照片。雖然如此，這件器的肩部很平，下腹瘦削，似乎可以認爲這些特徵與第一型相同。

（19）盤

第一型是從春秋早期開始出現的，附耳、圈足、淺腹的一類。春秋ⅡA的器是洛陽中州路2415號墓出土的，即同墓出土青銅器群11中的一件。如本節第三項所述，這座墓是這個時期的標準墓。春秋ⅡB的器是根據器側的紋飾判斷時代的，腹部極淺，盤底很平。春秋ⅢA的器出土地不明，但同墓出土青銅器群53中有器形很相似的器。關於判斷此群年代的綫索，在第九型壺那裏講過。附耳外撇，水平伸出，這是這個時期的燕器的特徵。第一型例子很少，在此列舉的器只能説明各個時期有這個型式的器，我們無法知道這個型式的器形是否按照這個順序發生了變化。

第一A型是附耳起於口沿這一點與第一型不同的一類。春秋ⅡB的器是寶雞陽平鎮秦家溝1號墓出土的，即同墓出土青銅器群2中的一件，此群中的第一A型鼎在上文中定爲春秋ⅡB的器。容器部分和圈足的形狀保留大約是春秋Ⅰ的古老型式。春秋ⅢA的器是新樂中同村2號墓出土的，即同墓出土青銅器群43中的一件。關於判斷此群年代的綫索，在第二型甗那裏講過。第一A型的例數也很少，在此所列器的情況與第一型相同。

第三型以下的幾類是春秋Ⅰ以前沒有的型式。第三型是淺腹、三足、附耳的一類。春秋ⅡB右邊之器是新鄭出土的，即同墓出土青銅器群16中的一件。關於判斷此群年代的綫索，在第一三型鼎那裏講過。附耳竪立，足部呈動物形。春秋ⅡB左邊之器是侯馬上馬村13號墓出土的，即同墓出土青銅器群6中的一件。關於判斷此群年代的綫索，在第一五A型鼎那裏講過，其附耳外撇。春秋ⅢA的器是洛陽西工區4號墓出土的，即同墓出土青銅器群58中的一件。關於判斷此群年代的綫索，在第四型敦那裏講過，器腹很淺。戰國ⅠA的器是汲縣山彪鎮1號墓出土的，即同墓出土青銅器群88中的一件。關於判斷此群年代的綫索，在第七型壺那裏講過，器足很長。

第四型是淺腹、三足，但不帶附耳而帶環耳的一類。春秋ⅡA的器是穀城下辛店，即同墓出土青銅器群15中的一件。關於判斷此群年代的綫索，在第二型簠那裏講過。春秋ⅢA的器是淅川下寺1號墓出土的，即同墓出土青銅器群71中的一件。此群中有有銘器，可以作爲年代判斷標準。春秋ⅢB的器是潢川隆古公社，即同墓出土青銅器群74中的一件。關於判斷此群年代的綫索，在盉那條講過。戰國ⅠA的器是泰安東更道村出土的，同出的盥缶（器影圖版盥缶23）具有戰國ⅠA的型式。戰國ⅠB的器是肇慶北嶺松山出土的，我們根據獸鐶的形狀判斷這件器的時代。戰國ⅡB的器可以看成第五型戰國ⅡB盤加足而成，因此我們把它歸於這個時期。關於第四型的器形演變，似乎可以看出一個趨勢：早期器壁傾斜，後代逐漸竪立起來。

第五型也是環耳的淺腹盤，但足是短圈足或無足的一類。我們把圈足的一類和無足的一類放在一起討論。例子很少。春秋ⅡB的器是侯馬上馬村5號墓出土的，即同墓出土青銅器群5中的一件，此群中的第一五A型鼎具有這個時期的型式。戰國ⅠB的器是隨州擂鼓墩2號墓，即同墓出土青銅器群103

中的一件。關於判斷此群年代的綫索，在第七型鼎那裏講過。戰國ⅡB的器是成都羊子山172號墓，即同墓出土青銅器群140中的一件。關於判斷此群年代的綫索，在錡那條講過。第五型器的例子也很少，但關於本型的器形演變，我們對第四型指出的規律似乎在本型中也同樣存在。

第六型也是環耳的淺腹盤，但具有與第一型、第一A型同樣的圈足，因此我們爲這一類單獨設一個型式。春秋ⅢA的器是壽縣蔡侯墓出土的，有蔡侯銘文。

第七型也是具有環耳和短圈足的盤，但腹壁垂直，下腹呈倒置的截頭圓錐形。春秋ⅢA的器是莒南大店1號墓出土的，即同墓出土青銅器群63中的一件。關於判斷此群年代的綫索，在第三型敦那裏講過。

第八型與第七型相類，但沒有圈足，在戰國時代比較多見。春秋ⅢA的器是襄陽山灣23號墓出土的，此例的時代比較早，同墓出土的第一三A型鼎[188]具有春秋ⅢA的型式。戰國ⅠA的器是長子7號墓出土的，即同墓出土青銅器群87中的一件。關於判斷此群年代的綫索，在第八型簠那裏講過。戰國ⅠB的器是江陵天星觀1號墓出土的，即同墓出土青銅器群104中的一件。關於此群的年代，參看本節第二項。戰國ⅡA的器是江陵藤店1號墓出土的，即同墓出土青銅器群121中的一件。關於判斷此群年代的綫索，在第一五J型鼎那裏講過。戰國ⅡB的器是江陵雨臺山354號墓出土的，即同墓出土青銅器群130中的一件，本群中的第一五K型鼎具有戰國ⅡB的型式。戰國Ⅲ的器有楚王酓忎銘文。秦代的器是秦始皇陵東側馬厩坑出土的。以上列舉的器物中，戰國ⅠB到戰國Ⅲ的例子是楚地出土的，這些器的器形演變似乎有一個趨勢：口沿的寬度隨着時代逐漸變大。

（20）匜

第四型是自春秋Ⅰ以來延續的系統，即流朝上的一類[189]。春秋ⅡA以後，除了流很長的一類，還有流很短的一類也出現。我們把流很短的一類分出來，設爲第四A型。

第四型春秋ⅡA的器出土於光山寶相寺，即同墓出土青銅器群25中的一件。關於判斷此群年代的綫索，在第三型鬲那裏講過。流的前端伸長，稍微下垂，是這個時期的特徵。春秋ⅡB的器，與春秋ⅡA器相比，流的前端更長，下垂更明顯。從類型學的角度看，這是更進一步的型式，因此把這件器放在春秋ⅡA的下一期。

第四A型是流雖然朝上，但不如第四型那麼長的一類。春秋ⅡA的器是信陽平橋1號墓出土的，即同墓出土青銅器群28中的一件，此群中的Ⅰ型鼎*具有春秋ⅡA的型式。春秋ⅡB右邊之器是懷來甘子堡出土的，流的前端比較短，但流口向下，可見演變的方向與第四型春秋ⅡB器相同，因此把它放在同一個時期。春秋ⅡB左邊之器是寶雞陽平鎮秦家溝2號墓出土的，即同墓出土青銅器群3中的一件，此群中的鼎，上文曾作爲春秋ⅡB的例子引用過。這件器的形狀可以說是春秋Ⅰ第四型和第五型的中間形態。戰國ⅠA的器是長治分水嶺26號墓出土的，即同墓出土青銅器群86中的一件，此群中的第一型簠在上文中定爲這個時期的器。這件器與春秋ⅡA、ⅡB的器是否屬於同一個系統，目前不明，但因爲都是三足短流的型式，故放在此處。

第六型是流朝上，前端裝飾獸頭、呈筒狀的一類[190]。西周ⅢA的第五型匜有這種類型。這類匜也

---

〔188〕《江漢考古》1983年第2期，圖版陸，2。

〔189〕按照張臨生先生的分類，他所謂的戊組與我們所謂的第四型相當（張臨生1984）。有一類匜，包括流在內的容器部分的形制與此相同，但足是三足，鋬上有扇形平板（器影圖版匜16）。張先生爲這類匜單獨設一類，叫甲組，把它和戊組區分開。因爲屬於甲組的例子很少，爲方便起見，我們把這類匜也歸於第四型。

〔190〕張臨生先生把三足器和四足器分開，把前者稱爲乙組，後者稱爲丁組（張臨生1984）。我們認爲三足和四足之別是由於時代推移出現的變化，因此把這兩者歸爲一類。

---

* 譯按：此"Ⅰ型"當是"第一型"之誤。

有可能是模仿西周匜的復古器，但我們暫且把這個型式定爲第六型。春秋ⅡA的器出於枝江百里洲，即同墓出土青銅器群35中的一件。流的前端位置很高、水平部分很長的形狀與這個時期第四型匜相類。春秋ⅡB的器是新鄭出土的，即同墓出土青銅器群16中的一件。關於判斷此群年代的綫索，在本節第二項講過。春秋ⅢA的器是洛陽60號墓出土的，即同墓出土青銅器群59中的一件，此群中的第一五A型鼎，上文曾作爲這個時期的代表例引用過。這個時期的器和春秋ⅡB相比，進一步規整化，如裝飾獸頭的流口等。這個型式的器在春秋ⅡB和ⅢA比較多見，到春秋ⅢB以後例子變少。春秋ⅢB的器是根據紋飾放在此處的。戰國ⅠA的器也如此。

第七型是無足或短圈足，流口裝飾獸頭、呈筒狀的一類。春秋ⅡB的器是洛陽中州路6號墓出土的，如本節第三項所述，這座墓是春秋ⅡB的標準墓。春秋ⅢA的器是淅川下寺1號墓出土的，即同墓出土青銅器群71中的一件，如本節第二項所述，根據銘文可以知道此群中的浴缶等器的年代。非常繁縟的裝飾引人注目。這個型式的器中，春秋ⅢA的遺物占多數。春秋ⅢB是根據紋飾判斷年代的。戰國ⅠA的器是洛陽中州路2717號墓出土的，即同墓出土青銅器群90中的一件。這件器雖然流口不呈筒狀，但其他部分的形狀都與本型的器一致，因此放在此處。戰國ⅠB的器是隨州擂鼓墩2號墓，即同墓出土青銅器群103中的一件。關於判斷此群年代的綫索，在第七型鼎那裏講過。戰國ⅡB～Ⅲ的器據説是壽縣朱家集出土的鑄客銘文器，時代應該與楚王酓肯、楚王酓忎器相同。雖然流口没有獸頭，但我們認爲它屬於本型的系統，把它放在此處。

第八型是無足、流呈水溝形——整體與瓢相似，保留原初形狀——的型式中，流比較短的一類。春秋ⅡB的器是新鄭出土的，即同墓出土青銅器群16中的一件。關於此群中的王子嬰次鑪的年代，參看本節第二項。春秋ⅢA右邊之器是根據紋飾判斷年代的，與春秋ⅡB器屬於同一個系統。春秋ⅢA左邊之器是蘇州虎丘出土的，即同墓出土青銅器群80中的一件。關於判斷此群年代的綫索，在第五型豆那裏講過。戰國ⅠB的器是江陵天星觀1號墓出土的，即同墓出土青銅器群104中的一件。關於判斷此群年代的綫索，在本節第二項講過。戰國ⅡA的器是信陽長臺關1號墓出土的，即同墓出土青銅器群119中的一件。關於判斷此群年代的綫索，在第三型敦那裏講過。戰國ⅡB的器是江陵雨臺山354號墓出土的，根據發掘報告，這座墓屬於這個時期。戰國ⅡB～Ⅲ的器是無錫高瀆灣蘆塘里發現的，即同墓出土青銅器群141中的一件。此群中的豆有銘文，説是郳某府所造，銘文字體與壽縣朱家集楚王墓出土諸器接近，因此有學者指出這兩個青銅器群的時代相近[191]*。秦代的器是雲夢睡虎地11號墓出土的。衆所周知，這座墓是出土秦簡的墓葬，時代屬於秦代。這個型式的形制差不多的器，從春秋ⅢA到戰國ⅡA一直在製作。由於目前缺乏足夠的資料，無法闡明各個時代、各個地區之間的器形變化。戰國ⅡB～Ⅲ出現方方正正的類型。

第八A型是形制與第八型相近，但流較長的一類。戰國ⅠA的器是汲縣山彪鎮1號墓出土的，即同墓出土青銅器群88中的一件。關於判斷此群年代的綫索，在第七型壺那裏講過。戰國ⅠB的器是新都馬家公社出土的，即同墓出土青銅器群109中的一件。關於判斷此群年代的綫索，在第六型敦那裏講過。

第九型是小型、短流的一類。春秋ⅢA的器是壽縣蔡侯墓出土的，即同墓出土青銅器群70中的一

---

〔191〕 參看李零、劉雨1980：33。

---

* 譯按：此處論述有問題。林先生在此説無錫高瀆灣蘆塘里出土青銅器群的時代是戰國ⅡB～Ⅲ，但在"同墓出土青銅器群圖表"中把這個青銅器群放在戰國Ⅲ下。除此之外，關於這個青銅器群的年代，第二型鑑處和盥盤處也説是戰國ⅡB～Ⅲ，但第一型鐎處説是戰國Ⅲ；"各器各型之形制的時代演變圖"中，盥盤的時代定爲戰國Ⅲ，與正文的論述矛盾。從這些情況看，林先生對這個青銅器群時代的看法發生了變化。

件。這件器雖然沒有銘文，但我們認爲它和蔡侯銘文器屬於同一個時代。其後有一段時期找不到這個型式的器，下一例是戰國ⅡB的器。這是江陵馬山1號墓出土的，即同墓出土青銅器群133中的一件。關於判斷此群年代的綫索，在第六型壺那裏講過。秦代的器是雲夢睡虎地9號墓出土的，即同墓出土青銅器群143中的一件。根據發掘報告，這座墓葬的時代屬於秦代。戰國ⅡB器和秦代器，流皆極小。

（21）鑑

第一型和第二型都屬於標準型式，我們把標準型分爲下腹瘦削的一類和圓的一類，分別定爲第一型和第二型。第一型春秋ⅡA的器是莒縣天井汪，即同墓出土青銅器群21中的一件，此群中的第一型罍具有春秋ⅡA的型式。這件鑑的頸部收縮得比較明顯。春秋ⅢA的器是懷來北辛堡，即同墓出土青銅器群55中的一件*。關於判斷此群年代的綫索，在圈足釜那裏講過。春秋ⅢB的器有吳王夫差銘文，關於這件器的年代，參看本節第二項。從這一期開始，第一型鑑的器身比第二型高。戰國ⅠB的器是根據紋飾判斷年代的，下腹的斜率沒有前一期大。戰國Ⅲ處的器有同銘的簠，其紋飾與楚王酓忎鼎相同，因此把這件器放在這個位置。器上部的側壁和下腹的分界處形成棱角，這個特徵亦見於這個時期的盤上。

第二型是下腹圓的一類。春秋ⅡA的器，除了頸部是否收縮以外，各個部分的形狀和比例與第一型春秋ⅡA器很相似，因此放在這個位置。春秋ⅡB的器是侯馬上馬村13號墓出土的，即同墓出土青銅器群6中的一件。關於判斷此群年代的綫索，在第一五A型鼎那裏講過。春秋ⅢA的器有吳王光銘文，春秋ⅢB的器有吳王夫差銘文，關於這兩件器的年代，參看本節第二項。看從春秋ⅡB到ⅢB的器形變化，器身逐漸變矮。筆者放在戰國ⅠA那裏的器比春秋ⅢB器更矮，紋飾也大致是這個時代的紋飾。戰國ⅠB的器是新都馬家公社，即同墓出土青銅器群109中的一件。關於判斷此群年代的綫索，在第六型敦那裏講過。器側變得更圓，器身更矮。戰國ⅡB～Ⅲ的器是無錫高瀆灣蘆塘里出土的，即同墓出土青銅器群141中的一件。關於判斷此群年代的綫索，在第八型匜那裏講過†。器壁上部垂直，這個變化亦見於第一型。

第三型是俯視形呈方形的一類。春秋ⅢA的器是壽縣出土的蔡侯銘文器，器側曲綫與第二型的同銘鑑一致。我們在討論蔡侯缶時指出過，不管俯視形是圓形還是方形，同時期的器的器側曲綫是一致的。戰國ⅠB的器出土地不明，我們根據紋飾認爲大致屬於這個時期。戰國ⅡA的器是三門峽市上村嶺5號墓出土的，即同墓出土青銅器群115中的一件。我們在上文中把此群的第三型罍定爲這個時期的器。

第四型是器身矮、頸部收縮的一類。春秋ⅡB的器是新鄭出土的，即同墓出土青銅器群16中的一件。關於此群中的王子嬰次鑑的年代，在本節第二項講過。戰國ⅠA的器有曾侯乙銘文，關於這個銅器群的年代，參看本節第二項。

第五型是器身矮、頸部不收縮的一類。春秋ⅡB的器是新鄭出土的，與這個時期第四型鑑同出。春秋ⅢB的器是蘇州虎丘，即同墓出土青銅器群80中的一件。關於判斷此群年代的綫索，在第五型豆那裏講過。第四型和第五型例數很少，無法追踪器形演變。

第六型是冰鑑。戰國ⅠA的器有曾侯乙銘文。戰國ⅠB的器是根據紋飾判斷年代的。

（22）盥盤

春秋ⅢA的器是徐王義楚銘文的器，關於這件器的年代，參看本節第二項。春秋ⅢB的器是湘鄉牛

---

* 譯按：同墓出土青銅器群圖表55中沒有收録這件器的照片。這件鑑見於圖版册鑑10。
† 譯按：此處論述有問題，參看第八型匜的譯按。

形山出土的。從春秋ⅢA到ⅢB，第二型鑑器側曲綫的弧度稍微增加，我們參考這個演變，把這件器放在此處。戰國ⅠA的器是汲縣山彪鎮1號墓出土的，即同墓出土青銅器群88中的一件。關於判斷此群年代的綫索，在第七型壺那裏講過。盨盤的演變規律似乎與第二型鑑相同，隨着時代的推移，腹部越來越淺。戰國Ⅱ的器是根據紋飾判斷年代的。戰國ⅡB～Ⅲ的器是無錫高瀆灣蘆塘里出土的，即同墓出土青銅器群141中的一件。關於判斷此群年代的綫索，在第八型匜那裏講過*。這件器的器壁上部與同出的第二型鑑同樣垂直。

（23）鐘

　　第一型是甬鐘。這是從春秋Ⅰ延續的系統。春秋ⅡA的器是沂水劉家店子1號墓出土的，即同墓出土青銅器群19中的一套。關於判斷此群年代的綫索，在第四型鬲那裏講過。目前可知的這個時期的第一型鐘只有這一例。我們在第一卷中定爲春秋Ⅰ的型式，上部和下部的寬度差不多，而這件春秋ⅡA鐘則差別較大，其比例與春秋Ⅲ鐘比較接近。春秋ⅡB的器是長治分水嶺269號墓出土的，即同墓出土青銅器群7中的一套。關於判斷此群年代的綫索，在錡那裏講過。與這件器比例相同，紋飾屬於同一型式的器有邵鐘（器影圖版鐘12），如本節第二項所述，根據銘文可以知道它屬於這個時代。與前一期的鐘相比，這一期的甬稍微變大了一點。春秋ⅢA的器是壽縣蔡侯墓出土的，有蔡侯銘文。甬之於主體部分的比例變得更大。春秋ⅢB的器是根據紋飾判斷年代的，甬變得更長。戰國ⅠA的器有曾侯乙銘文，有了這個意識去觀察就會發現，甬又長了一些。戰國ⅠB的鐘是當陽季家湖出土的，有“秦王”云云的銘文。根據紋飾看，這件器大致屬於這個時期。主體部分上部和下部的寬度差別不大，高度比前一期增加。這個比例與這個時期的第二型鐘相同。

　　第二型是鈕鐘。春秋ⅡA的器和第一型這個時期的器是同墓出土的，主體部分的形制特徵也與第一型鐘相同。鈕比較小。春秋ⅡB引用的器是六合程橋出土的，形制與此相同的器有楚王領鐘（圖6），如本節第二項所述，根據銘文可以確定楚王領鐘屬於這個時期。鈕稍微變大了一點。春秋ⅢA的器是壽縣蔡侯墓出土的，有蔡侯銘文。主體部分的形制當然與同銘的第一型鐘一致。鈕比前一期的器稍微大了一點。春秋ⅢB的器是長治分水嶺126號墓出土的，即同墓出土青銅器群48中的一件。關於判斷此群年代的綫索，已在第七型豆那裏講過。鈕一下子變高，這個現象亦見於第一型鐘的甬上。戰國ⅠA的器是屬羌鐘，這件器的年代在本節第二項討論過。按照主體部分的大小，每件鐘的鈕和主體部分的大小比例各不相同，但總的來説，鈕都比較大。鈕很細長，上部和下部的寬度差別不大，這些也可以看作這個時期的特徵。戰國ⅠB的器是涪陵小田溪1號墓出土的，即同墓出土青銅器群108中的一套。與前一期的鐘相比，這套鐘的主體部分細長，上部和下部的寬度差別不大；鈕也是細長的，上部和下部的寬度差別不大，這是這套鐘很顯著的特徵。具有相同特徵的鐘有江陵天星觀1號墓出土鐘（器影圖版鐘66），本節第二項已經講過這座墓屬於這個時期。因爲天星觀1號墓出土鐘比較特殊，只有鼓的部分施加紋飾，因此没有采用它，而把涪陵小田溪出土的一件作爲標準器引用。戰國ⅡA的器是平山三汲公社1號墓出土的，即同墓出土青銅器群117中的一套。關於此群中根據銘文可以知道年代的鼎等器物，本節第二項加以論述。這套鐘的銑中間稍鼓，這種曲綫是這套鐘的特徵。筆者放在秦代的器是秦始皇陵園出土的，銑綫中間鼓起的程度顯著增加。

（24）鎛

　　春秋ⅡA的器，上面裝飾細身的身體異化龍，我們據此確定其年代。這件器上部收縮，鈕比較矮。

---

* 譯按：此處論述有問題，參看第八型匜的譯按。

春秋ⅡB的器是新鄭出土的，即同墓出土青銅器群16中的一件。關於這座墓所出王子嬰次鑪的年代，本節第二項已經説明。這件器的鈕比前面的器大。春秋ⅢA的器是壽縣蔡侯墓出土的，有蔡侯銘文。這件器的鈕做得很高，這是也可見於同墓出土的第一型和第二型鐘上的平行現象。春秋ⅢB的器是根據紋飾判斷年代的。這個時期的鈕不大，器身的寬度增加，具有横綱級*的氣勢。戰國ⅠA的器有楚王酓章銘文，關於這件器的年代，本節第二項已經説明。這件器與這個時代的曾侯乙鐘相同，上部和下部的寬度没有太大的差別，其形狀讓人感覺到它對縱向的重視。戰國ⅠB的器是根據紋飾判斷時代的。這件器的鈕不高，而第一型鐘的甬在這個時期變低，兩者應該是平行現象。

（25）鉦

鉦可以分爲三類：第一型是器身長的一類；第二型是器身長，并像鐘一樣用突帶劃分上部，加乳釘於其中的一類；第三型是器身短的一類。第一型和第三型有時由大小不同的幾件組成一套，而第二型到目前爲止没有這種用法。因此我們認爲第二型不僅紋飾不同，用法也有所不同，因此爲這個型式單獨設一類。

首先看第一型。我們定爲春秋Ⅱ的器是衡陽保和圩出土的。因爲器身的形狀與春秋ⅡB的第一型鐘很相似，我們認爲這件器的時代與此大致相同，把它定爲春秋Ⅱ。比較鉦和鐘，發出聲音部分的形狀相類，這暗示當時這兩種器是由同一個工人製作的。若果真如此，同一個時代製作形制相同的鉦和鐘，這兩種樂器可以對比。我們定爲春秋Ⅲ的器也如此，如果比較器身的形狀，這件器和春秋ⅢB的第一型鐘相類，因此我們把它定爲春秋Ⅲ器。我們定爲戰國ⅠB的器是涪陵小田溪1號墓出土的，即同墓出土青銅器群108中的一件。關於判斷此群年代的綫索，已在第二型鐘那裏講過。主體部分上部和下部的寬度没有多大差別，這一點與第一型鐘戰國ⅠB的器相同。這説明，我們認爲鐘和鉦的形狀可以對比是正確的。戰國Ⅱ引用的器，器身比前面的器更長，因此我們把它的時代定爲戰國ⅠB的下一個時期。戰國Ⅱ～Ⅲ的器是器身更長的一類。右邊之器是長沙戰國墓出土的，與戰國Ⅱ右邊之器相比，于部凹進去極深，因此我們認爲這件器的時代大致晚到這個時期。

第二型春秋Ⅱ～Ⅲ的器，主體部分高度和寬度的比例與第一型春秋Ⅱ～Ⅲ的器大致相當，因此放在這個位置。春秋Ⅲ～戰國的器，主體部分的高度比戰國ⅠB即下一個時期的器低一點，因此放在這個位置。戰國ⅠB的器是涪陵小田溪2號墓出土的，即同墓出土青銅器群138中的一件。這座墓出土的鉦的形制與我們放在第一型戰國ⅠB那裏的同地1號墓出土鉦相同。因爲器身形狀相似，我們根據這件器確定年代†。

第三型春秋ⅡA的器是沂水劉家店子1號墓出土的，即同墓出土青銅器群19中的一件，我們在上文中把此群中的第一八型鼎的時代定爲這個時期。春秋ⅢA的器是壽縣蔡侯墓出土的，雖然没有銘文，但我們認爲它和有銘器屬於同一個時代。戰國ⅠB的器是新都馬家公社，即同墓出土青銅器群109中的一件，此群中的甗具有戰國ⅠB的型式。戰國ⅡA的器，器身上部的紋飾亦見於這個時期的壺上，因此我們把它放在這個位置。其于部凹進去很深，但没有第一型這個時期的右邊之器那麼厲害。我們放在秦代部分的器，甬有旋和幹，具有鐘的形制。但這件器出土於秦始皇陵的兵馬俑坑，可見是軍用樂器，因此我們把它看作鉦。

（26）錞于

春秋ⅡA的器是沂水劉家店子1號墓出土的，即同墓出土青銅器群19中的一件，上引的第三型鉦

---

* 譯按：横綱是日本相撲的最高位。“横綱級”是一種比喻，與漢語“⋯⋯之王”的説法比較相似。
† 譯按：根據同墓出土青銅器群圖表，涪陵小田溪2號墓出土青銅器群的時代是戰國ⅡB，所以林先生加上了這一句。

與此同出。這件器的形制與後代的錞于有所不同，頂部的類似圈足的部分突出不明顯，器身上部鼓起，下部口微侈。春秋Ⅲ A的器是壽縣蔡侯墓出土的，雖然沒有銘文，但我們把它看作與有銘器時代相同的器。此器下部殘缺，現在的形狀是復原的。我們定爲大約戰國Ⅰ的器是湖南瀘溪出土的，口部侈大，與筆者定爲春秋Ⅲ A、大約戰國Ⅱ的器不屬於同一個系統，但從頂部圈足狀突起的發達程度看，位於春秋Ⅲ A器和戰國Ⅱ器的中間，因此暫時放在這個位置。筆者定爲戰國Ⅱ的器比前面的器高度增加，錞于上常見的虎形鈕出現，頂部圈足狀突起也非常發達，而且往外敞開。器側上部的鼓起部分很圓，這是這件器的特色。這個形制的器有時候帶有巴蜀兵器上所見的符號，因此我們把它歸於這個時代。筆者定爲戰國Ⅱ～Ⅲ的器與戰國Ⅱ的器相比，鼓起部分的形狀較扁。有些器的高度比這件器大一點。這個形制的器與戰國Ⅱ的器一樣，有時候帶有巴蜀兵器上所見的符號，但形制接近於漢代的器，因此定爲戰國Ⅱ～Ⅲ。

　　我們所謂漢代器的型式是這樣的：熊傳新認爲像圖42這樣一類器的時代大約屬於西漢，因爲有些器的上部鑄有五銖錢、貨泉等紋飾[192]。鼓起的肩部和筒狀部分分界不清楚，這兩個部位之間的綫條流暢，這是這類器的特徵。熊傳新把像圖43這種型式定爲東漢時期的型式，其根據是同出的銅洗和鍾的年代[193]。這類器的特徵是：頂部圈足狀部分直徑很大，主體的肩部不那麼鼓起，從肩部到下部的綫條流暢。

圖42　西漢的錞于，湖南　　　　　　　　圖43　東漢的錞于，湘西土家族苗族自治區吉首縣河溪公社

（27）鑑

　　第一型是長方形、淺腹的一類。春秋Ⅱ B的器是王子嬰次鑑，這件器的年代已在本節第二項説明。這件器與西周Ⅲ的虢季子白鑑屬於同一個系統。戰國Ⅰ B的器是潞城潞河7號墓出土的，即同墓出土青銅器群95中的一件。關於判斷此群年代的綫索，在第三型鬲那裏講過。這件器的盤足和其下的獸形，至少按照發掘後的狀態，是不相連的。戰國Ⅱ A的器是平山三汲公社1號墓出土的，即同墓出土青銅器群117中的一件。我們在第一五 B型鼎和第一五 C型鼎那裏講過，根據有銘鼎等器可以知道此群屬於這

---

〔192〕　熊傳新1981：40。

〔193〕　熊傳新1981：40；龍西斌、高中曉1986：262。

個時代。戰國ⅡB～Ⅲ的器是壽縣朱家集出土青銅器中的一件，根據同出器的楚王酓肯、楚王酓忎銘文可以知道這件器屬於這個時期。這個型式例子很少，無法追踪器形演變。

第二型是長方形、深腹的一類。戰國Ⅱ～Ⅲ的器上有"鑄客……"的銘文，與第一型同時期的器屬於同一個群。

第三型是圓形、三短足的一類。春秋ⅢA的器是靖安水口公社出土的，郤王義楚銘文器與此同時出土，其年代已在本節第二項説明。戰國ⅠA的器是隨州擂鼓墩1號墓出土的，有曾侯乙的銘文，這個銘文的年代在本節第二項講過。戰國ⅠB的器是隨州擂鼓墩2號墓出土的，即同墓出土青銅器群103中的一件。戰國ⅡA的器是江陵望山1號墓出土的，即同墓出土青銅器群120中的一件，此群的年代已在本節第二項説明。戰國ⅡB～Ⅲ的器是"鑄客……"銘文的器，可見是壽縣朱家集出土楚王器群中的一件。這個型式的器雖然有一些例子，但只能搜集到各個時期的例子，無法窺見器形演變的軌迹。

第四型是圓形、三長足的一類。冷吾、杜世中對第四型戰國ⅠA的隨州擂鼓墩1號墓出土鑪加以討論[194]。出土時，這件鑪的盤上還有殘存的魚骨和梅核。他們注意到這一點，推測這件器是烹飪用的。他們還參考王子嬰次鑪的自名"庚盧"，有一種説法把這個"庚"讀爲炒。鑪中可能有這種用途的一類，但除非有發掘時的狀態及銘文等證據，否則無法知道詳細的用法，因此我們對所有鑪進行機械分類，并加編號。戰國ⅠA的器是同墓出土青銅器群102中的一件。關於此群中的楚王酓章鐘的年代，本節第二項已説明。這件器的鑪盤下有三足的托盤。戰國Ⅲ的器是根據紋飾判定年代的。

（28）鐙

第一型是豆形鐙。春秋ⅢA的器是臨淄姚王村出土的，即同墓出土青銅器群62中的一件，我們在上文中把此群中的第七型鼎定爲這個時期的器。戰國ⅠA的器是汲縣山彪鎮1號墓出土的，即同墓出土青銅器群88中的一件。關於判斷此群年代的綫索，已在第七型壺那裏講過。戰國ⅡB的器是江陵望山2號墓出土的，即同墓出土青銅器群128中的一件，此群的年代已在第七型敦那裏講過。這件器的盤中有安插鐙芯用的釘子。戰國Ⅲ的器是無錫高瀆灣蘆塘里出土的，即同墓出土青銅器群141中的一件，此群的年代在第八型匜那裏講過*。這件器中相當於豆校的部分上部很粗，下部收縮，然後接底座。這個形狀爲漢代所繼承。

第二型是承托鐙盤的部分呈人等形狀的一類。戰國ⅡA的器是平山三汲公社6號墓出土的，即同墓出土青銅器群118中的一件。這個青銅器群的形制與平山三汲公社1號墓出土青銅器群相似，這兩群應該大致屬於同一個時代。戰國ⅡB的器是江陵望山2號墓出土的，即同墓出土青銅器群128中的一件。如上所述，此群中還有第一型鐙，第二型鐙和同出的第一型鐙同樣在盤中有安插鐙芯用的釘子。

六、圖版補充説明

上一項没有討論的器種中，有些器種的名稱和類型區分需要説明。在此簡單説明一下。

鐎尊（器影圖版第131頁），因爲器形與漢代的短壺形三足器的鐎尊相近，筆者采用了這個名稱[195]。但兩者也有不同之處。漢代鐎尊肩部的耳環套着活鏈提梁，而春秋戰國時期的鐎尊則没有；漢代鐎尊有杯形蓋，春秋戰國時期的鐎尊也没有。

〔194〕冷吾、杜世中1986。
〔195〕林1976：242；圖5-128。

---

* 譯按：此處論述有問題，參看第八型匜的譯按。

　　具桮盒（器影圖版第150頁），漢代有形制相同的漆器，長沙馬王堆一號墓遣策中出現這個名稱。在此引用的青銅製盒裏面是空的，但當時應該是把許多杯子重叠起來裝在此盒中[196]。筆者使用了漢代的名稱。

　　染桮（器影圖版第150頁）與具桮盒相同，漢代有形制相同的器物。這類器物在漢代被稱爲這個名字。這是盛調味料用的[197]。

　　勺（器影圖版第154頁）可以分爲勺頭平的、勺頭深的、短柄的、鏤空的，我們把這四類分別稱爲第一～四型。

　　銷（器影圖版第180頁）有大型器和小型器，我們把它們分別稱爲第一型和第二型。

　　薰鑪（器影圖版第215頁）是與漢代的香爐相對的名稱[198]。我們采用了這個名字。

　　此外，尖底蓋盒（器影圖版第79頁）、長壺（器影圖版第132頁）、扁平壺（器影圖版第146頁）、鳥頭蓋壺（器影圖版第146頁）、透雕桮形器（器影圖版第151頁）、有環蓋（器影圖版第215頁）、承盤鬼神座（器影圖版第216頁）等是筆者根據器形特徵命名的。

---

〔196〕　林1976：245；圖5-134。
〔197〕　林1976：244；圖5-131 ～ 133。
〔198〕　林1976：217。

同墓出土青銅器群圖表

春秋Ⅱ，秦

  1 寶鷄福臨堡1號墓，春秋ⅡA

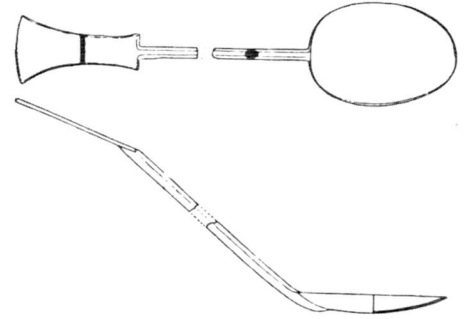

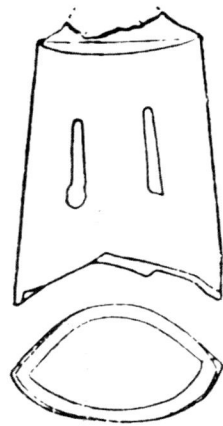

  2 寶鷄陽平鎮秦家溝1號墓，春秋ⅡB

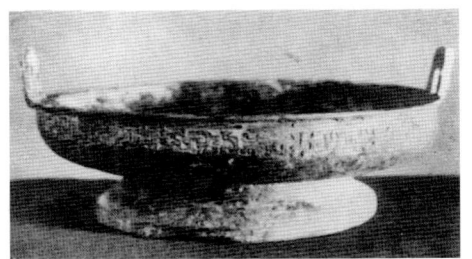

春秋Ⅱ，秦

2 （續）

3 寶鷄陽平鎮秦家溝2號墓，春秋ⅡB

春秋Ⅱ，晋

4 萬榮廟前村，春秋ⅡB

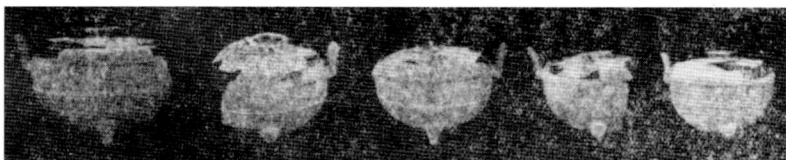

春秋Ⅱ，晋

4（續）

5　侯馬上馬村5號墓，春秋ⅡB

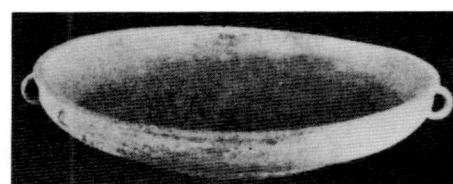

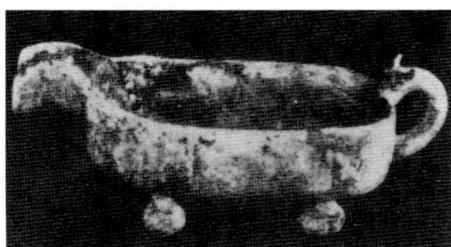

6　侯馬上馬村13號墓，春秋ⅡB

春秋Ⅱ，晋

6 （續）

7 長治分水嶺269號墓，春秋Ⅱ B

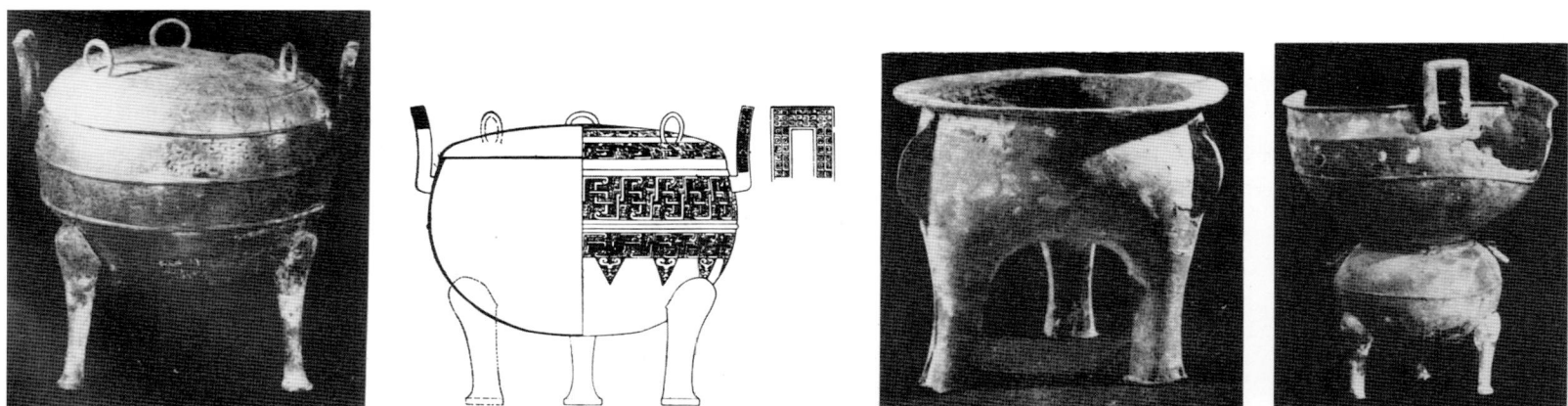

春秋Ⅱ，晋

　7（續）

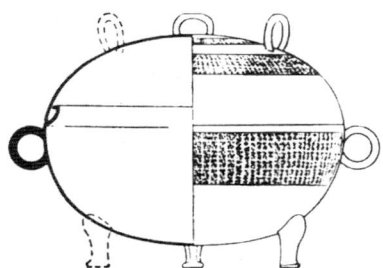

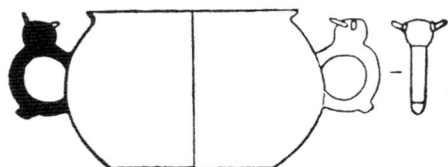

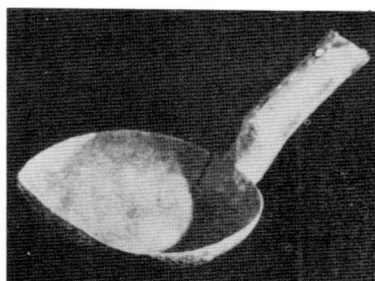

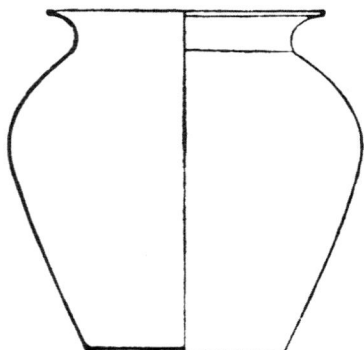

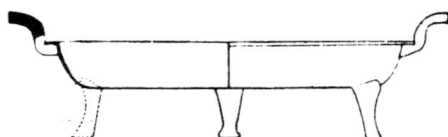

8　長治分水嶺270號墓，春秋ⅡB

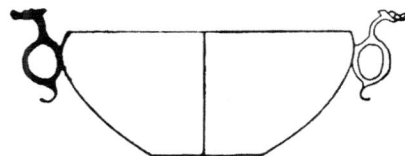

春秋Ⅱ，晋

8 （續）

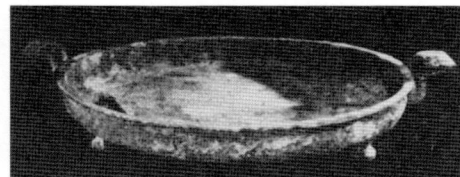

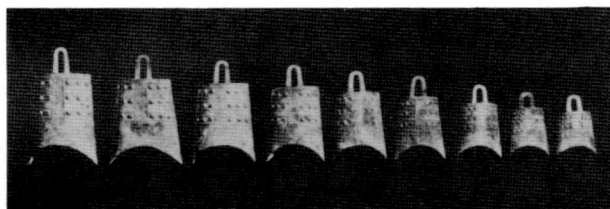

9 輝縣琉璃閣130號墓，春秋ⅡB

---

10 淇縣趙家溝1號墓，春秋Ⅱ

春秋Ⅱ，晋

　10　（續）

春秋Ⅱ，東周

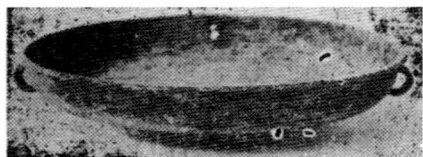

　11　洛陽中州路2415號墓，春秋ⅡA

　12　洛陽中州路1號墓，春秋ⅡB

13　洛陽中州路6號墓，春秋ⅡB

14　洛陽中州路4號墓，春秋ⅡB

春秋Ⅱ，鄭等南北的中間地帶

15　穀城下辛店，春秋ⅡA

春秋Ⅱ，鄭等南北的中間地帶

15　（續）

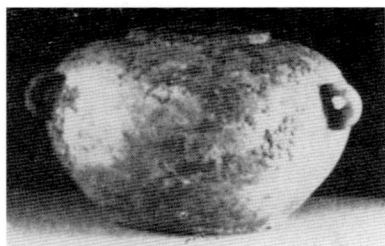

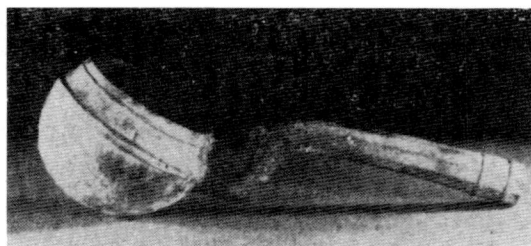

16　新鄭城關鎮李家樓，春秋ⅡB

春秋Ⅱ，鄭等南北的中間地帶

16　（續）

春秋Ⅱ，鄭等南北的中間地帶

16 （續）

17　穀城禹山廟嘴，春秋ⅡB

18　南陽西關，春秋ⅡB

春秋Ⅱ，山東

19　沂水劉家店子1號墓，春秋ⅡA

春秋Ⅱ，山東

19（續）

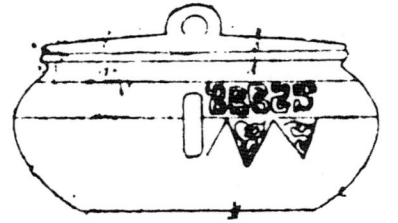

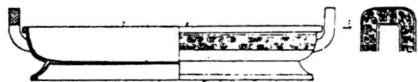

20　沂水劉家店子2號墓，春秋ⅡA

21　莒縣天井汪，春秋ⅡA

22　平邑蔡莊1號墓，春秋ⅡA

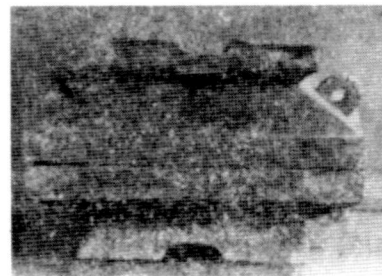

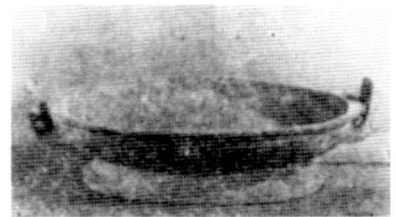

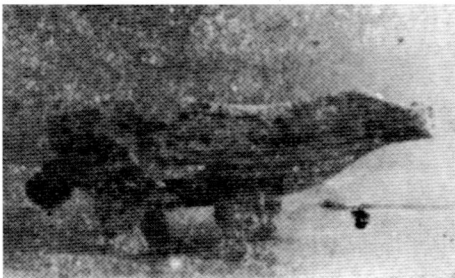

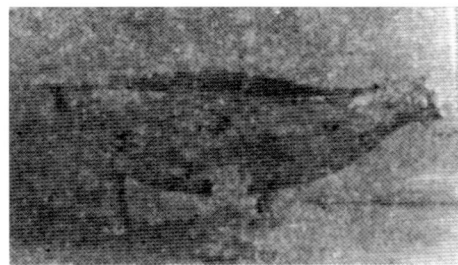

23　曲阜201號墓，春秋ⅡA

24 曲阜202號墓，春秋ⅡB

春秋Ⅱ，黃等淮河上游諸國

25 光山寶相寺黃君夫婦墓，春秋ⅡA，1號墓、2號墓

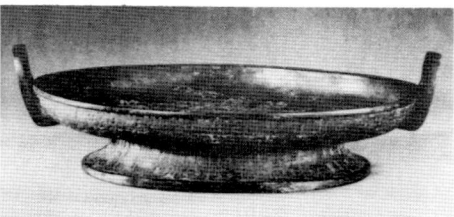

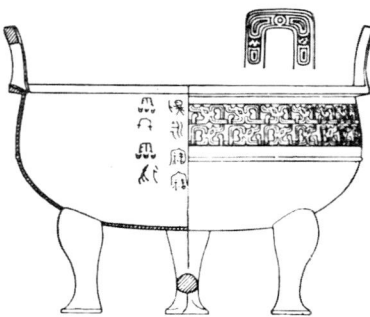

春秋Ⅱ，黃等淮河上游諸國

25　（續）

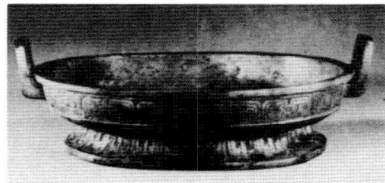

26　潢川上油崗公社，春秋Ⅱ A

27　羅山高店公社，春秋Ⅱ A

春秋Ⅱ，黃等淮河上游諸國

27 （續）

28 信陽平橋1號墓，春秋ⅡA

29 信陽平橋2號墓，春秋ⅡA

春秋 II，黃等淮河上游諸國

29 （續）

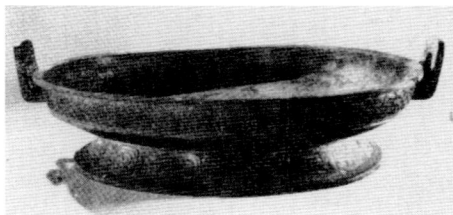

30　隨州萬店公社周家崗，春秋 II A

31　隨州城關公社，春秋 II A

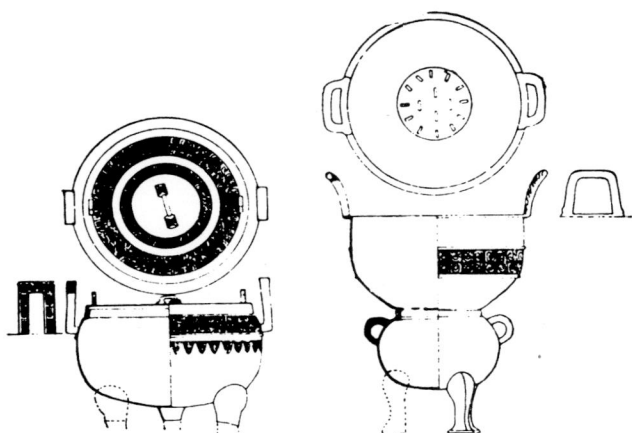

春秋Ⅱ，舒

32　舒城鳳凰嘴，春秋ⅡA

33　懷寧金拱公社，春秋ⅡA

34　漢川城關鎮，春秋Ⅱ

春秋Ⅱ，楚

35　枝江百里洲，春秋ⅡA

36　當陽金家山9號墓，春秋ⅡB

春秋Ⅱ，楚

36 （續）

37 江陵嶽山，春秋ⅡB

春秋Ⅱ，越

38 衡陽保和圩，春秋ⅡB

春秋Ⅱ，越

38 （續）

春秋Ⅲ，秦

39　鳳翔高莊10號墓，春秋Ⅲ B

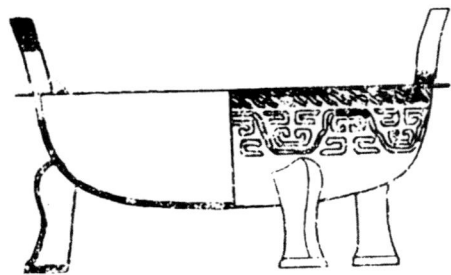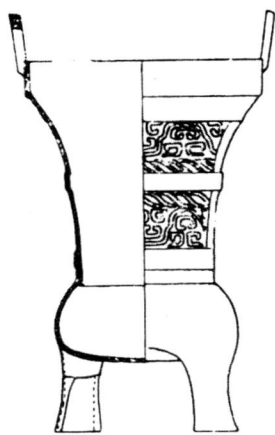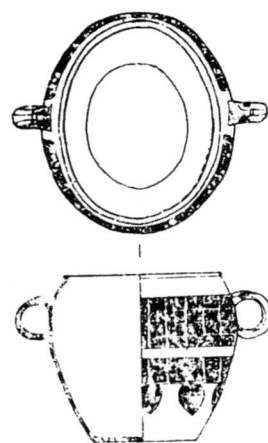

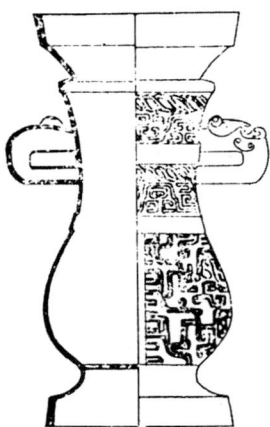

春秋Ⅲ，晋

40　長子1號墓，春秋Ⅲ A

春秋Ⅲ，晋

40　（續）

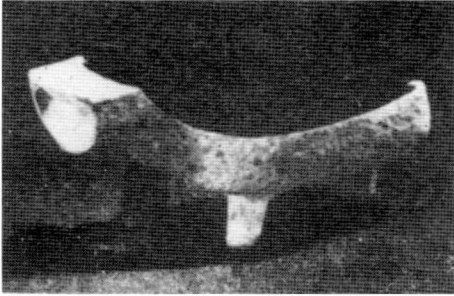

41　長子2號墓，春秋ⅢA

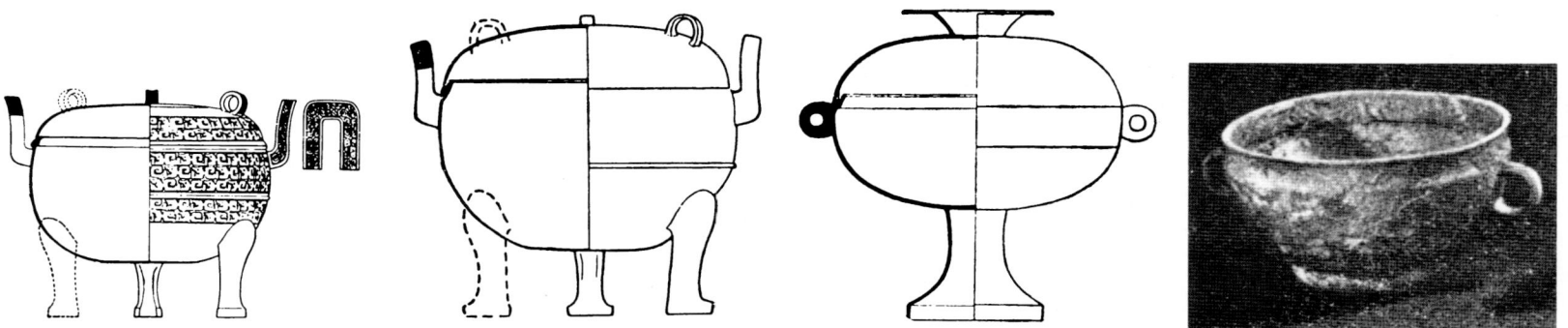

42　潞城潞河8號墓，春秋ⅢA

春秋Ⅲ，晋

42 （續）

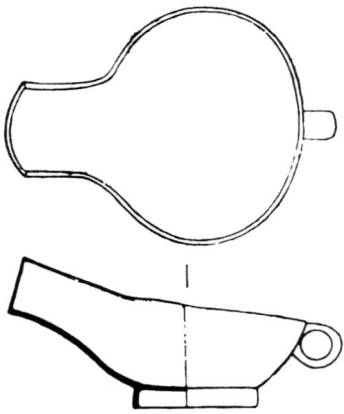

43　新樂中同村2號墓，春秋ⅢA

44　新樂中同村1號墓，春秋ⅢA

45　邢臺南大汪村1號墓，春秋ⅢA

46　邯鄲百家村57號墓，春秋ⅢA

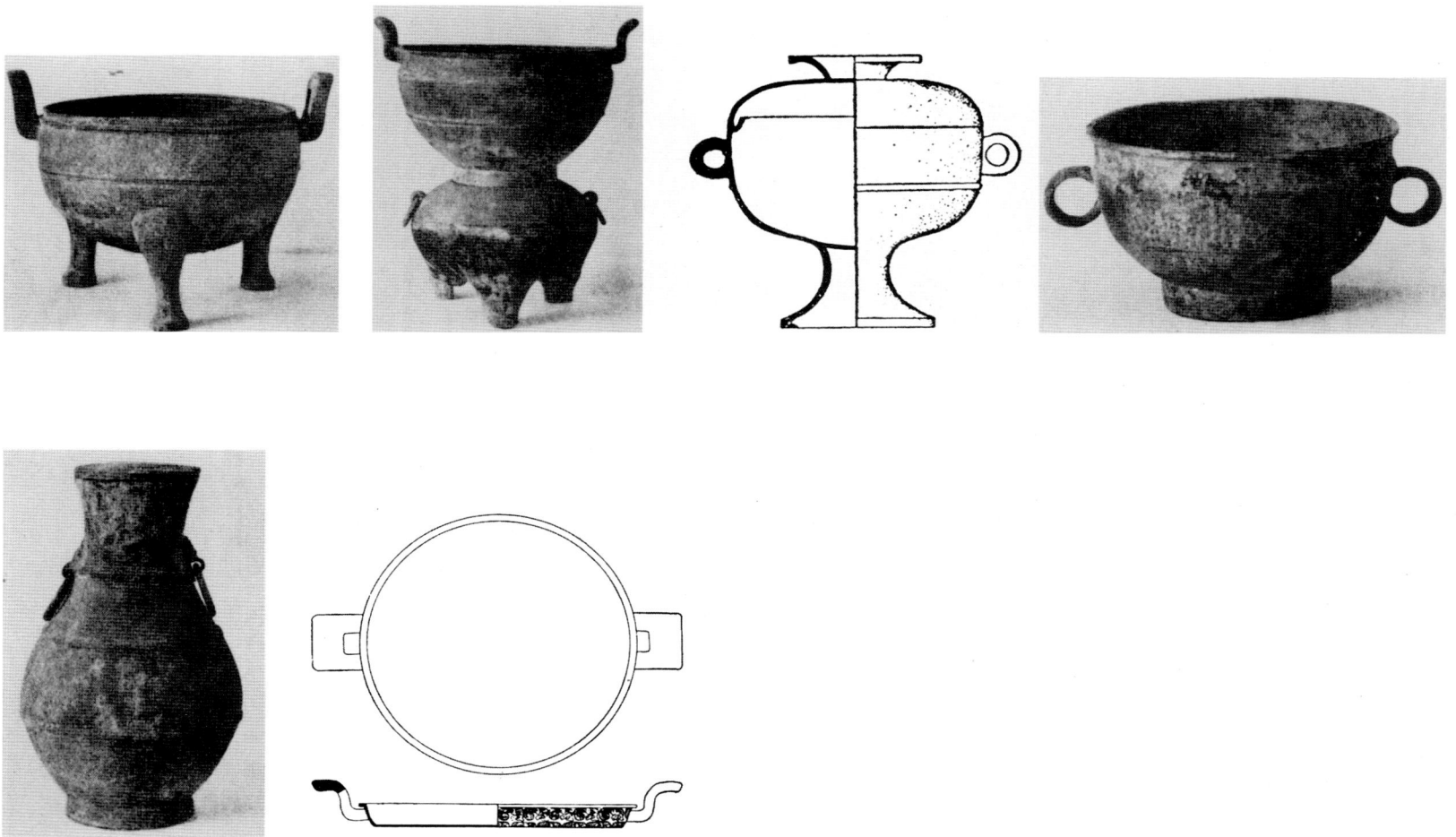

47　屯留武家溝，春秋ⅢB

48　長治分水嶺126號墓，春秋ⅢB

49　聞喜邱家莊13號墓，春秋ⅢB

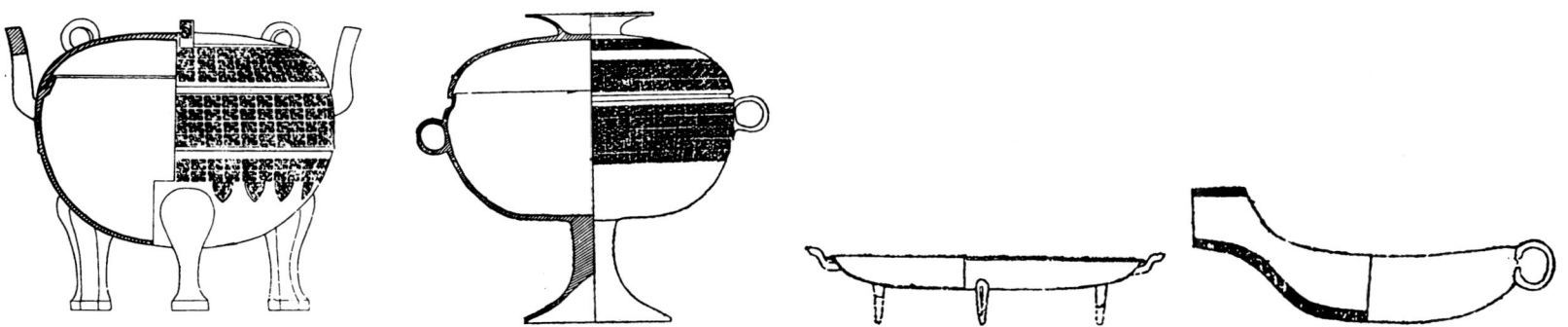

春秋Ⅲ，燕

50　北京順義龍灣屯，春秋ⅢA

春秋Ⅲ，東周

57 洛陽中州路2729號墓，春秋Ⅲ A

58 洛陽西工區4號墓，春秋Ⅲ A

59 洛陽60號墓，春秋Ⅲ A

春秋Ⅲ，東周

59　（續）

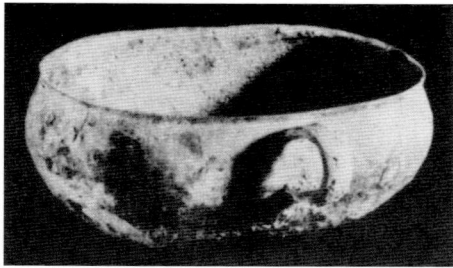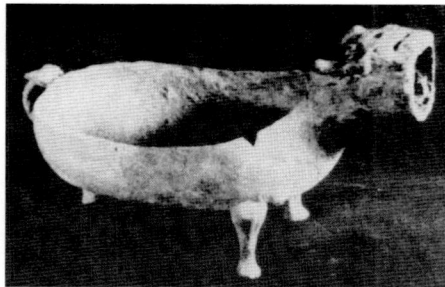

春秋Ⅲ，鄭

60　新鄭李家村1號墓，春秋Ⅲ A

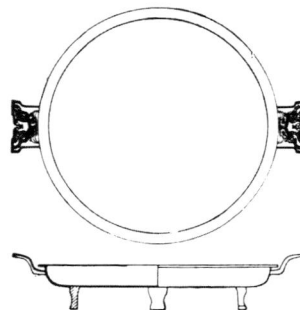

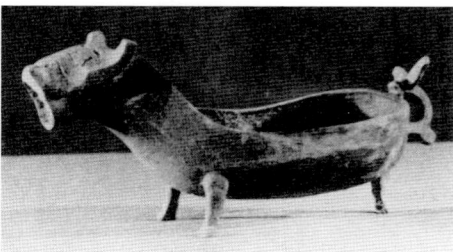

61　尉氏河東周村，春秋Ⅲ A（鼎屬於春秋Ⅲ B）

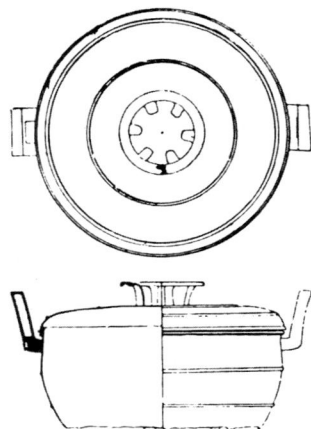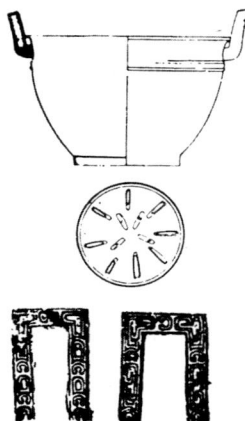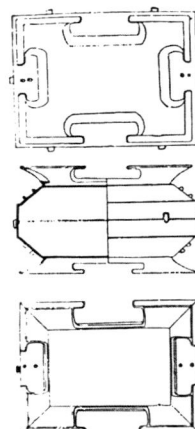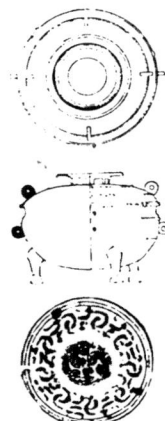

春秋Ⅲ，鄭

61　（續）

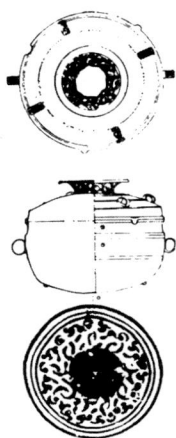
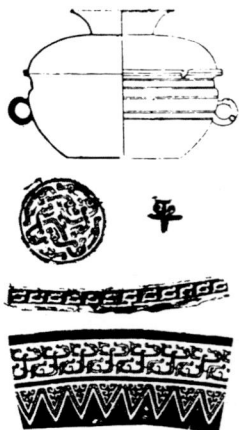

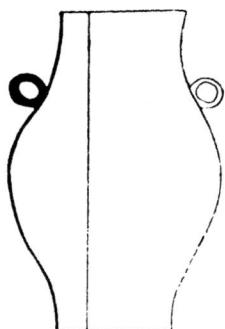
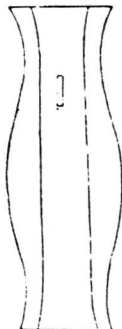
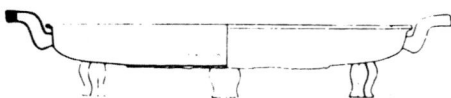

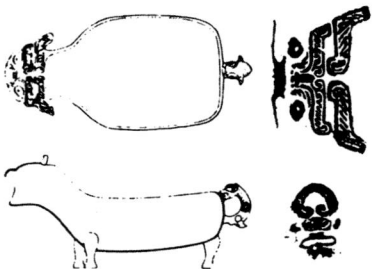
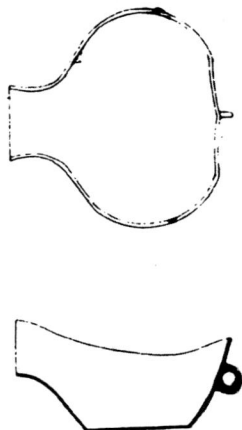

春秋Ⅲ，山東

62　臨淄姚王村，春秋Ⅲ A

63　莒南大店1號墓，春秋ⅢA

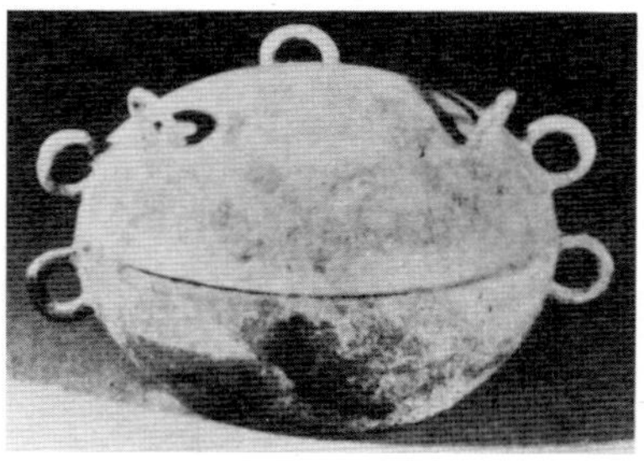

64　莒南大店2號墓，春秋ⅢA

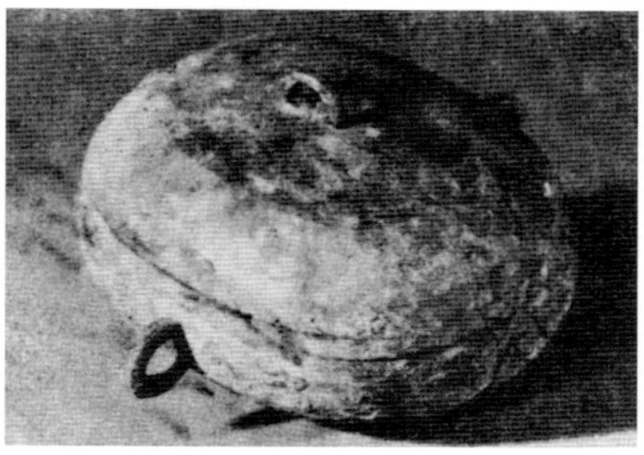

65　臨朐楊善公社，春秋ⅢA

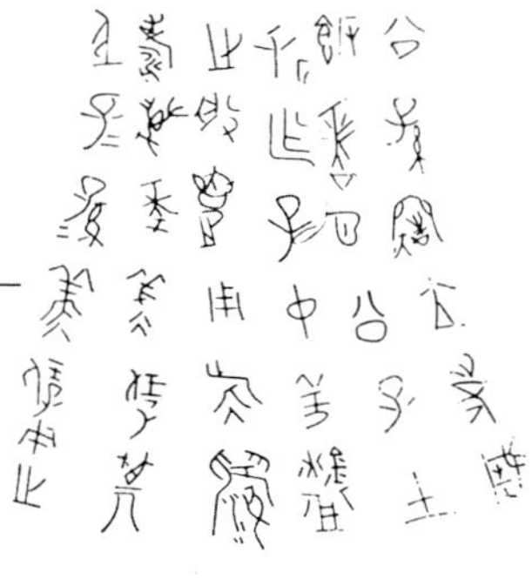

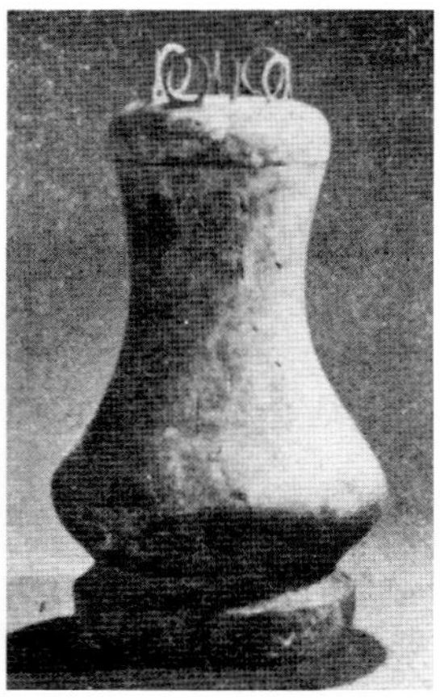

66　曲阜116號墓，春秋ⅢA

67　青島嶗山縣夏莊，春秋ⅢA

春秋Ⅲ，楚

68　當陽趙家湖，春秋ⅢA

春秋Ⅲ，楚

68　（續）

 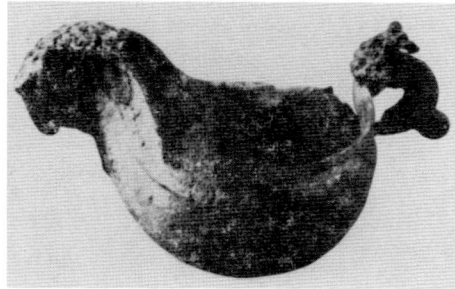

69　固始侯古堆1號墓，春秋ⅢA

   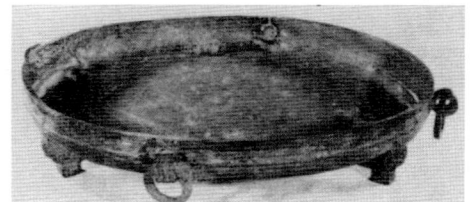

70　壽縣蔡侯墓，春秋ⅢA

春秋Ⅲ，楚

70 （續）

    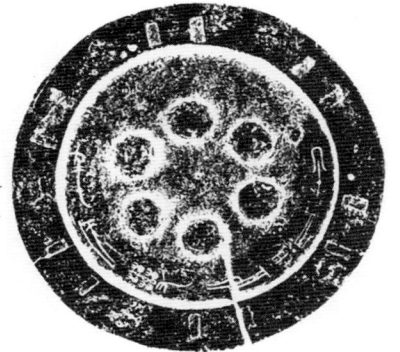

春秋Ⅲ，楚

70 （續）

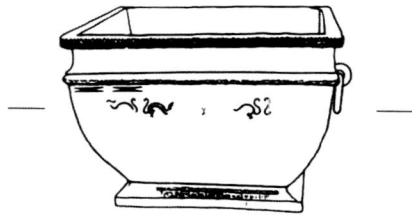

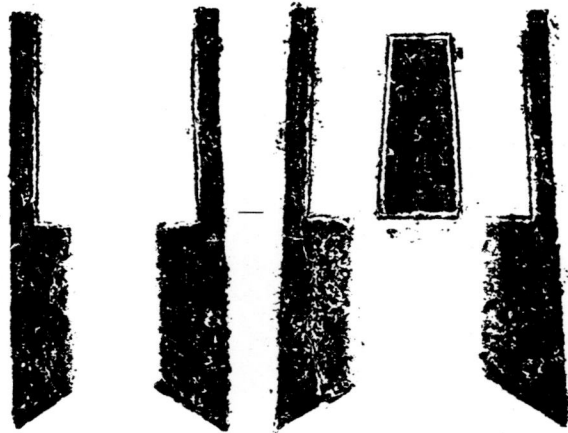

春秋Ⅲ，楚

70　（續）

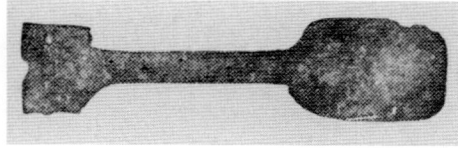

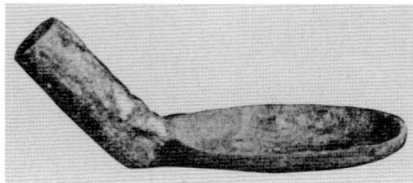

春秋Ⅲ，楚

70 （續）

71 淅川下寺1號墓，春秋ⅢA（寓屬於春秋Ⅰ）

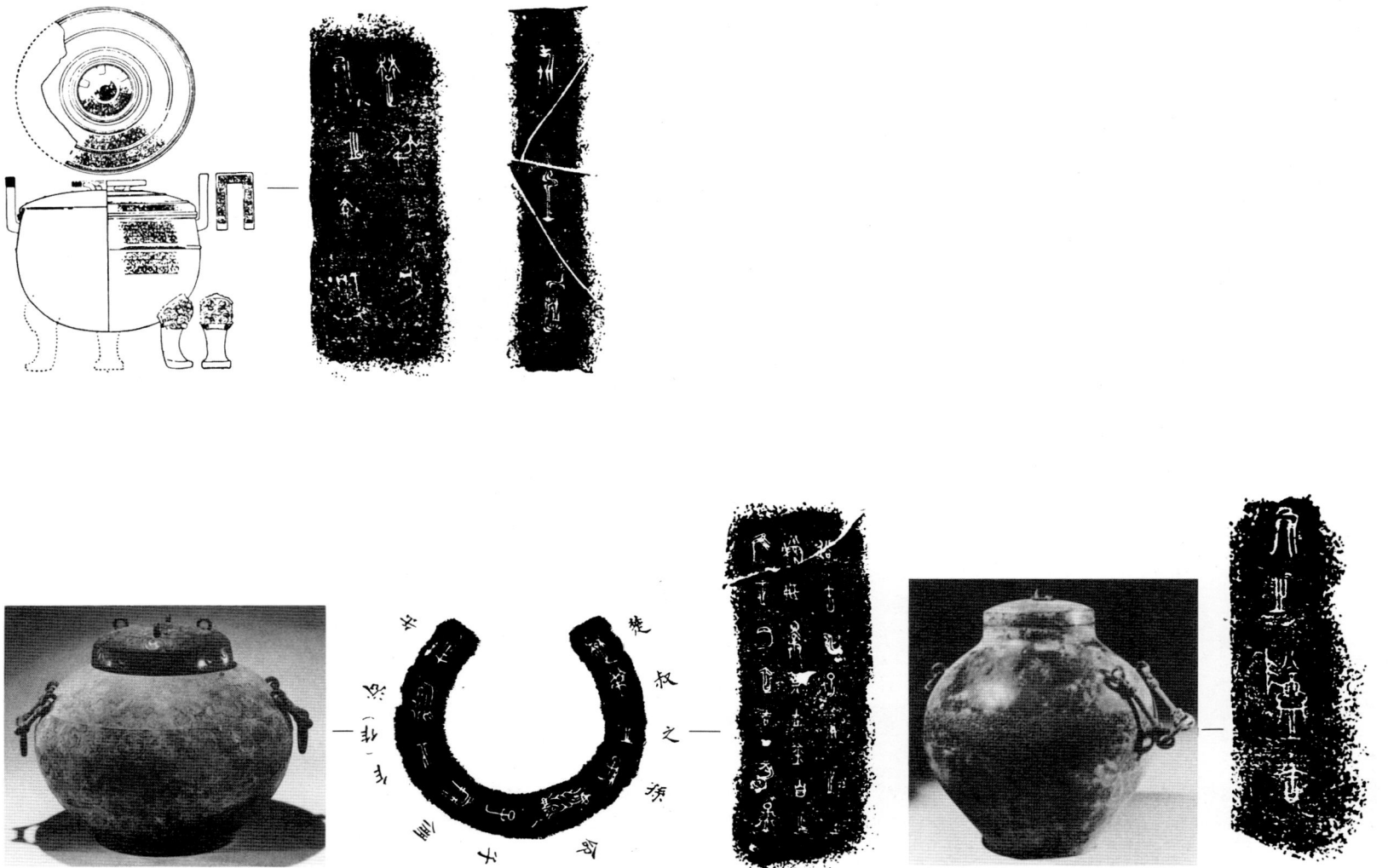

春秋Ⅲ，楚

71 （續）

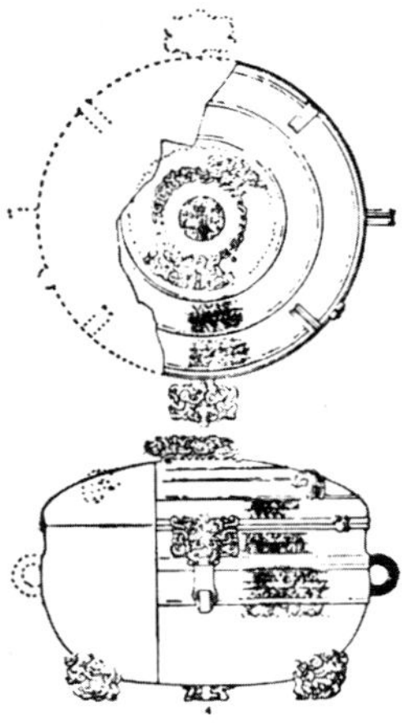

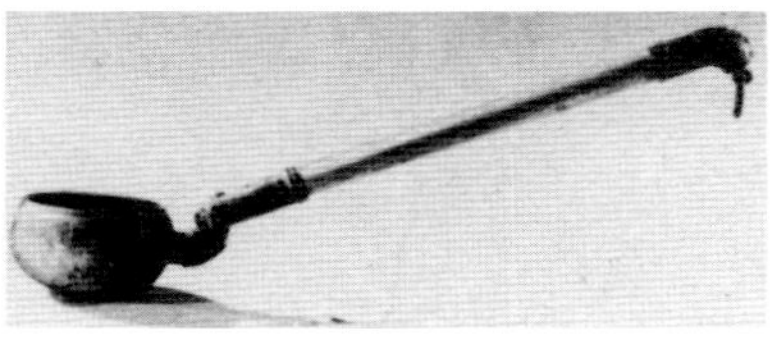

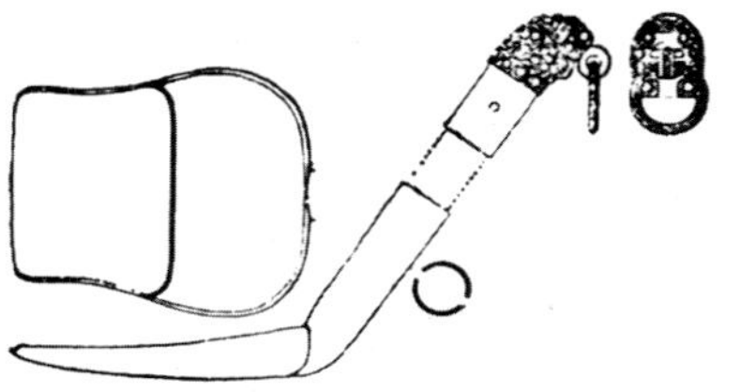

72　淅川下寺2號墓，春秋ⅢA

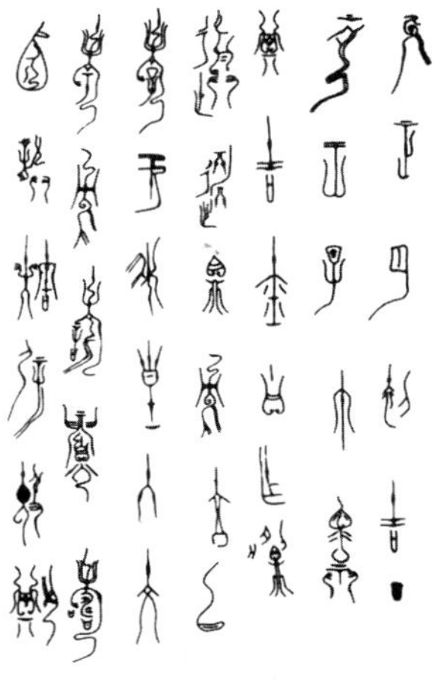

春秋Ⅲ，楚

72 （續）

73 西峽回車公社，春秋Ⅲ A

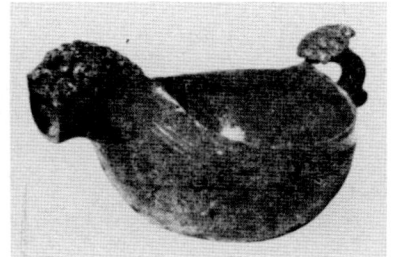

74 潢川隆古公社，春秋Ⅲ B

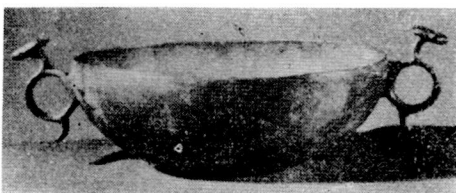

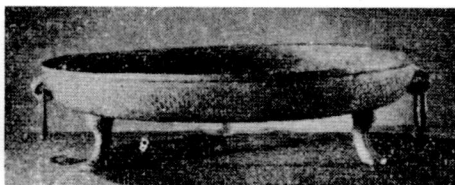

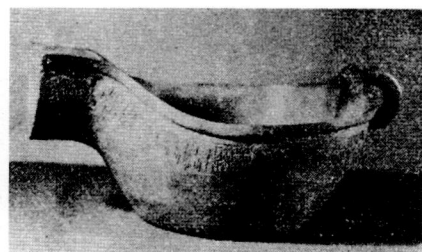

75　襄陽山灣33號墓，春秋ⅢB

76　襄陽山灣6號墓，春秋ⅢB

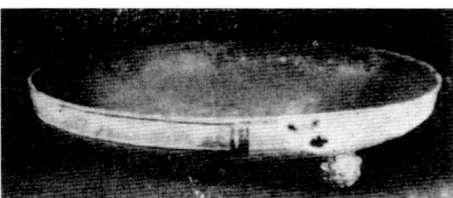

春秋Ⅲ，寧鎮地區

77 六合程橋，春秋ⅢA

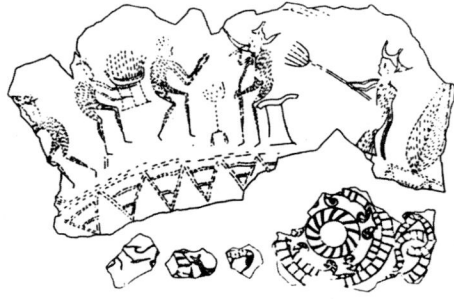

78 六合程橋2號墓，春秋ⅢA（鐘、鎛屬於春秋ⅡB）

79 吳縣何山，春秋ⅢA

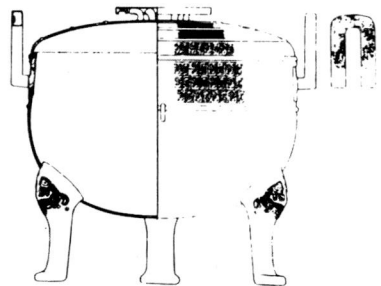

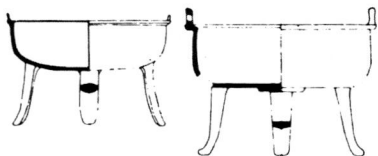

春秋Ⅲ，寧鎮地區

79 （續）

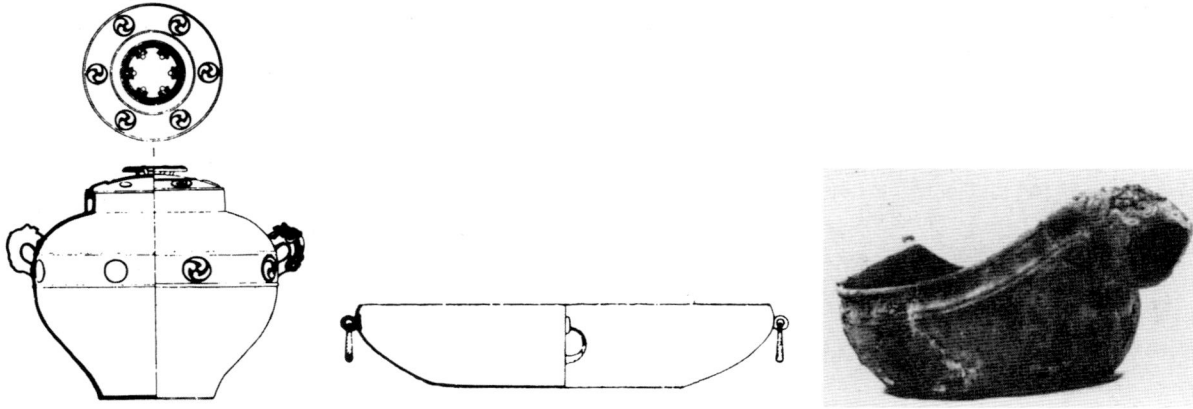

80　蘇州虎丘，春秋Ⅲ B

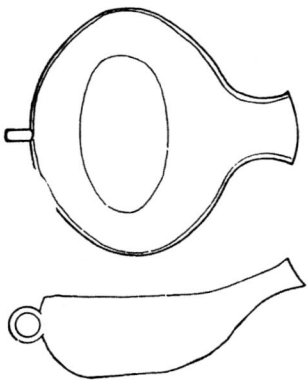

81　武進淹城，春秋Ⅲ

春秋Ⅲ，寧鎮地區

81 （續）

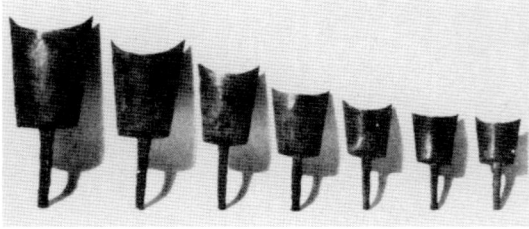

春秋Ⅲ，越

82 湘潭古塘，春秋Ⅲ

  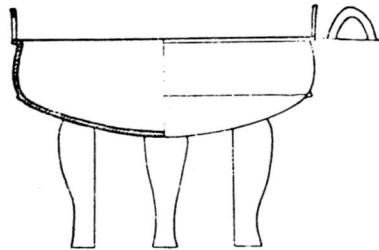 

83 羅定太平公社，春秋Ⅲ B

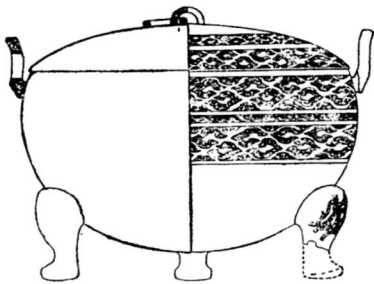  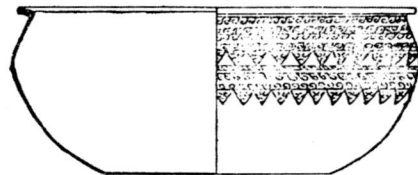 

  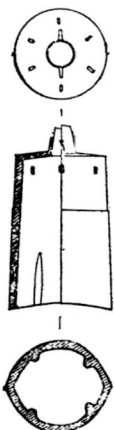

84　恭城加會公社秧家大隊

戰國 I，三晋

85　長治分水嶺12號墓，戰國 I A

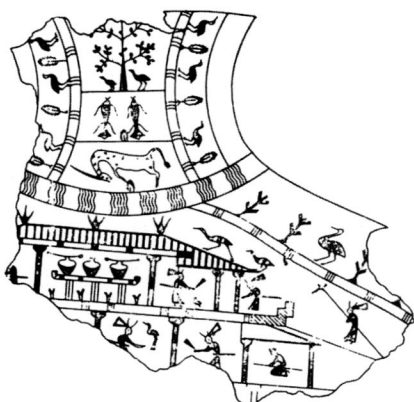

86   長治分水嶺26號墓，戰國ⅠA

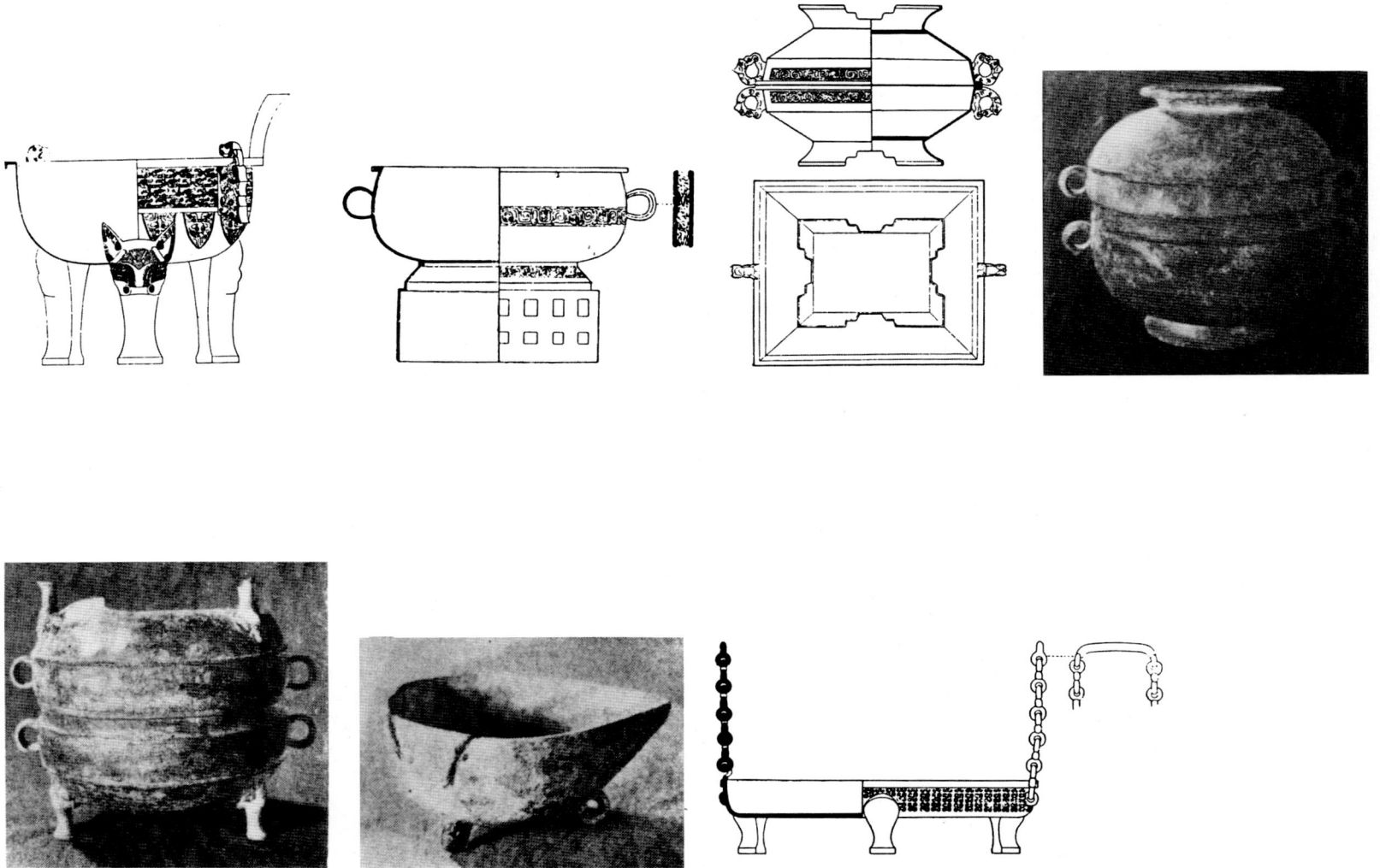

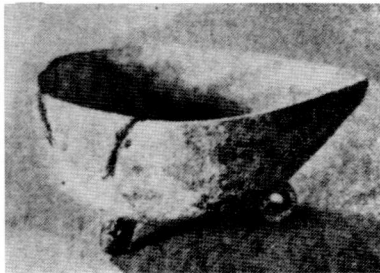

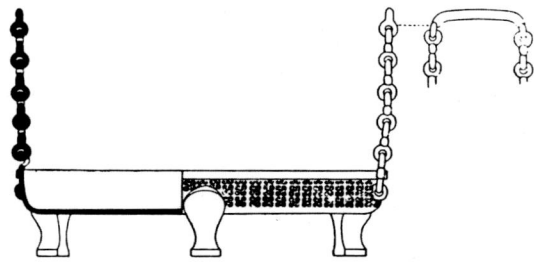

87   長子7號墓，戰國ⅠA

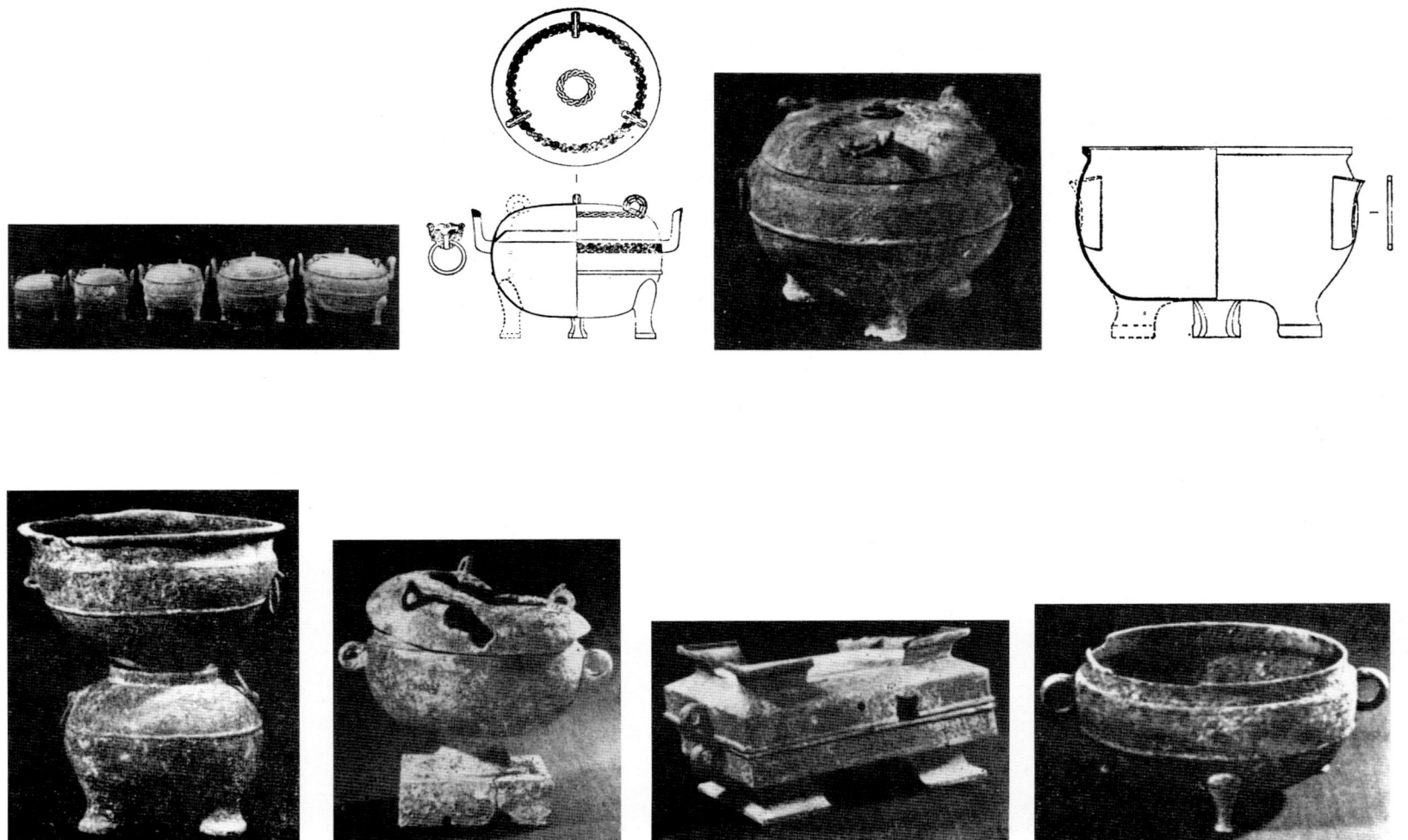

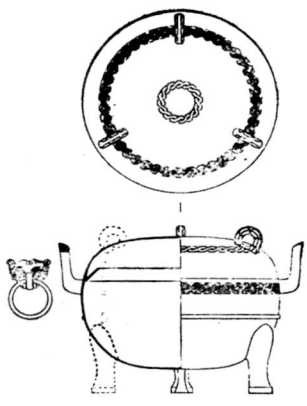

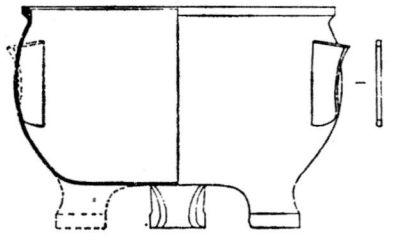

戰國 I，三晋

87 （續）

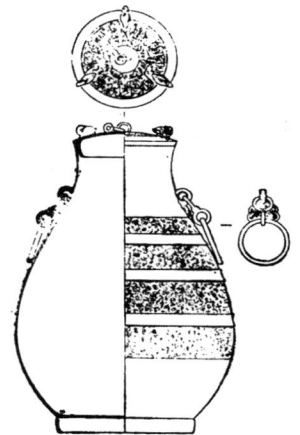

88　汲縣山彪鎮1號墓，戰國 I A

戰國Ⅰ，三晋

88 （續）

 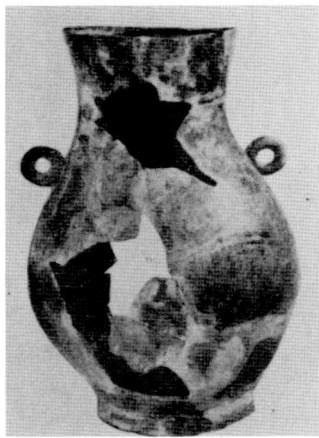 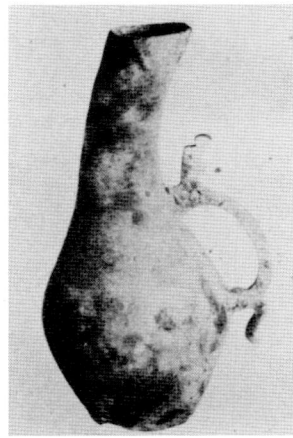 

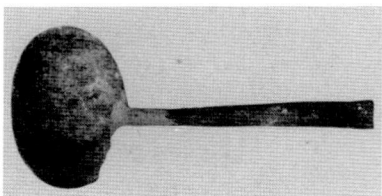 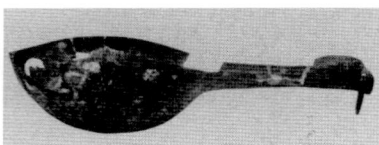 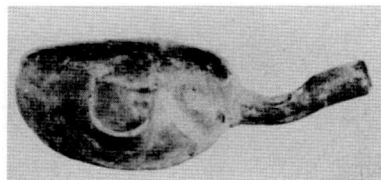 

戰國 I，三晋

88 （續）

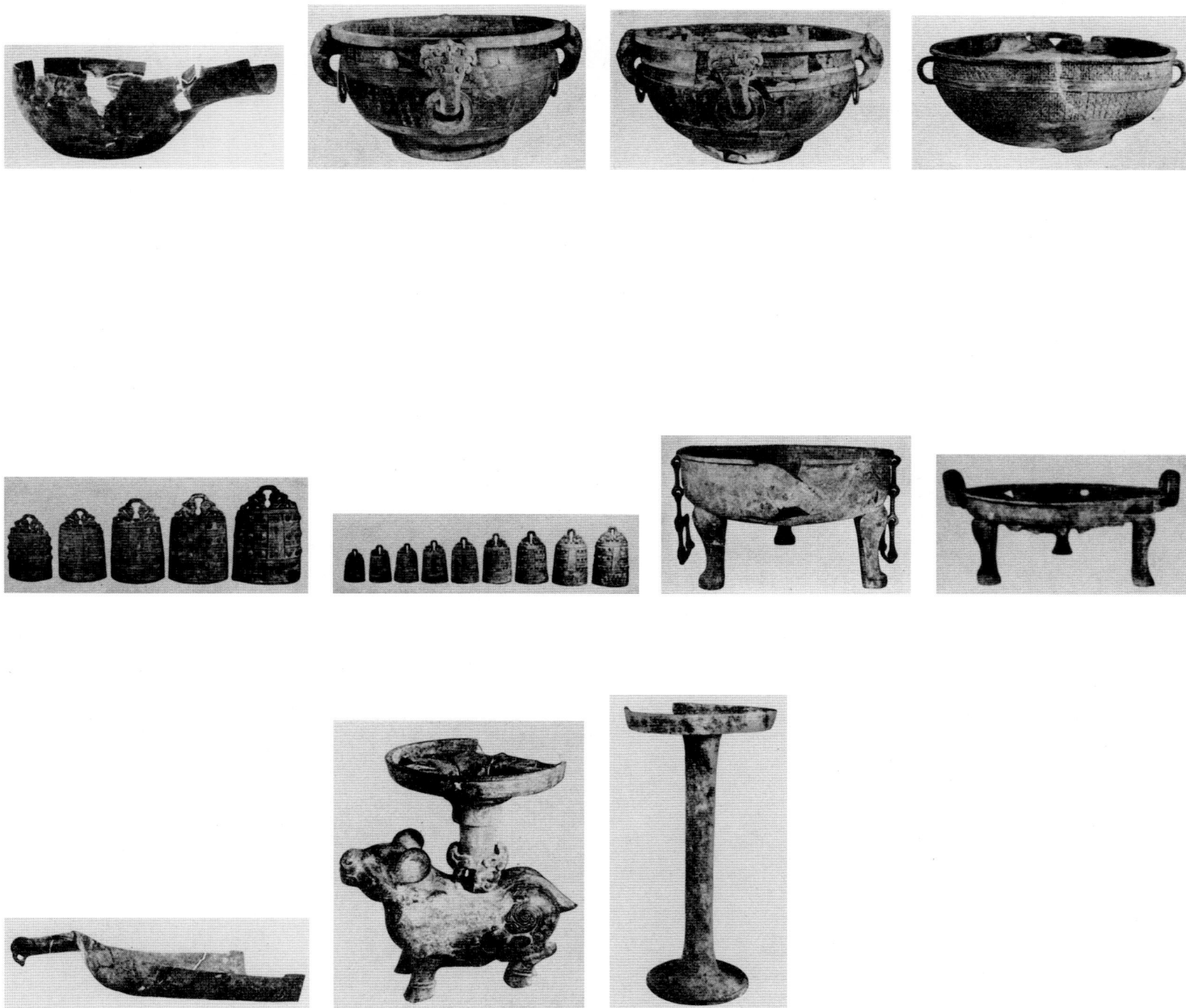

89　輝縣趙固村1號墓，戰國 I A

戰國 I，三晉

89 （續）

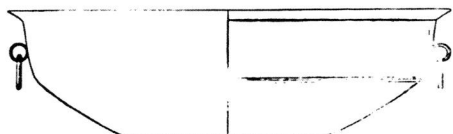

90 洛陽中州路2717號墓，戰國 I A

戰國Ⅰ，三晋

90 （續）

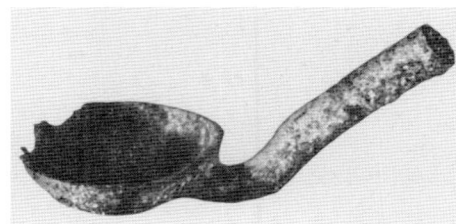

91 長治分水嶺14號墓，戰國ⅠB

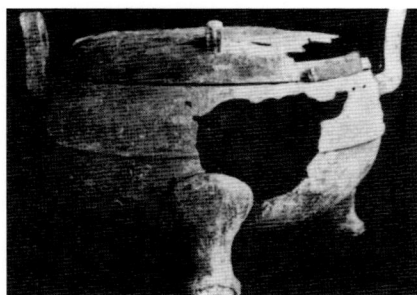

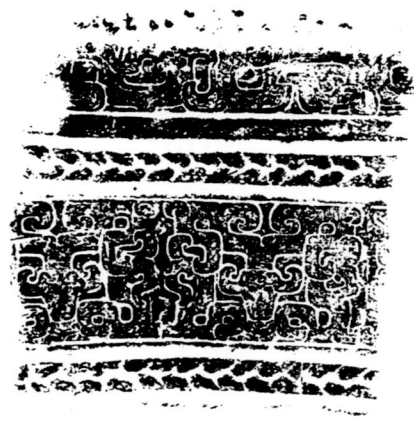

92 長治分水嶺36號墓，戰國ⅠB

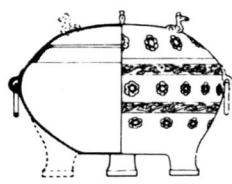

93　長治分水嶺53號墓，戰國ⅠB

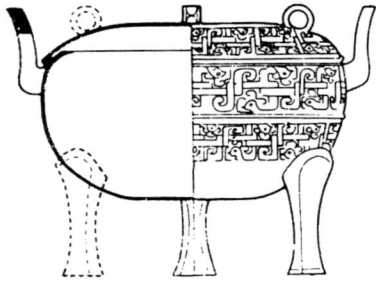

94　長治分水嶺25號墓，戰國ⅠB

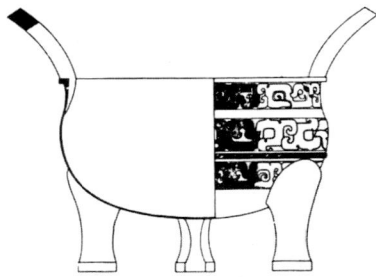

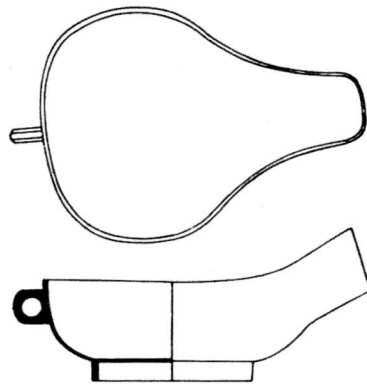

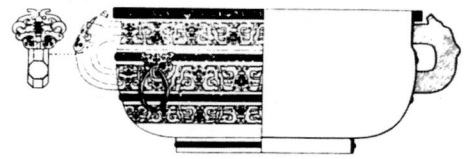

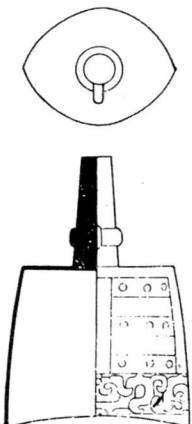

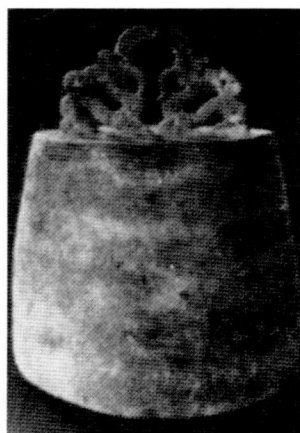

95　潞城潞河7號墓，戰國ⅠB

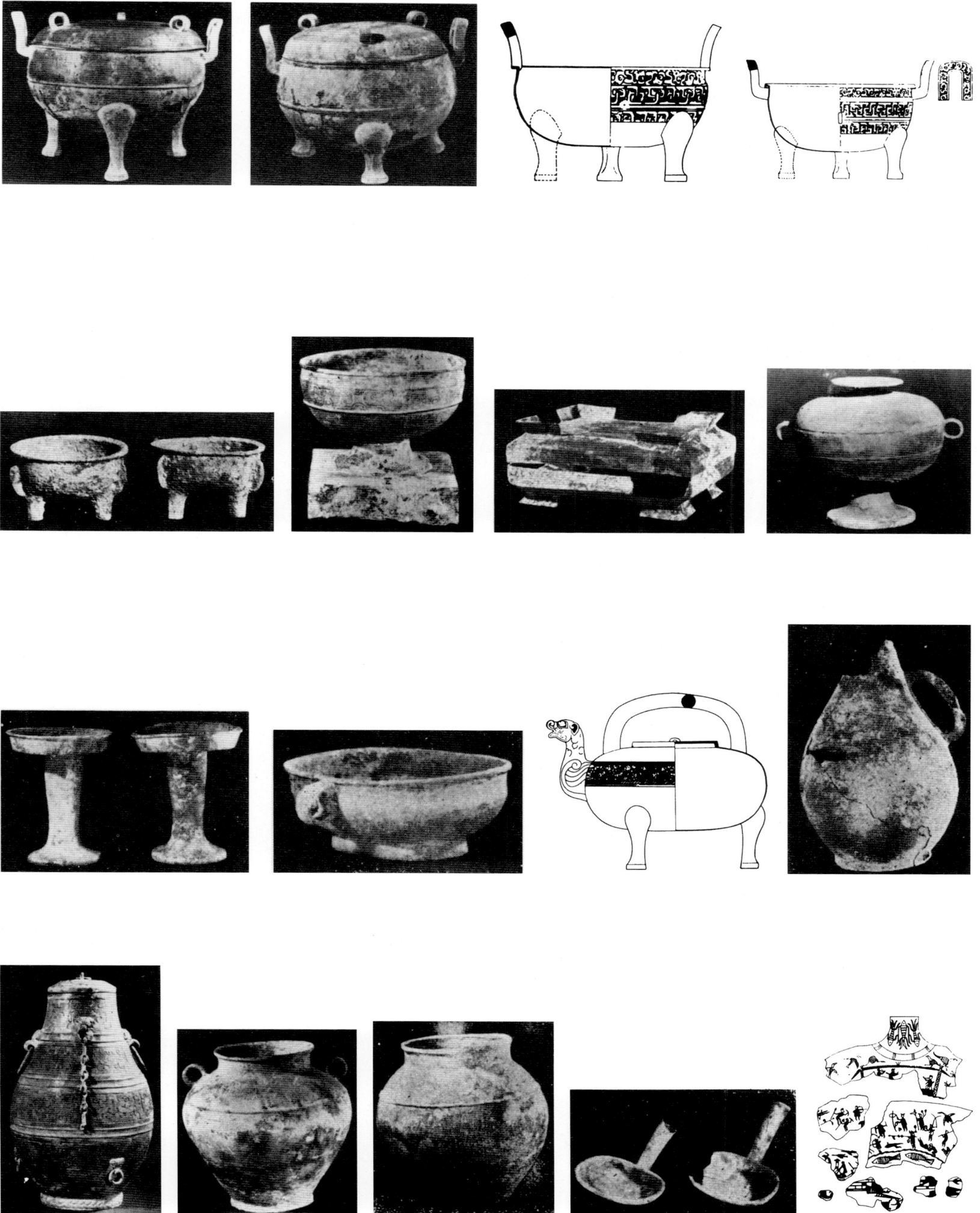

戰國 I，三晋

95　（續）

96　容城北楊村，戰國 I B

97　咸陽任家嘴，戰國 I B

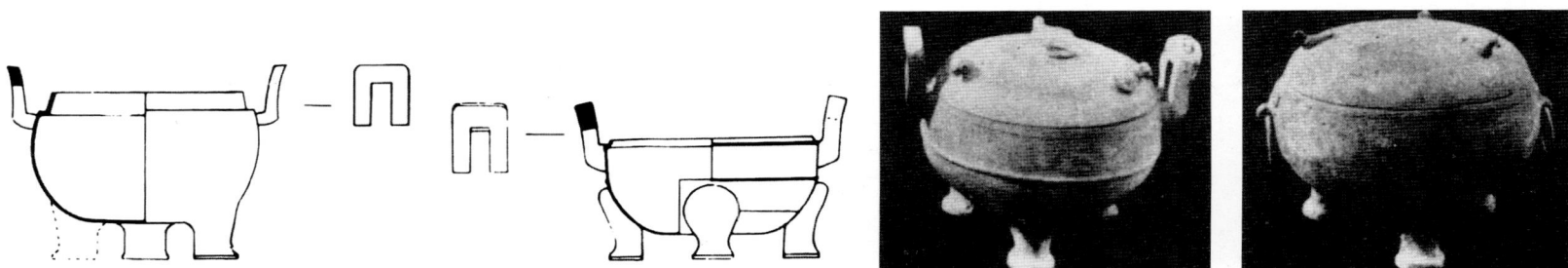

戰國 I，三晋

97　（續）

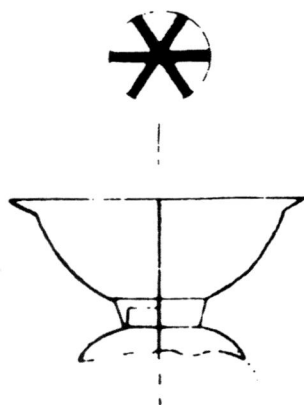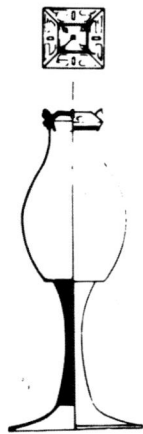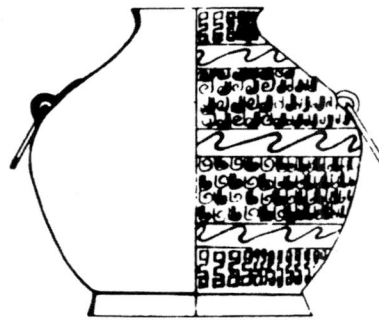

戰國 I，鄭

98　洛陽玻璃廠439號墓，戰國 I B

戰國 I，山東

99　長清崗辛，戰國 I B

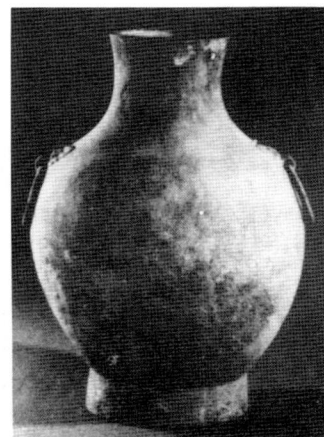

戰國 I，山東

99 （續）

100 曲阜58號墓，戰國 I B

101 平度嶽石村16號墓，戰國 I B

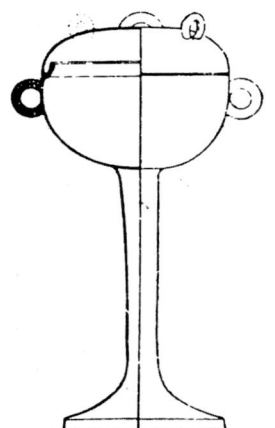

戰國Ⅰ，山東

101 （續）

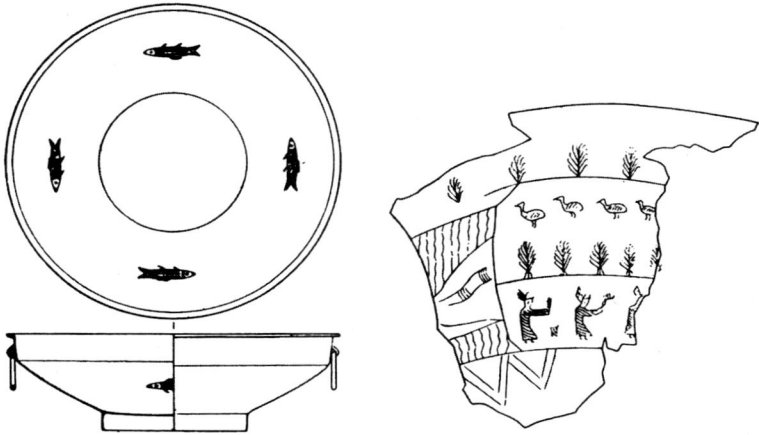

戰國Ⅰ，楚

102　隨州擂鼓墩1號墓，戰國ⅠA

曾侯乙酢時用終

曾侯乙酢時用終

曾侯乙酢時用終

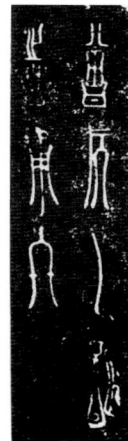曾侯乙酢時用終

曾侯乙酢時用終

戰國 I，楚

102 （續）

曾侯乙酢時用終

曾侯乙酢時用終

曾侯乙酢時用終

曾侯乙酢時用終

曾侯乙酢時用終

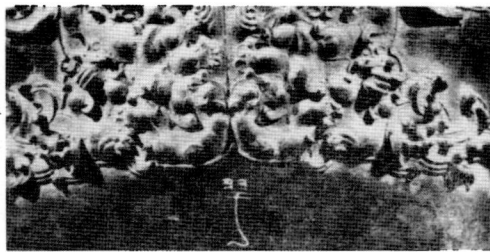

曾侯乙酢時用終

曾侯乙酢時用終

戰國 I，楚

102 （續）

曾侯乙酢時用終

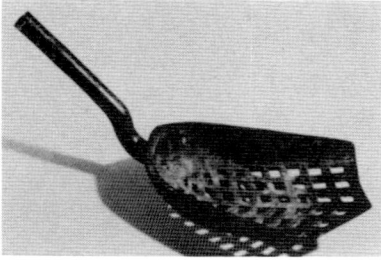

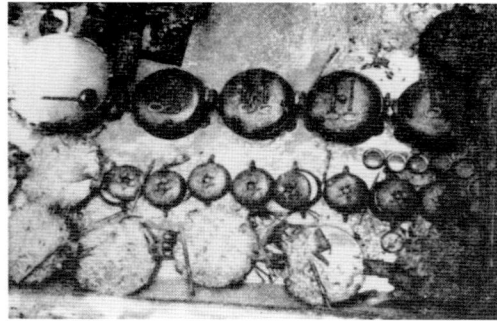

103 隨州擂鼓墩 2 號墓，戰國 I B

戰國Ⅰ，楚

103 （續）

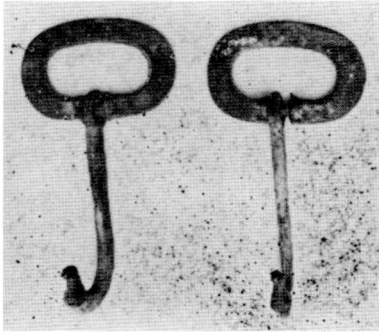

戰國Ⅰ，楚
　103 （續）

  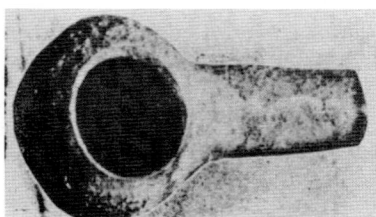 

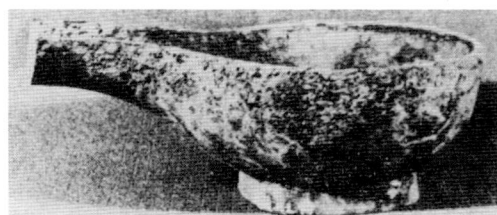   

104 江陵天星觀1號墓，戰國ⅠB

戰國Ⅰ，四川

105 成都百花潭中學10號墓，戰國ⅠA

戰國 I，四川

105 （續）

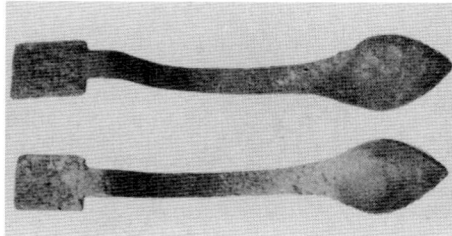

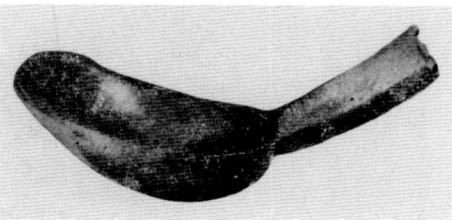

106　成都青羊宮側，戰國 I A

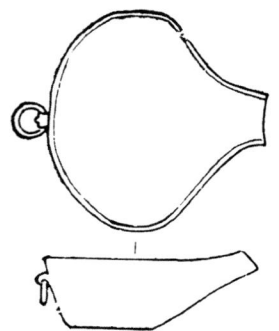

107　涪陵小田溪4號墓，戰國 I A

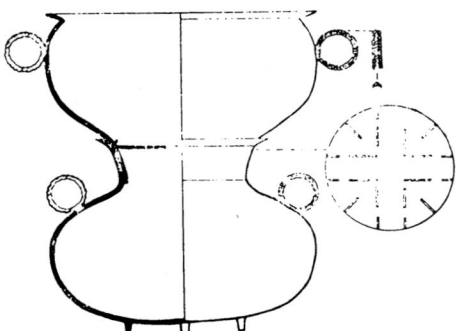

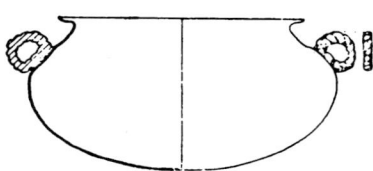

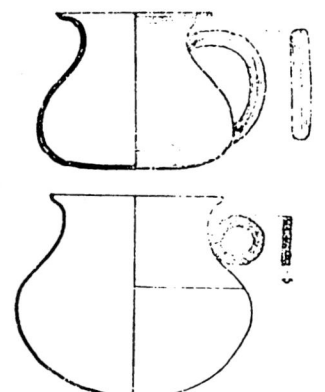

戰國Ⅰ，四川

107 （續）

108 涪陵小田溪1號墓，戰國ⅠB

109 新都馬家公社，戰國ⅠB

戰國 I，四川

109　（續）

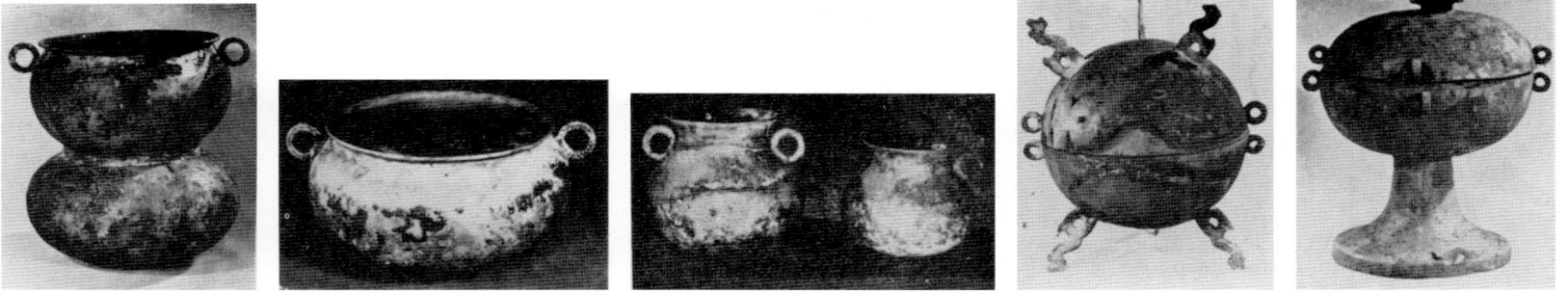

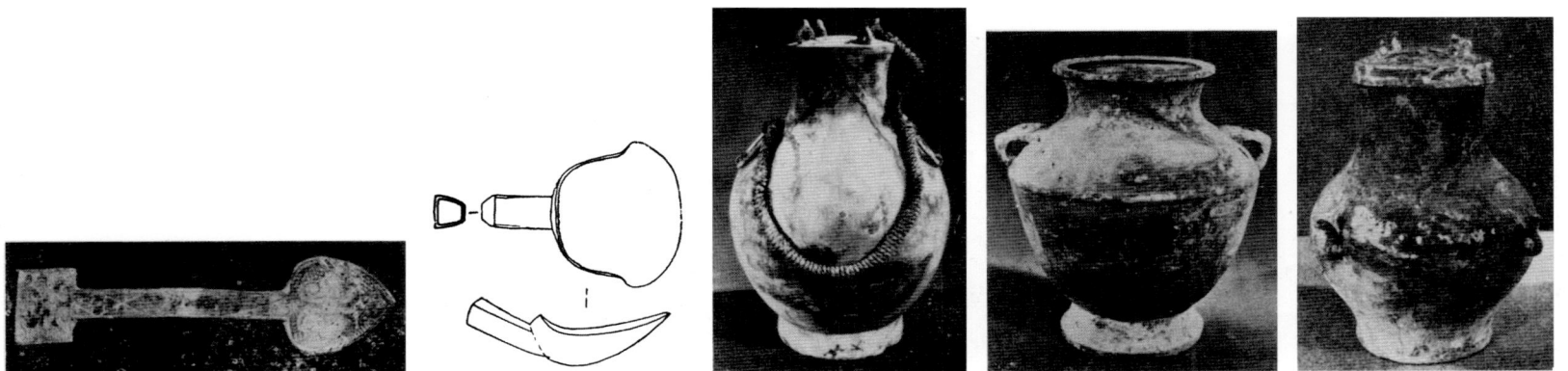

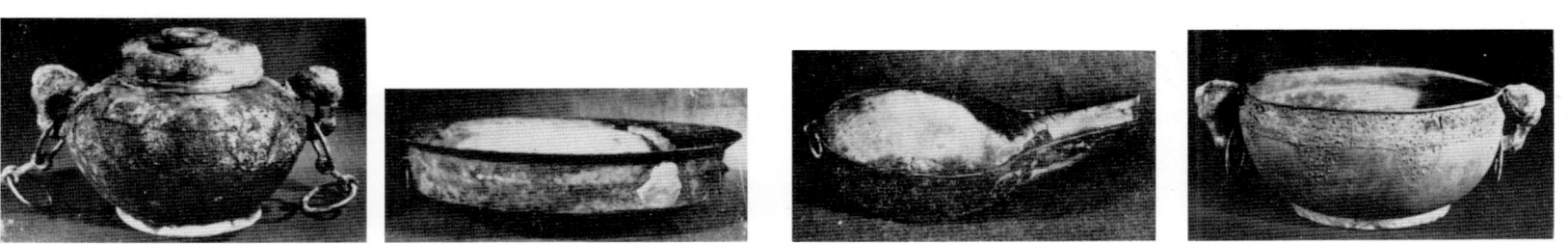

戰國Ⅱ，秦

110　泌陽官莊北崗3號墓，北槨，戰國ⅡB（鼎是衛器）

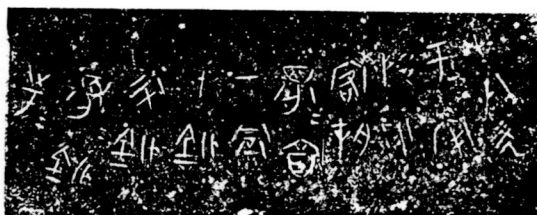

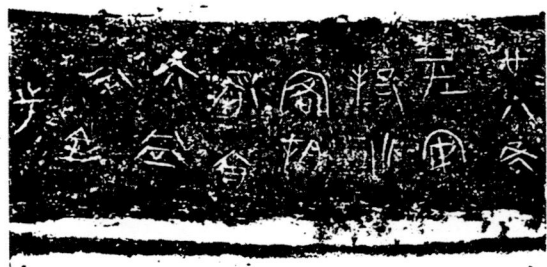

111　泌陽官莊北崗3號墓，南槨，戰國ⅡB（鼎是三晋器）

戰國Ⅱ, 秦

111 （續）

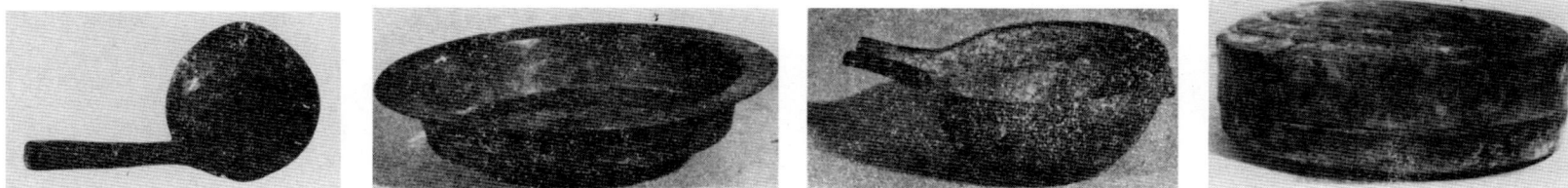

112　鳳翔高莊1號墓，戰國ⅡB

113　鳳翔高莊46號墓，戰國Ⅱ

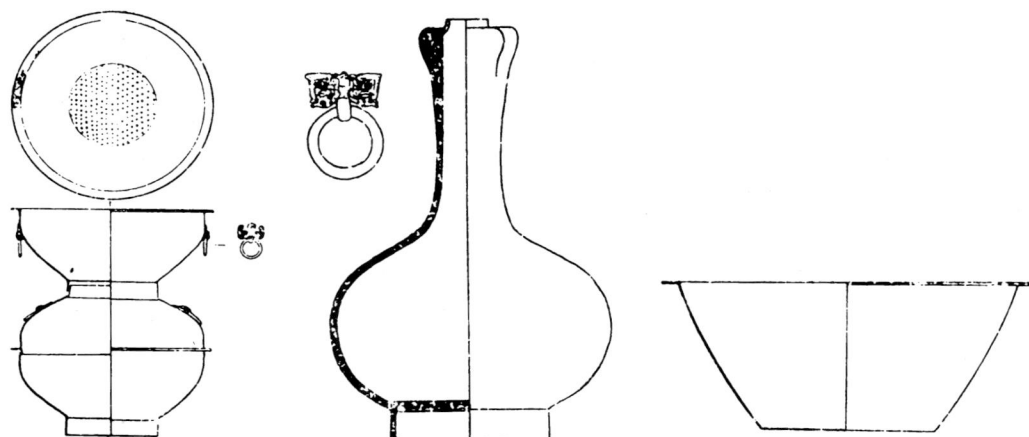

114 咸陽黃家溝43號墓，戰國Ⅱ

戰國Ⅱ，三晉

115 三門峽市上村嶺5號墓，戰國ⅡA

116 北京豐臺，戰國ⅡA

117 平山三汲公社1號墓，戰國ⅡA

戰國Ⅱ，三晋

117 （續）

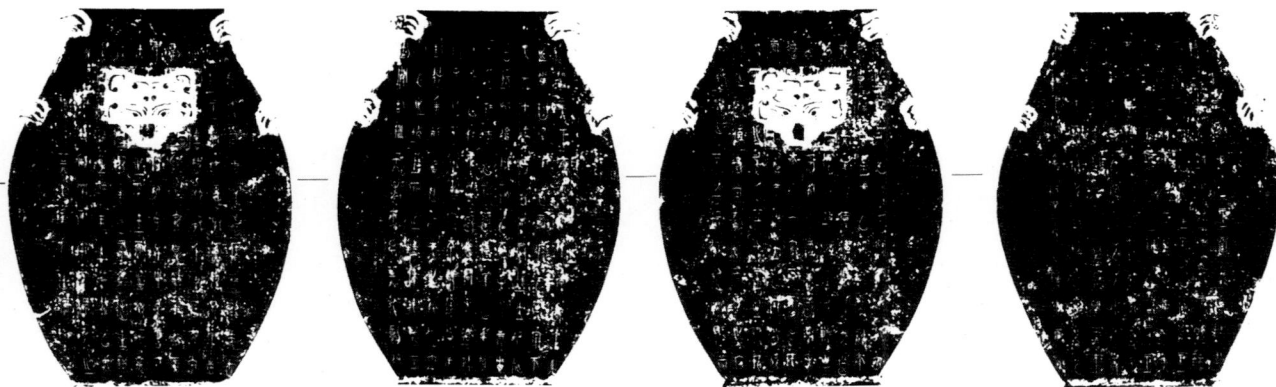

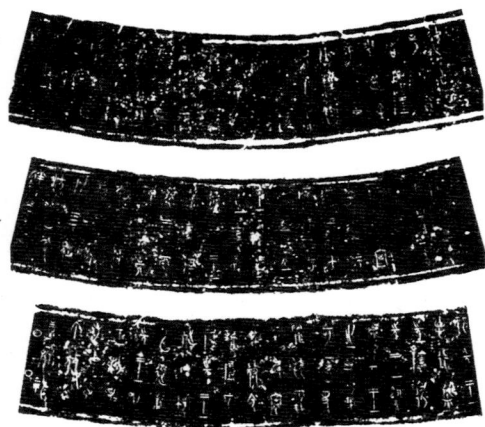

戰國Ⅱ，三晋

117 （續）

118　平山三汲公社6號墓，戰國ⅡA

戰國Ⅱ，楚

119　信陽長臺關1號墓，戰國ⅡA

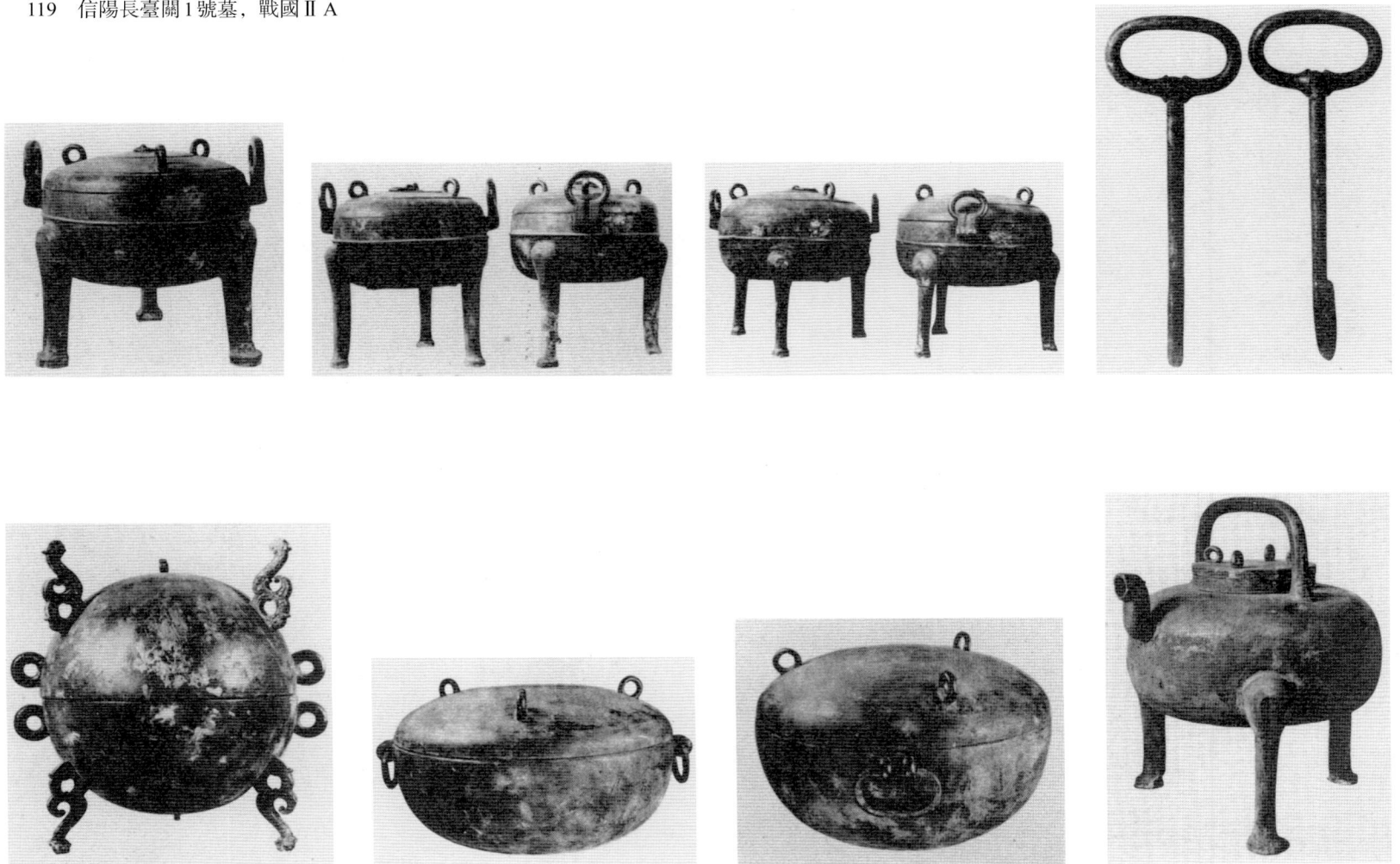

戰國Ⅱ，楚

119（續）

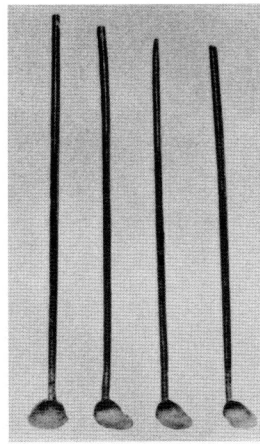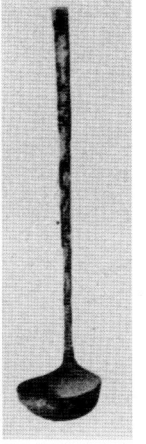

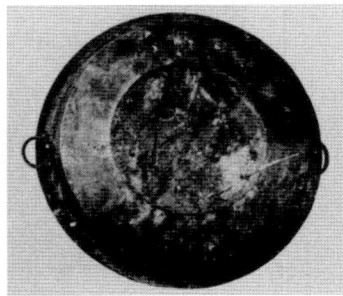

戰國Ⅱ，楚

119 （續）

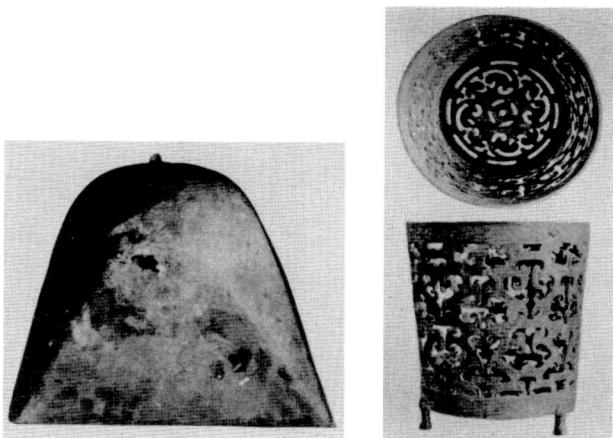

120　江陵望山1號墓，戰國ⅡA

戰國Ⅱ，四川

138 涪陵小田溪2號墓，戰國ⅡB

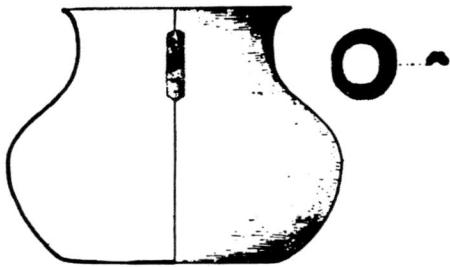

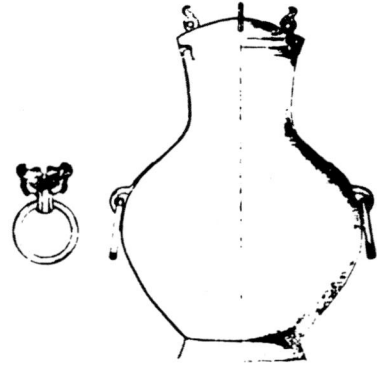

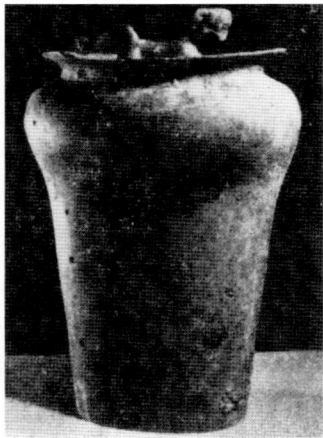

139 涪陵小田溪3號墓，戰國ⅡB

140 成都羊子山172號墓，戰國Ⅱ

戰國Ⅱ，四川
140 （續）

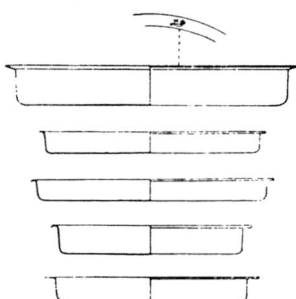

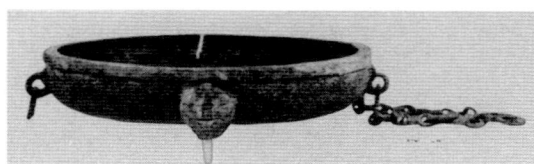

戰國Ⅲ，楚
141　無錫高瀆灣蘆塘里，戰國Ⅲ

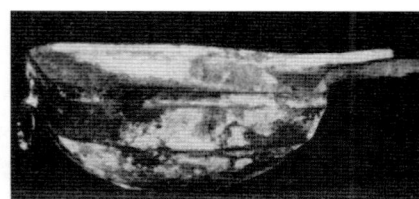

秦，楚

142　襄陽山灣18號墓，秦

143　雲夢睡虎地9號墓，秦

144　雲夢睡虎地11號墓，秦

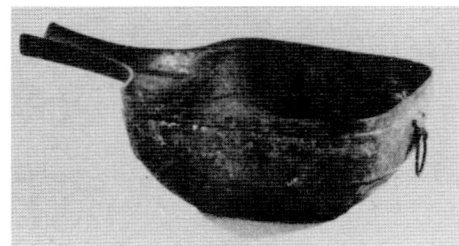

各器各型之形制的時代演變圖

一型鼎（淺腹）

春秋ⅡA

一A型鼎（淺腹，秦）

春秋ⅡA

一B型鼎（淺腹，山東、淮水上游）

春秋ⅡA

春秋ⅡA

一C型鼎（淺腹，足靠近中部，斂口）

春秋ⅡA

春秋ⅡB

春秋ⅡB

春秋ⅢA

春秋ⅢA

春秋ⅢA

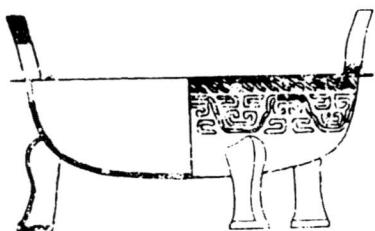

春秋ⅢB

二型鼎（深腹）　　　　　　　　　　　　七型鼎（腹深淺適中，頸部稍微收縮）

春秋ⅡA

春秋ⅡA

戰國ⅠA

戰國Ⅲ

戰國ⅠB

戰國ⅠB

春秋ⅢA

戰國ⅡB

八型鼎（圓腹，腹淺）

春秋ⅡA

春秋ⅡA

春秋ⅡA

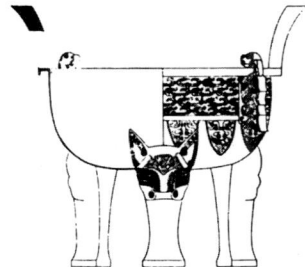

戰國ⅠA

戰國ⅠA

春秋ⅡB

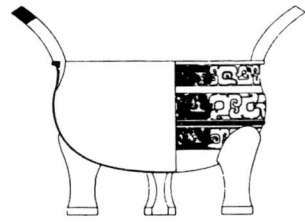

戰國ⅠB

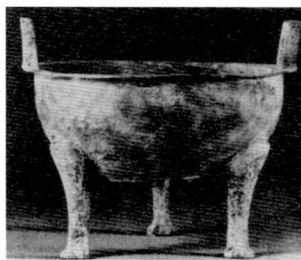

春秋ⅢA

春秋ⅢB

八A型鼎（圓腹，淺腹，附耳）　　　九型鼎（圓腹，腹深）　　　　　一〇型鼎（圓腹，腹深淺適中）　　　　一〇A型鼎（半截鷄蛋形）

春秋ⅡA

春秋ⅡB

春秋ⅡB

春秋ⅡB

春秋ⅢA

春秋ⅢA

春秋ⅢA

春秋ⅢB

春秋ⅢB

一三型鼎（附耳，淺腹）　　　　　一三A型鼎（附耳，淺腹，有蓋）　　　一三B型鼎（附耳，淺腹，有蓋，器側垂直）

春秋ⅡA

春秋ⅡB

春秋ⅡB

戰國ⅠA

春秋ⅢA

春秋ⅢA

春秋ⅢA

春秋ⅢB

春秋ⅢB

一五D型鼎（腹深淺適中，斂口，蓋略平）

⇩

戰國ⅠA

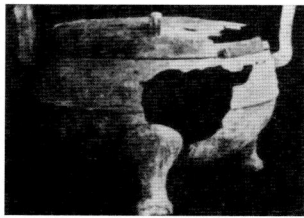

戰國ⅠB

一五E型鼎（腹深淺適中，斂口，蓋平）

⇩

戰國ⅠB

一五F型鼎（腹深淺適中，斂口，有蓋，足細長）

春秋ⅢA

春秋ⅢA

戰國ⅡA

春秋ⅢA

⇩　　　　　　　　　　　　　　　⇩　　　　　　　　　　　　　　　⇩

⇩　　　　　　　　　⇩　　一五G型鼎（腹深淺適中，　　一五H型鼎（腹深淺適中，　　一五I型鼎（蓋器相合呈酸橙
　　　　　　　　　　　　蓋器相合幾呈球形，短足）　　蓋器相合幾呈球形，長足）　　形，器身矮）

秦

戰國 I A

戰國 I B

戰國 I B

戰國 I B

春秋 II B

戰國 II A

戰國 II A

⇩　　　　　　　　　　　　　　　　　　　　　　　　　　　　　　　　　⇩

一五 J 型鼎（蓋器相合呈酸橙形，器身高矮適中）　　　一五 K 型鼎（蓋器相合呈酸橙形，器身高）

戰國 I A

戰國 II B ～ III

戰國 I B

戰國 I B

戰國 I B

戰國 II A

戰國 II A

戰國 II A

戰國 II B

戰國 II B

一八型鼎（淺腹，平底）

春秋ⅡA

戰國ⅠA

戰國Ⅲ

春秋ⅡB

戰國ⅠB

春秋ⅢA

春秋ⅢA

一九型鼎（湯鼎）

春秋 II

春秋 II

戰國 I B

戰國 I B

春秋 III A

戰國 II A

二〇型鼎（越式鼎）

春秋ⅡA

戰國ⅠB

戰國ⅠB

春秋ⅢA

戰國ⅡA

春秋ⅢB

春秋ⅢB

春秋ⅢB

戰國ⅡB

⇩

戰國ⅡB～Ⅲ　　　　　戰國ⅡB～Ⅲ　　　　　戰國ⅡB～Ⅲ　　　　　戰國ⅡB～Ⅲ

四A型壺（斷面呈方形，腹扁）

⇩

（1）春秋ⅡB

（2）春秋ⅡB

（3）春秋ⅡB

（4）春秋ⅡB

（1）春秋ⅢA

（2）春秋ⅢA

（3）春秋ⅢA

（4）春秋ⅢA

春秋ⅢB

⇩

四B型壺（斷面呈方形，腹部最大徑位置高）

⇩

戰國ⅠA

⇩

春秋ⅡA

⇩

戰國ⅠA

⇩

秦

戰國ⅠB

戰國ⅠB

戰國ⅡA

戰國ⅡA

春秋ⅢA

戰國ⅡA

戰國ⅡB

⇩　⇩

四 B′ 型壺（斷面呈方形，平肩）

四 C 型壺（斷面呈方形，頸部收縮很小）

春秋 Ⅱ A

五型壺（斷面呈圓形）

春秋 Ⅱ A

春秋 Ⅱ B

春秋 Ⅱ B

春秋 Ⅱ B

戰國 Ⅱ A

春秋 Ⅲ A

戰國 Ⅱ B

春秋 Ⅲ B

五A型壺（斷面呈圓形，器身細長）

春秋ⅡA

五B型壺（斷面呈圓形，器身矮胖）

春秋ⅡA

春秋ⅡA

春秋ⅡA

春秋ⅡB

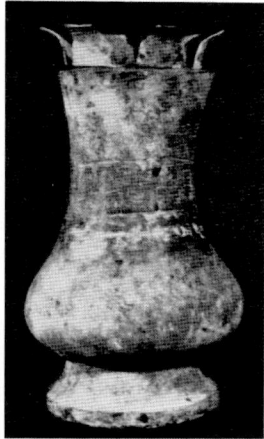

春秋ⅡB

春秋ⅢA

春秋ⅢA

五C型壺（器身細長，腹圓）

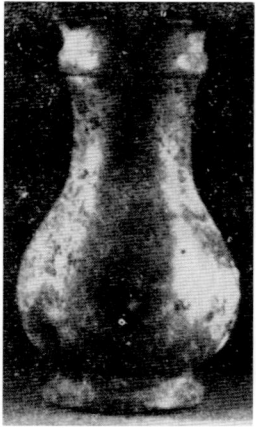

春秋ⅡA

六型壺（器身很長）

戰國ⅠA

七型壺（器身很長，整體彎曲）

⇩

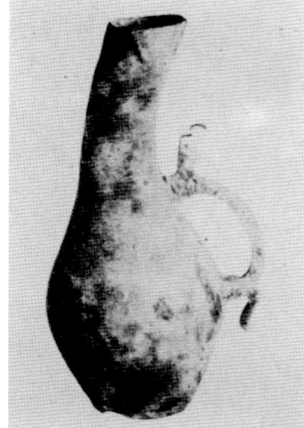

戰國ⅠA

七A型壺（器身很長，整體彎曲，短頸）

戰國ⅡA

春秋ⅢA

戰國ⅡB

春秋ⅢB

春秋ⅢB

⇩

八型壺（長頸，腹徑最大處高）

戰國ⅠA

春秋ⅡB

戰國ⅠB

春秋ⅢA

戰國ⅡA

春秋ⅢB

春秋ⅢB

春秋ⅢB

九型壺（腹大）

⇩

⇩

戰國ⅠA

戰國ⅠB

一〇型壺（腹大，圓肩）

⇩

一一型壺（腹大，腹徑最大處高）

戰國ⅠA

戰國ⅠB

春秋ⅢA

戰國ⅡA

春秋ⅢA

戰國ⅡA

春秋ⅢA

春秋ⅢB

戰國ⅡB

春秋ⅢB

⇩

⇩

⇩

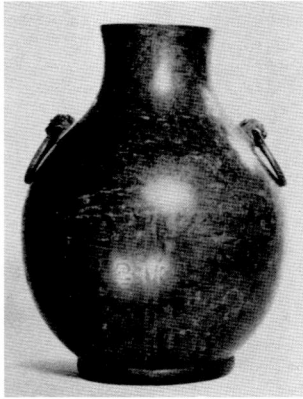

戰國ⅠA

一二型壺（腹大，下腹瘦削）

戰國Ⅲ

一三型壺（整體胖，攜帶用）

戰國ⅠB

戰國ⅠB

戰國ⅡA

戰國ⅡA

戰國ⅡA

春秋ⅢA

戰國ⅡB

戰國ⅡB

春秋ⅢB

三型鬲（標準型）

三A型鬲（器身矮）

戰國ⅠA

春秋ⅡA

戰國ⅠA

戰國ⅠB

春秋ⅡB

戰國ⅠB

春秋ⅢA

戰國ⅡA

春秋ⅢA

三B型鬲（有蓋，器側有環）　　　三C型鬲（有蓋，附耳）

⇩

戰國ⅠA

⇩

戰國ⅠA

戰國ⅠB

春秋ⅢA

春秋ⅢB

⇩　　　⇩

四型鬲（薯足）

戰國ⅠA

春秋ⅡA

戰國ⅠB

戰國ⅠB

戰國ⅠB

春秋ⅢA

五型鬲（尖足，器側有環）   ⇓   五A型鬲（尖足，附耳）   一型甗（標準型）

戰國 I A

春秋 II A

春秋 III A

春秋 III A

春秋 III B

春秋 III B

⇓   ⇓

二型甗（薯足）　　二A型甗（短足）

戰國ⅠA

戰國ⅠB

春秋ⅡB

戰國ⅠB

春秋ⅢA

春秋ⅢA

春秋ⅢB

四型甗（方形）　⇩

錡　⇩

春秋ⅡA

戰國ⅠA

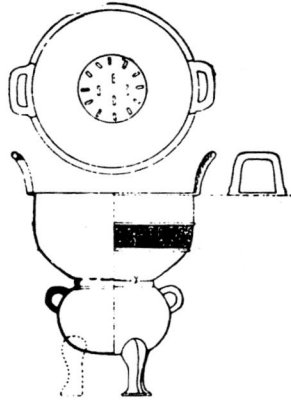
春秋ⅡA

春秋ⅡB

春秋ⅡB

戰國ⅡA

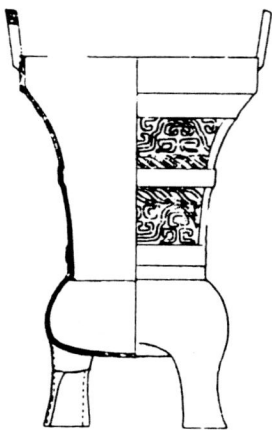
春秋ⅢB　⇩

春秋ⅢB　⇩

戰國ⅡB

戰國ⅡB

圈足釜	一型鍪（單耳）	二型鍪（雙耳）	五型簋（側視形呈S形，下腹鼓起）

春秋ⅡA

戰國ⅠA

春秋ⅡA

春秋ⅡB

戰國ⅠB

春秋ⅢA

戰國ⅡB

戰國ⅡB

春秋ⅢB

秦

⇩

七型簋（側視形呈S形，下腹收斂）

⇩

戰國ⅠA

戰國ⅠB

春秋ⅡB

戰國ⅠB

春秋ⅢA

⇩

八型簋（盤形）　　　　　⇩

春秋ⅡA

戰國ⅠA

戰國ⅠA

春秋ⅡB

戰國ⅠB

戰國Ⅱ

戰國ⅡB～Ⅲ

戰國ⅡB

⇩

九A型簋（圓腹，圓肩）	一型敦（無足，有鈕蓋）	二型敦（第一型加足）	三型敦（蓋器相合呈酸橙形，無足）
春秋ⅡA	春秋ⅡA		
春秋ⅡB	春秋ⅡB	春秋ⅡB	春秋ⅡB
春秋ⅢA	春秋ⅢA	春秋ⅢA	春秋ⅢA
		春秋ⅢB	

四型敦（第三型加三足）

春秋 ⅡA

戰國 Ⅰ

戰國 Ⅲ

春秋 ⅡB

戰國 ⅠB

戰國 ⅡA

春秋 ⅢA

春秋 ⅢB

五型敦（蓋器相合幾呈球形，整體較扁）　　　　　　　　六型敦（蓋器相合幾呈球形）

⇩

戰國ⅠA

戰國ⅠB

春秋ⅢA

春秋ⅢA

春秋ⅢB

⇩　　　　　　　　　　　　　　　　　　　　　　　　　⇩

七型敦（蓋器相合幾呈球形，整體較高）

戰國ⅠA

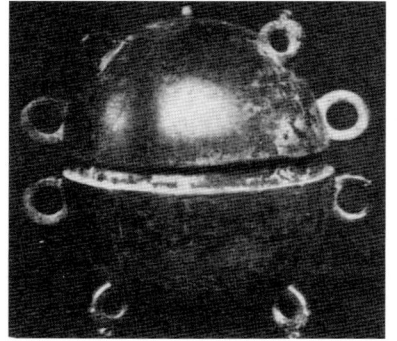

戰國ⅠB

戰國ⅠB

戰國ⅡA

戰國ⅡA

春秋ⅢA

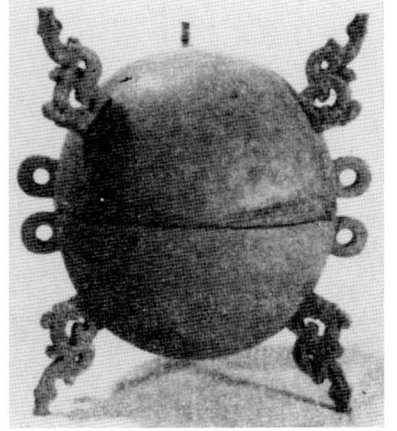

戰國ⅡA

戰國ⅡB

八型敦（蓋器同形，蓋器相合不呈球形）   蓋

⇩

戰國ⅡB～Ⅲ

⇩

戰國ⅠA

戰國ⅠB

春秋ⅡB

春秋ⅢA

春秋ⅢA

春秋ⅢB

⇩

一型簠（蓋鈕和器足小）

二型簠（蓋鈕和器足大）

⇩

⇩

春秋ⅡA

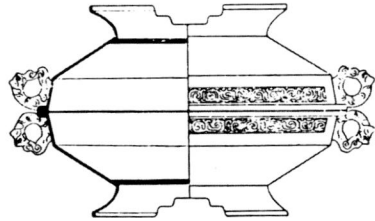

戰國ⅠA

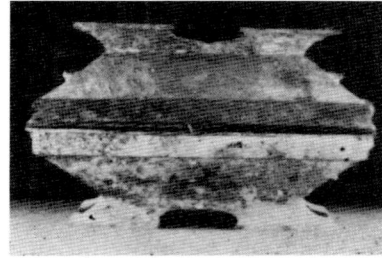

春秋ⅡA

春秋ⅡB

春秋ⅡB

春秋ⅢA

春秋ⅢB

⇩

⇩

⇓

二Ａ型簠（蓋鈕和器足大，器身高）

⇓

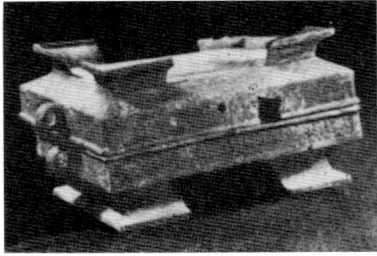

戰國ⅠA

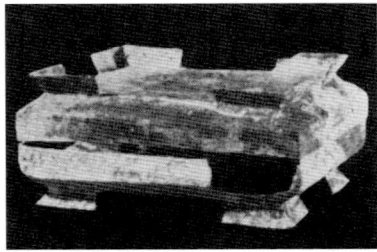

戰國ⅠA

戰國ⅠB

戰國ⅠB

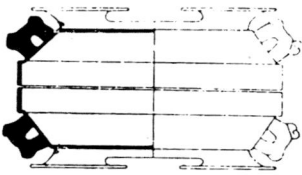

戰國ⅡA

戰國ⅡA

春秋ⅢA

戰國ⅡB

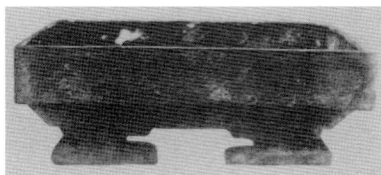

戰國Ⅲ

⇓

一型豆（喇叭形校，淺腹盤，高蓋）

春秋ⅡA

二型豆（喇叭形校，頸部收縮）

春秋ⅡA

三型豆（平底盤，腹壁幾乎垂直
⇩

戰國ⅠA

四型豆（蓋器相合呈酸橙形，長校）

春秋ⅡB

戰國ⅠB

春秋Ⅱ～Ⅲ

春秋ⅢA

戰國ⅡA

春秋ⅢA

五型豆（與第四型基本相同，短校）

六型豆（與第五型基本相同，校上部不粗）

七型豆（與第六型基本相同，短校）

戰國ⅠA

戰國ⅠA

戰國ⅠB

戰國ⅠB

春秋ⅢA

春秋ⅢA

戰國ⅡA

春秋ⅢA

春秋ⅢB

春秋ⅢA

春秋ⅢB

⇩

八型豆（長校，蓋有環）　　　　　　　　　　　　　　　九型豆（與第八型基本相同，短校）

⇩　　　　　　　　　　　　　　⇩

戰國ⅠA

戰國Ⅲ

戰國ⅠB

春秋ⅢA

春秋ⅢA

春秋ⅢA

春秋ⅢB

⇩　　　　　　　　　　　　　　⇩

一〇型豆（方形，盤腹深）　　　　一一型豆（方形，盤腹淺）

戰國 I A

戰國 I B

戰國 I B

春秋 III A

春秋 III A

春秋 III B

一型鍘（深腹）　　　　　　　　　　　　　一A型鍘（深腹，有環蓋）

⇩　　　　　　　　　　　　⇩

春秋ⅡA

戰國ⅠA

春秋ⅡB

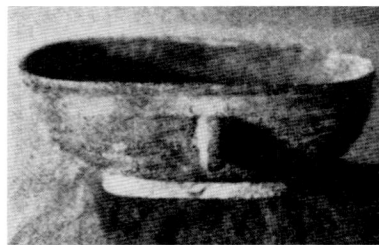

戰國ⅠB

戰國ⅡA

春秋ⅢA

春秋ⅢA

春秋ⅢB

春秋ⅢB

⇩　　　　　　　　　　　　⇩

二型錦（淺腹）

戰國 I A

春秋 II A

戰國 I A

戰國 I B

春秋 II B

春秋 II B

春秋 III A

春秋 III B

秦

二A型鋓（第二型加三短足）　　　　　　三型鋓（深腹，三長足）　　三A型鋓（深腹，圈足）

⇩

戰國ⅠA

春秋ⅡB

戰國ⅠB

春秋ⅢA

春秋ⅢA

春秋ⅢB

春秋ⅢB

春秋ⅢB

⇩

一型鐎（標準型）　　　　　　　　二型鐎（長足）　　　　　　　　一型罍（圓形，下腹瘦削）

⇩　　　　　　　　　　　　　　　　　　　　　　⇩

戰國ⅠA

春秋ⅡA

春秋ⅡB

戰國ⅠB

戰國ⅠB

春秋ⅡB

戰國ⅠB

春秋ⅢA

戰國ⅡA

戰國ⅡA

春秋ⅢA

戰國ⅡA

春秋ⅢB

戰國ⅡB～Ⅲ

⇩

春秋ⅢB

⇩

二型罍（圓形，下腹圓）　　　　　三型罍（方形）　　　　一型瓿（大口）　　　二型瓿（小口）

戰國ⅠA

春秋ⅡA

春秋ⅡB

春秋ⅡB

戰國ⅡA

戰國ⅡA

春秋ⅢA

春秋ⅢB

戰國ⅡB

春秋ⅢB

春秋ⅢB

一型缶（器身高，斷面呈圓形）　　　　　　　　二型缶（器身高，斷面呈方形）

戰國 I A

戰國 III

戰國 I B

戰國 I B

春秋 III A

春秋 III A

戰國 II B

三型缶（器身矮）

一型盥缶（器身矮）

⇩

⇩

春秋ⅡA

戰國ⅠA

戰國ⅠB

春秋ⅡB

戰國ⅠB

春秋ⅢA

戰國ⅡA

春秋ⅢA

戰國ⅡA

春秋ⅢB

戰國ⅡB～Ⅲ

⇩

⇩

二型盨缶（器身高）

⇩

春秋ⅢA

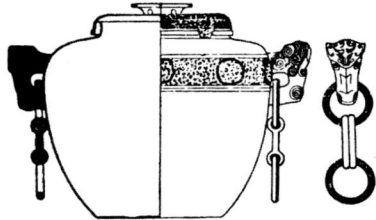

戰國ⅡA

春秋ⅢB

⇩

一型盤（圈足，附耳）　　一A型盤（圈足，附耳起於口緣）　　三型盤（淺腹，三足，附耳）

春秋ⅡA

春秋ⅡB

春秋ⅡB

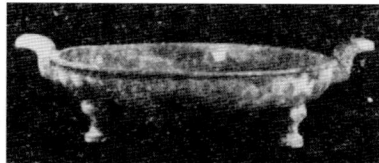

春秋ⅡB

春秋ⅡB

春秋ⅢA

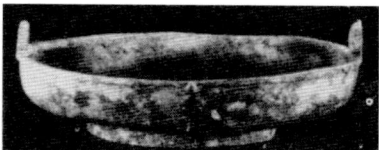

春秋ⅢA

春秋ⅢA

二型鐘（鈕鐘）

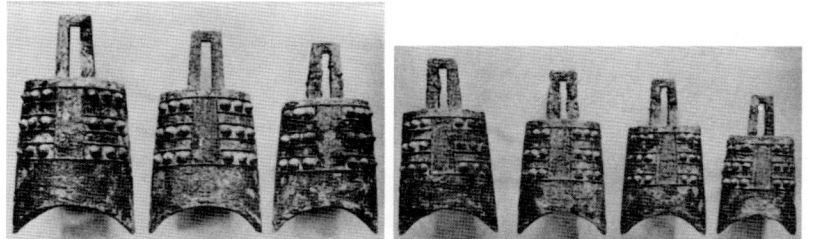

春秋ⅡA

戰國ⅠA

春秋ⅡB

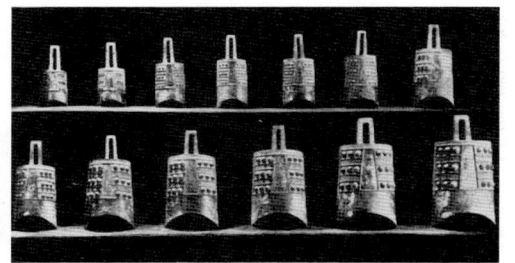

戰國ⅠB

春秋ⅢA

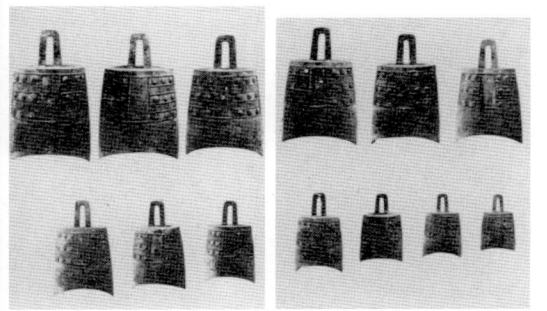

戰國ⅡA

春秋ⅢB

秦

鏄　　　　　　　　　　　⇩　　　　　　　　　　一型鉦（器身長）

春秋ⅡA

戰國ⅠA

春秋ⅡB

戰國ⅠB

春秋Ⅱ

春秋ⅢA

春秋Ⅲ

春秋ⅢB

⇩　　　　　　　　　　　　　　　　　　　　　　⇩

二型鉦（器身長，有乳釘）　　　　　三型鉦（器身短）

⇩　　　　　　　　⇩　　　　　　　　　⇩

春秋ⅡA

戰國ⅠB

春秋Ⅱ～Ⅲ

戰國ⅠB

戰國ⅠB

戰國ⅡA　　　戰國ⅡA

春秋ⅢA　　　戰國ⅡA

戰國Ⅱ～Ⅲ

春秋Ⅲ～戰國Ⅰ

秦

⇩　　　　　　　　　　　　　　⇩

鐔于

春秋ⅡA

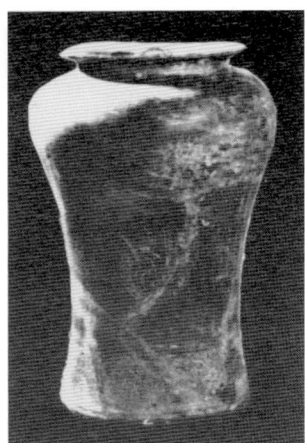

戰國Ⅰ

一型鑑（長方形，淺腹）

戰國ⅠB

戰國ⅡA

春秋ⅡB

春秋ⅢA

戰國Ⅱ

戰國Ⅱ～Ⅲ

戰國ⅡB～Ⅲ

二型鑪（長方形，深腹）　　　　　　　　　　三型鑪（圓形，短足）

戰國ⅠA

戰國ⅠB

戰國ⅡA

春秋ⅢA

戰國ⅡB〜Ⅲ

戰國ⅡB〜Ⅲ

四型鑪（圓形，長足）　　　　一型鐙（豆形）

戰國ⅠA

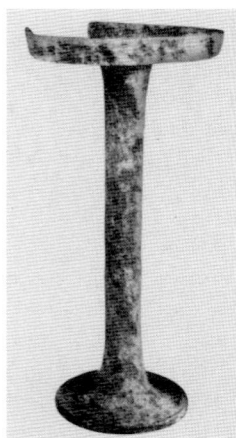

戰國ⅠA

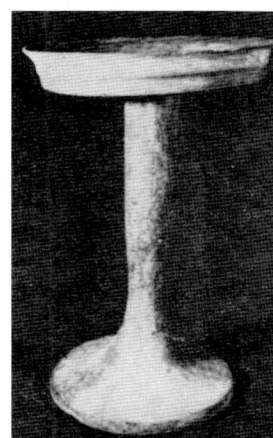

戰國Ⅲ

春秋ⅢA

戰國Ⅲ

戰國ⅡB

二型鐙（人形承托鐙盤）

戰國ⅡA

戰國ⅡB

第二編
春秋中期～戰國時代青銅器的紋飾

商、西周時代青銅器的紋飾，有些紋飾——如饕餮、鳳凰等——被使用在器物的主要部分，并且雕得很大，特別顯眼，會引起學者們濃厚的研究興趣。與此相比，春秋戰國時代青銅器紋飾的圖像主題則大多從屬於器物。因此，如果有人討論商周青銅器的紋飾，一般主要討論商、西周時代的紋飾，對春秋戰國時代的紋飾只是順便討論而已[1]。但只要搜集資料，并對它們按照時代順序進行整理，就能夠清晰地看出各種紋飾的盛衰和時代演變，知道紋飾的盛衰和時代演變甚有規律。無需贅言，這就意味着我們能夠知道各種紋飾的盛衰和時代演變與器形的時代演變有密切的關係。因此，儘管春秋戰國時代青銅器紋飾的首要角色是器物裝飾，大多不適合視作鬼神圖像的研究對象，但如果通過器形的觀察不容易確定該器物所屬的時代，紋飾可以給我們提供有力的線索。

　　繼《殷周時代青銅器紋飾之研究》之後，下面對春秋中期到戰國時代青銅器的紋飾進行分類，列舉資料，并加以説明。我們的分類以紋飾的表現對象爲標準。關於這一點，需要做一些補充説明。

　　商、西周時代青銅器的紋飾主要是用鑄造法製作的——事先刻在鑄模上，爲每一件器物做紋飾。到了春秋戰國時代，除了這個方法以外，出現了新的技術，例如使用母模重複製作完全相同的花紋；鑲嵌金銀、綠松石和孔雀石、純銅；鏨刻；通過失蠟法和“漏鉛法”製作很複雜的立體附加裝飾等[2]。有些紋飾大都使用一種特定的方法製作。因此，如果把紋飾的種類和製作技術結合起來進行分類，其結果往往符合實際。雖然如此，同一種紋飾使用不同技術製作的情況也不少。因此，對紋飾進行分類時，如果把紋飾技術也一起考慮進去，分類會變得很複雜，讓人難以掌握各種紋飾的主題。筆者考慮到以上情況，決定不把製作技術作爲分類標準，而只根據紋飾的表現對象進行分類，如身體異化龍、對向尖葉形内羽紋等。這樣分類，我們應該容易知道每個時期使用的紋飾的種類，以及爲製作這些紋飾使用的各種技術。

　　至於本編論述的順序，采用《綜覽》第二卷的順序。每一類紋飾中，如果商、西周時代出現的紋飾在春秋、戰國時代繼續出現，則先介紹這些紋飾；然後介紹春秋、戰國時代新出現的紋飾。

---

[1] 高明1981（下）正面討論春秋戰國時代青銅器的紋飾，這種嘗試非常少見。但這篇論文使用的資料有限，時期的區分也比較粗，并沒有看上去那麼好用。

[2] 因爲本書不討論青銅器的製造技術，對春秋戰國時代出現的各種紋飾技術不加以説明。以下論文給對這個問題感興趣的讀者提供很好的參考：

　　　Gettens 1969, pp. 204 ～ 208.

　　　史樹青1973。

　　　華覺明1985。

　　　賈雲福、胡才彬、華覺明1985。

　　　李志偉1986。

第一章 饕餮紋

　　如《綜覽》第二卷所述[1]，饕餮指這樣一種圖像：它是器表最顯眼的地方裝飾的很大的正面臉；頭上戴大角、鳥類羽冠、大眉等，其種類多樣；眼睛非常引人注目，鼻子像動物的，嘴巴的表現方法像魚乾被劈成兩半；頭部兩側有身軀，但有時候省略；饕餮和其他種類的臉有一個區別，即饕餮在鼻梁或前額處有上端呈倒梯形的篦形或倒 U 形裝飾。這種饕餮在商代晚期最富於變化，非常盛行，但到了西周種類減少，西周中期則消失。本卷討論的時代，雖然能看到一些例子，但這些例子應該不是從更早的時代延續下來的傳統，而是那個時代模仿更早時代的遺物製作的東西。

　　圖版 1-1 是沂水劉家店子 1 號墓出土鼎的器腹上所飾的例子，時代屬於春秋 ⅡA。圖版 1-2 是賽克勒收藏品中與此相類的例子。它們頭上戴的不是角，而是羽毛形，或許是被當作几字形羽冠加上去的。頭部兩側有不定形羽毛，上面有類似按鈕的突起，這個部分當是由商、西周時期見於饕餮旁邊的小龍變化而來的。饕餮和兩側的圖像附帶細綫，這個手法令人聯想到商晚期的附帶細羽紋分散饕餮，如《綜覽》第二卷，圖版 2-456。圖版 1-1、2 可能是這種分散饕餮的翻版。這類饕餮，除了以上兩例，目前找不到類似的例子。這可能是某個特定時期在某個特定國家製作的仿古紋飾。

　　圖版 1-3 的鐘（器影圖版鐘 54），從鈕和器體的形狀看，時代應該屬於春秋 ⅢB。該鐘有"天尹作元弄"銘紋，其字體和使用"弄"一詞這一點與器影圖版鳥獸形尊 2 的鳥尊相同，這個情況與我們根據器形所作的斷代相符。此器裝飾兩個饕餮，一個在鼓處，另一個在鼓上面的整個部分。下面的饕餮是羽毛貼在角外側的羊角饕餮[2]，這是西周早期特有的一種饕餮。額頭上的篦形裝飾、目、耳、外卷的下顎、帶爪的肢體等，模仿得相當好，說明當時對早期饕餮紋的結構和各個身體部位有相當正確的認識。但我們也能找出一些沒有很成功地模仿西周早期饕餮的部分，例如加在軀幹上的附帶陰綫羽毛太粗，足後的羽毛太大，很不均衡；角後面有游離的羽毛等。再看上面的饕餮，第二行的枚和第三行的枚之間有眼睛和身體，眼睛下的枚外側有下顎；第一行的枚和第二行的枚間居中的地方有小龍，當時應該把它看作變成小龍形的角。圖版 1-4 也是和 1-3 相似的鐘的紋飾，這個饕餮與 1-3 上部的饕餮極爲相近。

　　在此介紹的饕餮紋都是仿古作品。毋庸贅言，這種饕餮紋使用的時代，鈕鐘是根本不存在的。當時的人把古老的紋飾以新的方式用在新式器物上，我們在這一點上能看到他們的創意。

　　綜上所述，這個時代的饕餮確實保留商、西周時期饕餮的面貌，但這無疑是饕餮的傳統斷絕了很長時間之後的仿製復古作品。因此，當時的人是否知道饕餮是古代上帝的圖像，我們不得不認爲很可疑。

---

[1]《綜覽》第二卷，第 19 頁*。
[2] 例如《綜覽》第二卷，圖版 2-196。

---

* 譯按：中文版第 19 頁。

第二章　犧首、獸鐶

　　如《綜覽》第二卷所述[1]，犧首指的是商周青銅器紋飾帶的正中間、把手上等很顯眼的位置裝飾的半圓雕或圓雕的鬼神頭部。有些犧首的特徵與饕餮很相似，但額頭上沒有裝飾，可據以區別。商、西周時代的犧首，雖然例子不多，但有些犧首具有頭部後面的身體。本卷討論的時代也有這種犧首，它們被用於器耳、鑄鈕等，用例很多。此外，觀察帶環耳的器物，從這個時期開始，環耳裝飾的犧首以半圓雕的形式貼在器表上。這種犧首通稱獸鐶。獸鐶和犧首是同類鬼神，因此在本章一起討論。

　　關於犧首的性質，我們在《綜覽》第二卷指出[2]，犧首與方國的"物"不同，以圓雕的形式裝飾在青銅器紋飾帶的正中處等很顯眼的地方，而且左右帶着"物"，其待遇比"物"高；然而，犧首額部沒有饕餮＝上帝標志的箆形裝飾，因此犧首的等級比饕餮低一等，可見犧首是地上存在的神。關於這類神的級別，筆者後來又撰寫了一篇題爲《獸鐶、鋪首の若干をめぐって（關於獸鐶、鋪首的一些問題）》的論文[3]，論證了如下幾點：有些犧首可以知道是六朝時期所謂畏獸的前身，畏獸是地位比最高神低一等的自然神，住在超出地上的世界。也就是説，畏獸是代表雷、電光、山嶽等自然現象或大自然的神。這證實了筆者之前對犧首的看法。關於這一點，在介紹各種犧首、獸鐶時加以説明。

　　關於犧首、獸鐶的分類，我們在討論商代到春秋Ⅰ的犧首時根據角形進行了分類，在此也采用這個標準。

【1】羊角犧首、獸鐶

　　圖版2-1～9是羊角犧首、獸鐶的例子。頭部圓圓的，像是貓科動物的頭，頭上有很大的羊角，角圍繞着耳朵。翹起來的鼻子有時伸長（圖版2-1），有時向上內卷（圖版2-2）。額頭上有類似於撲克牌黑桃形的裝飾。沒有這個裝飾的圖版2-6、8也暫且放在此處。

　　羊角犧首在商到西周晚期有不少例子，春秋Ⅰ也有一些例子（《綜覽》第二卷，圖版3-1～33）。其中春秋Ⅰ的例子具有像老虎一樣的身體，身上有く形鱗紋，頭部向後。雖然時代相隔較遠，但春秋ⅢB禺邗王壺（圖版2-1）的犧首尾上有D形鱗紋，這應該來自春秋Ⅰ的傳統。這類獸鐶大約一直到東漢早期都有例子[4]。

【2】羊角犧首、獸鐶——附帶錢苔狀部分

　　有一類犧首具有與第【1】類相同的羊角，但頭上還有寬繩狀身體，身上分歧出一些彎曲的小枝

---

[1]《綜覽》第二卷，第91頁＊。
[2]《綜覽》第二卷，第65頁†。
[3] 林1985a。
[4] 林1985a，圖151～153。

＊ 譯按：中文版第90頁。
† 譯按：中文版第69頁。

（圖版2-10～12），圖版2-10可以清楚地確認這一點。筆者曾經把這種寬繩狀身體稱爲錢苔狀部分[5]*。如圖版所示，這類裝飾用在鑑耳、鼎足頂端等，其用途也與第【1】類不同。這表明當時的人把兩者看作兩種不同的鬼神。這一類目前沒有晚於戰國時期的例子。

【3】附帶錢苔狀部分的犧首、獸鐶

這是從第【2】類去掉羊角的一類（圖版2-13～16）。這一類的錢苔狀部分有小枝狀或葉狀分枝，如果把這些分枝都去掉，剩下的部分即成爲圖版2-17～20頭上的形狀。雖然"錢苔狀"這個形容對此不合適，但我們認爲這個形狀也可看作圖版2-13～16一類中的一種，因此把它歸於第【3】類。這一類目前沒有晚於戰國時期的例子，情況與第【2】類相同。

【4】大耳犧首、獸鐶

商、西周時代，有一類饕餮、犧首在頭上戴着兩端鈍圓的側倒C形的東西[6]，我們稱之爲大耳饕餮等。這一類在春秋II重新出現，延續到春秋III（圖版2-21～26）。我們無法確定商、西周時代大耳饕餮等的傳統是否一直延續到春秋時代。春秋時代的例子不多，似乎沒有延續很長時間。從這一點看，這類犧首、獸鐶是只有某個地區使用的復古裝飾的可能性也完全不能排除。有些大耳加鱗紋（圖版2-22、23），有些大耳加羽毛（圖版2-21、24），這是商、西周時期未曾見過的形式。

此外還有像圖版2-27這樣的一類，相當於大耳的部分外端變細。時代屬於戰國IIB，與上引的幾例相隔較遠。不知此例是否屬於這一類，但圖版2-26的大耳也有類似的特徵，因此我們把它也歸於第【4】類中。

【5】虎首犧首、獸鐶

商、西周時代有一種犧首，頭上有倒心形的大耳，當是以虎頭爲原形做的[7]。這類犧首亦見於春秋II～戰國I（圖版2-28～38）。商、西周時代的有些虎首犧首有身體，春秋時代也能見到這種例子（圖版2-28、29、31、34、37）。身體、尾巴上加鱗紋，也是西周時代能見到的。圖版2-33中央處有這類鬼神的圖像，下顎被分成兩半，分別在臉下部的左右，其表現方法類似饕餮紋。從頭上伸出帶鱗紋、像蛇一樣蜿蜒的身體，離頭部很近的地方有前肢，尾部附近有後肢。這個圖像似是蛇或龍，但把它和圖版2-28、34這種例子合觀，可知它也可以歸於虎首犧首的一類。這個鬼神的兩側有頭在下、大嘴的鳥，它應該是鳳凰。鳳凰伴隨饕餮左右的圖像在商、西周時代有不少例子。總而言之，這個圖像可以理解如下：這個虎首犧首是級別很高的神，其圖像采用饕餮＝天帝的傳統表現形式。

圖版2-32、35、36是匜的流口成爲虎首犧首的例子，這種例子也見於商代的匜[8]，可見這也是傳統的裝飾方式。

---

[5]　林1985a：47。
[6]　《綜覽》第二卷，圖版2-286～334、3-62～71。
[7]　《綜覽》第二卷，圖版3-72～80。
[8]　例如《綜覽》第一卷，圖版册，匜4～6。

---

*　譯按：錢苔，拉丁名Marchantia polymorpha。這是日本非常常見的苔蘚，不斷分枝，大量繁殖。因爲林先生所謂"寬繩狀身體"也有分枝，所以林先生把它比喻成錢苔。

【6】牛角犧首、獸鐶

　　筆者在《綜覽》第二卷的牛角犧首處説明[9]，準確地説，所謂牛角的牛是羚牛（*Budorcas taxicolor* Hodgson）。頭戴這種角的犧首從商代到春秋Ⅰ一直存在。西周Ⅲ，角的彎曲處外側呈刺狀突起，圖版2-39～47的大多數屬於這個系統。這些圖像都只有正視的頭部，畫在尖葉形中。我們把這一類稱爲（1）類。圖版2-48雖然圖案化，但也屬於這一類。

　　商、西周時代的牛角，在（1）類形出現之前，彎曲處很圓，不呈棱角。春秋ⅡB，戴有這種角的犧首重新出現。例如圖版2-54，幾條龍交纏，最上面露出這種牛角犧首的頭。這類犧首中爲數最多的是，正面形的頭部上面有身體，身體分成兩叉的那種。我們把這一類稱爲（2）類。這是所謂李峪式的圖案，如圖版2-49～53。圖版2-52、53，頭部上方有翅膀，翅膀附帶許多長羽毛，這一點與前三例有所區別。至於頭部，如果知道答案，能看得出這確實是牛科的頭。圖版2-54的犧首有前肢和後肢，肩部有一根長羽毛。如果這根羽毛可以理解爲翅膀，這是圖版2-52、53這類犧首的側視形。圖版2-55～57是角形相同的獸鐶。

　　圖版2-58～62是獸鐶，角形比（2）類犧首扁平，我們稱之爲（3）類。這也可以看作牛角的另一種表現法。圖版2-62角根很粗，與其他的牛角有所不同，這種角形在戰國ⅡA多見。圖版2-61頭觸地，好像在吃草似的，這種例子很少見。我們曾指出這類獸鐶延續到東漢時期[10]。

　　圖版2-63～72又是另一類。角從額頭往外伸，然後往上彎曲或往上內卷，這確實可以看作羚牛角的特徵，但表現形式與（1）、（2）類不同，我們把它稱爲（4）類。圖版2-64、65是春秋ⅡB～ⅢA鍘的把手上所飾的例子，圖版2-68～71是戰國壺的獸鐶，這類犧首和獸鐶例子很多，特徵非常顯著，能構成一群。這類犧首和獸鐶的傳統連綿延續，繼續見於漢代、六朝時期、唐代的鋪首和獸鐶上，這一問題筆者曾引用許多例子論證過[11]。筆者還指出，這個鬼神在西周時代叫蠃，公輸般在鋪首上裝飾的水神"蠡"可能是這類鬼神。請讀者參看那篇論文，在此不重複。另外，圖版2-72雖然臉部的形狀不清楚，但筆者根據角形把它歸於此類。

　　頭上戴羚牛角形角的鬼神還有圖版2-73～78的一類，我們稱之爲（5）類。這類和（4）類不同的是，角自頭部向外伸展，朝上彎曲後，再往外彎曲。從某個角度看，羚牛角確實這樣彎曲，如《綜覽》第二卷，圖版3-81左；壽振黃等1962，圖版二九上等。因此我們把這一類也歸於牛角犧首。這類犧首雖然例子不多，但從春秋Ⅱ到戰國時代一直能看到。

【7】几字形羽冠犧首、獸鐶

　　商、西周時代有一類鳳凰，把彎曲成側倒S形的繩狀物戴在頭上，其形狀略有點像"几"字，但又不完全一樣，筆者把它形容爲几字形；這個東西以金鷄的羽冠爲原形，因此筆者稱爲羽冠。這是所謂的几字形羽冠[12]。商、西周時代，戴這種羽冠的饕餮和龍很多，但犧首很少[13]。把形狀相類的東西戴在

〔9〕《綜覽》第二卷，第95頁*。

〔10〕林1985a：25～30。

〔11〕林1985a：2～25。

〔12〕《綜覽》第二卷，第87～89、134～135頁†。

〔13〕《綜覽》第二卷，第95頁‡。

頭上的鬼神在春秋Ⅲ～戰國Ⅰ出現。其中有一類鬼神是具有身體的，頸部、軀幹、尾巴蜿蜒，以圓雕的形式作爲鐘、鎛的鈕（圖版2-79～82）。相當於羽冠的部分經常加鱗紋，可見當時并不被看作羽毛，而是被看作角。棲息於中國的動物中，角彎曲成這種形狀的動物是不存在的，因此我們只能認爲這種角來自商、西周時代的几字形羽冠[14]。鼻子有時往前伸（圖版2-81），有時内卷（圖版2-80），這一點與羊角犧首（圖版2-1、2）相同。這類犧首經常垂下很長的舌。

几字形羽冠犧首另外還有一類，形狀和結構與饕餮相似，頭部的形狀是正面形，頭部兩側有下顎。這種例子在春秋Ⅲ B多見（圖版2-83～86）。這種圖像往往把類似龍身的寬繩狀物含在嘴裏，其形狀各種各樣，有時是帶有翅膀和大嘴的鬼神（圖版2-83上），有時是只有前肢的軀幹——圖版2-83上被含在嘴裏的有翼鬼神與它交纏——（圖版2-83下），有時既沒有頭也沒有四肢，只有龍身（圖版2-85、86）等。圖版2-84嘴裏什麼也沒有，頭部兩側有彎曲的身體和前後肢。通過這種例子可以知道，這類圖像和類似圖版2-75這種圓雕，是同一種鬼神，如果把後者像魚乾一樣劈成兩半，畫在平面上，就成爲前者。這類圖像集中出現在春秋Ⅲ B[15]，但有些例子晚到戰國Ⅱ B，如圖版2-87。

【8】水牛角犧首

雖說是水牛，此水牛不是現在分布於中國南方的水牛*Bubalus arni*，而是角更粗短的*Bubalus mephistopheles* Hopwood，中文名聖水牛，骨頭在安陽殷墟曾被發現[16]。商代到西周Ⅲ有水牛角犧首的例子，而春秋Ⅱ～戰國Ⅰ雖然不是很多，但以獸鐶的形式繼續使用（圖版2-88～91）。西周Ⅱ～Ⅲ的有些水牛角犧首好像被剪掉角的前端似的[17]，圖版2-89、90的角端像是被剪掉，應該來自這個傳統。

【9】菌形角犧首

這類犧首例子很少。圖版2-92是匜鍪上裝飾的例子，這是在春秋Ⅱ A特定地域型器上留存下來的例子之一。這個犧首整體很細長，是商、西周時代沒有的型式。圖版2-93是侯馬出土的陶範。陶範上部的中心有雙身的龍，頭上戴較短的菌形角。菌形角在西周時期變短，頂部變粗大。從這個演變規律看，圖版2-93的角是大約西周早期的形狀。這可能是根據早期的遺物仿造的東西。

【10】漩渦眉犧首

商到西周Ⅱ有一種鬼神，身體是蛇身，眉毛在額頭上内卷成漩渦狀；西周Ⅱ還出現過這種眉毛的獸頭犧首[18]。春秋Ⅱ B有一頭雙身的例子，如圖版2-94，這顯然是根據同型式的壺——如西周Ⅲ的頌壺——仿造的。春秋Ⅱ B還有像圖版2-95這種例子，這是以當時流行的風格把一頭雙身的漩渦眉鬼神表現出來的東西。春秋Ⅲ A，構圖相同的紋飾繼續使用（圖版2-96）。其後，這類紋飾在戰國時代的璧上能看到不少例子，如圖版2-97。漢代的璧也承襲了這個紋飾。屬於同一個系統的獸鐶和鋪首可以延續到東漢時代，這些筆者曾經指出過[19]。我們把這一類稱爲（1）類。

〔14〕　過去筆者把這種角看作牛角（林1985a，圖13、15）是不正確的，需要訂正。
〔15〕　這類圖像的戰國Ⅰ B的例子見於長治分水嶺25號墓出土鑑（《考古》1964-3，第123頁，圖一二，7），但由於拓本很小，圖像看不清楚，因此我們沒有引用。
〔16〕　《綜覽》第二卷，第96頁*。
〔17〕　《綜覽》第二卷，圖版3-124、125。
〔18〕　《綜覽》第二卷，圖版3-174～188。
〔19〕　林1985a：31～32。

*　譯按：中文版第95頁。

　　以上引用的一頭雙身的圖像，從裝飾的位置看，無疑具有犧首的性格。但圖版5-35中出現類似於圖版2-94的、鼻子上翹、具有漩渦眉狀突起的雙身鬼神。它做得很小，而且被做成羊角鳳凰捉住的惡鬼神。從型式看，這是戰國早期的器。這個鬼神是與上引的漩渦眉鬼神同類的鬼神，其性格隨着時代推移發生了變化，墮落成惡神，還是看起來相似的另外一種鬼神？目前無法確知這一點[20]。

　　圖版2-98 ～ 103是頭部作獸類的頭，眉毛有點起伏，然後内卷的一類。有些例子具有四腳獸的身體，如圖版2-99、102。這些例子是否都屬於同一類，目前無法確定，但因爲例子很少，我們把這幾例都放在一處，稱爲（2）類。

　　圖版2-104 ～ 113是眉毛前端的内卷部分呈葉狀形的一類，其中有些例子具有四腳獸的身體，如圖版2-102、105*，我們把這一類稱爲（3）類。筆者曾指出，這種眉毛的鬼神之後裔在漢代也能看到[21]。圖版2-114是眉上還有葉狀小枝的例子，我們把這類圖像也歸在此處[22]。這類鬼神像也作爲獸鐶和鋪首的極爲常見的型式被使用到東漢時代，這一點也以前講過[23]。

　　圖版2-115 ～ 119是春秋ⅡB的鐘鼓上裝飾的紋飾，圖像很大，方向上下顛倒，我們稱之爲（4）類。眉毛前端呈尖葉形這一點與（3）類相同，但眉間或額頭有時附加蛇形鬼神（圖版2-115 ～ 117），有時附加與眉毛平行的羽毛（圖版2-118、119），這是（4）類的特徵。如果仔細看圖版2-115 ～ 117加在額頭的蛇形鬼神，會發現它的眉毛與大臉相同，是前端呈尖葉形的漩渦眉。以前筆者在討論獸鐶和鋪首時，引用過西周春秋時代的饕餮或犧首額頭上加小型犧首的例子，認爲這種小型犧首是高級鬼神攜帶的低級鬼神，高級鬼神攜帶這些小神以輔助自己的任務[24]。說到

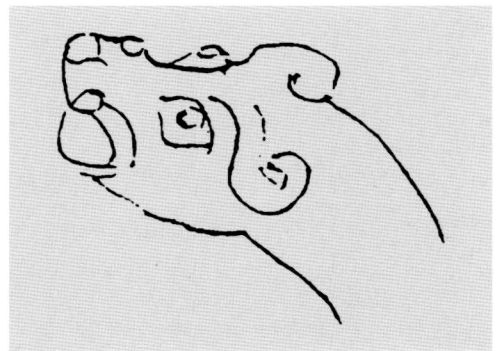

圖45　圖46的鬼神踩踏的蛇形鬼神，新鄭城關鎮李家樓，臺北歷史博物館

漩渦眉蛇，令人聯想到新鄭出土的鬼神像（圖版2-159），它像人一樣站立，腳下踩踏的蛇正是漩渦眉蛇（圖45）。此例中，這條蛇當然是要壓制的惡神。那麼（4）類或許可以理解爲蛇形惡神的頭領，因爲被人看好其能力，而裝飾在鐘上。它應該是當時很有名的鬼神，但現在連名字都不得而知。

　　圖版2-120是鈁肩上裝飾的例子，器形是戰國時代的型式。這個獸鐶是根據春秋ⅡB器仿造的復古作品。

　　（3）類和（4）類的眉毛是前端内卷的部分呈尖葉形的那種，而圖版2-121 ～ 124是眉毛上附加另外一個尖葉形的例子。我們把這一類也看作漩渦眉犧首的一種，稱爲（5）類。圖版2-121、122，眉毛後面接葉狀形物，具有四腳獸的身體。圖版2-123，橫長的葉狀形物緊貼在フ形眉上。圖版2-124的形狀和時代都與圖版2-123接近，應該是同類。

【11】角貝角犧首

　　角形類似於角貝的犧首在商晚期、西周早期有一些例子，從西周中期開始多見[25]。西周中、晚期的

---

[20] 附帶指出，具有類似的頭、身上有貌似短羽毛的東西的鬼神亦見於大約戰國Ⅲ的玉器（林1971，圖三，7［梅原1955，圖版八四，左上］）。

[21] 林1985a：33 ～ 35。

[22] 此外，第三章《龍》圖版3-299也是（3）類鬼神的例子，但這條龍被當作等級很低的龍，因此筆者把它放到龍的部分進行分類。

[23] 林1985a：36 ～ 41。

[24] 林1985a：17 ～ 20。

[25]《綜覽》第二卷，第100頁†。

---

* 譯按：圖版2-102是（2）類，此編號當有誤。圖版册所收的（3）類紋飾中，圖版2-105和106具有四腳獸的身體。

† 譯按：中文版第100頁。

這類犧首有一個特徵，鼻子的形狀像是被打開的花卷，圖版2-125～130也保留這個傳統。圖版2-128具有四腳獸的身體。

【12】尖葉角犧首、獸鐶

商到西周Ⅰ的饕餮和商到西周Ⅱ的犧首中，有一類鬼神在頭上戴前端尖銳的短葉狀物，筆者曾指出這個形狀來自鴟鴞的毛角[26]。商、西周的尖葉角都向外。圖版2-131～135是春秋ⅢA～戰國ⅠB的例子，尖葉角的方向與商、西周的例子相反，稍微向內。由於目前沒有介於兩者之間的資料，我們無法確定兩者是否屬於同一個系統。我們認爲大約春秋ⅢA在模仿西周時期的青銅器紋飾時，形狀偏離了原形。按照這個理解，在此把兩者都稱爲同一個名字。圖版2-132、134是具有四腳獸身體的例子。像圖版2-135這種例子在戰國ⅠB很多。

【13】附帶小枝的牛角犧首

西周時代有一類犧首，角的主體部分與圖版2-50、51等牛角犧首（2）類相同，但角的上部外側分出小枝[27]。它的後裔在春秋時代留存下來。圖版2-137是很好地保留西周Ⅲ～春秋Ⅰ形狀的例子，仿得這麼好的例子屬於少數。恐怕當時工人把西周Ⅲ～春秋Ⅰ的器放在自己的眼前，據此製作了這件器。圖版2-136小枝過於發達，導致整體大小不均衡。圖版2-138、139是大致在春秋ⅡB多見的紋飾，相當於牛角根部的部分變成綫條，整體呈波浪彎曲的繩子狀，此外再加上小枝。另外，時代屬於春秋ⅢA的淅川下寺1號墓出土壺，足下裝飾四腳獸身體的鬼神（器影圖版壺37），其角似乎也是這種形狀，但由於沒能找到角度好的照片，在紋飾圖版中沒有引用。

【14】外卷二歧角犧首、獸鐶

西周Ⅲ到春秋Ⅰ，有一類犧首與圖版2-140、141相似，角（？）向上并朝外伸展，前端分成兩叉。這類犧首在春秋Ⅱ以後繼續出現（圖版2-140～148）。我們把這一類稱爲（1）類，把它和下文所述的羽紋化的一類加以區別。圖版2-141，鬼神身上有八字形條紋。時代同樣屬於春秋ⅡA的光山寶相寺出土壺，器耳裝飾形狀相同的鬼神，軀幹上施加〈形條紋，但由於圖版不太清晰，在此沒有引用[28]。這些身體應該是虎身。圖版2-142、143也是春秋ⅡA的例子，向外伸展的角的中間部分分出向上的小枝。這個現象在牛角犧首（5）類也出現過（圖版2-73、75）。圖版2-144，上面一個分叉成爲角的主體，這也可以看作外卷二歧角的一種。圖版2-145，角前端上部的一個分叉後再分出小枝。圖版2-146，角的根部有向下的龍頭，整體變成了龍。圖版2-147，雖然分出小枝、結構很複雜，但角根處仍能看出龍頭。圖版2-148是春秋Ⅲ的例子，保留了早期的很單純的形狀。

圖版2-149～157稱爲（2）類，是因爲我們把這類犧首頭上戴的東西看作羽紋化的外卷二歧角。春秋ⅢA的圖版2-149確實與圖版2-147可以相對照。我們之所以把它命名爲"外卷二歧"，是因爲角前端的上一個分叉上翹，下一個分叉內卷；我們在圖版2-149中可以分辨出上翹的部分和內卷的部分。圖版2-146，羽毛從臉部左右兩側伸出，然後向上；圖版2-149，在臉部側面大約中間位置能看出與此相應的部分。

---

〔26〕《綜覽》第二卷，第101頁*。
〔27〕《綜覽》第二卷，圖版3-287～292。
〔28〕《考古》1984-4，第323頁，圖二四，4。

---

* 譯按：中文版第100頁。

　　圖版2-150是春秋ⅢB的例子。頭上中央處有裝飾，這個裝飾相當於圖版2-156～158中的類似於黑桃形的裝飾，它是用羽毛表現出來的。因爲有這個裝飾，面部上邊綫的中間沒有像圖版2-149那樣凹進去。然而看這個圖像的上部外伸的角，能夠看出上翹的羽毛和下內卷的羽毛，它們分別與圖版2-149上翹的部分和內卷的部分相對應。圖版2-150左側比較容易看出這一點。圖版2-151也是結構相同的例子。圖版2-150中，上部外伸角的羽毛呈刀狀；圖版2-151中，與此相應的部分則使用兩片這類刀狀羽毛，這兩片羽毛腹部相對。如此理解，就能明白兩者的對應關係。

　　圖版2-152～154是戰國ⅠA的例子。圖版2-152頭部中央處沒有黑桃形，但如果把它和圖版2-151相比較，就能看出兩者的對應關係。圖版2-151，羽毛的輪廓綫是直直的；如果讓這些綫條稍微彎曲，就成爲圖版2-152。圖版2-153、154的結構與圖版2-152相同，只是圖中使用的羽毛形狀有所不同。

　　圖版2-155，只要看上部外伸的角，就能知道是結構相同的圖像，但上翹的羽毛變大，下內卷的羽毛縮小。這個縮小的羽毛下面的東西，是這個鬼神前肢的爪子。

　　圖版2-156、157是戰國ⅠB鈁上常見的紋飾，結構與圖版2-151相同。圖版2-158是戰國ⅡA的例子，圖像是完全相同的，但結構比圖版2-156、157更好懂。

　　如果以上所述不誤，外卷二歧角隨着時代推移發生了很大的變化，變成了很不一樣的東西。

【15】無角犧首

　　有一類犧首，頭上沒有角、羽角之類的東西。其中有眉間布滿鱗片的一類，我們稱之爲（1）類。圖版2-159是很早就廣爲人知的新鄭出土文物，時代屬於春秋ⅡB。一般認爲這是器座。這個鬼神有很大的頭，像人一樣站立，腳下踩踏着蛇，嘴裏含着承托器物的棒狀物，具有猛禽類爪子的前肢握住這個棒狀物；後頭有兩根棒狀物，接近頭部的部分有狀若繩子的東西纏繞，不像是角；眉間有細小鱗片（圖46）。圖版2-160也是春秋ⅡB的例子，盞足上部只裝飾鬼神頭，眉間有一個D形大鱗，眼睛上面圍繞着這個東西，呈眉毛狀。圖版2-161是時代屬於春秋ⅢA的例子，足上部裝飾這個鬼神。圖版2-162是戰國ⅠA的例子。鱗片的方向與圖版2-159相反，但鼻梁上有同樣的細小鱗片。

圖46　圖版2-159的素描，新鄭城關鎮李家樓，臺北歷史博物館

　　（2）類和（1）類的區別是，（1）類中布滿鱗片的地方施加很細的く形條紋（圖版2-163、164）。這個條紋看起來像是皺紋，因此筆者把這類稱爲眉間有皺紋的一類。但考慮到老虎的圖像，身上有時施加く形條紋，有時施加D形鱗紋。參考這個例子，（2）類的く形條紋很有可能不是皺紋，而仍舊是鱗片。

　　圖版2-163是圓扣形中上下布置一對（2）類圖像，上面一個比較清楚，雙目之間的上方有く形皺紋。圖版2-165、166是信陽長臺關1號墓和2號墓出土的所謂鎮墓獸，用油彩顏料塗色。這兩座墓相鄰，從出土文物看也可以知道兩者的埋葬年代相近，時代大約是戰國ⅡA。根據圖版2-165左、圖版2-166左的照片，這兩個鎮墓獸的眉間都施加同樣的皺紋。圖版2-165全身布滿細小的鱗片，圖版2-166則施加粗大的羽紋，這一點兩者不同，但兩者都是大眼睛，跪坐，用前肢（根據圖版2-165；圖版2-166殘損）抓住一條蛇咬它，垂下很大的舌頭，頭上戴大鹿角。薩爾蒙尼（Salmony）認爲鹿角給予墓葬的守護神以力量。筆者同意這個看法，幷引用信陽長臺關2號墓出土的木製器座上插鹿角的器（圖47）及其他地方出土的類似例子，認爲鹿角單獨能夠發揮威力，圖版2-165、166頭上戴鹿角簡直是

如虎添翼[29]。我在"無角"類犧首處引用這些鎮墓獸是因爲這個理由。附帶講，筆者曾經認爲這些鎮墓獸是《山海經·大荒北經》"銜蛇操蛇，其狀虎首人身"的彊良[30]，但鎮墓獸具有像紅盆一樣的巨大眼睛，根本不像是老虎，而且前肢是動物的那種，身上還有鱗片或羽毛，也不能説是人身，這些特徵都與彊良不符。

此外，圖版2-165、166垂下很長的舌頭。這樣垂下舌頭是威嚇對方的表情，這一點筆者曾論證過[31]。

圖版2-167 ～ 170是鼻梁上沒有什麼特徵的一類，我們稱之爲（3）類。圖版2-168臉下中央處有八字形的東西，這是獠牙，獠牙外側的是下顎。

【16】原形不明羽紋化犧首

有些羽紋化的犧首可以知道是從什麼東西羽紋化而成的，如第【14】類之（2）類。但不知道由什麼東西羽紋化的犧首也有不少，我們搜集了這種犧首，并放在此處（圖版2-171 ～ 175）。時代涉及春秋ⅡA到戰國時代。

圖47　木座上插鹿角的文物，信陽長臺關2號墓

【17】小龍呈角形在頭上的犧首

上面介紹的犧首中有一類，角的根部成爲龍頭，整體呈龍形。在此搜集的是無法確定什麼東西變成了龍的例子，即圖版2-176 ～ 181。

【18】小犧首在頭上的犧首

圖版2-182、183中，小型犧首在大犧首頭上。這種紋飾還有類似的例子：西周Ⅰ、Ⅱ彝器中，有些饕餮額頭上戴犧首；春秋Ⅰ，有些犧首額頭上戴小犧首。筆者曾經引用這些例子，并對西周的例子做過如下解釋：高級鬼神的饕餮＝上帝攜帶低級鬼神的犧首＝下帝出現在彝器上，讓這些犧首輔助自己完成任務[32]。筆者還指出，漢代也有這種構圖的圖像，六朝時期的鋪首上以略微不同的形式繼續出現[33]。

【19】鳥喙犧首

商、西周時代，鳳凰等鳥形鬼神有時候以犧首的形式裝飾在彝器上，本卷討論的時代偶爾也有這種例子。因爲爲數不多，在此不加以分類，把各種例子放在一起。

圖版2-184有耳，令人聯想到鴟鴞，鴟鴞在商代器上出現過。圖版2-187、188，頭部是具有巨大嘴巴的鳥頭，身體是扭曲的四腳獸身體。

---

[29]　林1971：24 ～ 25。
[30]　林1971：24 ～ 25。
[31]　林1971：36 ～ 37。
[32]　林1985a：19 ～ 20。
[33]　林1985a：13 ～ 19。

【20】其他犧首

　　在此列舉不能歸於以上十九類的很罕見的例子。圖版2-191是春秋ⅡB鼎足上的犧首，角形詭異，無法形容，像是工人莫名其妙亂造的。圖版2-192、193是簋足的紋飾，形狀詭異，可能是仿古作品。從內眦的蒙古褶看，這個眼睛應該是以商、西周的饕餮眼睛爲原形的，但只能説做得太差了。圖版2-194是用羽毛形表現身體的犧首，但用的是當時流行的羽紋。圖版2-195是仿古作品，仿的是西周早期的、頭上戴非常誇張的大角的犧首。鼻頭是以尖吻蝮爲原形的那種，很好地模仿它的形狀特徵。這是仿古作品中水平很高的一件。圖版2-196，犧首的鼻子很長，讓人聯想到大象或貘。圖版2-197只有一隻眼睛，極爲少見。

第三章　龍

　　龍是身軀或多或少有點細長的幻想動物。除了犧首或類似犧首的用法以外，這類幻想動物的圖像在此都歸於龍的名下，然後根據形狀加以分類，即：單頭龍，雙頭龍，扭曲纏絡的雙龍，與山紋渾然一體的龍，分解、分散、切割身體一部分的龍等。

　　《綜覽》第二卷中，對龍類進行分類時，以紋飾單元中龍的身體形狀爲標準，根據龍身的彎曲方式進行分類[1]，本卷也承襲這個標準。這個分類方法有不方便的地方。同一種龍的圖像可以使用各種各樣的表現形式，例如有時候畫得很大，有時候在身上施加細渦紋，有時候施加斜綫，有時候沿着身體輪廓綫加單純綫條等。按照筆者的分類方法，這些表現形式不同的圖像雜居在同一種龍中。如果要在圖版中尋找某種特定的龍，首先要搞清楚圖像的結構，但這往往是不容易做到的。尤其是大約春秋ⅢA多見的、類似幾何形地紋的小龍，看起來都差不多，但如果按照筆者的方法分類，要分爲好幾類，而且分別放在各個不同的地方[2]。雖然如此，既然青銅器使用的圖像不是沒有意義的裝飾圖案，而是當時爲人熟知的鬼神圖像，那麼我們應該不是根據圖像的表現形式，而是根據鬼神的圖像學特徵進行分類。即使是上文講的類似幾何形地紋的小龍，也有畫得很大、容易分辨種類的階段，然後經過略微細小但還沒有變得很細的地紋的階段，才成爲了類似地紋的小龍。既然如此，如果專門對地紋風格的一類采用不同的標準，分類標準就失去一貫性。

第一節　單　頭　龍

【1】單頭、回首L形龍

　　這是頭部回望自己的身體，身體呈L形的一類。圖版3-1～8是這類龍的例子。這類龍從商代開始就有，《綜覽》第二卷根據角或羽冠的有無、角的種類等對它加以細分，但在此不加細分，一起討論。圖版3-3，龍口往水平方向吐出舌頭，這是特定地域使用的特殊類型。圖版3-5，雖然頭部扁平，但也可以看作這類龍。圖版3-6是豆鈕裏面的紋飾，圖像很小，身體由商、西周時代以來的傳統羽毛形組成，具有典型的几字形羽冠，這些特徵説明這是根據更早時代的器仿造的紋飾。圖版3-7是鐘鼓部分的紋飾，這件鐘在饕餮圖版1-4引用過，枚的地方施加復古紋飾。圖版3-7的龍頭上戴一片羽毛，也是根據大約商代的器仿造的紋飾[3]。圖版3-8是春秋ⅢA車害的紋飾，回首L形龍交纏。圖版3-9，尾巴彎曲。《綜覽》第二卷把這類稱爲“卷尾”，爲此單獨設一類，但由於春秋戰國時期的例數不多，在此把

---

[1]《綜覽》第二卷，第108頁＊。

[2] 例如：雙頭回首S形相疊龍，雙頭回首S形纏絡龍，雙頭複雜纏絡龍，身體異化龍，附帶小圓形、身體異化龍，扭曲龍紋，山、龍紋，各種龍雜居紋，纏絡龍風格地紋（無頭）等。

[3]《綜覽》第二卷，圖版5-85。

＊ 譯按：中文版第107頁。

這類龍也放在此處。

【2】單頭、卷體側視形龍

這是頭部畫成側視形、身體在頭部周圍卷起來的龍。如《綜覽》第二卷所述，整體呈圓形的例子見於商到西周Ⅲ；整體大致呈長方形，在器側排成一排的例子見於春秋Ⅰ。後者的類型在春秋Ⅱ繼續出現。圖版3-10 ～ 13是承繼前代傳統的例子。圖版3-14 ～ 16是春秋ⅢB到戰國ⅠB的例子，龍身上附加細渦紋。采用這種表現形式的動物紋，過去以最早的發現地命名爲李峪式。垂下長舌、尾端分叉是李峪式紋飾的特徵，上下相反的圖像交錯排列使用，整體構成紋飾帶。看圖版就能知道，這個紋飾使用了很長時間，形狀雖然有一些細微的變化，但一直使用基本相同的圖像。

圖版3-17是幾條卷體側視形龍纏繞在一起的紋飾。構成紋飾單元的每條龍有前肢，這一點與上面引用的幾例不同，暫且放在此處。

【3】單頭、尖葉形內、回首等龍

這是商、西周Ⅰ常見的紋飾。觚、尊等像牽牛花那樣敞口的器物外壁，鼎、罍等器物的腹部等部位經常裝飾花瓣狀圖形，每個圖形中放入一對頭部朝身軀方向的龍。就文化中心地區的青銅器而言，這個紋飾在西周中期以後消失，春秋中期以後重新使用。圖版3-18 ～ 34是其例。有些例子，如圖版3-18、22等，把面對面的一對回首龍放入尖葉形中，可以看出是參照早期傳統而成的；但大多數例子不拘泥早期傳統，把各種形狀的龍放入尖葉形中。因此，我們對這些紋飾不加以細分，按照年代順序排列圖版。應該不需要對所有圖版一一加以説明了。

【4】單頭、回首S形、并列龍

這是商到西周Ⅱ多見的龍。筆者在《綜覽》第二卷指出，“龍”字所象的是頭上戴菌形角的這類龍[4]。圖版3-35 ～ 46排列這類龍的紋飾。圖版3-39是一對龍背靠背的圖案，我們把這種例子也放在此處。這類龍的圖像有好多種表現形式。

【5】單頭、回首S形、長鼻龍

這類龍的姿勢與第【4】類相同，只是鼻子很長，如圖版3-47 ～ 53。這些例子使用的都是所謂李峪式的表現手法，從春秋ⅢB到戰國ⅠB一直使用基本相同的圖形，例子也很多。許多龍重叠排列，排列得很緊密。圖版3-53是一對龍背靠背的圖案，與其他例子有所不同，爲了方便而放在此處。

【6】單頭、回首S形、纏絡龍（單方向）

這是許多回首S形龍纏絡在一起的紋飾，其表現形式有好多種，參看圖版3-54 ～ 68。

【7】單頭、回首S形、纏絡龍（雙方向）

這也是好多龍纏絡在一起的紋飾，但排列方式與第【6】類不同，不是所有龍朝一個方向，而是方向相反的龍交纏在一起（圖版3-69 ～ 73）。圖版3-74 ～ 76是表現形式相同的幾例，這些紋飾是用母模

---

〔4〕《綜覽》第二卷，第122頁＊。

＊　譯按：中文版第122頁。

做的，像地紋一樣。這類龍有好多種表現形式。圖版3-77的龍沒有纏絡，但每條龍的位置關係與圖版3-69、70一致，因此放在此處。

【8】單頭、回首凹字形、并列龍

這是頭回向自己的身體、從頭到尾的整體呈凹字形的龍。好多這類龍并列，構成整體紋飾。圖版3-78～88是其例。圖版3-82～84是春秋ⅢA～ⅢB很常見的一類。此外還有附加羽毛的一類、形狀不規則的一類等，爲了方便，把這種例子也放在此處。例如圖版3-79、80，身體部分在垂下的舌頭前面結束，整體不呈凹字形。但上文所謂的L形龍與此不同，那類都是很大的圖像；那種身體形狀也不能説是卷體。因此，爲了方便，把這一類也放在此處。圖版3-87是饕餮部分引用過的仿古簋的器側紋飾，上下方向與器體相反。圖版3-88是戰國ⅡA壺的紋飾，器形完全保留大約春秋ⅢA的形制，龍紋也是根據那個時代的紋飾仿造的。

【9】單頭、回首凹字形、勾連龍

龍的形狀與上一項相同，這類龍尾部勾連并列爲一對，構成整體紋飾（圖版3-89～92）。雖然例子很少，但春秋ⅡA、ⅡB有些紋飾可以看作這類龍，戰國ⅠB也有。圖版3-91，紋飾最小單位的龍的尾巴沒有卷起來，但爲了方便放在此處，情況與圖版3-79、80相類。

【10】單頭、三角形龍

所謂三角形龍是凹字形龍的最後一個彎曲處曲度很大的那種，彎曲處構成的角度小於90度，整體可以容納在三角形中（圖版3-93～97）。最常見的用法是，把這類龍的一對組合成一個長方形，然後排列這個長方形。圖版3-95是簋器座頂部的四角處使用的紋飾。西周時期的L形龍有這種使用方法[5]，圖版3-95是學這個方法做的。

【11】各種單頭龍雜居紋

這是排列或連接S形龍、L形龍等各種單頭龍，讓它們雜處一塊的紋飾（圖版3-98～104）。圖版3-100是春秋ⅡB的例子，這個紋飾是用勺子頭部的曲綫弧度畫出來的*。這種紋飾在春秋ⅢA繼續出現（圖版3-101、102），戰國ⅡA的圖版3-104也保持這個傳統。圖版3-88是同一件壺的頸部的紋飾，這個紋飾做得還算整齊，但肩部紋飾的圖版3-104則嚴重走樣，或許是由於製作每個部分的工人不同的緣故。

【12】單頭、鎖鏈狀、纏絡龍

這是單頭龍橫作一排的紋飾，但龍的形狀不像第【6】類那樣單純，纏絡的方式也很複雜（圖版3-105～113）。使用時間很長，各個時期都有少數例子。

【13】單頭、複雜纏絡龍

這是單頭龍纏絡的紋飾，但紋飾最小單位的龍彎曲成很複雜的形狀，纏絡方式不規律，有圖版3-114～121等例子。

---

[5]《綜覽》第二卷，圖版5-122。

---

* 譯按：關於“用勺子頭部的曲綫弧度畫出來的”的意思，請看本書第一編第二章第三節第五項（12）豆條（第65頁）譯按。

【2】山、龍紋

這是以山紋爲主體，龍纏繞山紋的紋飾，如圖版3-229 ～ 231，例子極少。

第五節　身體異化龍

以上介紹的龍中，有些龍的身體異化成別的東西。例如第三節第【3】類的龍，鼻子伸長後成爲另外一條龍的身體。本節搜集其他的、形狀更複雜的這種龍。

【1】附帶小圓形、身體異化龍

圖版3-232 ～ 238是這類龍的例子。所謂 "附帶小圓形" 是龍的身體交叉處有小圓形的意思。表現形式、身體異化的程度有好多種，我們根據 "附帶小圓形" 這一特徵把它們都歸爲一類。圖版3-232 ～ 234，如果只看這些紋飾，很難看出是龍。但例如圖版3-233鑄篆間的紋飾，右上角的橫綫前端有向上的突起，如果把它和圖版3-249相比較，應該能看出這是龍頭。圖版3-237是鐘鼓的紋飾，整體呈對稱形。

【2】身體異化龍

第【1】類以大約春秋ⅢA爲界消失。第三節第【2】類 "み" 形身體扭曲龍的情況也如此，身體交叉處有小圓形的一類到春秋ⅢA就消失，其後的例子都沒有小圓形。筆者考慮到這個流行現象，所以把這一類放在第【1】類之後。圖版3-239 ～ 264是這類龍的例子。從春秋Ⅱ到春秋ⅢA的這類紋飾富於變化。圖版3-247、248龍身很細，這是秦地特有的型式。從春秋ⅢB開始，所謂李峪式占壓倒性多數，同一個圖案被使用很長時間。但也不是完全沒有變化，例如從戰國ⅠA到ⅠB，龍和龍之間的距離逐漸變大，整體結構變得有些鬆散。

【3】連綿龍

這類龍的身體也異化成下一個圖像的一部分。從這點上看，這也是身體異化龍。但例如圖版3-268，前一條龍的角變成下一條龍的身體，這條龍的角又變成下一條的……連綿不斷，結構單調。圖版3-265 ～ 271是這類龍的例子。

第六節　其他各種龍紋

【1】不定形龍

這是説不清楚哪個部分是龍的哪個部分的紋飾，圖版3-272 ～ 274是其例。

【2】多龍雜居紋

這是各種龍無規律地雜居在一起的紋飾，如圖版3-275 ～ 277。

【3】特定地域型龍

這是特定地域型青銅器使用的紋飾，圖版3-278 ～ 280是其若干例。

第七節　類似動物的龍

第一節以來介紹的龍，包括上一章的犧首在內，都是按照傳統的鬼神表現形式做出來的東西。它們表現的是鬼神，雖然以各種動物爲原形，但并不給人以活生生的動物的感覺。本節介紹的龍與此不同，雖然頭部、四肢等部位使用傳統的表現手法，但從死板的框框中被解放出來，其形狀或多或少都能讓人感覺到野生動物的自由。

【1】奔龍

雖然筆者起名爲奔龍，但更準確地説，這應該是奔跑過來停下的龍。春秋 Ⅲ A 出現銅鑲嵌的、身體彎曲成 S 形的生氣勃勃的龍，這類龍一直使用到戰國 Ⅰ B（圖版 3-281 ～ 297）。春秋 Ⅲ A，用綫條畫出來的例子也不少。這類龍中也有頭上戴几字形羽冠、尖葉角等的例子，但我們把所有例子歸爲一類，按照年代順序排列。圖版 3-297 是圓雕的例子。

【2】俯視形盤龍

圖版 3-298 ～ 302 是這類龍的例子。這類龍雖説是俯視形，但都不完全是俯視形。例如圖版 3-298、300，頭部是俯視形，但身體部分的前後肢各只有一隻；圖版 3-301、302，前後肢各有兩隻，但頭部是側視形等。圖版 3-299，頭上戴的是前端呈葉狀的漩渦眉，這個圖像應該歸於漩渦眉犧首（3）類。但它同時也是下一個時期的圖版 3-300 的先驅，因此我們把它放在此處。戰國末到西漢早期的所謂蟠螭紋鏡中出現的是圖版 3-301、302 系列的龍。也就是說，秦漢時代多見的、我們可以知道當時被稱爲龍的圖像屬於這種生動的龍的系列。

【3】卷龍

這是盤成一團的龍。《周禮·春官·司服》"享先王則袞冕"注引鄭司農云：

> 袞，卷龍衣也。

圖版 3-303 ～ 307 合乎卷龍之名。圖版 3-303，吐出來的舌頭分三叉，很少見。圖版 3-306 是玉器，圖版 3-307 是透雕銅飾。關於這些器物，筆者曾做過考釋[7]，引述如下：

圖版 3-306 是大英博物館所藏的透雕軟玉飾，從製作工藝看，當是中國戰國時代的文物。中央處有俯視形的龍頭。身軀從大頭往下伸，然後往左彎曲，從頭上盤繞一圈。頭部下面兩側有前肢，前肢往上伸，沒有後肢。大頭、一雙前肢、盤成一團的身體這些特點與商、西周時代的盤底裝飾的龍紋很相似，但商、西周時代的龍頭上戴菌形角，而這條龍戴的是很大的葉狀耳或角，因此龍的種類不同。這條龍大致呈圓形，人首有翼神和大顎的蛇纏在其兩側。

再仔細看，龍身形成的圓形內側上方有躺着的人，頭在左，露出乳房，可見是裸體。中央的龍用兩隻腿抓住，并咬住這個人。戰國時代的人相信，裸體、披髮是鬼（死者亡靈）的打扮[8]。這條龍咬住

---

[7]　林 1988。

[8]　例如《韓非子·內儲説下》的這個故事：有個男人出遠門，妻子在家裏和另外一個男人私通，這個時候丈夫突然回來了，於是妻子讓情夫解開髮結，光着身體走出去，成功地讓丈夫以爲看到了鬼。

的人雖然沒有頭髮，但赤身裸體，非常詭異。這個人應該是鬼。

　　類似的圖像見於圖版3–307的透雕銅飾上。這是洛陽中州路2717號墓出土的，根據同出的青銅器可知時代大致屬於戰國ⅠA。目前只公開質量不太好的這張圖，因此有些地方不是很清楚，但至少可以確定的是，露出乳房的裸體人形鬼被中央的有鱗動物從外面抱住，這一點與圖版3–306相似。左邊的人形鬼肩膀上能看出這個動物的爪子。人的外側有朝下的三片葉狀物，這個部分似乎相當於圖版3–306中從龍肩長出來的羽毛。位於中央上部的部分可能是獨眼的頭。下方由於殘缺了一部分，不太清楚。右下有後肢，抓住彎曲的蛇軀幹。這條蛇缺了頭，殘缺處附近的軀幹上有羽毛狀的小突起。圖版3–306中的大顎蛇的身上也有這種突起。從這點上看，圖版3–306中，這條蛇雖然在抓人形鬼的龍的外側，但應該也是要抓的惡神。

　　1931年，現大連市營城子東漢壁畫墓被發掘。主室南門外壁上畫的人形神畫像很有名，一手拿旗子，一手拿身上長羽毛的蛇*。根據《山海經·北山經》郭璞注和讚所見的"長蛇"，以及《南山經》"蝮虫†"的郭璞注，可知當時的人相信世上有一種叫蝮虫的蛇，它是長羽毛的大型毒蛇。營城子墓壁畫中，守主室門口的神手拿的長羽毛的蛇，很有可能是蝮虫。我們現在討論的、戰國時代文物上所見的蛇也有羽毛，應該也是這種蛇。戰國時代文物中，這種蛇被鳥抓的圖像也有不少例子。

　　漢代也有裸體人形鬼被抓咬死的畫，但此畫中抓鬼的不是龍，而是具有神性的有翼虎。此畫見於洛陽西郊的西漢末期墓葬中，這座墓的頂脊上繪有天文圖，頂脊下面的梯形門額上有此畫‡。此畫中有一棵高樹，樹下躺着露出乳房的女人，她的頭髮被懸挂在樹幹上。有翼虎踩踏這個女人，噬咬她腹部。這

---

* 譯按：為了讀者閱讀的方便，在此引用林先生所說的圖（引自東亞考古學會《營城子》，1934年10月，圖版第四四）：

† 譯按：此"虫"念huǐ，即"虺"字。

‡ 譯按：林先生說的是洛陽燒溝61號西漢墓的一般所謂"神虎食女魃圖"，參看河南省文化局文物工作隊《洛陽西漢壁畫墓發掘報告》，《考古學報》1964年第2期。為了讀者閱讀的方便，在此引用壁畫和墓室示意圖（由西向東）：

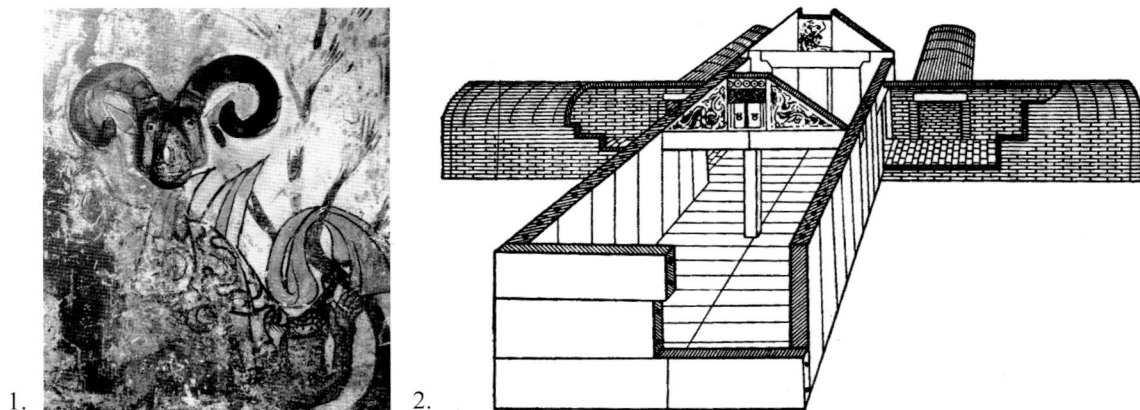

1.　　　　　　　　　　　　　2.

（壁畫照片引自洛陽市第二文物工作隊黃明蘭、郭引強編著《洛陽漢墓壁畫》，文物出版社，1996年10月，第100頁；墓室示意圖引自《洛陽西漢壁畫墓發掘報告》圖四，2）

個壁畫位於墓室東端，天文圖中的太陽也畫在頂脊東端，此畫與太陽的位置相應。墓室中央的梯形橫梁——高度與此畫所在的門額相當——中間有朱雀和玄武，即代表南方星座和北方星座的神獸圖像。據此可知，東壁上部的畫像是天上世界的事。這個壁畫讓人聯想到《風俗通義》、《論衡》所講的神荼、鬱壘的故事：東方盡頭有度朔山，樹下有兄弟神，名字叫神荼和鬱壘，他們抓住惡鬼，讓老虎吃掉。這個壁畫中沒有兄弟神，恐怕不是同一個神話。但這個壁畫所根據的無疑是同類傳說[9]。漢代，吃惡鬼的都是虎或豹。從圖版3-306、307看，戰國時代的人相信，龍類鬼神和有鱗鬼神也扮演這個角色。

圖48　人首蛇身神，玉器，西周晚期，Seattle Art Museum, Eugene Fuller Memorial Collection

圖版3-306中還有值得注意的是龍兩側、蛇上面的人首有翼神。它們沒有手，而卷起來的長羽毛在手的位置。尾巴短，腿又是人腿。與此相似的鬼神見於圖48、軟玉飾的右端。從製作工藝看，這是西周晚期之物。頭很大，向右，頭下有人的身體，膝蓋彎曲，沒有手，肩部只有大漩渦。這個鬼神的左邊是回首、背小虎的老虎。這隻老虎的前後肢分別與人首神的頭部和腰部連接。這個形狀似乎可以看作人首神被老虎抓住的形狀。饒有趣味的是，與戰國文物的圖版3-306極為相類的圖像在西周晚期出現這一點。圖版3-306的人形鬼神肩部有卷起來的大羽毛，這可以理解為圖48人形鬼神肩膀的漩渦發展出來的東西。如果可以認為圖版3-306的人首鬼神來自西周時代的傳統，或許我們可以說，這個人首鬼神纏住的龍也有可能來自商、西周時代盤內底的龍——雖然從角的形狀看，兩者不是同一種龍。根據目前可知的資料，盤底裝飾盤成一團的龍的傳統確實可以延續到春秋早期[10]。

如果以上考證不誤，從戰國時代的例子看，商晚期到春秋早期的這麼長時間盤底一直裝飾這種龍，是人們期待它具有如下功能：監視要入侵的惡鬼，如果惡鬼入侵，就打退它。但以目前的情況看，不管說什麼，都缺乏證據。

第八節　分解、分散、任意切割的龍紋

我們所謂"分解龍紋"的意思是，龍的身體被分解、各個部位之間完全失去了有機關聯、變成了幾何圖形的紋飾。"分解龍紋"具體有下面介紹的纏絡龍風格地紋、鈎矩紋、羽紋化龍等。"分散"一詞已在《綜覽》第二卷的"饕餮"章和"龍"章使用過[11]，是眼睛、眉毛、角、上下顎等部位分散布置的表現技法，本卷介紹的龍紋中有散點地、分散龍。"任意切割的龍紋"是不拘泥圖像的原意，從龍紋剪出自己需要的大小和形狀的圖像而成的紋飾。

【1】纏絡龍風格地紋

圖版3-308 ～ 313是其例。如果不仔細看，這類紋飾與第三節介紹的地紋化的龍紋差不多。但稍微

[9]　林1986：5 ～ 10。
[10]　《綜覽》第二卷，圖版3-157 ～ 166。
[11]　《綜覽》第二卷，第83、125頁*。

*　譯按：中文版第78、126頁。

仔細看就能發現，裏面的圖像只是龍的軀幹彎曲、交纏而已，并沒有頭部，算不上是龍。這類紋飾可能是從地紋化的纏絡龍變化而來的。

【2】鈎矩紋

這個紋飾中，綫條彎曲的鈎形和綫條直直的矩形特別顯眼，因此筆者起了這個名字。這也是由被分解出來的龍的身體部位組合而成的（圖版3-314～322）。鈎形像是去掉點的問號。參考圖版3-166，可知這個鈎形來自龍的几字形羽冠，矩形來自直直的纏絡龍身體。製作這個紋飾的人把這些部位剪出來，不拘泥龍的原形，組合成圖案。這類紋飾與上一類同樣沒有頭部。這類紋飾集中出現在春秋Ⅲ A。春秋Ⅲ B的例子有圖版3-321、322等，所有綫條連接，有點曲綫的味道，給人以優雅的印象。

【3】羽紋化龍

這個紋飾中，身體部分由逗號形或矩形的羽毛構成，羽毛裏面填充很細的渦紋；也有時候身體上貼許多這種羽毛，因此看起來身體部分好像被分解或融化成羽毛。雖然如此，仍然能夠分辨出頭部或原來屬於頭的部分，而且可以知道這個頭是龍頭。圖版3-323～332是其例。如果看説明就能知道龍頭在什麼地方，那麼不看説明也可以看出來，所以在此不一一解釋了。這類紋飾與上一類不同，春秋Ⅱ到戰國Ⅰ各個時期有圖案不同的各種例子。

【4】散點地、分散龍

這是在布滿小點的地紋上，以分散的方式畫出龍的眼睛、鼻子到下顎、角、頸等的紋飾（圖版3-333～335）。戰國Ⅰ A的例子圖形已經走樣，變成了紋飾圖案（圖版3-336）。

【5】任意切割的龍紋

圖版3-337～350是其例，從春秋Ⅲ A到戰國Ⅲ每個時期都有例子。這是利用已有的母模做的。根據器物的大小，把母模的一部分切出來，把它做成形狀和大小合適的模。無需贅言，這是開始使用紋飾單元的陶模以後出現的紋飾。圖版3-344、345是東周廿九年銘的器，這種器物也使用這個紋飾，説明這個紋飾不是專門用於明器的偷懶之作。

第四章　介於龍鳥之間的鬼神

　　商～西周中期的青銅器上，這類紋飾有很多種，《綜覽》第二卷爲此設了一章專門介紹這類紋飾。春秋戰國時代，這類紋飾雖已極爲少見，但并不是沒有，因此本卷按照前例設一章。

【1】龍身鳥首神

　　這是身體像龍一樣細長，頭是鳥頭的神。我們在此分爲兩類：（1）類是没有前後肢，身上最多只有短翅膀的一類（圖版4-1～7）;（2）類是具有前後肢的一類（圖版4-8～11）。以龍類圖像類推，如果身體的彎曲方法不同，鬼神的種類就不同。《綜覽》第二卷根據這個標準進行了細分。但就本卷討論的時代而言，這類鬼神，除了圖版4-5的一種以外，不管是哪一種，例子都不多，因此我們不加細分，都放在一起介紹。（1）類的像圖版4-5這種紋飾在戰國ⅠB很多見，可以作爲這個時代的標準。（2）類中，圖版4-9、10是嘴巴上翹，屬於特殊類型。因爲例子很少，筆者没有把它們分出來單獨設爲一類。

　　圖版4-11鬼神的身體，與其説是龍身，不如説是獸身。類似的鬼神見於長沙子彈庫子彈庫帛書中[1]*。它是畫在帛書周圍的十二神之一，名字叫易，相當於《爾雅·釋天》月名中的十月月名“陽”[2]。這位神頭上有兩條羽冠，這一點與圖版4-11的鬼神不同。

【2】與鳥合體的龍

　　圖版4-12，羽冠的前端尖鋭，尾巴與龍的身體交叉，交叉處有圓形。圖版4-13、14，龍尾前端有鳥頭。我們在《綜覽》第二卷介紹過饕餮尾巴前端成爲鳥的例子[3]，這種例子在西周中期也有；還有一件戰國時代的玉器，犧首的身體前端有鳥頭[4]。我們認爲這些例子都出自同一個傳統，這裏看到的龍尾前端有鳥頭的圖像，也應該屬於這個譜系。但這類圖像例子很少，似乎一直是少數派。

---

〔1〕　Barnard 1973, p. 305 右下。
〔2〕　林 1964a：74。
〔3〕　《綜覽》第二卷，第58～59頁†。
〔4〕　《綜覽》第二卷，圖87。

＊ 譯按：圖像如下：

（照片采自 Barnard 1973, p.305；摹本采自 Barnard 1973, p. 201）
† 譯按：中文版第60頁。

第五章　鳳凰、其他鳥形神

　　春秋戰國時代的鳳凰類大多來自商、西周時代的傳統。龍類在這個時代出現許多新的種類，兩者的情況形成鮮明的對比。

【1】鷩

　　鷩，如《綜覽》第二卷所述[1]，是頭上戴几字形羽冠的鳳凰。鷩在春秋戰國時代也有不少例子（圖版5-1～14）。圖版5-1，一鷩被單獨裝飾在鐘鼓的一側。這是傳統的用法[2]，但容器上用綫刻或鑲嵌的方法畫一對鷩的例子也很多。此外，鷩有時和蛇一起出現。例如圖版5-9、10，鷩的胸前有一對交纏的蛇。再如圖版5-11～14，有些鷩叼着蛇，被用爲戰國ⅠB壺的紋飾；有些鷩用腳抓住蛇（圖版5-12、13上、14）。圖版5-13下，鷩腳抓住的是龍；圖版5-10，龍在鷩的腳下看鷩。這種圖案可能與鳳凰猛撲龍的主題——如圖版5-29——有關。西周ⅠA青銅器中，胸前有蛇的鷩的例子在《綜覽》第二卷中引用過[3]，商代的例子有安陽侯家莊1001號墓的木器壓痕[4]。鷩叼蛇的圖像在漢代也出現[5]。中國古代有一種幻想中的劇毒蛇，名字叫蝮虺，像蟒蛇一樣大，鼻子上翹，身上長毛，筆者曾介紹過[6]。不難想象，上引的圖像中出現的蛇不是自然世界中棲息的蛇，而是蛇身的鬼神。我們可以認爲，這些圖像中，鷩是打退蛇身惡神的存在。以此類推，被鷩抓住，或在鷩下看鷩的龍也是惡神，其性格與這些蛇相同[7]。

【2】鳴鳥

　　鳴鳥是頭上所戴羽冠與鷩不同的一類[8]，這類鳳凰在春秋戰國時代也繼續出現（圖版5-15～21）。圖版5-15是單獨用於鐘鼓一側的傳統用法。除了此例以外，所用的表現技法大都與鷩相同。圖版5-19的例子是用作器足的圓雕，羽冠異常的大，這種例子亦見於西周Ⅱ[9]。圖版5-21是木雕鼓座，鳳凰後頭有魚骨狀羽毛，令人立即聯想到西周時代的類似例子[10]。圖版5-20是叼蛇的例子，可見當時的人相信這

---

〔1〕《綜覽》第二卷，第134～135頁[*]。
〔2〕參看《綜覽》第二卷，圖版8-52。
〔3〕《綜覽》第二卷，第134頁、圖版7-14。
〔4〕梁思永、高去尋1962：上，65～66，插圖三十八；下，圖版陸肆。
〔5〕南陽漢代畫像石編輯委員會1985，77。
〔6〕林1986：7～8。
〔7〕關於在此討論的主題的具體含義，劉敦愿提出了幾種可以考慮的解釋（劉敦愿1982：78～79）：第一，蛇在中國古代往往象徵事故與災難，鳥蛇相鬥的題材，可能反映人們祈求健康、長壽、平安、順利的願望；第二，在古代與原始民族的宗教崇拜中，以蛇象徵土地與蕃殖能力，鳥蛇相鬥，蛇制於鳥，以象徵祛除地下的禍患災害，具有鎮墓的作用；第三，古人把蛇看作是“水物”，鳥蛇相鬥，可能含有鳳能禦水的思想在內。筆者的解釋屬於第一種。
〔8〕《綜覽》第二卷，第136～137頁[†]。
〔9〕《綜覽》第二卷，圖版8-81。
〔10〕《綜覽》第二卷，圖版8-84。

---

[*]　譯按：中文版第135～137頁。
[†]　譯按：中文版第137～139頁。

類鳳凰擁有與鷺同樣的力量。

【3】没有羽冠的鳳凰

商到西周中期的青銅器上出現的鳳凰中有一類，它除了頭上不戴任何東西以外，身體其他部位都與別的鳳凰相同。戰國時代也出現這類鳳凰。圖版5-22，鳳凰將要吃蛇。這個鳳凰頸部很長，看起來像是鶴這類自然界中棲息的鳥。然而吃蛇這一點與鷺、鳴鳥相同，時代和表現技法也相同，既然鷺和鳴鳥是神鳥，把圖版5-22的鳥視作自然界中棲息的鳥是説不過去的。因此筆者認爲這類鳥是没有羽冠的鳳凰。

圖版5-23是木雕鼓座，頸部與上一例同樣很長，有人稱它爲鶴[11]。這隻鳥的尾羽和翅膀的羽毛前端與孔雀羽毛相同（圖版5-23下），漢代鳳凰的羽毛經常畫成孔雀尾羽，從這一點看可以知道這隻鳥也不是鶴，而是鳳凰類。這隻鳥的腳下有一對蛇盤繞（圖版6-29）。這隻鳥没有抓這些蛇，這一點與圖版5-22不同。

【4】戴鹿角的鳳凰

隨州擂鼓墩曾侯乙墓出土了圖版5-24的鳥像。因爲這個鳥像被放置在棺材旁邊，有人認爲這隻鳥保護着死者，或跟隨死者的靈魂升天[12]。這隻鳥頭上戴很大的鹿角。我們在第三章看過頭上戴鹿角的鎮墓獸（圖版3-165、166），認爲鹿角具有辟邪的力量，鎮墓獸戴鹿角如虎添翼，本來擁有很大力量的鎮墓獸用鹿角增強力量。也就是説，鹿角不是這個鬼神原有的一部分，而是頭上附加的東西。圖版5-22中，鳳凰吃掉蛇身惡神。筆者認爲圖版5-24的鳥與上一類的鳳凰相同，被人們期待在墓中發揮辟邪的力量，因此爲了增強威力，給它在頭上戴了鹿角。圖版5-25是下一個時期的木製品，背上插鹿角。背上有角的動物是不存在的，因此我們只能認爲這個角是裝在背上的，其用意與圖版5-24相同。這個例子應該能够證實筆者對圖版5-24鹿角的解釋。

【5】寶鷄鳳凰

西周時代有一種鳳凰，頭上戴的羽冠前端鼓起，看上去很重，我們在《綜覽》第二卷中稱之爲寶鷄鳳凰[13]。春秋戰國時代有像圖版5-26～32這種例子，頭上戴的東西像鷄冠，形狀很小，不像西周的寶鷄鳳凰那樣下垂，而與我們視作寶鷄鳳凰的漢代一類相近[14]。這類鳳凰的頸部有時候很短，有時候像水鳥一樣很長，但嘴巴都很短且粗壯。圖版5-27是瓠壺蓋裝飾的例子，兩隻腳各抓一條蛇。器影圖版壺63瓠壺蓋的鳥也同樣抓住蛇，但這隻鳥的翅膀上方有帶前肢的龍。圖版5-29，這類鳳凰猛撲到龍頭上，啄龍的鷄冠狀部位。如上所述，圖版5-13中，另一種鳳凰猛撲龍，據此可知龍形鬼神中有惡神。

【6】羊角鳳凰

商晚期到西周早期的鳳凰中有羊角的一類[15]。春秋ⅢB也出現同樣的鳳凰，圖版5-33是其例。介於兩者中間的西周Ⅱ～春秋Ⅱ可能一直保留這個傳統，但目前没有資料。羊角的形狀像搓好的繩子，把

〔11〕梅原、水野1937：3。
〔12〕湖北省博物館1984：23。
〔13〕《綜覽》第二卷，第144頁*。
〔14〕《綜覽》第二卷，圖版7-37～39。
〔15〕《綜覽》第二卷，圖版8-117～127。

* 譯按：中文版第146頁。

耳朵圍起來。這個形狀與羊角犧首（圖版2-1 ～ 5）相同。圖版5-34據説是器柄，下部是鼻端尖鋭的動物，上部是鳥，叼着蛇形動物，鳥耳周圍有像繩子一樣扭曲的角。這個主題應該與圖版5-11相同，即鳳凰叼蛇[16]。圖版5-35羊角的形狀與圖版5-34相同，圍繞着耳朵，但這個鳳凰用兩隻腳捉住一條雙頭蛇。這條蛇也與圖版5-11 ～ 14、22、34等的蛇相同，是惡神。這個鳳凰的耳朵類似於牽牛花的葉子縱向被切成兩半的形狀。圖版5-36耳朵的形狀像是朴樹葉，種類不同。這件器胸部以下殘損，我們無法知道這個鳳凰是否用腳抓住什麼東西。

【7】中字形羽冠鳳凰

有一類鳳凰，頭上戴的東西前端呈中字形，如圖版5-37、38。這類鳥與圖版5-2的鳳凰并列出現，兩者身體的表現技法也相似，因此筆者認爲這類鳥也是鳳凰。頭上戴的東西，與其説是動物的角，不如説類似於鷺的羽冠，因此筆者把它稱爲羽冠。這個羽冠以什麼爲原形，它如何變成現在所見的羽冠等問題，目前由於資料不足，難以闡明。

【8】鷗鶏形神

以鷗鶏爲原形的鳥形神出現於商晚期到西周 I [17]。這個神的特徵是，頭上戴尖端向外的葉狀物。圖版5-39 ～ 43的鳥頭上都有尖葉形，因此筆者把它們看作一類，放在一處。圖版5-39，鷗鶏猛撲回首的小型四腳獸，這個四腳獸耳長，尾短，似是兔子。這合乎鷗鶏的行爲。圖版5-42中，鷗鶏猛撲到龍的面前。

【9】其他鳥形神

圖版5-44中，一對鷺叼蛇，其下面有像徽章一樣的圖像。這是鳥，翅膀的上下各有一對腳，頭上有觸角狀的東西，頭部左邊有短羽毛。此神很有威風，像是鳥中之王，目前沒有其他類似的例子。圖版5-45是用爲地紋的例子，每個紋飾單元中有四個同形的大嘴鳥頭。頭上竪起來的東西與第【1】～【8】類都不同。圖版5-46也是用爲地紋的例子，頭朝下，長短不同的兩條直直的羽冠從頭部往前下方長出來，這種羽冠以前也沒有出現過。

---

[16] 形制相同的器物還有高本漢論文引用的例子（Karlgren 1938, pl. II, 1）。

[17] 《綜覽》第二卷，圖版9-1 ～ 10。

第六章　其他動物形鬼神

除了以上幾章討論的鬼神以外，還有不少鬼神以自然界中真實存在的動物爲原形。本章介紹筆者認爲可以識別出原形的這類鬼神。在此，像《綜覽》第二卷一樣，按照動物學的標準，從低等動物到高等動物的順序加以介紹。

【1】子安貝

子安貝從商代開始具有財貨價值。它在青銅器銘文中作爲王的賞賜物出現，以"朋"爲單位計算。有時用獸骨或不同種類的貝仿製，這種仿製貝形狀扁平，失去子安貝原有的圓潤形狀，只保留中間的縫，與真貝一起被用作裝飾品。子安貝作爲青銅器紋飾出現，是春秋ⅢB～戰國ⅠA，圖版6-1～4是其例。在這個場合，子安貝應該不是被當作財貨，而是被當作具有象徵意義的、帶有巫術性質的東西。

【2】蛹形鬼神

圖版6-5是像地紋一樣使用的紋飾，構成紋飾單元的是身體彎曲成C形、一端有頭的動物。圖版6-7、8應該是這個動物的大型圖像。這個動物有鼻端內卷的一類和鼻端外翹的一類。圖版6-9是前一類中時代較晚的例子。圖版6-7～9是比較多見的紋飾。至於圖版6-6，紋飾單元的動物背上有"4"形突起，很難説像什麼動物，在此把它看作蛹上加成蟲翅膀的東西，歸於本類。我們認爲這些圖形像昆蟲的蛹，但或許也可以看作幼蟲。可據以推測這個東西來歷的資料，實在太少了。

有一種鬼神，具有細長、彎曲的身體，身上沒有羽翼之類的東西，我們稱之爲蛇形鬼神。其中有些鬼神雖然身體形狀與蛇形鬼神相同，但具有前肢，如圖版6-19、33。像畫蛇添足這種故事也不是沒有，我們不把具有前肢的一類分出來，而是歸在蛇類。雖説是蛇，但其頭部往往被畫作漩渦眉龍頭的俯視形，因此我們沒有把這類圖像看作真實存在的蛇，而是看作蛇形鬼神。根據表現形式，我們把蛇形鬼神分爲如下六種：

【3】身體相連、蛇形鬼神

圖版6-10～16是身體彎曲的蛇和蛇之間用短橋連接起來的紋飾。這類紋飾在春秋ⅡB多見。圖版6-13、14是蛇身交叉處加小圓形的例子，可以看得出是用圓形連接的意思。圖版6-15、16是許多蛇緊密重疊的紋飾，蛇的身上有很多很細的平行線。這些例子的交叉處也有圓形。這類紋飾是春秋ⅢA的鐘和鎛上使用的特殊紋飾，例子也很多。

【4】圓雕（或半圓雕）、纏繞蛇形鬼神

圖版6-17～28是其例。纏繞的方式有時候有規律，有時候不太規律。圖版6-19中，有些蛇形鬼神雖然頭部和身體的形狀與其他蛇形鬼神相同，但具有前肢。這些蛇形鬼神身上的紋飾有鱗紋和杉葉紋兩種。蛇形鬼神身體的斑紋有好幾種，其中并用兩種斑紋的，除了圖版6-19以外，還有圖版6-22、

27。圖版6-29是圖版5-23鳳凰足下的木雕蛇，這兩條蛇也分別使用不同的斑紋。這種斑紋不同的一對蛇有什麼來歷？筆者目前沒有找到可以推測的綫索。

【5】平凸、蛇形鬼神

這是圖版6-30 ～ 33所示的一類。身上只加平行綫，圖像很單純。圖版6-33，纏繞的蛇和蛇之間有魚、鱉、蛙，蛇也看起來像是普通的蛇。但仔細看，有些蛇具有前肢，可見它是與水密切相關的鬼神。

【6】斜行、纏繞蛇形鬼神

這是斜行的蛇身交纏的紋飾，如圖版6-34 ～ 36。

【7】重叠蛇行、蛇形鬼神

這是爬行的蛇緊密重叠的紋飾，如圖版6-37、38。圖案很細密，像地紋一樣使用。這個紋飾在春秋ⅢA到戰國Ⅰ偶爾能看到。

【8】卷體、蛇形鬼神

這是蛇盤成一團的紋飾，如圖版6-39 ～ 43。有時在尖葉形中畫一對，如圖版6-44。圖版6-39，蛇盤繞得比較鬆散，但爲了方便，我們把這種例子也放在此處。

【9】魚、龜、蛙形鬼神

這些動物一般被畫作水中游的樣子，看起來像是自然界中真實存在的動物[1]，如圖版6-33。但有些例子應該看作鬼神，例如圖版6-45 ～ 47的魚不在水裏，有長鬍鬚，鰭呈繩狀，當是幻想中的魚，它的性格如何不太清楚。

圖版6-48，身體有鱗，呈龜甲狀；頭是前端呈葉狀的漩渦眉的蛇形鬼神；尾巴很長，并翹起，不像龜的尾巴。它用嘴咬住前面的鳥，用後肢抓住漩渦眉的蛇形鬼神。它可以看作以龜爲原形的鬼神[2]。圖版6-49是陶器刻紋，圖中的鬼神具有龜甲，尾巴像圖版6-48一樣很長并翹起，頸部以上是鳥，背上有翅膀[3]。

圖版6-50 ～ 55是蛙或蟾蜍形鬼神的圖像。圖版6-50、52 ～ 54，蛙形鬼神兩側有蛇形鬼神。按理説，青蛙是被蛇吃掉的動物，自然界中的力量對比是很清楚的，但這些圖像中青蛙占據中心位置，力量對比關係與自然界相反。這個强大的蛙形鬼神有什麼來歷，目前難以闡明。圖版6-51，前肢下方和臀部下方有平行綫，這可能表示這個地方有羽毛。它顯然不是普通的青蛙。

圖版6-55，中央處有人形鬼神，雙手各拿一隻蟾蜍的前肢。這些蟾蜍的臀部生長出龍身，龍身在中央處交叉。這是蟾蜍臀下有龍身，還是龍叼着蟾蜍，無法確認。這個圖像有怎樣的神話背景，目前沒有找到任何綫索。

---

[1]　圖版8-60、62。

[2]　尤莫佛里斯（Eumorfopoulos）舊藏中有與此非常相似的文物（Yetts 1929，Ⅱ，pl. 59）。兩者的不同點在於龜形鬼神含在嘴裏的動物和用腳抓住的蛇。圖版6-48，用小點填充它們的身體；尤氏的舊藏品，是用雷紋填充的。

[3]　《楚辭·天問》云：“鴟龜曳銜，鯀何聽焉？”王逸注把這個“鴟龜”解釋爲“飛鳥、水蟲”兩種動物。貝塚茂樹則引用另一種説法，認爲“鴟龜”是一種動物，即鳥頭的龜（貝塚1964：97）。但這個圖像是河北發現的，即使相信貝塚先生的説法，我們也無法確定這個圖像是不是“鴟龜”。

【10】虎形鬼神

　　虎形鬼神在每個時期都出現，如圖版6-56～66。圖版6-59、60的鬼神身上有很細的鱗紋。用鱗紋表示老虎斑紋的習慣在商代就已經有，而且這些鬼神的下顎很粗壯，這個頭形與圖版6-56的身上有斑紋的鬼神相同，因此這些鬼神可以看作虎形鬼神的一種。圖版6-61中，人倒下，老虎噬咬這個人的腹部。以前，筆者研究過商代到漢代的虎形鬼神和人形鬼神所代表意義的演變[4]。其結論是：商代，虎形鬼神擁有非常強大的力量，人形鬼神根本無法匹敵；西周時代，兩者的力量不相上下；東漢時代，虎形鬼神變成人形鬼神的手下。那篇論文漏引圖版6-61，在這個圖像中，虎形鬼神扮演的是咬死活人——可能是人形鬼——的角色。東漢時代也有類似的圖像[5]，圖版6-61可以說是其早期的例子。

　　圖版6-65是虎噬小鹿像，是很有名的例子，但做得不太好，土裏土氣。圖版6-66是錞于鈕作虎形的例子，頗爲多見。

　　圖版6-67是戈或戟的鐏，上面出現老虎。老虎用前肢抱住很大的怪物頭，用後肢夾住魚。怪物頭的鼻子以上部分是人，鼻子之下的部分是獸類。西周時代的杆頭裝飾、骨雕等文物中有一種虎形鬼神圖像，像圖版6-67的老虎一樣從背後抱住人形鬼神[6]。筆者曾對這些例子做解釋，認爲這表示兩者的關係像親屬一樣親密[7]。圖版6-67的圖像與此相似，它保留西周以來的傳統，表達的意思也應該相近。但筆者無法解釋老虎夾住的魚代表什麼意思。

　　圖版6-68也是鐏上的圖像，我們把這個鱗紋動物也看作老虎。這隻老虎噬咬蛇，這個圖像所代表的意思應該與圖版5-11～14的鳳凰叼蛇相同，是打退蛇形惡鬼。圖版6-69，動物身上有鱗，口中噬蛇，後肢抓蛇。雖然耳朵比較長，但爲方便我們把它歸於本類。圖版6-70已經圖案化，有一對身體很細的動物，蛇位於這對動物之間，只是纏繞這對動物而已，這對動物并沒有咬蛇。爲了方便，這個例子也放在此處。

【11】豹形鬼神

　　以前，筆者把圖版6-72中猛撲人的動物看作雲豹[8]。雲豹分布於中國的廣西、廣東、雲南等華南地區，棲息於海拔1600～3000米的叢林中。雲豹是豹科最小的一種，體長85～125釐米，體色是黃色或黃灰色，上面有斑紋，身上的斑紋大致呈C形，C形的開口部向頭部（圖版6-73）。圖版6-72的動物身上有綠松石鑲嵌而成的C形斑紋，表達的當是雲豹的斑紋。圖版6-71鼓座上的動物有U形斑紋，這個斑紋也應該是雲豹的斑紋。同座墓出土的鳳凰圖像的臺座也做成這個動物的形狀（圖版5-25）。

　　我們再舉一個很有名的例子。長沙馬王堆1號墓出土帛畫中，雲豹爬在天界門口的門柱上。此外，雲豹在漢代的神話世界的圖畫中被使用的例子還有不少[9]。雲豹有時候也用爲門鐶裝飾[10]。毫無疑問，這不是真實存在的普通的動物，而是變成雲豹的鬼神。

　　圖版6-74是器座。方柱根部所飾的動物，從身體形狀看，是貓科動物。這個圖像用圓形表示斑紋，這可能是圖式化的豹類動物斑紋。

---

〔4〕林1986。
〔5〕林1986，圖1、5～7。
〔6〕《綜覽》第二卷，圖版3-58、93；11-21、28～31。
〔7〕林1986：25。
〔8〕林1985：81。
〔9〕林1986，圖8、9、12。
〔10〕林1986，圖16。

【12】食草動物形鬼神

有些鬼神，我們搞不清楚以什麼動物爲原形，也不知道怎麼命名，因此不加細分，一起介紹。

圖版6-75～77是以水牛爲原形的鬼神。圖版6-76很像水牛，圖版6-77則只是在不特定的動物頭上加水牛角而已，製作這件器的工人應該没有見過水牛。它身上有像雲氣的紋飾，應該不是真實存在的動物。

圖版6-78～80，動物額頭上有角，製作者在心裏想的應該是犀牛。但這件器并不像商、西周時代的犀牛像那樣做得很像犀牛，而與圖版6-77的水牛一樣，是在不特定的動物頭上加犀牛角而成的。圖版6-78，角的位置和方向與犀牛截然不同，筆者認爲這也是工人在缺乏準確知識的情況下做出來的犀牛。

圖版6-81～83是鹿。圖版6-82，鹿的前面有一隻鳥，它用腳捉蛇——有腳的蛇——把它叼在嘴裏。此鳥或許暗示這頭鹿的功能。我們在第二章【15】已經指出，鹿角有辟邪之力。鹿角本來的所有者也具有同樣的象徵意義，是不難想象的。

我們從畫像石也可以知道，鹿擁有非常強大的力量。南陽漢代畫像石中，熊扮演反派角色。例如像人一樣站立的熊面對獨角獸，有時想逃走[11]，有時抓住獨角獸的角把它按倒地上[12]，可以説是一個屬害角色。但如果面對老虎和拿着斧頭的力士，它就敵不過[13]。這樣的熊，在一個畫像中，見到哪怕趴在地上的鹿，竟然也非常驚慌（圖49）。漢代墓室中有時畫趴在地上的鹿（圖50），當是因爲人們期待鹿對惡神有強大的辟邪之力。以此類推，戰國時代的鹿可能也有類似的功能。漢代畫像石的例子能够證實筆者對圖版6-82所做的推測。

圖49　見到鹿，非常驚慌的熊形鬼神，唐河縣湖陽辛店

圖50　漢墓中的鹿，福山東廳公社東留公

---

〔11〕 南陽漢代畫像石編輯委員會1985，436、437。
〔12〕 南陽漢代畫像石編輯委員會1985，153、179、180、444。
〔13〕 南陽漢代畫像石編輯委員會1985，430、438、440。

　　圖版6-84，臉像老鼠，耳朵很大，蹄子像牛，尾巴像兔或鹿一樣很短，似是獸類的幼崽。筆者不知道它以什麼動物爲原形。同樣的動物圖像還有不少例子。圖版8-1的動物也是不知道以什麼動物爲原形的。

　　圖版6-85也是無角、大耳、短尾的動物，讓人覺得是前一例的幼崽長大後的樣子。出土地不明的收藏品中有幾個類似的例子。這個動物的原形也不清楚。

　　圖版6-86、87也是某種偶蹄目動物趴在地上的圖像。這兩例都是獸鐶，有這種用法的一般都是鬼神。這個動物也應該不是普通的動物，而是鬼神。

　　圖版6-88，從角形看，像是羚羊。圖版6-89似也是同類動物，但此圖中只畫一隻角，這或許不代表一對角，這個動物也有可能是獨角獸的獬豸。

　　圖版6-90有很長的鼻子，其原形或許是大象。但鼻端有一個羽毛形，非常奇特。

【13】其他動物形鬼神

　　圖版6-91是器座足部的圓雕，眉毛處和嘴巴突出，讓人聯想到猴子。圖版6-92，頭和角的形狀有點像牛，但腳有爪子，在抓某種小動物吃。至於圖版6-93、94，我們連哪個部分像哪種動物都不清楚。

第七章　人形鬼神、具有人的因素的鬼神

【1】帶青蛙的女神

圖51　人和蛙的圖像符號，卣

　　圖版7-1是天理參考館收藏品，没有與之類似的例子，所以非常珍貴。這是銅製的杆頭裝飾。女神身上有鑲嵌某種金屬而成的曲綫紋飾，例如圖版6-84動物身上的紋飾是使用相同的手法做的，據此可知這件器的時代大約屬於春秋ⅢB。裸體的人把腿張開一點，略微彎腰，坐在筒狀銅器上。筆者曾引用過這件器[1]，在此也首先説明這件器的形狀。這個人既然是裸體，當然不是普通的人，而是人形鬼神。頭部戴某種東西，緊緊蓋住額頭到後頭。後頭垂下一束頭髮，它的邊綫與頭部相同，是裏面畫斜綫的寬幅綫條，這可能表示這個部分也用某種東西包起來。這種辮子也見於戰國時代畫像紋的采桑圖中的女人（圖版8-10、11）、銅人、玉人[2]。胯下有一隻像青蛙——後肢比前肢長很多——的動物，頭朝上。後肢也向前的這種青蛙也見於泉屋博古館的盤上[3]，這可能是青蛙浮在水上的樣子。

　　張開的兩腿之間有朝上的青蛙的這個圖像，令人立即想到圖51所示的、商晚期青銅器上所見的圖像符號。這個符號中，人彎腿站立，兩腿之間有頭朝上的青蛙[4]。商代青銅器上以圖像符號的形式出現的鬼神出現在幾百年後的春秋晚期器物上，而且其形狀基本没變，我們就很容易看出兩者是同一個鬼神，這是饒有趣味的事。因爲這個例子告訴我們，如果商代的鬼神從青銅器等文物上消失後，與此相似的鬼神到春秋時代重新出現的話，我們可以考慮商代的鬼神以某種形式一直流傳到春秋時代的可能性。

---

〔1〕林1968：28。

〔2〕林1985，圖18、33、35。

〔3〕《綜覽》第一卷，盤94。

〔4〕筆者曾經對這個符號發表過如下看法（林1968：27～28）：

　　　圖51是圖像符號中與所謂析子孫形同樣最受關注的符號之一，過去有許多學者嘗試過解説和解釋（貝塚1964：85～87），最近貝塚茂樹也討論了這個符號。上部是彎腿站立的人，我們稱之爲"天"字形或"大"字形應該没有問題。至於下部，郭沫若（郭沫若1957：31葉）認爲是黿（《説文》"大鼈也"）；聞一多釋爲黽，因爲這個符號中的動物都没有尾巴，後二足特別長，或反拱於後，或迴抱於前，與圖像符號中所見的黿截然不同（聞一多1956：507～508）；貝塚則認爲這個圖像具有蛙的特徵，但頭部的形狀和背部的紋飾與黿相同，因此這是蛙和黿的複合形（貝塚1964：90～91）。

　　我們先説背部的紋飾。黿甲確實用十字形或井字形表示，但如果這個圖像符號畫的是黿甲，應該畫成真正的黿甲紋才對。使用十字形或井字形是爲方便采用的簡略寫法。我們不能因爲蛙的背部有這個紋飾，就認爲這個蛙有黿的特徵。因爲我們也可以説這只是爲方便同樣使用簡略寫法表示蛙的背部而已。然而，頭部和脖子的形狀確實具有黿的特徵，因爲蛙根本没有像脖子那種很細的部位。但對此可以這樣解釋：按照商代的習慣，蛇、黿、蛙、蜥蜴等動物的頭是用相同的形狀表示。從春秋戰國文字到篆文，"黽"字都有⑪形的頭部和脖子（聞一多1956：511）。黽，説文云"黽黽也"，即大聲鳴叫的青蛙之類。衆所周知，這種蛙也没有脖子。既然如此，我們現在討論的圖像符號的動物也一樣，按照當時的習慣，用頭下有脖子的形狀表示普通的青蛙，因此把它的頭部也寫成這個形狀而已，我們不能據此認爲這是有意加上黿的因素而成的複合形動物。通過以上討論，我們可以確定，圖51的圖像符號是彎腿站立的人和足下有頭向人的青蛙的圖像。

【2】電神

　　圖版7-2是隨州擂鼓墩2號墓出土的鐘虡銅人。這個銅人赤裸上身，張腿坐在饅頭形臺座上，舉雙手，手裏握着波浪狀彎曲的東西。臺座上，很大的龍頭見於胯下，其下還能見到頸部。圖版7-3是同墓出土鐘的鼓部紋飾，其解説是"浮雕人物與神獸的畫面，一人左右手操蛇，騎於一有翼的怪神（獸）上"[5]。下部的所謂有翼怪神（獸）在照片上看不清楚，所以我們暫不討論。人形神的姿態與圖版7-2相同，手裏握着波浪狀彎曲的東西這一點兩者也相同，兩者應該是同一個神。但手裏握着的東西沒有頭，因此不是蛇。我們認爲這是電光。圖52是東漢畫像石的圖像，左邊有打鼓的雷神，右邊有伏下身體的人，這個人的上面有拿着鑿子和槌子的人，這是人被雷劈的場景。上邊有拿着繩狀物的人，這個繩狀物應該表示電光。再看我們現在討論的人形神，如果手裏拿的不是蛇，那麼把它解釋爲電光最合理。因此我們把這些神稱爲電神。

圖52　漢代電光的表現方法，武氏後室畫像石

【3】天神

　　圖版7-4是湖北省荆門漳河車橋附近的墓葬發現的戈[6]，雙面都鑄造相同的圖像。這位神全身有鱗紋，頭上中央位置有倒三角形的篦狀物，其兩側有蘭葉狀物。雙耳珥蛇，右手拿雙頭龍（彩虹被畫成這個形狀），左手拿四腳龍，雙腿彎曲半蹲，胯下也有四腳龍。這些四腳龍有什麼象徵意義，目前不明。腰帶外側還有卷起來的東西，王毓彤把它描述爲"腰繫蛇帶"[7]。左足下有月牙形，這當是月亮。既然如此，右足下的圓形無疑是太陽。《山海經》中出現的有些神具有其中的幾個特徵，但所有特徵完全一致的神則沒有，因此我們不知道這位神住在什麼地方，叫什麼名字[8]。但從足下踏日月這一點看，他

[5] 擂鼓墩二號墓清理發掘組1981：1。
[6] 王毓彤1963。
[7] 王毓彤1963：64。
[8] 關於這個圖像，俞偉超1964、馬承源1965在《山海經》等文獻中尋找可以對照的記載，但如馬氏所説（第415頁），無法確定這是哪位神的圖像。《山海經》中，有一部分和這個圖像一致的神的記載有如下幾例：
　　《中山經》：洞庭之山……是多怪神，狀如人而戴蛇，左右手操蛇。
　　《海外東經》：雨師妾……其爲人黑，兩手各操一蛇，左耳有青蛇，右耳有赤蛇。
　　《大荒南經》：南海渚中有神，人面，珥兩青蛇，踐兩赤蛇，曰不廷胡余。
　　《大荒西經》：西南海之外，赤水之南，流沙之西，有人珥兩青蛇，乘兩龍，名曰夏后啓。
　　《大荒北經》：大荒之中有山，名曰成都載天。有人珥兩黃蛇，把兩黃蛇，名曰夸父。

無疑是地位很高的天神。饒有趣味的是頭上的倒三角形篦狀物，因爲類似的東西見於饕餮額頭上，而且它可以理解爲代表上帝之德的標志[9]。

頭上戴這種東西的神的圖像還有圖版7-5。這是信陽長臺關1號墓出土瑟上畫的圖畫。倒三角形篦狀物旁邊有兩片細葉狀物，與圖版7-4的蘭葉狀物相對應。雙手張開，各拿一條龍。圖版7-6的頭上中央位置也有Y形物，似乎與圖版7-4、5的倒三角形篦狀物相對應。Y形物兩側的東西像是倒豎的短頭髮，應該與篦狀物旁邊的葉狀物相對應。

以上三例當然不是同一個神，但都是可以比擬上帝的地位很高的天神。此外，圖版7-7是人形神的圖像印，他的雙手也拿長條形物，但不清楚這個長條形物是電光還是龍。

【4】裸形鬼神

披髮裸體是鬼的特徵[10]，這類鬼神除了【1】、【2】介紹的例子以外，還有圖版7-8～11。圖版7-8、9是洛陽西郊1號墓出土的玉器，兩件器都被命名爲“伏獸玉人”，但圖版7-8是裸體人騎於卷尾龍上，人的頭上有一對羽毛形物；圖版7-9是裸體人騎於四腳獸上，頭上戴的是只把髮髻包起來的簡單的冠。獸腹有一條く形綫，這可以理解爲用鱗紋表示的老虎斑紋。筆者曾經把後一例看作帶老虎的神[11]。東漢時代，人形鬼神把老虎作爲手下，讓老虎抓捕惡鬼；這個時代，人形鬼神和老虎的關係有所不同，人形鬼神騎在老虎背上，兩者的關係很親密。

圖版7-10的鬼神頭髮倒豎，赤裸身體，站立在山林中，不清楚手裏拿的是什麼東西。圖版7-11，頭上戴鷄冠形物的鳳凰站在人的肩膀上。這個鳳凰似乎很重，所以這個人彎着腰，樣子很慘，應該不是什麼厲害的鬼神。

【5】耽耳之神

圖版7-12是鑲足，這個鬼神耳朵巨大，垂到肩下；赤裸身體，把手放在乳房下。看來，除了巨大的耳朵以外，乳房也是需要强調的這位神的重要特徵。這位神露出牙齒，面目猙獰。圖版7-13、14的鬼神也具有很大的耳朵。冠纓和腰帶的形狀與同時代的帶劍人像（圖53）相同，可見這是平常人的服裝，但圖版7-13、14的鬼神敞胸露懷。大耳、露出胸部的特徵與圖版7-12相同。這些鬼神或許是同一個神，本來的形象猙獰，隨着時代推移，服裝變得斯文，面目變得平靜。但當時也有可能存在幾個特徵相似的神。目前難以確定哪一種解釋是對的。

關於大耳的神，《山海經·海外北經》有如下記載：

> 聶耳之國在無腸國東，使兩文虎，爲人兩手聶其耳。

郝懿行《山海經箋疏》對此加注云：“《淮南·墜形訓》無聶耳國，而云‘夸父耽耳在其北方’。是耽耳即此經聶耳……《説文》云：‘耽，耳大垂也。’”筆者命名的“耽耳之神”之“耽耳”采自《淮南子》的這一段。不管怎樣，在此引用的圖像不帶老虎，而且《山海經》沒有提到胸部外露這一點，因此兩者不是同一個神。

---

[9]《綜覽》第二卷，第60～65頁*。
[10] 參看第三章注[8]、林1960：109～110。
[11] 林1986：18。

---

* 譯按：中文版第62～68頁。

附帶講，説到大耳神，令人聯想到圖54的圖像符號。這是雙腳張開站立的人形神，頭部呈尖端在上的五角形，左右兩側有大耳。我們在【1】介紹過商代的圖像符號延續到春秋晚期的例子。參考這個例子，圖54的圖像符號和耽耳之神聯繫起來的可能性是完全不能排除的。

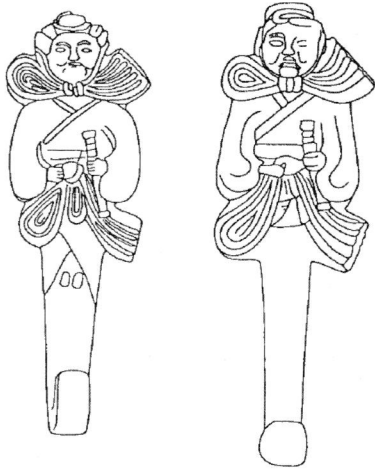

圖53　戰國時代的人形帶鈎，左：大阪市立美術館；右：Musée Cernuschi

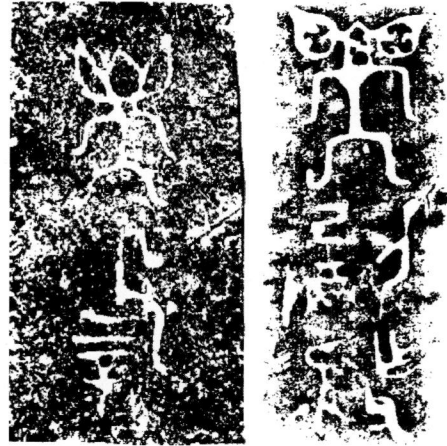

圖54　大耳立人形圖像符號，右：壺；左：簋，臨汝

【6】人身鳥首神、人足鳥身神

圖版7-15是春秋ⅢA釦的足，胸部以下是裸體的人，頭部和翅膀是鳥。頭上戴類似鷄冠的東西。圖版7-16，只有頭部是鳥，其他部分都是人。圖版7-17也是人身鳥首神，手腕和翅膀從肩部長出來。後兩例鬼神混在獸群中。

圖版7-18～20是同一個主題，人身鳥首神拿着弓箭，與像人一樣站立的蝙蝠形神對峙。蝙蝠形神有人足的一類（圖版7-18、19）和鳥足的一類（圖版7-20）。當時有怎樣的故事，我們不得而知。

圖版7-21，具有人足的鳥形鬼神排成一列，每個頭前面有小圓形。這個圓形似乎只能理解爲天體，下一類圖像中的圓形也如此。

圖版7-22～24是人首鳥身人足神，翅膀的形狀很有特色。頭上都戴一條蛇，圖版7-23的神在雙手上還挂着蛇。這些神的左右兩側有鳳凰，圖版7-22是無羽冠鳳凰，圖版7-23是腳踏蛇的鹿角鳳凰，圖版7-24是叼蛇的無羽冠鳳凰。圖版7-22、23，中央神的兩側空中畫有圓形，這可能是天體，表示這個鬼神在天上世界。

【7】鳥喙人首神

圖版7-25～27是其例，其中圖版7-26比較好懂。這個鬼神有人頭，但嘴巴是鳥喙，肩膀有翼，腰部以下是人。漩渦眉的龍纏繞在肩上。圖版7-25也有鳥喙人首神，但因爲圖中有龍纏繞它，不好看出來。最簡單的方法是先認清楚龍的形狀。這條龍纏繞成倒"巳"字形，左下有向右的俯視形頭部，脖子彎曲處有前肢，身體從此往右伸，然後往上，再然後沿着紋飾帶的邊綫往左走，後肢在頭上。我們從龍的後肢沿着身體往右回去，往下彎曲的拐彎處有現在討論的鳥喙人頭，頭部右邊伸出來的是它的脖子，脖子往下彎曲後有前肢往右伸出，前肢根部的漩渦處長着翅膀，然後它的身體經過龍軀幹的下面，往下彎曲，接着往右彎曲，經過龍軀幹的上面。

圖版7-27是帶鈎，寬度大的部分靠右處有頭。這個神没有翅膀，而有人的肩膀和胳膊。身體首先往左走，接着往上彎曲，然後再往下彎曲，此處有人腿。圖版7-25、26的鬼神有普通的人耳，而這個鬼神的耳朵是巨大的葉形耳。這個耳朵和臀部有小龍咬它。

以上兩種鬼神的名稱和性格不明。

【8】人身獸首神、人首獸身神

圖版7-28是狩獵圖中的一個場景，牛首人身的鬼神捕捉野獸，把它舉起來，用劍刺它。圖版7-29也是獸首人身的神，頭部不知道是什麼動物的頭，它也把某種動物舉起來。這些圖像肯定有神話背景，但其內容目前不得而知。圖版7-30，有凸字形山，上面有樹，山下有人首、雙獸身的神。頭髮很短，倒豎，這個頭部與其說是人頭，不如說是鬼頭。

除了以上介紹的例子以外，人形或具有人因素的鬼神還見於漆畫中，例如信陽長臺關1號墓出土瑟[12]、隨州擂鼓墩曾侯乙墓內棺[13]等，種類相當多。但這些例子不是青銅器的紋飾，我們不能花費大量篇幅講述脫離主題的內容，因此在此不加以介紹。

---

[12] 河南省文物研究所1986，圖二四。
[13] 湖北省博物館1980，封面；湖北省博物館1984，圖版39。

第八章 人、自然動物

前面介紹的都是超自然的存在，本章則搜集和整理真實存在的人或動物的圖像。

【1】圓雕人像

春秋戰國時代的圓雕人像，用爲器座的例子比較多，如圖版8-1～5。在此只引用出土信息明確的例子。這些圓雕人像和玉人同樣可以作爲服飾研究的很好資料。這種資料此外還有不少，筆者曾發表過論文[1]，在此不重複説明。

【2】畫像紋禮儀圖像

春秋Ⅲ到戰國Ⅰ，使用鏨刻、銅鑲嵌、浮雕等方法在青銅容器上像繪畫一樣表現各種場景，筆者把這種圖像稱爲畫像紋。圖像主題有宴樂、會射等禮儀以及戰争、狩獵、群獸等。關於這些畫像和禮書中所見的禮儀、建築、器物的關係，筆者在很早以前寫過論文[2]。其後出現了很多新資料，需要補充的問題也很多，但這些問題大都不是青銅器紋飾的問題，而與當時的禮制和器物相關。關於這個問題，以後會有討論的機會，在此不詳細講述。另外，韋伯（Weber）從藝術史的角度對畫像紋做了很好的研究[3]，請讀者參看。

本項介紹與禮儀相關的畫像。宴樂、會射的場景見於圖版8-6～26。用土堆成的平臺上有建築，酒壺擺放在堂上（圖版8-11、16～20、25），鼎也擺放在堂上或庭中（圖版8-7、26），舉行飲酒禮（圖版8-6、7、10～12、14、16～21、24～26）[4]。射禮也在此舉行（圖版8-7～12、16、18～20），射禮使用的侯（靶子）大都呈橫寬的X形。堂下懸掛鐘磬（圖版8-10～12、16），舞蹈（圖版8-7、9、10、15、22）。其旁邊往往有人采桑（圖版8-10、11、20、22、23）。此外，弋射也在旁邊舉行，此事筆者在狩獵、群獸圖像處介紹。

【3】畫像紋戰争圖像

圖版8-27～31是其例，圖像可以分爲四類：許多士兵在城墙上架梯子攻上去，守城的人在城墙上應戰的圖（圖版8-27、28、29倒數第二段[5]），雙方的船正面衝突而戰鬥的圖（圖版8-27、28、29第二段），五人組成的隊伍"伍"和"伍"戰鬥的圖（圖版8-29下段）*，其他（圖版8-30、31）。圖版8-

---

[1] 林1985。
[2] 林1961—1962。
[3] Weber 1968。此外，葉小燕先生對刻紋做解説（葉小燕1983），但這是概略性論文。
[4] 關於這個禮儀中使用的酒壺和酒杯，參看《綜覽》第一卷，第136～145頁†。
[5] 圖版8-29倒數第二段的圖中沒有守城的人。

---

* 譯按：8-29下段圖中，戰鬥的雙方都不是由五個人組成。從這個意義上説，上段的圖才是"伍"和"伍"戰鬥的圖。但比較上段的圖和下段的圖，可以知道下段的圖是"伍"和"伍"戰鬥的局部圖。

† 譯按：中文版第149～160頁。

30是局部圖，畫的是披髮、使用投槍的外族人和華夏族人的戰鬥。

戰爭中使用的船是兩層結構，水手在舷處操槳，上甲板上有士兵，其裝備與陸戰的士兵相同。如果普通的船設置這麼高的上甲板，并讓人在上面，會很不穩定的。這應該是兩艘船并起來，把甲板設在上面的“方”[6]。

【4】畫像紋狩獵、群獸圖像

畫像紋中還有一類圖像，一些人追逐很多鳥獸打獵，在很多奔跑的野獸中揮舞兵器，或打死一頭野獸。我們把這類圖稱爲狩獵、群獸圖像。

春秋ⅢA到戰國ⅠB出現的圖版8-32、33、35、39、41、42、45、47等是同一類圖，人在鳥獸群中打獵，這些鳥獸中雖然有大象等真實存在的動物，但也有鷺等很明顯的幻想動物。狩獵者中也有鬼神，如上一章引用過的圖版8-35的人身牛首神、圖版8-38的人身鳥首神等。像雲夢澤這種象、兕等珍獸棲息的地方，既是神聖的地方，又是鬼神的住處。這些圖像可能就是在這種地方狩獵的場景。春秋ⅢA到ⅢB的狩獵圖中，鳥獸比人大很多，許多自然界中不存在的動物混雜在裏面；到了戰國ⅠA到ⅠB，人和鳥獸的大小比例變得很自然，出現的鳥獸主要是虎、鹿、野猪等我們熟知的動物。

有一種狩獵圖，上面列舉的獸類在成群地奔跑，人拿着兵器處於其間。圖版8-37、41、43屬於這一類。

在廣闊環境中打獵的圖像中，還有弋射的場景[7]。弋射是把繫着絲繩的箭朝着一群飛鳥射去，讓絲繩纏繞鳥而捕捉的射獵方式。弋射圖像已經出現在圖版8-10、11、15宴樂場景的旁邊。圖版8-40是從圖版8-11切出來的局部圖。筆者曾指出，西周時代，把神聖的地方、池塘，及其周邊的叢林等地方選爲祭祀、饗宴、會射的地方，這個傳統以苑囿的形式繼續存在於漢代；因此弋射在舉行宴樂的宮殿附近舉行[8]。此外，弋射的場景還見於圖版8-39、42、46、48，但與宴樂的場景沒有關係。

下面看打死一頭野獸的圖。時代早的例子有春秋ⅢA的圖版8-34、戰國ⅠA的圖版8-43等，但這種圖像流行的是戰國ⅠB。圖版8-47以下是其例，圖像富於變化，作爲圖畫而言很好看。

【5】水鳥魚鱉

有時候，口沿附近裝飾一排水鳥圖像，如圖版8-57～62。圖版8-57，鳥腿向後，是在水上游的姿態。這些鳥都沒有可以視爲鬼神的特徵，因此我們認爲是普通的水鳥。圖版8-56，鳥像站立在壺蓋中央，也有可能是無羽冠鳳凰，但沒有踩踏蛇、叼蛇等鳳凰的特徵，因此我們把它歸於此類。圖版8-63的情況也差不多。

有時候，水鳥和魚、鱉一起出現，如圖版8-59、62。這種魚和鱉同樣可以看作游在池中的普通的魚或鱉。

【6】尖葉形內、鳥獸

圖版8-64～66，尖葉形中放入一對鳥或四腳獸。這些鳥獸也沒有可以視爲鬼神的特徵，因此我們把這些例子歸於本章中。

---

〔6〕 參看凌純聲1970。
〔7〕 參看徐中舒1934、徐中舒1935。
〔8〕 林1961—1962：（三），12～13。

第九章　罔　兩　類

　　像罔兩紋這種紋飾，雖然具有人類或動物的身體部位，但這些部位的組合并不見於自然界裏存在的任何動物，因此可以視爲某種鬼神。我們在《綜覽》第二卷中把這種紋飾稱爲罔兩類[1]。本卷也設一章介紹春秋戰國時代的罔兩類。

　　【1】罔兩紋

　　圖版9-1 ～ 14是春秋戰國時代的罔兩紋，例數不多。春秋Ⅰ以來的傳統的形狀延續到春秋Ⅱ。圖版9-11、12是所謂李峪式紋飾，但罔兩紋在所有李峪式紋飾中只占少數，并不怎麼流行。圖版9-9是用勺子頭部的曲綫弧度畫出來的罔兩紋*，這個表現型式的罔兩紋被裝飾在一種壺上，與壺一起使用到戰國Ⅱ。

　　【2】目羽紋

　　商、西周時代的目羽紋是由眼睛和其左右兩側的羽毛構成的紋飾。按照這個定義，圖版9-15、17是目羽紋。但商、西周時代的目羽紋橫寬，而圖版9-15、17的紋飾接近方形。雖然資料不多，但恐怕不能把兩者看作兩種不同的紋飾。

　　圖版9-18 ～ 21可以理解爲眼睛和羽毛緊貼在一起的目羽紋，屬於《綜覽》第二卷·圖版12-82的系統，因此我們把它歸於本類。

　　【3】頭足紋

　　頭足紋是由頭和腿構成主體部分的紋飾。春秋Ⅱ出現形制與《綜覽》第二卷·圖版12-130相同的頭足紋，如圖版9-22 ～ 24。

　　【4】羽手紋

　　商、西周時代，羽手紋作爲商代骨柶的刻紋出現過（《綜覽》第二卷·圖版12-149），是一種極爲少見的紋飾，除它之外只出現過與之相應的圖像符號而已。這個紋飾又見於戰國ⅠB畫像紋的狩獵圖像中，如圖版9-25。目前可知的文物中沒有連接起兩者的資料，但這一紋飾的形狀甚爲奇特，恐怕我們只能認爲商代的鬼神保留原來的形狀延續到戰國時代。

---

〔1〕　第169頁†。

---

*　譯按：關於 "用勺子頭部的曲綫弧度畫出來的" 的意思，請看本書第一編第二章第三節第五項（12）豆條（第65頁）譯按。
†　譯按：中文版第171頁。

第十章　亞動物紋、植物紋

有一種紋飾，雖然是由羽毛、眼睛等動物的身體部位構成的，但不構成鬼神、動物乃至罔兩等獨立完整的圖像。《綜覽》第二卷把這種紋飾命名爲亞動物紋[1]。亞動物紋在春秋Ⅱ到戰國時代也有如下幾類。

第一節　羽　　紋

第【1】～【9】類是商、西周時代以來的傳統紋飾，第【10】類以下是春秋時代以後新出的紋飾。

【1】對向雙羽紋、S形雙羽紋

對向雙羽紋，如圖版10-1～19所示，是由兩片羽毛構成的紋飾。兩片羽毛的根部朝外，互相重叠，形成一個紋飾單元。看《綜覽》第二卷·圖版13-1～10就能知道，商、西周時代的對向雙羽紋有使用細綫的一類和使用寬體綫的一類。這兩類在春秋Ⅱ以後也都繼續出現。圖版10-7、8是春秋ⅢB的例子，羽毛前端部分的幅度較寬，呈翎羽形。這些例子讓我們不得不認爲，春秋戰國時代的人知道這個紋飾是以羽毛爲單位的，對這個紋飾保留了準確的認識。

S形雙羽紋是對向雙羽紋的一種。對向雙羽紋是上下重叠的兩片羽毛中間有兩條平行的對角綫；S形雙羽紋是這兩條對角綫變成一條，紋飾單元整體呈S形。這個紋飾從春秋Ⅰ開始出現，如《綜覽》第二卷·圖版13-11～15；春秋Ⅱ繼續使用這個紋飾，圖版10-20～22是其例。

【2】勾連ヮ形羽紋

《綜覽》第二卷·圖版13-115～123是西周Ⅲ～春秋Ⅰ的例子，春秋Ⅱ能看到它的後裔，如圖版10-23～27。

【3】并列S形羽渦紋

《綜覽》第二卷·圖版13-127～130是西周Ⅲ～春秋Ⅰ的例子，這個紋飾在春秋Ⅱ繼續出現，如圖版10-28～32。

【4】勾連S形羽渦紋

這個紋飾在西周Ⅱ、春秋Ⅰ有若干例子，如《綜覽》第二卷·圖版13-133、134。春秋Ⅱ以後還有

---

[1]《綜覽》第二卷，第179頁*。

＊　譯按：中文版第181頁。

少數例子，如圖版10-35、36。圖版10-36，羽毛的形狀比較圓潤，看起來很不相同，但紋飾的結構是相同的，因此我們把它歸於此類。

【5】雙Y形羽渦紋

這個紋飾是由分出小枝、呈Y形的兩片羽毛構成的，把方向相反的兩個Y形的下端連起來就形成了這個紋飾，因此我們在《綜覽》第二卷把這個紋飾命名爲雙Y形羽渦紋[2]。這個紋飾在西周Ⅲ到春秋Ⅰ出現。春秋Ⅱ也出現了形狀相同的紋飾（圖版10-37～42）。春秋ⅡB，把雙Y形羽毛扭彎而成的紋飾出現（圖版10-43）；春秋ⅢA，將這個紋飾纏繞在一起的紋飾也出現（圖版10-44）*。

【6】商、西周風格羽渦紋

在此一并介紹商、西周風格的各種羽渦紋。圖版10-45～48是商晚期到西周Ⅰ多見的、細綫式羽渦紋的風格。可能當時還有商、西周時期的器物，這些紋飾是根據這些器仿造的。饕餮紋也有可以理解爲仿古作品的一類，這一點我們在第231頁講過。

圖版10-49～54是西周Ⅲ到春秋Ⅰ多見的、寬體羽紋的風格。不屬於上一類的羽渦紋都列在此處。圖版10-51是鼎耳的紋飾，這個紋飾是很醜的C形排列而成的。這件器主體部分的紋飾是根據商、西周時代的饕餮紋仿造的，因此這個C形也可以理解爲仿古紋飾。

【7】鐘的羽渦紋

圖版10-55～57來自《綜覽》第二卷·圖版13-244鐘的鉦部所見羽渦紋——等腰三角形底邊外側附加一對漩渦的紋飾——的傳統。圖版10-58～60是春秋Ⅱ～Ⅲ華中華南地區的特定地域型的例子。與此稍異的紋飾不勝枚舉，因此只選這三例作爲這類紋飾的代表。

【8】尖葉形内、雙羽紋

這個紋飾從商中期開始出現，整個西周時代頻繁使用（《綜覽》第二卷·圖版13-57～107）。春秋戰國時代也有這類紋飾，而且很盛行，圖版10-61～84是其例。

【9】對向、尖葉形内、雙羽紋

這個紋飾是讓一對方向相反的尖葉形内雙羽紋咬合而成的。圖版10-85～109是其例。以圖版10-85爲例說明，尖端向下的尖葉形是與圖版10-68相同的尖葉形内雙羽紋，每個尖葉形之間放入尖端向上的、羽毛形狀不同的尖葉形雙羽紋。這個例子能够證明，在創造這個紋飾的人的意識裏，這是讓一對尖葉形内雙羽紋咬合而成的形狀。同樣讓兩種不同的尖葉形咬合的紋飾還有圖版10-89、90、96、97、99等，每個時代都出現。此外，讓相同的尖葉形咬合的紋飾也有不少例子，如圖版10-86、88。

圖版10-110～112，可以説是把相對的尖葉形内雙羽紋隔開，并把羽紋填入中部的空間而成的。因爲例子很少，我們把這種紋飾也歸於本類。圖版10-113只保留相對的尖葉形中間的鋸齒狀紋飾帶。

---

[2]《綜覽》第二卷，第182頁†。

---

* 譯按：圖版册中，林先生把圖版10-44的時代定爲春秋ⅢB。這是恭城加會公社秧家大隊出土的盨缶，見於第一編第二章"同墓出土青銅器群圖表"84。此表寫漏這個青銅器群的時代，但從排列順序可以看出林先生認爲這個青銅器群的時代屬於春秋ⅢB。

† 譯按：中文版第185頁。

這個例子也放在此處。

【10】輻射狀排列、尖葉形内、雙羽紋

這是由四個尖葉形内雙羽紋組合而成的，每個尖葉形的尖端在中心，整體呈輻射狀排列。圖版10-114 ～ 117是其例，圖版10-114是特定地域型的特殊例子。

【11】"火"紋

圖版10-119 ～ 120的鳳凰後面有一種圖形，筆者曾經指出這是《尚書·益稷》中所見的古代中國天子衣裳十二章之一"火"[3]，因爲這個圖形與戰國文字的"火"字相似。這是上部有紅桃形或黑桃形，下部有一對漩渦的圖形。例如如果把圖版10-68、85的尖葉形内的圖形單獨拿出來，就成爲這個圖形，因此我們把這個紋飾放在尖葉形内、雙羽紋之下。雖然不太容易看出來，但這種圖形在圖版10-118的每個環耳之間各放入一個，圖版10-324中心的四片花瓣之間也各放入一個。

【12】羽紋化"火"紋

這個紋飾使用的是把上一類"火"紋上部的心形和下部的一對渦紋左右拉長、前端改爲刀狀而成的羽毛。讓這個羽毛曲綫化，并對此進行加工，改成華麗的圖案，就成了這個紋飾。以圖版10-126爲例説明，如果看右邊三分之二，應該就能看出上部有扁平的心形，下部有與漩渦相對應的部分。上部的心形和下部的雙漩渦錯開位置排列，每個圖形利用相鄰圖形的曲綫，形成完整的形狀。把這個圖形組合起來，呈輻射狀排列的例子還見於圖版10-323。

圖版10-121 ～ 133是這個紋飾的各種類型，在此不一一説明。

【13】附帶翎羽、細綫幾何羽紋

這是很細的綫條前端加寬幅的翎羽而成的、單純的幾何紋飾。圖版10-134 ～ 135是這類紋飾。

【14】橫向展開、細綫羽渦紋

這是由細綫羽毛形構成的渦紋。這個紋飾橫向展開，使用於紋飾帶中。我們把圖版10-136 ～ 140歸於這類紋飾。

【15】細綫連綿羽紋

這是把彎曲的細綫羽毛形連接而成的，可以連接成很長的紋飾，没有像上一類那樣形成渦紋的意思。圖版10-141 ～ 143是其例。

【16】橫向展開、寬幅羽紋

第【14】類是由細綫羽毛形構成的，而這類紋飾是由寬幅的羽毛形構成的。圖版10-144 ～ 150是其例。圖版10-151是特定地域型的很特別的紋飾，我們把它歸於此類。

【17】大面積、對稱形斜交、直綫羽紋

這是方方直直的羽毛形斜交而成的、左右對稱的羽紋，用於器側的很大空間。這個紋飾使用鑲嵌

---

〔3〕 林1969：65 ～ 68。

等技術，非常華麗。圖版 10-152 ～ 159 是其例。

【18】斜交、曲綫羽紋

這也是羽毛形斜交而成的紋飾，但使用曲綫這一點與上一類不同。圖版 10-160 ～ 162 是其例。

【19】徽章狀羽紋

這個紋飾的布局左右對稱，讓人覺得像徽章。圖版 10-163 ～ 167 是其例，也有像上一類那樣大面積使用的例子。圖版 10-163 是用在鼎足上部的例子，這個位置是裝飾犧首的地方。圖版 10-167，雖然沒有形成動物的臉，但有雙目。圖版 10-164 ～ 166，以黑桃形爲紋飾的核心，這個形狀與犧首額部的中央部分相同。以上事實表明，這類紋飾來自犧首或犧首額頭的中央部分，可能與犧首具有同樣的象徵意義。

【20】菱形斜交、帶狀羽紋

這是紋飾帶中使用的羽紋，羽紋的綫條交叉，形成菱形。圖版 10-168 ～ 182 是其例。這個紋飾在戰國時代流行，漆器也經常使用，延續到漢代[4]。

【21】小方形羽渦紋

這個紋飾以小方形爲基本單元，裏面放入彎曲的羽毛形，如圖版 10-183 ～ 186。

【22】不定形寬幅羽紋

難以描述的羽紋都放在此處，即圖版 10-187 ～ 191。這類紋飾大都用在很小的地方，但也有像圖版 10-191 那種壺腹全面使用的例子。

【23】尖葉形内、其他羽紋

尖葉形裏面放入羽毛形的紋飾中，不屬於第【8】～【10】類的各種紋飾搜集到此處。如圖版 10-192 ～ 199 所示，每個時期都有。尖葉形裏面的羽毛形有各種各樣的形狀。

【24】羽形扉棱

自商代以來，器側突出的各種扉棱本來是以羽毛爲原形的。春秋戰國時代，扉棱往往做成某種鬼神形，但也有做成羽毛形的例子，如圖版 10-200 ～ 202。

【25】緊密絲繩狀羽地紋

圖版 10-203 結構比較疏鬆，容易看懂。這是分出小枝的絲繩狀羽毛緊密排列而成的紋飾，因此筆者把這個紋飾稱爲緊密絲繩狀羽渦紋（圖版 10-203 ～ 230）。其中有些例子——如圖版 10-216、229——似是頭和腿都被去掉的龍的軀幹，所以可能源自龍紋。但第三章第八節【3】的羽紋化龍還保留目、舌、下顎等身體部位，而現在看到的紋飾都沒有這些部位，而且這個紋飾在每個時期有各種各樣的例子，其中大多數看不出任何動物因素。因此，我們在命名時故意沒有使用讓人聯想到動物紋的

---

〔4〕　湖北省荊州地區博物館 1984，圖版五五、五六；雲夢睡虎地秦墓編寫組 1981，圖二三～二九；湖南省博物館、中國科學院考古研究所 1973，圖七二、七七、八二。

名稱。

【26】羽地紋

這是密密麻麻鋪滿了沒有中軸的刀狀羽毛的紋飾。圖版10-231 ～ 260是其例。春秋ⅡB到戰國末期，每個時期都有例子。只要按照時代順序排列這些例子，就能看出，這些紋飾雖説都是鋪滿羽毛而成的，但每個時代都有不同的特徵。

第二節　鱗　紋

鱗紋從西周Ⅱ開始出現，在西周Ⅲ盛行，具體例子見於《綜覽》第二卷・圖版13-147 ～ 205。春秋Ⅱ也繼續使用，新的種類也出現，但大約春秋Ⅲ以後不那麼流行了。

【1】并列鱗紋

《綜覽》第二卷中，我們分開了單純并列鱗紋（D形鱗片在帶狀空間中排成一排的紋飾）和長短互列鱗紋（長短兩種鱗紋交錯排列的紋飾），但春秋戰國時代的資料沒有那麼多，所以在此把這兩種紋飾合并了。圖版10-261 ～ 270是其例。西周Ⅲ、春秋Ⅰ，有時用C形表示短鱗片（《綜覽》第二卷・圖版13-170、190）；春秋Ⅱ以後，把這個C形改成U形的一類出現。

【2】重叠鱗紋

西周Ⅱ出現一種鱗紋，鱗片像魚鱗一樣互相重叠，覆蓋很大的面積[5]。西周Ⅱ到春秋Ⅰ的重叠鱗紋都是讓鱗紋縱向排列而成的，春秋Ⅱ則開始出現橫向排列的重叠鱗紋。在此把前者稱爲（1）類（圖版10-271 ～ 275），後者稱爲（2）類（圖版10-276 ～ 280）。就（2）類而言，春秋ⅢA，腹部相對的魚鱗排列而成的紋飾也出現，如圖版10-280。

【3】垂、昂鱗紋

西周Ⅲ出現一種鱗紋，鱗紋在圈足等部位橫向并列，排成一排，看起來好像從上面垂下的鱗片似的[6]。春秋Ⅱ，有時候把這個紋飾反向用在蓋鈕等部位，如圖版10-287。或許有人認爲這個紋飾和圖版10-299的山紋是同一種紋飾，但我們把它看作鱗紋的一種。關於其理由，請參看《綜覽》第二卷第183頁。圖版10-288不太好懂，L形圖形沿着紋飾帶的底綫排列，一對L形以尖端爲内相對，這對L形構成的形狀可以看作把圖版10-287的鱗片分成兩半的形狀。因此我們把這個例子歸於本類。

【4】尖角重叠鱗紋

圖版10-289 ～ 291與《綜覽》第二卷・圖版13-170相似，紋飾單元的鱗片有一個缺口，可以看作

---

〔5〕《綜覽》第二卷，第183頁*。
〔6〕《綜覽》第二卷，第183頁†。

---

* 譯按：中文版第186頁。
† 譯按：中文版第186頁。

C形，但彎曲處呈棱角，因此我們把這個紋飾命名爲尖角重叠鱗紋。圖版10-292，這個鱗片橫向幷列，排成一排，不能算是重叠鱗紋*，但爲了方便，我們把這個例子附在此處。

【5】附帶三角形鱗紋

我們在《綜覽》第二卷·圖版13-202 ～ 205引用的紋飾，以短鱗片加等腰三角形的形狀爲基本單元，我們稱之爲附帶三角形鱗紋。從這個紋飾演變而來的紋飾出現於春秋 II 到戰國 I。這個紋飾可以分爲兩類：（1）類見於圖版10-293 ～ 296。看圖版10-293，應該很容易識別出很細的等腰三角形和貼在其底邊的鱗片。圖版10-294，三角形和貼在底邊的鱗片被放入尖葉形内。圖版10-296，如果關注用細綫所畫的部分，應該能看出與圖版10-294相同的圖形。至於圖版10-295，鱗片部分成爲用粗綫畫出的漩渦。類似的例子有西周 III 的《綜覽》第二卷·圖版13-176，這是長短互列鱗紋的短鱗片變成漩渦的例子。另外，圖版10-268是長鱗片和漩渦連接在一起的紋飾，這個漩渦也可以理解爲相當於短鱗片的部分。

（2）類是所謂李峪式的一類，如圖版10-297、298。圖版10-295中所見的、變成漩渦的鱗片和細長的等腰三角形在此成爲一體，而且用一筆畫出來。等腰三角形兩側的空間用紋飾填充（《綜覽》第二卷·圖版13-203 ～ 205），整體呈 M 形。韋伯（Weber）把這種紋飾稱爲 MV 紋[7]。

第三節 山 紋

過去，筆者把像圖版10-299 ～ 309這種紋飾稱爲山紋。戰國時代的畫像紋（圖版7-30）中，上面有樹的山被畫成從凸字形去掉底部的形狀；西漢時代也保留了這個傳統，有樹和動物的山被畫成這個形狀，因此我們起了這個名字[8]。另外，筆者最近討論了蓮花在古代中國的象徵意義，其中提到山紋的由來[9]。我們在《綜覽》第二卷討論山紋時，没有引用這篇論文，所以在此介紹一下：山紋的早期形狀見於《綜覽》第二卷·圖版13-208 ～ 211。西周 III 的山紋有如下特徵：綫條是流利的波浪綫，呈普通的山形，山腰不像凸字那樣隆起；波浪凹進處填入的圖形（《綜覽》第二卷·圖版13-209下、211）與《綜覽》第二卷第30頁圖14（20）左的尖葉形内的圖形相近†，但前端圓潤，所以不呈 V 形而呈 U 形。

---

[7]《綜覽》第二卷，第185頁‡，注（11）。

[8] 林1969：46 ～ 51。

[9] 林1987：45 ～ 50。

---

* 譯按：圖版10-292正是林先生所謂的重叠鱗紋，與"鱗片橫向幷列，排成一排"的描述不合。從這個描述推測，此圖版10-292疑是圖版10-290之誤。

† 譯按：爲了閱讀的方便，在此引用《綜覽》第二卷第30頁（中文版第29頁）圖14（20）左：

‡ 譯按：中文版第187頁。

圖55　帶菌形角的山紋，壺，Courtesy of the Trustees of the British Museum

尖葉形大多使用在器頸的紋飾帶，尖端朝上，形狀像外翹的花瓣。西周Ⅲ的山紋也有類似的例子，用在壺蓋上，尖端向外，整體形狀像花朵。通過以上的觀察，可以做出如下推測：山紋是從商晚期到西周Ⅰ常見的尖葉形演變而來的，把尖葉形的頂部和谷底的稜角改成圓角，整體改爲波浪曲綫，裏面填入的圖形也用曲綫表現，就成爲山紋。兩者不同的是，山紋形成後，不僅凹進處填入圖形，山谷間也填入圖形（《綜覽》第二卷·圖版13-209下）。

　　西周Ⅲ出現的、壺蓋上裝飾的花瓣狀山紋，到了春秋ⅢA，前端變尖，成爲真正的花瓣形（器影圖版壺22）。如果知道山紋的祖型是尖葉形排列而成的花瓣狀圖形，就能夠明白，山紋變成花朵并不是春秋時代的工人憑空想出來的。圖版10-310、311不是山紋而是尖葉形，但裏面填入的公字形正是山紋（如圖版10-306）中填入的圖形。這也能夠證明筆者所説的山紋和尖葉形的親屬關係。附帶説，圖版10-311的裏面填入的圖像，鱗片上面兩側有前端尖鋭的動物耳朵。這是很少見的例子。關於這個問題，圖55提供了饒有趣味的例子。這是時代屬於西周Ⅲ的小子師望壺腹部的山紋。山紋上部有極普通的圖形，下部有很大的眼睛，其左右兩側各有一片羽毛，羽毛上面有菌形角。據此可知，山紋中填入的圖形有時被當作罔兩類鬼神。圖版10-312，同樣具有神性的圖像被放入尖葉形中*。

【1】山紋

　　春秋Ⅱ到戰國Ⅰ，忠實地保留西周以來的傳統形狀，圖像畫得很大，如圖版10-299～309。此外還有采用時尚風格的一類，如圖版10-303～305。

【2】纏絡龍風格山紋

　　我們在圖版3-221～228介紹了山紋形纏絡龍紋的例子，這是把龍的圖像交纏成山紋形狀的紋飾。圖版10-313～318的紋飾，雖然類似於龍身的綫條同樣交纏成山紋的形狀，但哪個位置都沒有龍頭。對這個紋飾，起這個名稱比較好理解。

第四節　植　物　紋

　　雖説是植物紋，但在此介紹的只是花的紋飾。帶有蔓或葉子的花的紋飾作爲刺繡圖案可以看到[10]，但沒有青銅器紋飾的例子。樹木的圖像經常被用爲戰國時代的瓦當紋飾[11]，但也沒有被用爲青銅器紋飾。

---

〔10〕　例如湖北省荆州地區博物館1985，彩版二一～二四。
〔11〕　關野1952。

---

* 譯按：這個描述似乎有問題。圖版10-312是林先生所謂的“纏絡龍風格山紋”，雖然裏面使用具有神性的圖像，但沒有使用尖葉形。從上下文推測，此“10-312”似是“10-311”之誤。

【1】蓮花

沂南畫像石墓的藻井裝飾花的雕刻，筆者曾經從這個雕刻出發，證明漢代的所謂四葉紋（柿蒂紋）是圖案化的蓮花[12]。并且由此上溯，指出圖版10-319～322等例子是蓮花的圖像[13]。我們把這類圖像稱爲（1）類。我們在介紹水鳥圖像時引用的圖版8-56壺蓋也裝飾蓮花，這是目前可知的（1）類中時代最早的例子。

大約戰國ⅠB，花瓣的形狀呈黑桃形或紅桃形的一類出現。這個紋飾與漢代的所謂四葉紋可以相對照。這類紋飾見於圖版10-326，圖版10-323～325、327、329的中心部分，圖版10-328的外面一圈。我們稱之爲（2）類。上引論文指出，這種形狀也在漢代表示蓮花，是（1）類圖像進一步圖像化的圖像。

圖版10-330，時代比前面幾例早，是春秋ⅢB的例子。中央處有囧紋，花瓣的尖端很長，花瓣裏面填入蕨手紋*，這些特徵與我們所謂（2）類有所不同。按理說，這個圖像應該歸類於尖葉形，但這個圖像被用在平面上，看起來像是（2）類花形。這個圖像可以如此解釋：筆者曾經指出商晚期的尖葉紋是象蓮花的紋飾[14]。若果真如此，因爲圖版10-330是商代尖葉紋的後裔，它被視爲蓮花是很自然的事情。圖版10-323以下的（2）類是把圖版10-330的花瓣變短而成的圖像，正因爲圖版10-330被看作蓮花的圖像，（2）類圖像也被看作蓮花，而且這個傳統延續到漢代。

【2】梅花紋†

圖版10-331～338是其例。蓮花的圖像在器物的中央部分只使用一個，而這個花的圖像雖然有時也使用在器物中央部分——如圖版10-337、338，但往往隔着一定的距離使用很多。關於這個花的象徵意義，筆者目前想不出很好的解釋。圖版10-334、335是龍和龍之間放入梅花紋的例子。龍和這個花的關係也不清楚。

---

[12] 漢代的遺物中有裝飾四葉紋的蓋弓帽，駒井和愛先生認爲這是漢代所謂的"華蚤（爪）"，據此把四葉紋看作花的圖像。根據文獻資料可知，漢代人喜歡蓮花，把它用爲建築等的裝飾，因此駒井先生指出此四葉紋正是蓮花（駒井1953：82—88）。這是根據間接證據做的推測。但這個四葉紋貌似柿蒂，葉子矮小，怎麼能看作具有許多細長花瓣的蓮花呢？駒井先生沒有說明這一點，因此他的說法缺乏說服力。筆者的論文補充說明這一點，以證實這個說法。

[13] 林1987：2～11。

[14] 林1987：49。

＊ 譯按：關於蕨手紋的含義，請參看下一章【6】"施加蕨手紋的帶狀紋飾"的譯按（第277頁）。

† 譯按：原文是"梅鉢紋"。梅鉢紋是把梅花的正面形圖案化的紋飾。因爲漢語裏沒有相應的詞，在此把"梅鉢"直接翻譯爲"梅花"。

梅鉢紋例：

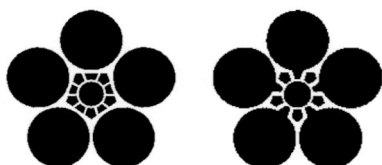

第十一章　幾　何　紋

《綜覽》第二卷把幾何紋分爲兩類：（a）象徵天體、自然或與此相關內容的紋飾；（b）其他幾何紋，例如與某種器物的製作技術相關的紋飾等。本卷也采用這個分類方法。

一、象徵天體、自然或與此相關內容的幾何紋

【1】囧紋

關於囧紋的由來和名稱，筆者在《綜覽》第二卷詳細説明[1]，在此不重複。圖版11-1～27是春秋Ⅱ到戰國Ⅱ的例子。其中有些例子保留商、西周時代的古老圖案，以小圓形爲中心旋轉排列羽毛，如圖版11-2。但這個時期囧紋的主流是在圓形裏面旋轉排列逗號形而成的。從春秋ⅢA開始，逗號的尾巴分出一個小枝叉的類型出現。筆者把這種囧紋的例子放在每個時期的最後。

圖版11-26、27中，構成囧紋的附帶小枝叉逗號形的頭部，分別變成回首的鷥頭和龍頭。

【2】朵紋、所謂內行花紋 *

商代"朵"字所象的是圓形四出光芒的形狀，因此我們把這種形狀的紋飾稱爲朵紋[2]。朵紋在商代青銅器中只有若干例子[3]，春秋戰國時代的青銅器中也沒有多少例子。圖版11-28是春秋ⅢA鼎蓋的中央部分使用的例子。圖版11-29也是春秋ⅢA鼎的同一個部分裝飾的紋飾，雖然圓形周圍的綫條前端圓潤，但我們把這個例子也歸於本類。

朵紋雖然在青銅器上使用的例子很少，但陶鼎、豆的蓋上使用的例子比較多。圖版11-30是其中一例[4]。

所謂的內行花紋從戰國末期開始出現，在漢代經常被用爲銅鏡背紋。筆者曾經對這個紋飾做過詳細的論述，認爲這個紋飾是用弧綫把朵紋外側的光芒連接起來而成的，從戰國時代到漢代與朵紋互用，這兩種紋飾都代表日月星辰[5]。鏡紋的所謂內行花紋在此只引用一例（圖版11-31）。圖版11-32是銀盒，以浮雕的方法施加朵紋，非常少見。器形是陶盒常用的形狀，時代大致屬於戰國末到漢初。

---

[1]《綜覽》第二卷，第186～187頁[†]。
[2]《綜覽》第二卷，第188頁[‡]。
[3]《綜覽》第二卷，圖版14-42～45。
[4] 此外還可以舉出洛陽區考古發掘隊1959，插圖七[§]等。
[5] 林1987：11～20。

---

* 譯按：內行花紋，亦稱連弧紋，用內向弧綫連成圈，作爲主紋。
† 譯按：中文版第189～190頁。
‡ 譯按：中文版第191～192頁。
§ 譯按：洛陽區考古發掘隊1959，插圖七是墓葬平面圖，顯然不是林先生在此要引用的圖。王仲殊1954也是洛陽燒溝附近的墓葬（但是戰國墓葬）的介紹，插圖7是"陶豆的捏手及陶壺、鼎的蓋上的暗紋"，收錄的正是在此討論的紋飾。林先生要引用的很有可能是王仲殊1954，插圖7。

【3】卍形紋

　　卍形紋見於西周時代的青銅器等器物上，例子很少[6]。春秋戰國時代青銅器上使用的例子，筆者只注意到了圖版11-33。陶器偶爾使用這個紋飾，圖版11-34窠紋中心使用的是其一例。施加這個紋飾的陶鼎[7]，按照青銅鼎的分類説，相當於戰國ⅠB的一五B型。也就是説，這件鼎和圖版11-33大致屬於同一個時代。圖版11-35是陶豆的中央部分使用的例子，這座墓出土的敦具有戰國ⅡB的形制。

【4】回字形、S形渦紋

　　商、西周時代，弧綫單純旋轉的渦紋偶爾單獨使用在銅器上[8]；春秋戰國時代，則大都把這種渦紋排成好幾排使用，S形渦紋的使用方法也完全相同——請比較圖版11-42和43。因此筆者把這兩種紋飾放在一起介紹（圖版11-36～50）。如圖版所示，春秋ⅡA到春秋ⅢB能看到的渦紋是方方直直的那種，大都用在鼎耳或蓋上。從戰國ⅠA開始，使用弧綫的渦紋也出現（圖版11-47、48、50）。圖版11-41是邵鐘的紋飾，S形渦紋的行列呈波浪狀，這個用法頗爲少見。

【5】對角綫劃分方形紋

　　這個紋飾是用對角綫把方形分割成兩個或四個三角形，并在每個三角形中填入單純的渦紋或鈎形而成的。圖版11-51～57是其例。這個紋飾在鼎耳上使用的例子很多，這一點與上一類紋飾相同，而且這兩類紋飾使用的時代也相同。因此筆者把這個紋飾放在回字形、S形渦紋的後面。

　　這類紋飾，看起來與羽紋部分介紹的圖版10-116相似，尤其圖版11-56特別像，我們或許可以考慮把這類紋飾歸於羽紋。但如上所述，這類紋飾的用法和使用時代與第【4】類相同，可見當時這兩種紋飾被視爲同類的紋飾。再看圖版10-116，三角形內的圖案有頂角平分綫方向的綫條，它與它前方的尖葉形內羽紋應該看作同一種羽毛。而在此介紹的紋飾沒有頂角平分綫方向的綫條，應該與圖版10-116不是同一類。根據以上理由，筆者把這類紋飾放在與羽紋完全不同的地方。

【6】施加蕨手紋*的帶狀紋飾

　　這是在狹隘的紋飾帶中填入蕨芽形的紋飾，如圖版11-58～64。這個紋飾主要在春秋ⅡB出現，其前後的時代也有若干例子。圖版11-63、64是在狹隘的紋飾帶中填入S形渦紋的例子。這個S形渦紋卷得很鬆，沒有第【4】類的S形渦紋那麼緊，形狀有所不同。圖版11-64中，蕨手紋和S形渦紋一起使用，可見製作者把這兩種紋飾當作同類的紋飾，因此筆者把它們都放在此處。

---

[6]《綜覽》第二卷，圖版14-51～53。
[7] 王仲殊1954，插圖19，2。
[8]《綜覽》第二卷，圖版14-63、64。

---

* 譯按：蕨手紋是由內卷曲綫構成的紋飾，因爲內卷的形狀類似於蕨芽（即日語所謂"蕨手"），有這個名稱。這個紋飾經常用於瓦當上，中國學界一般把它稱爲雲紋。但"蕨手紋"和"雲紋"的含義和内涵有所不同，爲了慎重起見，在此保留原書的説法。

　　蕨手紋例：

【7】施加蕨手紋的尖葉形、施加三角形的尖葉形

施加蕨手紋的尖葉形有好幾種：由一對方向相反的尖葉形咬合而成的；一對尖葉形中的一方填入三角形的；雙方都填入三角形的等。在此把所有種類都放在一起（圖版11-65～75），應該不需要一一說明。這種紋飾在春秋ⅡA到ⅢA比較多見。

【8】并列S形地紋

這是雙重綫的S形緊密排列而成的紋飾，如圖版11-76～79。這個圖像，如果加一個頭，會變成蛇，但并未如此。

【9】黼紋

商、西周時代有一種紋飾，基本單元是橫筆兩端內卷的T形，橫筆的一側伸出去，成爲另外一個T形的一部分，許多T形用這個方法不斷連接，覆蓋很大的面積。筆者在《綜覽》第二卷中指出，這個紋飾是古書中所謂的黼[9]。這個紋飾在春秋戰國時代也出現（圖版11-80～87），但用在青銅器上的例子不多。圖版11-87是把黼紋用作戰國末銅鏡背紋的例子，這種用法則比較多見。

【10】并列、無地紋的菱形紋

商、西周時代的所謂并列菱形紋，指的是菱形在紋飾帶中緊密排列而成的[10]。春秋戰國時代的并列菱形紋，如圖版11-88～97，無地紋的菱形在狹隘的紋飾帶中排列，但排列得很疏鬆，用渦紋等紋飾填充菱形之間的空白部分，使得菱形凸顯出來。菱形的邊綫向內凹進也是這個紋飾的特徵。這類紋飾和商、西周時代的并列菱形紋是否有關係，目前不得而知。春秋ⅡB到戰國ⅠB的例子可以看到，都被用在鼎耳、環等不太重要的地方。

【11】各種菱形格帶狀紋飾

圖版11-98～106是其例。這些紋飾都是把狹窄的紋飾帶分成好多塊菱形，用各種圖案填充菱形而成的。這裏搜集的是其中數量很少、無需一一分類的例子。

【12】綺紋

綺是斜紋組織的絲織品，其紋飾以菱形爲基本單元。菱形鈍角處加小菱形突起的紋飾也是綺的一種，用羅組織的布料織出這種紋飾的絲織品也叫這個名字。這些筆者在《漢代的文物》上討論過[11]，在此不重複。青銅器也使用這種紋飾，如圖版11-107～112。圖版11-113是戰國晚期銅鏡的背紋，銅鏡背紋使用綺紋的例子很多，比較有名。

【13】綺紋風格渦紋

圖版11-114～116，把方方直直的渦紋斜向排列，渦紋的行列拐角處加小菱形突起。這應該也是

〔9〕《綜覽》第二卷，第191頁*。
〔10〕《綜覽》第二卷，圖版14-95～97。
〔11〕林編1976：117～119。

＊ 譯按：中文版第195～196頁。

利用綺紋中別緻的特徵而形成的渦紋。

【14】粉米紋

《尚書·益稷》中所見的天子衣裳十二章中有一種叫"粉米"的紋飾，筆者曾經指出粉米紋是斜方格中放入乳釘的紋飾[12]。圖版11-117、118是青銅器上使用的相當於粉米紋的紋飾。

【15】百乳紋、百棘紋

乳紋在西周時代經常使用[13]，但其後一段時間沒有使用，在春秋ⅢA到戰國Ⅰ重新出現，如圖版11-119～121。圖版11-121沒有地紋，圖版11-119、120則以身體扭曲龍——其細節與圖版3-201相似——爲地紋，上面加乳釘。乳紋疑是根據西周時代的器製作的仿古紋飾，但這只是根據整體情況做的猜測而已。

乳釘變高，呈棘刺狀，而且很細密的紋飾見於圖版11-122。這是特定地域型器。

【16】壓縮餅乾紋

圖版11-123、124的紋飾類似於壓縮餅乾，因此起了這個名字。不知這個圖形來自何物。這是很特殊的紋飾，但有若干例子，因此設了一類。

二、可以推測有技術來源的幾何紋

【17】藻紋

藻紋是在帶狀空間的長軸方向填滿箭羽狀圖形的紋飾。關於藻紋這個名稱，《綜覽》第二卷有説明[14]。商、西周時代有不少例子，春秋戰國時代的例子有圖版11-125～130等。

【18】撚絲紋

這是形狀呈撚絲狀的紋飾。圖版11-131～143是其例，這個紋飾是作爲紋飾帶的邊界綫用的。雖然搜集了各個時期的例子，但形狀其實都差不多。

《莊子·逍遥游》云："今子有五石之瓠，何不慮以爲大樽而浮於江湖。"關於此"慮"，司馬彪注云：

　　　　慮，猶結綴也。

成玄英疏云：

　　　　慮者，繩絡之也。

也就是説，此"慮"是爲了便於攜帶，用繩子把五石容量的葫蘆捆起來的意思。青銅壺中有器影圖版

---

[12] 林1969：72～73。
[13] 《綜覽》第二卷，圖版14-109～128。
[14] 《綜覽》第二卷，第193頁*。

---

* 譯按：中文版第197～198頁。

壺105的例子，這個器形模仿用繩子捆起來的樣子。撚絲紋應該是把壺類器物被 "慮" 的狀態圖案化的紋飾。因爲 "慮" 這個詞太過少見，在此采用了比較好懂的名稱。

【19】繰帶紋

這是象用絲綫編織而成的繰帶形的紋飾，如圖版11-144 ～ 147。這個紋飾也被用爲紋飾帶的邊綫。

【20】連珠紋、并列點紋

連珠紋是小圓形密密麻麻排列的紋飾。這個紋飾在商、西周時代出現，如《綜覽》第二卷·圖版14-142 ～ 149。春秋戰國時代也有少數例子（圖版11-148、149）。

并列點紋是小點排列的紋飾。這個紋飾在鼎耳上使用，如圖版11-150、151。

【21】其他各種幾何紋

此外還有一些不屬於以上的幾類，并很有特色的紋飾。筆者搜集這種例子，放在圖版11-152 ～ 164。

插圖目録

---

* 譯按：根據譯者核對，圖29（2）似采自徐中舒1933，圖29（3）似采自寶蘊，74葉。不知"徐中舒1933"和"寶蘊，74葉"之間的"京大人文研考古資料"指的是哪一個圖版。

† 譯按：圖38收録兩件鼎的器影和銘文拓本，"度量衡，附6"是下一件器的圖版出處。關於上一件器的圖版出處，林先生沒有交代，但器影圖版似是林先生或其他學者在上海博物館拍攝的照片，銘文拓本當是度量衡，附4。

‡ 譯按：圖39（4）的銘文拓本的出處當是三代：3，25葉。圖39（5）的圖版出處，林先生沒有交代。東京國立博物館藏鼎的圖版恐怕有特殊來源，上海博物館藏甗的圖版似是林先生或其他學者在上海博物館拍攝的照片。

---

* 譯按：此圖是 “《青銅器種類的命名》補遺” 中的一張圖，我們根據內容把這個部分移到第一卷第一編第三章後，此圖見於第125頁。

引用文獻目録

説明

原書的引用文獻目録分“日本文、中國文”“歐文”兩個部分，前者按作者名的五十音順序排列，後者按拼音順序排列。若采用這個排列方式，對不懂日文的人而言，很難找到自己要查的論著。因此本目録改了排列方式，其體例如下：

一、本目録分“日文”“中文”“西文”三個部分，每部分都基本按照作者名的拼音順序排列。爲了查找的方便，每部分加A、B、C、D……等拉丁字母細分。

二、若文獻没有交代作者，根據文獻名排列。

三、“日文”部分，每條先寫本書中使用的簡稱，後寫該書的詳細信息。由於本書引用日文論著時，只寫作者的姓，因此本目録在簡稱後再寫作者全名。但若簡稱使用作者全名，不依此例。

四、“西文”部分完全采用原書的格式。此部分每條開頭的作者名和本書中使用的簡稱有所不同。例如“Barnard, N., 1959”在引用時使用“Barnard 1959”這一簡稱。其他西文的簡稱以此類推。

五、凡是譯者注意到的原目録中的錯誤（如信息有誤漏、同一文獻重複出現等），譯者徑改，不出校注。

日文

B

貝塚1964：貝塚茂樹《金文に現れる夏族標識》，《貝塚茂樹著作集》第3卷，73—102頁。

C

陳、松丸1977：陳夢家編、松丸道雄改編《殷周青銅器分類圖録》，東京。

G

岡村1985：岡村秀典《秦文化の編年》，《古史春秋》第2號，53—74頁。

岡村1986：岡村秀典《吴越以前の青銅器》，《古史春秋》第3號，63—89頁。

關野1952：關野雄《半瓦當の研究》，東京。

J

間瀬1986：間瀬收芳《戰國時代楚文化の中の鼎と敦——周邊文化との關聯を主眼にみる——》，《古史春秋》第3號，23—40頁。

江上、水野1935：江上波夫、水野清一《内蒙古、長城地帶》，東京。

駒井1953：駒井和愛《中國古鏡の研究》，東京。

L

林1952：林巳奈夫《龍について》，《史林》第35卷第3號，51—69頁。

林1960：林巳奈夫《殷周時代の遺物に表はされた鬼神》，《考古學雜志》第46卷第2號，105—132頁。

林1961—1962：林巳奈夫《戰國時代の畫像紋》（1）～（3），《考古學雜志》第47卷第3號，27—49頁；第47卷第4號，20—48頁；第

李瑾 1986：《徐楚關係與徐義楚元子劍》，《江漢考古》1986 年第 3 期，37—43 頁。

李零 1981：《"楚叔之孫佣"究竟是誰——河南淅川下寺二號墓之墓主和年代的討論》，《中原文物》1981 年第 1 期，36—37 頁。

李零、劉雨 1980：《楚邥陵君之器》，《文物》1980 年第 8 期，29—34 頁。

李學勤 1959：《戰國題銘概述》上、中、下，《文物》1959 年第 7 期，50—54 頁；第 8 期，60—63 頁；第 9 期，58—61 頁。

李學勤 1980：《秦國文物的新認識》，《文物》1980 年第 9 期，25—31 頁。

李學勤 1981：《論新發現的魏信安君鼎》，《中原文物》1981 年第 4 期，37—38 頁。

李學勤 1984：《東周與秦代文明》，北京。

李學勤 1985：《晉公盞的幾個問題》，《出土文獻研究》，134—137 頁。

李學勤、李零 1979：《平山三器與中山國史的若干問題》，《考古學報》1979 年第 2 期，147—169 頁。

李志偉 1986：《古代青銅器鑄造方法的再探討》，《江漢考古》1986 年第 4 期，94—99 頁。

梁思永、高去尋 1962：《侯家莊》第二本 1001 號大墓，臺北。

林澐 1963：《越王者旨於賜考》，《考古》1963 年第 8 期，448、460 頁。

凌純聲 1970：《中國遠古與太平印度兩洋的帆筏戈船方舟和樓船的研究》，南港。

凌廷堪《禮經釋例》。

劉彬徽 1984：《楚國有銘銅器編年概述》，《古文字研究》第 9 輯，331—372 頁。

劉敦愿 1982：《試論戰國藝術品中的鳥蛇相鬥題材》，《湖南考古輯刊》第 1 集，73—81 頁。

劉節 1935：《楚器圖釋》，北平。

劉莉 1987：《銅鍑考》，《考古與文物》1987 年第 3 期，60—65 頁。

劉興 1981：《談鎮江地區出土青銅器的特色》，《文物資料叢刊》5，112—116 頁。

劉雨 1985：《邵黛編鐘的重新研究》，《古文字研究》第 12 輯，257—265 頁。

龍西斌、高中曉 1986：《石門、慈利出土錞于簡介》，《湖南考古輯刊》第 3 集，261—262 頁。

羅振玉 1935：《貞松堂吉金圖》。

羅振玉 1936：《三代吉金文存》。

洛陽區考古發掘隊 1959：《洛陽燒溝漢墓》，北京。

洛陽博物館 1981：《洛陽哀成叔墓清理簡報》，《文物》1981 年第 7 期，65—67 頁。

M

馬承源 1965：《再論"大武舞戚"的圖像》，《考古》1965 年第 8 期，413—415 頁。

馬世之 1983：《試論鄭與楚文化的關係》，《中原文物》1983 年特刊，47—51、53 頁。

N

南陽漢代畫像石編輯委員會 1985：《南陽漢代畫像石》，北京。

P

彭浩 1982：《楚墓葬制初論》，《中國考古學會第二次年會論文集》，北京，33—40 頁。

彭浩 1984：《我國兩周時期的越式鼎》，《湖南考古輯刊》第 2 集，136—141、119 頁。

Q

齊文濤 1972：《概述近年來山東出土的商周青銅器》，《文物》1972 年第 5 期，3—18 頁。

錢穆 1935：《先秦諸子繫年》，香港。

屈萬里 1962：《曾伯霥簠考釋》，《"中研院"歷史語言研究所集刊》第 33 本，331—349 頁。

全國基本建設工程中出土文物展覽會工作委員會 1956：《全國基本建設工程中出土文物展覽圖錄》，北京。

R

容庚 1936 :《善齋彝器圖録》，北平。

容庚 1941 :《商周彝器通考》，北平。

容庚、張維持 1958 :《殷周青銅器通論》，北京。

阮元 1804 :《積古齋鐘鼎彝器款識》。

S

山東省文物管理處、山東省博物館 1959 :《山東文物選集·普查部分》，北京。

商承祚 1935 :《十二家吉金圖録》，北平。

史樹青 1973 :《我國古代的金錯工藝》，《文物》1973 年第 6 期，66—72 頁。

壽振黄等 1962 :《中國經濟動物誌》獸類，北京。

隨縣擂鼓墩一號墓考古發掘隊 1979 :《湖北隨縣曾侯乙墓發掘簡報》，《文物》1979 年第 7 期，1—24 頁。

孫常敘 1978 :《秦公及王姬鐘、鎛銘文考釋》，《吉林師大學報》1978 年第 4 期，14—23 頁。

孫海波 1939 :《河南吉金圖志賸稿》，北平。

T

唐蘭 1934 :《晋公𦉥盎考釋》，《國學季刊》第 4 卷第 1 號，11—14 頁。

唐蘭 1934a :《壽縣所出銅器考略》，《國學季刊》第 4 卷第 1 號，1—10 頁。

唐蘭 1937 :《趙孟庎壺跋》，《考古社刊》第 6 期，325—327 頁。

唐蘭 1938 :《智君子鑑考》，《輔仁學志》第 7 卷第 1、2 期，101—111 頁。

唐蘭 1946 :《洛陽金村古墓爲東周墓非韓墓考》，《大公報》1946 年 10 月 23 日號。

W

王海文 1986 :《故宫博物院所藏楚器》，《江漢考古》1986 年第 4 期，29—30 頁。

王國維 1921 :《觀堂集林》(1974 年河洛圖書出版社重印商務印書館本)。

王國維 1927—1928 :《海甯王忠慤公遺書》。

王人聰 1985 :《蔡公鎛考》，《古文字研究》第 12 輯，321—325 頁。

王慎行 1987 :《論乙卯尊的時代及相關問題——兼與陳賢芳同志商榷》，《文博》1987 年第 2 期，46—52 頁。

王慎行、王漢珍 1986 :《乙卯尊銘文通釋譯論》，《古文字研究》第 13 輯，209—225 頁。

王毓彤 1963 :《荆門出土的一件銅戈》，《文物》1963 年第 1 期，64—65 頁。

王仲殊 1954 :《洛陽燒溝附近的戰國墓葬》，《考古學報》第 8 册，127—162 頁。

聞一多 1956 :《釋𧤙》，《古典新義》下，北京，507—516 頁。

吴大澂 1881 :《説文古籀補》，1898 年增訂。

吴榮光 1842 :《筠清館金文》。

吴式芬 1895 :《攈古録金文》。

五省出土重要文物展覽籌備委員會 1958 :《陝西江蘇熱河安徽山西五省出土重要文物展覽圖録》，北京。

X

咸陽市博物館 1986 :《咸陽任家嘴殉人秦墓清理簡報》，《考古與文物》1986 年第 6 期，22—27 頁。

熊傳新 1981 :《湖南出土的錞于綜述》，《考古與文物》1981 年第 1 期，36—42 頁。

徐中舒 1934 :《弋射與弩之溯源及關於此類名物之考釋》，《“中研院”歷史語言研究所集刊》第 4 本第 4 分，417—439 頁。

徐中舒 1935 :《古代狩獵圖像考》，《慶祝蔡元培先生六十五歲論文集》下册，569—617 頁。

Y

楊德標、楊立新 1983：《安徽江淮地區的商周文化》，《中國考古學會第四次年會論文集》，65—71 頁。

楊履選 1986：《春秋黃國故城》，《中原文物》1986 年第 1 期，54—57 頁。

楊樹達 1959：《積微居金文説（增訂本）》，北京。

葉小燕 1983：《東周刻紋銅器》，《考古》1983 年第 2 期，158—164 頁。

沂水縣文物管理站 1983：《山東沂水縣發現工盧王青銅劍》，《文物》1983 年第 12 期，11—12 頁。

游壽、徐家婷 1980：《壽縣蔡器銘文與蔡楚吳史事》，《南京大學學報》（哲學社會科學版）1980 年第 1 期，114—118 頁。

于省吾 1957：《商周金文錄遺》，北京。

俞偉超 1964：《"大武"舞戚續記》，《考古》1964 年第 1 期，54—57 頁。

俞偉超 1980：《關於楚文化發展的新探索》，《江漢考古》1980 年第 1 期，17—30 頁。

雲夢睡虎地秦墓編寫組 1981：《雲夢睡虎地秦墓》，北京。

Z

張劍 1981：《齊侯寶盂鑑小考》，《中原文物》1981 年特刊，103—105 頁。

張臨生 1984：《故宮博物院所藏匜形器研究》，《故宮季刊》第 17 卷第 1 期，25—40 頁。

張守中 1981：《中山王譽器文字編》，北京。

張政烺 1935：《平陵陳导立事歲陶考證》附《攷證》補記、《郭沫若先生張履賢先生通信并識語》，北京大學潛社《史學論叢》第 2 冊。

張政烺 1939：《邵王之諻鼎及毀銘考證》，《"中研院"歷史語言研究所集刊》第 8 本第 3 分，371—378 頁。

張政烺 1981：《哀成叔鼎釋文》，《古文字研究》第 5 輯，27—33 頁。

趙振華 1981：《哀成叔鼎的銘文與年代》，《文物》1981 年第 7 期，68—69 頁。

浙江省文物管理委員會、浙江省文物考古所等 1984：《紹興 306 號戰國墓發掘簡報》，《文物》1984 年第 1 期，10—26 頁。

中國科學院考古研究所 1956：《輝縣發掘報告》，北京。

中國科學院考古研究所 1959：《洛陽中州路（西工段）》，北京。

中國科學院考古研究所 1965：《甲骨文編》，北京。

仲卿 1962：《襄陽專區發現的兩件銅器》，《文物》1962 年第 11 期，64—65 頁。

周法高 1951：《楚王領鐘的時代》，《金文零釋》，臺北，113—118 頁。

朱德熙 1954：《洛陽金村出土方壺之校量》，《北京大學學報》1954 年第 4 期，135—138 頁。

梓溪 1958：《青銅器名詞解説（二）》，《文物》1958 年第 2 期，55—56 頁。

左得田 1986：《湖北隨州發現秦國銅器》，《文物》1986 年第 4 期，21—22 頁。

鄒厚本 1982：《江蘇南部土墩墓》，《文物資料叢刊》6，66—72 頁。

西文

Barnard, N., 1973: *Ch'u Silk Manuscript — Translation and Commentary*, Canberra.

Gettens, R. J., 1969: *The Freer Chinese Bronzes, Volume. II, Technical Studies*, Washington.

Karlgren, B., 1936: Yin and Chou in Chinese Bronzes, *Bulletin of the Museum of Far Eastern Antiquities*, no. 8.

Karlgren, B., 1938: Notes on Kin-ts'un Album, *Bulletin of the Museum of Far Eastern Antiquities*, no. 10, pp. 65–81.

Pope, J. A., Gettens, R. J., Cahill, J. and Barnard, N., 1967: *The Freer Chinese Bronzes*, Volume I, Washington.

Weber, C. D., 1968: *Chinese Pictorial Bronze Vessels of the Late Chou Period*, Ascona.

Yetts, W. P., 1929: *The George Eumorfopoulos Collection, Catalogue of the Chinese and Corean Bronzes, Sculpture, Jades, Jewellery and Miscellaneous Objects*, London.

同墓出土青銅器群圖表出處目録

67　文叢 5

68　江漢考 1983-1

69　文 1981-1

70　蔡侯

71　考 1981-2

72　文 1980-10

73　河南文博 1980-3

74　文 1980-1

75　江漢考 1983-2

76　江漢考 1983-2

77　考 1965-3

78　考 1974-2

79　文 1984-5

80　文 1981-11

81　文 1959-4

82　考 1978-5

83　考 1983-1

84　考 1973-1

85　報 1957-1

86　考 1964-3

87　報 1984-4

88　山與琉

89　輝縣

90　中州

91　報 1957-1

92　考 1964-3

93　考 1964-3

94　考 1964-3

95　文 1986-6

96　文 1982-3

97　考與文 1986-6

98　文 1981-7

99　考 1980-4

100　曲阜

101　考 1962-10

102　文 1979-7；擂鼓墩

103　文 1985-1

104　報 1982-1

105　文 1976-3

106　考 1983-7

107　考 1985-1

108　文 1974-5

109　文 1981-6

110　文 1980-9

111　文 1980-9

112　文 1980-9

113　考與文 1981-1

114　考與文 1982-6

115　文 1976-3

116　文 1978-3

117　文 1979-1；中山展

118　中山展

119　信陽

120　文 1955-5；77 文物展

121　文 1973-9

122　考 1973-3

123　長沙

124　江漢考 1984-3

125　江漢考 1985-1

126　江漢考 1985-1

127　中原文 1981-4

128　文 1966-5

129　雨臺山

130　雨臺山

131　雨臺山

132　雨臺山

133　馬山

134a—c　雲夢

135　考 1978-4

136　文 1955-11

137　考 1963-9

138　文 1974-5

139　文 1974-5

140　報 1956-4

141　文 1980-8

142　考與文 1983-3

143　雲夢

144　雲夢

後　　記

　　繼1984年刊行的《殷周時代青銅器之研究》、1986年刊行的《殷周時代青銅器紋飾之研究》之後，《春秋戰國時代青銅器之研究》即將刊行。《殷周青銅器綜覽》以本卷終告完成。

　　《綜覽》第一卷、第二卷討論的商、西周時代青銅器形成一個相對獨立的研究領域，而春秋戰國時代的青銅器則必然與這個時代的歷史發生關係，與日本青銅器也有間接的關係。關於這個時代的青銅器斷代，過去筆者的《中國殷周時代的武器》（1972年刊行）附論（二）《春秋戰國時代文化的初步編年》爲相關領域的學者所參考，但這篇文章有一些需要糾正的地方，而且重要的新資料不斷出現，我越來越感到這篇文章不夠合用了。此外，全面整理春秋戰國時代紋飾的研究也一直沒有發表，筆者爲此在昭和52年度（1977年4月～1978年3月）的課堂上做過嘗試，偶爾有人想了解筆者這個方面的研究成果，我就拿當時的講義搪塞。本卷第一編第二章第三節是全面增訂上引"附論"而成的，第二編是在那個講義的基礎上加工而成的。儘管新資料每年都會增加，但本卷的內容應該可以應付一段時間。

　　圖版冊和正文冊圖表所用照片的整理工作，和前兩卷一樣，得到了奧和子女士的幫助。照片的洗印，端賴杉本雅夫先生和清水光藝社。我能夠按照原定計劃整理好相關資料，全是托他們準確、高效率、高質量的工作之福。我深深地感到，能請他們協助工作是我的福分。在此向他們謹表深摯的謝意。

　　爲了本卷的出版，和前兩卷一樣，承蒙吉川弘文館的山田亨先生幫我處理一切事宜。關於圖版部分的設計，端賴上野久子女士。他們不辭勞苦完成了極爲煩瑣的工作，在此向他們表示由衷的謝意。本書的出版經費得到了昭和63年度（1988年4月～1989年3月）文部省科學研究費補助金（研究成果公開促進費）的資助，感謝相關人員。

昭和63年（1988年）10月17日

林巳奈夫

譯者後記

　　《殷周青銅器綜覽》（下簡稱"《綜覽》"）全部三卷的翻譯工作終於接近尾聲了，難免想起翻譯工作中經歷的點點滴滴。此時，願回顧一下從我們決定翻譯《綜覽》到目前藏事的全過程。其中有些原委涉及個人小事，也許比較囉嗦，希望讀者諒解。

一

　　我們翻譯《綜覽》的緣起，要從郭永秉釋出了寓鼎銘文中的"鬵（羹）"字這件事説起。郭永秉撰寫《上博藏西周寓鼎銘文新釋——兼爲春秋金文、戰國楚簡中的"羹"字祛疑》一文（收入《古文字與古文獻論集》，上海古籍出版社，2011年6月），爲了弄清寓鼎的時代，曾關注這件鼎頸部所飾的鳳凰紋，并根據陳公柔、張長壽兩位先生的《殷周青銅容器上鳥紋的斷代研究》，認爲寓鼎是西周中期前段器物。其實，當時郭永秉還找了《綜覽》，要廣瀨介紹林先生的具體看法，但廣瀨此前沒有認真讀過《綜覽》三卷，因此沒能找出與寓鼎的鳳凰紋相同的紋飾及林先生對這類紋飾的看法。所以，郭永秉在那篇論文中最終沒能援引《綜覽》。我們二人明知道眼前就有對自己的研究非常有用的書，自己却沒有能力利用，甚感遺憾，廣瀨身爲一個日本學者更感到慚愧。於是我們當時就約定要翻譯這套書。郭永秉在論文中説2009年6月3日赴上博觀察了寓鼎原器，我們二人決定翻譯《綜覽》正是在這幾天後的事。現在想來，當時兩人對這一工程難度的估計，還是很不够的。

　　2010年3月，廣瀨去東京出差，利用這個機會拜訪了松丸道雄先生。在此之前，廣瀨沒有見過松丸先生。劉釗先生因爲知道廣瀨赴東京，便把當時出版不久的《新甲骨文編》交給廣瀨，并交代必須親自轉呈松丸先生，因此廣瀨才敢冒昧打擾。雖然手上有劉先生的書，但身爲一個無名小卒，總得帶一點自己的東西向松丸先生作自我介紹，於是廣瀨把《綜覽》的翻譯計劃當作"名片"跟松丸先生講了。因爲松丸先生是林先生的摯友，也爲《綜覽》的出版扮演了很重要的角色（請看松丸先生的序文），他聽了我們的計劃非常高興，并且爽快地答應了爲此事提供幫助。

　　本書譯者之一近藤晴香，也是松丸先生介紹給廣瀨的。因爲廣瀨和郭永秉的專業不是考古學，希望有一個既是考古學專業，又會日語和漢語的學者與我們共同翻譯。松丸先生聽了我們的想法，就提到了近藤的名字。近藤是北京大學考古文博學院徐天進先生的學生，而且聽松丸先生説，她在碩士論文《日本學者對中國殷周青銅器的研究》中專設一章討論林先生的研究。因此我們也覺得近藤是最合適的合作人選。2010年6月，即廣瀨拜訪松丸先生的三個月後，我們正好因私事赴京，見到了當時還在北大的近藤。我們就這樣組成了翻譯團隊。

　　2011年2月，上海古籍出版社的童力軍先生有事到復旦大學來，順便來看望廣瀨。廣瀨辦公室有一個書架專門放置日文書，童先生看着這個書架説："有什麽好書可以出？"因爲我們以前爲藤田勝久先生《〈史記〉戰國史料研究》和工藤元男先生《睡虎地秦簡所見秦代國家與社會》中文版的出版合作過，所以童先生順便提了這一嘴。廣瀨順水推舟就把《綜覽》的翻譯計劃告訴了童先生。童先生覺得這個計劃可行，因此要我們把這個計劃擬寫成一份材料。在我們提交翻譯計劃的材料後不久，童先生給廣瀨打電話，告知上海古籍出版社基本同意出版《綜覽》中文版。

2011年7月，廣瀨利用暑假回了一趟日本。松丸先生提前幫我們聯繫了吉川弘文館和林夫人，并帶着廣瀨去拜訪林夫人。我們能够順利解決版權問題，端賴松丸先生的幫助。可以説，這個時候《綜覽》翻譯計劃正式啟動了。

二

《綜覽》翻譯的分工情況大致如下：第一卷，第二編第一章第一節由近藤翻譯，其他所有部分由廣瀨翻譯；第二卷，全文由近藤翻譯；第三卷，全文由廣瀨翻譯。近藤翻譯的部分由廣瀨進行全面修改，以統一翻譯用語和風格。在翻譯完成後，郭永秉通讀全文，從中文表達的角度進行修改。然後，廣瀨參考郭永秉的修改意見再做修訂，有疑問處和理解分歧處，經廣瀨與郭永秉二人商討後，最終定稿。第二卷和第三卷圖版册的圖版出處目録，由宫谷如博士録入，由廣瀨核對。校對譯稿等翻譯的所有相關事宜由廣瀨負責。

《綜覽》中不乏林先生的創見，我們一邊翻譯，一邊享受林先生的精闢論述。這是翻譯過程中最大的樂趣。例如，林先生指出，有幾類鼎在西周早期和中期之間發生如下器形變化：

> 從西周 Ⅰ B 開始，有器側變直、器底變平的傾向。另外，足變得格外細長，看起來很孱弱，這個變化第一、三型特別明顯。西周 Ⅱ 到 Ⅲ 初，器形變得不好看。這個變化不知怎麼表達好，比如放在平板上而被壓扁的還没有晾乾的陶器，又比如放在平臺上的裝水的冰囊。總之，器體扁矮，給人以乏力的感覺。這個時期，足的位置有移到器底外緣的傾向。（第一卷第218頁）

這應該可以説是《綜覽》中最精彩的發現之一，被學界廣泛接受。有意思的是，林先生在有了這個發現的那一天，把這個發現告訴了江村治樹先生。江村先生這樣回憶當時的情形：

> 人文研除個人的辦公室外還有共同研究室……林先生經常來共同研究室，在那張大桌子上排列照片資料卡片，考慮青銅器的編年。偶爾有什麼有意思的發現，把我從研究室的那個角落叫過來，給我説明。有一次林先生喊了一聲："江村，你過來一下。"我去看了，林先生笑着跟我説，西周青銅器的器形演變和女性的體型變化是一樣的。西周早期青銅器的器腹都像年輕女性的屁股一樣，很圓，緊實；器腹的形狀隨着時代的推移往下垂。(《林巳奈夫〈殷周青銅器綜覽〉的影響和價值》，《文匯學人》第315期，2017年10月27日）

"女性屁股"這個比喻非常易懂，但不好在學術論文中使用。林先生在《綜覽》中苦於很難表達清楚這個器形演變，可能是因爲這個原因。"放在平板上而被壓扁的還没有晾乾的陶器"、"放在平臺上的裝水的冰囊"這類比喻，確實不如"女性屁股"來得生動貼切。我們聽了江村先生的回憶，才知道《綜覽》的這段論述背後有這樣的故事。

如上所述，我們當初不知道按照林先生的標準怎麼判斷寓鼎的時代，但讀到上引的這一段，不用看紋飾也能知道寓鼎的大致時代了。寓鼎的器底很平坦，是典型的西周中期鼎的形制。雖然有立耳和附耳之別，但第三型西周 Ⅱ B 鼎的器形與寓鼎基本一致。順便講一下頸部的紋飾，這個鳳凰是林先生所謂的寶鷄鳳凰，林先生認爲這類鳳凰從西周中期晚段開始多見（請參看第二卷第二編第七、八章）。綜合以上兩點，按照林先生的標準，寓鼎的時代應該是西周 Ⅱ B。這個結論與當時郭永秉的判斷稍有不同，究竟是哪種看法更符合事實，那就要看每個讀者自己的判斷了，但林先生書中的這些關於器形、紋飾的意見，無疑是做青銅器研究的學者絶不應忽視的。

寓　　鼎	《綜覽》圖版
	鼎241（西周ⅡB）
	8-116（西周Ⅱ）

寓鼎的器形和頸部紋飾（寓鼎圖片采自陳佩芬《夏商周青銅器研究·西周篇上》，上海古籍出版社，2004年12月，第262頁）

　　林先生説他的商周青銅器研究從紋飾研究出發，因此青銅器紋飾研究是林先生的拿手絶活，每種紋飾的解釋都富有啟發。例如山紋，過去容庚先生稱爲"環帶紋"。林先生引用戰國時代到漢代的山嶽圖像，指出這個紋飾中的波浪形表示的是山嶽，據此把這個紋飾命名爲"山紋"（第二卷第187頁）。正好在我們翻譯這一段的時候，大河口西周墓地1017號墓的發掘報告出來了，其中有兩件自名"山毁"的簋，其蓋子的形狀、器腹所飾的紋飾都是山紋。李零先生《山紋考——説環帶紋、波紋、波曲紋、波浪紋應正名爲山紋》（《國家博物館館刊》2019年第1期）有深入詳盡的研究，請讀者參看。霸伯山簋的出現證實了林先生對"山紋"的解釋，我們深爲林先生的敏鋭眼光所震撼。

霸伯山簋（圖片采自《山西翼城大河口西周墓地1017號墓發掘》，《考古學報》2018年第1期）

　　這次翻譯的最大遺憾和難處是我們已無法向林先生本人確認我們看不懂的地方。例如，有些地方我們覺得可能是錯寫，但也不敢否定林先生這麼説有深意；有些引文與我們查到的原文有不合之處，但我們不敢否定林先生有版本依據；有些語詞在學術論文中很少使用，有時候林先生使用的語詞和該處討論的問題我們難以聯繫起來等等。在翻譯遇到困難時，我們把疑問一一記下來，利用拜訪的機會向松丸先生求教。不管多麼細微的問題，松丸先生都認真對待，經過一番深思熟慮之後才給我們出主意。

　　例如第一卷第一編第三章中有這樣的一段：兕觥本來是用兕（即水牛）角做的酒杯，因爲水牛角杯是尖底杯，不喝乾就無法放下，所以當時被用作罰杯。然後，林先生説："這相當於今天的tumbler。"

廣瀨讀到這一句就懵了。現在在日本，"tumbler"指平底玻璃杯，也沒有罰杯的意思。廣瀨實在想不通這句話的意思，於是請教了松丸先生。松丸先生思索了一下，然後查了小稻義男編集《研究社・新英和大辭典》（這是一般人不會使用的大辭典），發現"tumbler"條說：tumbler一詞是從tumble（摔倒）來的，tumbler的底部本來是圓底或尖底，要把它立起來，它馬上就摔倒，所以叫"tumbler"。林先生不愧是愛酒之人，知道"tumbler"原來的意思。當時松丸先生還特意複印了辭典的那一頁給廣瀨，廣瀨至今保存這一頁紙。

　　第一卷的翻譯工作快要結束時，我們要寫林先生的簡介。廣瀨查閱了林先生逝世後京都大學的學者們編寫的《林巳奈夫先生の考古學研究》，據其中年譜記載，林先生1950年京都大學文學部史學科（即本科）畢業，1950～1953年在京都大學大學院（即研究生院）讀"研究獎學生"。廣瀨因不知此"研究獎學生"是什麼身份、與漢語的"碩士研究生"有什麼區別，當時并沒有多想，就隨意地向松丸先生請教了此事。松丸先生却爲了回答這個問題，買了一本很厚的關於日本大學制度史的書，還讓高久由美先生（她長年協助松丸先生查資料）查檢京都大學文學部的網站，最後告訴廣瀨說：二戰結束後，1949年設置了新制國立大學，1953年設置了大學院，林先生讀"研究獎學生"正好在1949年到1953年這一時段之間，因此"研究獎學生"是那個特殊期間的特殊身份，不可以翻譯爲"碩士研究生"。這種小問題本該由廣瀨自己去查，却讓松丸先生花了這麼大的功夫，廣瀨對自己的疏忽和懶惰感到無地自容。與此同時，松丸先生一絲不苟的嚴謹作風讓廣瀨深深感動。

　　王世民先生也爲《綜覽》的翻譯不吝賜教。我們請王先生爲本書賜序時，爲了便於參考，寄呈了第一卷的譯稿。王先生在審看譯稿後，給我們指出了譯稿中的幾個問題。其中印象最深刻的是Osvald Sirén的漢文名，當初我們根據北京燕山出版社1985年出版的《北京的城牆和城門》，把他叫作"喜仁龍"。王先生告訴我們說應該稱"喜龍仁"才對，并給我們介紹了中國社會科學院近代史研究所翻譯室《近代來華外國人名辭典》（中國社會科學出版社，1981年12月），但這部詞典偏偏對Osvald Sirén的說明有問題，把他的漢文名寫作"喜龍士"（第441頁）。"喜龍士"之"士"顯然是"仁"的誤植，但王先生一直挂念此事，在第一卷出版後發給了我們葉公平先生的《爲何應是"喜龍仁"？——兼談近代來華人士的漢名》一文（《文匯學人》2019年2月22日）。讀了這篇文章，我們才知道當初參考的北京燕山出版社1985年版《北京的城牆和城門》正是讓"喜仁龍"這個錯誤譯名流行的始作俑者。

　　我們通過《綜覽》的翻譯，不僅學習了林先生的研究成果，還親身體會到松丸先生和王先生對任何細節都不放過、刨根問底的學問態度，感到無比幸福。

　　2017年5月，第一卷中文版出版。2019年12月，第二卷中文版出版。《綜覽》第二卷出版後不久，新型冠狀病毒肺炎疫情爆發。我們的生活由此發生了巨大變化，人的移動被限制，我們不能像從前那樣天天上班做事。第三卷的翻譯正是在這個非常時期進行的。疫情迫使我們取消許多學術活動，但正是因爲這個原因，我們擁有了不少自由時間，能夠在短短的幾個月內完成第三卷的翻譯。我們是從事文獻研究的人，面對疫情什麼貢獻也做不了，只能以這樣的方式祈禱疫情早日結束，社會回復正常狀態。

三

　　學界對《綜覽》中文版的反應是對我們最大的鼓勵。在此介紹一些學者的反饋，以表示對他們的感謝之情。

　　我們最感動的是2017年9月15日舉行的"《殷周青銅器綜覽》第一卷中譯本新書座談會"。我們當初壓根没有打算舉行座談會，因爲林先生已不在世，無法參加座談會，所以覺得由譯者來搞座談會有

"狐假虎威"之嫌。但王世民先生建議我們舉行座談會，劉釗先生也非常支持這個想法，因此我們厚着臉皮聯繫了一些學者。結果大大出乎我們的意料，我們聯繫到的學者，除了由於不得已的理由不能參加的兩三位學者以外，都俯允參會。與會者大都是林先生生前曾有過交流的學者，每位學者都給我們介紹了自己與林先生及《綜覽》的故事，我們仔細聆聽，都很感動。《文匯學人》第315期所載《林巳奈夫〈殷周青銅器綜覽〉的影響和價值》收錄了那次座談會的與會學者的主要發言，讀者可以參看。那麽多的學者參加新書座談會，殊爲難得，他們對林先生和《綜覽》的一片深情，我們一直感懷在心，因此我們擅作主張，在本卷扉頁中收錄了座談會的照片，以志紀念。相信林先生的在天之靈也不會反對我們這麽做吧。

還有一位我們要表示感謝的朋友。第一卷第65頁，林先生引用一位叫Chang Cheng-mei的學者的看法，因爲引用的是英文論文，我們當時没能查到這位學者的中文名。2018年4月4日，北京的李偉先生告訴我們，這位學者是張澄美先生，1968年臺灣大學人類學系碩士研究生畢業，她的主要研究對象是古代東亞文明，尤其關注商周時代國家的形成。李先生幫我們解決了一個問題，我們非常高興。

四

如果從《綜覽》翻譯計劃正式啟動的時候算，到現在已經過去了九年的歲月。由於我們的翻譯工作遲遲不能完成，本書的責任編輯也已經更換了兩次。童力軍先生在我們譯完第一卷前就離開了上海古籍出版社，我們連一個字也没能給他看。接着擔任編輯的是吳長青先生。當時，上海古籍出版社與吉川弘文館簽訂的合同已經到期了，負責此事的童力軍先生也離職了，上海古籍出版社完全可以放棄《綜覽》中文版的出版。但因爲吳長青先生的大力支持，上海古籍出版社才決定與吉川弘文館重新簽訂合同，我們的翻譯工作得以繼續。然而吳長青先生做完了第一卷的編輯工作之後升了職，無法繼續負責《綜覽》的編輯工作。最後，由張亞莉先生擔任我們的第三任編輯。由於廣瀨的固執和對編輯工作的不熟悉，給張先生帶來了無數麻煩。張先生耐心地聽取我們的要求，想方設法地按照我們的意圖解決各種問題。回想這些，我們感到十分内疚。在此向上海古籍出版社和三位編輯先生謹表深摯的謝意。

我們這麽説，可能大家會笑我們太狂妄，但在我們心裏，《綜覽》的翻譯是我們的"愚公移山"。這套巨著不是一氣呵成就能譯完的，必須打持久戰才能譯完。我們誰也不能騰出足夠的時間專心翻譯這套書，總是翻譯了一點，就不得不去處理别的事情。翻譯工作一停止，幾個月的時間馬上就過去，在失去了以前捕捉到的感覺之後，再重新開始翻譯，往往要把這一過程重複好幾次。有些老師擔心我們爲這套書的翻譯會耽誤不少事，勸我們不要翻譯，或再找幾個幫手趕快完成。他們説得都很對，我們也很感激他們，但就是聽不進去。

第一卷出版後，廣瀨有機會見到羅泰先生。羅先生曾經在京都大學留學，林先生那個時候正好在編寫《綜覽》第一卷。羅先生在一次訪談中説：《綜覽》"是一部空前絶後的傑作。中國學者看過的少，其實該書非常值得翻譯成中文"（《羅泰談海外中國考古學》，《東方早報》2013年9月1日）。這句話一直激勵着我們，甚至可以説，因爲有這句話，我們能夠始終對《綜覽》翻譯的學術意義抱有信心。廣瀨帶着《綜覽》中文版第一卷去拜見羅先生，就講了此事。當時羅先生笑着説："我不僅在那次訪談中説了那句話，而且在很多場面説過同樣的話，不過没想到真的有人把它譯出來。"羅先生説到了我們的"愚"，對我們而言，這是最高的褒獎。

我們還要感謝裘錫圭先生、劉釗先生以及復旦大學出土文獻與古文字研究中心的其他同事們。如果没有領導和同事們的理解和支持，翻譯這種缺乏創新性的工作是做不成的。此外很重要的是，我們中心是科研機構，與其他單位相比，教學任務比較輕，因此我們才能夠在（勉强）不耽誤自己任務的情況下進行翻譯工作。如果在其他單位，"愚公移山"根本就是夢話。

　　《綜覽》的三座大山，現在終於搬動了。衷心地希望《綜覽》中文版的出版能給學界帶來方便。我們的翻譯一定還有不少問題，希望讀者如果發現了什麼問題，與我們聯繫。

2020 年 8 月 16 日

廣瀨薰雄、郭永秉、近藤晴香

索　　引

【中文版説明】
　一、本索引分爲事項索引和固有名詞索引（如人名、書名等）兩類。
　二、按照筆畫多少排列。筆畫數相同的字，按照拼音順序排列。如果第一個字是同一個字，按照第二個字的筆畫多少排列。

事項索引

固有名詞索引

Studies on the Spring and Autumn Period and Warring States Period Bronzes: A Conspectus of Yin and Zhou Bronze Vessels, Volume III

(Abstract)

The present book is the final volume of the *Conspectus of the Yin and Zhou Bronzes*. It has two parts: part I presents a typological study of bronze vessels organised by date and by region; part II describes bronze decoration of the period.

In part I, chapter 1, a preface is followed by section 1 of chapter 2, which discusses the question of local casting traditions exhibited both in vessel shape and in the use of particular combinations of vessels. Traditional nomenclature for regional styles, such as Chu culture or Middle Kingdom Culture, is avoided, as the author does not think that these terms adequately describe local developments. Regional styles are characterised on the evidence of vessels retrieved from intact tombs. Vessels from a single tomb illustrate the vessel shapes, the decorative motifs and the combinations of types employed in the region concerned.

In section 2 of the same chapter, the author presents the chronological divisions employed in this book. The year 453 BC, is taken as dividing the Spring and Autumn and Warring States periods. These two major chronological phases are both subdivided into three periods; whenever possible these periods are divided again into a former and a latter half. One hundred years are allotted to the early and middle stages of the Warring States period. The late Warring States period is shorter, being limited to the latter half of the third century BC.

Section 3, sets out stylistic sequences of the principal vessel types and their different forms. Vessels dated by their inscriptions provide evidence for the chronology of the sequences. Some, if limited, historical records survive from the Spring and Autumn and Warring States periods. A few personal names and incidents recorded in inscriptions can be identified with individuals and events described in these records. An illustrated chart of dated bronzes and notes on datable inscriptions arranged in chronological order on pp. 14−50 are based on such materials. In addition, finds of Eastern Zhou period from Zhongzhoulu at Luoyang have been divided by the excavators into several stages, and are reliable evidence for relative chronology.

In volume I, the author made use of vessel sets with similar or identical inscriptions indicating that all of them were made at the same time as evidence for the contemporaneity of vessels of different types. A similar method can be applied in a few instances to vessels described in this volume. In parallel another type of vessel set, sets of bronze vessels found in the same tomb (pp.79−160) can be used for the same purpose. Among these latter sets, vessels from different periods of different traditions are in some cases mixed together. But by comparing these groups with homogeneous sets, whose constituent vessels were all made at one time and all came from one region, it is not difficult to pick out the vessels that are inconsistent with the dominant types.

A chart of the chronological sequences of the main vessel types (pp.161−228) has been compiled by the following method. *Ding* and *hu*, of which many examples have survived, are treated first. Vessels dated by